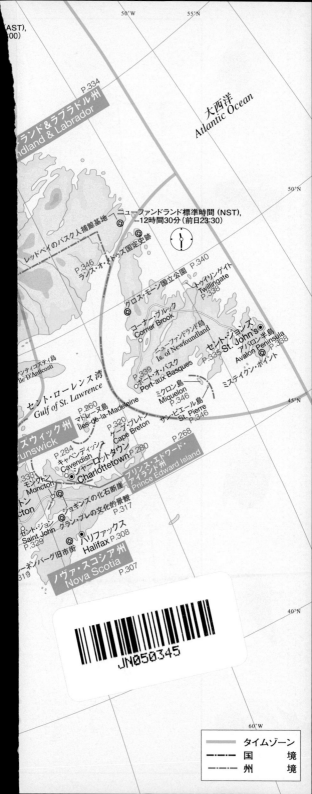

50°W   55°N

(AST),
00)

P.334

大西洋
Atlantic Ocean

ド＆ラブラドル州
undland & Labrador

50°N

ニューファンドランド標準時間（NST），
−12時間30分（前日23:30）

レッドベイのバスク人捕鯨基地
ランス・オ・メドウズ国定史跡
P.346

グロス・モーン国立公園 P.340

ツウィリンゲイト
Twillingate
P.338

コーナーブルック
Corner Brook

ニューファンドランド島
Is. of Newfoundland

セント・ジョンズ St. John's
P.335 アバロン半島
Avalon Peninsula
P.338

オー・プラスティ島
Île D'Anticosti

セント・ローレンス湾
Gulf of St. Lawrence

オート・オ・バスク
Port-aux Basques
P.339

ミケロン島
Miquelon
P.346

サン・ピエール島
St. Pierre
P.346

ミスティクン・ポイント

45°N

ズウィック州
runswick

マドレーヌ諸島 P.260
Îles-de-la-Madeleine

ケープ・プレトン
Cape Breton
P.320

キャベンディッシュ
Cavendish
P.284

シャーロットタウン P.280
Charlottetown
P.268

プリンス・エドワード・
アイランド州
Prince Edward Island

モンクトン
Moncton
P.338

トン
cton

P.338

セント・ジョン グラン・プレの文化的景観
Saint John P.317
P.329

ジョギンズの化石断崖
P.319

ハリファックス
Halifax P.308

ルーネンバーグ旧市街
P.319

ノヴァ・スコシア州
Nova Scotia
P.307

40°N

60°W

JN050345

タイムゾーン
国　　境
州　　境

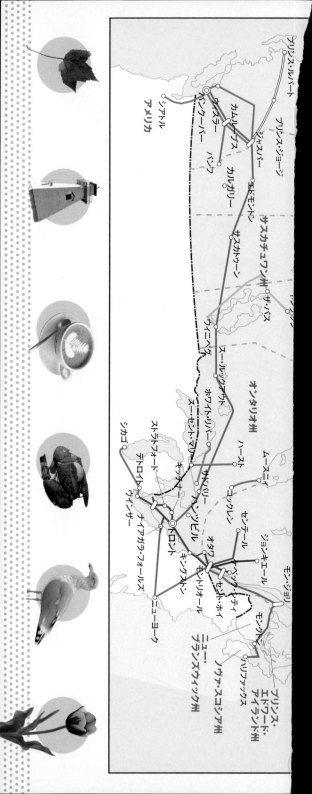

アメリカ

シアトル

カナダ

プリンス・ルパート

プリンス・ジョージ

ジャスパー

カムループス

バンクーバー

ビクトリア

バンフ

エドモントン

カルガリー

サスカチュワン州

サスカトゥーン

ザ・パス

リジャイナ

ウィニペグ

スーリッジファルト

ホワイトリバー

スーセント・マリー

ハースト

ストラトフォード

デトロイト

シカゴ

キッチナー

ナイアガラフォールズ

ロンドン

ウィンザー

ニューヨーク

オンタリオ州

ムースニー

コックレン

カプスカシング

サドベリー

キングストン

オタワ

モントリオール

ニューブランズウィック州

モンジョリ

ジョンキエール

センゼール

セント・ヒヤ

ノヴァスコシア州

ハリファックス

プリンス・エドワード・アイランド州

モンクトン

地球の歩き方 B18 ● 2023〜2024年版

CANADA'S EAST
カナダ東部

ナイアガラ・フォールズ メープル街道
プリンス・エドワード島
トロント オタワ
モントリオール ケベック・シティ

COVER STORY

メープルの葉が色付く秋のカナダ。

赤、オレンジ、緑……

色とりどりのパッチワークは

そのままカナダという国の象徴のようです。

カナダには、世界からの移民が集まり暮らしています。

今回はカナダの中でも特徴的なフレンチタウン、

ケベック州の州都、ケベック・シティを表紙に。

地球の歩き方 編集室

Canada's East CONTENTS

■外務省 海外安全ホームページ

渡航計画前に、必ず外務省のホームページにて最新情報をご確認ください。

URL www.anzen.mofa.go.jp

出発前に必ずお読みください！ 旅のトラブルと安全対策…382

歩き方の使い方

本書で用いられる記号・略号

- ❓ 観光案内所
- 🏠 住所
- ☎ 電話番号
- 📠 ファクス番号
- 🆓 現地での通話無料
- 🆓 日本での通話無料
- 🔗 ホームページのアドレス（http:// は省略）
- ✉ 電子メールアドレス
- 🐦 twitter アドレス
- f Facebook アドレス
- 🕐 開館時間
- 🕐 営業時間
- 🕐 運行時間
- 🕐 催行期間、時間
- 🚫 休館、定休日（祝日など臨時の休業日を除く）
- 💰 料金
- 🗺 地図のページ数、エリア
- 🚇 物件への行き方

【英語】
St.	Street
Ave.	Avenue
Rd.	Road
Dr.	Drive
Pwy.	Parkway
Hwy.	Highway
Sq.	Square
E.	East
W.	West
N.	North
S.	South

【仏語】
Boul.	Boulevard
Cres.	Crescent
St-	Saint
Ste-	Sainte
O.	Ouest
E.	Est

トロント
オンタリオ州

🗺 P.38-B3
❓ 279754356（トロント市）
☎ 416/905（郊外）
トロント情報のサイト
🔗 www.destinationtoronto.com
🔗 www.toronto.ca
🐦 twitter.com/SeeTorontoNow
f www.facebook.com/destinationtoronto

トロントのイベント
プライド・マンス
Pride Month
☎ (416)927-7433
🔗 www.pridetoronto.com
🕐 6/1～30('22)
同性愛者の自由と権利を求めるムーブメントのひとつで、最終日に行われるパレード、パレード「Pride Parade」。

カナディアン・ナショナル・エキシビション
Canadian National Exhibition
☎ (416)263-3330
🔗 www.theex.com
🕐 8/19～9/5('22)
500以上のアトラクションと700を超えるイベントが行われる。夏をしめくくる一大イベント。

トロント国際映画祭
Toronto International Film Festival
☎ (416)599-2033
☎ (1-888)599-8433
🔗 tiff.net
🕐 9/8～18('22)
毎年25万人以上が訪れる大規模な映画祭。

オンタリオ州の州都にしてカナダ最大の街がトロント。日本からの直行便も到着するカナダの東の玄関口でもあり、ナイアガラの滝やメープル街道の拠点としても知られている。街の名前は、インディアンのヒューロン族の言葉、「トランテン（人の集まる場所）」に由来する。街の南には五大湖のひとつ、オンタリオ湖 Lake Ontario があり、対岸はアメリカのニューヨーク州だ。

トロントは、18世紀の前半までフランス領であったが、英仏間の7年戦争によって1759年にイギリス領へと移り、1793年には当時アッパー・カナダと呼ばれていたオンタリオ州の州都に定められた。1812年の英米戦争で一時アメリカの占領を受けるという曲折もあったものの、19世紀末にはイギリス系住民の政治、商工業の中心として急速に成長した。第2次世界大戦はアジア、ラテンアメリカ、アフリカなどヨーロッパ以外の国からの移民が増加し、世界屈指の多民族都市へと変貌していった。

現在、トロントで暮らす移民の数は人口の約半数を占め、コミュニティ同士お互いに尊重しながら暮らしている。トロントに80以上もあるというエスニック・タウンを歩けば、各国の習慣や文化を感じることができる。通りひとつを挟んでまったく異なる文化が広がる様子は、トロントの街歩きをする醍醐味のひとつ。

ニューヨークに迫る勢いのミュージカルやオペラ、バレエなど、大都市ならではのエンターテインメントシーンも見逃せない。メジャーリーグ（MLB）のトロント・ブルージェイズやアイスホッケー（NHL）のトロント・メープルリーフスのホームグラウンドでもあり、シーズン中はスポーツ観戦で盛り上がる。

カナダ最大の都市だが、街なかにはたくさんの緑が残されている

□ロジャース・センター
Rogers Centre 🗺 P.71-1
世界初の自動開閉式の屋根をもつドーム球場（旧スカイドーム）。アメリカのメジャーリーグ・ベースボール（MLB）のトロント・ブルージェイズToronto Blue Jays、カナディアン・フ

40

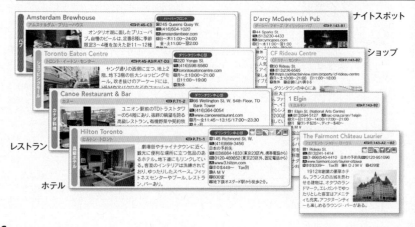

ナイトスポット

Amsterdam Brewhouse
アムステルダム・ブリューハウス 🗺 P.46-C3
ハーバーフロント
🏠 245 Queens Quay W.
☎ 416-504-1020
🔗 amsterdambeer.com
🕐 月～木11:00～翌0:00、金11:00～翌2:00、土11:00～翌2:00、日11:00～翌0:00
オンタリオ湖に面したブリューパブ。自慢のビールは、定番8種に季節限定3～4種を加えた11～12種

D'arcy McGee's Irish Pub
ダーシー・マギーズ・アイリッシュ・パブ 🗺 P.143-B1
🏠 44 Sparks St.
☎ 613-230-4433
🔗 darcymcgees.com
🕐 月～水11:00～翌1:00

Toronto Eaton Centre
トロント・イートン・センター 🗺 P.45-A3/P.47-D3
ダウンタウン中心部
🏠 220 Yonge St.
☎ (416)598-8560
🔗 torontoeatoncentre.com
🕐 月～金10:00～21:00、土10:00～21:00、日11:00～19:00
🚫 無休
ヤング通りの西側に立つ、地上2階、地下3階の巨大ショッピングモール。吹き抜けのアーケードにはH&Mなどのファッション

ショップ

CF Rideau Centre
CF リドー・センター 🗺 P.143-B2
🏠 50 Rideau St.
☎ 613-236-6565
🔗 shops.cadillacfairview.com/property/cf-rideau-centre
🕐 月～金10:00～21:00、土9:30～18:00
ダウンタウンの中心にあ

Canoe Restaurant & Bar
カヌー 🗺 P.71-2
ダウンタウン中心部
🏠 66 Wellington St. W. 54th Floor, TD Bank Tower
☎ (416)364-0054
🔗 www.canoerestaurant.com
🕐 月～金11:45～13:15/17:00～23:30
ユニオン駅前のTDトラストタワーの54階にあり、抜群の眺望を誇るレストラン。有機野菜や契約牧

1 Elgin
🗺 P.143-B2
🏠 1 Elgin St. (National Arts Centre)
☎ (613)594-5127
🔗 nac-cna.ca/en/1elgin
🕐 火～土17:00～
💰 前菜$15～、ディナー$40～

Hilton Toronto
ヒルトン・トロント 🗺 P.71-1
🏠 145 Richmond St. W.
☎ (416)869-3456
📠 (416)364-0054
🆓 0120-489852（東京23区外、固定電話）
🔗 www3.hilton.com
💰 $449～ Tax別
💳 A M V
🚇 地下鉄オズグード駅から徒歩2分。
劇場街やチャイナタウンに近く、観光に便利な場所に立つ高級ホテル。地下鉄にもリンクしており、客室のインテリアは洗練されており、ゆったりしたスペース、フィットネスセンターやプール、レストラン、バーあり。

The Fairmont Château Laurier
フェアモント・シャトー・ローリエ 🗺 P.143-A2～B2
🏠 1 Rideau St.
☎ (613)241-1414
🆓 1-866/540-4410 日本の予約は0120-951096
🔗 www.fairmont.com/laurier-ottawa
💳 A D J M V
💰 $429部屋
1912年創業の豪華ホテル。フランスの古城を思わせる建物は、オタワのランドマーク。エレガントでやたりとした客室はアメニティも充実。アフタヌーンティーも楽しめるラウンジ・バーがある。

レストラン

ホテル

6

上から州およびエリア名、都市名になっています。

オンタリオ州

読者投稿

読者の方々からの投稿を紹介しています。投稿データについては、文末の（）内に寄稿年度を記し、【】内に再調査を行った年度を記してあります。

読者投稿について
（→ P.399）

トロント◆

地 図

·—·—·—·	国境
——·——·——	州境
⑦	観光案内所
Ⓗ	ホテル
Ⓡ	レストラン
Ⓢ	ショップ
Ⓝ	ナイトスポット
Ⓜ	博物館
✉ 郵便局	💲 銀行
Ⓢ 両替所	✝ 教会
Ⓟ	駐車場
⛢	トランス・カナダ・ハイウエイ
⑩	ハイウエイ（メインハイウエイ）番号
④	ハイウエイ（セカンドハイウエイ）番号
———	鉄道線路
··········	フェリー航路
··········	ハイキングコース（トレイル）
▲	キャンプ場
▨	公園、緑地
⛳	ゴルフ場

★★★ **見どころのおすすめ度**
見どころのおすすめ度を、★★★～★★★でランク付けしました。星3つが最高ランクとなります。

クレジットカード
- Ⓒ 利用できるクレジットカード
- A アメリカン・エキスプレス
- D ダイナースクラブ
- J JCB
- M マスターカード
- V VISA

レストラン
- 🍴 ひとり当たりの予算

ホテルの部屋
- Ⓢ シングルルーム
- Ⓓ ダブルまたはツインルーム
  ※料金は、ひとりあたりではなく、ひと部屋あたりの金額です。
- Ⓗ ハイシーズンの料金
- Ⓛ ローシーズンの料金
- 🛏 客室数

■本書の特徴

　本書は、おもに個人旅行でカナダ東部を訪れる方が安全かつ存分に旅を楽しめるよう各都市の地図やアクセス方法、ホテル、レストランなどの情報を掲載しています。もちろんツアーで旅行される際にも十分活用できるようになっています。

■掲載情報のご利用に当たって

　編集部では、できるだけ最新で正確な情報を掲載するよう努めていますが、現地の規則や手続きなどがしばしば変更されたり、またその解釈に見解の相違が生じることもあります。このような理由に基づく場合、または弊社に重大な過失がない場合は、本書を利用して生じた損失や不都合について、弊社は責任を負いかねますのでご了承ください。また、本書をお使いいただく際は、掲載されている情報やアドバイスがご自身の状況や立場に適しているか、すべてご自身の責任でご判断のうえでご利用ください。また、投稿をお送りいただく際は P.399 をご覧ください。

■現地取材および調査時期

　本書は、2022 年 9 月から 10 月の取材調査データを基に編集されています。また、追跡調査を2022 年 11 月まで行いました。しかしながら時間の経過とともにデータの変更が生じることがあります。特にホテルやレストランなどの料金は、旅行時点では変更されていることも多くあります。したがって、本書のデータはひとつの目安としてお考えいただき、現地では観光案内所などでできるだけ新しい情報を入手してご旅行ください。

■発行後の情報の更新と訂正について

　本書に掲載している情報で、発行後に変更されたものや、訂正箇所が明らかになったものについては『地球の歩き方』ホームページの「更新・訂正情報」で可能なかぎり案内しています（ホテル、レストラン料金の変更などは除く）。

　🔗**www.arukikata.co.jp/travel-support**

■先住民族の呼び方について

　「インディアン」という言葉は人種差別的な意味合いが強いため、現在はほとんど使われていません。カナダでは先住民族のことを「ネイティブ」や「ファースト・ネイション」と呼びますが、これだと先住民族全体を指し、地方ごとに異なる部族の区別が付かなくなるため、本誌では極北に住む先住民族を「イヌイット」、太平洋沿岸や平原に住む先住民族を「インディアン」と呼び、区別しています。

カナダ の基本情報

▶ 旅の言葉→ P.385

国旗
　カナダのシンボル、カエデの葉（メープル）を中央に配置。左右のラインは太平洋と大西洋をイメージ。

正式国名
カナダ
Canada

国歌
オー・カナダ
O Canada

面積
998万4670km²
（世界第2位、日本の約27倍）

人口
約3892万9902人（2022年7月）

首都
オタワ　Ottawa（オンタリオ州）
人口約101万7449人

元首
チャールズ三世国王 Charles Ⅲ

政体
立憲君主制

民族構成
　200を超える民族からなる。単純にカナダ人の出自と答える人が最も多く、それにイギリス系、フランス系と続く。人口の約20.6%はカナダの国外で生まれた移民一世。先住民族の北米インディアン、メティス、イヌイットは人口の約5%以下。

宗教
　80%がクリスチャン。その他、ユダヤ教、イスラム教、仏教など。また、約16.5%の人々が無宗教。

言語
　国の定めた公用語は英語とフランス語。人口の約5割が英語を母語とし、約2割がフランス語を母語とする。また、州ごとにも異なる公用語を定めている。極北では先住民族の言葉も公用語に定められている。

通貨と 為替レート

$

▶ 旅の予算とお金
→ P.352

▶ クレジットカード
→ P.353

通貨単位はカナダドル Canadian Dollar、略号は $、C$（CAD）。補助通貨はセント ¢（Cent）。$1=100セント=約101.36円（2022年12月2日時点）。

紙幣の種類は $5、10、20、50、100 の5種類。2018年に $10 のみ新札ができた。硬貨は 5、10、25（クオーター）、$1（ルーニー）、$2 の5種類。

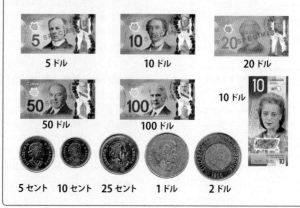

5ドル　　　　10ドル　　　　20ドル

50ドル　　　100ドル　　　10ドル

5セント　10セント　25セント　1ドル　2ドル

電話のかけ方

▶ 電話と郵便
→ P.376

日本からカナダへ電話をかける場合（例：トロント (416)123-4567）

| 国際電話識別番号 010 ※ | + | カナダの国番号 1 | + | 市外局番 416 | + | 相手先の電話番号 123-4567 |

※携帯電話の場合は 010 のかわりに「0」を長押しして「+」を表示させると、国番号からかけられる。
※ NTT ドコモは事前に WORLD CALL の登録が必要。

ビザ

滞在期間が6ヵ月以内の観光なら不要。2016年3月より電子渡航認証システムeTAの取得が義務付けられた。

パスポート

パスポートの有効残存期間はカナダ滞在日数プラス1日以上。

入出国

▶ビザ（査証）と電子渡航認証システムeTA
→ P.355
▶出入国の手続き
→ P.361

成田国際空港からエア・カナダがトロントまで所要約12時間で直行便を運航。またモントリオールまでも所要約12時間で直行便を運航している。

日本からのフライト時間

▶航空券の手配
→ P.356

広大な国土のため、いくつかの気候地域をもつ。オンタリオ州は、夏は暑く湿度も高いが、秋にはすっきりとした晴天が続く。セント・ローレンス川沿いに人口が集まるケベック州は、冬は寒さが厳しく、夏は湿度が高くて蒸し暑い。アトランティック・カナダの沿岸部は、冬は温暖で夏は涼しい。内陸になると冬は寒く、夏は高温。

気　候

▶旅のシーズン
→ P.350

オタワと東京の気温と降水量

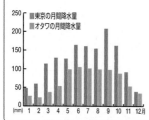

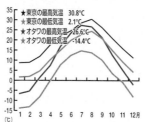

カナダは6つの時間帯に分かれている。最東端のニューファンドランド標準時間と最西端の太平洋標準時間との時差は4時間30分。ニューファンドランド標準時間はグリニッチ標準時間(GMT)より3時間30分、日本より12時間30分遅い。東から西へ行くに連れ1時間ずつ遅くなる（日本との時差は大きくなる）。

サマータイム実施期間は3月の第2日曜〜11月の第1日曜まで。この時期は時計の針を1時間進める。

時差とサマータイム

▶時差早見表
→ P.350

以下は一般的な営業時間の目安。店舗により30分〜1時間前後の違いがある。

銀　行

月〜金曜の9:30〜16:00が一般的。土・日曜、祝日は休業。

デパートやショップ

月〜土曜の10:00〜18:00(木・金曜は〜20:00頃のところも多い)。郊外のショッピングセンターは日曜も営業している場合がある。

リカー・ストア

月〜土曜の9:00〜18:00。都市部や夏季なら日曜も営業していたり、21:00頃まで営業しているところもある。

ビジネスアワー

カナダから日本へ電話をかける場合（例：東京 (03)1234-5678）▶カナダ国内通話

| 国際電話識別番号 011 ※1 | + | 日本の国番号 81 | + | 市外局番（最初の0は取る） 3 ※2 | + | 相手先の電話番号 1234-5678 |

市内通話の場合、市外局番は不要。長距離通話は、初めに長距離通話識別番号「1」のプッシュが必要。なお、市内通話と長距離通話の区分は、市外局番ではなく地域による。

▶**公衆電話のかけ方**
受話器を上げて、市内通話はコインを入れてからダイヤル、長距離通話は先にダイヤルしてオペレーターが料金をいったあとにコインを入れる。なお、市内通話は初めにc50を入れたらあとは時間無制限。テレホンカード式、クレジットカード式のものがある。

※1 公衆電話から日本へかける場合は上記のとおり。ホテルの部屋からは外線につながる番号を頭に付ける。
※2 携帯電話などへかける場合も、「090」「080」などの最初の0を除く。

祝祭日（おもな祝祭日）

国の定めた祝祭日のほか、各州の祝祭日もある。下記は 2023 年の祝祭日。

1月	1/1	元旦 New Year's Day
4月	4/7（※）	聖金曜日 Good Friday
	4/10（※）	復活祭の月曜日 Easter Monday
5月	5/22（※）	ビクトリア女王誕生祭 Victoria Day
7月	7/1	建国記念日（カナダ・デー）Canada Day
9月	9/4（※）	労働者の日（レイバー・デー）Labour Day
10月	10/9（※）	感謝祭（サンクスギビング・デー）Thanksgiving Day
11月	11/11	英霊記念日 Remembrance Day
12月	12/25	クリスマス・デー Christmas Day
	12/26	ボクシング・デー Boxing Day

（※印）は移動祝祭日。

各州指定のおもな祝祭日

<オンタリオ州>

州民の日（Civic Holiday）	8月第 1 月曜

<ケベック州>

ナショナル・デー	6月 24 日

<プリンス・エドワード・アイランド州>

アイランダー・デー	2月第 3 月曜

<ノヴァ・スコシア州>

ナタル・デー	8月第 1 月曜

<ニュー・ブランズウィック州>

ニュー・ブランズウィック・デー	8月第 1 月曜

電圧とプラグ

110 〜 120V、60Hz。プラグタイプは A 型で、日本のものとほぼ同じ。日本との電圧の違いは 10 〜 20V のみで、ドライヤーやヒゲ剃りなど日本からの電気製品はほとんどがそのまま使用できる。コンピューター機器関連も問題なく使用できる。

ビデオ方式

日本と同じく NTSC 方式になっている。日本から持ち込んだビデオソフトも、問題なく再生することができる。ただし、DVD はリージョンコード（日本は 2、カナダは 1）が違うため再生できない。ブルーレイはリージョンコードが日本、カナダとも「A」なので再生可能。

チップ

チップの習慣はある。レストランやタクシーでの精算時に、10 〜 15% 程度のチップを渡すのが一般的。会計にサービス料が含まれている場合は不要。

▶ チップについて
→ P.375

飲料水

ほとんどの場所で、水道水を飲むことができるが、水が変わると体調を崩すこともあるので、敏感な人はミネラルウオーターを購入したほうが安心。ミネラルウオーターはキオスクやコンビニ、商店などたいていの場所で購入できる。500ml $2（約 202 円）前後。

※本項目のデータはカナダ大使館、カナダ観光局、外務省などの資料を基にしています。

▶ 郵便
→ P.378

日本へ送る場合、航空便ははがき、30gまでの定形郵便ともに$2.71。切手は郵便局のほかホテルのフロント、駅、空港、バスディーポなどの売店で手に入る。日本に到着するまでの日数は投函地によっても異なるが、航空便の場合は1〜3週間程度。郵便局は、ドラッグストアなどに入っている

Postal Outlet と呼ばれるものがほとんどで、営業時間は、だいたい月〜金曜9:00〜17:00、土曜10:00〜14:00、日曜休み。土曜が休業のところもあるので注意。

商品、宿泊料、食事、サービスなどに連邦消費税（GST）5%と州税（州ごとに異なる。各州概要ページ参照）が課税される。オンタリオ州はHST13%、プリンス・エドワード・アイランド州、ニュー・ファンドランド＆ラブラドル州、ニュー・ブランズウィック州、ノヴァ・スコシア州はHST15%。なお、各州の一部の都市、町ごとに宿泊税2〜4%ほど別途加算されることもある。

▶ 税金について
→ P.353

欧米諸国と比べ治安は良好だが、近年置き引きや窃盗など旅行者を狙った犯罪は増えている。荷物から目を離さないよう注意し、夜間のひとり歩きなどはやめるようにしよう。

緊急時（警察／救急／消防）911

▶ 旅のトラブルと
安全対策
→ P.382

カナダでは18歳未満の喫煙と、19歳未満（ケベック州は18歳未満）の飲酒とカジノは禁止されている。
レンタカーは基本的に25歳以上。25歳未満の場合は借りられなかったり、別途料金がかかることもある。

日本と同じく、メートル法を採用している。道路標識もキロメートル表示。ただし、重さに関しては、表示はポンド単位がほとんどだが、実際の計量、計算はメートル法に基づいている。

喫煙と飲酒
公共の場における喫煙、飲酒は一部の例外を除き、全面的に禁じられている。レストランやバーもすべて禁煙。

インターネット
カナダは、Wi-Fiの普及率が非常に

高い。一部の長距離バスやVIA鉄道の車内、カナダ国内のほとんどの空港でWi-Fiの接続が無料になっている。ホテルのほか、レストランやカフェでもWi-Fiの接続ができるところが多い。

▶ マナーについて
→ P.375
▶ インターネット
→ P.379

アルゴンキン州立公園
カヌーキャンプ

2400もの湖沼があるアルゴンキン州立公園は、言わずと知れた「カヌーイスト憧れの地」。カヌーを漕ぎ、ときには担いで湖を渡るカヌーキャンプは、カナダのアウトドアが実感できる特別な体験！日本でアウトドアにハマった人。次は海外でキャンプデビューしてはいかが？

10月初旬、紅葉シーズンのアルゴンキン州立公園

アルゴンキン州立公園
Algonquin Provincial Park

オンタリオ州中部、マスコーカという湖水地帯にある自然公園。トロントやオタワといった大都市から車で3時間程度とアクセスがよく、夏から秋には多くのカヌーイストやキャンパーが訪れる。

詳細は ▶ P.162 ≫

湖に面したネイチャーロッジで自然を感じながらリラックス

湖に面してロッジが並ぶ高級リゾートロッジの「Arowhon Pines」

高級ロッジに泊まり
カヌーキャンプへ出発！

ツアー初日は、高級ロッジへの宿泊から。園内には3つのロッジがあるが、今回選択したのは「Arowhon Pines（→P.163欄外）」。リトル・ジョー湖（Little Joe Lake）に面したネイチャーロッジは、3食付きのオールインクルーシブリゾート。チェックイン後は部屋やサウナで寛ぎ、お楽しみのディナータイムへ。料理は地元の食材を満載した創作料理。夏ならディナー後もまだ明るいので、周辺を散策したりもできる。翌朝、朝食を食べたら、湖へと漕ぎ出し、カヌーの簡単な操作方法とこれから出発する冒険旅行のパッキング講習を受ける。なにしろ2400もの湖を持つ公園だけに、カヌールートは多彩。素人だとルートを考えるだけでひと苦労だが、ツアーならその時期や天候を考慮しながら最適なルートが組まれているので安心だ。ロッジで講習とパッキングが終わったら、いよいよカヌーキャンプのスタート！

カヌーの乗り方、漕ぎ方は講習どおりにやればOK！流れも波もないので、スムーズ。穏やかな湖面を滑るようにカヌーは進んでいく。トム・トムソン湖（Tom Thomson Lake）まで2時間ほど漕いだら、キャンプサイトへ。上陸したらすぐに火起こしや食事の準備。食後は明るければ野生動物を探しながらカヌーし、その後各自テントへ行き就寝。

1.湖を眺めながら食事ができる 2.ウッディなインテリアがかわいい客室。より自然を感じてほしいという思いから、部屋にテレビや電話、Wi-Fiはない 3.湖畔には樽形のサウナがある 4.朝霧のなか、カヌーの基本的な講習を受ける 5.食事の時間はベルを鳴らして教えてくれる 6.7.3食とも前菜はビュッフェ、メインは好きな料理から選ぶことができる

14

カヌーとポーテージで
湖を巡り自然を体感！

ア ルゴンキン州立公園には多くのキャンプサイトがある。ツアーで利用するのはカヌーでしか行けないインテリア（バックカントリー）キャンプ。サイトはそれぞれ独立した作りで、ほかのキャンパーと隣り合うこともなく「大自然の中のキャンプ」というカナダならではの体験ができる。キャンプでは食事の準備や火起こし、ゴミの処理など園内で決められたルールを守らなくてはならず初心者には厳しいが、ガイド付きのツアーなら大丈夫。

3日目からは本格的なカヌーキャンプが始まる。朝食後は荷物を速やかにまとめて、カヌーに乗り込む。すべての湖はつながっている訳ではないので、移動の際は一度カヌーを降り、「ポーテージ」して歩くこともあるのだが、これがなかなか大変！ 短いと10分、長いときは1時間ほどポーテージして歩くことになる。それでも、歩くうちに徐々に体も慣れて、終わる頃には最初はあれだけ重かったカヌーが軽く感じることにびっくり。カヌーの途中には野生動物ウオッチングや眺めのいい場所へのハイキング、かつてリゾートとして利用されていた時代の史跡探索やフィッシングなども楽しめ、3泊4日のカヌーキャンプはあっという間に終了！ 最終日はふたたび高級リゾートに宿泊して、旅の疲れを癒やし思い出に浸ろう。

> ふたりひと組で
> カヌーを漕ぐのが
> おすすめ！

1. 湖と湖の間を移動するのにカヌーを担ぎながら歩くことを「ポーテージ」という 2. キャンプサイトではリラックスタイムも 3. 大自然のなかで食べるご飯は最高！ 4. テントはセルフでたてる。設置方法は思ったよりも簡単

> 癒やされる〜

3日間たっぷりと漕ぐことができる。湖と湖を結ぶ細い水路なども通る

カヌーキャンプ中には こんな楽しみも!

カヌーを漕ぎキャンプするだけがツアーの楽しみではない! 園内で楽しめるアウトドア体験はこちら。ツアーによってはリクエストもできるので問い合わせてみて。

Photo:Katsu Sakuma

野生動物 ウオッチング

ツアーではさまざまな野生動物に出合える。メインはムースで、湖畔やときには道路沿いで遭遇することも。動物は近づき過ぎると逃げてしまうので、写真を撮るなら200mm以上の望遠レンズを用意したい。

さまざまな ハイキング ルートがある

史跡見学

20世紀初め、リゾートとして発展した園内には、かつて利用されたリゾートホテルやロッジの跡が残されている。希望すれば、こうした史跡を回ることもできる。緑深い森のなかにあるものがほとんど。

ハイキング

園内の小高い丘の上からは湖や森を一望できる。ツアーの最終日にはハイウエイ60から行けるルックアウト・トレイルを訪れるほか、カヌーの途中にもハイキングを楽しめる。

途中、森や湖を望む ビューポイントで休憩

釣れるかな

フィッシング

湖ではフィッシングを楽しむこともできる。釣り竿などはガイドさんに問い合わせておくといい。なお、園内で釣った魚はサイズ、種類によりキープかリリースが決まる。

釣れた♥

カヌーキャンプ・ツアーについて知る

前ページまでで紹介したのは、ネイチャーガイドの佐久間さんが毎年夏に開催している6日間の「アルゴンキン州立公園・カヌーサファリ」の概要。難易度の高いインテリア（バックカントリー）キャンプ（→P.19）を楽しむなら、ガイド付きが安心。ルートやキャンプサイトの選択もすべておまかせできる。食事も、キャンプとは思えない手の込んだものばかり。

Profile
佐久間克宏 Katsu Sakuma
カナダ、オンタリオ州在住のネイチャーガイド。秋にはアルゴンキン州立公園のパークナチュラリストも務める、公園のエキスパート。

佐久間さんは、秋にはアルゴンキンのビジターセンターに勤めている。ツアー最終日にはビジターセンターで公園の自然や野生動物、歴史について丁寧に解説してくれる。

ツアーシーズン

定番のアルゴンキン州立公園ツアーは夏（7月頃）に開催されている。紅葉のシーズンは9月末～10月頭あたりで、この時期のツアーを希望する場合は佐久間さんにメールで相談してみて。

秋には園内のメープルがキレイに色付くよ!?

TOUR DATA

アルゴンキン州立公園・
カヌーサファリ6日間（日本人ガイド）

🗓6/29～7/4（'23）
💰$2695（トロント集合、解散。ロッジ宿泊費（2泊）、カヌーキャンプ代（3泊）、キャンプ中の食費込み）、最少催行人数2人
日本語での問い合わせ
✉kcjsakuma@sympatico.ca

TOUR SCHEDULE

1日目
トロント→アルゴンキン州立公園
（所要約4時間）
トロントからアルゴンキン州立公園に移動、チェックイン後にディナー
リゾートロッジ宿泊

2日目
アルゴンキン州立公園
朝食後、パッキングとカヌーの講習。ロッジにてランチ後カヌーでキャンプサイトへ
キャンプ泊

3～4日目
アルゴンキン州立公園
終日カヌー
キャンプ泊

5日目
アルゴンキン州立公園
キャンプサイト撤収後カヌーでロッジへ。ロッジでのランチ後ビジターセンターやハイキングを楽しむ。夕食もロッジで。
リゾートロッジ泊

6日目
アルゴンキン州立公園
トロントの空港もしくは街なかまで移動してツアー終了

服装と持ち物

夏でも、特に日没後はかなり冷え込む。日本の秋キャンプと同じ装備で。昼間は25度以上になることもあるので重ね着を心がけよう。

▶**上半身**
夏でも長袖は必携。薄手のフリース素材や速乾性のある素材のものを選ぼう。晴れると日差しが強いので、昼間はTシャツでOK。帽子も必須。

▶**下半身**
濡れる場合が多いので、ジーンズなどコットン素材は×。速乾性のあるタイツと水着を重ねる。さらに撥水のパンツをはく。靴は濡れてもいいものとキャンプ用のドライシューズを用意して。

●その他の持ち物リスト

雨具（薄手のマウンテンパーカーなど）	テント…◎
下着	防虫ネット…◎
水着	水筒…◎
長靴	洗面用具
バンダナまたはハンカチ	日焼け止め
サングラス	虫除けスプレー
寝袋…◎	タオル
スリーピングマット…◎	ライト

◎…ツアーにて用意してくれるもの

※カヌーキャンプにナイアガラの滝やナイアガラ・オン・ザ・レイクなどを追加した8日間のツアーもある（要問い合わせ）

アルゴンキン州立公園の動物たち

園内には約50種類の哺乳類、約270種の鳥類が生息。カヌーの先でビーバーが泳いでいたり、ヘラジカが水草を食べているなんてことも!

ムース

オスの成体で体重650kgを超える、世界最大のシカ。和名はヘラジカ。水辺を好み、朝や夕方に湖畔で水草を食べている姿を見かけることも多い。

ビーバー

鋭い歯で木を削り、巣(ビーバーロッジ)を作ることで知られる。夜行性だが、夕方には湖を泳いでいることも。ビロードのような毛と特徴的な尾を持つ。

オオカミ

アルゴンキン州立公園には約300頭のアルゴンキンオオカミが暮らしているとされている。肉食で、公園における生態系の頂点。姿を見かけることはまれ。

アルゴンキン名物!
オオカミの遠吠え体験

アルゴンキンでは、毎年夏に「オオカミの遠吠え会」を実施。夜にオオカミの声を真似て鳴くと縄張りを荒らされると勘違いしたオオカミが吠え返してくるというもの。ツアーでも体験できる!

リス類

公園内に生息しているのは、アカリスとシマリスの2種。キャンプの最中にもよく姿を現すが、エサなどをあげるのはやめよう。

ブラックベア

全身を黒い体毛に覆われたクマ。体長は150〜180cmと小柄、おもに草食でおとなしい性格だとされるが、絶対に近付かないように。

水鳥もたくさん!

オオアオサギ

アメリカガモ

カワアイサ

ハシグロアビ

カナダカワウソ

カヌーを漕いでいる最中に見かけることのあるカワウソ。グレーがかった濃褐色で、成体は体長100cm、尾の長さは40cmあまり。

セルフでキャンプを楽しむには?

ア ルゴンキン州立公園で楽しめるキャンプには、大きくオートキャンプとインテリア（バックカントリー）キャンプに分けられる。インテリアはルールが細かく決められているので、初心者には少し難しい。オートキャンプなら、日本とほぼ同じ。キャビンやヤートという宿泊施設もある。キャンプ場はほとんどが湖畔にあるので、キャンプしながらカヌーが楽しめる。

インテリアキャンプとは?

カヌーでしかアクセスできないキャンプ場のこと。場所は決められており、サイト内なら自由にテントを設置可能。クマ対策やゴミなどルールがある。トイレは汲み取り式。

キャンプ場の種類

オートキャンプ

車でテントに横付けできるキャンプサイトのこと。アルゴンキンでは湖畔に多くのオートサイトがある。電源付き、キャンピングカー可能などいくつかの種類がある。

キャビン

木造のロッジで、公園の国道沿いではミュウ湖 Mew Lake に2棟だけ設置されている。ベッドやテーブル、調理台がある。寝具やキャンプの調理器具などは付いていない。

ヤート

モンゴルのパオのような形状をした木造の建物がヤート Yurt。ミュウ湖とアクレイ湖 Achray Lake の2ヵ所にある。ベッドのほか電源、暖房もあって快適。設備はキャビンと同じ。

予約について

オ ンタリオパークスのウェブサイトからオンラインで予約ができる。キャンプ場は園内に15ヵ所あり、まずはキャンプ場の場所、それからサイトの種類、そして番号を選択する。支払いもオンライン（クレジットカード）で行う。サイトによりシーズンがあるので事前に確認を。

DATA
キャンプ場予約
URL reservations.ontarioparks.com
サイトの料金
料 オートサイト $42.38〜
　　キャビン $135
　　ヤート $111.87〜

機材レンタル

テ ントや寝袋、マットなどすべてのキャンプ用品は園内のアウトドアショップでレンタルできる。ポーテージ・ストア The Portage Store など園内数ヵ所にあるショップでレンタルを行っている。日本から行くなら、カヌー

オールインのパッケージが便利

からテント、必要な機材すべてがセットになったパッケージを選ぶといい。カヌーなしでのキャンプがしたいなら、カヌーなしで機材をレンタルしよう。公園のそばに大型のスーパーはないので、食料を持参するならトロントやオタワで買ってきた方がいい。

DATA
ポーテージ・ストア（→P.164）　URL portagestore.com
レンタル料金
料 ライトウエイトパッケージ1人 $213.9〜（1泊2日、カヌー、キャンプ機材、食料、ルートの解説やカヌーおよびキャンプの講習付き、2人から受付）

トイレとシャワー

オ ートキャンプ場には水洗のトイレとシャワーがあるほか、サイトの各所に汲み取り式の簡易トイレが用意されている。トイレットペーパーは持参した方がいい。

快適な水洗トイレ&シャワー

ゴミについて

ゴ ミは指定のゴミ箱にまとめて出す。燃える物やリサイクル、缶・瓶など細かに分別されているので、ルールを守るように。インテリアキャンプではすべて持ち帰る。

ゴミ箱はキャンプ場の出入口そばにある

SDGsをテーマに"学び旅"が新しい

サステナブルに旅する トロント

Sustainable Travel in Toronto

カナダでは、環境と観光を両立させる取り組みが広がっている。再利用、サイクリング、ホテル、地産地消（グルメ）の4つのテーマごとに、象徴的な取り組みと施設を紹介。

1.「1 Hotel Toronto」のハーブガーデン 2.れんが造りの建物にグリーンのアートが描かれた「エバーグリーン・ブリック・ワークス」 3.「エバーグリーン・ブリック・ワークス」のサタデー・ファーマーズ・マーケットでは工芸品の販売もある 4.町なかを自転車で疾走！ 5.「1 Hotel Toronto」のレストランにて 6.レストラン「Marben」の料理には近郊の野菜がたっぷり！

Waht's SDGs

「Sustainable Development Goals」の略称で、「持続可能な開発目標」を意味する。未来の環境保全のため計画的な開発を目指す国際的な取り組みのこと。2015年の国連総会で採択され、2030年までの15年間で達成すべき17の目標と169の指針に基づき、各国でさまざまな取り組みが成されている。

達成すべき17の目標

①貧困をなくそう
②飢餓をゼロに
③すべての人に健康と福祉を
④質の高い教育をみんなに
⑤ジェンダー平等を実現しよう
⑥安全な水とトイレを世界中に
⑦エネルギーをみんなに。そしてクリーンに
⑧働きがいも経済成長も
⑨産業と技術革新の基盤を作ろう
⑩人や国の不平等をなくそう
⑪住み続けられるまちづくりを
⑫つくる責任、つかう責任
⑬気候変動に具体的な対策を
⑭海の豊かさを守ろう
⑮陸の豊かさも守ろう
⑯平和と公正をすべての人に
⑰パートナーシップで目標を達成しよう

Theme 01 再利用
Reuse

トロントではさまざまなシーンで再利用化が進んでいるが、なかでも注目を浴びているのがエバーグリーン・ブリック・ワークス。カナダの環境保護団体「エバーグリーン」とサステナブルな都市作りを目指す「フューチャーシティズ・カナダ」が共同で取り組む施設で、古いれんが工場の跡地を利用している。施設はトロント郊外のドン川 Don River 沿いの自然を身近に感じることができる場所にあり、イベントやワークショップを通じ自然と人の共存を訴えている。観光客でも訪れやすいのは、土曜のファーマーズ・マーケット。周辺農家の野菜や加工品などを販売する屋台がズラリと並ぶ。

Evergreen Brick Works
エバーグリーン・ブリック・ワークス
MAP P.47-A4

トロント郊外の複合施設。名物は、毎週土曜のサタデー・ファーマーズ・マーケット。建物内にショップとカフェが入るほか、周辺にはハイキングトレイルが整備されている。

DATA
- 550 Bayview Ave.
- TEL (416) 596-1495 URL www.evergreen.ca
- 月〜金10:00〜17:00 土9:00〜17:00 無休
- サタデー・ファーマーズ・マーケット
- 土8:00〜13:00 月〜金
- 地下鉄ダビッシュヴィル駅Davisvilleから市バス#28でEvergreen Brick Works下車、徒歩すぐ。または地下鉄ブロードビュー駅Broadviewからシャトルバスあり

1.サタデー・ファーマーズ・マーケットのほかサンデー・アーティザン・アンティーク・マーケットなどさまざまなイベントが開催されている　2.新鮮でカラフルな野菜は、見ているだけでも楽しい　3.カフェではライブなども行われる　4.緑の森の向こうにはトロントのダウンタウンが見える　5.エバーグリーン・ブリック・ワークス直営のショップ「Evergreen Garden Market」6.都市部周辺には野鳥が生息できる環境が整っている

オーガニックフードが評判のカフェも！

Theme 02 サイクリング
Cycling

温室効果ガス排出量ゼロ（カーボンニュートラル）な交通手段といえば、自転車。トロントでは10年以上前からシェアサイクルが導入されており、今やすっかり市民や観光客に親しまれている。道路には自転車専用レーンがあるほかサイクリングコースも多く、夏の週末には多くのサイクリストでにぎわう。おすすめのサイクリングコースは、オンタリオ湖沿いのウォーターフロント。

Bike Share Toronto
バイク・シェア・トロント

トロントのシェアバイクシステム。町の至るところにスタンドがあり、観光客でも気軽に利用できる。
● DATAは→ P.52

1.少し遠いところでも、自転車なら楽々移動できる　2.格安で利用できるシェアバイク　3.町には自転車専用のレーンも

Theme 03

DO NOT DISTURB

ホテル
Hotel

多くの旅行者が利用するホテル業界においても、「プラスチックゴミの削減」や「再利用」「敷地内緑化」といったサステナブルの動きが広がっている。都会のナチュラルリゾートを謳う「1 Hotel Toronto」では、無駄とゴミをなくす「ゼロウェイスト」を追求、木材の再利用やリサイクル、最先端のゴミ処理システム、自家ガーデンなどさまざまな取り組みを行っている。

また、ユニオン駅前にそびえる最高級ホテル「Fairmont Royal York」は、今や日本をはじめ世界中に広がる「ホテル屋上の養蜂場」を2008年に先駆けて導入。現在35万匹を数えるというミツバチから採取されるハチミツは、朝食やドレッシング、デザートなどに利用されている。農作物の受粉を手助けし、生態系の維持に大きな役割を果たすミツバチは、今やサステナブルの象徴ともなっているのだ。

1 Hotel Toronto
ワン・ホテル・トロント

ナチュラル系シティホテル。「サステナブル」をテーマに、自家ガーデンや木材の再利用、ゴミの処理システムまでさまざまな取り組みを行っている。
● DATA は → P.82

1.木を使った看板が目を引く 2.再利用した木材には場所と木の種類が刻印されている 3.ルームキーもプラスチックは使用していない 4.緑あふれるダイニングの「Casa Madera」 5.近隣農家のフルーツや野菜を使ったコールドプレスジュースは、「1 Kitchen」の人気ドリンク

Fairmont Royal York
フェアモント・ロイヤル・ヨーク

トロントを代表する最高級ホテル。屋上養蜂場のほか、使い捨てプラスチックの禁止、ゼロカーボン（脱炭素）を目標とする設備投資などに注目が集まる。
● DATA は → P.85

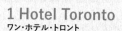

1.かわいいハチの看板が置かれた屋上養蜂場 2.ユニオン駅の目の前にある

地産地消
Local food

オンタリオ州では、地元の食と旅行を結びつける「カリナリーツーリズム」を提唱している。ウェブサイト（URL ontarioculinary.com）では地方の名産を紹介するほか、地産地消レストランの証となる「フィーストオン」の認定も行っている。

「Park Hyatt Toronto」のダイニング「Joni」は、地産地消はもちろん、食材のアップサイクルにも定評がある。例えば、サワードウブレッドを作る際に出る廃棄物をパスタに利用したり、根菜の皮や葉をドレッシングや味噌に使ったり。独創的な姿勢は料理にも顕著に現れている。

ローカル食材をあますところなく使った料理を提供するのは、トロントにおけるサステナブルな食文化の第一人者であるクリス・ロックがシェフを務める「Marben」。野菜や肉など使用する食材の80％がオンタリオ州などの地元産となっている。

1.その日の食材によってメニューが変わるシェフのおまかせコースは$120 2.サワードウを使ったパスタはアラカルトでも味わえる 3.白身魚のマリネ。前菜の一例 4.この日のメインはラム肉。じっくりと低温調理されうま味を引き出す

独創的な料理を楽しんでください

Joni
ジョニ
MAP P.75-A2

「Park Hyatt Toronto（→P.83）」のメインダイニング。地元の食材を使った料理は、朝食、ランチ、ディナーそれぞれ別メニューで味わえる。アフタヌーンティーも人気。

DATA

住 4 Avenue Rd.
TEL（647）948-3130 URL www.hyatt.com/en-US/hotel/canada/park-hyatt-toronto/torph/dining/joni
営 毎日7:00～22:00 休 無休
予 ランチ$30～、ディナー$60～ CA D M V
交 地下鉄ミュージアム駅から徒歩3分

1.見た目も美しい料理ばかり 2.スタイリッシュな店内
3.エグゼクティブシェフのクリス・ロック氏

Marben
マーベン

トロントのサステナブルフードといえばここ。シェフのクリス・ロックが仕掛けるメニューは、素材の味をダイレクトに味わえると評判。
● DATA は → P.88

メープル街道で したいコト 5

TO DO LIST 01

紅葉の森を抜ける
絶景ドライブ

メープル街道は、移動する途中の道ですらも美しい。パッチワークに彩られる山を眺めながらのドライブは格別だ。オンタリオ州とケベック州、それぞれに紅葉のすばらしいドライブコースがあるので、チェックしてみて（→P.27）。

ここでできます!
アルゴンキン州立公園（→P.162）
ロレンシャン（→P.212）

アルゴンキンで見つけた黄金のトンネル

高原地帯のロレンシャンは、山がすぐそばに見られる

メープル街道の紅葉3大リゾート

ロレンシャン
モントリオール北部の高原地帯。モン・トランブランは、冬はスキー場になるリゾート地。山頂から一面の紅葉を眺めよう。

イースタン・タウンシップス
酪農や農業がさかんな地で、ワイナリーやオーベルジュなどグルメスポットが満載。メンフレマゴグ湖沿いには多くの教会が建つ。

ケベック州

オンタリオ州

ケベック・シティ

モントリオール

オタワ

トロント

ナイアガラ・フォールズ

アルゴンキン州立公園
湖水地帯に位置する、面積7630km²の自然公園。園内には2400を超える湖や池がある。カヌーやハイキングに挑戦したい。

TO DO LIST 02

イースタン・タウンシップスで
ワイナリー訪問

モントリオールの東にあるイースタン・タウンシップスは、穴場の紅葉スポットとして知られる。ケベック州きってのワインの産地でもあり、紅葉とワイナリー巡りの両方が楽しめる。また多くの教会があり、紅葉と教会の織りなす風景も美しい。

ここでできます!
イースタン・タウンシップス（→P.220）

収穫直前のブドウの木

ワイナリーはダナムという町の周辺に点在している

秋のカナダのハイライトと言えば、メープル街道。せっかく行くのだから、紅葉の森を見るだけではもったいない！紅葉と一緒に楽しみたい、とっておきの体験をピックアップ！

🍁 **メープル街道とは？**
オンタリオ州とケベック州にまたがる、全長800kmにも及ぶ落葉樹林帯のこと。別名「ヘリテージ・ハイウエイ（伝承の道）」とも呼ばれ、ヨーロッパ人による開拓の道をなぞるルートでもある。どちらの州にも紅葉の名所となるリゾートがあり、シーズンには世界中から観光客が訪れる。

TO DO LIST 03
モン・トランブランで
山頂ハイキング

ケベック州No.1の紅葉リゾート、モン・トランブランは、モントリオールの北に広がるロレンシャン高原の最奥に位置する。山の上までゴンドラで上り、ハイキングで紅葉を堪能しよう。車窓からでは味わえない、とびきりの絶景が待っている！

ここでできます！
モン・トランブラン（→P.214）

1.初心者向けから経験者向けまで11ものコースが用意されている 2.山頂へはゴンドラで楽々移動！

TO DO LIST 04
アルゴンキン州立公園で
紅葉カヌー

オンタリオ州きっての紅葉リゾートが、アルゴンキン州立公園。ここでは、ぜひカヌーを楽しんで。静かな湖面に映り込む紅葉の森は、まるでおとぎの国に迷い込んでしまったよう。カヌーの操縦はいたって簡単なので、気軽にチャレンジしてみて。園内には豪華なロッジがあるほかキャンプサイトもあり、カヌーキャンプなども楽しめる（→P.12）。

ここでできます！
アルゴンキン州立公園（→P.162）

1.朝霧のなかに浮かぶ、紅葉の森とカヌー。アルゴンキンを代表する風景 2.園内随一の高級ロッジ、アロウホン・パインズ

TO DO LIST 05
城×紅葉の
コラボ写真を激写☆

古城と紅葉という、まるで絵はがきのような美しい風景が見られるのが、ケベック・シティ。絶好の撮影ポイントは、ロウワー・タウンにあるフェリー乗り場付近。お城のようなホテル、フェアモント・ル・シャトー・フロントナックと紅葉を写真に収めよう。

ここでできます！
ケベック・シティ（→P.226）

1.ロウワー・タウンから見上げるフェアモント・ル・シャトー・フロントナック 2.テラス・デュフランから紅葉のロウワー・タウンを見下ろす

メープル街道 総合案内

知っておきたい基礎情報からモデルルートまで、旅に役立つ情報をまとめてお届け!

赤く色づいたメープルの葉

[シーズン]

　紅葉のピークは9月中旬～10月中旬の間の2～3週間くらい。紅葉前線は東から西へ向かって、ケベック・シティ近郊で紅葉が始まってからナイアガラ・フォールズに到達するのに1週間前後かかる。北部や高原などは、都市部よりも時期が早い。紅葉の名所も、いっせいに紅葉するのではなく時差があるので、事前にウェブサイトなどでチェックしておこう。

メープル街道各地の紅葉シーズン(目安)

	9月	10月
ナイアガラ・フォールズ		9月下旬～ 10月下旬
トロント		9月下旬～ 10月下旬
オタワ	9月中旬～ 10月中旬	
アルゴンキン州立公園	9月中旬～ 10月上旬	
モントリオール	9月中旬～ 10月中旬	
ロレンシャン	9月中旬～ 10月上旬	
イースタン・タウンシップス		9月下旬～ 10月中旬
ケベック・シティ	9月中旬～ 10月中旬	

[紅葉の名所は3ヵ所]

　オンタリオ州のアルゴンキン州立公園、ケベック州のロレンシャンとイースタン・タウンシップスが、メインとなる紅葉リゾート。それぞれ紅葉のピーク時期がずれるので、たとえば10月頭に3ヵ所を回れば、どこかで紅葉のピークにあたる可能性が高い。1ヵ所しか行かない人は、シーズンをよく考えよう。

人気の紅葉リゾート、モン・トランブラン

[拠点となる町]

　メープル街道の玄関口は、トロント、オタワ、モントリオール、ケベック・シティの4都市。目的地となる紅葉の名所を考えて、どの都市からスタートするかを選ぼう。

★アルゴンキン州立公園
　トロントから3時間～、オタワから3時間～
★ロレンシャン(モン・トランブラン)
　オタワから2時間～、モントリオールから1時間30分～
★イースタン・タウンシップス(シャーブルック)
　モントリオールから2時間～、ケベック・シティから2時間30分～
※すべて車での所要時間

[交通手段]

　日本から拠点となる4都市にはそれぞれ飛行機で移動。各都市の間はメガバスやフリックス・バス、オルレアン・エクスプレスなどの長距離バスを利用し、紅葉リゾートへは別の車で行く。ただし、ルートや便数は限られており、現地では車がないととうてい回れないという場合がほとんど。しっかりと回るならレンタカー利用が断然おすすめ。

　唯一ロレンシャンのモン・トランブランだけは徒歩で回れる程度の広さのため、モントリオールからバス利用でも問題はない。

ロレンシャン行きのバスが出るモントリオールのバスディーポ

[個人旅行か、パッケージツアーか]

　個人旅行だとレンタカーでないかぎりどうしても交通手段が限られる。日本発のパッケージなら現地での交通手段が込みなので、運転に自信のない人はツアーを利用するのが安心だ。

[回り方]

　拠点の町から紅葉リゾートを1ヵ所だけ回るなら、3日でもOK。5日程度の旅行なら、トロントかモントリオールを拠点にロレンシャン、アルゴンキンを回るといい。トロントからケベック・シティまで行く場合は、最低でも1週間、ナイアガラをプラスすると10日はかかる。右記のモデルルートを参考に、旅程を組もう。

[モデルルート]

ルート1 弾丸メープル街道
～モントリオールから モン・トランブランへ～

もっとも手軽に紅葉の森を見学できるルート。レンタカーでなく、バスのみを利用してもOK。

- 1日目　日本 → モントリオール
  モントリオール泊
- 2日目　モントリオール → ロレンシャン
  モン・トランブラン泊
- 3日目　ロレンシャン → モントリオール

ルート3 1週間で メープル街道横断
～ケベック・シティからトロントへ～

東から西へと進むルート。10日あればイースタン・タウンシップスやナイアガラもルートに組み込める。

- 1日目　日本 → トロント → ケベック・シティ
  ケベック・シティ泊
- 2日目　ケベック・シティ観光
  ケベック・シティ泊
- 3日目　ケベック・シティ → モントリオール
  モントリオール泊
- 4日目　モントリオール → ロレンシャン
  モン・トランブラン泊
- 5日目　ロレンシャン → オタワ
  オタワ泊
- 6日目　オタワ → アルゴンキン州立公園
  アルゴンキン州立公園泊
- 7日目　アルゴンキン州立公園 → トロント

ルート2 5日間で3都市周遊
～トロントからモントリオールへ～

3大都市を拠点に、紅葉リゾートへ足を伸ばす。自然と町、両方を楽しめる。移動はレンタカーで。

- 1日目　日本 → トロント
  トロント泊
- 2日目　トロント →
  アルゴンキン州立公園 → オタワ
  オタワ泊
- 3日目　オタワ → ロレンシャン
  モン・トランブラン泊
- 4日目　ロレンシャン → モントリオール
  モントリオール泊
- 5日目　モントリオール

[有名なドライブルート]

　個人旅行で回る場合、最も自由度の高いのがレンタカーでのセルフドライブ。組み合わせ次第でルートは無数にあるが、風光明媚なコースとして名高い3つのルートを紹介。

トロント～アルゴンキン州立公園
走行距離 約270km
ルート ハイウエイ#400、#11、#60経由

　トロントから公園までは、約3時間30分。ハイウエイ#400を北上し、バリーBarrieでハイウエイ#11へ入る。ハンツビルでハイウエイ#60に入りオタワ方面へ約45km行けば到着。休憩はハンツビルで。紅葉を一望できる展望台があるほか、リゾートホテルも点在。

ロレンシャン（モン・トランブラン）～モントリオール
走行距離 約145km　ルート ハイウエイ#117、#15経由

　人気のドライブコース。ツアーなどでは逆ルートを通る場合も多い。途中の村々に寄りながらドライブを楽しみたい。

モントリオール～ケベック・シティ
走行距離 約263km　ルート ハイウエイ#40経由

　ケベック州の2大都市を結ぶのは、ハイウエイ#40。市内は道も入り組んでいるが、郊外に出てしまえばほぼ一本道。途中には約350年の歴史をもつ古都、トロワ・リヴィエールがある。ケベック・シティでは、オルレアン島やシャルルヴォワへ行ってみよう。

CANADIAN MAPLE SYRUP

教えて！ カナディアン メープルシロップのおはなし

カナダみやげの定番といえば、メープルシロップ。
メープルとカナダの関係、シロップの種類や選び方、特徴や使い方などを学べば、
カナダならではの味を120%満喫できること間違いなし。

🍁 メープルシロップとは？

シュガーメープル（サトウカエデ）の樹液を煮詰めた自然甘味料。メープルの原生林がある北米の一部地域でのみ生産される。樹液を採取するのは、3〜4月の雪が溶け始めた頃。深い雪に覆われ冬眠状態にあったメープルの木は、それまで蓄えていたでんぷんを根から吸い上げた水分と混ぜ、酵素で分解することにより糖に変換させていく。その糖が多分に含まれた樹液（メープルウオーター）を40分の1になるまで煮詰め、ろ過して不純物を取り除いたものがメープルシロップだ。

➡ メープルシロップは種類がさまざま

🍁 メープルとカナダの関係

メープルリーフが国旗に描かれるほど、カナダとメープルの関係は深い。現在の国旗は1865年より使用されているが、メープルリーフは古くから「カナダの自然の恵みのシンボル」として親しまれてきた。また、メープルシロップ作りは北米の先住民の人々により生み出され、のちに現在のカナダ人の先祖である入植者へと伝えられた。カナダの文化として長い歴史があり、質の高いシロップの生産はカナダ人の誇りでもあるのだ。

🍁 どこで生産 されているの？

世界で生産されるメープルシロップのうち、なんと85%はカナダ産。オンタリオ州、ニュー・ブランズウィック州、ノヴァ・スコシア州でも生産されているが、カナダで作られるシロップの90%以上はケベック州産。

🍁 カナダで見られる メープルの種類

シュガー メープル（サトウカエデ）
カナダ国旗にデザインされている。シュガーメープルの樹液を煮詰めて、シロップが作られる。

レッドメープル（イタヤカエデ）
北米に多く分布する、樹高約20mの落葉高木。名前のとおり、赤く色づくのが特徴。

ストライプ メープル（ウリハダカエデ）
赤く染まることはなく、黄色くなり枯れてしまう。細木で、寿命は10年ほど。

🍁 シロップ選びの注目ポイント

シロップのラベルをしっかりと確認すれば、天然のカナダ産メープルシロップを見極められる。保存料や添加物を一切使用しない、自然のままのカナダの味を持ち帰ろう！

原産国はカナダ？
英語、もしくはフランス語にて「Product of Canada」「Produit du Canada」と明記されているか確認しよう。

容器は何？
ビン、プラスチック、缶など容器はさまざま。デザイン性や持ち運びの利便性など、用途に合わせて選ぼう。
※液体物（シロップ含む）は、飛行機の機内持ち込みが制限されているので注意しよう

原材料100%？
カナダ産のメープルシロップは、原材料100%のもののみ。英語、もしくはフランス語にて「Pure」「Pur」と明記してあるものを選ぼう。メープルフレーバーMaple Flavorと書かれているものは、少量のメープルシロップにハチミツなどを加えたものなので注意！

🍁 シロップの特徴と用法は？

無添加で100%ナチュラルのメープルシロップは、体にやさしい自然甘味料。砂糖やハチミツなどの甘味料と比べて低カロリーだ。また、カルシウム、カリウムなどのミネラル分が多く、栄養価も高い。ダイエットや糖尿病が気になる人にもおすすめできる。また、ふんわり香る木のフレーバーは、リラックス効果もあるそう。

① 砂糖代わりに
低カロリーでヘルシーなメープルシロップは、毎日でも口にしたいもの。砂糖の代わりに、紅茶やコーヒーに入れてみよう。

② ホットケーキやパン類にかけて
ホットケーキやパン類との相性は抜群。なかでもおすすめなのが、フレンチトーストとのコンビ。あとからかけずに、砂糖代わりに塗ってからパンを焼いてもおいしい。

↑たっぷりとかけて食べたい

③ 料理の調味料として
自然甘味料であるメープルシロップは、料理に使ってもちろんOK。ポークやチキンなどの肉類や、サーモンとの相性がとてもよい。料理に使うなら、ライトかミディアム、アンバーがおすすめ。

↑ソースへの隠し味として使える

🍁 シロップの種類とグレード

メープルシロップは、取れた時期により風味や味が大きく異なるため、カナダ政府の定めた5段階の等級に分かれている。一般に早く取れたものほど色が薄く、透明度が高い。口当たりもライトだ。等級はその透明度によって決定され、採取時期が早い順にNo.1エキストラライト、No.1ライト、No.1ミディアム、No.2アンバー、No.3ダークとなる。みやげ物店で一般的に見かけるのは、ライト、ミディアム、アンバーの3種。店によってはミディアムしかない場合も。

No.1 エキストラライト
Extra Light
いわゆる、その年の一番搾り。稀少価値が高く、高額。透明度は75%以上。

No.1 ライト
Light
砂糖の代わりに使うのに最適。料理の隠し味にもグッド。透明度60.5〜75%。

No.1 ミディアム
Medium
最も一般的な等級。ホットケーキやパンにかけて食べよう。透明度44〜60.5%。

No.2 アンバー
Amber
濃厚だがややクセがある。プリンなどお菓子作りに向いている。透明度27〜44%。

No.3 ダーク
Dark
ほとんど市場に出回らない。製品のフレーバーとして使われる。透明度27%以下。

おいしくって楽しい☆ プチプラ天国

地元スーパーで おみやげ探し

Maple Goods

自然な甘さがやみつきに!

メープルシロップ

カナダみやげの永遠の定番、メープルシロップも、スーパーなら割安。100%ピュアのメープルシロップを選ぼう。

メープルクッキー

自然な甘さがとサクサクした食感が特徴のメープルクッキー。大容量のものなら、ばらまきみやげにもぴったり。

メープルチョコレート

甘いメープルクリームを、チョコレートコーティング。小さなメープルリーフの形をしていて、かわいくておすすめ。

Food

サーモン缶

人気のサーモンも、缶詰なら$3くらいで手に入る。ソッカイ(紅鮭)やキング、ピンク、コーホーなど種類もいろいろ。

グラノーラ

ヘルシーなグラノーラは、カナダの朝食の人気メニュー。食感がよく、食べ応え抜群。バリエーションも豊富。

ビーフジャーキー

味わい深いビーフジャーキー。スパイシーでビールのつまみにぴったり! 日本へは持ち込み不可なので注意。

マカロニチーズ

北米の子供たちはみんな大好きマカロニチーズ。フライパンひとつで簡単にでき、朝食やランチに最適。

インスタントコーヒー

カナダの国民的ドーナツショップ、ティム・ホートンのインスタントコーヒー。30カップ入りと大容量がうれしい。

スープ缶

おなじみのキャンベルのスープ缶。日本では見たことのない味やパスタなどもある。パッケージもキュート。

Supermarket Memo

[スーパーの種類]

オーガニック食品をメインに扱う高級スーパーからディカウントプライスがうれしい格安スーパーまでいろいろ。日本の100円ショップにあたる$1ショップのダララマ Dollarama にもスナックやドリンクが置いてある。

安さ重視なら「ダララマ」へ

[テイクアウトグルメも充実!]

各スーパーには、デリやお惣菜、サンドイッチなど軽食を販売するコーナーがある。$10もあればお腹いっぱい食べられるので、安く上げたい時はぜひ利用しよう。安くても、味はハイクオリティで驚く。

サンドイッチやラップスは朝食やランチに最適

パスタやミートボールなどのほか寿司もデリの定番

[エコバッグを持参しよう]

カナダでは、すべてのスーパーでショッピングバッグが有料。マイエコバッグを利用するのがいい。また各スーパーで販売しているオリジナルのエコバッグは、おみやげにもなるので現地調達も◎。

30

リーズナブルに現地ならではのおみやげを買いたいなら、スーパーマーケットは外せない！名物のメープル製品からフード系、お菓子、ドリンクまで、おすすめのスーパーみやげを一挙紹介！

カナダ東部主要都市の
スーパーについて

Snack

ポテトチップス
カナダの最大手ポテトチップスメーカー、オールド・ダッチ。トマトケチャップ味は、カナダだけのオリジナル。

ピーナッツバターカップ
リーズの定番。チョコレートのカップに、ピーナッツバターをイン！こちらはひと口で食べやすいミニサイズ。

グミ
国際的なグミメーカー、ハリボーのグミはカナダでも大人気！日本よりもたくさんのバリエーションがある。

プリングルス
ヒゲのイラストでおなじみのプリングルスも、ケチャップやピザ、ソルト＆ビネガーなどユニークな味がある。

キャンディ類
ビビッドカラーのパッケージが目を引くキャンディ。ハードからソフトタイプまで種類豊富。人気はフルーツ味。

チージーズ
ホームパーティには欠かせない、カナダの国民的スナック菓子。チェダーチーズたっぷりで濃厚な味わい。

Drink

日本でもおなじみのスタバ

クラマト
トマトジュースをハマグリのスープで割ったクラマトは、カナダ独特の飲み物。思ったよりも飲みやすい。

瓶コーヒー
スタバの瓶コーヒー。405mlとたっぷりサイズ。トップブランドだけに味も折り紙付き。いくつか種類がある。

トロント
大型のスーパーはほとんどが郊外にある。ダウンタウンで行きやすいのは、ブロア／ヨークヴィルにあるWhole Foods Market（MAP P.75-A2）。チャイナタウンには個人経営の小さな店が点在している。

オタワ
リドー通り沿いにいくつかのスーパーがある。便利なのは「Hudson's Bay」などショッピングモールの地下にある大型のスーパーだが、値段がやや高め。バイワード・マーケットの周辺には小さな商店が集中している。

モントリオール
ショッピングセンターの地下にはたいていスーパーがあり、旅行者でも利用しやすい。規模が比較的大きいのは、Complexe DesjardinsにあるIGA（MAP P.170-B2〜C2）。また随所に小さな商店がある。

ケベック・シティ
旧市街には小さな商店はあるものの、大型のスーパーはない。旧市街から最も近いスーパーは、VIA鉄道駅の西にあるMetro Plus（MAP P.228-A2）。大きな店舗ではないが、生鮮食品やデリまでひと通り揃う。

シャーロットタウン
ダウンタウンに大型スーパーはなく、Sobeys（→P.280欄外）など大型のスーパーはやや離れた場所にある。ダウンタウンの中心からは徒歩20分ほどかかるが、規模は大きく行く価値は十分にある。

31

ロブスターロール
In トロント

ここで味わう！

● バスターズ・シー・コーブ…… ▶ P.34

ロブスターのほぐし身をマヨネーズテイストの特製ソースであえてパンでサンド！本物のロブスターがぎゅっと凝縮されていて、うま味たっぷり。

がぶっとかぶりつくのが正解！

ビーバーの尻尾の形をしたサクサク食感のペイストリー。オタワローカルだったが、近年カナダ全土の観光地に続々とオープンしている。

ここで味わう！

● ビーバー・テイルズ…… ▶ P.157

ビーバー・テイルズ
In オタワ

4大都市の
名物B級グルメ

スモークミート
In モントリオール

ここで味わう！

● シュワルツ…… ▶ P.204

特製スパイスに漬けこんでじっくりとスモークした牛肉は、口に入れるとほろり崩れる軟らかさ。噛むほどに肉汁が口中にあふれ出す。

プティン
In ケベック・シティ

ここで味わう！

● シェ・アシュトン…… ▶ P.253

ケベック・シティは、カナダで人気のB級グルメ、プティン発祥の地。ポテト×チーズ×グレービーソースというハイパーカロリーで激うま！

カナダは、気軽に食べられておいしいB級グルメ大国。東部4大都市の名物料理からカナダのチェーン系ファストフード、ベンダー＆フードトラックまで、外せない安うまグルメをチェック！

みんな大好き！ティム・ホートン

カナダ全土で2000店舗以上を展開するコーヒーショップ。人気はドーナツで、小さなティムビッツは大人も子供も大好物。朝食やランチも揃い、朝から晩まで地元カナディアンでにぎわっている。

ランチの定番スープは2種類からチョイス可能。こちらはチリコンカン。パンがセットで$5.49

ティム・ホートン
Tim Hortons
URL www.timhortons.com

1.どの町にも必ずといっていいほど店舗がある 2.ミニドーナツの詰め合わせティムビッツ。10個入りで$3と格安！ 3.種類豊富なドーナツはひとつ$1.49〜

$10以下でOK！ カナダのファストフード店

日本でも沖縄にだけ展開するハンバーガーチェーン、A&Wはカナダのファストフード店。ボリューミーなハンバーガーと、微妙な味のルートビアが名物。ピザピザは、トロント生まれのピザショップ。具材＆チーズたっぷりのカナディアンピザをぜひ。オンタリオ州をメインに出店している。

エー＆ダブリュ
A&W
URL web.aw.ca

バーガー、ポテト、ドリンクのコンボで$9.68〜

深夜まで営業している店も多い

ピザはワンピースからオーダー可能

ピザ・ピザ
Pizza Pizza
URL www.pizzapizza.ca

オレンジとグリーンのカラフルな看板が目印

ベンダー＆フードトラックをチェック！

カナダのストリートフードといえば、昔からホットドッグ屋台が定番。最近数は減ってきているものの、トロントやオタワのダウンタウンでは今も健在。また最近人気なのが、キッチン付きのフードトラック。有名店が手がけているフードトラックもあり、ストリートとは思えないほどハイレベル！

ホットドッグは$5くらいから。トッピングは取り放題！

1.ホットドッグスタンドはダウンタウンのオフィス街に多い 2.フードトラック。定番はハンバーガーやフィッシュ＆チップスなど

St. Lawrence Market

セント・ローレンス・マーケットに潜入！

セント・ローレンス・マーケットは、1803年にオープンした屋内型マーケット。フロント通りを挟んでノース・サウスに分かれ、サウス・マーケットには生鮮食品店からデリ、レストランが入り、食のテーマパークのよう！

1階と地下1階の2フロアか
サウス・マ

DATA

セント・ローレンス・マーケット
St. Lawrence Market
MAP P.45-B4
住 92-95 Front St. E.
TEL (416) 392-7219
URL www.stlawrencemarket.com

サウス・マーケット
営 火〜金9:00〜19:00
　土7:00〜17:00
　日10:00〜17:00
休 月
交 地下鉄キング駅から徒歩

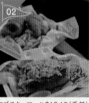

ロブスターロール$19.15（手前）食事時にはいつも行列の人気店
とハリバット&チップス$18.59（奥）

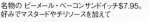

名物の ピーメール・ベーコンサンドイッチ$7.95。
好みでマスタードやチリソースを加えて

カラフルな野菜やフルー
るだけでも楽しい！

れんが造りのレトロな外観

カラフルな看板が目印

セント・ローレンス・マーケット

■階段 ■トイレ ■ATM ■エレベーター ■電話

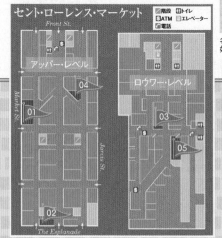

Front St.

アッパー・レベル

ロウワー・レベル

Market St.

Jarvis St.

The Esplanade

SHOP DATA

01 ベーコンを挟んだ
豪快サンド

Carousel Bakery
カルーセル・ベーカリー

　豚の肩肉を使かった厚手いベーコンを挟んだサンドイッチで有名。人気店なので、食事時は行列必至。

DATA
MAP アッパーレベル42
TEL (416) 363-4247
CC 不可

02 新鮮シーフード

Busters Sea Cove
バスターズ・シー・コーブ

　建物の奥まった場所にあるシドの店。マーケットで仕入れた新魚介を使ったメニューが食べら

DATA
MAP アッパーレベル33
TEL (416) 369-9048
URL www.bustersseacove.ca
CC M V

名物のパイを召し上がれ！

ルやチョコレートなどさまざまなパイがあり、$5.99〜

ンはひとつ$2.75

すべて1瓶$6。4つ以上購入で1瓶$5に

メープルも格安で買える

メープルシロップ$11.99

ーレベルにあるおみやげ屋

エルク
ビーバー
ホッキョクグマ！

木彫りの動物たち
各$9.99

ダカラーの
ン$15.99

●詳細は→P.147

●詳細は→P.147

ここにもある！ 名物マーケット

オタワ Ottawa

バイワード・マーケット
ByWard Market

ダウンタウンにある屋内マーケット。中には飲食店が、夏には外に野菜などの屋台が並ぶ。市場を取り囲むようにさまざまな店が連なる。
●詳細は→P.147

モントリオール Montreal

アトウオーター・マーケット
Marché Atwater

旧市街の外れにあるモントリオール最大のマーケット。生鮮食品から加工品、スイーツ、チーズなどの店がぎっしり！ テイクアウトフードも。

DATA
- **MAP** P.169-D2
- **住** 138 avenue Atwater
- **TEL** (514) 937-7754
- **URL** www.marchespublics-mtl.com/marches/atwater
- **営** 月〜金9:00〜18:00　土・日9:00〜17:00
- **休** 無休

毎週土曜のお楽しみ

毎週土曜には、ノース・マーケットでファーマーズ・マーケットが開催される。近隣農家が自慢の野菜や加工品を販売する人気のイベントだ。

DATA
ファーマーズ・マーケット
- **営** 土5:00〜15:00
- **休** 日〜月

ノース・マーケットは2022年11月現在新しい建物に改装中

人気のスイーツショップ

's Temptations
ズ・テンプテーション

イやケーキ、カップケーキなどが並
頭はカラフルな宝石箱のよう！
ら購入可能なチョコも人気。

TA
ロウワーレベルB11
416) 366-7437
ww.evesdesserts.com
V

04 オンタリオ産のマスタード

Kozlik's Canadian Mustard
コズリック・カナディアン・マスタード

ホームメイド・マスタードの老舗。定番はAmazing MapleとBordeaux。オリジナルのBBQソースも試してみたい。

DATA
- **MAP** アッパーレベル19A
- **TEL** (416) 361-9788
- **URL** www.kozliks.com
- **CC** A M V

05 おみやげならおまかせ！

Giftworks
ギフトワークス

クッキー、バター、お茶などメープル製品が豊富なギフトショップ。CanadaやTorontoのロゴ入りTシャツも人気。

DATA
- **MAP** ロウワーレベルB20
- **TEL** (416) 369-0635
- **CC** M V

オンタリオ州

Ontario

10月初旬、木々が色付き始めたトロントの街

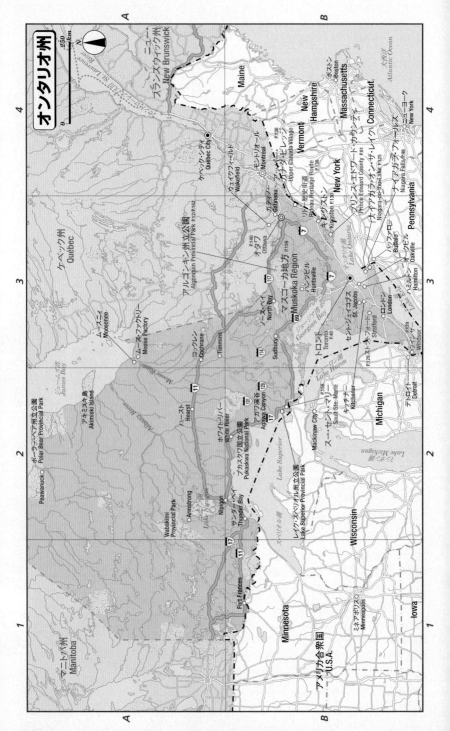

オンタリオ州

オンタリオ州

Ontario

　首都オタワとカナダ最大の街トロントという2大都市を擁する、政治・経済面でのカナダの中心。人口もカナダ全州のうちで最多。「オンタリオ」とは、先住民族の言葉で「きらめく水」を意味する「カナダリオ」に由来するとおり、北のハドソン湾や南の五大湖、セント・ローレンス川など多くの湖や川を抱えている。

州都：	トロント
面積：	107万6395km²
人口：	1510万9416人
	（2022年7月時点）
時差：	東部標準時間（EST）
	日本との時差−14時間
	（サマータイム実施時−13時間）
州税：	ハーモナイズド・セールス税13%
州旗：	左上にユニオンジャック。右側の中央部には、十字と3枚のメープルリーフが配された盾の紋章がある。

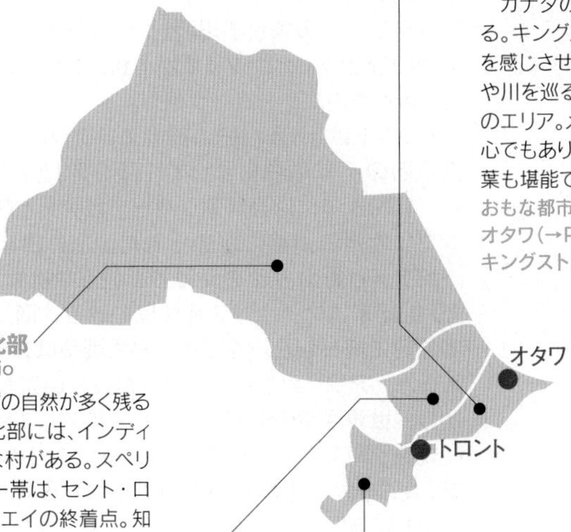

オンタリオ州東部
East of Ontario

　カナダの首都オタワがある。キングストンなどの歴史を感じさせる古都、美しい湖や川を巡るクルーズが人気のエリア。メープル街道の中心でもあり、秋には美しい紅葉も堪能できる。
おもな都市
オタワ（→P.140）
キングストン（→P.130）

オンタリオ州北部
North of Ontario

　いまだ手つかずの自然が多く残るオンタリオ州の北部には、インディアンの住む小さな村がある。スペリオル湖に面した一帯は、セント・ローレンス・シーウエイの終着点。知る人ぞ知る紅葉の名所でもある。
おもな都市
スー・セント・マリー（→P.158）
ムースニィ

オタワ

トロント

マスコーカ地方
Muskoka

　トロントの北に位置する、ジョージア湾からアルゴンキン州立公園にかけて広がる湖水地帯。湖を巡るクルーズやカヌーなどを楽しめる。秋になると美しい紅葉が見られる。
おもな都市
ハンツビル（→P.161）
アルゴンキン州立公園（→P.162）

五大湖周辺
Around the Great Lakes

　オンタリオ州の中部と西部は、五大湖のオンタリオ湖、エリー湖、ヒューロン湖に囲まれたエリア。州都トロントやナイアガラ・フォールズを観光したあとは、点在する魅力的な古都や小さな町へと足を延ばしてみよう。
おもな都市
トロント（→P.40）
ナイアガラ・フォールズ（→P.98）
ナイアガラ・オン・ザ・レイク（→P.125）

Toronto
トロント
オンタリオ州

MAP P.38-B3
人口 279万4356
（トロント市）
市外局番 416/905（郊外）
トロント情報のサイト
URL www.destination
toronto.com
URL www.toronto.ca
twitter.com/
SeeTorontoNow
www.facebook.com/
destinationtoronto

トロントのイベント
プライド・マンス
Pride Month
TEL (416)927-7433
URL www.pridetoronto.com
期間 6/1〜30('22)
　同性愛者の自由と権利を求めるフェスティバル。最大の見どころは、最終日に行われるプライド・パレードPride Parade。

カナディアン・ナショナル・エキシビジョン
Canadian National Exhibition
TEL (416)263-3330
URL www.theex.com
期間 8/18〜9/4('23)
　500以上のアトラクションと700を超えるイベントが行われる、夏をしめくくる一大イベント。

トロント国際映画祭
Toronto International Film Festival
TEL (416)599-2033
FAX (1-888)258-8433
URL tiff.net
期間 9/8〜18('22)
　毎年25万人以上が訪れる大規模な映画祭。国内や海外各国から300以上の作品が集まり、試写会を開催。ハリウッドスターも多く訪れ、街中がにぎわう。

カナダ最大の都市だが、街なかにはたくさんの緑が残されている

　オンタリオ州の州都にしてカナダ最大の街がトロント。日本からの直行便も到着するカナダの東の玄関口でもあり、ナイアガラの滝やメープル街道の拠点としても知られている。街の名前は、インディアンのヒューロン族の言葉、「トランテン（人の集まる場所）」に由来する。街の南には五大湖のひとつ、オンタリオ湖 Lake Ontario があり、対岸はアメリカのニューヨーク州だ。

　トロントは、18世紀の前半までフランス領であったが、英仏間の7年戦争によって1759年にイギリス領へと移り、1793年には当時アッパー・カナダと呼ばれていたオンタリオ州の州都に定められた。1812年の英米戦争で一時アメリカの占領を受けるという曲折もあったものの、19世紀末にはイギリス系住民の政治、商工業の中心として急速に成長した。第2次世界大戦後はアジア、ラテンアメリカ、アフリカなどヨーロッパ以外の国からの移民が増加し、世界屈指の多民族都市へと変貌していった。

　現在、トロントで暮らす移民の数は人口の約半数を占め、コミュニティ同士お互いに尊重しながら暮らしている。トロントに80以上もあるというエスニック・タウンを歩けば、各国の習慣や文化を感じることができる。通りひとつを挟んでまったく異なる文化が広がる様子は、トロントの街歩きをする醍醐味のひとつだ。

　ニューヨークに迫る勢いのミュージカルやオペラ、バレエなど、大都市ならではのエンターテインメントシーンも見逃せない。メジャーリーグ（MLB）のトロント・ブルージェイズやアイスホッケー（NHL）のトロント・メープルリーフスのホームグラウンドでもあり、シーズン中はスポーツ観戦で盛り上がる。

チャイナタウンなど、世界中の移民たちのコミュニティ、エスニックタウンが街のいたるところにある

トロントへの行き方

🍁 飛行機

日本やカナダ、アメリカの各都市からのフライトがある。詳細は「旅の準備と技術、航空券の手配」（→P.356）。

カナダ国内の主要都市からは、エア・カナダ Air Canada（AC）やウエスト・ジェット航空West Jet（WS）を中心に多数の便がある。バンクーバーからは約4時間30分、モントリオールから約1時間30分、カルガリーから約3時間40分。

✈️ トロント・ピアソン国際空港

トロント・ピアソン国際空港Toronto Pearson International Airport（YYZ）は、ダウンタウンの北西約30kmにある。エア・カナダなどスターアライアンス系列の国際線と国内線はターミナル1に、ウエスト・ジェット航空はターミナル3に到着。

エア・カナダ（→P.384）

ウエスト・ジェット航空（→P.384）

トロント・ピアソン国際空港
MAP P.42-B1
TEL (416)247-7678
FREE (1-866)207-1690
URL www.torontopearson.com

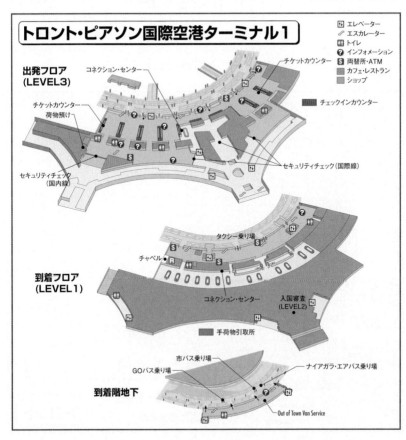

メガバス（→P.384）
モントリオールから
圏大人
　片道$59.99〜（時期によって異なる）

フリックス・バス（→P.384）

VIA鉄道（→P.384）

🍁 長距離バス

モントリオールやオタワへの路線があるメガバス

グレイハウンドは2021年5月でのカナダの全路線を廃止（→P.367）。それにともない、2022年11月現在バンクーバーやカルガリーなどカナダ西部とトロントを結ぶ直行のバスはない。オンタリオ州およびケベック州の一部の都市との間にはメガバスMegaBusやフリックス・バスFlix Busが運行している。モントリオールからはメガバスが1日6〜11便運行、所要6〜7時間。以前バスディーポに集約されていた発着場所もバス会社により異なっているので、注意すること（→P.48）。

ギリシア神殿を思わせるユニオン駅

🍁 VIA鉄道

バンクーバーからVIA鉄道のカナディアン号The Canadianが、モントリオールからは東部近距離特急（コリドー）と呼ばれているケベック・シティ〜ウインザー路線が運行している。バンクーバー発は月・金曜の15:00で、トロント着は4日後の14:29。モントリオールからは1日5〜7便、所要5時間〜6時間45分。到着はいずれもユニオン駅Union Station。

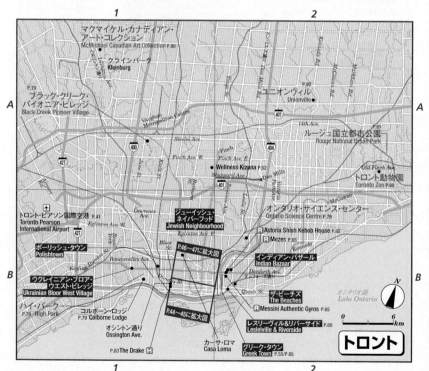

フライ＆ドライブ・おすすめコース

ピアソン国際空港のレンタカーカウンター

駐車場にレンタカーオフィスのカウンターが入っている。ターミナル1は到着階地下（Ground Level）に直結。日本から到着したら、1階下に降りてPマークのある駐車場へ向かうといい。

コース1

湖水地方を抜け、北へ
紅葉も美しいドライブルート
トロント〜
マスコーカ地方〜
アルゴンキン州立公園

走行距離：約251km

メープル街道のハイライトでもあるアルゴンキン州立公園を目指す旅。途中にあるマスコーカ地方の町々で立ち寄りながら、のんびりと行くのがおすすめ。湖ではクルーズなども楽しめる。トロントからハイウエイ#400、#11と#60のみでほとんど行けるため、楽々。ただし走行距離は長いので、トロントからの日帰りは難しい。詳細は（→P.159）。

ハイウエイ#60
アルゴンキン州立公園内を走る

コース2

のどかな風景広がる
地場食材満載のグルメ旅
トロント〜
プリンス・エドワード・
カウンティ

走行距離：約222km（トロント〜ピクトン）

トロントから東に延びるハイウエイ#401を進み、Exit 525で下りて#33を南下すると、セント・ローレンス川に突き出した島のような形のプリンス・エドワード・カウンティに入る。ピクトンの町を中心に、ワイナリーや地元食材を使ったレストランを結ぶドライブルート、「テイスト・トレイル」を回り、グルメ旅を楽しもう。

牧場や畑もたくさんある

43

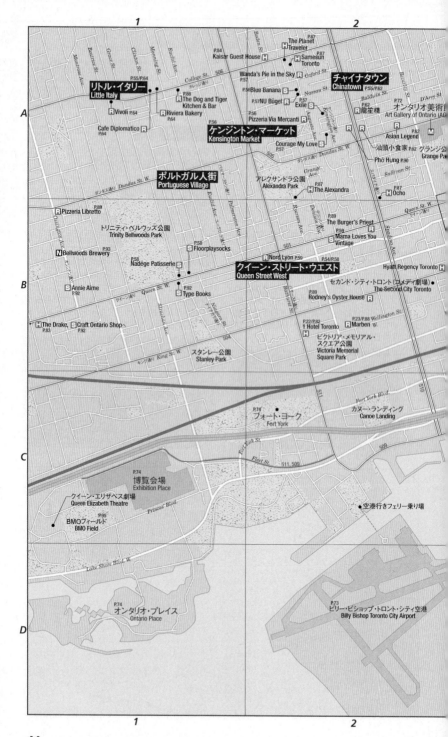

リトル・イタリー
Little Italy P.55/P.64

チャイナタウン
Chinatown P.55/P.62

ケンジントン・マーケット
Kensington Market

ポルトガル人街
Portuguese Village

クイーン・ストリート・ウエスト
Queen Street West

The Planet Traveler P.87
Kaisar Guest House P.84
Samesun Toronto P.87
Wanda's Pie in the Sky P.57
Blue Banana P.56
NU Bügel P.57
Exile P.57
Pizzeria Via Mercanti P.56
Courage My Love P.57

オンタリオ美術館
Art Gallery of Ontario (AG P.72
Asian Legend
龍笙棧 P.62
汕頭小食家 P.62 グランジ公
Phở Hưng P.90 Grange Pa

Vivoli P.64
The Dog and Tiger Kitchen & Bar P.88
Riviera Bakery P.64
Cafe Diplomatico P.64

Pizzeria Libretto P.89
Bellwoods Brewery P.93
Floorplaysocks P.58
Nadège Patisserie P.58
Annie Aime P.92
Type Books P.82

The Drake P.83
Craft Ontario Shop P.92

アレクサンドラ公園
Alexandra Park
The Alexandra P.87
Ocho P.87

The Burger's Priest P.89
Mama Loves You Vintage P.59
Nord Lyon P.59
Hyatt Regency Toronto H

セカンド・シティ・トロント（コメディ劇場）●
The Second City Toronto
Rodney's Oyster House P.89

1 Hotel Toronto P.22/P.82
Marben P.23/P.88 Wellington St.

ビクトリア・メモリアル・
スクエア公園
Victoria Memorial
Square Park

トリニティ・ベルウッズ公園
Trinity Bellwoods Park

スタンレー公園
Stanley Park

フォート・ヨーク
Fort York P.74

カヌー・ランディング
Canoe Landing

博覧会場
Exhibition Place P.74

クイーン・エリザベス劇場
Queen Elizabeth Theatre

BMOフィールド
BMO Field P.95

空港行きフェリー乗り場 ●

オンタリオ・プレイス
Ontario Place P.74

ビリー・ビショップ・トロント・シティ空港
Billy Bishop Toronto City Airport P.73

3　　　　　　　　　　　　4

A

B

C

D

ダンダス広場
Dundas Square

アトリウム・オン・ベイ
Atrium-on-Bay

マッケンジー・ハウス P.71
Mackenzie House

P.91 Toronto Eaton Centre
P.92 Canadian Naturalist
City Sightseeing
Toronto P.49

モス公園
Moss Park

トロント市庁舎
Toronto City Hall

エド・マーヴィッシュ劇場
Ed Mirvish Theatre

Fran's

裁判所
St Michael's Hospital

旧市庁舎
Old City Hall

エルギン&ウィンター・ガーデン劇場
Elgin & Winter Garden Theatre

スグート・ホール
Osgoode Hall

ネイザン・フィリップス広場
Nathan Phillips Square

セント・ジェームス公園
St James Park

カナディアン・ステージ劇場
Canadian Stage Theatre

ディスティラリー地区
The Distillery Historic District

フォーシーズンズ・センター
Four Seasons Centre

The Rex Jazz & Blues Bar
P.93

ファースト・カナディアン・プレイス
First Canadian Place

セント・ローレンス・マーケット（サウス）P.34
St. Lawrence Market

セント・ローレンス・マーケット（ノース）P.34
St. Lawrence Market

街
tainment District

金融街
Financial District

イ・トムソン・ホール
Roy Thomson Hall

Fairmont Royal York P.85

ユニオン・ステーションバス・ターミナル P.48
Union Station Bus Terminal

ント・コンベンション・センター
Toronto Convention Centre

ユニオン駅 P.49
Union Station

P.71に拡大図

ン・タワー
CN Tower

ス・センター
Centre

ラウンドハウス公園
Roundhouse Park

スコシアバンク・アリーナ P.93
Scotiabank Arena

Real Sports Bar & Grill

リプリーズ・アクアリウム・オブ・カナダ
Ripley's Aquarium of Canada

The Westin Harbour Castle, Toronto P.86

トロント鉄道博物館 P.49
Toronto Railway Museum

ハーバー・スクエア公園
Harbour Square Park

ジャック・レイトン・フェリーターミナル P.73
（トロント・アイランズ行きフェリー乗り場）
Jack Layton Ferry Terminal

TO公園
NTO Park

ハーバーフロント
Harbourfront
P.73

terdam Brewhouse

Queen's Quay Terminal
P.91

ハーバーフロント・センター
Harbourfront Centre

Hornblower Cruises
P.49

オンタリオ湖
Lake Ontario

地下鉄
Yonge-University線

地下鉄
Bloor-Danforth線

ストリート・カー

ハイウエイ

N

**トロント
ダウンタウン南部**

0　　250　　500 m

トロント・アイランズ P.73
Toronto Islands

3　　　　　　　　　　　　4

45

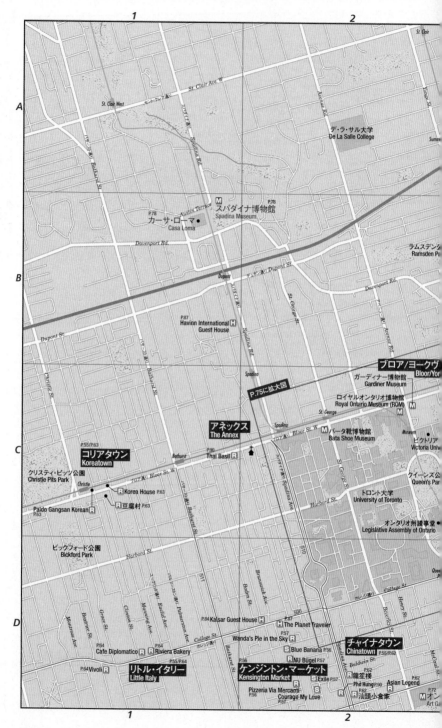

St. Clair

St. Clair Ave. W

A

St. Clair West セント・クレア西駅

デ・ラ・サル大学
De La Salle College

Summer

ラムズデン公
Ramsden Pa

スパダイナ博物館 P.78
Spadina Museum

Austin Terrace

P.78
カーサ・ローマ ●
Casa Loma

Davenport Rd.

B

Dupont デュポン駅

デュポン通り Dupont St.

Davenport Rd.

Dupont St.

P.87
Havinn International
Guest House

St. George

Spadina

ブロア/ヨークヴ
Bloor/Yor

ガーディナー博物館
Gardiner Museum

ロイヤルオンタリオ博物館
Royal Ontario Museum (ROM)

P.75に拡大図

Spadina

St. George

バータ靴博物館
Bata Shoe Museum

Bloor St. W

Museum

ビクトリア
Victoria Univ

アネックス
The Annex

C

コリアタウン
Koreatown

P.55/P.63

Bathurst

P.90
Thai Basil R

クイーンズ公
Queen's Par

クリスティ・ピッツ公園
Christie Pits Park

Christie

ブロア通り Bloor St. W.

R Korea House P.63

トロント大学
University of Toronto

Harbord St.

Spadina Ave.

R 豆腐村 P.63

Paldo Gangsan Korean R
P.63

オンタリオ州議事堂 ●
Legislative Assembly of Ontario

ビックフォード公園
Bickford Park

Harbord St.

D

Brunswick Ave.

Borden St.

College St.

P.84 Kalsar Guest House H

H P.87 The Planet Traveler

Quee

Cafe Diplomatico R

P.57
Wanda's Pie in the Sky R

P.64 Riviera Bakery R

R Blue Banana P.56

チャイナタウン
Chinatown
P.55/P.62

P.55/P.64

P.96
R NU Bügel P.57

Baldwin St.

P.64 Vivoli R

リトル・イタリー
Little Italy

ケンジントン・マーケット
Kensington Market

S Exile P.57

P.62
龍笙樓

P.62

Pizzeria Via Mercanti
P.56

Phở Hưng P.90 R

Asian Legend

Courage My Love
P.57

R 汕頭小食家 P.62

M オン
Art Ga

1　　　　　　　　　　**2**

46

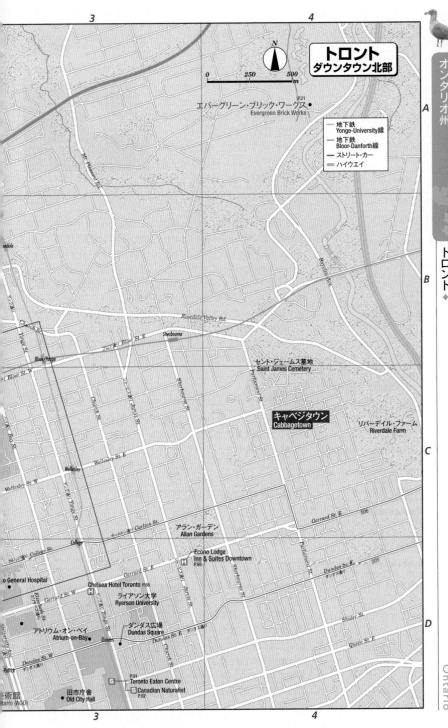

空港から市内へ

ユニオン・ピアソン・エクスプレス

空港→ユニオン駅

TEL www.upexpress.com
■ 毎日4:55～23:00
■ ユニオン駅まで
片道　大人$12.35、シニア$6.2、ファミリー（大人2人と19歳以下の子供3人）$25.7
15分ごとに出発。所要約25分。空港の乗り場は、ターミナル1のレベル2Level2にある。ユニオン駅からの乗り場は、駅からCNタワーなどに通じるスカイウオークSky Walkの途中にある。

市バス

利用方法は（→P.51）
#900（Airport Express）
■ 月～金5:18～翌1:59
土5:41～翌2:36
日7:27～翌2:36
8～25分ごとに出発、所要約20分。
#52（Lawrence West）
■ 月～金5:18～翌1:59
土5:20～翌1:57
日5:10～翌1:55
15～25分ごとに出発、所要約35分。
#352（Lawrence West）
■ 毎日2:20～4:50
30分ごとに運行、所要約35分。
#300A（Bloor-Danforth）
■ 月～金2:13～5:07
土2:34～5:04
日2:12～7:38
3～30分ごとに出発、所要約45分。

ユニオン・ステーション・バス・ターミナル

MAP P.45-B3/P.71-2
■ 81 Bay St., 2 nd Floor
ユニオン駅とベイ通りを挟んだ向かいにあるCIBCスクエア CIBC Squareというビルの2階。ユニオン駅にも通りにも案内表示は特にないので、迷わないように注意して。

♣ ユニオン・ピアソン・エクスプレス　Union Pearson Express

定番はコチラ

トロント・ピアソン国際空港とユニオン駅（→P.49）を結ぶ直通列車。空港とユニオン駅間を約25分で結んでいる。列車はターミナル1を出発して、3つ目の駅がユニオン駅。列車は全席自由席で、Wi-Fiが自由に使えて便利。

便利な空港直通列車

♣ 市バス　City Bus

安さならコレ

地下鉄ブロア-ダンフォース線Bloor-Danforthのキプリング駅Kiplingまで市バス#900（Airport Express）が運行している。また、地下鉄ヤング-ユニバーシティ-スパダイナ線Yonge-University-Spadinaのローレンス・ウエスト駅Lawrence Westへ行く市バス#52、#352（Lawrence West、#352は夜間運行）もある。同じく夜間は、ブロア通りBloor St.からダンフォース通りDanforth Ave.を通る#300A（Bloor-Danforth）を利用できる。乗り場はターミナル1が地下、3は到着階にある。市バス利用の場合は、同じチケットで地下鉄にも乗れて$3.25と安上がりだ。ただし、深夜バス利用の場合は地下鉄の運行が終了しているので注意すること。

♣ タクシー／リムジン　Taxi/Limousines

人数が多いなら

空港からダウンタウンまで30～40分。料金はゾーン制で、ユニオン駅周辺までタクシーなら$56～、リムジン$61～。タクシーは3～4人乗りで、リムジンは6～12人乗り（ドライバーを除く）。5人以上なら、リムジンのほうが安く上がり、荷物もたくさん積めるのでおすすめ。タクシー、リムジンともに到着フロア（Level 1）の出口そばに乗り場がある。

バスディーポから市内へ

グレイハウンドの国内路線廃止（→P.367）に伴い、すべての路線バスが発着していたトロント・コーチ・ターミナルToronto Coach Terminalも閉鎖された。メガバスやフリックス・バスなどの長距離バスは、ユニオン・ステーション・バス・ターミナルUnion Station Bus Terminalから発着する。ダウンタウンのど真ん中で、地下鉄のユニオン駅まで徒歩5分ほど。

ユニオン駅のすぐそばにあるバスディーポ

鉄道駅から市内へ

ダウンタウンの中心に位置しているユニオン駅は、巨大な円柱が支えるネオ・クラシック様式のトロントの表玄関にふさわしい駅舎。VIA鉄道のほか、アメリカのニューヨークまでを結ぶVIA鉄道とアムトラック

天井が高く、開放的なユニオン駅構内

の共同運行便・メープルリーフ号やGOトランジットのGOトレインGO Trainが乗り入れている。GOトレインはハミルトンHamiltonやオークビルOakvilleなど近郊の町を結ぶ通勤列車で、改札口は地下にある。地下にはまた、地下鉄のユニオン駅との直結通路もある。ダウンタウンの各地に行きたい場合は地下鉄やストリート・カーを使うのが便利だ。タクシー乗り場は、フロント通りFront St.側の出口を出たすぐ正面。駅正面にそびえる「Fairmont Royal York（→P.85）」の前にもタクシーが列をなしているので、そこからも乗車できる。市バスのバス停はベイ通りBay St.とフロント通りの交差点のあたりにあり、GOトランジットのGoバスのバス停はベイ通りを渡った先にある。

ユニオン駅
MAP P.45-B3/P.71-1・2/
P.73-2
🏠65 Front St. W.

鉄道の博物館
CNタワー近くのトロント鉄道博物館Toronto Railway Museumは、屋外に蒸気機関車やディーゼル機関車などを展示している。
トロント鉄道博物館
MAP P.45-C3
🏠255 Bremner Blvd.
URL torontorailwaymuseum.com
🕐水〜日12:00〜17:00
休月・火
料大人$10

City Tour

▶ 現地発のツアー

シティ・サイトシーイング・トロント

オープンデッキの赤い2階建てバスに乗り、市内のおもな見どころを巡回するツアー、Hop-On Hop-off Torontoを催行している。ダウンタウンやカーサ・ロマ、セント・ローレンス・マーケットなどの見どころを回り、20ヵ所ある停留所のどこでも乗り降り自由。48時間有効のチケットは、1番乗り場（🏠1 Dundas St. E.）で直接購入するか、ウェブサイト、バス内でも購入可能だ。5月〜10月は通常料金のみでボートクルーズも体験できる。

ホーンブロワー・クルーズ

ハーバーフロントから出ている、オンタリオ湖畔のクルーズが人気。デイクルーズのToronto Sight-seeing Harbour Tourは、所要約45分で湖をクルーズする。夜のDinner Cruiseは、豪華なビュッフェ付きのディナークルーズ。所要2時間30分〜3時間。途中にはダンスパーティも行われ、ちょっとしたセレブ気分に浸れる。クルーズはすべて事前に要予約。

シティ・サイトシーイング・トロント
City Sightseeing Toronto
MAP P.45-A3
🏠1 Dundas St. E.
TEL (416)410-0536
URL citysightseeingtoronto.com
Hop-On Hop-off Toronto
🕐5〜10月 毎日 9:00〜17:00頃
15〜30分ごとに出発。冬季の営業については要ウェブサイトを要確認
料大人$60、シニア・学生$57、子供$36
ホーンブロワー・クルーズ
Hornblower Cruises
MAP P.45-C3
🏠207 Queens Quay W.
TEL (416)203-0178
Toronto Sightseeing Harbour Tours
🕐5〜9月 金〜日13:00〜16:00の毎時ちょうど発
料$22.12
Dinner Cruise
🕐4〜11月
毎日18:30 料大人$136.87

左サイドバー

トロント市交通局（TTC）
☎ (416)393-4636
URL www.ttc.ca
🎫 一回券
　大人$3.25、シニア・学生
　$2.3（プレスト・カード利
　用時は$3.2）
　二回券$6.5
　デイパス$13.5

チケットの種類
プレスト・チケット
　磁気タイプの紙製チケット
で、一回券のほか二回券、デイ
パスの3種類がある。一回券
の場合は裏に有効時間が記さ
れているので、その時間内な
ら乗り換えが可能。
プレスト・カード
　チャージ式のICカード。地
下鉄やストリート・カー、市バ
スの改札口や入口に設置され
た専用のカードリーダーにタ
ッチして乗車する。カードは駅
の窓口で購入でき、$6のデポ
ジットと$10分のチャージが
必要。チャージは各駅にある
自動券売機で行う。

GO トランジット
☎ (416)869-3200
URL www.gotransit.com

地下鉄
🕐 月～土6:00頃～翌1:30頃
　日8:00頃～翌1:30頃
　運行は2～6分間隔。
　夜間、駅にひと気がないとき
は、DWAs(Designed Wait-
ing Areas)で電車を待とう。
これは、駅員の目の届く範囲、
防犯カメラ設置エリア。車掌の
いる中央の車両もこのDWAs
に停まる。車掌室は窓の上に
電球が付いている。万一危険
な目に遭ったら、窓の上にあ
るPassenger Assistance
Alarmというベルトに触れれ
ば、車掌が飛んでくる。

プレスト・カードとプレスト・
チケットの場合はこの改札に
タッチするだけでOK

本文

市内交通

　トロントの市内交通は、市バス、地下鉄、ストリート・カー
（市電）の3つがメイン。いずれもトロント市交通局Toronto
Transit Commission（TTC）が運営しており、料金は一律。
TTCとは別に、GOトランジットが運行する郊外行きの電車と
バスがあり、電車はGOトレイン（8路線）、バスはGOバスGO
Busと呼ばれている。これはおもにトロント市民の通勤手段と
して利用されており、観光で使うことはほとんどないだろう。

チケットと乗り換え

　チケットは、一回券のプレスト・チケットPresto Ticketとプ
レスト・カードPresto Cardの2種類。以前あったトークンやウ
ィークリーパスは2019年に廃止された。購入は、いずれも地下
鉄の各駅に設置してある緑色の自動販売機で可能。一回の乗車
料金はプレスト・チケットが$3.25、プレスト・カードだと$3.2
と安くなるが、カードの発行に際して$6が追加となるので、短
期間の観光ならプレスト・チケットの方がお得。利用の際には
地下鉄なら改札、市バスやストリート・カーならば車内にある
カードリーダーに乗車時タップするだけでOK。利用開始から2
時間以内であれば、地下鉄、ストリート・カー、市バスの相互
間で乗り換えが可能。また地下鉄駅では、現金での乗車に限り
改札口の横にある有人窓口前の小さな箱に$3.25を入れれば乗車
が可能。この場合、乗り換えにはトランスファーチケットが必
要となるので、構内のトランスファーズTransfersの表示がある
赤い機械で手に入れておくこと。

🍁 地下鉄 Subway

　ダウンタウンを南
北U字形に走るヤン
グ-ユニバーシティ-
スパダイナ線Yonge-
University-
Spadina、東西をほ
ぼ一直線に横切るブ
ロア-ダンフォース線
Bloor-Danforthのふ
たつがトロント地下

清潔な地下鉄のホーム

鉄の主要路線。地下鉄駅に入るときは、改札機に有効なチケッ
トまたはカードをかざせばバーが開く（プレスト・チケット
でもプレスト・カードでもOK）。現金払いの場合は改札脇の窓口
に設置してある小箱に入れる。トランスファーチケットの場合
は、窓口で係員に見せるだけでOK。地下鉄はすべての駅に停車
し、ドアは自動開閉。日本の地下鉄に比べて停車時間が短いの
で、乗り降りは機敏に。

ストリート・カー Streetcar

ダウンタウンを東西に横切る主要な通りと、チャイナタウンのあるスパダイナ通りSpadina Ave.やバサースト通りBathurst St.を通る路面電車。乗車はどのドアからも可能で、ドア横の機械にプレスト・チ

乗降の際は車に注意

ケットまたはカードをタッチする。有効なチケットを持っていない場合、車内にある券売機でプレスト・チケットの一回券を買うことも可能（支払いは現金のみ）。降車時は、日本のバスのように柱に設置されている黄色い降車ボタンを押してドライバーに知らせる。停車したら、ドアについている取っ手を押せば開く。降車は前後どちらのドアからでもOK。停留所ごとに通りの名前をアナウンスしてくれる。

市バス City Bus

市バスの路線は、市内に網の目のように広がっている。バス停と乗降の仕方はストリート・カーと同じ。

タクシー Taxi

市内には流しのタクシーも多く、ダウンタウンの主要な通りに出ればほぼ確実につかまえることができる。また、高級ホテル前やバスディーポ、ユニオン駅などにタクシーが停まっていることも多い。タクシー料金はメーター制で、初乗り$4.25。1km走るごとに$1.75ずつ上がっていく。

ストリート・カーの路線と走る通り
#501（クイーン通り）
#503（キング通り～クイーン通り～キングストン通り）
#504（キング通り）
#505（ダンダス通り）
#506（カレッジ通り～カールトン通り）
#509（ハーバーフロント）
#510（スパダイナ通り）
#511（バサースト通り）
#512（セント・クレア通りSt Clair Ave.）
※2022年11月現在、#506は工事中。ルート、停留所とも変更されているので、最新の情報を確認のこと。

深夜の市バス
標示板に24hrと書いてある市バスは24時間運行のバスBlue Night Network。さらに、地下鉄終了後、1:30～5:00にかけて約30分ごとに深夜バスも運行される。深夜バスのバス停にはBlue Night Serviceというサインがある。

おもなタクシー会社
Beck Taxi
☎(416)751-5555
City Taxi Toronto
☎(416)740-2222

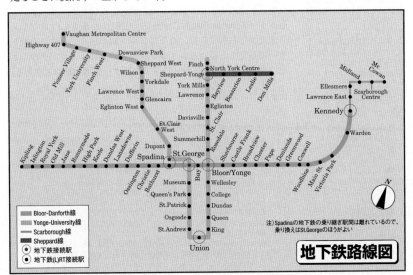

地下鉄路線図

注）Spadinaの地下鉄の乗り継ぎ駅間は離れているので、乗り換えはSt.Georgeのほうがよい

Bloor-Danforth線
Yonge-University線
Scarborough線
Sheppard線
● 地下鉄接続駅
◉ 地下鉄(L)RT接続駅

❓ 観光案内所

Ontario Travel Information Centre
MAP **P.71-1**
🏠65 Front St. W
☎(1-800)668-2746
🌐www.destinationontario.com
𝕏twitter.com/ontariotravel
👍www.facebook.com/OntarioTravel
🕐月～土9:00～17:00
日10:00～17:00
休無休

オンタリオ州の観光案内所なので、州全域の情報が手に入る。ホテル予約も可能。

観光案内所はユニオン駅構内にある

CHECK!

コミュニティサイクル

自転車のシェアシステムのことで、カナダ東部ではモントリオール、トロント、オタワで導入されている。デイパス$7を購入すると期間内であれば何度でも利用可。市内のいたるところに自転車スタンドが設置されているため、観光に利用するのも便利。最初にステーションに備え付けられている支払い機で1日パスまたは3日パスを買う。表示されるコード番号を入力してカギを外せば利用できる。1回の利用が30分以内であれば追加料金はかからないが、超えると超過料金がかかるので注意。
🌐www.bikesharetoronto.com

トロントの歩き方

　ダウンタウンは、南はオンタリオ湖畔から北はブロア通り、東はジャービス通りJarvis St.から西のスパダイナ通りに囲まれた一帯。カレッジ通りCollege St.を境に北と南に分けられ、南はユニオン駅を、北はトロント大学を中心に広がる。ダウンタウンには地下鉄やストリート・カーが発達しているので、これらを乗りこなすことがトロント観光のコツだ。南北を貫く主要なストリートは、地下鉄の通る**ヤング通りYonge St.**、その1ブロック西のベイ通り、ユニオン駅からオンタリオ州議事堂へ続く**ユニバーシティ通りUniversity Ave.**、そしてストリート・カーの走る**スパダイナ通り**。東西に走るのは南から**フロント通り**、**キング通りKing St.**、**クイーン通りQueen St.**、**ダンダス通りDundas St.**、カレッジ通り、ブロア通りが目抜き通りとなっている。トロントの道路は碁盤の目状になっているので、通り名を頭に入れておけば歩きやすくなる。

　おもな見どころはダウンタウンに集中。ユニオン駅を取り囲むようにして、**CNタワー**や**ロジャース・センター**などトロントを代表する見どころがあり、その南がガラス張りの近代的な建物が並ぶ**ハーバーフロント**。スパダイナ通りを北上すれば、右側に**劇場街**が広がり、そのまま進めば**チャイナタウン**や**トロント大学**へと行き着く。トロント大学北側の**ブロア通り**は、高級ブランドのショップが並ぶトロント屈指のショッピングストリート。ブロア通りとアベニュー通りAvenue Rd.の交差点から南へ下ると、**クイーンズ公園Queen's Park**があり、中心には**オンタリオ州議事堂**が立つ。

　トロント大学を東へ切ってヤング通りまで行き南下すると、トロント最大のショッピングセンター、**トロント・イートン・センターToronto Eaton Centre**（→P.91）がある。フロント通りまで来て右折すれば、再びユニオン駅に戻り、ダウンタウンを一周したことになる。ダウンタウンの北は、ミッドタウンと呼ばれる地区で、**カーサ・ロマ**や**スパダイナ博物館**などがある。

ℹ ユースフル・インフォメーション

在トロント日本国総領事館
Consulate-General of Japan in Toronto MAP **P.71-2**
🏠Suite 3300, 77 King St. W., TD Centre
☎(416)363-7038
🌐www.toronto.ca.emb-japan.go.jp
🕐月～金9:00～12:30/13:30～16:30
休土・日・祝日

警察
Toronto Police Service
MAP **P.75-B2** 🏠40 College St.
☎(416)808-2222

病院
Toronto General Hospital
MAP **P.75-B2**
🏠200 Elizabeth St.
☎(416)340-4800

日本語の通じるドクター
Wellness Kizuna（Health One Medical Centre内）
MAP **P.42-A1・2**
🏠5292 Yonge St.
☎(647)628-0023
🌐wellness-kizuna.ca
　医療通訳、海外旅行保険各種対応可。要予約。

おもなレンタカー会社
Avis
トロント・ピアソン国際空港
☎(905)676-1100
ダウンタウン
MAP **P.71-2**

Hertz
トロント・ピアソン国際空港
☎(416)674-2020
ダウンタウン
MAP **P.71-2** 🏠161 Bay St.
☎(416)364-2080

カナダ最大の都市・トロントは見どころがいっぱい！
トロントニアンに人気の最旬&定番スポットから
観光に外せないCNタワーの楽しみ方まで、
絶対に行きたいスポットばかりが集まった
街の魅力を満喫するスーパーガイド！

楽しみ 1
ネイバーフッドと
エスニック・タウン
って、何だ？
トロントの街ガイドに、絶対に
外せないふたつのエリア。いった
いどんなところなのでしょう？
▶▶▶P.54～55

楽しみ 2
トロントの
最旬ネイバーフッドへ
今、最も旬な3つのエリアへご
招待。どこも、注目の店が続々オ
ープンしています。
▶▶▶P.56～61

楽しみ 3
エスニック・タウンで
世界一周グルメ旅
世界中からの移民たちが集ま
ったコミュニティタウンで、本場
顔負けのグルメを堪能しよう！
▶▶▶P.62～65

楽しみ 4
テッパンスポット、
CNタワーを楽しむ
トロント最大の見どころ、CNタ
ワー。展望台だけでなく、さまざ
まな楽しみがあるんです。
▶▶▶P.66～67

楽しみ 5
地元トロントニアンに
人気のスポット！
レトロなウイスキー醸造所を
利用した再開発地区のディステ
ィラリー地区に注目！
▶▶▶P.68～69

これが最強。

トロントの楽しみ
徹底ガイド

トロント・アイランズから見たダウンタウン

これを知らなきゃ トロントは語れない！ ネイバーフッドと

定番のネイバーフッドはこちら！

ネイバーフッド Neighborhood

小さく個性的なエリアが連続するトロントの街は、「ネイバーフッド」の集合体といわれる。ネイバーフッドとは「隣人」という意味で、それぞれ特徴をもったエリアを指す言葉として使われている。ネイバーフッドにはハーバーフロントや劇場街のような観光商業地区からブロア／ヨークヴィルのようなショッピングエリアまであり、エリアごとに集まっている店なども同じ傾向がある。

高級ブランドから個性派ショップまで揃う

1 ブロア／ヨークヴィル
Bloor/Yorkville　　　MAP P.75-A2

トロント有数のショッピングエリア。ブロア通りにはさまざまなショップやデパートが集中。ブロア通りのふた筋北がヨークヴィル通りYorkville Ave.。れんが造りの建物を改装したセレクトショップやカフェが並ぶ。

🚇地下鉄ブロア／ヤング駅Bloor／Yonge、ベイ駅Bayからすぐ。

通りは看板を見れば一目瞭然！

▲おしゃれなショップが連続するヨークヴィル

ユニオン駅前に並ぶ摩天楼

2 金融街
Financial District　　　MAP P.71-2

ユニオン駅の目の前に並ぶ摩天楼は、カナダの主要銀行群。なかでも、ひときわ目立つ金色のビルは、ロイヤル・バンク・プラザRoyal Bank Plaza。表面には本物の金が約70kgも使われているという。

🚇ユニオン駅から徒歩1分。

◀「カナダのウォール街」と呼ばれるエリア

トロントのブロードウエイ

3 劇場街
Entertainment District　　　MAP P.71-1

キング通り沿いに立つふたつの劇場、ロイヤル・アレクサンドラ劇場（→P.94）とプリンセス・オブ・ウェールズ劇場（→P.94）を中心とした一帯。コンサートホールやシアターなどもある。人気のレストランやクラブも多く、ナイトライフでも見逃せないエリア。

🚇地下鉄セント・アンドリュー駅St. Andrewから徒歩1分。

▶日が落ちると、とたんに活気が出てくる

これ以外にも注目ネイバーフッドはたくさん！
最旬★ネイバーフッド▶▶▶P.56

Lawrence Ave.
Eglinton Ave.W.
St. Clair Ave.W.
Dupont St.　コリアタウン
Bloor St.W.
College St.　リトル・イタリー
Dundas St.W.
King St.W.
Dufferin St.
Royal York Rd.
South Kingsway
Parkside Dr.
Lake Shore Blvd. W.

ウクレイニアン・ブロア・ウエスト・ビレッジ
ポーリッシュ・タウン
オシントン通り
最旬スポット
クイーン・ストリート・ウエスト
ポルトガル人街
ケンジントンマーケット
最旬スポット
劇

西の外れのファッションストリート

4 クイーン・ストリート・ウエスト
Queen Street West　　　MAP P.44-B1・2

地下鉄オスグード駅Osgoodeからクイーン通りを西へ進み、バサースト通りを過ぎたあたりから始まるエリア。個性的なセレクトショップが軒を連ねる、トロント随一のおしゃれなストリートだ。休日には多くの若者たちでにぎわう。

🚃ストリート・カーの#501（クイーン通り）に乗り、バサースト通りBathurst St.下車。

▶アーティスティックな壁画もたくさん

エスニック・タウン

トロントの街は、ネイバーフッドと
エスニック・タウンの集合体だ。
特徴あるエリアが通りひとつを挟んで
隣接し、独特な雰囲気を創り出す。
まずは、ネイバーフッドと
エスニック・タウンについて学ぼう。

エスニック・タウン Ethnic Town

世界中からの移民が暮らすトロントは、世界でも有数のコスモポリタン・シティ。街中には80を超える移民たちのコミュニティ（エスニック・タウン）があるとされ、それらは混じり合うことなくエリアごとにその国を象徴するようなレストランやショップが並んでいる。街を少し歩くだけで世界中を旅しているような気分になれるのは、トロントならではの楽しみだ。

特に大きい
4大エスニック・タウンは
こちら！

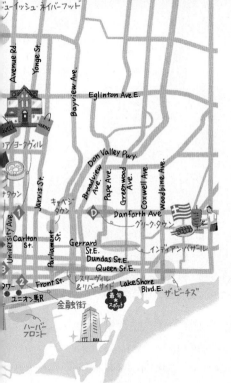

トロント最大のエスニック・タウン

A チャイナタウン
Chinatown　　　　MAP P.44-A2

現在トロントには約40万人以上の中国移民が住むといわれ、トロント市内にはほかに4つのチャイナタウンがある。なかでも、ダウンタウンのど真ん中、スパダイナ通りとダンダス通りの交差点を中心に広がるチャイナタウンが最大の規模。

🚇 地下鉄セント・パトリック駅St. Patrickから徒歩5分。

▶スパダイナ通りにある中華門

ハングル文字の看板が続く

B コリアタウン
Koreatown　　　　MAP P.46-C1

ブロア通りの西、アネックスThe Annexを過ぎてさらに歩いていくと、突如として大量のハングル文字の看板が現れる。コリアタウンは、バサースト通りあたりから500m以上にわたって続く。韓国料理はもちろん、日本食や中華のレストランも多い。

🚇 地下鉄クリスティー駅Christieから徒歩すぐ。

◀リーズナブルなレストランが軒を連ねる

陽気なイタリア人が集う

C リトル・イタリー
Little Italy　　　MAP P.44-A1/P.46-D1

カレッジ通りを西へ進み、パルマーストン通りPalmerston Ave.を過ぎたあたり。通り沿いにはイタリア系ラジオ局のCHINもある。最近、イタリアンレストランの数はやや減ったものの、パスタやチーズなどイタリア直送の食材を扱う店はまだ健在。

🚇 ストリート・カー#506（カレッジ通り～カールトン通り）に乗り、ユークリッド通りEuclid Ave.下車、徒歩3分。

▲夏には屋外屋台なども出る

青いグリークの旗がはためく

D グリーク・タウン
Greek Town　　　MAP P.42-B2

ダウンタウンの東、ダンフォース通りに広がる。通りには青いグリーク・タウンの旗がはためき、通りの標識もギリシャ語と英語の併記となっているのもおもしろい。中心となるのは、ペイプ通りPape Ave.との交差点付近。

▲青と白のかわいらしいデザイン

🚇 地下鉄ペイプ駅Papeまたは、チェスター駅Chesterから徒歩すぐ。

ご当地グルメで世界旅行！
エスニック・タウンで食べ歩き ▶▶▶P.62

トロントの最旬★ネイバーフッド❶
ケンジントン・マーケット

Kensington Market

アーティスティックなグラフィックが描かれた建物も多い

もともとはユダヤ系移民によって
開かれたエリア。
現在はオーガニックのカフェや
おしゃれな雑貨屋、古着屋など
ハイセンスな店が集まっている。

MAP P.44-A1・2/P.46-D2

🚃ストリート・カーの#505（ダンダス通り）、または#510（スパダイナ通り）に乗り、スパダイナ通りとダンダス通りの交差点下車、徒歩5分。

スパダイナ通りの
看板が目印！

Oxford St.

Augusta Ave.

あらゆるアイテムが詰まった
これぞ雑貨のデパート！

Blue Banana

ブルー・バナナ　　**MAP** P.44-A2

　広い店内に、常時15〜20店舗のバラエティ豊かな専門店が出店しているというスタイルの雑貨。カナダ産のバスグッズやキャンドルなどギフトにしたいアイテムがいっぱい。

🏠250 Augusta Ave.
📞(416)594-6600
🌐www.bluebananamarket.com
🕐毎日11:00〜19:00
🈂無休
💳M V

1店内には所狭しとさまざまな雑貨がぎっしり！ **2**トロントの名所が描かれたトートバッグ$25.99やマグカップ$14.99 **3**デザイナーもののネックレスもある$20〜

友達や家族への
おみやげにぴったりな
アイテムがたくさん
揃ってるよ！

ベルビュー
広場

幸せそうにピッツァをほおばる
お客さんでにぎわう名店

Pizzeria Via Mercanti

ピッツェリア・ヴィア・メルカンティ　**MAP** P.44-A2

　石窯や食材を現地から入手したこだわりのピザは、本場ナポリの味。まずは、地元誌でNo.1ピザにも選ばれているマルゲリータ$13をオーダーしてみて。そのうま味に驚くはず。

🏠188 Augusta Ave.
📞(647)343-6647
🌐www.pizzeriaviamercanti.ca
🕐月〜水15:00〜21:00
　　木12:00〜22:00
　　金・土12:00〜23:00
　　日12:00〜21:00
🈂無休　　$15〜
💳A J M V

1塩気の効いた生地とシンプルなトマトソースの相性が抜群 **2**マリネされた温かいオリーブ$9〜アルな雰囲気の店 **3**いたってカジュ

素朴で、とっても優しい
カナダ味の手作りパイ
Wanda's Pie in the Sky
ワンダズ・パイ・イン・ザ・スカイ　MAP P.44-A2

　新鮮なフルーツや香ばしいナッツがぎっしり詰まったパイが人気のカフェ。定番のアップルチェリークランブルをはじめ、旬の果物を使った季節限定パイなどバラエティ豊か。

🏠 287 Augusta Ave.
☎ (416)236-0018
🌐 www.wandaspieinthesky.com
🕐 日～木10:00～18:00
　 金・土10:00～19:00
🚫 無休
💰 $10～
💳 M V

笑顔になること
間違いなし！な、
パイをどうぞ

1 素材のみずみずしさが生きたチェリーパイ$14.5～　2 店内はお菓子が醸し出す、甘～い香りに包まれている

本場仕込みの
こだわりのベーグル
NU Bügel
エヌユー・ベーグル　MAP P.44-A2

1 黒とオレンジが目印のアンティークな建物　2 店内で焼き上げるため、ベーグルはいつもできたて！ 3 カナダ産のマスをサンドしたスモークトラウト$13.95など10種類以上のサンドイッチがある

　薪で焼き上げたベーグルが味わえる。もっちりした食感のベーグルは、プレーン、オニオン、ココナッツなど全9種類。ハチミツ入りの水でボイルするため、ほんのり甘い。

🏠 240 Augusta Ave.
☎ (647)748-4488
🌐 nubugel.com
🕐 月～木9:00～16:00
　 金～日9:00～17:00
🚫 無休
💰 $15～
💳 A D J M V

薪で焼いた
本格ベーグルを
楽しんで
ください

ケンジントン通りのヴィンテージショップ巡り

① Exile
エグザイル　　　MAP P.44-A2

　ケンジントンでも、随一の品揃えを誇る人気店。ヴィンテージデニムやレトロなシャツなどがところ狭しと並んでいる。

🏠 60 Kensington Ave.
☎ (416)595-7199
🕐 毎日11:00～19:00
🚫 無休
💳 A M V

カラフルな
外観が目印

② Courage My Love
カレッジ・マイ・ラブ　MAP P.44-A2

　ヨーロッパから買い付けた、1950年代のバッグや1940年代のレースの手袋などおしゃれなアイテムが手に入る。

🏠 14 Kensington Ave.
☎ (416)979-1992
🕐 月～金11:30～18:00　土11:00～18:00
　 日12:00～17:00
🚫 無休
💳 A M V

ヨーロッパの
アイテムが中心

※日没後のケンジントンは治安があまりよくない。昼間に行くようにしよう

クイーン・ストリート・ウエスト Queen Street West

Bellwoods Av

名パティスリーが創り出す キュートな絶品スイーツ

Nadége Patisserie

ナデージュ・パティスリー　　　MAP P.44-B1

　トロントで5店舗を展開する、地元の人なら誰もが知っているスイーツの名店。フランス出身のペイストリーシェフによる焼き菓子は、デザイン性の高いルックスだけでなく、バターやカカオなど、原材料にもこだわりが詰まっている。すぐそばには同経営のアイスクリームショップがある。

🏠780 Queen St. W.　☎ (416)203-2009
URL www.nadege-patisserie.com
🕐月〜土9:00〜20:00　日9:00〜19:00
🈺無休　💰$10〜　💳A M V

1 デリケートな甘さでうれしい
2 甘さ控えめのチョコレートケーキ、INDIVIDUAL CLASSY AFFAIR $9.75が人気
3 春、夏にはパティオが設置される。テイクアウトして隣の公園で楽しむのもよい

季節ご
スイー
並ぶの
の試し

トリニティ・
ベルウッズ公園

Crawford St.　Gore Vale Ave.　Bellwoods Ave.　Claremont St.

Queen St. W.

Massey St.　Strachan Ave.　Walnut Ave.　Niagara St.

足元にこそこだわりを！ ポップなソックスが大集合

Floorplaysocks

フロアプレイソックス　　　MAP P.44-B1

　店内を色とりどりに飾るソックスは、デザイン性に富んだかわいらしいものから機能性重視のものまでバリエーション豊富。店のモットーは「質の高いものをなるべく低価格で提供すること」だとか。品揃え同様、リーズナブル価格も魅力に。

🏠762 Queen St. W.　☎ (416)504-7325
URL floorplaysocks.com
🕐月〜土11:00〜18:00
　日12:00〜17:00
🈺無休　💳A M V

1 店内にはレディス、メンズ、キッズのソックスが並ぶ 2 サイクリング柄の「Cycling Crew」$20、トマト柄の「Toe-May-Toes」$20、縞模様様のソックス「Laila Blue」$14

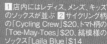

靴下の品揃えは
トロント
ナンバーワン！

バサースト通りからグラッドストーン通りGladstone Ave.の間。アート&デザイン地区として知られるクイーン・ストリート・ウエストで、ファッションやグルメを楽しもう。

📍 P.44-B1・2　🔗 westqueenwest.ca　🚃 ストリート・カーの#501（クイーン通り）、または#511（バサースト通り）に乗り、バサースト通り下車、徒歩すぐ。

1本南の通りにはグラフィティアートが連続する

カフェとしても利用できる
フランス風ブーランジェリー

Nord Lyon

ノルド・リヨン　　　**MAP P.44-B2**

　伝統的なレシピにのっとり、毎日店内で手作りしたパンやスイーツを販売。手のひらほどもある大きなクロワッサンは、トロントでもNo.1との評判。原材料にもこだわっており、バターなど乳製品はフランスから直送している。

🏠 665 Queen St. W.
☎ (437)700-5358
🔗 www.nord-lyon.com
🕐 火～土7:00～22:00
　 日8:00～22:00
休 月
💳 A M V

1 プレーンやショコラなど数種類あるクロワッサン$3.5～　2 店内にイートインスペースあり　3 エクレアはひとつ$5.99～

Euclid Ave.
Palmerston Ave.
Markham St.
Teicumseh St.
バサースト通り　Bathurst St.
Ryerson Ave.

Queen St. W.

Portland St.

センス抜群の
アメリカ古着ショップ

Mama Loves You Vintage

ママ・ラブズ・ユー・ヴィンテージ　　**MAP P.44-B2**

　クール&ファンキーなヴィンテージ古着ショップ。店内にはおもにアメリカブランドのヴィンテージが揃い、ジーンズ$50～やカナディアンセーター$80～など比較的購入しやすい価格帯。トランクのなかには$5の投げ売り価格のアイテムも。

🏠 541 Queen St. W.
☎ (416)603-4747
🔗 mamalovesyouvintage.com
🕐 毎日12:00～18:00
休 無休　💳 A M V

1 カジュアルのほか女性用のドレスなども豊富　2 刺繍がかわいいLEEのデニムジャケット$125　3 靴やアクセも揃う　4 個性的なスタッフの服装も参考にして

レスリーヴィル＆リバーサイド Lesleiville& Riverside

風味多彩な自家製シードルを地元食材のカナダ料理と一緒に

Brickworks Ciderhouse

ブリックワークス・サイダーハウス

オンタリオ産のリンゴを使った自家醸造のシードルが味わえるレストラン。タップにはピーチやラズベリーなどフレーバーもさまざまな8種類ほどのシードルが揃う。ハンバーガーやポークリブなど料理も豊富で、それぞれに合うシードルがメニューに示されている。

🏠709 Queen St. E.
☎(647)341-4500
🔗theciderhouse.ca
🕐月～木 12:00～22:00 金 12:00～翌1:00 土 10:00～翌1:00 日 10:00～22:00
🈂無休 💴$10～ 💳A M V

①開放感あふれる店内。奥に醸造タンクがある ②やや甘口のシードル Queen Street 501 $8.5とプティン $14

上に鉄道の通る陸橋あり。陸橋の西はリバーサイド、東はレスリーヴィルとエリアが変わる。

リバーサイド

漁法にまでこだわったカナダの新鮮魚介が揃う

Hooked

フックト

カナダで話題の「Sustainable」がテーマの食材店。地球環境を考えた漁業「オーシャン・ワイズ」にのっとった魚介類を扱う。スープストックやサーモンパテなど観光客が買いやすいグッズもある。

🏠888 Queen St. E. ☎(416)828-1861
🔗www.hookedinc.ca
🕐月～木12:00～18:00 金・土11:00～18:00 日11:00～17:00 🈂無休 💳M V

①トロントの一流レストランへも卸しているすべてカナダ産の魚 ②魚は地元の漁師から直送 ③スープストックは各$16～

グルメ好き必見のエリアが、レスリーヴィル。
こだわりの食材店やレストランが並ぶ。
隣接するリバーサイドもあわせてチェック。

MAP P.42-B2
🚋 ストリート・カーの#501 (クイーン通り) に乗り、ブロードビュー通りBroadview Ave.下車、徒歩すぐ。

チーズや野菜、魚などさまざまな食材の店が点在する

店舗こだわりの
スペシャルティコーヒー
Pilot Coffee Roasters
パイロット・コーヒー・ロースターズ

　トロントのインディペンデント形コーヒーショップの草分け的存在。豆の産地や淹れ方にこだわったスペシャルティコーヒーは一杯$3.65〜。エスプレッソのほかアメリカーノ、カプチーノなどさまざまなスタイルで味わえる。

🏠 983 Queen St. E.　☎ (416)465-2006
🌐 www.pilotcoffeeroasters.com
🕐 月〜金7:00〜18:00　土7:30〜18:00
日8:00〜17:00　休無休　💳 M V
1 マフィン$3.95などの軽食もある **2** 夏は外のテラス席が人気 **3** 天井が高く開放的な店内 **4** オリジナルブレンドのコーヒー豆も販売

ジミー・シンプソン公園

Booth Ave.

Logan Ave.

レスリーヴィル

Carlow Ave.

Empire Ave.

Morse St.

自家製アイス＆ジェラートは
自然のままの優しい味わい
Ed's Real Scoop
エドズ・リアル・スクープ

　オンタリオ州のフレッシュミルクを使ったアイスとジェラートが味わえる。甘味料や添加物を一切使用しないアイスは、自然のままの優しい味わい。アイスは20種類、ジェラートは6種類ほど揃う。

🏠 920 Queen St. E.
☎ (416)406-2525
🌐 www.edsrealscoop.com
🕐 毎日11:00〜22:00
休無休　💳 M V

1 ジェラート、アイスとも1スクープ$4.56〜 **2** カナダのキャンプに欠かせない焼きマシュマロなど、おもしろいフレーバーもある

研究を重ねた
至高のBBQサンド
Leslieville Pumps General Store & Kitchen
レスリーヴィル・ポンプ・ジェネラル・ストア＆キッチン

　名物のスモークミートは極上の味。マーケットで仕入れた豚の肩肉をスパイスに漬け込みスモークした肉は、うま味たっぷり。ヴィンテージ雑貨店を併設。

🏠 913 Queen St. E.
☎ (416)465-1313
🌐 www.leslievillepumps.com
🕐 毎日7:00〜23:00
休無休
💰 $10〜　💳 M V

1 パンも自家製のポークサンドイッチ$14。ビーフやチキンもある **2** 店員さんはみな笑顔で気持ちがいい

ご当地グルメで世界旅行！**4大**

エスニック・タウンで食べ歩き

トロントのエスニック・タウンには、各国の料理を出すレストランがある。調理を担当するシェフは、本場の味を知り尽くした移民たち。1日で何ヵ国もの味を楽しむのも可能。

① チャイナタウン

▲木須肉は、パオズ（包子）に包んでいただきます！

▲10種類以上の野菜と豚肉を甘辛いソースでからめた木須肉Moo Shu Pork $15.99

北京ダックに小龍包！中華料理の王道ならココ
Asian Legend

看板メニューのジューシーな小龍包$10.99〜。マストオーダーの逸品だ

アジアン・レジェンド　　　**MAP P.44-A2**

黒を基調としたシックな店内は清潔感があり、カップルや女性にも大人気。中国北部の伝統的な味付けの中華料理は、クセのない上品な味わいで、飲茶から北京ダックまでと幅広い。

▲地下にはグループ用の円卓もある

🏠418 Dundas St.W.　☎(416)977-3909
URL www.asianlegend.ca　🕐月〜木11:00〜20:30
金〜日11:00〜21:00　🈚無休　💲$20〜　💳M V

◀プリプリのエビ餃子が入ったShrimp Dumpling Noodle Soup$10.99。あっさりスープがあとをひく

入口のすぐ横で麺をゆでてるよ！

ランチでも飲んだあとでも！手軽にさくっと麺をいただく
汕頭小食家 Swatow Restaurant　**MAP P.44-A2**

麺類に関しては中華街屈指の豊富な品揃えを誇る名店。自家製の麺は中華麺（小麦）と米の麺から選べる。麺のほか一品料理も豊富に揃っている。

▲黄色い派手な看板が目印

🏠309 Spadina Ave.　☎(416)977-0601
🕐日〜木11:00〜22:30　金・土11:00〜23:30
🈚無休　💲$12〜　💳不可

①パリパリした食感がクセになるエビ春巻$6.98 ②エビも皮もプリプリのエビ餃子$6.98 ③エビやホタテがぎっしりの海鮮餃子$6.98

朝ご飯から夜まで、1日中飲茶が食べられる
龍笙櫊 Rol San Restaurant　**MAP P.44-A2**

カナダでは、飲茶（Dim Sum）といえば昼限定のメニュー。しかし、ここでは1日中オーダー可能。地元誌で賞を取った料理は、本格派。飲茶1品$5.18〜とリーズナブルなのもうれしい。

▲看板にも「1日中」飲茶と掲げている

🏠323 Spadina Ave.　☎(416)977-1128
🕐日〜木10:00〜24:00　金〜日10:00〜翌3:00
🈚無休　💲$25〜　💳V

お得なコンボメニューをシェアして楽しむ
Paldo Gangsan Korean Restaurant
バルド・ガングサン　　　　　　　　　　MAP P.46-C1

1 こちらは一品料理にポーク
BBQ$50.33を選んだもの。
3人で食べても十分なボリュー
ム 2 アラカルトも人気。シーフード・パン
ケーキ$24.99

週末は開店からわずかで席が
埋まるほどの人気店。名物は、「コ
リアンコンボ」と呼ばれるセット
メニュー。一品料理にプラスして、
ビール4本もしくはソジュ1本で
$40.99〜と格安。

▲トロントの学生たちに
圧倒的な人気を誇る

🏠694 Bloor St. W.　☎(416)536-7517
🕐毎日11:30〜24:00　休火　💰$30〜　💳不可

② コリアタウン

1 スンドゥブにビー
フ・リブ（カルビ）が
付いたコンビネーション
$29.95 2 店の
もうひとつの看板メ
ニュー、石焼きビビン
バ$19.95 3 魚介
のうま味がしみ出た
スープは絶品！

キムチ、ナムル、
煮物などの小鉢
がセットになった
石焼きビビンバ
$15.99。 牛肉
のほか、鶏肉や
豚肉も選べる

付け合わせ盛りだくさんの
石焼きビビンバを手頃な価格で
Korea House
コリア・ハウス　　　　　　　　MAP P.46-C1

リーズナブルな価格のメニュー
が豊富に揃う韓国家庭料理の店。
ボリューム満点の石焼きビビン
バのほか、骨付きカルビの焼肉
$32.99〜やトッポギ$14.99
なども人気。

▲アットホームな雰囲
気の人気店

🏠666 Bloor St. W.　☎(416)536-8666
🕐日〜火・木11:30〜22:30　金・土11:30〜23:00
休水　💰$20〜　💳M V($20以上)

化学調味料を使わない
ヘルシーな韓国家庭料理
豆腐村 Tofu Village　MAP P.46-C1

体にやさしい韓国料理が自慢。
人気のスンドゥブは9種類あり、
石釜で炊いたご飯と一緒にサー
ブされる。小サイズのスンドゥブ
＋プルコギなどコンビネーション
メニューは$26.95〜。

▲真っ赤な看板が目印

🏠681 Bloor St. W.　☎(647)345-3836　🕐月〜土
12:00〜22:00　日11:00〜22:00　休無休　💰$15〜
💳M V

リトル・イタリーの老舗で
家庭的なイタリアンを味わう
Cafe Diplomatico

カフェ・ディプロマティコ　　**MAP P.44-A1/P.46-D1**

　1968年にオープンしたイタリア料理店。トッピングを選んで注文するピザなど、カスタマイズが可能な点が地元イタリア人のお気に入り。ブランチに利用するのもおすすめ。

▲夏にはテラス席もオープン。大にぎわい！

📍594 College St.　☎(416)534-4637　🔗cafediplomatico.ca　🕐月～水8:00～翌1:00　木～土8:00～翌2:00　日8:00～24:00　🈳無休　💰$20～　💳A M V

①好みのトッピングを選ぶパーソナル・ピザ$14～（写真はホウレンソウ、アンチョビ、グリーンペッパー、トマト、ゴートチーズ）
②チキンカツにトマトソース、たっぷりのモッツァレラチーズをのせたママズ・チキン・サンドイッチ$12

 リトル・イタリー

▼ムール貝、ホタテ、エビ、イカがたっぷりのトマトソースパスタ、リングイネ・ディ・ヴィヴォリ$27

パスタもピッツァもおまかせ！
正統派イタリアンの人気店
Vivoli

ヴィヴォリ　　**MAP P.44-A1/P.46-D1**

　ボリューム満点のイタリアンが堪能できる。前菜からメイン、ピッツァ、パスタまでメニューは豊富で、人気の窯焼きピッツァは$18～。パスタは10種類揃い、ソースにより種類が変わる。

▲カウンターもありひとりでも利用しやすい

📍665 College St.　☎(416)536-7575　🔗vivoli.ca　🕐日～木12:00～22:00　金・土12:00～24:00　🈳無休　💰$20～　💳A M V

▼チョコやピスタチオ味もあるカンノーリ各$4とカプチーノ$5

サクサク生地に濃厚クリーム
シチリア伝統のスイーツ
Riviera Bakery

リヴィエラ・ベーカリー　　**MAP P.44-A1/P.46-D1**

　筒状の生地にリコッタチーズのクリームを詰めたカンノーリというシチリア発祥のお菓子が看板商品。イタリア製の古いエスプレッソマシンでいれるカプチーノやラテもぜひ。

▲1962年から続く老舗ベーカリー

📍576 College St.　☎(416)537-9352　🔗www.rivierabakery.ca　🕐毎日9:00～18:00　🈳無休　💰$10～　💳A M V

1 ラムチョップ16oz $29.99 2 付け合わせのサラダもボリューム満点 3 薄いパイ生地でほうれん草とフェタチーズを包んで焼いたスパナコピタ・ランチ$11.49

カジュアルな
雰囲気で楽しむ
オーセンティックな
ギリシャ料理

Astoria Shish Kebob House

アストリア・シシ・ケバブ・ハウス　　MAP P.42-B2

　オープンしてから40年以上、地元の人から変わらぬ人気を誇るグリークレストランは、フレンドリーなサービスが魅力。スブラキ、ムサカなど、伝統的なギリシャ料理が好評。

▲迫力ある料理の様子も見られる

⌂390 Danforth Ave.　℡ (416)463-2838
URL www.astoriashishkebobhouse.com
⏰日〜木11:00〜23:00 金・土11:00〜24:00（夏季は1時間延長）　休無休　￥$25〜　AMV

1 たっぷりの肉にグリークサラダ、ピタ、ライスまたはポテトがセットになったディナー・ミート・プレート$22〜 2 ランチは13種類のピタ$13〜が楽しめる

大きなギロから削り取る
名物のプレートをぜひ！

Messini Authentic Gyros

メッシーニ・オーセンティック・ギロス　　MAP P.42-B2

　店内でまず目に飛び込んでくるのは、巨大なギロGyro。ギロから切り出した肉をもちもちのピタに挟んだギロス・ピタ$9〜はリーズナブルでランチにもおすすめ。テイクアウトもできる。

▲木のぬくもりを生かしたたたずまい

⌂445 Danforth Ave.
℡ (416)778-4861　URL www.messini.ca
⏰毎日12:00〜22:00　休無休
￥$15〜　AMV

1 フェタチーズがたっぷりかかったサラダ、ローストポテト、ライスが付いたポークスブラキディナー$22 2 イカのフライ、カラマリ$18はタルタルソースを付けて食べる

カジュアルに楽しめる
本格派ギリシャ料理

Mezes メセス

MAP P.42-B2

　メセスとは、アペタイザー（前菜）の意味で、数種類のアペタイザーをワインと一緒にいただくのがこの店のスタイル。定番ギリシャ料理のほか、塩釜でグリルした魚料理などシーフードも人気。

▲週末のディナーは予約がおすすめ

⌂456 Danforth Ave.　℡ (416)715-5150
URL www.mezes.com　⏰月〜木11:00〜22:00
金・土11:00〜23:00　日12:00〜22:00
休無休　￥$25〜　AMV

トロント観光のテッパンスポット！
CNタワー100%満喫！

トロント最大の見どころといえば、全長553.33mのCNタワー。実は展望台以外にも、いろいろな楽しみがあるのです。

CNタワーってこんなトコ

①976年、カナダ国鉄Canadian National Railway（CN鉄道）により建てられた電波塔。天を突き刺すような独特の形は、トロントのランドマークとして親しまれている。上部には展望台があるほか、下部にもさまざまな施設が入っている。

おすすめ観光タイム 1時間〜

展望台だけなら1時間。隣の水族館やアクティビティ、レストランなどを含めれば半日遊べる。

CNタワー CN Tower

MAP P.71-1
- 住 290 Bremner Blvd.
- TEL (416)868-6937
- URL www.cntower.ca
- 営 毎日9:30〜21:00
- 休 無休
- 料 大人$45、シニア・子供$32
  公式ウェブサイトから購入すると$2割引。
- 交 ユニオン駅から専用の地下通路スカイウォークSkyWalkで結ばれている。

ひときわのっぽなCNタワー

▲タワー下のチケット売り場で入場券を買ったら、専用エレベーターで展望台へ

お隣にあるのはスカイドーム

① 展望台 View Point !

お楽しみ度 **50%**

まずは、CNタワーの本命、展望台へ。高さの違ういくつかの展望台がある。

スカイポッド SkyPod

尖塔のてっぺんにある展望台。高さは実に447mもあり、人工の展望台では世界最高所のひとつ。周囲の風景を360°の大パノラマで望める。天気がいい日なら、ナイアガラなど160km離れた場所までも見渡せる。

▶展望台までは専用のエレベーターでアクセスする

ルックアウト LookOut

タワーの上部に取り付けられた、円盤形のフロア。内部にはふたつの展望台があり、地上342mにあるのは屋外展望台と、床がガラス張りになったグラスフロアGlass Floor。346mには屋内展望台がある。

1屋内展望台からユニオン駅方面を向く **2**スリル満点のグラスフロア

周囲にも高層ビルがたくさん

目の前はオンタリオ湖

2 グルメ Gourmet

お楽しみ度 70%

ルックアウトと同じフロアには、展望レストランの360 Restaurantが入っている。フロアは72分で1回転する。メニューはカナダの特産品を使った西洋料理。予約があればエレベーターは無料。

360 Restaurant
360

TEL (416)362-5411
営 毎日11:30～15:00/16:30～22:00
休 無休
予 ランチ$60～、ディナー$65～　CC A J M V

▲ジーンズやスニーカーでの入店は不可

3 おみやげ Souvenir

お楽しみ度 90%

タワーの下部は、巨大なショッピングセンター。CNタワーオリジナルグッズを中心に、カナダの民芸品やメープルシロップなど定番のおみやげまで多彩な品揃え。

▲ジオラマや置き物、Tシャツまでさまざまなオリジナルグッズがある

Gift Shop
ギフト・ショップ

営 毎日9:00～22:30　休 無休

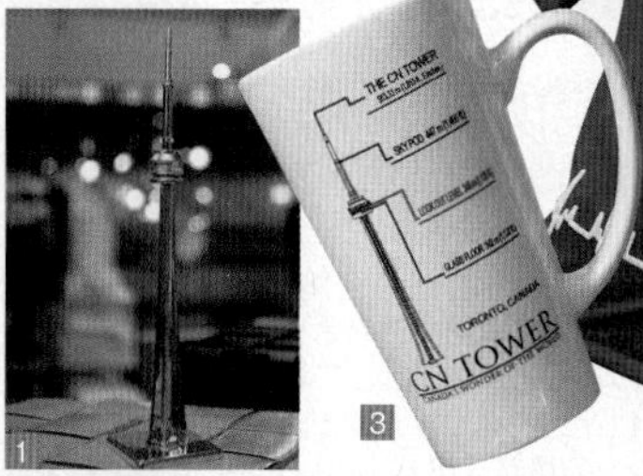

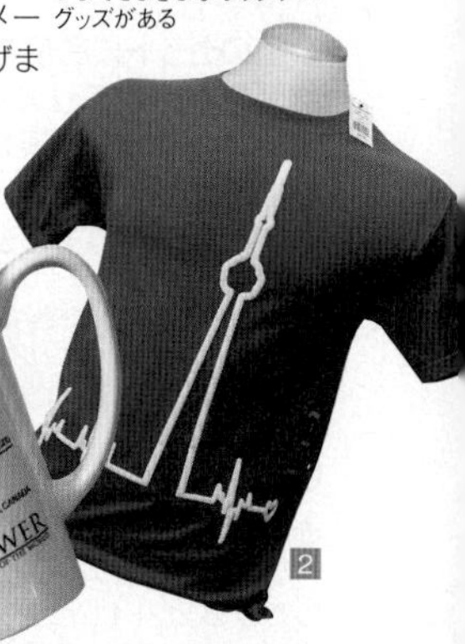

1 完成度の高いCNタワーの模型$22～ 2 CNタワーのTシャツ$32.99、カラーは黒もある 3 マグカップ$12にはタワーとその高さがプリントされている

4 アクティビティ Activity

お楽しみ度 120%

展望台の外側に出て展望台の縁（エッジ）を歩くエッジ・ウオークが話題を呼んでいる。わずか1.5mの幅しかないエッジを歩くのは、人生最高のスリル体験になること間違いなし。

エッジ・ウオーク Egde Walk

TEL (416)601-3833
催 要予約、荒天時は運休
料 大人$195（ルックアウト、スカイポッドの展望台料金込み）

1 ツアーの最後には、外側に身を乗り出す 2 エッジがあるのは地上365m 3 下を見るだけで足がすくむ

CNタワー横の大型水族館

CNタワーの横に、1万2500㎡もの敷地に1万6000種にも及ぶ海の生物を集めた水族館、リプリーズ・アクアリウム・オブ・カナダ。館内はカナダの海の生物が見られるCanadian Watersやサンゴ礁の海に生きる熱帯魚のいるRainbow Reefなど9つのテーマに分かれている。最大の見どころは、頭上を泳ぎ回る魚たちが見られる水中トンネル。

リプリーズ・アクアリウム・オブ・カナダ
Ripley's Aquarium of Canada

MAP P.45-B3/P.71-1/P.73-2
住 288 Bremner Blvd.　TEL (647)351-3474
URL www.ripleyaquariums.com
開 毎日9:00～21:00
休 無休
料 大人$44、シニア・ユース$29、子供$12.5

1 サメなど巨大な生物が泳ぐ水中トンネル 2 ダイバーによるエサやりなども行われる 3 カラフルなRainbow Reefの水槽

\Check/

CNタワーのライトアップ

日没後には、CNタワーは美しくライトアップされる。カナダの祝祭日や国際、国内のさまざまな記念日に合わせて光の色や動きのパターンが異なる。

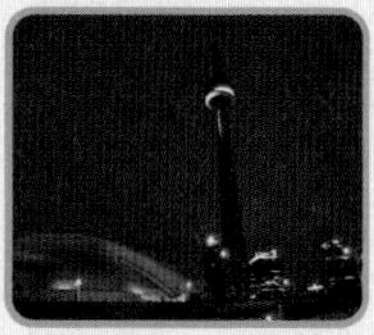

▲隣のスカイドームもライトアップされる

レトロ＆スタイリッシュ ディスティラリー地区で 食べる、買う

そこかしこに昔の車や看板などが飾られている

映画のセットにも使われる
雰囲気満点のエリアで、
買い物＆グルメを楽しもう。
夢中になって回れば、
あなたも映画の主人公になった気分！

ディスティラリー地区って こんなトコ

① 832年に建てられたウイスキーの醸造所をリノベートした複合施設。赤れんが造りの建物は、内部を改装しレストランやショップ、ギャラリーとして利用している。レトロとスタイリッシュが入り交じった、トロントの最新スポットだ。

おすすめ観光タイム 3時間～

夕方に訪れて、買い物をしてからゆっくりとディナーを味わうのがおすすめ。

ディスティラリー地区 The Distillery Historic District

MAP P.45-A4

🏠55 Mill St. 📞(416)364-1177
🌐 www.thedistillerydistrict.com
🚃 ストリート・カー#503、#504、#504Bに乗り、パーリアメント通りParliament St.下車、徒歩7分。

▲看板もレトロなものが多い

▲映画のセットに使われることも多い

＼Check／

クリスマスのお楽しみ

ディスティラリー地区では、毎年11月中旬～12月中旬にかけてクリスマスマーケットが開かれる。通りには小さな屋台が並び、クリスマスオーナメントやクッキー、ケーキなどを販売する店があふれかえる。巨大なクリスマスツリーもあるので、この時期にトロントを訪れる人はぜひ足を運んでみて。

▶夜はライトアップされてロマンティック

ディスティラリー地区

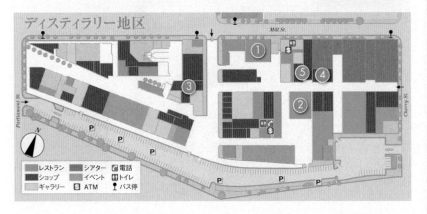

凡例：
- レストラン
- ショップ
- ギャラリー
- シアター
- イベント
- 📞電話
- 🚻トイレ
- $ ATM
- 🚏バス停

Gourmet

おしゃれでスタイリッシュ！
話題のメキシカンレストラン

El Catrin Destileria ①
エル・カトリン・デスティラリア

デ スティラリー地区の人気レストランのひとつ。中に入ると、壁一面に描かれた巨大な骸骨の絵に圧倒される。メキシコ出身のシェフが作り出す料理は、メキシコの伝統料理。手加減なし、現地さながらの味を堪能しよう。

🏠 18 Tank House Lane ☎ (416)203-2121
🔗 www.elcatrin.ca
🕐 月～木12:00～22:00 金12:00～23:00
　　土11:00～23:00 日11:00～22:00
🈳 無休 💲 $40～ 💳 A M V

メキシコのラッキーアイテムである骸骨の壁画

本場の味を
楽しんで
ください！

■中南米ではポピュラーな魚介のマリネ、セビッチェ $15～ ■メキシコ料理の定番、トルティージャの一種であるトスターダス $19～

Gourmet

オリジナルビールをどうぞ
醸造所併設のビアパブ

Mill St. Brewpub ②
ミル・ストリート・ブリューパブ

工 場に併設されているパブ。ビールのチョイスに迷ったら、4種類の自家製ビールをサンプルサイズで楽しめるビールフライト $13～を。ビールがすすむフードメニューも充実。

🏠 21 Tank House Lane ☎ (416)681-0338
🔗 millstreetbrewery.com
🕐 月～木11:30～23:00 金11:30～翌1:00
　　土10:30～翌1:00 日10:30～23:00
🈳 無休 💲 $20～
💳 A M V

■まずはテイスティングしてお気に入りを探そう ■店内にはできたてビールの入ったタンクが置かれている

Shopping

バリエーション豊富な
国産アロマキャンドル

Yummi Candles ③
ユミ・キャンドルズ

色 も形も種類豊富なカナダ製キャンドルの専門店。アロマキャンドルはショウガやモヒートなど香りのアレンジがユニークだ。全45色が揃うフローティングキャンドルは2本1組 $8～。

🏠 10 Trinity St.
☎ (416)364-0123
🔗 www.yummicandles.com
🕐 毎日11:00～17:00
🈳 無休
💳 A M V

■定番のテーパーキャンドルも多彩な品揃え ■アロマキャンドルは匂いを確かめながら選べる

Shopping

素材から製法まで
こだわり抜いたチョコ

Soma ④ ソーマ

世 界各地の産地から選び抜いたカカオ豆を使ったオリジナルのチョコレートは、甘過ぎず濃厚な味わい。オーナーのデビッドさん自ら焙煎した板チョコ $7～はソーマ定番の逸品。

🏠 32 Tank House Lane ☎ (416)815-7662
🔗 www.somachocolate.com 🕐 日～火12:00～19:00
水～土12:00～20:00 🈳 無休 💳 A M V

■さまざまなチョコレートのほか、その場で飲むホットチョコレート $4～も人気 ■れんがの壁にかけられたカカオの麻袋がクール

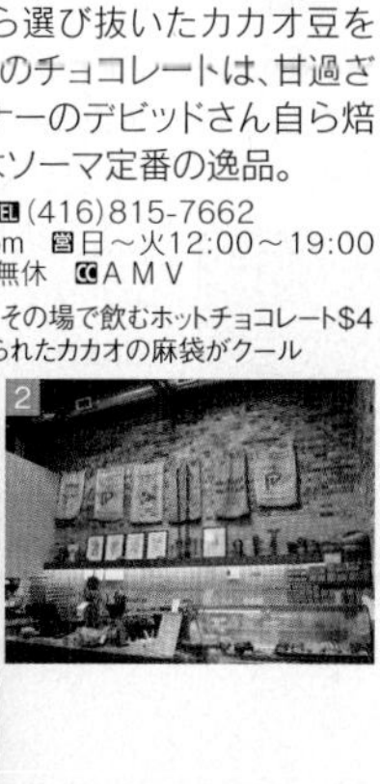

Shopping

広々した店内に
おしゃれ雑貨がずらり

Bergo Designs ⑤ ベルゴ・デザイン

北 欧やオランダをはじめとしたヨーロッパやカナダ国内から仕入れたデザイン雑貨がずらり。文房具からガラス、陶器、家具までジャンルはさまざま。カナダのデザインブランド、「umbra」は種類豊富に揃っている。

🏠 28 Tank House Lane
☎ (416)861-1821 🔗 www.bergodesigns.ca
🕐 10:00～19:00 🈳 無休 💳 A M V
■商品は次々と入れ替わる ■カーサ・ロマなどトロントのランドマークのポストカードは大 $15、小 $6.25 ■umbraのガラス製品 $30

ダウンタウン

🍁 ロジャース・センター
Rogers Centre
MAP P.71-1
★★★

世界初の自動開閉式の屋根をもつドーム球場（旧スカイドーム）。アメリカのメジャーリーグ・ベースボール（MLB）のトロント・ブルージェイズToronto Blue Jays、カナディアン・フットボールリーグ（CFL）のトロント・アルゴノーツToronto Argonautsのホームスタジアム。両チームの試合のほか、コンサートなどのイベントが催される。

またロジャース・センターは、隣接のホテル「Toronto Marriott City Centre Hotel（→P.85）」のスタジアム・ビュールームやドーム内にあるレストランからスタジアムを見渡せるため、各施設の利用者であれば、宿泊料や飲食代だけで試合を観戦することができるという、世界でもまれなスタジアム。地下にはブルージェイズのオフィシャルショップがあるほか、CNタワーとも連結している。

ヤンキースやレッドソックスも試合に訪れる

🍁 スコシアバンク・アリーナ
Scotiabank Arena
MAP P.71-2
★★★

前面がガラス張りになったモダンな外観をもつスポーツアリーナ。トロントを本拠地としているアメリカのナショナル・ホッケー・リーグNational Hockey League（NHL）に所属するアイスホッケーチーム、トロント・メープルリーフスToronto Maple Leafsと、アメリカのナショナル・バスケットボールNational Basketball Association（NBA）所属のトロント・ラプターズToronto Raptorsのホームアリーナでもある。

🍁 ホッケーの殿堂
Hockey Hall of Fame
MAP P.71-2
★★★

アイスホッケーファン必見の博物館。館内にはカナダの国民的ヒーロー、ウェイン・グレツキーWayne Gretzkyなどアイスホッケーの歴史を彩るスーパースターが身に着けていたアイテムがところ狭しと展示してある。モントリオール・カナディアンズMontréal Canadiensのロッカールームを再現した部屋もある。NHLの優勝カップであるスタンレーカップもあり、カップを獲得したチームのメンバー全員の名前が刻まれている。

カナダの国技の歴史に触れてみよう

ロジャース・センター
🏠1 Blue Jays Way
☎(416)341-1000
🌐www.mlb.com/bluejays

レプリカユニフォームやグッズが充実のオフィシャルショップ

スコシアバンク・アリーナ
🏠40 Bay St.
☎(416)815-5982
🌐www.scotiabankarena.com

アイスホッケーやバスケットが開催される

ホッケーの殿堂
🏠30 Yonge St., Brookfield Place
☎(416)360-7765
🌐www.hhof.com
🕐毎日10:00～17:00
休無休
料大人$25、シニア$20、子供$15

ホッケーに関する資料が揃う

🍁 トロント市庁舎
Toronto City Hall

MAP P.45-A3 ☆☆☆

　1965年に建造された、トロントの新市庁舎。ふたつの湾曲したビルが向き合うように建てられた斬新なフォルムは、フィンランド人デザイナー、ヴィリオ・レヴェルViljo Revellのデザインだ。建物正面のネイザン・フィリップス広場Nathan Phillips Squareに置かれた彫像は、ヴィリオ・レヴェルと親交のあったヘンリー・ムーアHenry Mooreのもの。

現在のトロント市庁舎

　広場の東隣にある石造りの堅牢な建物は、1899年に建てられた旧市庁舎Old City Hall。大理石がふんだんに使われた内装も豪華。現在はトロント市の裁判所として利用されているほか、市民の結婚式なども行われる。

🍁 マッケンジー・ハウス
Mackenzie House

MAP P.45-A3 ☆☆☆

　トロント市の初代市長を務めたウイリアム・リヨン・マッケンジーWilliam Lyon Mackenzieの元邸宅。スコットランド人のマッケンジーは、1834年に市長に任命されるも、当時政界にはびこっていたイギリス貴族たちの独裁に嫌気がさし、改革を求めて1837年に反乱を起こす。結局反乱は失敗に終わり、マッケンジーはアメリカへと亡命したが、1850年に帰還。その後は新聞社主として働き、この邸宅には晩年に住んだといわれる。半地下になった台所には調理器具などが当時のまま残されている。2階には19世紀の印刷機械も展示されており、機械を使った印刷体験もできる。

冬にはスケートリンクに変貌

トロント市庁舎
🏠100 Queen St. W.
☎(416)392-2489
🕐月〜金8:30〜16:30
休土・日
🚇地下鉄セント・パトリック駅、オスグード駅、クイーン駅Queenのいずれかから徒歩5分。ベイ通りとクイーン通りの角にある。

マッケンジー・ハウス
🏠82 Bond St.
☎(416)392-6915
🌐www.toronto.ca
※2022年11月現在、クローズ中。印刷機の体験のみ行っている。
🚇地下鉄ダンダス駅Dundasから徒歩4分。

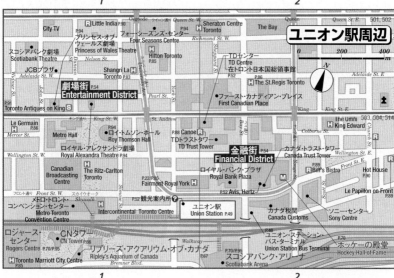

Ontario

オンタリオ美術館

📍317 Dundas St. W.
☎(416)979-6648
📠(1-877)225-4246
🌐www.ago.ca
🕐火・木10:30～17:00
　水・金10:30～21:00
　土・日10:30～17:30
休月
料大人$25
　（25歳以下は無料。パスポートなど年齢の確認ができる身分証明書を持参のこと）
🚇地下鉄セント・パトリック駅から徒歩5分。

🍁オンタリオ美術館
Art Gallery of Ontario (AGO)
MAP P.44-A2/P.46-D2　★★★

　トロント出身の世界的建築家、フランク・ゲーリーFrank Gehryが設計を手がけた美術館。所蔵作品は12万点を超え、ピカソやゴッホ、モネ、セザンヌなどヨーロッパ絵画をはじめ、グループ・オブ・セブンを中心とするカナダ美術も充実。イヌイットアートや現代アートのコレクションも秀逸だ。また、ヘンリー・ムーアの彫刻コレクションは世界でも最大級とされている。裏には美術館の元となったジョージア様式の邸宅、The Grangeがある。市民からはAGOと呼ばれ親しまれている。

外観は巨匠の手による斬新なデザイン

Column　トム・トムソンとグループ・オブ・セブン

　カナダのアートシーンを語るとき、必ずその名が出てくるアーティスト集団が、「グループ・オブ・セブンThe Group of Seven」だ。結成されたのは1920年で、当初のメンバーはフランクリン・カーマイケルFranklin Carmichael、ローレン・ハリスLawren Harris、A. Y. ジャクソンA. Y. Jackson、フランク・ジョンストンFrank Johnston、アーサー・リスマーArthur Lismer、J. E. H. マクドナルドJ. E. H. MacDonald、フレデリック・ヴァーレイFrederick Varleyの7人。その後メンバーは入れ替わりや追加を繰り返し、最終的には10人ほどが在籍した。

　20世紀初頭、それまでのカナダのアートはヨーロッパの模倣でしかなかった。そんな当時の風潮に反抗し、カナダならではのアートを確立させようと結成されたのが「グループ・オブ・セブン」。彼らは、自然のなかに足を踏み入れ、カナダの美しい風景を力強いタッチと色彩で描いた。1924年、イギリスのウェンブリー・エキシビションで彼らの作品が発表されると、その新しい画風は高い評価を受けた。多くの支持を受けた彼らは、その後1933年まで作品を発表し続けた。

　こうした彼らの画風に大きな影響を与えた人物が、トム・トムソンTom Thomsonだ。グループ・オブ・セブンの特徴である自然の

なかへ出かけ、その風景を自由に描くという画風は、最初トム・トムソンが実行していたのだ。結成の原動力となり、グループに入ることも確実であったトム・トムソンだが、結成の3年前、アルゴンキン州立公園のカヌー湖でカヌーをしている最中に亡くなってしまった。この死をめぐってはさまざまな謎があり、今も未解決のまま。まず、トム・トムソンのカヌーの腕前はプロ級であったこと、さらに当日は天候が穏やかであり、事故に遭うのは考えにくいというものだ。彼の死には自殺説や殺人説など諸説あり、推理小説にもなっている。

　カナダの東部で、彼らの作品を鑑賞できるのは、トロントのオンタリオ美術館（→P.72）やマクマイケル・カナディアン・アート・コレクション（→P.80）、オタワのカナダ国立美術館（→P.151）など。画風に特徴はあるものの、「グループ・オブ・セブン」それぞれの個性ももちろんあるので、自分のお気に入りを探してみるのもおもしろい。

「Lake and Mountains」Lawren Harris
©Art Gallery of Ontario

72

ハーバーフロント

トロント・アイランズ
Toronto Islands ★★★

MAP P.44-D2〜P.45-D4/P.73-1・2

オンタリオ湖に浮かぶトロント・アイランズは、緑あふれる3つの島からなっている。中央のセンター島Centre Islandは、島全体が公園になっており、ビーチや小さな遊園地、カフェもある。ここでは、広大な芝生でのんびりしたり、レンタサイクルで島を巡ったりと、ゆったりとした時間を過ごしたい。フェリー乗り場のそばに小さな案内所があり、地図を入手できる。センター島の東にあるワーズ島Ward's Islandは約600人が暮らす居住地区、西のハンランズ島Hanlan's Pointには市民空港、ビリー・ビショップ・トロント・シティ空港Billy Bishop Toronto City Airportがある。3つの島へは、「The Westin Harbour Castle, Toronto（→P.86）」そばのジャック・レイトン・フェリーターミナルJack Layton Ferry Terminalから出ているフェリーなどを利用する。島やフェリーから望む昼のダウンタウンも美しいが、夜景もまたロマンティックでおすすめ。

CNタワーから見た、緑豊かなトロント・アイランズ

トロント・アイランズ
センター島行きフェリー
TEL (416)392-8193
開 4月上旬〜5月中旬
　毎日9:30〜18:30
　5月中旬〜9月上旬
　毎日8:00〜23:20
　9月上旬〜10月中旬
　毎日9:30〜20:15
　30分〜1時間ごとに出発。
　10月中旬〜4月上旬はワーズ島行きのみ運航。
團 往復
　大人$8.7、シニア・学生
　$5.6、子供$4.1

ジャック・レイトン・フェリーターミナル
MAP P.45-C3/P.73-2

ビリー・ビショップ・トロント・シティ空港
MAP P.44-D2/P.73-1
住 1 Island Airport
TEL (416)203-6942
URL www.billybishopairport.com
　ローコストキャリアのポーター航空（→P.364）や一部エア・カナダの便も発着する。
空港行きのフェリー
　バサースト通りたもとの港から出ている。
運 毎日5:15〜24:00
　15分ごとに出発。
料 無料（車利用は$14）

地図

1　　　　　　　　　　2

Exhibition
Garrison Rd.
Exhibition
Princes' Blvd.
フォート・ヨーク P.74
Fort York
Fleet Loop
博覧会場 P.74
Exhibition Place
Lake Shore Blvd.
Queens Quay
ロジャース・センター
Rogers Centre
フロント通り Front St.
CNタワー
CN Tower
P.49
ユニオン駅 Union Station
Bremner Blvd.
Gardiner Expwy
スコシアバンク・アリーナ
Scotiabank Arena
York St.
P.86
The Westin Harbour Castle, Toronto

空港行きフェリー乗り場
トロント鉄道博物館
Toronto Railway Museum
P.73
ジャック・レイトン・フェリーターミナル P.73
（トロント・アイランズ行きフェリー乗り場）
Jack Layton Ferry Terminal

オンタリオ・プレイス
Ontario Place
P.74
P.73
ビリー・ビショップ・トロント・シティ空港
Billy Bishop Toronto City Airport
ハーバー・フロント・センター
Harbourfront Centre
リプリーズ・アクアリウム・オブ・カナダ
Ripley's Aquarium of Canada
P.67

ハンランズ島
Hanlan's Point
オンタリオ湖
Lake Ontario
P.73
マッグス島
Mugg's Island
トロント・アイランズ
Toronto Islands
インフォメーション
Ward's Island Ferry Terminal
ワーズ島
Ward's Island
センター島
Centre Island

P.44-45に拡大図

◎ Go Transit線の駅
━━ ストリート・カー

ハーバーフロント

N
0　　300
m

フォート・ヨーク
🏠250 Fort York Blvd.
📞(416)392-6907
🔗www.toronto.ca
🕐水11:00～19:00
　木～日11:00～17:00
　（冬季は時間短縮）
休月・火
料無料
🚇ユニオン駅からストリート・カー#509（ハーバーフロント）に乗り、Fleet St. at Fort York Blvd. West Sideで下車、徒歩1分。

ヨークの戦い
　フォート・ヨークを舞台に、1813年に行われたアメリカ軍とイギリス、カナダ先住民族連合軍による戦争。連合軍を破ったアメリカは、この後一時トロントを占領下においた。

博覧会場
🏠100 Princes' Blvd.
📞(416)263-3000
🔗www.explace.on.ca
🚇ユニオン駅からストリート・カー#509（ハーバーフロント）に乗り、終点エキシビジョン駅Exhibition下車、徒歩7分。

オンタリオ・プレイス
🏠955 Lake Shore Blvd. W.
📞(416)314-9900
🔗ontarioplace.com
🚇ユニオン駅からストリート・カー#509（ハーバーフロント）に乗り、終点エキシビジョン駅下車、徒歩15分。

🍁 フォート・ヨーク
Fort York
MAP P.44-C2/P.73-1

れんがの建物や大砲が設置されている

　1793年、アッパー・カナダ（現オンタリオ州）の初代総督、ジョン・グレーブス・シムコーJohn Graves Simcoeにより建設された要塞。建設当時、砦を中心に小さな町が形成され、それが現在のトロント市の発祥になった。英米戦争における「ヨークの戦いBattle of York」の舞台となった場所でもあり、1812年に侵攻してきたアメリカ軍によって一度破壊された。1815年に再建され、現在は史跡として公開されている。19世紀初頭のまま保存された敷地内には、兵舎や大砲が置かれており、フォート・ヨークの歴史を紹介する博物館や、当時の衣装に身を包んだ衛兵を見ることができる。

🍁 博覧会場
Exhibition Place
MAP P.44-C1/P.73-1

さまざまなイベントの会場になる

　1878年から続くトロント最大のフェスティバル、カナディアン・ナショナル・エキシビジョン（→P.40欄外）の会場でもある、巨大なイベントスペース。敷地内には、屋外イベントスペースやホールが集中している。メジャー・リーグ・サッカー（MLS）に参加するトロントFCのホームスタジアムのBMOフィールドBMO Fieldもある。1年を通してさまざまなイベントが開催されている。

🍁 オンタリオ・プレイス
Ontario Place
MAP P.44-D1/P.73-1

連絡橋で結ばれた人工島

　オンタリオ湖に浮かぶ人工島。かつては遊園地などがありにぎわったが、クローズ。現在は公園となっている。敷地内には野外コンサート場Budweiser Stage、アイマックス劇場のCinesphere Theatreなどがあり、1年を通じてさまざまなイベントが開かれる。

ダウンタウン北部

♦ トロント大学
University of Toronto

MAP P.75-A1〜B1　★☆☆

　1827年に創立されたトロント大学は、約7万5000人もの学生が学ぶ世界最大級の大学のひとつ。1921年に糖尿病の治療薬、インシュリンを発見した実績もある。キャンパスはダウンタウンの真ん中にあり、塀もなく街と同化している。大学は230余りの建物からなり、ほとんどが石造りの歴史ある重厚な建物。ぐるりとキャンパスを歩けば、近代的なダウンタウンとの景観の違いに新鮮な驚きを覚えるだろう。なかでも、1919年に建てられたゴシック様式のハート・ハウスHart Houseはぜひ見ておきたい。ここは現在、食堂や図書館、音楽室やギャラリーなど、学生の勉強以外の活動の施設として利用されている。キャンパス内を徒歩で回る無料ガイドツアーも催行されている。所要約2時間。

街の一部となっているトロント大学

トロント大学
TEL (416)978-2011
URL www.utoronto.ca
ガイドツアー
EMAIL campus.tours@utoronto.ca
圏月〜金11:00、14:00　土10:30、13:00
休日
料無料
　出発はノヴァ・スコシア・ビジターセンターから。
交地下鉄クイーンズ・パーク駅Queen's Parkまたはセントジョージ駅St. Georgeから徒歩すぐ。

トロント大学周辺

ロイヤル・オンタリオ博物館
📍100 Queen's Park
📞(416)586-8000
🔗www.rom.on.ca
🕐毎日10:00〜17:30
🚫無休
💰大人$23、シニア・学生
　$18、子供$14
🚇地下鉄ミュージアム駅
　Museumから徒歩すぐ。

♦ ロイヤル・オンタリオ博物館

Royal Ontario Museum (ROM)

MAP P.75-A1・2

　1914年の創設以来、ROMの愛称で親しまれている博物館。美術、考古学、自然科学など多岐にわたる分野のコレクションは、カナダ最大規模の約600万点にのぼる。

　建物は古い石造りの旧観と、水晶をモチーフとした新館が溶け合うような独特の造りをしている。1階は初期カナダと北米先住民の文化に関する史料や、中国・朝鮮など東アジアの美術品が中心。一角には北京の紫禁城を本国の職人が部分的に再現した展示もある。特別展やイベントのスペース、デザイン雑貨などを販売するミュージアムショップ、地下にはカフェもあり、さまざまに楽しめるようになっている。

斬新なデザインが目を引く

　自然史がテーマの2階には、コウモリの洞窟を再現したコーナーや鳥類のはく製などもあるが、必見は50点を超える恐竜の化石標本が並ぶダイナソーギャラリー。なかでもカナダ国内最大の全長27mのバロサウルスの骨格標本は圧

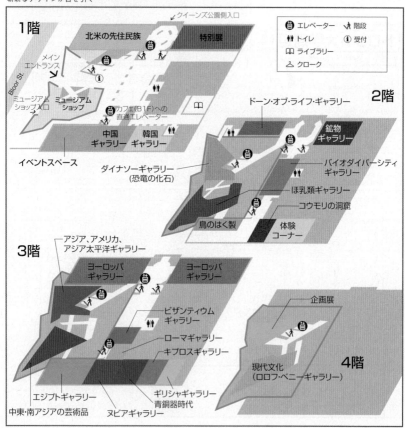

76

巻。恐竜の時代に続く氷河期に登場した哺乳動物の化石標本も興味深い。

3階にはエジプト、ローマ、ギリシャ、中東・南アジアなどの美術品が、4階にはカナダの写真家、ロロフ・ベニーの作品が、それぞれ展示されているほか、企画展も行われる。

また、恐竜の化石発掘を疑似体験できるコーナーなど、子供が触れて学べるインタラクティブな展示が充実しているのも特長だ。

最大の見どころであるダイナソーギャラリー

ガーディナー博物館 MAP P.75-A2
Gardiner Museum

証券業などで財をなしたトロントの資産家ジョージ&ヘレン・ガーディナー夫妻のコレクションを中心に、3000点余りの陶磁器を収蔵する博物館。1階にはおもに現代の作家や中南米先住民の陶器、2階には17～18世紀のヨーロッパやアジアの陶磁器が展示されている。

バータ靴博物館 MAP P.75-A1
The Bata Shoe Museum Collection

世界でも珍しい、靴専門の博物館。館内には、古今東西のあらゆる種類の靴が1万5000点余り集められている。4500年前のエジプトのパピルスの靴など歴史的価値のある靴もあり、見ごたえ十分。エルヴィス・プレスリーやエルトン・ジョンなど有名人の履いていた靴のコレクションもおもしろい。日系カナダ人建築家、レイモンド・モリヤマRaymond Moriyamaによる、靴箱をイメージした斬新なデザインの建物も必見。

オンタリオ州議事堂 MAP P.75-B1・2
Legislative Assembly of Ontario

クイーンズ公園の中央に立つ、ロマネスク様式のオンタリオ州議事堂。1893年の建造で、茶色の石壁が周囲の緑と調和して美しい景観を見せている。内部は、ガイドツアーで見学可能（10人以上の場合は要予約）。公園には、リスなど小動物が遊び、ベンチもあるので休憩に最適。公園の入口に立ってるのは、カナダの初代首相ジョン・A・マクドナルドJohn A. Mac-Donaldの像だ。内部はガイドツアーでのみ見学可能。

重厚なたたずまいの州議事堂

CHECK!

ナイトミュージアム ROM After Dark

5月上旬～6月までの毎週金曜19:00～23:30（最終入場22:30）は毎回異なるテーマを設けたイベント ROM Friday Night Liveを開催。アルコールやフードを提供するベンダーなども入り、ドリンク片手に通常の展示や音楽ライブが楽しめ、昼間の博物館とは違った雰囲気が味わえる。圀大人$30

ガーディナー博物館
住111 Queen's Park
TEL(416)586-8080
URL www.gardinermuseum.on.ca
圓月・火・木・金 10:00～18:00 水10:00～21:00 土・日10:00～17:00
休無休
圀大人$15、シニア$11、学生無料（水曜の16:00～は半額）

バータ靴博物館
住327 Bloor St. W.
TEL(416)979-7799
URL www.batashoemuseum.ca
圓月～土 10:00～17:00 日12:00～17:00
休無休
圀大人$14、シニア$12、学生$8、子供$5

世界のあらゆる靴が置かれている

オンタリオ州議事堂
住111 Wellesley St. W.
TEL(416)325-0061
URL www.ola.org
圓月～木8:00～18:00 金8:00～17:00
休土・日
ガイドツアーには建物見学（Building Tour）やアート&建築（Art and Architecture Tour）など無料のものから、議事堂内でアフタヌーンティーがいただけるAfternoon Tea and Tourなど有料ツアー（$45）までいくつかある。ツアーは要事前予約で、公式のウェブサイトから予約できる。

ミッドタウン

♣ カーサ・ロマ

Casa Loma

MAP P.46-B1

カーサ・ロマ
住 1 Austin Terrace
TEL (416)923-1171
URL www.casaloma.ca
開 毎日9:30～17:00
　（入場は～16:30）
休 無休
料 大人\$40、シニア・ユース
　\$35、子供\$20
交 地下鉄デュポン駅Dupont
　下車。デュポン通りDupont
　St.を渡りスパダイナ通りを
　北に少し歩いて突き当たっ
　た階段を上った所。
※日本語のオーディオガイド
　（\$5）や地図もある。

調度品も見応えがある

中世ヨーロッパの古城のような建物

　小高い丘の上に立つカーサ・ロマは、カナダ陸軍の将校にして、ナイアガラの滝の水力発電で富を築いたヘンリー・ミル・ペラットHenry Mill Pellattの邸宅として建造された。350万ドル（当時）もの費用をかけ、1911～14年までの4年にわたって造られた建物は、中世ヨーロッパの古城を思わせる優雅なたたずまい。部屋数は実に98を数え、天井の高いメインホールやオーク材の柱、壁に刻まれた繊細な彫刻、温室を飾るステンドグラスなど内装も細部にいたるまで豪華に仕上がっている。屋敷の地下には240mもの地下通路があり、大理石製の厩舎へとたどり着く。3.2ヘクタールもあるという、美しい庭園にも注目しよう。

　外観から細部にいたるまで豪華なこの屋敷だが、室内プールだけが未完成のままになっている。これは建設費が負担となったヘンリー・ミル・ペラットが1923年に破産してしまったため。氏がここに住んだのは、わずか10年足らずのことであった。

♣ スパダイナ博物館

Spadina Museum

MAP P.46-B1

スパダイナ博物館
住 285 Spadina Rd.
TEL (416)392-6910
URL www.toronto.ca
開 水～日11:00～16:00
休 月・火
ガイドツアー
料 水～金12:15、13:15、
　14:15、15:00
　土・日11:15、12:15、
　13:15、14:15、15:00
料 無料
交 カーサ・ロマから徒歩1分。

美しい内装の館内

美しく品のある建物

　緑に囲まれた白亜の外観をもつスパダイナ博物館は、ガス会社への投資で富を得たオースティン一族の邸宅として1866年に建造された。初代の実業家ジェームス・オースティンJames Austinから4代にわたって住んでいたが、1984年に凋落したオースティン一族は、邸宅を手放してしまう。同時に屋敷はオンタリオ州の史跡に登録され、現在は博物館として開放されている。ビクトリア様式とエドワード様式の家具が置かれた部屋や約300種の植物が植えられた2.4ヘクタールの庭園を見学できる。

トロント郊外

ハイ・パーク
High Park

MAP P.42-B1

　ダウンタウンの西にある、161ヘクタールの面積をもつ公園。園内にはピクニックエリアやテニスコート、屋外劇場などの施設が整い、週末ともなると多くの家族連れでにぎわいを見せる。また、園内には日本から贈られたソメイヨシノが多く植えられており、桜の名所としても知られている。見頃は4月末〜5月初旬くらい。公園の南入口そばに立つコルボーン・ロッジColborne Lodgeは、トロント初の建築家であり、ハイ・パークを設立したジョン・ジョージ・ハワードJohn George Howardにより1837年に設計された邸宅。ほか園内にはハイ・パーク動物園High Park Zooもある。

オンタリオ・サイエンス・センター
Ontario Science Centre

MAP P.42-B2

　レイモンド・モリヤマのデザインによる近未来を連想させる外観が目印。館内には楽しみながら科学を学ぶことができるさまざまなアトラクションがある。大画面シアターのオムニマックスOmnimaxは、迫力満点。

科学の不思議を体験できる

ブラック・クリーク・パイオニア・ビレッジ
Black Creek Pioneer Village

MAP P.42-A1

　ダウンタウンの北西約30kmにある、1860年代のトロントの様子を再現した歴史村。敷地内には、水車や昔ながらのパン屋、鍛冶屋などの建物が並んでおり、村人も当時の格好で迎えてくれる。昔ながらの建物を利用したレストランもある。チケットカウンターのそばには、19世紀のカナダの様子を説明するビデオを上映する小屋もある。夏季にはコンサートやダンスなどさまざまなイベントを開催しているので、ウェブサイトでチェックを。

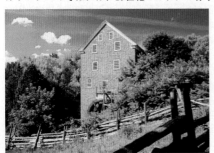
昔の生活風景が楽しめる

ハイ・パーク
🚇地下鉄ハイ・パーク駅High Parkから徒歩すぐ。
コルボーン・ロッジ
MAP P.40-B1
TEL (416)392-6916
URL www.toronto.ca
※2022年11月現在、改装のためクローズ中。

ハイ・パーク動物園
住95 Lavinia Ave.
URL www.highparkzoo.ca
開毎日9:00〜19:00
休無休
料無料

オンタリオ・サイエンス・センター
住770 Don Mills Rd.
TEL (416)696-1000
URL www.ontarioscience centre.ca
開水〜金10:00〜16:00
土・日10:00〜17:00
休月・火
料大人$22、シニア・学生・ユース$16、子供$13
オムニマックスとの共通券
大人$28、シニア・学生・ユース$22、子供$19
🚇地下鉄ペイプ駅から市バス#25Bまたは#925でセント・デニス通りSt.Denis Dr.下車、徒歩すぐ。

ブラック・クリーク・パイオニア・ビレッジ
住1000 Murray Ross Pky.
TEL (416)736-1733
URL blackcreek.ca
開4月下旬〜6月
　月〜金10:00〜16:00
　土・日11:00〜17:00
7月〜9月上旬
　月〜金10:00〜17:00
　土・日11:00〜17:00
9月上旬〜12月下旬
　月〜金10:00〜16:00
　土・日11:00〜16:30
休12月下旬〜4月下旬
料大人$16.07、シニア・学生$12.86、子供$11.76
🚇地下鉄パイオニア・ビレッジ駅Pioneer Villageから徒歩15分。

マクマイケル・カナディアン・アート・コレクション MAP P.42-A1
McMichael Canadian Art Collection

マクマイケル・カナディアン・アート・コレクション

🏠10365 Islington Ave., Kleinburg
☎(905)893-1121
FAX(1-888)213-1121
URLmcmichael.com
🕐火～日10:00～17:00
休月
料大人$20、シニア$17、25歳以下$7
（第3日曜は無料）
🚗ハイウエイ#400を北上、メジャー・マッケンジー通りMajor Mackenzie Dr.で左折し西へ。イズリントン通りIslington Ave.を右折。または地下鉄イズリントン駅Islingtonから市バス#37Bでスティールス通りSteeles Ave.下車、York Region Bus #13(North)に乗り換え、ナパ・バレー通りNapa Valley Ave.で下車、徒歩40分。

マクマイケル夫妻のコレクションを基にした、カナダ美術の作品を展示している美術館。トム・トムソンとグループ・オブ・セブンからインディアン、イヌイットアートまで充実のコレクションを誇る。ウッディなログ

グループ・オブ・セブンをはじめとしたカナダアートのコレクションが多く揃う

ハウス調の建物は、マクマイケル夫妻の住居だったものだ。建物の周囲には40ヘクタールもの庭園が広がり、ところどころに置かれた彫刻を鑑賞しながら散歩を楽しめる。トロント北部のクラインバーグKleinburgにある。

ユニオンヴィル

🚗ハイウエイ#407を越えてすぐ。またはユニオン駅からGOトレインのスタフヴィル線Stouffville Lineでユニオンヴィル駅Unionville下車、徒歩すぐ。

❦ユニオンヴィル
Unionville
MAP P.42-A2

1794年に到着した初のドイツからの入植者が住んだ場所。メイン通りMain St.沿いには今でもドイツの雰囲気が漂っており、ビビッドなカラーに塗られた木造家屋やれんが造りの建物が並び、まるでおもちゃの町のような景観をなしている。かわいいクラフトを販売するショップやレストラン、カフェも多く、そぞろ歩きが楽しい。

ドイツの雰囲気が漂う

トロント動物園

🏠2000 Meadowvale Rd.
☎(416)392-5900
URLwww.torontozoo.com
🕐3月中旬～5月上旬、9月上旬～10月上旬
月～金9:30～16:30
土・日9:30～18:00
5月上旬～9月上旬
毎日9:00～19:00
10月上旬～3月中旬
毎日9:30～16:30
（入園は閉園の1時間前まで）
休無休
料大人$22.2～、シニア$17.35～、子供$13.5～
🚇地下鉄ケネディ駅Kennedyから市バス#86Aで Toronto Zoo下車、徒歩すぐ。ただし、冬季は月～金曜のみの運行。土・日曜は地下鉄ドン・ミルズ駅Don Millsまたはルージュ・ヒル駅Rouge Hillから市バス#85A、#85Bで行ける。

❦トロント動物園
Toronto Zoo
MAP P.42-A2

ゾウやライオン、トラ、ホッキョクグマなど360種以上、約4000頭の動物が飼育されているカナダ最大規模の動物園。園内は動物が生息する地域ごとに8つに分けられており、熱帯の動物はパビリオンと呼ばれる建物に入っている。一番人気は、アフリカ・パビリオン内のジャングルに住むゴリラが見られるWestern Lowland Gorilla。総面積が287ヘクタールもあるので、歩いて見て回るのは困難。5～9月には園内を一周するバス、ズーモービルZoomobileが運行されているので、それに乗って全体を把握してから、見たい動物だけを効率よく見学しよう。園内にあるレストランはファストフード店程度。数もあまり多くないので、ランチは持参したほうがよい。

エクスカーション

🍁 プリンス・エドワード・カウンティ
Prince Edward County MAP P.38-B3 ★★☆

トロントから東へ約120km。オンタリオ湖に面したプリンス・エドワード・カウンティ（PEC）は、18世紀のアメリカ独立戦争時に入植したロイヤリストたちの子孫によって開拓されたエリア。古くから良質な土壌を生かした野菜やフルーツ作りが行われていたが、近

土からこだわって野菜作りをする農家もある

年、新鮮な食材に惚れ込んだ大都市で働くシェフが続々と移り住み、レストランをオープン。その後、オーガニック農場やチーズ工房、ブドウ栽培に最適な地質や気候を生かしたワイナリーも誕生。今ではこれらの"食"を巡るドライブルート「テイスト・トレイル」も作られ、のどかな風景を楽しみながらドライブ＆グルメを堪能できるエリアとして注目されている。

　PEC観光の拠点となる町は、エリアの東側、ハイウエイ#33のピクトン湾Picton Bayに面して広がるピクトンPictonの町。観光案内所をはじめ、レストランや宿泊施設、映画館もある。ピクトンから東へ約8kmの所には、地下水が湧き出た湖が丘の上にたたずむレイク・オン・ザ・マウンテン 州立公園Lake on the Mountain Provincial Parkがあり、近くにはピクトン湾が見渡

野菜やフルーツの直売所も多い

せるビュースポットも。ピクトンから約8km西に位置するブルームフィールドBloomfieldは、メインストリート沿いにかわいらしい店が数軒並ぶ小さな町。

オンタリオ湖に面したエリアにはビーチもある

プリンス・エドワード・カウンティの情報サイト
URL countymoments.ca

プリンス・エドワード・カウンティへの行き方
各都市から鉄道やバスはないので、車で行くのが一般的。トロント・ピアソン国際空港からハイウエイ#401を東に進み、Exit 522からハイウエイ#33を南下する。

PECのワイナリー
Waupoos Estates Winery
ワウプース・エステート・ワイナリー
住 3016 Country Rd. 8, Picton
TEL (613)476-8338
URL www.waupooswinery.com
営 日～木11:00～16:00
　 金・土11:00～17:00
休 無休
　PECで最も古いワイナリー。シャルドネやリースリングなど18種類を栽培している。

ワイナリーではテイスティングも楽しめる

トロント◆おもな見どころ／エクスカーション

Column 北米最大の都市公園へ

　カナダ最大の都市であるトロントだが、ダウンタウンから少し足を延ばせばカナダらしい大自然が広がっている。トロントのダウンタウンの東にあるルージュ国立都市公園 Rouge National Urban Parkは、北米最大といわれる都市公園。南はオンタリオ湖畔から北はトロント動物園のそばまで、南北に細長く広がる園内にはトレイルやサイクリングコースがあるほか、夏にはキャンプも楽しめ

る。駐車場もいくつかあるので、公式のウェブサイトで地図とアクセス方法を確認しておくといい。なお公園は365日24時間オープンしており入園は自由だが、冬は雪が積もりトレイルやキャンプ場も閉鎖される。

ルージュ国立都市公園
MAP P.42-A2 TEL (416)264-2020
URL parks.canada.ca/pn-np/on/rouge

Ontario

カナダの最先端
最新☆最旬ホテル事情

New&Latest Hotel

**カナダ最大の都市トロントは、いつだって進化中！
はやりとニューオープンのホテルをチェックして。**

[ダウンタウン中心部]

エコフレンドリーな
ナチュラルリゾート
1 Hotel Toronto

ワン・ホテル・トロント [MAP] P.44-B2

　サステナブルがテーマの最新ホテル。「都心にありながら自然を感じられる」というコンセプトの内装で、館内の随所にオリジナルの木製家具や3300もの植物が配されている。客室は全部で11種類あり、スタンダードなスタジオルームでも35㎡と十分な広さ。地元食材満載のレストランも評判。

[住]550 Wellington St. W.
[TEL](416)640-7778
[FREE](1-833)624-0111
[URL]www.1hotels.com/toronto
[料]ⓈⒹ$580〜　Tax別
[CC]A D M V
[室]102室
[交]ストリート・カー#504(キング通り)に乗り、バサースト通り下車、徒歩3分
[館内設備]レストラン(2軒)、バー(2軒)、プール

[1]ナチュラルウッドのインテリアに囲まれた客室 [2]おしゃれなロビーバー [3]敷地内にはガーデンがあり、野菜やハーブを栽培 [4]ガラス張りのモダンな外観

[ダウンタウン北部]

実はトロントが発祥です！
最高級ホテルの代名詞
Four Seasons Hotel Toronto

フォー・シーズンズ・ホテル・トロント [MAP] P.75-A2

　今や高級ホテルの代名詞的存在だが、実はトロントが発祥。館内は色彩を抑えたインテリアで統一され、高級感が漂う。セレブリティシェフが腕を振るう「Café Boulud」は、地元のビジネスマンたちの評判も高く、常に人気だ。周辺にはハイクラスブランド店が並び、ラグジュアリーな滞在を保証してくれる。

[住]60 Yorkville Ave.
[TEL](416)964-0411
[URL]www.fourseasons.com/toronto
[料][HIGH]夏季ⓈⒹ$850〜
[LOW]冬季ⓈⒹ$750〜　Tax別
[CC]A D J M V　[室]259室
[交]地下鉄ベイ駅から徒歩4分。
[館内設備]レストラン(1軒)、バー(1軒)、プール、スパ

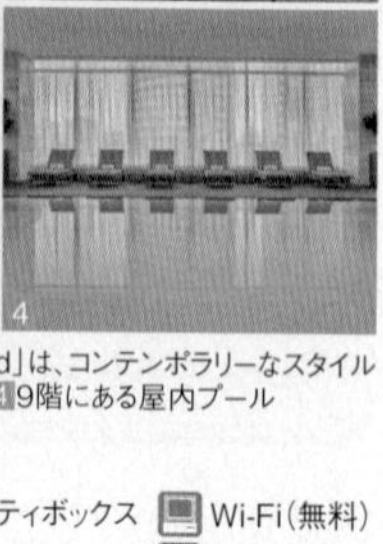

[1]2012年に新設された建物 [2]「Café Boulud」は、コンテンポラリーなスタイル [3]シンプルだが上質なインテリアを使っている [4]9階にある屋内プール

バスタブ／一部客室　テレビ／一部客室　ドライヤー／貸し出し　ミニバーおよび冷蔵庫／一部客室　セーフティボックス／フロントにあり　Wi-Fi(無料)／Wi-Fi(有料)

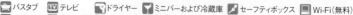

ダウンタウン中心部

トロントのホテルシーンを牽引する ラグジュアリーな最新ホテル

Shangri La Toronto

シャングリ・ラ・トロント [MAP] P.71-1

香港の老舗ホテルチェーンで、トロントには初進出。内装には、系列ホテル特有のアジアンテイストがちりばめられたラグジュアリー感が漂う。グランドピアノが設置されたロビーは広々としており、夜にはキャンドルが灯されロマンティック。ビジネスや社交の場として地元の人の利用も多い。

[住]188 University Ave. [TEL](647)788-8888
[FAX](647)788-8889
[URL]www.shangri-la.com/toronto/shangrila
[料]Ⓢ$545～ Ⓓ$695～ Tax別
[CC]A M V [室]202室
[交]地下鉄セント・アンドリュー駅、またはオスグード駅から徒歩3分。
[館内設備]レストラン(1軒)、バー(2軒)、プール、スパ

[1]50m²以上もあるプレミアルーム [2]館内にあるレストラン「Bosk」 [3]スパ施設の「Miraj Hammam Spa」では、話題のヴィノテラピーなどさまざまなトリートメントメニューを用意

ダウンタウン北部

リニューアルオープンした 最新シティリゾート

Park Hyatt Toronto

パーク・ハイアット・トロント [MAP] P.75-A2

ヨークヴィルにある高級ホテルで、4年間にも及ぶ改装を終え2021年にフルリノベーション。フロントを中心に南北ふたつの棟に客室がある。どの部屋もモダンなデザインで、高層階からはトロントのダウンタウンが一望できる。食事は1階にあるダイニングの「Joni」と、17階にある「Writers Room Bar」の2ヵ所。どちらも大人気なので、要事前予約。

[住]4 Avenue Rd.
[TEL](416)925-1234 [FREE](1-844)368-2430
[URL]www.hyatt.com
[料]ⓈⒹ$580～ Tax別 [CC]A D M V [室]219室
[交]地下鉄ミュージアム駅から徒歩3分
[館内設備]レストラン(1軒)、バー(1軒)

[1]スタンダードの客室 [2]Writers Room Barからトロントのダウンタウンを望む [3]スタイリッシュな外観

ダウンタウン西部

街のアイコン的存在の 先駆けデザイナーズホテル

The Drake Hotel

ドレイク [MAP] P.42-B1/P.44-B1外

クイーン・ストリート・ウエストのランドマーク的ホテルで、トロント初のデザイナーズホテル。各部屋はコンパクトながらもすっきりとしていて「現代的な雰囲気とレトロなセンス」というテーマは創業以来健在だ。ホテル地下では音楽ライブやアートイベントなどが頻繁に行われているので、要チェック。

[住]1150 Queen St. W.
[TEL](416)531-5042
[URL]www.thedrake.ca
[料]ⓈⒹ$311～ Tax別 [CC]A M V [室]19室
[交]ストリート・カーの#501(クイーン通り)に乗り、アベル通りAbell St.下車、徒歩すぐ。
[館内設備]レストラン(2軒)、バー(3軒)

[1]屋外テラスのSky Yardは、地元アーティストのたまり場 [2]客室はすっきりとしたデザイン [3]2013年にはカナダの雑誌『Where』誌でベスト・ホテル・ダイニングを受賞した

上記すべて©Connie Tsang

日本人経営だから楽々！
アットホームな宿へ

初めて訪れる場所なら、まずはゆっくりとしたいもの。
そんなときは、日本人経営のB＆Bとゲストハウスをチョイス。現地情報も聞けるはずです。

ダウンタウン中心部

オープン15年の確かな実績
もはやトロントの名物B＆B

Sweetheart B&B

スイートハート B＆B　　**MAP P.75-B1**

　ホストは日本人の山本紀美子さんとカナディアンのご主人ジョーさん。ダウンタウンの中心、トロント大学の目の前という立地でありながら、この料金は破格。スタッフの教育も行き届いており、リピーターも多い。全室でWi-Fi利用が可能。歴史ある建物は歩くと音がするが、それも味。

🏠72 Henry St.
☎(416)910-0799
🌐www.sweetheartbb.com
💰Ⓢ$50 ～　Ⓓ$90 ～
　Tax込み　朝食付き
💳不可　🛏8室
🚇地下鉄クイーンズ・パーク駅から徒歩4分。

1 ビクトリア様式の建物を改装 **2** シングルからツイン、スイートまでさまざまなタイプがある **3** ホストの紀美子さん、ジョーさんとスタッフ **4** 朝食はトーストやフルーツなどコンチネンタル

ダウンタウン中心部

絶好のロケーションが魅力の
アットホームなゲストハウス

Kaisar Guest House

カイザー・ゲスト・ハウス　　**MAP P.44-A2/P.46-D2**

　チャイナタウンやケンジントン・マーケットにほど近い場所にある。ホストは日本語が堪能なカイザーさんと日本人のまみさん。4種類ある客室はどれも清潔で広々としている。キッチンとコインランドリーがあるほか、宿泊中は紅茶やコーヒーが無料。朝食は付かない。

🏠372A College St.
☎(416)898-9282
💰バス付き Ⓢ$95 ～　Ⓓ$130 ～
　バス共同 Ⓢ$75～　Ⓓ$95 ～　Tax別
💳M V　🛏20室
🚇ストリート・カー #506（カレッジ通り～カールトン通り）に乗り、ボーデン通り Borden St. 下車、徒歩3分。

1 バス付き、ダブルルームの部屋 **2** 共同のキッチンやランドリー完備 **3** オーナーのカイザーさんとまみさん

 バスタブ テレビ ドライヤー　ミニバーおよび冷蔵庫　セーフティボックス  Wi-Fi（無料）
一部客室　一部客室　貸し出し　一部客室　フロントにあり Wi-Fi（有料）

HOTEL

トロントのホテル

ホテルはユニオン駅やブロア／ヨークヴィル界隈、フロント通り、キング通り、ジャービス通り沿いなどに点在している。中級以上のホテルの大半は地下鉄でアクセスできる場所にある。安宿は少ないが、そのぶんどのホテルも設備が充実し、安全かつ快適に過ごすことができる。長期で滞在する予定なら、キッチン付きのアパートメントタイプの宿泊施設が便利だ。最近は北米やアジア系のラグジュアリーホテルグループが続々と進出してきている。こうしたホテルは、ユニオン駅やブロア通り、ハーバーフロントに多い。

B&Bはダウンタウンの中心部から外れた住宅地に散在。相場が$70前後～とさほど割安感はないが、手入れの行き届いた清潔な部屋が多い。かつては町のいたるところにあったB&Bだが、多くは閉業、またはAirbnb（→P.373）での予約を行うのが一般的となっている。

最高級ホテル

Fairmont Royal York

フェアモント・ロイヤル・ヨーク [MAP] P.45-B3/P.71-1

ユニオン駅の前にそびえ立つ豪壮なホテル。1929年の創業当時はイギリス連邦で最も高い建物だったという。老舗ホテルだが内部はきれいに改装されており、客室はモダンなインテリアでまとめられている。ロビーエリアはクラシカルな雰囲気。ダイニングやバーはゲスト以外でも利用でき、夕方ともなれば仕事帰りのビジネスマンたちでにぎわう。

客室はやや狭いが、設備は充実している

石造りの外観が目を引く

ダウンタウン中心部
[住]100 Front St. W.
[TEL](416)368-2511
[FREE](1-800)257-7544
[URL]www.fairmont.jp/royal-york-toronto
[料]ⓈⒹ$700～ Tax別
[CC]A D J M V
[室]1343室
[交]ユニオン駅から徒歩1分。

高級ホテル

Hilton Toronto

ヒルトン・トロント [MAP] P.71-1

劇場街やチャイナタウンに近く、観光に便利な場所に立つ気品のあるホテル。地下道にもリンクしている。客室のインテリアは洗練されており、ゆったりしたスペース。フィットネスセンターやプール、レストラン、バーあり。

ダウンタウン中心部
[住]145 Richmond St. W.
[TEL](416)869-3456
日本の予約先
[TEL](03)6864-1634(東京23区内、携帯電話から)
[無料]0120-489852(東京23区外、固定電話から)
[URL]www3.hilton.com
[料]ⓈⒹ$449～ Tax別
[CC]A M V
[室]600室
[交]地下鉄オスグード駅から徒歩2分。

Toronto Marriott City Centre Hotel

トロント・マリオット・シティ・センター [MAP] P.71-1

ロジャース・センターに併設された11階建てのホテル。全客室中、70の部屋からスタジアムの中を眺めることができる。野球の試合などイベントのある日に泊まるのがおすすめだが、ハーバーフロントや劇場街に近く、観光にも便利。

ダウンタウン中心部
[住]1 Blue Jays Way
[TEL](416)341-7100
[FREE](1-800)237-1512
日本での予約先[無料]0120-925659
[URL]www.marriott.com
[料]ⓈⒹ$215～ Tax別
[CC]A D J M V
[室]348室
[交]ユニオン駅から徒歩12分。

Le Germain Hotel
ル・ジェルマン MAP P.71-1

モダンでスタイリッシュな空間が広がる、話題のブティックホテル。開放的な吹き抜けのロビーや、センスのいいレストランやバーなどで優雅な時間を過ごせる。厳選された家具が置かれた客室はシンプルで広々している。劇場街へ行くのに便利な立地。

ダウンタウン中心部
30 Mercer St.
TEL (416)345-9500
FAX (1-866)345-9501
URL www.germainhotels.com
S D $339〜 Tax別
CC A D M V
123室
地下鉄セント・アンドリュー駅から徒歩9分。

Chelsea Hotel Toronto
チェルシー・ホテル・トロント MAP P.47-D3

エンターテインメントやショッピングの施設がひしめくダウンタウンの中心にある。カナダ最大の客室数を誇り、ハイシーズンでも予約が取りやすい。フィットネスセンター、ジャクージやウオータースライダーが備わるファミリープールもある。

ダウンタウン中心部
33 Gerrard St. W.
TEL (416)595-1975
FAX (1-800)243-5732
URL www.chelseatoronto.com
S D $245〜 Tax別
CC M V
1590室
地下鉄ダンダス駅またはカレッジ駅Collegeから徒歩6分。

The Westin Harbour Castle, Toronto
ウェスティン・ハーバー・キャッスル・トロント MAP P.45-B3/P.73-2

ハーバーフロントに立つ4つ星の高層ホテル。ホテル北側の部屋からはトロントのスカイライン、南側からはオンタリオ湖の眺望が楽しめる。リゾートホテル風の客室は明るく清潔。プールやテニスコートなどスポーツ施設が充実している。

ハーバーフロント
1 Harbour Square
TEL (416)869-1600
FAX (1-888)236-2427
日本の予約先 FREE 0120-142890
URL www.marriott.com
S D $215〜 Tax別
CC A D J M V
977室
ユニオン駅から徒歩8分。

The St. Regis Toronto
セント・レジス・トロント MAP P.71-2

ブラックを基調にしたモダンとエレガントが融合された内装が印象的。スパやレストランなどは上階にあり、摩天楼を見下ろす眺望が楽しめる。また、ロビーはこぢんまりとしている。金融街に位置しているので、ビジネスでの利用に最適。

ダウンタウン中心部
325 Bay St.
TEL (416)306-5800
URL www.marriott.com
S D $756〜 Tax別
CC A D M V
258室
地下鉄キング駅から徒歩5分。

Kimpton Saint George Hotel
キンプトン・キング・ジョージ MAP P.75-A1

ロイヤル・オンタリオ博物館やヨークヴィルなど観光＆買物スポットも徒歩圏内で、セント・ジョージ駅から徒歩3分という立地にある。エレガントなブティックホテルで、ロビーも客室もモダンかつスタイリッシュなデザインで統一されている。

ダウンタウン北部
280 Bloor St. W.
TEL (416)968-0010
FAX (1-888)563-2004
URL www.kimptonsaintgeorge.com
S D $364〜 Tax別
CC A D M V
188室
地下鉄セント・ジョージ駅から徒歩3分。

Econo Lodge Inn & Suites Downtown
エコノ・ロッジ・イン＆スイーツ・ダウンタウン MAP P.47-D3

リーズナブルな料金と整った設備で人気のチェーン系ホテル。部屋は清潔かつ広々しており、アイロンや電子レンジも備わっており長期滞在にも向いている。周辺には公園や住宅が多く静かに過ごせる。繁華街へも徒歩10分ほどと便利。

ダウンタウン中心部
335 Jarvis St.
TEL (416)962-4686
URL www.choicehotels.com
S D $110〜 Tax別
CC A D M V
49室
地下鉄カレッジ駅から徒歩10分

高級ホテル

中級ホテル

中級ホテル

The Alexandra Hotel
アレクサンドラ [MAP] P.44-A2

　ケンジントン・マーケットの外れ、アレクサンドラ公園に面した2つ星ホテル。客室はシンプルな造りだが清潔で、ほとんどの部屋にコンロや電子レンジのある簡易キッチンが付いているので非常に便利。駐車場は1泊$10で利用可能。

ダウンタウン中心部
[住]77 Ryerson Ave.
[TEL](416)504-2121
[FREE](1-800)567-1893
[URL]alexandrahotel.com
[料]ⓈⒹ$159～　Tax別
[CC]M V
[室]75室
[交]ストリート・カーの#510（スパダイナ通り）に乗り、スパダイナ通りとサリヴァン通りSullivan St.の交差点下車、徒歩10分。

Hotel Ocho
オーチョ [MAP] P.44-A2

　スパダイナ通り沿いのにぎやかな場所にある3つ星ホテル。1階はレストランになっているので少々騒がしいが、部屋は静か。客室はモダンなデザインで、広さ、清潔ともに申し分なし。設備もしっかりと整っており、快適に過ごすことができる。

ダウンタウン中心部
[住]195 Spadina Ave.
[TEL](416)593-0885
[URL]www.hotelocho.com
[料]ⓈⒹ$180～　Tax別
[CC]M V
[室]12室
[交]ストリート・カーの#510（スパダイナ通り）に乗り、スパダイナ通りとクイーン通りの交差点下車、徒歩3分。

B&B

Beverley Place B&B
ビバリー・プレイスB&B [MAP] P.75-B1

　トロント大学やチャイナタウン、ケンジントン・マーケットにほど近い高級B&B。1887年築のビクトリア様式の建物で、インテリアもアンティーク調の優雅な雰囲気。全室バス、トイレ付き、暖炉がある部屋もある。フルブレックファストの朝食も評判。

ダウンタウン中心部
[住]226 Beverley St.
[TEL](416)977-0077
[URL]www.beverleyplacebandb.com
[料]ⓈⒹ$124～　Tax別　朝食付き
[CC]M V
[室]4室
[交]地下鉄クイーンズ・パーク駅から徒歩6分。

ゲストハウス

Havinn International Guest House
ハビン・インターナショナル・ゲスト・ハウス [MAP] P.46-B1

　スパダイナ通りに面して建つ、ビクトリア様式のゲストハウス。地下鉄の駅から近く便利。近くの大通りに出るとレストランやカフェなどの飲食店が充実している。客室は広々としていて快適に過ごせる。バスとキッチンは共同。

ダウンタウン北部
[住]118 Spadina Rd.
[TEL](416)922-5220
[料]Ⓢ$72～ Ⓓ$87～
Tax別
[CC]不可
[室]6室
[交]地下鉄スパダイナ駅から徒歩4分。

ユースホステル

Samesun Toronto
セイムスン・トロント [MAP] P.44-A2

　世界中の若者たちが集めるホステル。ドミトリーは4～8ベッドで、男女混同と女性専用の2種類。共用のキッチンやリビングがある。ドミトリーのほかプライベートルームも備えている。宿泊者はコンチネンタルの朝食が無料で付いてくる。

ダウンタウン中心部
[住]280 Augusta Ave.
[TEL](416)929-4777
[URL]samesun.com
[料]ドミトリー$40.5～
バス、トイレ共同ⓈⒹ$105～
Tax別　朝食付き
[CC]M V　[室]150ベッド
[交]トリート・カーの#510（スパダイナ通り）に乗り、スパダイナ通りとカレッジ通りの交差点下車、徒歩3分。

The Planet Traveler
プラネット・トラベラー [MAP] P.44-A2/P.46-D2

　個性的な店が集まるケンジントン・マーケットの近くにあるユースホステル。4階建てで、緑色のロゴが目印。ドミトリーは男女別、混合の3種類が用意されている。屋上からはトロントの街並みが望めるほか、宿泊者の交流の場としても人気。

ダウンタウン中心部
[住]357 College St.
[TEL](647)352-8747
[URL]theplanettraveler.com
[料]ドミトリー$45～
バス、トイレ共同ⓈⒹ$115～（宿泊は最低2泊から）
Tax別　朝食付き
[CC]A M V　[室]100ベッド
[交]ストリート・カーの#510（スパダイナ通り）に乗り、カレッジ通り下車、徒歩3分。

トロントのレストラン

　80以上もの世界中のエスニックグループが生活するトロントでは「食」も多彩だ。ダウンタウンにあるレストランのうち、最も数が多いのはイタリア料理店。フランスや中国がこれに次ぎ、ギリシャなど地中海周辺の料理も目立つ。また、こうした各国の食文化が互いに融合し、ジャンルにとらわれない斬新なメニューを掲げる店も次々に登場しているので、ぜひトロントならではの食体験も楽しみたい。

　ピザならリトル・イタリー、中華ならチャイナタウン、ギリシャ料理ならグリーク・タウンと、それぞれのエスニック・タウンを訪れれば、本場さながらの各国料理を楽しめる。各エスニック・タウンでは本格的な料理を割安な値段で提供している店も多いので、散歩がてら探してみよう。洗練されたレストランやバーが多いのは劇場街や金融街の周辺。ペーパー『Where』もチェックしよう。

カナダ料理

Canoe Restaurant & Bar

カヌー　　　　　　　　　　　　　　**MAP P.71-2**

ユニオン駅前のTDトラストタワーの54階にあり、抜群の眺望を誇る高級レストラン。有機野菜や契約牧場から仕入れる最高級の牛肉など、カナダ全土から集めた厳選食材を使っており、素材の味を引き出す調理法を心がけている。要予約。

> **ダウンタウン中心部**
> 🏠66 Wellington St. W. 54th Floor, TD Bank Tower
> 📞(416)364-0054
> 🔗www.canoerestaurant.com
> 🕐ランチ11:45～13:15/17:00～23:30
> ❌土・日
> 💰ランチ$40～、ディナー$100～
> 💳A M V
> 🚇ユニオン駅から徒歩5分。

Fran's Restaurant

フラン　　　　　　　　　　　　　　**MAP P.45-A3**

ダウンタウンに2店舗を構える、1940年創業の老舗ダイナー。人気は24時間オーダー可能な朝食メニューで、2種類の卵料理とベーコン、ソーセージ、パンケーキ、フライドポテトがセットになったビッグ・ブレックファストは$17.99。

> **ダウンタウン中心部**
> 🏠200 Victoria St.
> 📞(416)304-0085
> 🔗www.fransrestaurant.com
> 🕐毎日24時間
> ❌無休
> 💰$20～
> 💳A M V
> 🚇地下鉄クイーン駅またはダンダス駅から徒歩3分。

Marben

マーベン　　　　　　　　　　　　　**MAP P.44-B2**

トロントのサステナブルフードの牽引役であるクリス・ロックがシェフを務める人気レストラン。100km以内の農場から直送される素材をおもに使い、地産地消にこだわったメニューは季節によって変わり、前菜$20～、メインは$21～。

> **ダウンタウン中心部**
> 🏠488 Wellington St. W.
> 📞(416)979-1990
> 🔗marben.ca
> 🕐火～金17:00～24:00
> 　土・日11:00～15:00/17:00～24:00
> ❌月
> 💰$50～
> 💳A M V
> 🚇ストリート・カーの#504（キング通り）に乗り、カートランド通りPortland St.下車、徒歩5分。

The Dog and Tiger Kitchen & Bar

ドッグ・アンド・タイガー・キッチン&バー　　**MAP P.44-A1**

カレッジ通り沿いにあるパブレストランで、カナダ産の食材を使用した多彩なメニューが味わえる。ディナーはメインでも$20程度と比較的リーズナブルで、クラフトビールなどアルコールによく合うものが中心。土・日曜のみランチも営業している。

> **ダウンタウン北部**
> 🏠537 College St.
> 📞(647)352-1842
> 🔗thedogandtiger.com
> 🕐火～金17:00～22:30
> 　土・日11:00～14:30/17:00～22:30
> ❌月
> 💰$60～
> 💳A M V
> 🚇ストリート・カーの#506（カレッジ通り～コールトン通り）に乗り、ユークリッド通り下車、徒歩1分。

Le Papillon on Front

ル・パピヨン・オン・フロント

ケベック料理

フランス料理をベースとしたケベック風カナダ料理が味わえる。看板メニューはフランスのブルターニュ地方に古くから伝わる、そば粉を使った食事クレープ、ガレット。ハムや卵、チーズ、野菜などを包んだクレープ\$15〜はボリュームもたっぷり。

ダウンタウン中心部
- 69 Front St. E. ☎(416)367-0303
- www.papillononfront.com
- 日・火〜木16:00〜21:00
- 金・土16:00〜22:00
- 休月
- 予\$20〜
- CA J M V
- 地下鉄キング駅から徒歩7分。

Biff's Bistro

ビフズ・ビストロ

フランス料理

フランス料理にモダンなアレンジを効かせたメニューが堪能できる人気レストラン。ランチ、ディナーともに\$58でプリフィックスメニューが楽しめる。牛肉と赤ワイン煮込み\$42、自家製シャルキュトリー\$28などがおすすめ。

ダウンタウン中心部
- 4 Front St. E.
- ☎(416)860-0086
- www.biffsbistro.com
- 火〜金12:00〜14:30/16:00〜21:30
- 土16:00〜21:30
- 休日・月
- 予ランチ\$25〜、ディナー\$45〜 CA M V
- 地下鉄ユニオン駅から徒歩1分。

Pizzeria Libretto

ピッツェリア・リブレット

イタリア料理

イタリア・ナポリの伝統的製法で作られた釜焼きピザは、地元紙で何度もトロントのベストピザと絶賛されている。90秒で焼き上げるピザ\$15〜26の生地は、絶妙な塩加減と焦げ具合が香ばしい。予約を取らないのでディナー時は行列を覚悟して。

ダウンタウン西部
- 221 Ossington Ave.
- ☎(416)532-8000
- pizzerialibretto.com
- 毎日11:30〜23:00
- 休無休
- 予\$20〜
- CA M V
- ストリート・カー#505(ダンダス通り)に乗り、オシントン通りOssington Ave.下車、徒歩すぐ。

Rodney's Oyster House

ロドニーズ・オイスター・ハウス

シーフード

新鮮なカキが味わえると評判のオイスターバー。中央のカウンターで店員が次々とカキの殻をむく店内は活気がある。プリンス・エドワード島やノヴァ・スコシア州などから直送されるカキは15種以上で、ひとつ\$3〜。ロブスターなども揃う。

ダウンタウン中心部
- 469 King St. W.
- ☎(416)363-8105
- www.rodneysoysterhouse.com
- 火・水・日12:00〜22:00
- 木12:00〜23:00
- 金・土12:00〜24:00
- 休月 予ランチ\$35〜、ディナー\$45〜
- CA J M V
- 地下鉄セント・アンドリュー駅から徒歩15分。

The Burger's Priest

バーガーズ・プリースト

ハンバーガー

トロント生まれのグルメバーガー・ショップ。看板メニューはチーズバーガー\$7。ひと口かじれば肉汁がじゅわっと口の中に広がり、炭火焼きの香ばしいパテのうま味は感動もの! 昼、夕食時は行列必至。トロント市内に10店舗を展開。

ダウンタウン中心部
- 463 Queen St. W.
- ☎(647)748-8108
- www.theburgerspriest.com
- 日〜水11:00〜22:00
- 木11:00〜22:30
- 金・土11:00〜23:00
- 休無休 予\$12〜 CA不可
- ストリート・カーの#501(クイーン通り)に乗り、スパダイナ通り下車、徒歩1分。

ramen 雷神

ラーメン・ライジン

日本料理

ラーメン激戦区トロントの有名店。一番人気は高温で炊いたクリーミーな豚骨スープにかつおや昆布だしを合わせた魚介豚骨醤油ラーメン\$14.5〜。鶏ガラベースのうまみ醤油ラーメンは\$13.5〜。特製の餃子5個\$7〜も評判だ。

ダウンタウン北部
- 24 Wellesley St. W.
- ☎(647)348-0667
- www.zakkushi.com
- 毎日12:00〜21:30 LO
- 休無休
- 予\$15〜
- CA J M V
- 地下鉄ウェルスレイ駅Wellesleyから徒歩5分。

Koyoi

コヨイ

日本料理

MAP P.75-A2

地元の日本人も常連で訪れ、リーズナブルな価格で日本食が楽しめる。ビールから日本酒、焼酎、ワイン、カクテルまでお酒の種類も豊富で、牛肉のタタキ$12やチキン南蛮$13がディナーの人気メニュー。夜のみの営業となっている。

ダウンタウン北部
🏠2 Irwin Ave.
☎(647)351-5128
🌐www.koyoi.ca
🕐火～木18:00～23:30
　金～日18:00～翌2:00
休月
💰$30～
💳A M V
🚇地下鉄ウェルスレイ駅から徒歩3分。

Thai Basil

タイ・バジル

タイ料理

MAP P.46-C1

本格タイ料理がカジュアルに楽しめる。カレーからシーフード、肉料理、麺類とメニュー豊富で、各皿$13～20程度と値段は良心的。毎日11:30～17:00のランチスペシャル$14.95はメインに春巻、スープ、ライスが付く充実した内容。

ダウンタウン北部
🏠467 Bloor St. W.
☎(416)840-9988
🌐www.thaibasil.ca
🕐毎日11:30～22:00
休無休
💰$15～
💳A M V
🚇地下鉄スパダイナ駅Spadinaから徒歩4分。または地下鉄バサースト駅Bathurstから徒歩7分。

Little India

リトル・インディア

インド料理

MAP P.71-1

クイーン通り沿いのインド料理店。カレーはチキン、ラム、シーフード、ベジタブルなど30種類程度あり、$16.95～。スパイス炊き込みご飯のビリヤニ$17.5～も人気。ランチ（月～金11:30～15:00）にはお得なセットメニュー$14.95～も登場。

ダウンタウン中心部
🏠255 Queen St. W.
☎(416)205-9836
🌐www.littleindia.ca
🕐毎日11:30～22:00
休無休
💰$20～
💳A M V
🚇地下鉄オスグード駅から徒歩3分。

Phở Hưng

フォー・フン

ベトナム料理

MAP P.44-A2/P.46-D2

チャイナタウンにあるベトナム料理店。メインは米粉のフォーやブン（ベトナム式ビーフン）などの麺料理。フォーはレギュラーサイズで$11～とリーズナブル。おすすめは、ボリュームたっぷりのチキンカレー$12～で、なかにライスか麺を入れてもらえる。

ダウンタウン中心部
🏠350 Spadina Ave.
☎(416)593-4274
🌐phohung.ca
🕐水～月11:00～22:00
休火
💰$15～
💳不可
🚇ストリート・カー#505（ダンダス通り）、#510（スパダイナ通り）に乗り、ダンダス通りとスパダイナ通りの交差点下車、徒歩1分。

Hot House Restaurant & Bar

ホット・ハウス

MAP P.71-2

ベストサンデーブランチと賞賛される店。日曜日の9:30～15:00のみ、ブランチビュッフェ$35を開催。ムール貝やローストビーフなど、30種以上の料理が並ぶ。目の前で焼いてくれるオムレツのほか、スイーツも美味。予約がおすすめ。

ダウンタウン中心部
🏠35 Church St.
☎(416)366-7800
🌐www.hothouserestaurant.com
🕐月～木11:30～21:30
　金11:30～22:30
　土10:00～22:30
　日10:00～21:30
休無休
💰$30～　💳A M V
🚇地下鉄キング駅から徒歩5分。

Hemingway's

ヘミングウェイズ

カフェ

MAP P.75-A2

夏季には屋上のパティオが毎晩大盛況。オーナーの出身地ニュージーランドの名物ラム肉料理などを中心に、サンドイッチやハンバーガーなどパブメニューが多彩。世界各地のワインをはじめ、ドリンクの種類も多い。週末には不定期でライブを開催。

ダウンタウン北部
🏠142 Cumberland St.
☎(416)968-2828
🌐www.hemingways.to
🕐月～金11:00～翌2:00
　土・日10:00～翌2:00
休無休
💰ランチ$15～、ディナー$20～
💳A M V
🚇地下鉄ベイ駅から徒歩すぐ。

トロントのショッピング

　憧れの高級ブランドから定番みやげまで、あらゆる店がダウンタウンに揃っている。ネイバーフッドと呼ばれるエリアごとに集まるショップが変わるのがトロントのおもしろいところ。ブランドならブロア／ヨークヴィル、ファッションなら、クイーン・ストリート・ウエスト。まとめてみやげ物を探すならToronto Eaton Centreへ。

ショッピングモール

Toronto Eaton Centre
トロント・イートン・センター　**MAP P.45-A3/P.47-D3**

ヤング通りの西側に立つ、地上2階、地下3階の巨大ショッピングモール。吹き抜けのアーケードには、H&Mやアバクロなどのファッション、宝飾品から食品、家庭用品まで、300店舗近くがひしめく。ファストフードも充実。

ダウンタウン中心部
🏠220 Yonge St.
☎(416)598-8560
URLtorontoeatoncentre.com
🕐月〜土10:00〜21:00
　日11:00〜19:00
休無休
Ｃ店舗により異なる
🚇地下鉄ダンダス駅、またはクイーン駅から徒歩すぐ。

Queen's Quay Terminal
クイーンズ・キー・ターミナル　**MAP P.45-C3**

オンタリオ湖畔のハーバーフロントにあるショッピングセンター。大型のスーパーや眺めのいいレストラン、フードコート、湖を望むパティオのあるパブなどが入っている。カナダ製にこだわった店が多く、おみやげ探しにおすすめ。

ハーバーフロント
🏠207 Queen's Quay W.
☎(416)203-3269
🕐毎日8:00〜22:00
休無休
Ｃ店舗により異なる
🚇ストリート・カー#509（ハーバーフロント）、または#510（スパダイナ通り）に乗り、ハーバーフロントセンター下車すぐ。

Yorkville Village
ヨークヴィル・ヴィレッジ　**MAP P.75-A2**

2016年3月末にヘイゼルトン・レンズHazelton Lanesから名前を変えて、リニューアルオープンしたショッピングモール。高級アパレルショップから、インテリア、レストランまで揃う。食料品店Whole Foods Marketもある。

ダウンタウン北部
🏠55 Avenue Rd.
☎(416)968-8680
URLyorkvillevillage.com
🕐月〜土10:00〜18:00
　日12:00〜17:00（一部の店は休み）
休無休
Ｃ店舗により異なる
🚇地下鉄ベイ駅、またはセント・ジョージ駅から徒歩5分。

Holt Renfrew
ホルト・レンフリュー　**MAP P.75-A2**

トロント随一の高級デパート。店内にはプラダ、アルマーニ、ミュウミュウ、クロエなど高級ブランドのショップがズラリと並んでいる。化粧品はシャネル、エスティ・ローダーなどがある。スタッフの対応もていねいで、心地よく買い物が楽しめる。

ダウンタウン北部
🏠50 Bloor St. W.
☎(416)922-2333
URLwww.holtrenfrew.com
🕐月〜土11:00〜19:00
　日12:00〜18:00
休無休
Ｃ店舗により異なる
🚇地下鉄ブロア/ヤング駅、またはベイ駅から徒歩3分。

アンティーク

Toronto Antiques on King
トロント・アンティークス・オン・キング　**MAP P.71-1**

劇場街の中心にある、アンティークマーケット。館内には約30店のアンティークショップがひしめく。ヨーロッパやアメリカのアンティーク食器や家具を扱う店が多い。2022年11月現在、来店の際は要事前予約。予約はウェブサイトから。

ダウンタウン中心部
🏠284 King St. W.
☎(416)260-9057
URLwww.torontoantiquesonking.com
🕐火〜土11:00〜17:00
休日・月
Ｃ店舗により異なる
🚇地下鉄セント・アンドリュー駅から徒歩5分。

Annie Aime
アニー・アイメ   **MAP** P.44-B1

ファッション

オシントン通りOssinton Ave.にあるアパレルショップ。地元アーティストからヨーロッパのデザイナーまで扱う。トロントでもここにしかないブランドを多数揃えるので、おしゃれを楽しみたい人にはぴったり。レディースとメンズあり。

ダウンタウン西部

🏠42 Ossinton Ave.
📞(416)840-5227
🌐shop.annieaime.com
🕐月〜土11:00〜18:00
　日12:00〜17:00
🈡無休
💳A M V
🚃ストリート・カー#501（クイーン通り）に乗り、オシントン通り下車、徒歩2分。

Type Books
タイプ・ブックス   **MAP** P.44-B1

書店

トリニティ・ベルウッズ公園Trinity Bellwoods Parkの向かいにある本屋。国内外からアートやファッション、食、旅行に関する本をセレクトし、本好きから人気が高い。ウェブサイトには月毎にオススメの本が紹介されている。

ダウンタウン西部

🏠883 Queen St. W.
📞(416)366-8973
🌐www.typebooks.ca
🕐月〜水10:00〜18:00
　木〜土10:00〜19:00
　日11:00〜18:00
🈡無休
💳A M V
🚃ストリート・カーの#501（クイーン通り）に乗り、ストラカン通りStrachan St.下車、徒歩1分。

Craft Ontario Shop
クラフト・オンタリオ・ショップ   **MAP** P.44-B1外

おみやげ

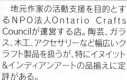

地元作家の活動支援を目的とするNPO法人Ontario Crafts Councilが運営する店。陶芸、ガラス、木工、アクセサリーなど幅広いクラフト製品を扱うが、特にイヌイット＆インディアンアートの品揃えに定評がある。

ダウンタウン西部

🏠1106 Queen St. W.
📞(416)921-1721
🌐www.craftontario.com
🕐火〜土12:00〜18:00
🈡日・月
💳A J M V
🚃ストリート・カー#501（クイーン通り）に乗り、ドーバーコート通りDovercourt Rd.下車、徒歩1分。

Canadian Naturalist
カナディアン・ナチュラリスト   **MAP** P.45-A3/P.47-D3

「Toronto Eaton Centre（→P.91）」のLevel 1にあるギフトショップ。カナダのおもなみやげ物が揃い、まとめ買いに便利。定番のメープルシロップやクッキー、ドリームキャッチャーなどのほか、メープルの葉をあしらった写真立ても人気。

ダウンタウン中心部

🏠220 Yonge St., The Eaton Centre
📞(416)581-0044
🕐月〜土10:00〜21:00
　日11:00〜19:00
🈡無休
💳M V
🚃地下鉄ダンダス駅またはクイーン駅から徒歩すぐ。

Column トロントの地下街で楽々街歩き

マイナス30℃にも達することもある厳しいトロントの冬。この冬の寒さでも市民が快適に移動できるようにとの配慮で造られたのが、地下に張り巡らされた地下街。1960年代に施行された都市計画の一環として始まり、現在では全長30kmに及ぶ地下道となっている。地下道は75以上のビルと連結しており、ユニオン駅と金融街の地下を中心にして広がり、南はCNタワー、北は「Toronto Eaton Centre」、そしてアトリウム・オン・ベイまで地上に出ることなく移動できる。地下鉄駅やバスティーポのほか銀行、レストラン、ショップなど連なる店舗は1200以上で、食事やショッピングも存分に楽しめる。この地下道は通称「バスPATH」と呼ばれており、街のあちこちにある看板が入口になっている。

なお、地下街は冬でもエアコンが効いており、かなり暖かい。厚手のダウンなど着ていると脱いでもかなりかさばるので、脱ぎ着しやすく、かつかさばらない洋服を重ね着するようにしよう。また、地下道には随所に案内表示があるものの、入り組んでいてとてもわかりにくい。観光案内所で地図を入手しよう。

トロントのナイトスポット

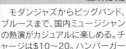

　トロントにはバー、パブ、ダンスクラブなどあらゆるナイトスポットが揃う。特に活気に満ちているのが劇場街とトロント大学周辺。リトル・イタリーもにぎやか。パブではお気に入りの地ビールを探すのも楽しみのひとつだ。定期的にライブを行う店も多く、一流ジャズメンによる演奏も夜ごと繰り広げられる。

Amsterdam Brewhouse
アムステルダム・ブリューハウス　**MAP P.45-C3**

　オンタリオ湖に面したブリューパブ。自慢のビールは、定番8種に季節限定3〜4種を加えた計11〜12種類。自然の材料を使い、防腐剤や熱殺菌を行わないビールは、とびきりフレッシュ！料理はバーガーなどビールによく合うメニューが中心。

> **ハーバーフロント**
> 🏠 245 Queens Quay W.
> 📞 (416)504-1020
> 🌐 amsterdambeer.com
> 🕐 日〜木11:00〜24:00
> 　金・土11:00〜翌2:00
> 休 無休
> 🚃 ストリート・カー#509（ハーバーフロント）、#510（スパダイナ通り）に乗り、Queens Quay w. at Rees St.下車、徒歩3分。

Madison Avenue Pub
マディソン・アベニュー・パブ　**MAP P.75-A1**

　トロント大学の近くという場所柄、学生たちが多い隠れ家的なパブ。店内は6つの部屋に分けられ、外には2つのパティオもある。ビールは20種類以上揃う。木〜土曜の22:00からは、ピアノやギターの生演奏も加わりひときわにぎわう。

> **ダウンタウン北部**
> 🏠 14 Madison Ave.
> 📞 (416)927-1722
> 🌐 www.madisonavenuepub.com
> 🕐 月〜土11:00〜翌2:00
> 　日11:00〜24:00
> 休 無休
> 💳 A M V
> 🚃 地下鉄スパダイナ駅から徒歩2分。

Bellwoods Brewery
ベルウッズ・ブリュワリー　**MAP P.44-B1**

　トロントの地ビールブームの火付け役で、地ビール品評会での受賞歴をもつ。季節や曜日で銘柄が替わるので、お気に入りは併設されたショップ（🕐毎日11:00〜23:00）で購入しよう。食事はフライドポテト$10やスモークチキン$26など。

> **ダウンタウン西部**
> 🏠 124 Ossington Ave.
> 📞 (416)535-4586
> 🌐 www.bellwoodsbrewery.com
> 🕐 月・火17:00〜24:00
> 　水・日12:00〜24:00
> 　木〜土12:00〜翌1:00
> 休 無休　💳 A M V
> 🚃 ストリート・カー#505（ダンダス通り）に乗り、オシントン通り下車、徒歩4分。

Real Sports Bar & Grill
リアル・スポーツ・バー＆グリル　**MAP P.45-B3**

　スコシアバンク・アリーナ近くにある。広大なスペースには、壁一面を覆う巨大なスクリーンに加え、約200台のTVが設置されており、連日仕事帰りのスポーツファンたちでにぎわう。お気に入りのビールを片手に北米スポーツの迫力を感じよう。

> **ハーバーフロント**
> 🏠 15 York St.
> 📞 (416)815-5464
> 🌐 realsports.ca
> 🕐 月〜土11:30〜24:00
> 　日11:30〜23:00
> 休 無休
> 💳 A M V
> 🚃 ユニオン駅から徒歩5分。

The Rex Jazz & Blues Bar
レックス・ジャズ＆ブルース・バー　**MAP P.45-A3**

　モダンジャズからビッグバンド、ブルースまで、国内ミュージシャンの熱演がカジュアルに楽しめる。チャージは$10〜20。ハンバーガーやフィッシュ＆チップスなどもある。毎日2回開催のライブスケジュールはウェブサイトをチェック。

> **ダウンタウン中心部**
> 🏠 194 Queen St. W.
> 📞 (416)598-2475
> 🌐 therex.ca
> 🕐 毎日11:00〜23:00
> 休 無休
> 💳 M V
> 🚃 地下鉄オスグード駅から徒歩1分。

バブ　スポーツバー　ジャズクラブ

Column トロントのエンターテインメント

トロントのエンターテインメントシーン

　カナダ最大の都市であるトロントでは、ミュージカルやオペラ、バレエなどさまざまなエンターテインメントが催されている。また、アメリカの4大スポーツのうちNHL（アイスホッケー）とMLB（ベースボール）、NBA（バスケットボール）のプロチームがトロントをホームタウンとしており、シーズン中にはスポーツ観戦も楽しめる。

チケットの購入について

　チケットの購入方法は、電話、劇場やスタジアムのボックスオフィスに行く、インターネットなど。日本からの事前予約ならインターネットが簡単。また、オンライン予約専門のチケットショップ、チケットマスターTicketmasterを利用したり、ホテルフロントに相談するのも手だ。なお、チケットの購入には手数料がかかる。

> **チケットショップ**
> チケットマスター
> 🔗ticketmaster.ca

ミュージカル

　トロントは、ニューヨークやロンドンに劣らずハイレベルを誇るミュージカルシティ。市内には大小さまざまな劇場があり、特に、キング通りにあるロイヤル・アレクサンドラ劇場Royal Alexandra Theatreとプリンセス・オブ・ウェールズ劇場Princess of Wales Theatreというふたつの劇場を中心とした一帯は、劇場街（→P.54）と呼ばれている。ふたつの劇場の運営については同じMirvish Productionsが行っている。

ロイヤル・アレクサンドラ劇場

ミュージカル会場での注意点

　すでにチケットを持っている場合でも、開演時間の30分前には会場に到着するようにしたい。予約のみでチケットを会場で受け取る場合は、それよりも早めに。ドレスコードはないが、ジーンズやTシャツで訪れるのは避けよう。ジャケットなどの着用が望ましい。

> **ミュージカル**
> Mirvish Productions
> 📞(1-800)461-3333
> 🔗www.mirvish.com
> ロイヤル・アレクサンドラ劇場
> **MAP P.71-1** 🏠260 King St. W.
> 　1907年オープンの老舗劇場で、石造りの外観や内装も歴史を感じさせる造り。客席は3階建て。
> プリンセス・オブ・ウェールズ劇場
> **MAP P.71-1** 🏠300 King St. W.
> 　2000ものシート数をもつ1993年オープンの劇場。舞台にも最新の設備が施されている。海外の有名作品や前衛的な作品を上演。
> ※両劇場のボックスオフィスの営業時間は、ウェブサイトで1週間ごとに細かく掲載されている。

オペラ、バレエ、コンサート

　カナダ国立バレエ団The National Ballet of CanadaとカナディアンオペラカンパニーCanadian Opera Companyの本拠地は、フォー・シーズンズ・センターFour Seasons Centre。ここは、国や州、フォー・シーズンズ・ホテル・グループなどの出資により、2006年にオープンした劇場。1951年に設立されたカナダ国立バレエ団は、古典的な作品のほか、カナダ人の振り付け師による新しい演目もある。カナディアン・オペラ・カンパニーは、北米で6番目の規模をもち、1950年の設立。

　独特の形とガラス張りの外観が斬新なロイ・トムソン・ホールRoy Thomson Hallは、トロント交響楽団Toronto Symphony Orchestraが本拠地とするコンサートホール。クラシックのほか、ロックやジャズなど幅広いジャンルのコンサートが行われる。

> **オペラ、バレエ、コンサート**
> フォー・シーズンズ・センター
> **MAP P.71-1** 🏠145 Queen St. W.
> 📞(416)363-8231
> 🔗www.coc.ca/plan-your-visit/fourseasonscentre
> カナダ国立バレエ団
> 📞(416)345-9595 🔗national.ballet.ca
> カナディアン・オペラ・カンパニー
> 📞(416)363-8231 🔗www.coc.ca
> ロイ・トムソン・ホール
> **MAP P.71-1** 🏠60 Simcoe St.
> 📞(416)872-4255
> 🔗roythomsonhall.mhrth.com

スポーツ観戦

　北米の4大プロスポーツ、NHL（アイスホッケー）、MLB（ベースボール）、NBA（バスケットボール）、NFL（アメリカン・フットボール）のうちNFLを除く3つの競技団体のチームがある。MLS（サッカー）のトロントFCにも注目。

NHL（アイスホッケー）

　トロントの人気No.1スポーツといえば、カナダの国技でもあるアイスホッケー。スコシアバンク・アリーナScotiabank Arena（→P.70）をホームにするトロント・メープルリーフスToronto Maple Leafsは、NHLのイースタンカンファレンスのアトランティック・ディビジョンに所属している。レギュラーシーズンは10〜4月まで。その後6月上旬まで、優勝カップであるスタンレーカップを争奪するプレーオフに突入する。

エキサイティングなゲームを楽しもう

NHL（アイスホッケー）
スコシアバンク・アリーナ
MAP P.71-2
🏠40 Bay St. 📞(416)815-5982
URL www.scotiabankarena.com
トロント・メープルリーフス
URL www.nhl.com/mapleleafs

MLB（ベースボール）

　トロント・ブルージェイズToronto Blue Jaysは、カナダ唯一のメジャーリーグチーム。菊池雄星選手が所属していることでも知られている。アメリカンリーグの東地区に参加し、ロジャース・センターRogers Centre（→P.70）がホームスタジアム。ニューヨーク・ヤンキースNew York Yankees時代の松井秀喜選手がデビュー戦を飾ったスタジアムでもある。大谷翔平選手が所属するロスアンゼルス・エンゼルスLos Angeles Angelsとは年数回、田中将大選手が所属していたニューヨーク・ヤンキースとは年に10回前後、トロントでのゲームが組み込まれている。チケットは電話、チケットマスターでも購入が可能。

MLB（ベースボール）
ロジャース・センター
MAP P.71-1
トロント・ブルージェイズ
URL www.mlb.com/bluejays

NBA（バスケットボール）

　NBAに所属するトロント・ラプターズToronto Raptorsは、スコシアバンク・アリーナをホームスタジアムにしている。シーズンは11〜4月。チケット購入はチケットマスターかスコシアバンク・アリーナのボックスオフィスで購入可能。

NBA（バスケットボール）
スコシアバンク・アリーナ
MAP P.71-2
🏠40 Bay St. 📞(416)815-5982
URL www.scotiabankarena.com
トロント・ラプターズ
URL www.nba.com/raptors/

MLS（サッカー）

　MLSはアメリカの25チーム、カナダの3チームで構成されている。トロントからは、BMOフィールドBMO FieldをホームスタジアムとするトロントFCが参加している。チームは2017年には初のMLSタイトルを獲得した。BMOフィールドは収容人数約2万人、サッカーの専用スタジアムとしてはカナダ最大の規模。2026年に行われるサッカーW杯の会場として利用される予定。チケットはホームページ、窓口、チケットマスターなどで。

MLS（サッカー）
BMOフィールド
MAP P.44-C1
🏠170 Princes' Blvd.
📞(416)815-5982
URL bmofield.com
トロントFC
📞(416)360-4625 **URL** www.torontofc.ca

行く前に知っておきたい
ナイアガラ・エリア

カナダ東部最大の観光地であるナイアガラの滝をはじめ、美しい建物が残るナイアガラ・オン・ザ・レイク、そしてワイナリーが点在するワインルートなど見どころたくさんのナイアガラ・エリア。旅行に出かける前に知っておきたい役立つ情報をご紹介！

ナイアガラ・エリアってこんなトコ

ナイアガラ・オン・ザ・レイク
➡P.125
ナイアガラ・フォールズの北約30km。イギリス調の建物が残る古都。散策するのが楽しい。

ナイアガラ・ワインルート
➡P.123
ワイナリーが連なるルート。ふたつの町から発着するガイドツアーで回るのが便利だ。

N
—— ナイアガラ・ワインルート

オンタリオ湖 Lake Ontario

グリムズビー Grimsby
セント・キャサリンズ St. Catharines
クイーンストン Queenston
ソロルド Thorold
オンタリオ州 ONTARIO

ナイアガラ・エリア

ナイアガラの滝

夜はライトアップします！

ナイアガラ・フォールズ
➡P.98
ナイアガラの滝のすぐ横に広がる滝観光の拠点となる町。滝を楽しむアトラクションが集中。

エリア 01
町全体がアトラクション！
滝をとことん楽しむ

ナイアガラ・フォールズ
Niagara Falls

　トロントからバスで約2時間でアクセスできる、滝を多彩な方法で楽しめるアトラクションが満載の一大観光地。町の中心となるクリフトン・ヒルは、開発が進み、一大テーマパークと化している。アメリカ側にも同名の町があり、滝を渡って簡単にアクセスできる。

❶テーブル・ロック・センターのテラスからカナダ滝を見よう ❷ネオンが輝き、夜もにぎやかなクリフトン・ヒル ❸滝が一望できるホテルが並ぶ

こんなことができます！
☑アトラクションで滝のパワーを体感！
☑ビュースポットから滝をさまざまな角度で見る
☑滝を一望できる高級ホテルに宿泊
☑アメリカ側へプチトリップ
☑ナイアガラ・パークウエイ沿いを散策

エリア 02

美しい建物が残る古都を
思いおもいに散策しよう

ナイアガラ・オン・
ザ・レイク
Niagara-on-the-Lake

　ナイアガラ・フォールズから車
で30分ほどの所にある。イギリ
ス植民地時代にアッパー・カナダ
（現オンタリオ州）の最初の首都
として栄えた古都で、イギリス風
の美しい建物が並ぶ。中心となる
のはクイーン通り沿い。おしゃれ
なレストランやショップが並んで
いるので散策してみよう。

＼ こんなことができます！ ／

- ☑ 街歩き＆ショッピング
- ☑ おしゃれなワインバーでランチ
- ☑ 演劇祭期間中は芝居鑑賞

❶観光馬車に乗って楽しむのもおすすめ ❷街に
はイギリス国旗も ❸イギリスの劇作家バーナード・
ショーの銅像。彼にちなんだ演劇祭も開催

エリア 03

カナダ最大の
ワイン産地で
ワイナリー巡り

ナイアガラ・
ワインルート
Niagara Wine Route

　ナイアガラ・エリアは、カナダを代
表するワインの名産地として知られ
ている。ナイアガラ・フォールズから
西のグリムズビーにかけての一帯に
は60以上のワイナリーが並び、ワイ
ンルートと呼ばれている。多くのワイ
ナリーではワインの魅力を紹介する
ツアーを開催している。

＼ こんなことができます！ ／

- ☑ ツアーに参加して
  ワインについて学ぶ
- ☑ テイスティングして
  本場の味を堪能
- ☑ レストラン併設の
  ワイナリーでランチも

道沿いには
ワインルートの
標識があるよ！

❶ガイドツアーならテイスティングも楽しめる ❷ワインと一緒に地元の食材を味
わおう ❸ブドウの収穫時期は毎年9～10月にかけて

Niagara Falls
ナイアガラ・フォールズ

オンタリオ州

MAP P.38-B3
人口 約9万4415
面積 905／906

ナイアガラ・フォールズ情報
のサイト
カナダ側
URL www.niagaraparks.com
twitter.com/
niagaraparks
www.facebook.com/
niagaraparks
URL www.niagarafallstourism.
com
URL www.niagarajapan.
com（日本語）
twitter.com/
NFallsTourism
www.facebook.com/
NiagaraFallsTourism
Canada
アメリカ側
URL www.niagarafalls
statepark.com
URL www.visitbuffalo
niagara.com

CHECK!

**国境にまたがる
ナイアガラの滝**

　ナイアガラの滝は、カナダと
アメリカの両国にまたがって
いる。滝はカナダ滝とアメリカ
滝、そしてブライダルベール滝
の3つに分かれている。両国と
も、滝周辺の町の名前はナイア
ガラ・フォールズというので注
意しよう。本書では、混乱を避
けるため、カナダ側、アメリカ
側と分けて表記している。

ナイアガラ川沿いに町が広がる

滝を挟んだ対岸がアメリカ合衆国だ

　オンタリオ州とアメリカの国境を流れるナイアガラの滝
は、南米のイグアス、アフリカのビクトリアと並ぶ世界3大
瀑布のひとつ。かつてこの地に暮らしたインディアンが呼
んでいた「ニアガル（雷とどろく水）」がナイアガラの名前
の語源である。その神秘さえ感じさせる大自然の雄大さ、
人間を圧倒するスケールの大きさを肌で感じようと、世界
中から年間約1300万人もの観光客が訪れる。

　高さ57m、幅670mのこの巨大な滝の形成は、1万2500
年前の氷河期にまで遡る。ナイアガラ川の中流にあった、
氷河が削った断層に滝ができたのが始まり。現在の位置は
その水勢により少しずつ浸食され、形成当時より約13km
も上流に移動している。ナイアガラの滝は、カナダ滝とアメ
リカ滝（アメリカ滝の横には、その姿からブライダル・
ベール滝と呼ばれる細い滝も流れている）からなる。特に
カナダ滝は急カーブで弓なりになった形からホースシュー
（馬蹄）滝とも呼ばれ、フォトジェニックな景観で人々を魅
了している。

　滝周辺は、1820年代からの観光開発で高級ホテルやア
トラクション施設が建ち並び、さながら都市といっ
た趣。カナダ側にはふたつの大型カジノや観覧
車などもあり、テーマパークを思わせるにぎわい
を見せている。一方、近年はカナダ側のナイアガ
ラ・パークスやアメリカ側のナイアガラ・フォー
ルズ州立公園の管轄下で、環境保護と観光を両立
させる試みもなされている。

ナイアガラ・フォールズへの行き方

空港から直接アクセスできる便利なナイアガラ・エアバスのシャトルバス

　ナイアガラ・フォールズという町は、同名の町がカナダ側とアメリカ側の両方にある（→P.98欄外）。カナダ側の起点となるのはトロント。ユニオン駅のターミナルやダウンタウンからは長距離バスとシャトルバスが運行している。ユニオン駅からは鉄道も運行。空路なら最寄りのトロント・ピアソン国際空港を利用。空港からは専用のシャトルバスが便利だ。アメリカ側からはバッファローBuffaloからアプローチできる（→P.101）。

■トロントからナイアガラ・フォールズへの行き方一覧表

出発場所→到着場所（カナダ側）	バス、列車名	便　数	所要時間
トロント・ユニオン・ステーション・バスターミナル⇒ナイアガラ・フォールズ・バスディーポ	メガバス	1日3〜12便	1時間30分〜2時間10分
トロント・ハーバーフロントのフリックス・バス発着場所	フリックス・バス	1日7便	1時間50分〜2時間30分
トロント・ユニオン駅	VIA鉄道	1日1便（アムトラックと共同運行のメープルリーフ号）	約2時間
	GOトレイン	土・日・祝のみ1日2便	2〜3時間
トロント・ピアソン国際空港／ダウンタウンのホテル⇒ナイアガラ・フォールズの主要ホテル	ナイアガラ・エアバス	シャトル・パッケージ、要予約	1時間30分〜2時間

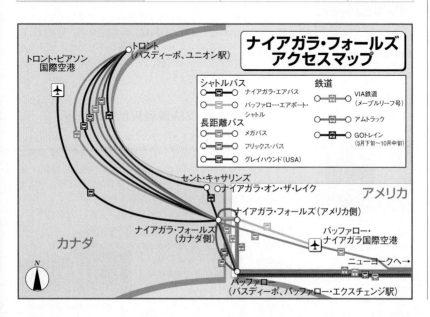

トロント・ピアソン国際空港から

ナイアガラ・エアバスNiagara Airbusが、トロント・ピアソン国際空港からカナダ側のホテルまたは滝周辺の指定の場所を結ぶ、ミニバスによるシャトルサービスを行っている。また、トロント・ピアソン国際空港、ナイアガラ・フォールズ、トロントのダウンタウンの3ヵ所を結ぶシャトル・パッケージもある。空港では各ターミナルとも到着フロアの地下にあるOut of Town Van Serviceのカウンターで申し込む。ただし満席の場合待たされるので予約がおすすめ。

トロントのダウンタウンから

🍁 シャトルバス

ナイアガラ・エアバスが、トロントのホテル→滝周辺のホテル→トロント・ピアソン国際空港（逆も可）の3ヵ所を結ぶシャトル・パッケージを行っている。要予約、所要1時間30分～2時間。

🍁 長距離バス

トロント～ナイアガラ・フォールズ間は、メガバスMegaBusが1日3～12便、フリックス・バスFlix Busが1日7便運行。所要1時間30分～2時間30分。なお、フリックス・バスの停車場所はバスディーポではなくテーブル・ロック・センター裏のロータリーになる。

🍁 VIA鉄道

トロントのユニオン駅からカナダ側のナイアガラ・フォールズ駅まで、VIA鉄道が運行。1日1便、所要約2時間。列車はそのままアムトラックに乗り入れるメープルリーフ号で、アメリカ側のナイアガラ・フォールズ駅、バッファローを経由してニューヨークNew Yorkまで行く。

バスディーポ、VIA鉄道駅から市内へ

バスディーポは町の北の外れのワールプール橋Whirlpool Rapids Bridgeの近くにあり、すぐ向かいにVIA鉄道駅がある（フリックス・バスは滝周辺のフォールズ・ビュー地区に到着）。滝周辺までは、ウィーゴーのグリーン・ラインで行ける。バスディーポのすぐ前にあるバス停から乗車すれば、クリフトン・ヒルやテーブル・ロックまでアクセス可能。また、ナイアガラ・フォールズ・トランジットの市バス#104がビクトリア通りVictoria Ave.を南下するが、便数は少ない。タクシーだと滝周辺まで$15程度。徒歩だと30～40分かかる。

コンパクトなバスディーポ

ナイアガラ・エアバス
📞 (905)374-8111
📠 (1-800)206-7222
🔗 www.niagaraairbus.com
トロント・ピアソン国際空港から
🚌 片道$97～、
　往復$183～
シャトル・パッケージ
🚌 1人　大人$224、子供
　$168
　予約は電話のほか、ウェブサイトからのオンラインでも可能。84時間前までに予約すればインターネット割引（5%）が適用される。

メガバス（→P.384）
トロント～カナダ側ナイアガラ・フォールズ
🚌 大人　片道$19.99～

フリックス・バス
（→P.384）
🗺️ **P.106-C1**
トロント～カナダ側ナイアガラ・フォールズ
🚌 大人　片道$11.99～

VIA鉄道（→P.384）

赤れんがが造りのVIA鉄道駅

季節限定の直通電車
　夏季（5月下旬～10月中旬）の土・日曜と祝日のみ、トロントのユニオン駅からナイアガラ・フォールズのVIA鉄道駅まで、GOトレイン（→P.50）が1日2便運行。所要2～3時間。
🚌 大人　片道$21.15～

バスディーポ内の様子

バスディーポ
🗺️ **P.104-B2**
🏠 4555 Erie Ave.
📞 (905)357-2133

VIA鉄道駅
🗺️ **P.104-A2**

市内交通

　市内を移動するのに便利な交通手段は、ウィーゴーという路線バス。冬季は減便するので、近場は徒歩で、タクシーはホテルのフロントなどで呼んでもらって利用しよう。

ウィーゴー WEGO

　アトラクションや見どころ、主要ホテルを結ぶ循環バス。ブルー、グリーン、レッド、オレンジの4ラインがあり、それぞれ10分～1時間に1便ほど運行。シングルチケットはなく、1または2日乗り放題のデイパスのみ。チケットは観光案内所や主要ホテルで購入できる。グリーン・ラインには南行き（South）と北行き（North）、レッドラインには東行き（East）と西行き（West）がある。オレンジはナイアガラ・オン・ザ・レイク行きのシャトルバスで、別途チケットの購入が必要となる。

バスを乗りこなして効率よく観光しよう

ウィーゴー
☎(1-877)642-7275
URL www.wegoniagarafalls.com
運毎日6:00～24:00頃
（ブルー・ラインは9:20～23:20頃、グリーン・ラインは9:00～23:00頃）
料24時間デイパス
大人$10、子供$7
48時間デイパス
大人$15、子供$11
※時期、路線により運行路線や時間が変わる。観光案内所でもらえるパンフレットやウェブサイトで確認しておくこと。

ウィーゴーのバス停

Column　アメリカからナイアガラ・フォールズへ

　アメリカ側の起点となるのはバッファロー・ナイアガラ国際空港Buffalo Niagara International Airportと、バッファローの町。

バッファロー・ナイアガラ国際空港から
　エアポート・タクシーSVC Airpot Taxi SVCの空港タクシーなら、カナダ側まで所要約45分。また、空港とカナダ側の滝や滝周辺の主要ホテルまでバッファロー・エアポート・シャトルBuffalo Airport Shuttleも運行している。定時便なら予約がいらず、毎日8:15～17:15の1時間ごとに出発。事前予約をすればオンデマンド・シャトルサービスも利用できる。

バッファローから
　ニューヨーク発のアムトラック、メープルリーフ号がバッファロー・エクスチェンジ駅Buffalo Exchangeからアメリカ側、カナダ側両方のナイアガラ・フォールズ駅を通って、トロントまで1日1便運行。ほか、アメリカ側ナイアガラ・フォールズ駅まで通常のアムトラックが1日3便運行。また、バッファローのバスディーポからカナダ側ナイアガラ・フォールズのバスディーポへグレイハウンドとメガバスが1日2便運行。フリックス・バスが1日1便運行している。所要約1時間25分～1時間55分。メガバスはバッファロー・ナイアガラ国際空港からも出る。

エアポート・タクシーSVC
☎(716)633-8294　FAX(1-800)551-9369
URL www.buffaloairporttaxi.com
カナダ側ホテルへ 料片道US$85
アメリカ側ホテルへ 料片道US$70

バッファロー・エアポート・シャトル
☎(716)685-2550　FAX(1-877)750-2550
URL buffaloairportshuttle.com
定時便シャトルバス 料片道US$39
オンデマンド・シャトルサービス 料片道US$65

アムトラック
FAX(1-800)872-7245　URL www.amtrak.com

アムトラック駅
MAP P.104-C2外

グレイハウンド（USA）
FAX(1-800)231-2222
バッファローから 料大人 片道US$10～

メガバス（→P.384）
バッファローから 料大人 片道US$1～

フリックス・バス（→P.384）
バッファローから 料大人 片道US$9.99～

**ナイアガラ・フォールズ・
トランジット**
🔗 www.niagarafalls.ca/
living/transit
💴 シングルチケット$3

**フォールズ・インクライン・
レイルウエイ**
🗺 P.106-C1
🔗 www.niagaraparks.com/
visit/attractions/falls-
incline-railway
🕐 夏季9:00〜23:00頃
冬季10:00〜19:00頃
（曜日、時期により細かく変
動。ウェブサイトで詳細な時
間を確認できる）
💴 大人片道$2.66、往復
$5.31、デイパス$6.19

CHECK!

アメリカ側の交通
ゴート島を一周するナイアガ
ラ・シーニック・トロリー
Niagara Scenic Trolleyを利
用できる。11月下旬〜7月上旬
は運休。
💴 大人US$3、子供$2

🍁 市バス City Bus

ナイアガラ・フォールズ・トラ
ンジットNiagara Falls Transitが
市バスを運行。ナイアガラ地区を
広範囲に走っているが、観光で使
うことはあまりない。

車両のカラーは紺と白

🍁 フォールズ・インクライン・レイルウエイ Falls Incline Railway

テーブル・ロック・センター前のナイアガラ・パークウエイ
Niagara Pwy.とフォールズ・ビュー地区Falls Viewのポーテー
ジ通りPortage Rd.を結ぶケ
ーブルカーで、人数が集まる
と動くシステム。フォール
ズ・ビュー地区の崖の上から
カナダ滝まではかなり遠回り
なので、これを使えば楽にア
クセスできる。

フォールズ・ビュー地区と滝を結ぶ

▶ 現地発のツアー

滝や周辺を巡るナイアガラ・フォールズ発着のツアーのほか、トロント発のツアーも人気。
一見割高に見えるが、交通費のほかアトラクション料金も考慮すると、案外お得なのだ。

ナイアガラ・フォールズ・サイトシーイング・ツアーズ

Niagara Falls Canadian Adventure
Tourは、ナイアガラ・フォールズ・
エリアのホテルからピックアップして、ミニバン型
のバスで見どころを回るツアー。所要約5時
間で、ナイアガラ・シティ・クルーズ、ジャー
ニー・ビハインド・ザ・フォールズ、スカイロ
ン・タワー、ナイアガラズ・フューリー、ホワ
イト・ウォーター・ウオークを経由して花時計
まで行く。各アトラクションや見どころの料金
が込みで、さらに滝を眺めながらのランチが
付く（有料）。アメリカ側に行くツアーもあるの
で、ウェブサイトなどで要確認のこと。

ナイアガラ＆トロント・ツアー

トロント発の日帰りツアーでは、名物のナ
イアガラ・シティ・クルーズに乗船（12〜4月は
スカイロン・タワーに変更）。3時間の自由時間
があり、ランチや買い物、カジノまでたっぷりと

市内観光を楽しめる。道中、ナイアガラ渓谷や
ナイアガラ・オン・ザ・レイクなどで撮影休憩
を挟みつつ、17時頃にトロントに戻る。所要約
8時間。

**ナイアガラ・フォールズ・サイトシーイング・ツアーズ
Niagara Falls Shitseeing Tours**
☎ (1-888)786-7909
🔗 www.fallstours.ca
Niagara Falls Canadian Adventure Tour
🗓 4〜11月 毎日9:30発
💴 大人$189、シニア$179、子供$125

**ナイアガラ＆トロント・ツアー
Niagara & Toronto Tours**
トロント
☎ (647)886-2559
🔗 www.niagaratorontotours.com
Toronto to Niagara Falls Day Tour
🗓 毎日8:15 トロント発
💴 大人$129、子供$109（5〜11月はナイアガ
ラ・シティ・クルーズ、12〜4月はスカイロン・
タワーの参加費込み）

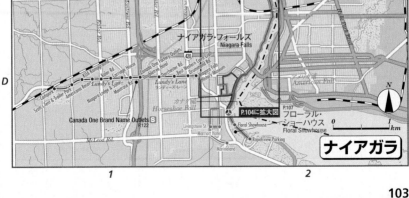

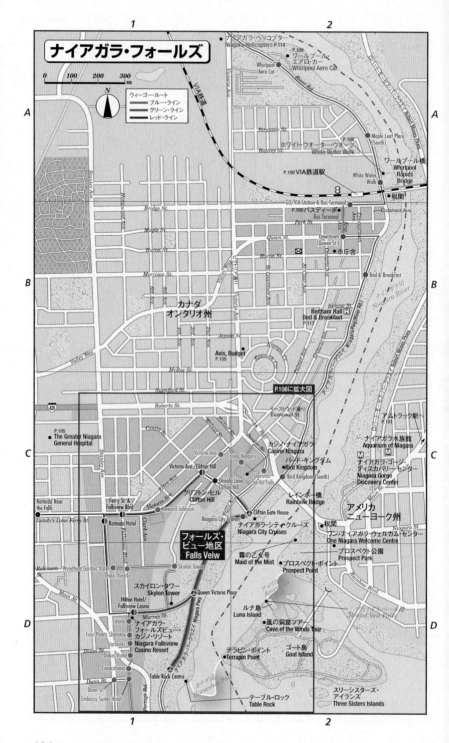

ナイアガラ・フォールズ

0 100 200 300 m

N

ウィーゴー・ルート
ブルー・ライン
グリーン・ライン
レッド・ライン

ナイアガラ・ヘリコプター
Niagara Helicopters P.114

ワールプール・エアロ・カー
Whirlpool Aero Car P.109

Whirlpool Aero Car

VIA鉄道

Victoria Ave.

River Rd.

Maple Leaf Place (South)

ワールプール橋
Whirlpool Rapids Bridge

Ferguson St.

ホワイトウォーター・ウォーク P.108
White Water Walk

Buttrey St.

P.100 VIA鉄道駅

White Water Walk

税関

GO/VIA Station & Bus Terminal

P.100 バスティーポ
Bus Terminal

Cataract Ave.

Bridge St.

Park St.

Erie Ave.

Downtown (Queen St.)

市庁舎

Queen St.

Maple St.

Huron St.

Huron St.

Bed & Breakfast

Morrison St.

カナダ
オンタリオ州

ナイアガラ川
Niagara River

Simcoe St.

Bedham Hall
Bed & Breakfast P.117

Jepson St.

Valley Way

Avis, Budget P.105

McRae St.

P.106に拡大図

Stanley Ave.

Homewood Ave.

Stamford St.

Roberts St.

イーストウッド通り
Eastwood St.

420

Centre St.

P.105
The Greater Niagara
General Hospital

Victoria Ave.

Casino Niagara

カジノ・ナイアガラ
Casino Niagara

アムトラック駅へ
P.101

Victoria Ave./Clifton Hill

バード・キングダム
Bird Kingdom

ナイアガラ水族館
Aquarium of Niagara

Ellen Ave.

Oneida Lane/
Clifton Hill

Sheraton
on the Falls

Bird Kingdom (South)

ナイアガラ・ゴージ・
ディスカバリー・センター
Niagara Gorge
Discovery Center

Ramada Near
the Falls

Ferry St. &
Fallsview Blvd.

クリフトン・ヒル
Clifton Hill

レインボー橋
Rainbow Bridge

アメリカ
ニューヨーク州

Howard Johnson

Lundy's Lane

Ramada Hotel

Clark Ave.

Clifton Gate House

Niagara City Cruises

税関

ワン・ナイアガラ・ウェルカム・センター
One Niagara Welcome Centre

Ferry St.

ナイアガラ・シティ・クルーズ
Niagara City Cruises

プロスペクト公園
Prospect Park

フォールズ・
ビュー地区
Falls Veiw

霧の乙女号
Maid of the Mist

プロスペクト・ポイント
Prospect Point

Robinson St.

Wyndham Garden Hotel

Skylon Tower

Imax Theatre

スカイロン・タワー
Skylon Tower

Queen Victoria Place

Rainbow Blvd.

Main St.

Hilton Hotel/
Fallsview Casino

Murray St.

ルナ島
Luna Island

風の洞窟ツアー
Cave of the Winds Tour

Casino

ナイアガラ・
フォールズビュー・
カジノ・リゾート
Niagara Fallsview
Casino Resort

Four Points Sheraton

Starbucks

Dixon St.

Oakes Hotel

Copacabana

テラピン・ポイント
Terrapin Point

ゴート島
Goat Island

Dunn St.

Embassy Suites Hotel

Table Rock Centre

カナダ滝
Horseshoe Fall

テーブル・ロック
Table Rock

スリーシスターズ・
アイランズ
Three Sisters Islands

104

ナイアガラ・フォールズの歩き方

レストランやホテルなど、すべての観光施設が滝周辺に集中している。目抜き通りのビクトリア通りから川沿いのナイアガラ・パークウエイに続く坂道、クリフトン・ヒルはアミューズメント施設、カフェ、観覧車

クリフトン・ヒルには観覧車もある

のナイアガラ・スカイホイールNiagara Sky Wheelなどが建ち並ぶ繁華街。夜にはネオンでライトアップされ、俗っぽいナイアガラの一面を見られる。クリフトン・ヒル下からレインボー橋に続くフォールズ通りFalls Ave.には、高級ホテルやカフェ、カジノ・ナイアガラCasino Niagaraなど有名スポットが軒を連ね、華やかな雰囲気。ナイアガラ・パークウエイを滝方面へ進み、坂道になったマレイ通りMurray St.を上がった先は、小高い丘になったフォールズ・ビュー地区で、滝を見渡せる高級ホテルが建ち並ぶ。なかでもナイアガラ・フォールズビュー・カジノ・リゾートは、大型カジノ施設のほかにホテル、ショップやレストラン、劇場、スパまで揃ったビッグリゾートだ。

ナイアガラの滝を眺める

滝を楽しむなら、まずはカナダ滝の滝つぼにギリギリまで迫ったテラスで滝を眺められる、テーブル・ロック・センターへ行こう。建物内にはウエルカムセンターのほか、ジャーニー・ビハインド・ザ・フォールズの入口もある。ふたつの滝を一望したいなら、スカイロン・タワーへ。滝を感じられるアトラクションの一番人気は、ナイアガラ・シティ・クルーズ。各見どころの近くにはウィーゴーの停留所があるので、うまく活用しよう。アメリカ側からも滝を眺めるなら、プロスペクト公園、ゴート島Goat Islandのテラピン・ポイント、ルナ島へと足を延ばそう。すべてレインボー橋から徒歩で行けるが、カナダ側のアトラクションやビューポイントを巡るだけでも1日は必要。アメリカ側やその他の見どころも回るなら、さらに1日はみておくこと。

? 観光案内所

カナダ側
Ontario Travel
Information Centre
MAP P.106-A1
📮5355 Stanley Ave.
📞(1-800)668-2746
URL www.destinationontario.com
📅6〜9月
毎日8:00〜20:00
10〜5月
毎日8:30〜16:30
（時期により変動あり）
🈺無休

ウェルカム・センター
MAP P.106-B1〜C1、B2
📞(1-877)642-7275
URL www.niagaraparks.com
各種チケットやパスを販売している簡易案内所。

テーブル・ロック・センター内
MAP P.106-C1
📅6月、9月
毎日9:00〜17:00
7〜8月 毎日9:00〜21:00
10〜5月 毎日9:00〜16:00
（時期により変動あり）
🈺無休
その他
📅5〜10月 毎日9:00〜17:00
🈺11〜4月

アメリカ側
Niagara Falls State Park
Visitor Center
MAP P.106-B2
📞(716)278-1794
URL www.niagarafallsstatepark.com
※2022年11月現在、改装のためプロスペクト公園内の仮設案内所で営業中（2023年春まで）。

CHECK!

オープン時間について
各見どころとアトラクションは、細かく営業時間が異なるので、掲載の時間はすべて目安。ナイアガラ・パークスのウェブサイト（www.niagaraparks.com）で詳細なオープン時間を事前に調べておこう。

ⓘ ユースフル・インフォメーション

警察 Niagara Parks Police **MAP** P.106-B2 📞(905)356-1338	📮5546 Portage Rd. 📞(905)378-4647	Budget **MAP** P.104-B2 📮5127 Victoria Ave. 📞(905)356-1431
病院 The Greater Niagara General Hospital **MAP** P.104-C1	**おもなレンタカー会社** Avis **MAP** P.104-B2 📮5127 Victoria Ave. 📞(905)357-2847	**おもなタクシー会社** Niagara Falls Taxi 📞(905)357-4000

ナイアガラ・パークウエイ沿い

ナイアガラ・フォールズ
ビュー・カジノ・リゾート
MAP P.106-C1
6380 Fallsview Blvd.
(1-888)325-5788
毎日24時間

カジノ・ナイアガラ
MAP P.106-A2
5705 Falls Ave.
(1-888)325-5788
毎日24時間
※カジノは19歳未満は入場不可。

ナイアガラ・パークウエイはナイアガラ川周辺の自然を満喫できるドライブコースとしても人気がある。**ボタニカル・ガーデンズやナイアガラ峡谷**でひと休みをしつつ、のんびりと散策を楽しむのがおすすめ。

峡谷横のハイキングコースや植物園などが見どころ

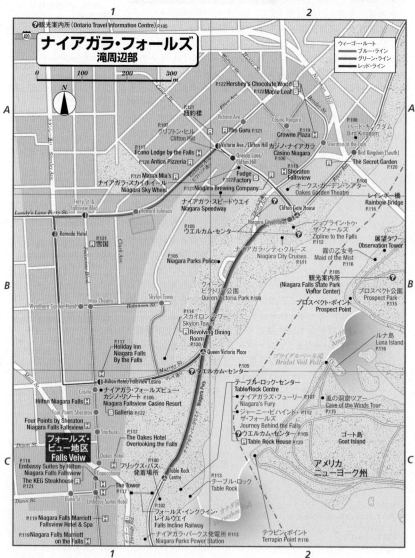

おもな見どころ

カナダ滝周辺

🍁 ナイアガラズ・フューリー
Niagara's Fury　　MAP P.106-C1　⭐⭐⭐

楽しみながら学べるアトラクション

　テーブル・ロック・センター内2階にあるアトラクション。係員から渡されるレインコートを着て内部へ入り、まずはじめに8分間のアニメによるプレムービーを観賞。ビーバーの子供が魔法の本の力でタイムスリップし、ナイアガラの滝ができるまでを疑似体験していくという内容。上映終了後は、360度つなぎ目のないスクリーンの部屋へ移動。ここでは、人工衛星や医療分野でのみ使用されてきた超解像度カメラを用いて撮影されたナイアガラの滝の6分間のムービーを上映する。人工の霧や雷雨、雪などを再現した特殊効果を体験しながら、氷河期から1万年にも及ぶ滝の創造の歴史を学べる。

🍁 フローラル・ショーハウス
Floral Showhouse　　MAP P.103-D2

カラフルに咲き乱れる花々

　テーブル・ロック・センターから約500m南下した所にある庭園。四季に応じて植木やディスプレイが替えられている。グリーンハウス内には、世界中の珍しいカラフルな小鳥たちが放たれている。

🍁 クリフトン・ヒル
Clifton Hill　　MAP P.106-A2　⭐⭐⭐

ファストフード店もど派手な外観

　ナイアガラ・フォールズいちの繁華街。300mほどの道の両脇にはレストランやみやげ物店、アミューズメント施設が連続している。通りのほぼ中央に建つのが、ナイアガラ・スカイホイールNigara Sky Wheelという観覧車。すぐそばにはナイアガラ・スピードウエイNiagara Speedwayという立体ゴーカート場がある。バーガーキングの上にフランケンシュタインが乗っていたり、倒れたエンパイヤステートビルの上にキングコングがいたりと、通り沿いはまさにカオス！夜のネオンもフォトジェニックだ。

ナイアガラズ・フューリー
📍6650 Niagara Pwy.
☎(1-877)642-7275
🌐www.niagaraparks.com
🕐夏季10:30〜19:00頃
　冬季10:30〜17:00頃
　（時期により変動あり）
　30分ごとに上映。上映時間は時期により変動あり。
🚫無休
💰大人$17、子供$11.25

フローラル・ショーハウス
📍7145 Niagara Pwy.
☎(905)354-1721
🌐www.niagaraparks.com
🕐4月下旬〜11月
　木〜月10:00〜17:00
　12月〜1月上旬
　毎日12:00〜20:00
🚫4月下旬〜11月の火・水、1月上旬〜4月下旬
💰大人$7、子供$4
🚌ウィーゴーのFloral Showhouse下車、徒歩すぐ。

クリフトン・ヒル
🌐www.cliftonhill.com
🚌ウィーゴーのOneida Lane/Clifton Hill下車、徒歩すぐ。
　各アミューズメント施設は個別で料金を支払い遊ぶことも可能だが、クリフトン・ヒル・ファンパスClifton Hill FunPassというセットクーポンもある。利用できるアミューズメント施設はナイアガラ・スカイホイール、ダイナソー・アドベンチャーDinosaur Adventure、ゾンビ・アタックZombie Attack、ムービーランドMovieland、コズミック・コースターCosmic Coaster、ゴーストブラスターズGhostblastersの6つ。料金は大人$34.95、子供$22.95。各アミューズメント施設の営業時間は季節により細かく変動するので、上記クリフトン・ヒルのウェブサイトで確認を。

ナイアガラ・スカイホイール
💰大人$15、子供$7

ナイアガラ・スピードウエイ
💰ドライバー$13（同乗は$4）

深夜まで盛り上がる

バード・キングダム
住5651 River Rd.
TEL(905)356-8888
FREE(1-866)994-0090
URLwww.birdkingdom.ca
開夏季 毎日9:00～18:30
冬季 毎日9:30～17:00
休無休
料大人$19.95、子供$15.95
交ウィーゴーのBird Kingdom (South)下車、徒歩3分。

大きな鳥の看板が目印

バード・キングダム
Bird Kingdom

MAP P.106-A2

屋内の施設としては世界最大規模という鳥類館。ジャングルを再現した温室に、アフリカや南米、オーストラリアなどの野鳥約40種200羽以上が飛び交う。ジャワ島から移築した古民家の中にはトロピカルドリンクのスタンドもある。餌づけやふれあい体験などのイベントも毎日開催。

さまざまな種類の鳥に出合える

オークス・ガーデン・シアター
開入園自由
交ウィーゴーのNiagara City CruisesまたはOneida Lane/Clifton Hill下車、徒歩3分。

オークス・ガーデン・シアター
Oakes Garden Theatre

MAP P.106-A2

クリフトン・ヒルとナイアガラ・パークウエイの一角にある、ユニークな野外ステージ。1936年に古代ローマの古代劇場を模して造られたもので、低木や蓮池、小岩などによるランドスケープが美しい。夏季には、コンサートやイベントが催される。

美しいガーデンを散策しよう

クイーン・ビクトリア公園
開入園自由
交ウィーゴーのQueen Victoria Place下車、徒歩すぐ。

公園内にはカナダ国王を務めたジョージ6世の像がある

クイーン・ビクトリア公園
Queen Victoria Park

MAP P.106-B1・2

ナイアガラ・パークウエイ沿いに広がる公園エリア。春の50万本もの水仙やチューリップにはじまり、初夏にはバラ、秋には紅葉、真冬には樹氷と1年中楽しめる。マリリン・モンローの主演映画『ナイアガラ』のロケ地として使われたこともある。

ナイアガラ・パークウエイ沿い

ホワイト・ウオーター・ウオーク
住4330 River Rd.
URLwww.niagaraparks.com
開4月中旬～6月下旬、9月上旬～11月中旬
月～金10:00～17:00頃
土・日10:00～18:00頃
6月下旬～7月
毎日10:00～21:00頃
8月～9月上旬
毎日10:00～20:00頃
(時期により変動あり)
休11月中旬～4月中旬
料大人$17、子供$11.25
交ウィーゴーのWhite Water Walk下車、徒歩すぐ。

ホワイト・ウオーター・ウオーク
White Water Walk

MAP P.104-A2

激しい水しぶきを上げながら流れる、ナイアガラ川に沿って設けられた遊歩道。全長は305mあり、激流に削られた崖を眺められる。滝周辺の自然の造形美とパワーを感じられる場所のひとつだ。秋には周囲の森が紅葉し、美しい姿を見せてくれる。

荒々しい自然を見学しよう

ワールプール・エアロ・カー
Whirlpool Aero Car

MAP P.104-A2

迫力の人気アトラクション

ナイアガラの滝の下流約4.5km地点は、滝から流れてきたナイアガラ川が北東へ流れを変える地点に当たり、急激な地形の変化により巨大な渦潮（ワールプール）ができている。この渦潮の上を横断する35人乗りのゴンドラが、ワールプール・エアロ・カーだ。1916年に登場して以来の人気アトラクションとなっている。水面から約76mの高さに架かる全長1kmのケーブルを、約10分間かけて往復する。途中ゴンドラはゆらゆらと揺れるためスリルも満点。運行は15分ごと。

ナイアガラ峡谷
Niagara Glen
MAP P.103-C2

ナイアガラ川の浸食によって、約7000年前に形成されたナイアガラ峡谷。渓谷沿いにナイアガラ川まで下る約4kmのハイキングコースとなっており、鳥や植物を観察しながら、ゆっくりと散歩することができる。

紅葉シーズンはひときわ美しい

花時計
Floral Clock
MAP P.103-C2

1950年にオンタリオ水力電気により設置。直径12.2mで、秒針が付いている世界でも有数の花時計。合計約1万6000株の植物が使われ、ナイアガラ園芸学校Niagara Parks School of Horticultureの生徒によって整備されている。花時計のデザインは年に2度変更される。カナダ滝の北約11kmの所にある。

ボタニカル・ガーデンズ
Botanical Gardens
MAP P.103-C2

カナダ滝から約9km北、ナイアガラ・パークウエイ沿いにある大きなガーデン。1936年にナイアガラ園芸学校として設立され、園内の植物の手入れは授業の一環として生徒が行っている。6月上旬がシーズンのバラ園は必見だ。夏季には園内を馬車で回るツアー（毎日11:00～22:00、所要30～60分）もある。敷地内の蝶観察館Butterfly Conservatoryは、45種、2000羽以上の蝶たちが舞う、世界最大規模のものだ。

リビング・ウオーター・ウエイサイド教会
Living Water Wayside Chapel
MAP P.103-B2

ナイアガラ・パークウエイ沿いにたたずむ、真っ白なかわいい教会。世界でいちばん小さい教会といわれ、数人しか入れないほどの狭さだが、内部で結婚式を挙げることも可能。

ワールプール・エアロ・カー
📮3850 River Rd.
📠(1-877)642-7275
🌐www.naiagaraparks.com
🕐4月下旬～5月中旬、9月上旬～10月下旬
　毎日10:00～17:00頃
　5月中旬～6月下旬
　月～金10:00～17:00頃
　土・日10:00～19:00頃
　6月下旬～9月上旬
　毎日10:00～20:00頃
　（時期により変動あり）
🚫10月下旬～4月下旬
💰大人$17、子供$11.25
🚌ウィーゴーのWhirlpool Aero Car下車、徒歩すぐ。

ナイアガラ峡谷
📠(1-877)642-7275
🚌ウィーゴーのNiagara Glen (North)下車、徒歩すぐ。

花時計
💰無料
🚌ウィーゴーのFloral Clock (South)下車、徒歩すぐ。

ボタニカル・ガーデンズ
📮2565 Niagara Pwy.
🌐www.niagaraparks.com
🕐日の出～日没
🚌ウィーゴーのButterfly Conservatory下車、徒歩すぐ。

蝶観察館
📞(905)358-0025
🕐5月上旬～6月下旬、9月上旬～10月上旬
　月～金10:00～17:00
　土・日10:00～18:00
　6月下旬～9月上旬
　毎日10:00～19:00
　10月上旬～5月上旬
　毎日10:00～17:00
　（時期によって変動あり）
🚫無休
💰大人$17、子供$11.25

リビング・ウオーター・ウエイサイド教会
📮15796 Niagara Pwy.

おとぎ話に出てきそうな小さな教会

晴れた日には虹が架かるナイアガラの滝

ヘリコプターなどさまざまな
アトラクションがある

じっくり見たい派？アトラクション派？
ナイアガラの滝の楽しみ方

Attraction
View Spot

ナイアガラの滝の周辺は、
さながら滝のテーマパーク！
アトラクションも、ビュースポットも
100％満喫する攻略方法、教えます。

ナイアガラの滝ってこんなトコ

滝 はカナダとアメリカにまたがっており、国境を挟んでふたつの滝に分かれている。馬蹄形をした大きい滝がカナダ滝。その左側（カナダ側から見て）にあるのが、アメリカ滝だ。どちらの滝の周辺とも、さまざまなアトラクションやビュースポットが点在している。

おすすめ観光タイム 1日〜

すべて回るなら、最低でも丸1日は必要。混雑具合によっては1日で回れない場合も。

\ Check /

セットクーポンでお得に観光

盛りだくさんに楽しみたい人には、各種アトラクションや博物館のチケットがセットになったクーポンがおすすめ。アドベンチャー・パスAdventure Pass、フォールズ・パスNaiagara Falls Pass、アドベンチャー・パス・プラスAdventure Pass Plusの3種がある。購入はウエルカムセンターや各アトラクション窓口で。

ナイアガラ・フォールズ・アドベンチャー・パス・プラス
Nigara Falls Adventure Pass Plus
フォールズ・インクライン・レイルウエイ2日間パス、ウィーゴー48時間パス、ジャーニー・ビハインド・ザ・フォールズ、ナイアガラズ・フューリー、ホワイト・ウオーター・ウオーク、ワールプール・エアロカー、ナイアガラ・パークス発電所。料金大人$128.16、子供$89.62

ナイアガラの滝

ナイアガラ・ヘリコプタ

ゴート島

ルナ島

ブライダル・ベール滝

風の洞窟ツ

アメリカ

プロスペクト公園

アメリカ滝

展望タワー

ナイアガラ・シティ・クルーズ
乗り場

霧の乙女号乗り場

ジップライン・トゥ・ザ・フォールズ乗り場

レインボー橋

カジノ・ナイアガラ

まずは王道、カナダ側の
アトラクション＆ビュースポットへ。
混雑度の高い物件は、朝一か
夕方すいてから行くのが◎。

Attraction

滝つぼへ突っ込むアトラクション！
ナイアガラ・シティ・クルーズ
Niagara City Cruises　**MAP** P.106-B2

①846から続いたナイアガラの名物、霧の
乙女号だが、2013年にカナダ側の営業を
終了（アメリカ側は継続）。代わりに、アメリカの
クルーズ会社ホーンブロワーHornblower社に
よるボートツアーへと生まれ変わった。デッキは
もちろんオープンエアなので全身に滝のしぶき
を浴びることになる。カメラはぬれないようビ
ニール袋などに入れる工夫を。タオルも忘れず
に用意しよう。通常のVoyage to the Falls Boat
Tourのほか、Falls Fireworks Cruiseもある。

住 5920 Niagara Pwy.　**無料** (1-855)264-2427
URL www.cityexperiences.com/niagara-ca/city-
cruises/niagara
Voyage to the Falls Boat Tour
運 5月上旬～9月上旬　毎日9:30～20:30
　9月上旬～10月中旬　毎日9:30～18:30
　10月中旬～11月下旬　毎日10:00～16:00
　5月上旬～10月中旬は15分ごと、ほかの期間は
30分ごとに出発（時期により変動あり）。
休 11月下旬～5月上旬　**料** 大人$32.75、子供$22.75

混雑度
★★★★★
エキサイティング度
★★★★★
攻略Point とにかく混雑。
ピークだと1時間待ちもざ
ら。比較的すいている朝
いちばんが狙い目。

１まるで嵐のなかにいるような強風と水しぶき！　２滝
のすぐそばまで行く遊覧船　３2014年から運航開始

・ナイアガラ・パークス
発電所
カナダ滝
テーブル・ロック
フォールズ・インクライン・
レイルウエイ
テラピン・ポイント
ナイアガラ・シティ・クルーズ／
霧の乙女号
ジャーニー・
ビハインド・
ザ・フォールズ
ナイアガラ・フォールズビュー・
カジノ・リゾート
・スカイロン・タワー

カナダ

・ナイアガラ・スカイホイール

混雑度 ★★★★
エキサイティング度 ★★★★
攻略Point ピークにはエレベーターが混雑。夜遅くまでやっているので、日没後に来るのもいい。

ココ！

Attraction 滝を裏側から眺めよう！

ジャーニー・ビハインド・ザ・フォールズ
Journey Behind the Falls MAP **P.106-C1**

① 889年に掘られた、全長46mのトンネルに設けられた2ヵ所ののぞき穴からカナダ滝の裏側を見られる。トンネルを抜けた先には滝の真横のバルコニーがあり、流れ落ちる水の迫力を体験できる。入場時に渡されるポンチョは記念に持ち帰れる。入口はテーブル・ロック・センター内。専用のエレベーターで38m下りる。

☎(1-877)642-7275
URL www.niagaraparks.com
圏1月下旬〜2月中旬
　月〜金10:00〜16:00
　土・日10:00〜17:00
　2月中旬〜12月
　月〜木10:00〜18:00
　金〜日10:00〜20:00
　（時期により変動あり）
休1月頭〜下旬
料大人$23.5、子供$15.5

1.バルコニーに出られるのは5〜11月のみ 2.外から見ると、滝のすぐ横にあるのがよくわかる 3.トンネル途中にあるのぞき穴

Attraction 滝に向かって進むジップライン！

ジップライン・トゥ・ザ・フォールズ
Zipline to the Falls MAP **P.106-B2**

⑥ 70mのワイヤーを、67mの高さから一気に滑り降りるスリル満点のアトラクション。事前にオンライン、またはチケットブース横のパソコンで同意書へのサインが必要。着地点からナイアガラ・シティ・クルーズの団体受付ブースまでシャトルバスが運行している。荷物も預かってもらえるので安心して参加できる。

☎(1-800)263-7073
URL wildplay.com/niagara-falls
圏4月下旬〜11月下旬
　毎日10:00〜18:00
　（時期により変動あり）
休11月下旬〜4月下旬
料$69.99

混雑度 ★★★　エキサイティング度 ★★★★
攻略Point 乗り場はナイアガラ・シティ・クルーズのすぐ横。クルーズよりは空いているが、1回で参加できる人数が少ないのでハイシーズンは30分以上待つことも。

1.滝に向かって進む空中遊泳にトライ！ 2.子供は7歳から挑戦できるが、13歳以下は親の同伴が必要

view!

View Spot
滝を間近で
見るならここへ!

テーブル・ロック
Table Rock　　MAP P.106-C1

カ ナダ滝真横のビューポイント。滝に向かってテーブルのように突き出しており、悠然と流れてきた青い水が一気に落ちていく姿を間近に見られる。すぐ横のテーブル・ロック・センターTable Rock Centreは、観光案内所やレストラン、ショップが入った複合施設。館内にはナイアガラズ・フューリー(→P.107)もある。

📅 入場自由
テーブル・ロック・センター
🏠 6650 Niagara Pwy.
📞 (1-877)642-7275
🌐 www.niagaraparks.com
🕐 夏季 毎日9:00~22:00頃
　 冬季 毎日9:00~20:00頃
休 無休

混雑度 ★★★★
エキサイティング度 ★★★
攻略Point 1日中大混雑。滝を撮影するベストスポットを確保するなら少し待つ覚悟を。

1.いつでも人でいっぱい! 2.激しい水の流れに吸い込まれてしまいそう 3.ビューポイントのすぐ横にあるテーブル・ロック・センター

Attraction
発電の仕組みを学び
地下トンネルで展望台へ

ナイアガラ・パークス発電所
Niagara Parks Power Station　　MAP P.106-C1

1 905年から2006年まで操業していた発電所を利用した施設。館内では当時の発電所の様子や滝の水力を利用した発電のシステムについて学べる。エレベータで地下50mまで下ったところにはかつて発電に利用した水を川に戻す際に使ったトンネルがある。700mのトンネルを抜けた先は滝の下の展望台となっている。夜には3Dのプロジェクションマッピングを駆使したナイトショーも行われる。

🏠 7005 Niagara Pwy.
📞 (1-877)642-7275
🌐 www.niagaraparks.com/visit/attractions/
　 niagara-parks-power-station
🕐 4月上旬~10月中旬　毎日10:00~18:00
　 10月中旬~4月上旬　毎日10:00~17:00
休 無休　料 大人$28($38)、子供$18.25($25)
　 ※( )内はガイドツアー込みの料金
ナイトショー
🕐 6月下旬~10月上旬　毎日19:15~
　 10月上旬~6月下旬　毎日18:30~
　 (時期により変動あり)
料 大人$30、子供$19.5

1.テーブル・ロックのそばに位置している 2.トンネルを抜けた先にある展望台 3.滝を利用した水力発電のしくみを学べる

混雑度 ★★
エキサイティング度 ★★
攻略Point トンネルは700mの長さがあり、ハイシーズンにはエレベーターも混雑する。見学には最低でも1時間は見ておこう。

view!

2 ナイアガラで最も高い建物。ガラス張りになった黄色のエレベーターで上がる。
1 展望デッキは屋内と屋外の両方にある

View Spot 町で最も高い
展望タワー

スカイロン・タワー
Skylon Tower　**MAP** P.106-B1

滝 を見下ろす、地上160mの展望タワー。上部の円盤形の部分はドームと呼ばれ、3フロアに分かれた内部は最上階が展望デッキ、下がレストランになっている。天気のよい日にはトロントやバッファローまで見渡せる。

混雑度 ★★
エキサイティング度 ★★
攻略Point 滝を見下ろす展望台だが、意外にすいている。エレベーターを待つ程度。

🏠 5200 Robinson St.
☎ (905)356-2651
FAX (1-888)975-9566
URL www.skylon.com
開 夏季 毎日9:00～24:00
　 冬季 毎日9:00～23:00
休 無休
料 大人$19、子供$9.5

Attraction 上空から滝を見下ろす

ナイアガラ・ヘリコプター
Niagara Helicopters　**MAP** P.104-A1

ヘ リコプターに乗って、滝を眼下に見下ろせる。上空から眺めれば、カナダ滝が別名「Horseshoe Falls(馬蹄滝)」と呼ばれる理由も一目瞭然! フライト時間は約12分間で、録音テープによるガイドも聞ける。

☎ (905)357-5672
URL www.niagarahelicopters.com
開 毎日9:00～日没(荒天時運休)
料 大人1人$160、子供$99
交 ウィーゴーのWhirlpool Aero Carから徒歩7分

混雑度 ★★
エキサイティング度 ★★
攻略Point 高額アトラクションだけあって、それほど混雑はしない。事前予約するのがベター。

1 ナイアガラ地域を一望できる 2.レインボーカラーのかわいい機体

Column　光に包まれる夜のナイアガラ

イルミネーション　Illumination

1925年に始まったナイアガラの滝のイルミネーション。ナイアガラの名物として毎夜多くの人々を楽しませている。

開 1月、11/5～12/30	毎日16:30～翌1:00
2月	毎日17:15～翌1:00
3/1～11	毎日17:30～翌1:00
3/12～31、10/1～15	毎日18:30～翌1:00
4月	毎日19:00～翌1:00
5/1～14	毎日20:00～翌2:00
5/15～31、8/1～15	毎日20:15～翌2:00
6/1～7/22	毎日20:45～翌2:00
7/23～31	毎日20:30～翌2:00
8/16～31	毎日19:45～翌2:00
9/1～19	毎日19:15～翌2:00
9/20～30	毎日18:45～翌2:00
10/16～11/4	毎日17:00～翌1:00
12/31	16:30～翌2:00

時間によりライトアップの色が変わる

設、ナイアガラ・パークス発電所(→P.113)では3Dの最新技術のプロジェクションマッピングが行われる。

ネオン&ライトショー

夜のクリフトン・ヒル(→P.107)では、街中がギラギラのネオンに彩られ、とってもフォトジェニック。また2021年オープンの新施

花火　Fireworks

花火が打ち上げられるのは、夏季とカナダ、アメリカ両国の祝祭日。打ち上げは約10分間。上空には花火、地上にはイルミネーションに彩られた滝という幻想的な時間を楽しめる。

開 5/17～31の金～月、6/1～15と9/3～10/13の金～日、6/16～9/2、10/14

アメリカ側

アメリカ側は、
カナダ側よりもこぢんまり。
ビュースポットが
ほとんどなので、
2時間もあれば十分回れる。

1.滝に最も近づける
人気アトラクション
2.遊歩道を歩いてハ
リケーン・デッキへ。
濡れてもよい履き物
を持参しよう 3.対岸
からもよく見える

Attraction
滝のパワーを
実感しよう！

風の洞窟ツアー
Cave of the Winds Tour　**MAP** P.106-C2

滝 に最も近づくことができる、アメリカ側の
人気No.1アトラクション。入口はゴート
島のアメリカ滝側にあり、受付のあと、エレベー
ターで滝の下へ移動。滝を真下から見上げなが
ら、岩場に組まれた木製デッキを歩いて、ブラ
イダルベール滝までわずか6mというハリケー
ン・デッキへ。すさまじい水しぶきと風圧にさ
らされ、滝のもつパワーに圧倒される。

混雑度 ★★★
エキサイティング度 ★★★★
攻略Point 人気アトラクションだが、それで
も混雑は少ない。並んでも10〜20分程度。

TEL (716) 278-1794
URL www.niagarafallsstatepark.com
開 7月上旬〜8月下旬
　　日〜金9:00〜20:15　土9:00〜21:15
　　8月下旬〜9月上旬　毎日9:00〜21:15
　　9月上旬〜10月上旬
　　日〜金9:00〜18:15　土9:00〜20:15
　　10月上旬〜7月上旬　毎日9:00〜16:00
休 無休
料 大人$US19 (US$12)、子供$US16 (US$9)
　　※（　）内は冬季の料金

ここでも黄色い
ポンチョが
配られます！

View Spot
滝を見る設備
充実の公園

プロスペクト公園
Prospect Park　**MAP** P.106-B2

レ インボー橋を渡った右手にあ
る公園。突端にあるプロスペ
クト・ポイントProspect Pointは、ア
メリカ滝を眺める絶好のビューポイ
ント。公園内には高さ86mの展望タ
ワーObservation Towerがある。展
望台のエレベーターで下った所が、
霧の乙女号乗り場だ。

開 通年24時間
展望タワー
TEL (716) 278-1794
開 毎日8:30〜19:00
　　(時期により変動あり)
休 無休
料 US$1.25 (霧の乙女号のチケットに込み)

望遠鏡もあるよ！
有料だけどね☆

混雑度 ★★
エキサイティング度
★★★★
攻略Point 園内 は 広
いので、ポイントを絞っ
て観光しよう。トロリー
(→P.102) 利用も◎。

1.アメリカ滝を眺めよう 2.ガ
ラス張りの展望タワー

アメリカからカナダ滝を眺めるならここ
テラピン・ポイント
Terrapin Point　**MAP** P.106-C2

カナダ滝とアメリカ滝の中間に位置するゴート島のカナダ滝側の先端にある。テーブル・ロックのちょうど反対側に当たり、カナダ滝の豪快な流れを真横から眺められるが、対岸のテーブル・ロックに比べると遠い。

🏛入場自由

混雑度 ★★★
エキサイティング度 ★
攻略Point 島は1周1時間くらい。滝沿いの遊歩道をのんびりと歩いてみよう。

↑真横から眺める滝もおもしろい

ふたつの滝が目の前で流れ落ちる
ルナ島
Luna Island
MAP P.106-B2

アメリカ滝とブライダルベール滝に挟まれた小さな島。島の両側を落ちていくふたつの滝を間近に見られる。川に浮いた大きな岩場といった感じ。滝の下にいる黄色いポンチョの集団は、風の洞窟ツアーの参加者だ。

🏛入場自由

混雑度 ★★
エキサイティング度 ★★★
攻略Point 両側に滝が見られる、穴場のビュースポット。下をのぞくのも楽しい。

両側に滝を眺められる

アメリカ側ではまだまだ現役！
霧の乙女号
Maid of the Mist
MAP P.106-B2

カナダ側では運航終了した霧の乙女号だが、アメリカ側ではいまだ運航中。コースはナイアガラ・シティ・クルーズと同じだが比較的すいている。乗り場はプロスペクト公園の展望タワーのエレベーターで下った所。

↑昔と同じ、名物アトラクションに乗ろう

混雑度 ★★★
エキサイティング度 ★★★★★
攻略Point カナダに比べると、すいている。カナダで乗らず、アメリカで乗るという手も。

📞 (716) 284-8897
🌐 www.maidofthemist.com
🕐 4月下旬〜5月下旬　月〜金10:00〜17:00
　　土・日10:00〜18:00
　　5月下旬〜6月中旬　日〜金9:00〜18:00
　　土9:00〜20:00
　　6月中旬〜9月上旬　毎日9:00〜20:00
　　9月上旬〜10月上旬　月〜金9:00〜17:00
　　土・日9:00〜18:00
　　10月上旬〜11月上旬　毎日10:00〜16:00
　　（時期により変動あり）15分ごとに運航
🚫 11月上旬〜4月下旬　💰大人US$25.25、子供US$14.75

国境を越えアメリカ側へ

ナイアガラの滝はカナダとアメリカの国境地点に位置しており、両国間は橋を通って行き来できる。国境を越える際にはパスポートが必要になるので、必ず携帯しておくこと。なお、滝の周辺なら、カナダドルでもアメリカドルでも支払いができるが、レートはあまりよくない。

レインボー橋 Rainbow Bridge
MAP P.106-A2〜B2

カナダとアメリカを結ぶ全長約300mの鉄橋。橋の両側にカナダ、アメリカそれぞれの税関がある。国境は橋の中間地点にあり、プレートと国連旗、カナダ国旗、星条旗が並んで掲げられている。橋の上からはふたつの滝が見え、国境付近には望遠鏡も据え付けられている。カナダ→アメリカ、アメリカ→カナダどちらの場合でも、橋の往復通行料として$1（カナダドルでもUSドルでも可）が必要（通行ゲートに$1硬貨1枚を投入する）（$2コインから$1コインへの両替可能）。アメリカ、カナダどちらの税関も24時間オープン。

カナダ→アメリカ

カナダ出国時はノーチェック。アメリカ入国に際しては、90日以内の観光・商用目的の場合、ビザは不要。ただしアメリカ入国に際してはESTA（→P.357）の事前登録が必要。日帰りの場合も必要になるので、アメリカへ渡りたい人は必ず事前に登録しておくように。橋を渡ったら先にあるアメリカ税関にパスポートを提示中。顔写真の撮影と指紋採取を行い入国できる。ESTAを取得していない場合は、橋を渡りアメリカ税関までは行けるが、入国はできない。帰りのアメリカ出国はノーチェックで、カナダ再入国の際は、カナダ税関でパスポートを提示すればOK。アメリカに入国せず、橋を通行するだけでもパスポートが必要になるので注意。なお、タクシー、もしくは車で入国する際には、$6.5（US$5）が必要となる。

アメリカ→カナダ

アメリカ出国時はノーチェック。橋を渡ったら、カナダ税関でパスポートを提示中。タクシー、もしくは車で入国する際には、$6.5（US$5）が必要となる。帰りのカナダ出国はノーチェックだが、アメリカ再入国時に税関でパスポートが必要となる。

国境越えに関する情報サイト　🌐 www.niagarafallsbridges.com

HOTEL
ナイアガラ・フォールズのホテル

宿泊施設の数は多く、中級ホテルや低料金のモーテルはビクトリア通りやスタンレー通りStanley Ave.沿いに、B&Bはレインボー橋より北のリバー通りRiver Rd.沿いに集中。

なお、ナイアガラ・フォールズでは、ハーモナイズド・セールス税に、3%の税金Niagara Destination Promotion Feeがかかる。

オンタリオ州

ナイアガラ・フォールズ ◆ おもな見どころ／ホテル

Ontario

The Tower Hotel
タワー　MAP P.106-C1

高級ホテル

フォールズ・ビュー地区に立つ、松明のような形をした高さ99mのホテル。展望タワーだった建物をそのまま利用していて、27～30階にある客室からは滝が一望できる。25階にアメリカのチェーンレストラン「IHOP」が入っている。

滝周辺
- 6732 Fallsview Blvd.
- TEL (905)356-1501
- FAX (1-866)325-5784
- URL www.niagaratower.com
- SD$119～　Tax別
- CC A D J M V
- 42室

The Oakes Hotel Overlooking the Falls
オークス・ホテル・オーバールッキング・ザ・フォールズ　MAP P.106-C1

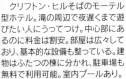

フォールズ・ビュー地区の中級ホテルだが、滝を眺められる部屋がある。カナダ滝にかなり近いので眺めは迫力満点だが、客室の造りはやや簡素。14階は滝を見渡せる展望ラウンジとなっている。各アトラクションとのパッケージ料金あり。

滝周辺
- 6546 Fallsview Blvd.
- TEL (905)356-4514
- FREE (1-877)661-7035
- URL www.oakeshotel.com
- SD$99～　Tax別
- CC A D J M V
- 239室

Econo Lodge by the Falls
エコノ・ロッジ・バイ・ザ・フォールズ　MAP P.106-A1

中級ホテル

クリフトン・ヒルそばのモーテル型ホテル。滝の周辺で夜遅くまで遊びたい人にうってつけ。中心部にあるのに料金は割安。部屋は広々としており、基本的な設備も整っている。建物はふたつの棟に分かれ、駐車場も無料で利用可能。室内プールあり。

滝周辺
- 5781 Victoria Ave.
- TEL (905)356-2034
- URL www.choicehotels.com
- SD$80～　Tax別
- CC M V
- 57室

Holiday Inn Niagara Falls By the Falls
ホリデイ・イン・ナイアガラ・フォールズ・バイ・ザ・フォールズ　MAP P.106-C1

フォールズ・ビュー地区の中規模ホテル。スカイロン・タワーに近く、滝へも徒歩圏内。部屋にはキングサイズのベッドがひとつ、またはクイーンサイズがふたつ置かれている。バスルームも広く快適。開放的なテラス席のあるステーキハウスを併設。

滝周辺
- 5339 Murray St.
- TEL (905)356-1333
- FREE (1-800)263-9393
- 日本の予約専用 0120-455655
- URL www.holidayinnniagarafalls.com
- SD$94～　Tax別
- CC A D M V
- 122室

Bedham Hall Bed & Breakfast
ベダム・ホール・ベッド&ブレックファスト　MAP P.104-B2

B&B

ナイアガラ・パークウエイ沿い、住宅街にあるB&B。季節の花が咲くガーデンに囲まれた一軒家で、5つある客室はすべて内装が異なる。ロマンテックな内装はカップルに人気がある。全室バス、トイレ付きで、駐車場も無料。朝食はフルブレックファスト。

鉄道駅周辺
- 4835 River Rd.
- TEL (905)374-8515
- FREE (1-877)374-8515
- URL www.bedhamhall.com
- HIGH 6～10月SD$200～
- LOW 11～5月SD$150～
  Tax別　朝食付き
- CC A D M V
- 5室

バスタブ　テレビ　ドライヤー　ミニバーおよび冷蔵庫　セーフティボックス　Wi-Fi(無料)
一部客室　一部客室　貸し出し　一部客室　フロントにあり　Wi-Fi(有料)

117

Falls View Hotel

ナイアガラならでは！
滝の見えるホテルに泊まる

ナイアガラ・フォールズには、滝の見えるホテルが点在しています。予約時は、滝の見える部屋をリクエストするのを忘れずに。

観光や夜遊びに便利な ロケーションはピカイチ！
Sheraton Fallsview Hotel

シェラトン・フォールズビュー　[MAP] P.106-A2

　にぎやかなフォールズ通りにある大型ホテル。全669室は、ナイアガラでも最大級。滝へのアクセスがよく、食事や買い物にも便利。フォールズビューの客室からは、アメリカ滝かカナダ滝が一望できる。多くの客室に暖炉やソファが置かれ、リラックスした造り。

[住]5875 Falls Ave.
[TEL](905)374-4445
[FREE](1-888)229-9961
日本の予約先[無料]0120-003535
[URL]www.marriott.com
[料]ⓈⒹ$143〜 Tax別
[CC]A D J M V
[室]669室 滝の見える部屋：382室
[館内設備]レストラン(3軒)、バー(1軒)、プール、スパ

1 ベッドはツインでもダブル以上の大きさ 2 滝をまさに見下ろす高層ホテル 3 14階のスパ「Christienne Fallsview Spa」には、滝を眺められるトリートメントルームがある 4 レストランからも絶景が望める

フォールズ・ビュー地区に建つ 全室スイーツタイプのホテル
Embassy Suites by Hilton Niagara Falls Fallsview

エンバシー・スイーツ・バイ・ヒルトン・ナイアガラ・フォールズ・フォールズビュー　[MAP] P.106-C1

　絶好のロケーションにある高層ホテル。滝を望む眺望はフォールズ・ビュー地区でもNo.1で、カナダ滝、アメリカ滝とも一望のもと！ 夜景や花火もきれいに見える。フォールズ・インクライン・レイルウエイを利用すれば、テーブル・ロックへもすぐ。レストランも入っており、カジノへも徒歩圏内。

[住]6700 Fallsview Blvd.
[TEL](905)356-3600
[FREE](1-800)420-6980
[URL]embassysuitesniagara.com
[料]ⓈⒹ$145〜 Tax別
[CC]A D M V
[室]613室 滝の見える部屋：320室
[館内設備]レストラン(2軒)、カフェ(1軒)、バー(1軒)、プール

1 朝から夜まで表情を変えるナイアガラの滝を望める 2 客室はどこも広々している 3 フォールズビュー地区でも特に高い建物 4 ステーキハウスの「The KEG Steakhouse(→P.121)」のほかスターバックスなども入る

便利な設備が充実した
ストレスフリーなホテル
Niagara Falls Marriott on the Falls

ナイアガラ・フォールズ・マリオット・オン・ザ・フォールズ　MAP P.106-C1

　カナダ滝を眼下に望む32階建てのホテル。滝から見ると、Niagara Falls Marriott Fallsview Hotel & Spaと隣り合っているように見える。カナダ滝を見下ろすダイニング＆バー「Milestones on the Falls Restaurant」がある。

🏠6755 Fallsview Blvd.　📞(905)374-1077
FREE(1-800)618-9059
日本の予約先📞0120-142890
URL www.marriott.com
💰SD$131〜　Tax別
CA D J M V
🛏404室 滝の見える部屋：315室
🍴設備レストラン(1軒)、バー(1軒)、プール、スパ

■1窓の大きな客室から、迫力ある滝の眺めが楽しめる　2館内にスターバックスがある　3朝食はビュッフェスタイルになっている

1928年にオープンした
ナイアガラきっての名門ホテル
Crowne Plaza Hotel

クラウン・プラザ　MAP P.106-A2

　映画『ナイアガラ』のロケで訪れたマリリン・モンローも滞在した老舗ホテル。吹き抜けのロビーには上品なシャンデリアがきらめき、インテリアも風格と落ち着きが感じられる。すぐ隣に屋内のウオーター・パークがあり、カジノ・ナイアガラとも直結。

🏠5685 Falls Ave.
📞(905)374-4447　FREE(1-888)374-3999
日本の予約先📞0120-455655
URL www.niagarafallscrowneplazahotel.com
💰HG 6〜9月SD$166〜
　LOW 10〜5月SD$99〜　Tax別
CA D J M V
🛏234室 滝の見える部屋：141室
🍴設備レストラン(1軒)、バー(1軒)、プール、スパ

10階にあるレストランからの眺めもすばらしい　2滝の見える客室は全客室のうちの約6割

客室はもちろんロビーからも
カナダ滝を一望できる
Niagara Falls Marriott Fallsview Hotel & Spa

ナイアガラ・フォールズ・マリオット・フォールズビュー　MAP P.106-C1

　丘の上のフォールズ・ビュー地区に立つ21階建てのホテル。客室はもちろん、ロビーからも、目の前に迫力あるカナダ滝の眺めを楽しめる。上品なインテリアでコーディネートされた客室は間取りもゆったり。グリル料理レストランとカジュアルなパブも評判。

🏠6740 Fallsview Blvd.
📞(905)357-7300
日本の予約先📞0120-142890
URL www.marriott.com
💰SD$148〜 Tax別
CA D J M V
🛏432室 滝の見える部屋：399室
🍴設備レストラン(1軒)、バー(1軒)、プール、スパ

■1建物は滝の眺めを考慮して凹形にカーブを描いている　2ベッドに寝ながら滝が見られる部屋も

ナイアガラ・フォールズのレストラン

　この町で楽しみたいのは、滝を眺めながらの食事。レストランの数は非常に多いものの、料理そのものはどの店も比較的似かよった内容。ならば眺めのいい店を選ぶのがおすすめだ。眺め自慢のレストランはフォールズ通りやフォールズ・ビュー地区の高級ホテル上層階にある。一般的な飲食店が集まっているのはビクトリア通りやクリフトン・ヒル周辺。

カナダ料理

Revolving Dining Room
レヴォルヴィング・ダイニング・ルーム　　**MAP P.106-B1**

スカイロン・タワーの上にあるエレガントなレストランで、1時間かけて一周する回転ダイニング。サーモンやロブスターのグリル、ステーキなど料理はどれもボリューム満点。滝からライトアップされる時間をチェックして訪れよう。

滝周辺
住5200 Robinson St.
TEL(905)356-2651
FREE(1-888)975-9566
URLwww.skylon.com
営毎日11:30～15:00/16:30～22:00
休無休
料ランチ$30～、ディナー$60～
CardA D J M V

The Secret Garden Restaurant
シークレット・ガーデン　　**MAP P.106-A2**

花壇で飾られた庭園の中にあるカジュアルなレストラン。料理は軽食が中心で、料金も比較的手頃。ハンバーガー$16.99～、フィッシュ＆チップス$17.99、サーモンフィレ$27.99～など。アメリカ滝が間近に見えるテラス席も気持ちいい。

滝周辺
住5827 River Rd.
TEL(905)358-4588
URLwww.secretgardenrestaurant.net
営3月中旬～5月、10～11月
毎日9:00～20:00
休12月～3月中旬
料$15～　CardA D M V

Table Rock House Restaurant
テーブル・ロック・ハウス　　**MAP P.106-C1**

テーブル・ロック・センター2階にある、カナダ滝に最も近いレストラン。野菜や果物など地場産の新鮮素材を使った料理はステーキやシーフードをはじめ、サンドイッチなどの軽食まで幅広い。ナイアガラ産のワインとともに楽しみたい。

滝周辺
住6650 Niagara Pwy.
TEL(1-877)642-7275
URLwww.niagaraparks.com
営4月上旬～5月中旬　木～月11:30～20:00
5月中旬～1月中旬　毎日11:30～21:00
休4月上旬～5月中旬の火・水、
1月中旬～4月上旬
料ランチ$25～、ディナー$35～
CardA D J M V

The Queenston Heights Restaurant
クイーンストン・ハイツ　　**MAP P.103-C2**

クイーンストン・ハイツ公園で1940年から営業を続ける一軒家レストラン。地元産のフルーツや野菜をふんだんに使ったヘルシーなメニューが自慢。2022年は夏季のサンデーブランチ（日曜11:00～14:00）のみの営業。

郊外
住14184 Niagara Pwy.
TEL(905)262-4276
営2023年の営業時間は要問い合わせ
料$50～
CardA J M V

イタリア料理

Antica Pizzeria
アンティカ・ピッツェリア　　**MAP P.106-A1**

窯焼きピザが人気のカジュアルレストラン。ピザは20種類ほどあり、4つの味が一度に楽しめるPizza Quattro Stagioni $21.99がおすすめ。パスタやグリルもバラエティに富み、Atlantic Salmon $29.99は味わい深い。

滝周辺
住5785 Victoria Ave.
TEL(905)356-3844
URLanticapizzeria.ca
営日～金12:00～22:30
土12:00～23:00
休無休
料$20～
CardA J M V

Mama Mia's

マンマ・ミアズ   **MAP P.106-A1**

イタリア料理

創業60年以上というイタリア料理店。家族連れでにぎわう店内はカジュアル。麺もソースもホームメイドのパスタは11種類あり、$16.99〜。グルテンフリーのスパゲティやペンネに変更可能。ハンバーガー$10.5などキッズメニューも充実。

> 滝周辺

🏠5845 Victoria Ave.
📞(905)354-7471
🕐日〜金16:00〜21:00
　土14:00〜21:00
休無休
予$20〜
💳A M V

The KEG Steakhouse

ケグ・ステーキハウス   **MAP P.106-C1**

ステーキ

カナダを代表するチェーン系のステーキハウス。「Embassy Suites by Hilton Niagara Falls Fallsview（→P.118）」内にあり、窓際の席からは滝を眺めながら食事ができる。人気のプライムリブステーキは10オンス$46。焼き方もオーダー可能。

> 滝周辺

🏠6700 Fallsview Blvd.
📞(905)374-5170
URLthekeg.com
🕐日〜木12:00〜22:30
　金・土12:00〜23:30
休無休
予$50〜
💳A D M V

雪国

Yukiguni   **MAP P.106-B1**

日本料理

現地在住の日本人もよく訪れるという日本食レストラン。焼き鳥、枝豆といった酒のつまみから、寿司、麺類、丼物までメニューが豊富。人気はカナダ産のサーモンの照り焼き定食$24。握りは2貫で$6〜、巻き物は1本$5.5〜。

> 滝周辺

🏠5980 Fallsview Blvd.
📞(905)354-4440
🕐金〜水12:00〜16:00/17:00〜20:00
休木
予$25〜
💳A D J M V

紐約楼

New York Restaurant   **MAP P.106-A1・2**

中華料理

リーズナブルな価格で中華料理を楽しめる。人気の広東風あんかけ焼きそば$19.95は、チンゲンサイやエビ、チャーシューなどの具材がどっさり。優しい味わいのエビと卵の炒め物$18.95もおすすめ。テイクアウトやデリバリーも行っている。

> 滝周辺

🏠5027 Centre St.
📞(905)354-5213
URLnewyorkrestauranttogo.com
🕐日〜木11:00〜23:00
　金・土11:00〜翌1:00
休無休
予$20〜
💳A M V

The Guru

グル   **MAP P.106-A2**

インド料理

クリフトン・ヒルで伝統的なインド料理を提供するレストラン。シェフはもちろんインド人で、店内にはエキゾチックな置物が多数配されている。おすすめはバターチキンやチキン・ティッカ・マサラ各$15、シュリンプ・カレー$19など。

> 滝周辺

🏠5705 Victoria Ave.
📞(905)354-3444
🕐月〜水12:30〜23:30
　木〜土12:00〜24:00
　日12:00〜23:00
休無休
予$15〜
💳M V

Niagara Brewing Company

ナイアガラ・ブリューイング・カンパニー   **MAP P.106-A2**

地ビール

レギュラー4種類と季節限定4種類の自家醸造ビールが楽しめる、醸造所直営のビアホール。おすすめは、すっきりとした飲み口のナイアガラ・プレミアム・ラガー$9.5。4種を少量ずつ試せるセット、ビール・フライト$17も人気。

> 滝周辺

🏠4915-A Clifton Hill
📞(905)374-5247
URLniagarabrewingcompany.com
🕐日〜木11:00〜22:00
　金・土11:00〜23:00
休無休
予$10〜
💳A D J M V

121

ナイアガラ・フォールズのショッピング

　滝周辺では、フォールズ通り沿いのホテル内にショッピングモールがあるが、それ以外はみやげ物店は少ない。ナイアガラ・パークウエイ沿いにはフルーツスタンドやワイナリーが点在し、ナイアガラらしいおみやげが買える。郊外ではショッピングモールやアウトレットモールがあるが、車がないとアクセスは不便。

アウトレット

Canada One Brand Name Outlets
カナダ・ワン・ブランド・ネーム・アウトレッツ　　**MAP P.103-D1**

カナダ初の本格的アウトレットモール。アディダス、コーチ、ゲス、トミー・ヒルフィガーなど、30店近くのブランドショップが出店。車でランディーズ・レーンLundy's Laneを西へ向かい、モントローズ通りMontrose Rd.との交差点手前。

郊外
住 7500 Lundy's Lane
TEL (905)356-8989
URL www.canadaoneoutlets.com
営 月〜土10:00〜21:00
日10:00〜18:00
休 無休
カード 店舗により異なる

ショッピングモール

Galleria
ギャレリア　　**MAP P.106-C1**

ナイアガラ・フォールズビュー・カジノ・リゾート内にあるショッピングモール。15店前後と店舗数は多くないが、カナダのファッションブランドであるルーツをはじめ、ナイアガラワインやメープルシロップの専門店などさまざまなショップが揃う。

滝周辺
住 6380 Fallsview Blvd.
無料 (1-888)325-5788
URL www.fallsviewcasinoresort.com
営 日〜木10:00〜23:00
金・土10:00〜24:00
※店舗により変更あり
休 無休
カード 店舗により異なる

おみやげ

Maple Leaf
メープル・リーフ　　**MAP P.106-A2**

「Crowne Plaza Hotel(→P.119)」内にあるギフトショップ。メープルシロップや、メープルクッキー、メープルバターなどカナダみやげの定番アイテムが揃う。"Niagara"や"Canada"のロゴ入りTシャツも10種類以上。

滝周辺
住 5685 Falls Ave.(クラウン・プラザ内)
TEL (905)374-4447
営 5〜11月
毎日7:00〜22:00
12〜4月
毎日10:00〜18:00
休 無休
カード M V

雑貨

Fudge Factory
ファッジ・ファクトリー　　**MAP P.106-A2**

メープルシュガーとバターを固めて作ったとびきり甘いお菓子、ファッジの専門店。50種類ものファッジがあり、一番人気はカナディアン・メープルナッツ。ひとつ$7.49で、3つ買うとひとつ無料。店内でファッジを作っている様子が見られる。

滝周辺
住 4848 Clifton Hill
TEL (905)358-3676
URL www.cliftonhill.com/shopping/fudge-factory
営 日〜木10:00〜24:00
金・土10:00〜翌1:00
休 無休
カード M V

チョコレート

Hershey's Chocolate World
ハーシーズ・チョコレート・ワールド　　**MAP P.106-A2**

巨大な板チョコ形の看板が目を引く、チョコレートの老舗。こげ茶色のパッケージでおなじみの板チョコから、作りたてのファッジやイチゴのチョコディップまで、チョコレート好きにはたまらない品揃え。キャラクターグッズも扱う。

滝周辺
住 5685 Falls Ave.
TEL (905)374-4446(内線4561)
営 毎日9:00〜24:00
(時期により変動あり)
休 無休
カード A D J M V

ナイアガラ・
ワインルート
Niagara Wine Route

ドイツからの移民が持ち込んだ苗木から始まったとされるナイアガラのブドウ栽培。
寒暖の差が激しく、適度な湿気のあるナイアガラ・エリアは、ブドウ作りに適した自然条件。
豊富なブドウが取れるこのエリアには、大小60以上ものワイナリーが点在している。
ワイナリーが並ぶルートはワインルートと呼ばれ、多くの観光客が訪れる。

↑ワイナリーにはレストランを併設しているところも多い

←ワイナリーによっては、醸造の様子をガイドツアーで見学できる

←毎年9〜10月がブドウのシーズンだ

ワイナリーの巡り方

　ナイアガラ・フォールズから西のグリムズビーGrimsby
にかけての一帯には60を超えるワイナリーが並んでいる。
各ワイナリーは毎年自分たちの個性を生かした自慢のワイ
ンをプロデュースしている。ほとんどのワイナリーは観
光客を歓迎し、ワイナリーとワインの魅力を紹介するツア
ーを開催しているので、気軽に参加してワインのできる工
程やおいしい飲み方を学び、テイスティングを楽しもう。

　ワインルートのマップや、それぞれのワイナリーのパンフレットなど
は、事前にナイアガラ・フォールズ
（→P.98）やナイアガラ・オン・ザ・
レイク（→P.125）の観光案内所で
入手しよう。テイスティングを心置
きなく楽しみたいなら、タクシーや
バスツアーを利用しよう。

道沿いにはワインルートの標識が立つ

ナイアガラ・ワインルート

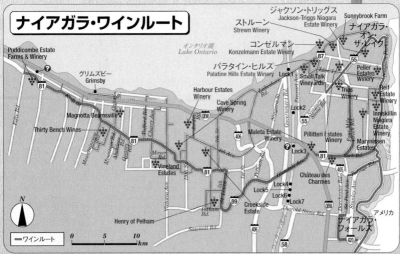

ワイナリーツアー

ナイアガラ・ゲータウエイズ
Niagara Getaways

4軒のワイナリーを訪ね、テイスティングやワイナリー見学、ワイン＆チーズプラッターなどが楽しめる。所要約5時間。ほか、ランチやディナー付き、自転車で回るツアーもある。

TEL (905)380-9716
URL www.niagara getaways.com

Half Day Wine and Cheese Tour
値 毎日12:00発
料 ナイアガラ・フォールズ発$139〜
ナイアガラ・オン・ザ・レイク発$119〜

ツアーは小さなバンで行うよ！

ナイアガラ・エアバス
Niagara Airbus

滞在ホテルへの送迎付きでふたつのワイナリーを回る。それぞれのワイナリーでのテイスティングと、ナイアガラ・オン・ザ・レイクでのランチ込み。

TEL (905)374-8111
URL www.niagaraairbus.com

Deluxe Niagara Wine Tasting Tour
値 毎日10:20〜10:40発
（トロント発は8:20〜8:40）
料 ナイアガラ・フォールズ発 大人$141.25
トロント発 大人$209.05

ワイン・フェスティバル

年3回、趣の異なるワイン・フェスティバルを開催している。ワインの試飲やセミナー、コンサートなどで盛り上がる。

TEL (905)688-0212
URL www.niagarawinefestival.com

ナイアガラ・ホームグロウン・フェスティバル
Niagara Homegrown Festival
値 6/17〜19、6/24〜26（'22）

ナイアガラ・グレープ＆ワイン・フェスティバル
Niagara Grape & Wine Festival
値 9/16〜18、9/23〜25（'22）

ナイアガラ・アイスワイン・フェスティバル
Niagara Icewine Festival
値 1/13〜15、1/20〜22、1/27〜29（'23）

アイスワインの名ワイナリー
Konzelmann Estate Winery
コンゼルマン

ドイツ出身のオーナーが開いたこぢんまりしたワイナリーで、周囲をブドウ畑に囲まれている。規模は小さくても実力は本物で、特にアイスワインで数多くの賞を受賞している。

住 1096 Lakeshore Rd.
TEL (905)935-2866
URL www.konzelmann.ca
営 5月〜10月下旬 毎日10:00〜18:00
10月下旬〜4月 月〜金10:00〜17:00
土・日11:00〜18:00 **休** 無休
テイスティングツアー
値 5月〜10月下旬 毎日11:00〜17:00
10月下旬〜4月 毎日11:00〜16:00
所要約45分。
料 $10

1 ヨーロッパの古城を思わせる建物 **2** ドイツでの創業100年以上の歴史を誇る名門一家が経営

大型の醸造施設が自慢
Jackson-Triggs Niagara Estate Winery
ジャクソン・トリッグス

4.6ヘクタールもある広大なブドウ畑に、醸造施設と貯蔵庫をもつ大規模なワイナリー。建物内にはいくつかのテイスティングルームがあるので、グループにもおすすめ。

住 2145 Niagara Stone Rd.
TEL (905)468-4637
URL www.jacksontriggswinery.com
営 5〜9月 毎日10:00〜18:00
10〜4月 毎日11:00〜17:00
休 無休
ガイドツアー
値 毎日10:30、12:30、14:30、15:30
料 $30

1 ナイアガラエリアでも最大の規模を誇る **2** ガイドツアーもある

丘の上にたたずむワイナリー
Palatine Hills Estate Winery
パラタイン・ヒルズ

オンタリオ湖岸の丘陵地にある。もともとブドウ生産農家であったが、1998年からワイナリーとしてオープン。カベルネ・ソーヴィニヨンを使ったレストランが人気。

住 911 Lakeshore Rd.
TEL (905)646-9617
URL www.palatinehills estatewinery.com
営 4〜5月、10〜11月 毎日11:00〜18:00
6〜9月 月〜木・日11:00〜18:00、金・土11:00〜19:00
12〜3月 月〜木11:00〜17:00、金〜日11:00〜18:00
休 無休
ガイドツアー
値 11:00〜13:00、16:00〜17:00の間 **料** $25

醸造所にショップを併設

ワインと一緒に料理も楽しめる
Strewn Winery
ストルーン

ブドウ本来の香りを生かした風味豊かなワインが自慢のワイナリー。ナイアガラでも随一といわれるレストランを併設し、地元の食材を使ったフランス料理が味わえる。

住 1339 Lakeshore Rd.
TEL (905)468-1229
URL www.strewnwinery.com
営 5〜10月 毎日10:00〜18:00
11〜4月 毎日10:30〜17:30
休 無休

2 創業者でレストランのシェフ、ジョー・ウィルさん **1** 庭園やレストランを併設

Niagara-on-the-Lake
ナイアガラ・オン・ザ・レイク

ナイアガラ・オン・ザ・レイク

ナイアガラの滝からナイアガラ・パークウエイを車で20分ほど北上。ナイアガラ川の河口、オンタリオ湖に面した小さな街がナイアガラ・オン・ザ・レイクだ。この地は19世紀、イギリス植民

町のランドマーク、時計塔

地時代にアッパー・カナダ（現オンタリオ州）の初の首都として栄えた。今でもイギリス風の建物が数多く残り、オンタリオ州屈指の美しい町として名高い。毎年4〜10月には演劇祭「ショー・フェスティバル」が行われ、イギリスの劇作家バーナード・ショーの作品を中心にさまざまな芝居が上演される。また、街の周辺にはワイナリーが数多く点在しており、ワイナリーツアーの拠点としても有名。

ナイアガラ・オン・ザ・レイクの歩き方

馬車に乗ってイギリス風の街並みを堪能できる

メインストリートは、1922年から町を見守ってきた時計塔Clock Towerが目印のクイーン通りQueen St.。ビクトリア調の古い建物が連なる美しい通りには、おしゃれなレストランやブティック、劇場などが並んで

て、半日もあれば十分に楽しめるほどこぢんまりとした街だ。ショー・フェスティバルの期間中ならば、ぜひ劇場に足を運び観劇を楽しみたい。

通りを1本入ると住宅地になっており、野生のリスやスカンクに合えることもあるので、ハイキング気分で歩くのも気持ちがいい。また、キング通りKing St.の「The Prince of Wales Hotel（→P.128）」あたりから出発する観光馬車Sentineal Carriages（TEL（905）468-4943 URL www.sentinealcarriages.ca 料30分コース$100〜）に乗ってみるのも、優雅な街並みをより楽しめる方法だろう。

ワイナリー巡り（→P.123）は観光案内所でチェックして、ツアーやタクシー、レンタサイクルなどを利用しよう。ツアーは朝出発が多いので、できれば前日までには予約したい。

MAP P.38-B3
人口 1万9088
面積 905/906
ナイアガラ・オン・ザ・レイク情報のサイト
URL www.niagaraonthelake.com
twitter.com/niagaraonlake

ナイアガラ・オン・ザ・レイクへの行き方

バス　夏季のみ、ウィーゴーがFloral Clockからフォート・ジョージまでを結ぶシャトルバス（Niagara on the Lake Shuttle）を運行。ただし2022年は運行を中止。2023年は運行予定だが、時間は未定。最新情報はナイアガラ・パークスのウェブサイト（URL www.niagaraparks.com）にて要確認。片道大人$7、子供$5。
タクシー　滝の周辺からタクシーで約20分、$40〜。

ℹ ユースフル・インフォメーション

警察
Niagara Regional Police Service
TEL（905）688-4111
病院
Niagara-on-the-Lake Hospital
MAP P.126-B2
住176 Wellington St.
TEL（905）468-9189
おもなタクシー会社
Niagara Falls Taxi
TEL（905）357-4000

❓ 観光案内所

MAP P.126-A2
住26 Queen St.
TEL（905）468-1950
URL www.niagaraonthelake.com
圖毎日10:00〜17:00
休無休

レンタサイクル

Zoom Leisure Bikes
MAP P.126-B1
TEL (905)468-2366
URL www.zoomleisure.com
料 半日$25、1日$35

ナイアガラ・オン・ザ・レイク博物館

住 43 Castlereagh St.
TEL (905)468-3912
URL www.notlmuseum.ca
開 5～10月
　毎日10:00～17:00
　11～4月
　毎日13:00～17:00
休 無休
料 大人$5、シニア$3、学生
　$2、18歳以下無料

ナイアガラ薬局博物館

住 5 Queen St.
TEL (905)468-3845
URL www.ocpinfo.com/
　extra/apothecary/
　index.html
開 5月下旬～9月上旬
　毎日12:00～18:00
　9月上旬～10月上旬
　土・日12:00～18:00
休 9月上旬～10月上旬の月～
　金、10月上旬～5月下旬
料 寄付程度

おもな見どころ

⚜ ナイアガラ・オン・ザ・レイク博物館　MAP P.126-B1・2
Niagara On The Lake Museum

　ナイアガラ・オン・ザ・レイクの、先住民族時代から19世紀の米英戦争に至るまでの歴史を紹介している博物館。特に貴重なものとしては、1812年の英米戦争時、クイーンストン・ハイツ公園で戦死したイギリス系カナダ人のヒーロー、ブロック将軍General Sir Isaac Brockの帽子と帽子入れ。羽飾りの付いたナポレオンハットのような形だ。日本語パンフあり。

ナイアガラ・オン・ザ・レイクの歴史を学ぼう

⚜ ナイアガラ薬局博物館　MAP P.126-A2
The Niagara Apothecary Museum

　19世紀に実際に営業していた薬局を復元した博物館。建物内部には、高い棚に薬瓶がところ狭しと並んでいる。当時の生活雑貨も展示されており、アンティークが好きな人にもおすすめの博物館。

昔のレジやタイプライターもある

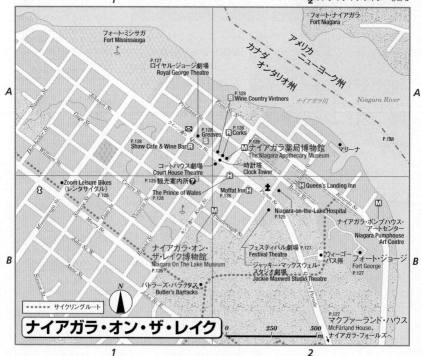

❦ フォート・ジョージ
Fort George
MAP P.126-B2 ☆☆☆

アメリカに対する防衛の拠点として、1799年にイギリス軍が建造した砦。1812年の英米戦争で激戦地となったときに破壊されたが、現在は復元され芝生に囲まれた国定史跡となっている。夏季にはさまざまなイベントも開催している。近くにはナイアガラ川沿いを歩くトレイルがあり、対岸にはアメリカの砦、フォート・ナイアガラFort Niagaraが見える。

昔の衣装を着たスタッフが迎えてくれる

フォート・ジョージ
🏠51 Queen's Parade
☎(905)468-6614
🌐www.pc.gc.ca/en/lhn-nhs/on/fortgeorge
💰大人\$12.5、シニア\$10.75
※2023年のオープン時間、休館日は未定。

❦ マクファーランド・ハウス
McFarland House
MAP P.103-A2/P.126-B2外 ☆☆☆

1800年代にれんがで造られたジョージア様式の民家。英米戦争の際には、イギリス兵やアメリカ兵の病院として使われた歴史がある。19世紀の典型的なガーデンを見たり、軽食やワインを楽しんだりできる。

マクファーランド・ハウス
🏠15927 Niagara Pwy.
☎(905)468-3322
🌐www.niagaraparks.com
📅5月中旬～9月上旬
毎日10:00～17:00
💰大人\$6.75、子供\$4.5
※上記以外のオープン時間は未定。

Column カナダ屈指の演劇の街を楽しもう

ナイアガラ・オン・ザ・レイクは、カナダ屈指の演劇の街として知られており、毎年4～10月には、演劇祭「ショー・フェスティバルShaw Festival」が開催される。シェイクスピア劇の祭典「ストラトフォード・シェイクスピア・フェスティバル(→P.129)」と並ぶオンタリオ州2大演劇祭のひとつであり、訪れる人々でにぎわう。

期間中はイギリスの劇作家ジョージ・バーナード・ショーGeorge Bernard Shaw(1856～1950年)をメインに、多彩な作品が上演される。カナダ演劇界で最高クラスの俳優が出演するのも、魅力のひとつだ。

フェスティバルの発端は1962年。夏季の週末だけコートハウス(裁判所)のひと部屋を小さな劇場として使用し、戯曲『Don Juan in Hell and Candida』を上演したのが好評だったことに始まる。温暖な気候と豊かな自然を気に入った多くの文化人が住んでいたことも背景となっている。

会場は、クイーン通りに面した3つの劇場。一番大きな劇場はフェスティバル劇場Festival Theatre(館内には小さなスタジオ劇場Studio Theatreがある)で、毎年5月にバーナード・ショーの演目で開幕する。ロイヤル・ジョージ劇場Royal George Theatreでは、ミュージカル、コメディ、ロマンスなどから人気のある演目をきらびやかなオペラハウス風の小ホールで上演する。ジャッキー・マックスウェル・スタジオ劇場Jackie Maxwell Studio Theatreではより斬新な作品を上演している。劇場といっても観客はネクタイやドレス姿の人から、カジュアルな服装の若者たちまでさまざま。チケットは電話やウェブサイト、ナイアガラ・オン・ザ・レイクのおもなホテル、各劇場のボックスオフィスなどで予約可能。チケットを含むお得なパッケージを提供するホテルもある。

ショー・フェスティバル
☎(905)468-2172 FAX(1-800)511-7429
🌐www.shawfest.com
フェスティバル劇場(856席)
MAP P.126-B2
ボックスオフィス 📅毎日9:00～20:00
ジャッキー・マックスウェル・スタジオ劇場(267席)
MAP P.126-B2
ボックスオフィス 📅開演1時間前～
ロイヤル・ジョージ劇場(305席)
MAP P.126-A1
ボックスオフィス 📅毎日10:00～18:00

チケット料金
💰\$35～121(劇場と座席、曜日により異なる)

ナイアガラ・オン・ザ・レイクのホテル

The Prince of Wales Hotel

プリンス・オブ・ウェールズ　　**MAP P.126-A2～B2**

🏠6 Picton St.
☎(905)468-3246
FAX(1-888)669-5566
URLwww.vintage-hotels.com/prince-of-wales
🛏S①$209～　Tax別
CCA M V　室110室

　1864年創業の最高級ホテル。かつてヨーク公夫妻が滞在したことから名づけられた。赤れんがの建物は街の象徴的存在。

Moffat Inn

モーファット・イン　　**MAP P.126-B2**

🏠60 Picton St.
☎(905)468-4116
FAX(1-888)669-5566
URLwww.vintage-hotels.com/moffat-inn
🛏S①$140～　Tax別
CCA M V　室24室

　1835年に建てられた邸宅を改装したプチホテル。客室はパティオのある部屋、暖炉付きの部屋など、造りは各室異なる。

ナイアガラ・オン・ザ・レイクのレストラン

Corks

コークス　　**MAP P.126-A2**

🏠19 Queen St.　☎(289)868-9527
URLwww.corksniagara.com
🕐1・2月 木～日 時間は要問い合わせ
　3～12月 日～木11:00～20:00　金・土11:00～翌1:00
🚫1・2月の月～水
🍴ランチ$25～、ディナー$40～　CCM V

　おしゃれなワインバーで、料理はハンバーガーやタパスが中心。シーフードも自慢。

Shaw Cafe & Wine Bar

ショー・カフェ＆ワイン・バー　　**MAP P.126-A1**

🏠92 Queen St.　☎(905)468-4772
URLwww.shawcafe.ca
🕐夏季　月～木・日11:30～21:00、金・土11:30～22:00
　秋季　毎日11:30～20:00
　冬季　木～月11:30～17:00
🚫冬季の火・水、変動のため事前に要確認　🍴$20～　CCA M V

　おもに地元の食材を使ったパスタ、グリル料理を提供するビストロスタイルのカフェレストラン。

ナイアガラ・オン・ザ・レイクのショッピング

Greaves

グリーヴズ　　**MAP P.126-A1**

🏠55 Queen St.　☎(905)468-7831
FAX(1-800)515-9939　URLwww.greavesjams.com
🕐夏季　毎日10:00～20:00　冬季　毎日10:00～18:00
🚫無休　CCA J M V

　1927年の創業以来、変わらぬ製法でジャムを作る老舗。地元フルーツのジャムは250ml $7.25～。

Wine Country Vintners

ワイン・カントリー・ヴィントナーズ　　**MAP P.126-A2**

🏠27 Queen St.
☎(905)468-1881
🕐月～木11:00～17:00　金～日11:00～18:00
🚫無休　CCA M V

　ナイアガラ産ワインを販売。おもな銘柄はHillbrandやPellerなど。テイスティングバーもある。

Column　スリル満点！　ナイアガラ川激流上り

　ワールプール・ジェット・ボート・ツアー社
Whirlpool Jet Boat Tourが、ナイアガラ川の激流をジェットボートで上る迫力満点のボートツアーを催行している。ナイアガラ川沿い、クイーンストン・ハイツ公園のそばが集合場所。服はびしょぬれになるので、着替えを必ず用意しておくこと。所要約1時間。要予約。

レインコートの貸し出しあり

> **ワールプール・ジェット・ボート・ツアー社**
> **MAP P.103-C2**　🏠55 River Frontage Rd.
> FAX(1-888)438-4444　URLwww.whirlpooljet.com
> 🕐5月上旬～6月下旬、9月上旬～10月下旬
> 　毎日13:00
> 　6月下旬～9月上旬　毎日10:00～17:00の1
> 　時間おき　🚫11～4月
> The Wet Jet Tour
> 🎫大人$74.95、子供$44.95　Tax別

🛁バスタブ　📺テレビ　ドライヤー　ミニバーおよび冷蔵庫　セーフティボックス　Wi-Fi(無料)
一部客室　一部客室　貸し出し　一部客室　フロントにあり　Wi-Fi(有料)

Column オンタリオ州 小都市案内 ストラトフォード〜ウインザー

英国風の風景と劇場の街 ストラトフォード

ストラトフォードStratfordの名はイギリスのシェイクスピアの故郷に由来している。エイボン川やイギリス調の建物が美しい街で、毎年開催されるシェイクスピア劇の祭典「ストラトフォード・シェイクスピア・フェスティバル」には60万人以上の人々が訪れる。

ストラトフォードの劇場では、4〜10月のフェスティバル期間中、多いときで1日に合計6演目も上演される（シーズンの初めと終わりは演目数が少ない）。作品はシェイクスピアをメインに、人気の高い古典、現代劇など。町には劇場が4つ点在している。上演プログラムなどの詳細は『Stratford』という小冊子でチェックでき、各ホテルや観光案内所で手に入る。

美しいエイボン川のほとり

ストラトフォード MAP P.38-B3
URL www.stratfordcanada.ca
ストラトフォードへの行き方
シャトルバス
　トロントからストラトフォード・エアポーターStratford Airporterが1日9便運行、所要約2時間。トロント・ピアソン国際空港発。
ストラトフォード・エアポーター
FREE (1-888)549-8602
URL www.stratfordairporter.com

VIA鉄道
　トロントから1日1便運行。所要約2時間。
❷ ストラトフォードの観光案内所
住 47 Downie St.
FREE (1-800)561-7926
URL www.visitstratford.ca
開 月〜土9:00〜17:00
休 日
ストラトフォード・シェイクスピア・フェスティバル
FREE (1-800)567-1600
URL www.stratfordfestival.ca

アメリカと対峙する町 ウインザー

オンタリオ州の最南西部、デトロイト川を隔ててアメリカの大都市デトロイトと対峙する温暖な気候に恵まれたウインザーWindsor。観光名所であるカジノ「シーザーズ・ウインザー Caesars Windsor」には、アメリカ人も訪れる。ダウンタウン内なら、徒歩で十分まわれる。メインストリートはオウエレット通り Ouellette Ave.。デトロイト川沿いは公園になっている。

川の向こうにアメリカのデトロイトが見える

ウインザー MAP P.38-B3 URL www.visitwindsoressex.com

ウインザーへの行き方
飛行機　トロントからウインザー空港まで、エア・カナダが1日2便運航。所要約1時間。空港からダウンタウンまで市バス#8で約30分、タクシーだと約20分。
ウインザー空港（YQG）
TEL (519)969-2430 URL flyyqg.ca
長距離バス　トロントからフリックス・バスが1日2便運行、所要6〜7時間。

ウインザーのバス発着場所
住 181 Goyeau St.
VIA鉄道
　トロントから1日4便、所要約4時間。駅前のワイアンドット通りWyandotte St.から市バス#2でダウンタウンのオウエレット通りOuellette Ave.まで約20分。
❷ ウインザーの観光案内所
住 333 Riverside Dr. W. TEL (1-800)265-3633

シーザーズ・ウインザー
住 377 Riverside Dr. E. FREE (1-800)991-7777
URL www.caesars.com/caesars-windsor
営 毎日24時間　※19歳未満は入場不可

Kingston
キングストン
オンタリオ州

MAP P.38-B3
人口 13万2485
面積 613
キングストン情報のサイト
URL www.visitkingston.ca
twitter.com/
visitkingstonca
www.facebook.com/
VisitKingstonCA

キングストン空港（ノーマン・ロジャース空港）(YGK)
MAP P.130-B1外
TEL (613)389-6404
バスディーポ
MAP P.130-A1
住 1175 John Counter Blvd.
TEL (613)547-4916
VIA鉄道駅
MAP P.130-A1
住 1800 John Counter Blvd.

オンタリオ湖のほとりにあり、セント・ローレンス川やカタラキ川のちょうど始点に位置するキングストンは、古くから水運で栄えた水の都。オタワから続くリドー運河の終着地点でもあり、運河沿いを進むリドー歴史街道（→ P.138）は人気のドライブコースだ。

イギリス領時代は海軍の要衝として栄え、1841 年から1844 年までカナダ連邦の首都がおかれた古都でもある。白亜の石灰岩を用いた歴史的建造物が多く残されていることから、ライムストーン（石灰岩）・シティとも呼ばれている。セント・ローレンス川に形成された多島域サウザンド・アイランズは風光明媚な避暑地であり、クルーズが盛ん。カタラキ川対岸に残る 19 世紀に建造されたイギリスの要塞フォート・ヘンリーも代表的な観光スポットだ。

町のシンボル、キングストン市庁舎

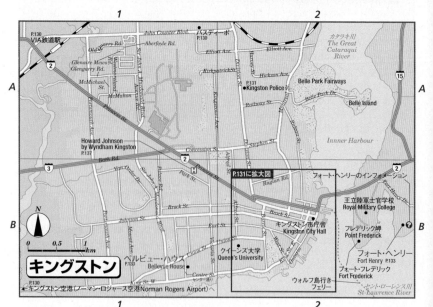

キングストンの歩き方

　町の中心は、**キングストン市庁舎**周辺。その前の観光案内所があるコンフェデレーション公園Confederation Parkから、**サウザンド・アイランズ**へのクルーズ乗り場へも徒歩5分。ウオーターフロントのオンタリオ通りOntario St.には、ホテルやレストランが並ぶ。オンタリオ通りやキング通りKing St.を南西へ向かうと博物館などの見どころが点在しているが、一つひとつは意外に距離があるので、市バスやタクシーを利用して回ろう。ショップやカフェ、レストランが多くにぎわっているのは、プリンセス通りPrincess St.や隣のブロック通り。対岸の**フォート・ヘンリー**へは、タクシーの利用が便利だ。

　市バスは、キングストン・トランジット社Kingston Transitが運行。路線は19あり、急行バスがさらに8路線ある。どの路線も運行は30分～1時間間隔。ダウンタウンのバゴット通りBagot St.とブロック通りBrock St.の交差点にターミナルがある。

ⓘ ユースフル・インフォメーション

警察	病院	おもなレンタカー会社
Kingston Police	Kingston General	Avis
MAP P.130-A2	Hospital	**TEL**(613)531-3311
🏠705 Division St.	**MAP P.131-B1**	おもなタクシー会社
TEL(613)549-4660	🏠76 Stuart St.	Modern Taxi
	TEL(613)548-3232	**TEL**(613)546-2222

キングストン ダウンタウン

P.137 Holiday Inn Kingston Waterfront
P.137 Cornerstone Canadian Art & Craft
市バスターミナル
P.135 Chez Piggy
セント・ジョージ英国国教会 St. George's Anglican Cathedral
P.132 キングストン・サウザンド・アイランズ・クルーズ乗り場
ウォルフ島行きフェリー乗り場
キングストン市庁舎 Kingston City Hall
トロリーバス乗り場
裁判所 Court House
コンフェデレーション公園 Confederation Park
観光案内所 P.131
P.133 クイーンズ大学 Queen's University
市民公園 City Park
Kingston Brewing P.137
キングストン港 Kingston Harbour
P.133 アグネス・エサリントン・アート・センター Agnes Etherington Art Centre
P.133 ベルビュー・ハウス Bellevue House
P.131 Kingston General Hospital
健康管理博物館 Museum of Health Care
マクドナルド記念公園
P.132 マーニー・タワー博物館 Murney Tower Museum
ポンプハウス蒸気機関博物館 Pump House Steam Museum P.132
オンタリオ湖 Lake Ontario

キングストンへの行き方

飛行機 2022年11月現在、トロントからのエア・カナダ便は運休。モントリオールからパスカン・アビエーションPascan Aviationが1日2便運航、所要約1時間。空港から市内への移動はタクシーのみ。

長距離バス トロントからメガバスが1日10～17便運行。所要2時間30分～3時間、大人片道$39.99～。オタワからは1日4～6便運行、所要約2時間、大人片道$29.99～。バスディーポから市内へは市バス#2、#18を利用。タクシーなら$10程度。

VIA鉄道 トロントから1日8～14便運行、所要2時間～2時間30分。モントリオールからは1日7～10便、所要2時間40分～4時間10分。オタワからは1日5～9便、所要約2時間。鉄道駅はダウンタウンの北西郊外。市内へは市バス#18を利用。タクシーなら$17程度。

❓ 観光案内所

Visitor Information Centre
MAP P.131-A2
🏠209 Ontario St.
TEL(613)548-4415
FAX(1-888)855-4555
URL www.visitkingston.ca
圏夏季 毎日9:00～19:00
　　冬季 毎日10:00～18:00
　　（時期により変動あり）
休無休

キングストン・トランジット社

TEL(613)546-0000
URL www.cityofkingston.ca/residents/transit
圏シングルチケット
　　大人$3.25
　　デイパス$8.25

オンタリオ州

キングストン

Ontario

おもな見どころ

キングストン市庁舎
🏠216 Ontario St.
📞(613)546-0000
🌐www.cityofkingston.ca
ガイドツアー
🕐春季～秋季(催行時間はウェブサイトを要確認)
💴無料

🍁 キングストン市庁舎
Kingston City Hall
`MAP P.131-A2` ★★☆

ブリティッシュ・ルネッサンス調の荘厳たる建物は、キングストンがカナダ連邦の首都であった1844年に建てられたもの。見学は無料ガイドツアーで。1840年代に使われていた監獄、ビクトリア図書館の内部、税関などに使われていたステンドグラスが美しいメモリアルホールなどを見て回る。

セント・ジョージ英国国教会
🏠270 King St.
📞(613)548-4617
🌐www.stgeorgescathedral.ca
🕐火～金9:00～16:30
　土10:00～12:30
🚫日・月
💴寄付程度

🍁 セント・ジョージ英国国教会
St. George's Anglican Cathedral
`MAP P.131-A2` ★★☆

1792年に創立した英国国教会。ネオ・クラシック様式の建物は1825年から建造が始まった。その後、1899年に焼失したが翌年に再建された。祭壇の十字架はそのとき唯一残ったものだ。内陣に入って右手前のステンドグ

厳かな雰囲気の建物

ラスはニューヨークのティファニー社製で、マリアの家にいるキリストが描かれている。ガイドツアーは要予約。

ポンプハウス蒸気機関博物館
🏠23 Ontario St.
📞(613)544-7867
🌐www.kingstonpumphouse.ca
🕐春季～秋季の火～土
　10:00～17:00
🚫春季～秋季の日・月、冬季
💴大人$7、シニア・学生
　$5.75、子供$3.5

🍁 ポンプハウス蒸気機関博物館
Pump House Steam Museum
`MAP P.131-B2` ★☆☆

海沿いにある、レトロな赤れんがの建物。1851～1952年に使われていたポンプハウスを復元した博物館で、内部には19世紀に使われたスチームエンジンや

大きな煙突が目印

実際に走行できる列車模型などが展示されている。周辺には遊歩道がもうけられており、海沿いのマーニー・タワー博物館まで行ける。

マーニー・タワー博物館
🏠2 King St. W.
📞(613)217-8235
🌐www.murneytower.com
🕐5月中旬～9月上旬
　毎日10:00～17:00
🚫9月上旬～5月中旬
💴寄付程度

🍁 マーニー・タワー博物館
Murney Tower Museum
`MAP P.131-B1`

フォート・ヘンリーの防衛施設として、1846年に建設された要塞。1階には兵士が使っていたキッチン、寝室などを再現。2階には32ポンド砲が展示されている。

1885年まで軍隊で使用されていた

クイーンズ大学
Queen's University ★★★

美術館前の庭にはオブジェが置かれている

1841年に創立された名門大学。キャンパス内を回る各種ガイドツアーがある。また、構内にはヨーロッパ絵画やカナディアン・アートなど1万7000点を収蔵するアグネス・エザリントン美術館Agnes Etherington Art Centreがある。年5～6回の企画展にて作品を公開。

ベルビュー・ハウス
Bellevue House ★★★

カナダの初代首相ジョン・A・マクドナルドの元邸宅で、国の文化遺産に指定されている。病気を患っていた妻イザベラのために農家の屋敷と庭を買い取ったもの。紅茶の入れ物のような3つの塔が立つ

イタリアのトスカーナ地方の別荘建築

イタリア風の造りは、イギリス調の家が多いこのあたりでは珍しく、「茶筒城」などと呼ばれて親しまれていたという。2022年11月現在、修復中のため内部観覧不可。

郊外

フォート・ヘンリー
Fort Henry ★★★

砦の前身は1812年の英米戦争の最中、アメリカ軍の攻撃に対し、防御を固めるために造られたポイント・ヘンリー。現在のフォート・ヘンリーは英米戦争後、重要な3水路の合流地となることから、さらなる防衛の必要性に迫られて1832～1837年にかけて建造されたもの。ケベック・シティ以西の砦では最大規模。砦には砲台や侵入した敵軍を落とす空堀があり、要塞内の博物館では駐屯隊員用の独房、士官用宿舎、射撃室などが見学できる。衛兵に扮したスタッフが当時の生活を再現して雰囲気を盛り上げる。夏季には、ガン・パレードやライフルのデモンストレーション、衛兵交替式などのイベントを随時開催。特に人気があるのが、8月の水曜19:30から行われるサンセット・セレモニーズ。衛兵が100年以上も前の戦争の様子を演じるドラマティックなショーだ。

ライフルのデモンストレーション

クイーンズ大学
🏠99 University Ave.
☎(613)533-2000
URL www.queensu.ca
キャンパスツアー
🕐火～土11:00、13:30
　所要約2時間
💰無料
アグネス・エザリントン美術館
☎(613)533-2190
URL agnes.queensu.ca
🕐火・水・金
　　10:00～16:30
　木10:00～21:00
　土・日13:00～17:00
休月
💰無料

ベルビュー・ハウス
🏠35 Centre St.
☎(613)545-8666
URL www.pc.gc.ca/en/lhn-nhs/on/bellevue
🕐6月～9月上旬
　　毎日10:00～16:00
　9月上旬～10月上旬
　　木～月10:00～16:00
休9月上旬～10月上旬の火・水、10月上旬～5月
💰大人$8.5
🚌市バス#501でザ・イザベルThe Isabel下車、徒歩5分。

フォート・ヘンリー
🏠1 Fort Henry Dr.
FREE (1-800)437-2233
URL www.forthenry.com
🕐5月下旬～9月上旬
　　毎日10:00～17:00
　　（時期により変動あり）
休9月上旬～5月下旬
💰大人$20、子供$13
🚌市バス#602でHighway2 & Royal Military Collage下車、徒歩15分。

キングストン・トロリー・ツアーズ
Kingston Trolley Tours
☎(613)549-5544
　赤いトロリーバスに乗り、ガイド付きで町をめぐるCity Trolley Tourが人気。バスは1時間かけて町を一周する。出発は観光案内所前から。
🕐4月～10月
　　毎日11:00、13:00、15:00出発。
💰大人$30、子供$24

オンタリオ州

キングストン ◆

Ontario

133

ガナノクェ発!
サウザンド・アイランズで
クルーズを楽しもう!

大きな川なので、船の揺れはほとんどない

セント・ローレンス川に浮かぶ
サウザンド・アイランズは、
先住民に「偉大なる精霊の庭」と
呼ばれていた場所。
絶景クルージングを楽しもう!

サウザンド・アイランズってこんなトコ

サウザンド・アイランズ
1000 Islandsはオンタリオ湖の東の端からさらに東に広がる諸島で、大小1800を超える島が存在する。一部の島は国立公園に指定され、豊かな自然が広がる風光明媚な場所として有名。キングストンやガナノクェなど数ヵ所からクルーズが出る。

おすすめ観光タイム 3時間〜

キングストンとガナノクェ発があるが、おすすめはガナノクェ発の3時間クルーズ（→P.135）。

船の上は風が強く寒いので、夏でも上着を用意しよう

シティ・クルーズ・ガナノクェ City Cruises Gananoque
🏠 280 Main St., Gananoque
☎ (613)382-2144
📠 (1-888)717-4837
🌐 www.cityexperiences.com/gananoque
Original Heart of the 1000 Islands Cruise
（1時間クルーズ）
🕐 6月下旬〜9月上旬
　毎日10:30、12:00、13:30、15:00、17:00発
　5月上旬〜6月下旬、9月上旬〜10月中旬
　1日3〜4便
💲 $29〜

Depths & Discovery of the 1000 Islands Cruise
（3時間クルーズ）
🕐 6月下旬〜9月上旬
　毎日10:00、13:30、16:30発
　5月上旬〜6月下旬、9月上旬〜10月中旬
　1日2〜3便
💲 $47〜
1000 Islands Boldt Castle Stopover Cruise
（5時間クルーズ）
🕐 5月中旬〜9月中旬　毎日12:00発
　9月中旬〜10月上旬　土12:00発
💲 $75〜
　ボルト城の見学ができるのはこのツアーのみ。ボルト城への入場チケット$11が別途かかる。また、ハート島はアメリカ領なので、パスポートのほかESTAの事前取得が必要となる。

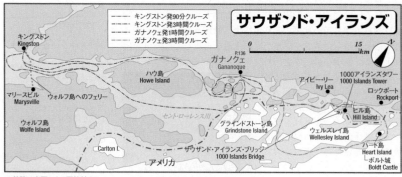

サウザンド・アイランズ

キングストン発90分クルーズ
キングストン発3時間クルーズ
ガナノクェ発1時間クルーズ
ガナノクェ発3時間クルーズ

0　　　　15
km

キングストン Kingston
ガナノクェ Gananoque P.136
ハウ島 Howe Island
マリースビル Marysville
ウォルフ島へのフェリー
セント・ローレンス川
ウォルフ島 Wolfe Island
Carlton I.
グラインドストーン島 Grindstone Island
サウザンド・アイランズ・ブリッジ 1000 Islands Bridge
アメリカ
アイビー・リー Ivy Lea
1000アイランズタワー 1000 Islands Tower
ロックポート Rockport
ヒル島 Hill Island
ウェルズレイ島 Wellesley Island
ハート島 Heart Island
ボルト城 Boldt Castle

※航路は変更になる可能性あり

ガナノクエ発
3時間
クルーズ
ライブレポート

1. アメリカとカナダをつなぐ全長13.6kmのつり橋、サウザンド・アイランズ・インターナショナル・ブリッジ 2. クルーズのハイライト、ボルト城。ちなみに、サウザンド・アイランド・ドレッシングは、ヨット・クルージングの最中、ランチにコックが出したドレッシングをボルト卿が気に入って、この地の名をつけたものだ

クルーズ船で多島域の中心へ

ガナノクエ発のクルーズは、ガナノクエ・ボートラインが催行。3時間のクルーズでは、出航後東へと進み、19世紀後半に海賊ビル・ジョンストンが守を務めていた灯台、島などを通り過ぎ、サウザンド・アイランズ・ブリッジ1000 Islands Bridgeをくぐる。やがてアメリカとの国境を越える。ボートはアメリカ側を回り、ボルト城Boldt Castleがあるハート島Heart Islandへ。中世ヨーロッパの古城のようなボルト城は、ニューヨークにある最高級ホテル、ウォルドフ・アストリアThe Waldorf Astoriaのオーナーだったジョージ・ボルトGeorge Baldtが、妻のために建てた別荘。内部の見学は、専用のツアーに参加する必要がある。ハート島をあとにしたら大きなウェルズレイ島Wellesley Islandとアメリカ大陸の間を通りガナノクエへ戻る。大自然に魅せられる3時間だ。ガナノクエ周辺の小島の間を回る1時間クルーズや、ボルト城を見学する1000 Islands Boldt Castle Stopover Cruiseもある。

3. ボートは20〜30人乗りの中型。サウザンド・アイランズ・インターナショナル・ブリッジをくぐると、高さ400mの展望塔、スカイデッキが見えてくる 4. サウザンド・アイランズ・インターナショナル・ブリッジをくぐると、高さ

MAP P.131-A2

＼こちらもおすすめ！／

キングストンからのクルーズ

サウザンド・アイランズ・クルーズは、キングストンからの出発便もある。クルーズはキングストン・サウザンド・アイランズ・クルーズが運航。一般的な観光クルーズは、所要1時間のDiscovery Cruiseと、3時間のHeart of the Islands Cruise。Discovery Cruiseは、フォート・ヘンリーほかキングストン周辺の歴史的建造物、難破船、王立陸軍士官学校Royal Military Collageを回るお手軽なコース。Heart of the Islands Cruiseは、キングストンの市庁舎などを見て、ウォルフ島Wolfe Islandやハウ島を通り、ガナノクエ近くの小島を回る。バンドのライブ演奏なども入る楽しいクルーズだ。ほかに、サンセット・クルーズもある。

キングストン・サウザンド・アイランズ・クルーズ
Kingston 1000 Islands Cruises
MAP P.131-A2
248 Ontario St., Kingston
TEL (613)549-5544
FREE (1-800)848-0011
URL www.1000islandscruises.ca
Discovery Cruise（1時間）
4月中旬〜10月下旬　毎日16:00発
大人$38、子供$29
Heart of the Islands Cruise（3時間）
4月中旬〜6月下旬、9月上旬〜10月下旬　毎日12:30発
6月下旬〜9月上旬　毎日10:30、14:00発
大人$52、子供$39

135

エクスカーション

ガナノクェ
[MAP] P.134/P.138

Gananoque

サウザンド・アイランズの歴史がよくわかる

サウザンド・アイランズ(→P.134)へのゲートウエイとして知られる静かなリゾート地。クルーズ、サイクリングやシーカヤック、スキューバダイビングなどのアクティビティの拠点でもある。観光客向けのショップやレストランが集まるのは、海沿いのウオーター通りWater St.。サウザンド・アイランズの歴史を知るには、サウザンド・アイランズ歴史博物館1000 Islands History Museumへ。2階に島々の歴史や自然についての展示がある。観光案内所は、メイン通りMain St.の坂を上がり、キング通りKing St.沿いに橋を渡った所にある。その先約2km東にはショアーラインズ・カジノ・サウザンド・アイランズShorelines Casino-1000 Islandsがある。サウザンド・アイランズは釣りのメッカとしても知られているが、オンタリオ州では釣りをするのにライセンスの購入が必要。ライセンスは、期間や釣りの種類、日数などによりさまざまで、カナダ以外に居住している場合は1日$24.86～。どこで釣りをしていいのかは、あらかじめ確認しておくこと。ライセンスは州内のキャンプ場やロッジ、スポーツ用品店など2000ヵ所で購入可。詳しくはOntario Ministry of Natural Resources [FREE](1-800)667-1940へ。ライセンスや規則、解禁期間、魚の種類などについては、州内の観光案内所でもらえる冊子『レクリエーショナル・フィッシング・レギュレーションRecreational Fishing Regulations Summary』を参考にしよう。郊外にあるフィッシング・ロッジに宿泊したり、ツアーに参加してもいい。

アッパー・カナダ・ビレッジ
[MAP] P.38-B4

Upper Canada Village

カナダ建国前、オンタリオ州東部はアッパー・カナダと呼ばれていた。そんなアッパー・カナダにあった村を再現した歴史村。1860年代の開拓時代を再現しており、馬車が行き交う町並みには、農場や教会、学校、ベーカリー、靴屋、鍛冶屋が並び、活版印刷、手芸、チーズ作りなどの実演も楽しめる。当時の服装で暮らしぶりを見せる住人たちの振る舞いで英国系移民の生活がわかる。

ガナノクェ情報のサイト
[URL]www.gananoque.ca

ガナノクェへの行き方

キングストンからハイウエイ#401を東へ28km。Exit 645または648で下りて南下。所要約20分。

? ガナノクェの観光案内所
[住]10 King St. E.
[TEL](613)382-8044
[FREE](1-844)382-8044
[URL]www.travel1000islands.ca
[開]5月中旬～6月下旬
毎日9:00～12:00/13:00～17:00
6月下旬～9月上旬
毎日8:00～19:00
9月上旬～10月上旬
毎日9:00～12:30/13:30～17:00
10月上旬～5月中旬
火～土10:00～12:00/13:00～16:00
[休]10月上旬～5月中旬の日・月

サウザンド・アイランズ歴史博物館
[住]125 Water St.
[TEL](613)382-2535
[URL]www.1000islandsheritagemuseum.com

ガナノクェのホテル
Trinity House Inn
トリニティ・ハウス・イン
[住]90 Stone St. S.
[FREE](1-800)265-4871
[URL]trinityhouseinn.com
[料]ⓈⒹ$120～ Tax別
[CC]M V [室]8室

アッパー・カナダ・ビレッジ
[FREE](1-800)437-2233
[URL]www.uppercanadavillage.com
[開]5月下旬～9月中旬
毎日9:30～17:00
[休]9月中旬～5月下旬
[料]大人$24、学生$18、子供無料
[交]キングストンからハイウエイ#401を東へ、Exit 758のUpper Canada Rd.で下りて南へ。ハイウエイ#2に突き当たったら左折し2km。

HOTEL

キングストンのホテル

Holiday Inn Kingston Waterfront

ホリデイ・イン・キングストン・ウオーターフロント　MAP P.131-A2

🏠 2 Princess St.
☎ (613)549-8400
日本の予約先 ☎ 0120-455655
URL www.hikingstonwaterfront.com
料 S D $180〜　Tax別
CC A D M V　197室

オンタリオ湖畔に立つ近代的なホテル。多くの部屋にバルコニーやテラスが付き、オンタリオ湖やキングストン港の眺めを楽しめる。

Howard Johnson by Wyndham Kingston

ハワード・ジョンソン・バイ・ウィンダム・キングストン　MAP P.130-B1

🏠 686 Princess St.
☎ (613)777-0133
FREE (1-800)221-5801
URL www.wyndhamhotels.com/hojo
料 S D $120〜　Tax別
CC A M V　64室

ダウンタウンからプリンス通りを北西に約2.2kmほど進んだあたりにある、モーテルタイプの宿泊施設。全客室にバスタブ、コーヒーメーカー、電子レンジが備わっている。屋外プールあり。設備のわりにリーズナブルなのがうれしいところ。

キングストンのレストラン

Chez Piggy

シェ・ピギー　MAP P.131-A2

🏠 68 Princess St.　☎ (613)549-7673
URL www.chezpiggy.ca
営 月〜土11:30〜21:00　日10:00〜21:00
休 無休　予 ランチ$15〜、ディナー$30〜　CC A M V

イタリアン、アジアンなど各国料理の要素を融合した創作料理が評判の、カフェレストラン。おすすめはエビをオリーブオイルとガーリックで炒めたGambas al Ajillo $17。

Kingston Brewing

キングストン・ブリューイング　MAP P.131-A2

🏠 34 Clarence St.　☎ (613)542-4978
URL www.kingstonbrewing.ca
営 日〜木11:30〜24:00　金・土11:30〜翌1:00
休 無休　予 $15〜　CC A M V

1870年代に創業したオンタリオ州初のビール醸造所に併設のパブ。定番のRegal Amber Lagerはヨーロッパ産のモルトを使った伝統的ピルスナー。ハンバーガーメニューも充実している。

キングストンのショッピング

Cornerstone Canadian Art & Craft

コーナーストーン・カナディアン・アート&クラフト　MAP P.131-A2

🏠 255 Ontario St.　☎ (613)546-7967
URL www.cornerstonecanadianart.com
営 夏季　月〜水・土10:00〜18:00　木・金10:00〜20:00
　　　　日11:00〜17:00
　　冬季　月〜木10:00〜17:00　金・土10:00〜18:00
　　　　日12:00〜16:00
休 無休　CC A D M V

市庁舎の近くにあるクラフト店。陶器、ガラス、革製品、アクセサリー、木工品など、洗練されたデザインの工芸品が揃っている。商品はすべてカナダ製。

Column　カナダの首都変遷

1841年2月、それまでアッパーカナダ（イギリス）、ロワーカナダ（フランス）というふたつに分かれていた植民地を連合し創設されたカナダ連合。その最初の首都に選ばれたのがキングストンだ。当時のキングストンはリドー運河などを利用した交通の要衝として栄え、アッパーカナダでは最大の街となっていた。同年6月には最初のカナダ議会も開催された。その後カナダ連合の首都はイギリス系の現オンタリオ州（トロント）、フランス系の現ケベック州（モントリオール、ケベック・シティ）とめまぐるしく変わった。そして1859年、当時のビクトリア女王の判断によりオタワが首都と定められた。

Rideau Heritage Route

世界遺産の運河をたどるドライブルート

リドー歴史街道

リドー歴史街道とは、オタワとキングストンを結ぶ全長約202kmのリドー運河（→P.147）沿いに走る人気のドライブルート。ルート沿いには水門のある歴史的な古都や湖、のどかな農村風景が続く。

基本DATA
拠点となる街：オタワ、キングストン
リドー歴史街道情報のサイト
URL www.rideauheritage
route.ca

ドライブチャート 🚗

キングストン
ハイウエイ #401、#32 経由
↓ 34.4km
ガナノクェ
ハイウエイ #32、#15 経由
↓ 75.7km
スミス・フォールズ
ハイウエイ #43 経由
↓ 18.3km
メリックビル
ハイウエイ #43、#416、#417 経由
↓ 79.3km
オタワ

アクセスと回り方

　このエリアを回るにはレンタカーがベストだ。旅の出発地点はキングストン。ここからハイウエイ#401を東に進み、サウザンド・アイランズ・クルーズ（→P.134）のゲートウエイで知られるガナノクェへ。クルーズを楽しんだら、ハイウエイ#32、#15を北上し、スミス・フォールズでリドー運河沿いのハイウエイ#43に入る。#43を東へさらに進み#416に出たら、北に向かう。ゴールは、カナダの首都オタワ。途中の町で観光しても、1日あれば十分だ。

　なお、キングストン～オタワ間を結ぶメガバスMegabusのバスが走っているが、便数が少ないうえに、途中停車しないので、バスで回るのは難しい。

デタッチト水門と跳ね橋

リドー歴史街道

オンタリオ州　ケベック州

リドー運河
Rideau Canal

おもな見どころ

ガナノクェ
Gananoque
MAP P.138

サウザンド・アイランズへクルーズ船が出る。キングストンからもクルーズがあるが、こちらのほうがより多くの島を抜けていくので、人気がある（→P.134）。

ガナノクェ情報のサイト
URL www.gananoque.ca

スミス・フォールズ
Smiths Falls
MAP P.138

リドー運河のちょうど中間地点にある。町には運河の水門が3つあり、デタッチ水門Detached Lockは、キングストンから北上してくると最初に見えてくる水門で、併設する鉄道の跳ね橋は町のシ

運河の両脇に広がる、芝生の美しいビクトリア公園

ンボルとなっている。最も大きなコンバインド水門Combined Lockは、1974年に造られた新しい水門、デタッチト水門とオールド・スライ水門Old Slys Lockは旧型の水門で、現在は使われていない。町の規模は比較的大きく、徒歩で回るのは難しい。メインストリートはベックウィズ通りBeckwith St.で、リドー運河の歴史を解説するリドー運河ビジターセンターRideau Canal Visitor Centreもこの通り沿いにある。コンバインド水門とデタッチト水門の間はビクトリア公園Victoria Parkとなっており、運河沿いを散策するのが楽しい。

スミス・フォールズ情報のサイト
URL www.beautifulsmiths falls.com

リドー運河ビジターセンター
住34 Beckwith St.
TEL (613)283-5170
URL www.pc.gc.ca/en/lhn-nhs/on/rideau/activ/accueil_info
※2023年のオープン日、時間は未定。

メリックビル
Merrickville
MAP P.138

オタワの南約80kmに位置する、1794年に拓かれた古都。別名「リドーの宝石」と呼ばれ、町なかにはビクトリア様式の建築物が連なる。1時間あれば歩いて回れるほど小さな町で、メインストリートはレストランやホテルが並ぶセント・ローレンス通りSt. Laurence St.。セント・ローレンス通りとミル通りMill St.の交差点にリドー運河の水門がある。水門の周辺はメリックビル公園Merrickville Parkになっており、園内にはリドー運河の防衛のために建てられた砦、メリックビル・ブロックハウスMerrickville Blockhouseがある。

カラフルな建物が並ぶセント・ローレンス通り

メリックビルの情報サイト
URL merrickvillechamber.ca

メリックビル・ブロックハウス
TEL (613)269-2042
URL www.merrickvillehistory.org
※2023年のオープン日、時間は未定。

MAP P.38-B3
人口 101万7449
（オタワ市）
面積 613
オタワ情報のサイト
URL www.ottawatourism.ca
**twitter.com/Ottawa_
Tourism
**www.facebook.com/
visitottawa

オタワのイベント
ウインタールード
Winterlude
電話 (1-844)878-8333
URL www.canada.ca/en/
canadian-heritage/
campaigns/winterlude/
about.html
開 2/3～20（'23）
北米最大規模の冬のイベン
ト。スケートリンクとなるリド
ー運河（→P.147、P.149）
や、氷の彫刻などが楽しめる。
カナディアン・チューリップ・
フェスティバル
Canadian Tulip Festival
（→P.154）

カナダの首都オタワは、国内の英語圏とフランス語圏を二分するオタワ川の水辺に位置している。橋を渡って対岸にあるのは、フランス語圏のケベック州の町、ガティノーだ。オタワ川を見下ろす

夏のオタワの風物詩、国会議事堂で行われるライトアップショー

丘、パーラメント・ヒルには国会議事堂が立ち、その周囲には国の重要機関が集まっている。

カナダの政治の中心であり、人口でもカナダ第6の大都市オタワだが、町の歴史は比較的新しい。オタワの名が「交易」を意味する先住民の言葉に由来するように、17世紀初期からヨーロッパの毛皮商人がこの地を拠点としていた。しかし、定住が始まるのはアメリカ人の一族が現在のガティノーに製材所を創業した1800年のことだ。後の英米戦争をきっかけとして、1826年にリドー運河の建設が始まると、オタワの本格的な街づくりはようやく緒につく。ビクトリア女王の裁定により、オタワがイギリス領カナダの首都となったのは1857年。ほかの都市を差し置いてオタワが選ばれたのは、当時軍事的な脅威だったアメリカから離れていたこと、イギリス系とフランス系の両勢力から中立的な土地だったことが理由とされている。

国の行政を根幹に発展してきた都市だけに、地味な印象を与えがちだが、春はチューリップの花で通りが埋め尽くされ、冬は北米最大規模のウインターフェスティバルで街は華やぐ。質の高い博物館や美術館が集まっているのも、首都ならではの恩恵だ。軍事物資の輸送を目的として築かれたリドー運河も、今では四季を通じて楽しみの尽きない観光名所となっている。

黄金の祭壇と青い天井が美しい
ノートルダム聖堂

オタワへの行き方

🍁 飛行機

カナダの首都であるオタワには、カナダ国内各地、さらに海外からも頻繁に便がある。トロント～オタワ間はエア・カナダAir Canada (AC) が1日10便、ウエスト・ジェット航空West Jet (WS) が1日5便、所要約1時間。モントリオールからはエア・カナダが1日5便、所要約

到着フロアの Ground Transportation Desk では市バスのチケットが購入できる

45分。カナダ西部のバンクーバーからはエア・カナダが1日2便、所要約4時間30分。カルガリーからエア・カナダが1日2便、所要約3時間50分。

エア・カナダ(→P.384)

ウエスト・ジェット航空
(→P.384)

🍁 長距離バス

メガバスMegaBusがトロントから1日5～6便運行しており、所要4時間50分～5時間30分。キングストンからは1日2～3便運行、所要約2時間。ケベック州のモントリオールからはオルレアン・エクスプレスOrléans Expressが毎日7:00～20:00の間、2～3時間に1便運行。所要2時間10分～2時間35分。なお、グレイハウンドは2021年5月でカナダの全路線を廃止（→P.367）、カナダ国内から撤退した。以前バスディーポに集約されていたバスの発着も、各社独自の場所になっている（→P.143）。

メガバス(→P.384)
トロントから
🚌片道
　大人$59.99～
キングストンから
🚌片道
　大人$39.99～

オルレアン・エクスプレス
(→P.384)
モントリオールから
🚌片道
　大人$50.48、シニア・学生
　$42.9、子供$35.35

🍁 VIA鉄道

VIA鉄道のケベック・シティ～ウインザー線・東部近距離特急（通称、コリドーCorridor）がオンタリオ州とケベック州の各都市との間を結んでいる。モントリオールから1日3～6便、所要約2時間、トロントから1日7～8便、所要4時間20分～4時間50分。キングストンから1日7～8便運行、所要2時間～2時間20分。

VIA鉄道(→P.384)

ℹ ユースフル・インフォメーション

在カナダ日本国大使館
Embassy of Japan in Canada
🗺 **P.142-A2**
🏠255 Sussex Dr.
☎(613)241-8541
🌐www.ca.emb-japan.go.jp
🕐月～金9:00～12:15/13:30～
　16:45　🚫土・日・祝日

警察
Ottawa Police Service
🗺 **P.142-B1**　🏠474 Elgin St.
☎(613)236-1222

病院
The Ottawa Hospital
🗺 **P.142-B2外**
🏠501 Smyth Rd.
☎(613)722-7000

おもなレンタカー会社
Avis
オタワ・マクドナルド・カルティエ
国際空港
☎(613)739-3334

ダウンタウン
🗺 **P.142-B1**
🏠345 Slater St.
☎(613)232-2847
Hertz
オタワ・マクドナルド・カルティエ
国際空港
☎(613)521-3332
ダウンタウン
🗺 **P.143-A2**
🏠30 York St.
☎(613)241-7681

オタワ・マクドナルド・
カルティエ国際空港
MAP P.142-B1外
住1000 Airport Pwy.
TEL(613)248-2125
URLyow.ca

市バス
　利用方法は（→P.144）
#97(Transitway)
空港→ダウンタウン
運月～金3:28～翌2:52
　　土3:10～翌2:20
　　日5:22～翌2:51
　15～40分ごとに出発、所
要約30分。
料$3.75
　1階の券売機で購入する
か、乗車時に現金払い。車内
ではおつりはもらえないので
注意。

空港から市内へ

　空港は、オタワ・マクドナルド・カルティエ国際空港Ottawa Macdonald-Cartier International Airport（YOW）。ダウンタウンの南約15kmにあり、市内へは市バス、タクシーで行ける。

🍁 市バス　City Bus

　到着階（Level 1）にある13～16番乗り場へ、市バス#97が乗り入れている。バスは専用路線を走り、ダウンタウンまでは#5、#6、#10などに乗り継ぎ所要約40分。またはバス停ハードマンHurdmanで下車し、連絡するO-トレインのハードマン駅Hurdmanから電車でもアクセスできる。

🍁 タクシー　Taxi

　料金はメーター制で、市内まで片道$40前後、所要20～30分。

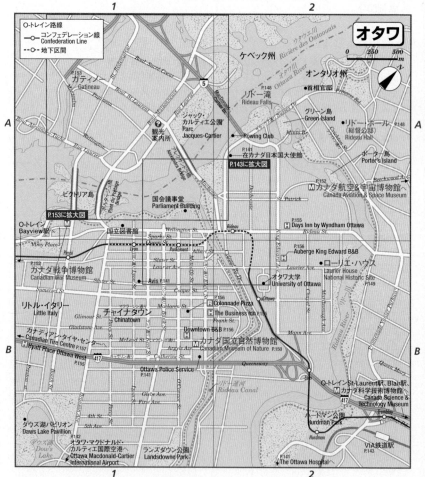

バスディーポから市内へ

　グレイハウンドのカナダ路線廃止（→P.367）に伴い、2022年11月現在、すべての長距離バスが発着していたオタワ・バス・セントラル・ステーションOttawa Bus Central Stationも閉鎖され、会社によってバスの発着場所が異なる。メガバスはO-トレインのコンフェデレーション線サン・ローラン駅St-Laurentに、オルレアン・エクスプレスは同線のひとつ手前の駅トランブレイ駅Tremblayに隣接するVIA鉄道駅に到着。両駅からダウンタウンまではO-トレイン1本でアクセスでき、所要約20分。

ダウンタウンの中心にあるO-トレインの国会前駅

VIA鉄道駅
MAP P.142-B2
住200 Tremblay Rd.
FREE(1-888)842-7245

VIA鉄道駅から市内へ

　オタワのVIA駅は、ハイウェイ#417（Queensway）でリドー川Rideau Riverを渡った所にある。ダウンタウンまでは隣接するトランブレイ駅からO-トレインで約20分。

VIA鉄道駅はダウンタウンの南東にある

オタワ
ダウンタウン

市内交通

オタワの都市交通を担うのはOCトランスポ社OC Transpo。市バスのほか、LRT（ライト・レール）方式のO-トレインO-Trainを運行している。

赤のラインが入った OC トランスポ社のバス

チケットと乗り換え

料金は1回の乗車につき$3.75均一。市バスの場合は乗車時に運転席横の運賃箱に現金を投入し、POPという支払い証明の紙片を受け取る。お釣りはもらえないので注意。O-トレインの場合は駅に設置された券売機（クレジットカード利用可）で支払いを行う。乗り換えは90分以内（月〜金曜の18:00〜翌6:30、土曜の18:00〜22:30と翌2:45〜翌10:00、日曜は105分以内）なら何度でもOK。POPがトランスファーチケットを兼ねているのでなくさないようにしよう。市内交通を頻繁に利用するなら1〜7日間から選べるデイパスが便利。ドライバーまたは券売機から、当日分のみ購入することができる。このほかプレスト・カードPresto CardというIC乗車券もあるが、発行に$6かかり、最低$10の入金が必要。

🍁 O-トレイン O-Train

東部のブレア駅Blairから国会前駅Parliamentやベイビュー駅Bayviewを経由して西部のタニーズ・パスチャー駅Tunney's Pastureへ至るLRTのコンフェデレーション線Confederation Line（Line 1）が主要路線。途中のトランブレイ駅はVIA鉄道駅とも連結している。なお、ダウンタウン中心部では、電車は地下を走行する。

🍁 市バス City Bus

市内観光に便利な市バスはおもに3系統。ラピッドRapidは専用軌道を使って中心部と郊外を結ぶ快速バス。フリークエントFrequentは主要な通りを15分以内の間隔で運行し、O-トレインとも連絡する幹線バス。ローカルLocalはそれ以外のエリアを補完するバスで、コンフェデレーション線と連絡する路線は100以下の番号が割り振られている。バスは前から乗車し、降りる際は窓枠のコードを引っ張るか、赤いボタンを押して知らせる。降車ドアはドアのバーを押すか、脇の黄色いスイッチを押すと開く。

🍁 タクシー Taxi

「The Fairmont Château Laurier（→P.155）」など各高級ホテル前にタクシーストップがある。流しのタクシーも多いので、手を挙げればつかまえられる。料金は初乗り$3.8、以降1kmごとに$1.9ずつ上がっていく。

OCトランスポ社
カスタマー・サービス・センター
MAP P.143-B2
TEL (613)560-5000
URL www.octranspo.com
圏 月〜金7:00〜21:00
土8:00〜21:00
日9:00〜17:00
休 無休
市バスとO-トレインの料金
圏 大人$3.75、シニア
$2.85、子供$1.9
（プレストやクレジットカードでの購入は各¢5割引）
デイパス
1日$11.25
3日$27.75
5日$44.5
7日$52.75

便利な市バス案内
TEL (613)560-1000に電話して、自分の乗りたいバス停の標識に記された4桁の数字を押せば、何分後に来るかを案内してくれる。

オタワ〜ガティノー間の移動
オタワのダウンタウンからガティノーへ行くOCトランスポ社のバスは、カナダ歴史博物館前を通る#15などがある。ほかにはリドー通り沿いのデパート、「ハドソンズ・ベイHudson's Bay」と「CF Rideau Centre」間のターミナルなどからSTO社（→P.153欄外）のバスも利用できる。OCトランスポ社とSTO社のバスは相互に、それぞれのトランスファーチケットで乗り継ぎ可能（一部のバスは追加料金が必要）。デイパスも使える。

O-トレインの路線
コンフェデレーション線（Line1）のほかに、ダウンタウンの西部にあるベイビュー駅から南部にあるグリーンボロ駅Greenboroを結ぶLine2もある。こちらの路線は以前から運行しているが、観光で使うことはほとんどない。

おもなタクシー会社
Blue Line Taxi
TEL (613)238-1111
Capital Taxi
TEL (613)744-3333

オタワの歩き方

　中心部はオタワ川Ottawa Riverに近いエリアで、オタワ川から南に流れる**リドー運河**が街を区切り、リドー運河より西がダウンタウン、東が商業エリアのロウワー・タウン。ダウンタウンには、**国会議事堂**があるパーラメント・ヒルParliament Hill、銀行やホテルなどが集まる。国会議事堂前の通りはウェリントン通りWellington St.で、そのひとつ南が「Sparks Street Mall（→P.157）」。**戦争記念碑**が立つ**コンフェデレーション広場**Confederation Square周辺は市内ツアーの発着所にもなっている。

　ウェリントン通りを歩いて、リドー運河を渡ると名門ホテル、「The Fairmont Château Laurier（→P.155）」。ここから通りの名前はリドー通りRideau St.となり、その先がショッピングモールの「CF Rideau Centre（→P.157）」。その北のバイワード・マーケット周辺に、レストラン、バー、ショップなどが集まっている。さらに北に行くと、少し離れて**カナダ国立美術館**や**ロイヤル・カナディアン・ミント**がある。

　カナダの首都だけあって、広いオタワの街。碁盤の目のようになった街の造りはわかりやすいが、1ブロックが南北約40～50m、東西は約125mもある。主要部分は歩いて回れないこともないが、O-トレインや市バス、タクシーをうまく利用しよう。

🛈 観光案内所

Capital Information Kiosk
📱 P.143-B1
🏠 90 Wellington St.
📞 (613)236-0044
🌐 www.ottawatourism.ca
🕐 毎日9:00～17:00
休 無休

観光案内所は国会議事堂の向かい。正面には義足のマラソンランナー、テリー・フォックスの像が立つ

コンフェデレーション広場
📱 P.143-B1

コンフェデレーション広場に立つ戦争記念碑

🚩 現地発のツアー

グレイ・ライン・ツアー

　主要な見どころをダブルデッカー（2階建て）バスで回るOne Day Pass: Hop-On and Hop-Offが人気。ガイドの説明を聞きながら、観光スポットやホテルなどを回る（日本語の音声ガイドあり）。チケットを購入すれば1日乗り放題。12の停留所があり好きな場所で降りられるので、自分のペースで楽しめる。

レディ・ダイブ・スプラッシュ・ツアー

　バスとボートが合体したような水陸両用の不思議な乗り物で市内を回る。バスでオタワとガティノー両方の市内観光を終えたあとは、オタワ川に飛び込んで遊覧する贅沢なツアーだ。所要約1時間。

東京でも同様の人気ツアーがある

グレイ・ライン・ツアー
Grey Line Tour
📞 (613)223-6211／(613)562-9090
🌐 grayline-ottawa.com
One Day Pass: Hop-On and Hop-Off
休 5～10月
　毎日10:00～16:00
　（時期により変動あり）
　30分～1時間ごとに出発。
💰 大人$36.79、
　シニア・学生$33.79、
　子供$25.79
レディ・ダイブ・スプラッシュ・ツアー
Lady Dive Splash Tour
📞 (613)223-6211／(613)524-2221
🌐 ladydive.com
休 5月～9月上旬　毎日9:25～19:10
　9月上旬～10月　毎日10:30～16:30
　25分～1時間30分ごとに出発。
💰 大人$37.79、
　シニア・学生$34.79、
　子供$26.79
ツアー申し込みブース
📱 P.143-B1

リドー運河西（ダウンタウン）

国会議事堂
Parliament Building

MAP P.143-A1～B1 ★★★

中央のピース・タワーは高さ 92.2m

ネオ・ゴシック様式が荘厳な国会議事堂はオタワ川沿いの緑の丘、パーラメント・ヒルに立つ。1857年イギリスのビクトリア女王の命でカナダ初の議事堂として1859～66年に建造。センター、イースト、ウエストの3つのブロックのうちセンターは1916年の火事で焼けたため、1922年に再建された。そのセンター・ブロック中央にそびえるピース・タワーPeace Tower内にあるカリヨンは全部で53個。小さいもので4.5kg、大きなものだと1万90kg。エレベーターで乗降する途中に見られるので注意してみよう。

2018年より、センター・ブロックとピース・タワーは大規模な改修工事のため閉鎖中。工期は約10年の見込みで、一般見学ツアーも中止されている。代わりに、国会議事堂の1ブロック先にある上院Senate of Canada Buildingと、ウエスト・ブロックの下院House of Commonsでそれぞれガイドツアーが行われている。見学前にセキュリティ検査があるので携行する荷物は整理しておこう。

内部見学が終わったら、オタワ川周辺の眺めがいいパーラメント・ヒルを散策しよう。女性の議会初進出のエピソードをモチーフにした『Women's are Persons!』の彫刻や1916年の火事で焼け残ったカリヨンなども置かれている。議事堂正面の広場で行われる衛兵交替式Changing the Guardや夏季（7月中旬～9月中旬）の夜限定で行われるカナダの歴史をテーマにした光と音のページェント、サウンド・アンド・ライト・ショーSound and Light Showも見逃せない。

戦争記念碑
National War Memorial

MAP P.143-B2 ★★★

コンフェデレーション広場に立つ記念碑は、カナダが関わった戦争の犠牲者をたたえて造られたもの。台座には第1次世界大戦に功績を残した22人の兵士のブロンズ像がある。英霊記念日Remembrance Dayである毎年11月11日11:00には首相をはじめ国内外の要人らが参列し、カナダに平和と自由をもたらした兵士たちを追悼する盛大な式典を挙行する。

国会議事堂
- 111 Wellington St.
- TEL (613)992-4793
- FAX (1-866)599-4999
- URL visit.parl.ca

ガイドツアー
- 毎日8:40～16:40（英語）
  ※議会会期中は休止されることもある
- 無休
- 無料

当日券は先着順でも予約を推奨。ツアー開始の25分前までに到着し、セキュリティチェックを受けること。手荷物はひとり1個（35.5×30.5×19cm以内）まで持ち込み可能。

衛兵交替式
- 6月下旬～8月下旬
  毎日10:00～10:30
  （9:45から音声案内を開始、悪天候の場合は中止）

中央には、1966年にカナダ連邦樹立100年を記念して点火されたセンテニアルフレームが燃え続けている

広場の中央に立つ記念碑

リドー運河
Rideau Canal
MAP P.143-A1～B2
★★★

　市内中心を流れる全長202kmの運河。オタワ・ロックスOttawa Locksと呼ばれる24の水門があり、水門を開閉しながら川の高低差を調節して、船を進ませるシステムになっている。もともとは英米戦争後、アメリカの侵攻を恐れ、防衛のために造られたもの。この重要な運河造りを任されたのは、ペニンシュラ戦争での軍功とエンジニアの経験を高く評価されたジョン・バイ海軍中佐Lt. Col. John By。バイ中佐は綿密に川を測量し、6年にわたり2000人の作業員を動員して完成させた。彼の功績をたたえてこの町はバイタウンと命名された。当時の作業場は現在バイタウン博物館Bytown Museumとなっており、運河とオタワの歴史についての展示がある。博物館の前にあるのが最初に造られた水門。完成した運河はその後、オンタリオ湖畔のキングストンとを結ぶ軍事物資の輸送などにも使われていた。現在、夏季はクルーズ、冬は世界最長の天然のスケートリンクとして市民や観光客に親しまれている（→P.149）。2007年にユネスコの世界文化遺産に登録された。

リドー運河
バイタウン博物館
TEL (613)234-4570
URL www.bytownmuseum.com
圏水～日10:00～16:00
　（時期により変動あり）
休月・火
圏大人$8、シニア・学生$5、
　子供$2

オタワとキングストンをつなぐリドー運河

国立芸術センター（NAC）
National Arts Centre
MAP P.143-B2
★★★

　2065席のコンサートホールと897席の劇場などからなる、オタワ最大の劇場。NAC交響楽団をはじめとするオーケストラのコンサート、バレエ、芝居など、あらゆるジャンルの公演が行われている。館内には、公演前後のディナーも楽しめるレストラン「1 Elgin（→P.156）」もある。

国立芸術センター（NAC）
圏1 Elgin St.
TEL (613)947-7000
URL nac-cna.ca

さまざまな公演が行われる

リドー運河東（ロウワー・タウン）

バイワード・マーケット
ByWard Market
MAP P.143-A2～B2
★★★

建物内には約20の店が集まっている

　かつてオタワがバイタウンと呼ばれていた1840年代から、市民の台所として親しまれてきたマーケット。れんが造りの建物は細長く、内部はそれほど広くない。長さ200mほどの通りの両脇には、肉、魚、チーズ、パンなどの専門店のほか、ジュースバーやカフェ、中華、モロッコ、ピザ、フィッシュ＆チップスの店が並び、クラフトショップもちらほらとある。2階部分はギャラリーになっていて、アーティストの作品を展示している。夏季は建物の周りを囲んで、新鮮な野菜、果物、花などの屋台が軒を連ねる。

　周辺はイタリアンやシーフードのレストラン、カフェ、パブが並び、にぎやかなナイトスポットとして話題のエリアだ。

バイワード・マーケット
圏55 ByWard Market Sq.
TEL (613)562-3325
URL www.byward-market.com
営休店舗によって異なる

サイドバー情報

ノートルダム聖堂
- 🏠385 Sussex Dr.
- ☎(613)241-7496
- 🌐www.notredame
  ottawa.com
- 🕐月～金10:00～15:00
  土16:30～18:30
  日9:30～18:30
  （時期により変動あり）
- 休無休
- 料無料

ふたつの尖塔をもつノートルダム聖堂

ロイヤル・カナディアン・ミント
- 🏠320 Sussex Dr.
- ☎(613)993-8990
- 📠(1-800)267-1871
- 🌐www.mint.ca
- ガイドツアー
- 🕐毎日10:00～16:00
- 料大人$10、シニア$8、子供$6.5

リドー・ホール
- 🏠1 Sussex Dr.
- ☎(613)991-4422
- 📠(1-866)842-4422
- 🌐www.gg.ca
- 🕐毎日8:00～日没の1時間前
- 休無休
- ガイドツアー
- 🕐7月上旬～9月上旬
  毎日10:00～14:40
  9月上旬～10月下旬
  土・日12:00～16:00
- 料無料
- 🚌市バス#9でバス停クライトン／ユニオンCrichton/Union下車、徒歩5分。

🍁 ネピアン・ポイント
Nepean Point
MAP P.143-A1

オタワ川とガティノーまでを見渡す展望スポット。ガティノーに向かって立っているのは、1613年にオタワ川を訪れたフランス人探検家サミュエル・ド・シャンプランSamuel de Champlainの像。カナダ国立美術館からメジャーズ・ヒル公園Major's Hill Parkに入り、200mほど歩いたアレクサンドラ橋Alexandra Bridgeのたもとにある。

🍁 ノートルダム聖堂
Cathedral-Basilica of Notre-Dame
MAP P.143-A2

現存するオタワ最古の教会。1841～85年の間に建設され、ステンドグラスが美しい聖堂内には、数百体の聖人の像が祭壇を取り囲む。開館時は無料で入場でき、自由に見学できる。

🍁 ロイヤル・カナディアン・ミント
Royal Canadian Mint
MAP P.143-A2

1908年に設立され、現在はカナダ連邦発行の記念コインや通貨を製造している。ガイドツアー（所要約45分）ではコインができるまでの過程とコインの展示を見学できる。この造幣局は99.999%と純度が高い金を使うことで知られてい

メープルリーフ金貨が造られている

る。また、2010年にバンクーバーで開催された冬季オリンピックで授与されたメダルもここで製造された。ショップにはメープルリーフ金貨をはじめとするコイングッズが販売されている。

🍁 リドー滝
Rideau Falls
MAP P.142-A2

グリーン島Green Islandの両脇を流れる人工の滝で、サセックス通りSussex Dr.の西側にある。周辺は公園になっており、春のチューリップや秋の紅葉の名所として知られている。

🍁 リドー・ホール（総督公邸）
Rideau Hall
MAP P.142-A2

1867年の建国以来、カナダの総督（ガバナー・ジェネラルGovernor General）が住居としているビクトリア様式の公邸。総督は、イギリスのエリザベス女王の代理を果たす人物。ガイドツアーに参加すれば、パブリック・ルームを見学

緑豊かな庭園の中に立つ

でき、カナダの歴史について学べる。ガイドツアーは左記以外の期間でも事前予約をすれば参加できる。ウェブサイトをチェックしよう。開館期間中はガーデンツアー、アートツアー、コンサート、衛兵交替式などさまざまなイベントを開催。

♣ ローリエ・ハウス
Laurier House National Historic Site

MAP P.142-B2

第7代首相ウィルフリッド・ローリエWilfrid Laurierの元邸宅。その後任として自由党党首となった第8代首相ウィリアム・リョン・マッケンジー・キングWilliam Lyon Mackenzie Kingが、ローリエ卿とその妻の死後この家を受け継いで暮らしていた。豪華な調度品に囲まれた邸内には、談話室やローリエ卿の寝室、2000冊以上の書物を備えるマッケンジー・キング氏の書斎などがあり、一般に公開されている。

ふたりの首相を物語るエピソードもいっぱい

ローリエ・ハウス
🏠335 Laurier Ave. E.
☎(613)992-8142
📠(1-888)773-8888
🌐www.pc.gc.ca/en/lhn-nhs/on/laurier
🕐6月、8月中旬～9月上旬
　木～月10:00～17:00
　7月～8月中旬
　毎日10:00～17:00
🚫6月と8月中旬～9月上旬の
　火・水、9月上旬～5月
💰大人\$4.25、シニア\$3.75
🚌市バス#19でバス停ローリエE/チャペルLaurier E/Chapel下車、徒歩すぐ。

オンタリオ州

オタワ◆おもな見どころ

Ontario

Column 河畔の街オタワで楽しむ、クルーズ＆スケート

川や運河でのアクティビティはオタワ観光の楽しみのひとつ。夏の風物詩、オタワ川のクルーズは1936年創業のポールズ・ボート・ラインPaul's Boat Lineが催行。バーもある2階建ての観光船で国会議事堂、リドー滝、首相官邸などを眺めながら遊覧する。リドー運河クルーズを催行しているのはリドー・カナル・クルーズRideau Canal Cruises。95人乗りの電動船でオタワ大学University of Ottawa、ランズダウン公園Lansdowne Park、ダウズ湖Dow's Lakeなどを巡る。2社のツアーはオタワ・ボート・クルーズというウェブサイトでチェックでき、電話番号も共通。

冬季のリドー運河は全長7.8kmの天然のスケートリンクとなる。世界で最も長い天然のスケートリンクとして、ギネスにも認定されている。アクティビティとしてだけではなく地元の人々の冬の通勤手段にもなっている。

夏の人気アクティビティ

期間中はスケート靴のレンタルも行っているので、地元の人に交じってすべってみよう。

オタワ・ボート・クルーズ
Ottawa Boat Cruise
☎(819)246-3855
🌐www.ottawaboatcruise.com
ポールズ・ボート・ライン(オタワ川クルーズ)
🕐5月中旬～10月中旬　毎日6～7便
💰大人\$35、子供\$19.5
　所要1時間30分。ガティノーのハル・マリーナHull Marina(**MAP** P.153)、リドー運河のオタワ・ロックスOttawa Locks発(**MAP** P.143-A1)。
リドー・カナル・クルーズ(リドー運河クルーズ)
🕐5月中旬～10月中旬　毎日4～5便
💰大人\$35.95、子供\$20.5
　所要約1時間30分。プラザ橋Plaza Bridge(国立芸術センター前**MAP** P.143-B2)発。

リドー運河スケート場
Rideau Canal Skateway
☎(613)239-5000　🌐ncc-ccn.gc.ca

リドー運河は世界最長のスケートリンクになる

149

文化都市、オタワで
注目の博物館&美術館 ぐるり巡り

首都オタワには、国立の博物館&美術館がめじろ押し！自然、歴史にアートまで、全部回ればカナダをより深く知ることができるはず。

カナダの自然と動物を学ぶ

カナダ国立自然博物館
Canadian Museum of Nature
MAP P.142-B1

古代から現代まで、約4億年にわたる1400万種以上の動植物やその他の生物のコレクションを誇る自然史博物館。4階建ての館内は吹き抜けになっており、両側に広がるウイングに8つのギャラリーがある。恐竜や、カナダに生きる陸海の動物、鳥、隕石や天然石などさまざまな展示があり、特にファミリーに人気がある。

おすすめ観光タイム 2時間～

- 240 McLeod St.
- (613)566-4700
- (1-800)263-4433
- nature.ca
- 6月～9月上旬
  木10:00～19:00
  金～水10:00～16:00
  9月上旬～5月
  水・金～日10:00～16:00
  木10:00～19:00
- 9月上旬～5月の月・火
- 大人$17、シニア・学生$15、子供$13
  （木曜の16:00～は無料）
- 市バス#5でエルギン通りElgin St.とマクロード通りMcLeod St.の交差点下車、徒歩1分。

注目！ 博物館の目玉はココ！
8億5000万～3億5000万年前の恐竜の骨などが展示される化石ギャラリー。実物大の恐竜の復元も圧巻

注目！ 巨大な骨格標本
ウオーター・ギャラリーにあるシロナガスクジラは、全長なんと19.8m!

注目！ 迫力のはく製が揃う
哺乳動物ギャラリーには、ホッキョクグマやムースなどカナダの動物のはく製が並ぶ

注目！ 楽しい体験施設
各展示室には、テーマに沿った体験施設がある。子供はもちろん、大人も楽しめる

＊外観もチェック！
宮殿を思わせる歴史ある建物を利用。前部はガラス張りでモダンな印象

150

国内アートシーンを牽引する

カナダ国立美術館
National Gallery of Canada
MAP P.143-A2

① 880年、ロイヤル・カナディアン・アカデミーRoyal Canadian Academyがオタワのクラレンドン・ホテルClaredon Hotelに作品を展示したことから始まった美術館。コレクションは、ネイティブ・アートから中世ヨーロッパ、19〜20世紀の現代アートまで幅広い。

おすすめ観光タイム 2時間〜

注目！ カナダの風景画
19世紀にひと時代を築いた作家グループ、「グループ・オブ・セブン（→P.72）」の作品

グループ・オブ・セブンのローレン・ハリスの絵画が集まる1階展示室

住 380 Sussex Dr.
TEL (613)990-1985
FAX (1-800)319-2787
URL www.gallery.ca
開 5〜9月
　金〜水9:30〜17:00
　木9:30〜20:00
　10〜4月
　火・水・金〜日
　10:00〜17:00
　木10:00〜20:00
休 10〜4月の月
料 常設展　大人$20、
　シニア$18、学生$10
　（木曜の17:00〜は
　常設展のみ無料）

＊外観もチェック！＊
建物は、カナダの建築家・モシェ・サフディのデザイン。

注目！ イヌイットアートの展示
彫刻や絵画など、有数の先住民族イヌイットのアートを展示する

歴史をたどって、カナダを深く知る

カナダ歴史博物館
Canadian Museum of History
MAP P.143-A1/P.153

② 万5000ヘクタールもの広大な敷地に立つユニークな形の建物。先住民族から植民地時代、大陸横断鉄道の建設や独立、そして現代まで、カナダの歴史を紹介。巨大なジオラマや実際に使われた品々、資料などをもとに展示し、飽きの来ない内容となっている

おすすめ観光タイム 1時間〜

住 100 Rue Laurier, Gatineau
TEL (819)776-7000
FAX (1-800)555-5621
URL www.historymuseum.ca
開 金〜水9:00〜17:00
　木9:00〜19:00
　（時期により変動あり）
休 無休
料 大人$21、シニア$19、
　学生$16、子供$14
　（木曜の17:00〜は無料）

注目！ トーテムポール
1階には、カナダ西海岸に住む先住民族6部族のトーテムポールや住居、カヌーがある

注目！ 3・4階 カナダ歴史ホール
フランス領時代、イギリス領時代、第一次世界大戦以降の3パートで構成されている

注目！ 2階 カナダ子供博物館
おもちゃやゲームで遊びながら世界各国の文化や歴史について学べる子供のためのミュージアム

＊外観もチェック！＊
独特の形をした建物は、カナダの大陸形成をイメージしている

カナダ戦争博物館
Canadian War Museum MAP P.142-A1

イギリスとフランスによる植民地抗争から現代にいたるまで、カナダが関わった戦争の歴史をたどる博物館。常設展では、兵器や遺品、映像、写真など多岐にわたる史料を展示。人間が戦争で何を経験したかを年代順に検証していく構成になっている。

おすすめ観光タイム 1時間～

🏠 1 Vimy Place 📞 (819)776-7000
📠 (1-800)555-5621
🔗 www.warmuseum.ca
🕐 金～水9:00～17:00
　木9:00～19:00
　(時期により変動あり)
🚫 無休
💰 大人$18、シニア$16、学生$14、子供$12
　(木曜の17:00～は無料)
🚇 O-トレインのピミシ駅Pimisiから徒歩8分。

注目! 戦闘機や戦車
ル・ブレトン・ギャラリーには、カナダ軍をはじめ各国の戦闘機や戦車がある

注目! 戦争を見つめ直す
第2次世界大戦コーナーにあるヒトラーのパレード用リムジン。日本軍の展示も

外観もチェック!
2005年に建設された建物は、カナダを代表する現代建築家・レイモンド・モリヤマが設計

注目! エントランスホール
巨大スクリーンに映し出される戦時中のドキュメント映像や、軍服の展示が見られる

カナダ航空&宇宙博物館
Canada Aviation & Space Museum
MAP P.142-A2外

カナダ空軍の基地跡に立つ博物館で、巨大なビル内に約130もの航空機や軍用機、ヘリコプターなどを展示。飛行機の秘蔵コレクションを格納した別館はガイドツアーReserve Hangar Guided Toursでのみ見学可能(🕐毎日11:30、14:30 ※2022年11月現在、休止中)。

おすすめ観光タイム 1時間30分～

🏠 11 Aviation Pwy. (Rockcliff Airport)
📞 (613)991-3044 📠 (1-866)442-4416
🔗 ingeniumcanada.org/aviation
🕐 木～月9:00～17:00
🚫 火・水
💰 大人$16.25、シニア・学生$14、子供$11
　(毎日16:00～は無料)
🚇 O-トレインのブレア駅前から市バス#25に乗り終点のAviation Museum下車、徒歩すぐ。#25は本数が少ないので注意。タクシー利用がベター。

注目! 巨大な本館
本館には、世界の飛行機が年代ごとに置かれている。詳しい解説もある

注目! 別館はガイドツアーで
さらに貴重な飛行機は、ガイドツアーでのみ見られる別館へ。熱心にガイドしてくれる

注目! フライトシミュレーター
本館の奥には、戦闘機に乗るパイロットの体験を再現するシミュレーターがある

外観もチェック!
とにかく巨大な建物。周囲には滑走路があり、背後はオタワ川だ

エクスカーション

ガティノー
Gatineau

MAP P.142-A1/P.143-A1/P.153

アレクサンドラ橋Alexandra Bridgeを越えた対岸にあるガティノーは、かつてハルHullと呼ばれたケベック州の西端にある町。19世紀初頭、オタワ川Ottawa River（ケベック州ではウタウエ川Riviére des Outaouaisと呼ば

アレクサンドラ橋を渡ってガティノーへ

れている）とガティノー川Riviére Gatineauが合流する場所に発展し、林業と製材業で栄えた。オタワ川に面して広がるジャック・カルティエ公園Parc Jacques-Cartierや町の西に広がるガティノー公園Parc de la Gatineauなど公園が多く、オタワとともに首都としての機能も担う町ながらものんびりとした雰囲気が漂っている。

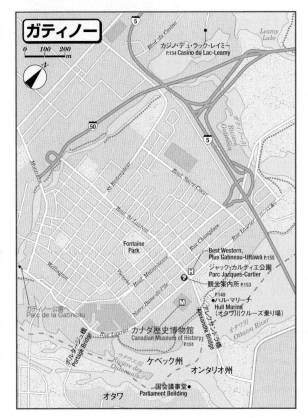

橋の歩道は板張り

ガティノーへの行き方

オタワからアレクサンドラ橋を渡り、徒歩で行ける。OCトランスポ社の市バスなら#15などがある。またはSTO社の市バス#31、#33、#67などを利用（→P.144）。

STO社
TEL (819)770-3242
URL www.sto.ca
　ガティノー側の市バスを運行。チケットはバスの車内または観光案内所で購入でき、大人$4.1。OCトランスポ社の市バスからのトランスファーチケットで乗り継ぎできる。

ガティノーの観光案内所

Outaouais Tourism
MAP P.153
住 103 Rue Laurier
TEL (819)778-2222
FREE (1-800)265-7822
URL www.tourismeouta
ouais.com
twitter.com/TourOutaou
ais
www.facebook.com/
tourismeoutaouais
URL www.gatineau.ca
twitter.com/ville_
gatineau
www.facebook.com/
villegatineau
開 月〜金8:30〜18:00
　　土・日9:00〜19:00
　　（冬季は時間短縮あり）
休 無休

ガティノーの観光案内所。看板はフランス語だ

カナダ歴史博物館
（→P.151）

カジノ・デュ・ラック・レイミー

MAP P.153

🏠 1 Blvd. du Casino

☎ (819)772-2100

FREE (1-800)665-2274

URL casinos.lotoquebec.com

🕐 日〜木9:00〜翌3:00
金・土9:00〜翌5:00

💰 入場無料
18歳未満は入場不可。

🚌 オタワにも乗り入れているSTO社の市バス#400に乗りStation Casino下車、徒歩3分。オタワ側のバス停はリドー通り（デパート、CF Rideau Centre前）などにある。

メインストリートはカナダ歴史博物館のあるローリエ通りLaurier St.。レストランやホテルが並び、見どころの多い場所だ。ジャック・カルティエ公園からは、オタワの名所を眺めて遊覧できるオタワ川クルーズ（→P.149）も出ている。郊外にある大型カジノリゾート、カジノ・デュ・ラック・レイミー Casino du Lac-Leamyへはダウンタウンから車で10〜15分。カジノに挑戦でき、ディナーショーも行われている。

夜にはライトアップされる

Column チューリップ・フェスティバル

街中がチューリップの花で埋め尽くされるカナディアン・チューリップ・フェスティバル Canadian Tulip Festivalは、春に行われるオタワ最大のお祭り。国会議事堂を中心とした会場に咲き誇るチューリップの花は、実に300万株。この時期はリンゴなどほかの花の開花時期にも当たっており、オタワの街はまさに花尽くし。赤や黄色、オレンジなど色とりどりの花が絨毯のように広がる。

2022年に70周年を迎えたチューリップ・フェスティバルが開かれるようになったのは、オランダとの結びつきに起因する。第2次世界大戦中、ナチスドイツにオランダが占領された際、祖国から逃れたオランダの王室一家を保護したのが、カナダであり、滞在したのがオタワだった。ユリアナ王女（在位1948〜80年）はオタワ滞在中に妊娠し、出産することになる。ここで問題になったのが、「王室を継ぐ者はオランダ生まれでなければならない」というオランダの法律。そこでカナダ政府は、ユリアナ王女が入院していたオタワ市民病院の婦人科病棟をオランダ領にするという、前代未聞の超法規的措置を取った。このとき生まれた子供こそ前女王ベアトリクスの妹であるマルフリート王女だ。大戦後、祖国に戻ったオランダ王室からは感謝の意として、毎年1万株ものチューリップの球根が贈られるようになり、今のチューリップ・フェスティバルへと発展した。このフェスティバルは、街を彩るイベントであると同時に、オラン

ダとの親交の証でもあるのだ。

フェスティバルの期間中には、リドー運河のボートパレードや花火、夜のカーニバルなどさまざまなイベントが催される。イベントのメイン会場は「The Fairmont Château Laurier（→P.155）」裏のメジャーズ・ヒル公園 Major's Hill Park。ここにはいくつかのクラフトショップや屋台、オランダをはじめとする各国のパビリオンが建つ。多くのチューリップが植えられているのは、国会議事堂の周辺やコンフェデレーション広場、リドー運河沿い、ダウズ湖の周辺など。

チューリップと国会議事堂

カナディアン・チューリップ・フェスティバル

FREE (1-800)668-8547

URL tulipfestival.ca

🗓 5/12〜22（'23）

💰 入場無料（各パビリオンは有料）

HOTEL

オタワのホテル

The Fairmont Château Laurier
フェアモント・シャトー・ローリエ [MAP] P.143-A2 ～B2

[住]1 Rideau St.
[TEL](613)241-1414
[FREE](1-866)540-4410
[URL]www.fairmont.com/laurier-ottawa
[料]ⓈⒹ$339～ Tax別 [CC]A D J M V [室]429室

1912年創業の豪華ホテル。フランスの古城を思わせる建物は、オタワのランドマーク。エレガントでゆったりとした客室はアメニティも充実。アフタヌーンティーも楽しめるラウンジ・バーがある。

Hyatt Place Ottawa - West
ハイアット・プレイス・オタワ-ウエスト [MAP] P.142-B1外

[住]300 Moodie Dr.
[TEL](613)702-9800
[URL]www.hyatt.com
[料]ⓈⒹ$200～ Tax別 [CC]A D M V [室]140室

ダウンタウンの西にある4つ星ホテル。サステナブルがテーマで、ソーラーパネルによる発電やエコ製品の使用など細部にまでこだわりが。客室も広々しており、駐車場も完備（無料）。ダウンタウンからは車で20分ほど。

ByWard Blue Inn
バイワード・ブルー・イン [MAP] P143-A2

[住]157 Clarence St.
[TEL](613)241-2695
[FREE](1-800)620-8810 [URL]www.bywardblueinn.ca
[料][HIGH]ⓈⒹ$181～ [LOW]ⓈⒹ$141～
Tax別 朝食付き [CC]A M V [室]46室

バイワード・マーケットの近く、閑静な住宅街にあるホテル。リノベーションされた室内は清潔感があり、設備も充実している。全46室のうち、約半数はバルコニーが付く。コーヒーが自由に飲めるのでバルコニーから景色を楽しみ、ゆっくり過ごすのもおすすめ。

Lord Elgin Hotel
ロード・エルギン [MAP] P.143-B1

[住]100 Elgin St.
[TEL](613)235-3333
[FREE](1-800)267-4298 [URL]lordelginhotel.ca
[料]ⓈⒹ$197～ Tax別 [CC]A M V [室]355室

1941年創業の老舗ホテル。風格を感じさせる建物だが、スタッフはフレンドリー。客室は暖色で統一され優雅な雰囲気。館内に屋内プール、レストランがあり、1階にはスターバックスも入っている。

The Business Inn
ビジネス・イン [MAP] P.142-B1

[住]180 MacLaren St.
[TEL](613)232-1121
[FAX](613)232-8143 [URL]thebusinessinn.com
[料]ⓈⒹ$130～ Tax別 朝食付き
[CC]A D J M V [室]160室

各部屋にキッチンを備えたアパートメントタイプの中級ホテル。リビング付き、2ベッドルームなど客室は7タイプ。前のエルギン通りにはパブが多く、食事にも困ることはない。ダウンタウンまで徒歩5分。

Best Western, Plus Gatineau-Ottawa
ベストウエスタン・プラス・ガティノー・オタワ [MAP] P.153

[住]131 Rue Laurier
[TEL](819)770-8550
[FREE](1-800)265-8550
[URL]www.bestwesterngatineau.ca
[料]ⓈⒹ$134～ Tax別 [CC]A D J M V [室]133室

アレクサンドラ橋のたもと、マリーナを望む中級ホテル。バルコニー付きの部屋からはウタウエ川越しに国会議事堂とオタワ市街が一望できる。レストラン、プールを完備。目の前の公園で散策も楽しめる。

Days Inn by Wyndham Ottawa
デイズ・イン・バイ・ウィンダム・オタワ [MAP] P.142-A2

[住]319 Rideau St.
[TEL](613)789-5555
[FREE](1-800)329-7466 [URL]www.wyndhamhotels.com/days-inn/ottawa-ontario/days-inn-ottawa-on/overview
[料]ⓈⒹ$122～ Tax別 [CC]A D M V [室]74室

リドー通り沿いにある中規模ホテル。建物は古いが、客室はモダン。間取りはゆったりめで、多くの部屋にソファが備わっている。周辺には24時間営業のスーパーもあって便利。

Auberge des Arts B&B
オーベルジュ・デ・ザールB&B [MAP] P.143-A2

[住]104 Guigues Ave.
[TEL](613)562-0909
[FREE](1-877)750-3400 [URL]www.aubergedesarts.com
[料]バス付きⓈ$100～ Ⓓ$120～、バス共同Ⓢ$70～ Ⓓ$90～
Tax別 朝食付き [CC]A M V [室]3室

カナダ国立美術館から徒歩5分。バイワード・マーケットに近く、立地がいい。バス付きは1室だが、共同バスがふたつあるので不便はない。クレープやオムレツなど数種から選べる朝食が好評。VIA鉄道駅や空港への送迎は要問い合わせ。

バスタブ　テレビ　ドライヤー　ミニバーおよび冷蔵庫　セーフティボックス　Wi-Fi（無料）
一部客室　一部客室　貸し出し　一部客室　フロントにあり　Wi-Fi（有料）

Downtown B&B

ダウンタウンB&B　[MAP] P.142-B1

[住]263 McLeod St.
[TEL](613)563-4399
[URL]downtownbb.com
[料]ⓈⒹ$135～175　Tax別　朝食付き　[CC]M V　[室]3室

カナダ国立自然博物館の目の前にある夫婦で営むB&B。こぢんまりとしたビクトリア様式の古い建物。奥さんはエステティシャンでもあり、マッサージも受けられる（所要約1時間、$108～）。3泊以上の滞在で割引あり。

Auberge King Edward B&B

オーベルジュ・キング・エドワードB&B　[MAP] P.142-B2

[住]525 King Edward Ave.
[TEL](613)565-6700
[URL]www.kingedwardottawa.com
[料]ⓈⒹ$175～　Tax別　朝食付き　[CC]M V　[室]2室

春～秋にはさまざまな花が咲き乱れる、手入れの行き届いた庭が自慢のB＆B。バルコニー付きの部屋はアンティークの家具で統一され、クラシカルな趣。ベッドはすべてクイーンサイズ以上でゆったり。2泊から滞在可能。

オタワのレストラン

1 Elgin

1 エルギン　[MAP] P.143-B2

[住]1 Elgin St. (National Arts Centre)
[TEL](613)594-5127　[URL]nac-cna.ca/en/1elgin
[営]火～日11:30～14:00/17:00～21:00
[休]月　[予]ランチ$25～、ディナー$40～
[CC]A M V

国立芸術センター（NAC）（→P.147）内にある。アトランティック・サーモンやアルバータ牛などカナダの食材をふんだんに使い、各国料理の要素も取り入れたカナダ料理が味わえる。メイン料理は$28～45。

The Scone Witch

スコーン・ウィッチ　[MAP] P.143-B1

[住]150 Elgin St.
[TEL](613)232-2173
[URL]sconewitch.ca
[営]水～日8:00～16:00
[休]月・火　[予]$10～　[CC]A M V

焼きたてのスコーンにハムやチーズ、サーモンなどをサンドしたスコーンウィッチ$8.99～が評判の店。ジャムやクリームを添えた甘いスコーンと紅茶でアフタヌーンティーを楽しむのもいい。テイクアウトも可能。

Queen St. Fare

クイーン・ストリート・フェア　[MAP] P.143-B1

[住]170 Queen St.
[TEL](613)789-9115　[URL]queenstfare.ca
[営]店舗により異なる　[休]店舗により異なる
[予]$12～　[CC]M V

ダウンタウンの中心部に2019年にオープン。ハンバーガーやメキシカン、イタリアンなど7店舗が入ったフードコートで、スタイリッシュな店内で有名店の味を気軽に味わえる。店舗によっては夜まで営業して、イベントも開催。

Play Food & Wine

プレイ・フード＆ワイン　[MAP] P.143-A2

[住]1 York St.
[TEL](613)667-9207　[URL]playfood.ca
[営]月～水・日17:00～21:00
木・金12:00～14:00/17:00～22:00
土17:00～22:00
[休]無休　[予]ランチ$30～、ディナー$45～　[CC]A M V

ワインと一緒にモダンな創作料理が味わえる店。ディナー$45は前菜やメインから好きなふた皿を選ぶプリフィクス。料理は地元の農場から直送される食材を使用。シーフードから肉料理までさまざまに揃っている。

Colonnade Pizza

コロネイド・ピッツァ　[MAP] P.142-B1

[住]280 Metcalfe St.
[TEL](613)237-3179　[URL]www.colonnadepizza.com
[営]毎日11:00～21:00
[休]無休　[予]$12～　[CC]A M V

市内に5店舗を展開する、ファミリーレストラン風の人気ピザハウス。種類豊富なピザはどれもチーズがたっぷりで、こんがりと香ばしい。大きさは4種類あり、Sサイズ$9.95～。サンドイッチは$7.95～。テイクアウトも可能。

Heart & Crown

ハート＆クラウン　[MAP] P.143-A2

[住]67 Clarence St.
[TEL](613)562-0674　[URL]www.heartandcrown.pub
[営]毎日11:00～翌2:00　[休]無休　[CC]M V

バイワード・マーケットの近くにあるパブ。店内には5つのバーがあり、オススメはアイルランド生まれのアイリッシュ・スパイスバッグ$18、ハンバーガー$19～など。夏季は毎晩生演奏があり盛り上がる（月～土曜21:00～、月曜19:00～）

オタワのショッピング

オンタリオ州

CF Rideau Centre

CF リドー・センター　　　　　　　　MAP P.143-B2

🏠50 Rideau St.
☎(613)236-6565
🌐shops.cadillacfairview.com/property/cf-rideau-centre
🕐月～土10:00～21:00　日11:00～18:00
🈳無休　💳店舗により異なる

　ダウンタウンの中心にある巨大ショッピングモール。ファッション、アクセサリー、インテリア、みやげ物からレストラン、映画館まで200近くのテナントが出店している。1階にはフードコートがある。

Sparks Street Mall

スパークス・ストリート・モール　　　MAP P.143-B1

🏠100 Sparks St.　☎(613)230-0984
🌐sparkslive.com　💳店舗により異なる

　国会議事堂前の通りからひと筋南にあるカナダ初の歩行者専用モール。レストランや銀行、ファッション関係のブティックなどに交じって、カナダの工芸品やみやげ物を扱う店も多い。通りには彫刻作品も並ぶ。

The Snow Goose

スノー・グース　　　　　　　　　　MAP P.143-B1

🏠83 Sparks St. Mall
☎(613)232-2213　FREE(1-866)348-4004
🌐www.snowgoose.ca
🕐火～土10:00～16:00　🈳日・月　💳A M V

　カナダの先住民族のアートや工芸品を扱う老舗店。イヌイットの彫刻やインディアンの木工クラフト・皮革製品、アクセサリーなど品揃えの確かさには定評があり、先住民が直接店に作品を持ってくることも。

Beaver Tails

ビーバー・テイルズ　　　　　　　　MAP P.143-B2

🏠69 George St.　☎(613)241-1230　🌐beavertails.com
🕐日～木11:00～23:00　金・土11:00～24:00
🈳無休　💳M V

　ビーバーのしっぽに似たペストリー、ビーバー・テイルズの創業店で、行列の絶えないオタワ名物。定番のアップル＆シナモンは$7.25。バナナチョコレートやメープルバターなど10種類ほどの味がある。

オタワ◆ホテル／レストラン／ショッピング

Column オタワのエンターテインメント

　カナダの首都であるオタワでは、1年を通してさまざまなエンターテインメント・プログラムが上演されている。特に有名なのは、国立芸術センター（NAC）National Arts Centreを本拠地とする国立芸術センター（NAC）交響楽団National Arts Centre Orchestra。国立美術センターではほかにも、オペラやミュージカル、ロックやポップスのコンサート、ダンスミュージックなどが頻繁に行われている。

　また、オタワはNHL（アイスホッケー）加盟のオタワ・セネターズOttawa Senatorsの本

拠地。NHLのシーズンは10～4月のレギュラーシーズンと、6月下旬までのプレーオフ。シーズン中、ホームのカナディアン・タイヤ・センターCanadian Tire Centreで観戦できる。

　チケットは、各会場のウェブサイトから予約・購入できるほか、国立美術センターではボックスオフィスで直接購入することも可能。

オタワのエンターテインメントといえばここ

国立芸術センター（NAC）
MAP P.143-B2　🏠1 Elgin St.
☎(613)947-7000
🌐nac-cna.ca
ボックスオフィス
FREE(1-844)985-2787
🕐月～金14:30～17:00（電話問い合わせは10:00～）
※公演日は開演の2時間前より営業する。
🈳公演のない日
　2065席のコンサートホールと897席の劇場やスタジオから成る、オタワ最大の劇場。

カナディアン・タイヤ・センター
MAP P.142-B1外　🏠1000 Palladium Dr.
☎(613)599-0100
🌐www.canadiantirecentre.com

Ontario

157

森と湖を駆け抜ける絶景列車
アガワ渓谷ツアー・トレイン

真っ赤な車体が目を引く

　トロントの北西約380kmにあるスー・セント・マリーSault Ste. Marieから北のハーストHearstまでを結ぶアルゴマ・セントラル鉄道Algoma Central Railway 。このローカル鉄道会社は、アガワ渓谷ツアー・トレインAgawa Canyon Tour Trainという観光列車を夏から秋にかけてのみ運行している。列車はスー・セント・マリーとハーストの中間にあるアガワ渓谷まで行き、1時間30分ほど停車してスー・セント・マリーへ戻る。片道約4時間、距離約183kmの間には、森や湖、谷を渡る鉄橋など、見どころ満載。進行方向右手に崖や滝が見えてきたら、渓谷到着の合図。列車から降りて、思い思いの時間を過ごそう。秋になると渓谷一帯のメープルは赤く色づき、紅葉列車へと早変わり。メープル街道のエクスカーションとしても人気がある。

　アガワ渓谷での停車時間にぜひ楽しみたいのが、ハイキング。コースはいくつかあるが、渓谷全体を見下ろす展望台へ行くルック

アウト・トレイルLookout Trailがおすすめ。体力があるなら、ブラック・ビーバーBlack Beaver Falls、ブライダル・ベールBridal Vell Fallsというふたつの滝へ行くコースも行ってみるといい。駅の周辺には川を望めるピクニックサイトもある。列車内でオーダーできるランチボックスを持ってのんびりしたり、オリジナルのグッズが満載のギフトショップを覗いてみるのも楽しい。

　鉄道旅の拠点となる、スーセント・マリーは、五大湖のスペリオル湖とヒューロン湖を結ぶセント・マリー川St. Mary's Riverの北岸に開けた町。セント・ローレンス・シーウエイ（→P.211）の最奥にあたり、川には水門（閘門）が設置されている。町の中心はクイーン通りQueen St.周辺で、石造りの古い建物が軒を連ねる。

緑の森を走り抜ける

アガワ渓谷ツアー・トレイン
📞(844)246-9458 　URL agawatrain.com
🚃7月下旬〜10月中旬
　8:00発、18:00着(7月下旬〜8月は木〜日、9月〜10月中旬は毎日運行)
🎫大人$140($155)、シニア$104($155)、子供$70($155)
　※( )内は9月中旬〜10月中旬の料金

スーセント・マリー
MAP P.38-B2　URL saulttourism.com

スーセント・マリーへの行き方
飛行機　トロントからエア・カナダが1日2便運行、所要約1時間30分。空港からダウンタウンへはタクシーで約20分。

Muskoka Region

森と湖沼に囲まれたリゾートエリア

マスコーカ地方

アルゴンキン州立公園の西側からジョージア湾にかけて、マスコーカ地方と呼ばれる湖沼地方が広がる。面積約3839km²にもなるエリアに豊かな自然が残り、ハイキングやカヌー、フィッシングなどのアウトドア・アクティビティが楽しめる一大リゾート地となっている。

アクセスと回り方

マスコーカ地方の中心となるのは、トロント方面から来る場合の玄関口であるグレイブンハーストとアルゴンキン州立公園の拠点となるハンツビル。見どころとなる町はマスコー

かわいらしいブレイスブリッジの町並み

カ湖Lake Muskoka周辺と南北を縦断するハイウエイ#11、ハンツビルから東、アルゴンキン州立公園を通る#60沿いにある。トロントを出発し、途中で1泊してアルゴンキン州立公園まで行くのにぴったりのドライブルートだ。

トロントからハイウエイ#400、#11を進み、Exit 169を出て#169を北西に進むと、グレイブンハーストに着く。ここから西のマスコーカ湖沿いにハイウエイ#169を進むとバラの町だ。さらに北上し、ハイウエイ#118を東へ湖を一周するように走ろう。ブレイスブリッジの東側からハイウエイ#11に入り、北へ向かえばハンツビルだ。ハンツビルからアルゴンキン州立公園へはハイウエイ#60を東へ40kmほど進む。

マスコーカ地方への長距離バス

トロントからオンタリオ・ノースランドOntario Northlandが1日4〜5便運行している。バスはグレイブンハースト、ブレイスブリッジを通り、ハンツビルまで行く。所要2時間30分〜4時間。出発はトロントのユニオン・ステーション・バス・ターミナル。

基本DATA
拠点となる街：トロント
マスコーカ地方情報のサイト
■ www.discovermus
koka.ca
■ twitter.com/
discovermuskoka
■ www.facebook.com/
discovermuskoka

ドライブチャート 🚗

トロント
ハイウエイ#400、#11、#169経由169km
グレイブンハースト
ハイウエイ#169経由26.5km
バラ
ハイウエイ#169、#118経由42.8km
ブレイスブリッジ
ハイウエイ#11経由36.8km
ハンツビル
ハイウエイ#60経由39.5km
アルゴンキン州立公園

オンタリオ・ノースランド
☎(1-800)461-8558
■ www.ontarionorthland.ca
トロント〜グレイブンハースト
🎫大人 片道$45.95〜、
往復$90
トロント〜ブレイスブリッジ
🎫大人 片道$48.6〜、
往復$95.2〜
トロント〜ハンツビル
🎫大人 片道$54.5〜、
往復$107.1〜

🍁 グレイブンハースト
Gravenhurst

MAP P.160-B1

マスコーカ・ディスカバリー・センター
🏠275 Steamship Bay Rd.
☎(705)687-2115
🌐realmuskoka.com/
discovery-centre
🕐火～土10:00～16:00
休日・月、冬季
🎫大人$20、シニア$17、
子供$12.5

マスコーカ・スチームシップ
☎(705)687-6667
FAX(1-866)687-6667
🌐realmuskoka.com/
muskoka-steamships
2時間クルーズ
🕐月～金9:00～16:00
休冬季
🎫大人$51.95、
子供$29.95

手前の船が北米最古の蒸気船セグワン
Segwun 号

マスコーカ湖の南に位置する町で、マスコーカ地方へのゲートウエイでもある。1866～1958年まで造船所があった湖岸は現在、ショップやレストラン、ホテルが集まるマスコーカ・ワーフMuskoka Wharfと呼ばれるウオーターフロント施設となっており、休日には観光客や地元の人々でおおいににぎわう。敷地内には、この地方で使用していた木造船や蒸気船などを展示するマスコーカ・ディスカバリー・センターMuskoka Discovery Centreがあるほか、湖沿いの岩場に設けられたトレイルやマスコーカ地方を周遊するマスコーカ・スチームシップMuskoka Steamshipsの蒸気船を利用したクルーズも出港する。もっとも一般的な2時間クルーズのほかにもさまざまな種類があるので、ウェブサイトでチェックしてみて。

マスコーカ地方

N
0   20   40 km

Kiosk
Brent
Trout Creek
P.162
アルゴンキン州立公園
Algonquin Provincial Park
Sundride
11
オタワへ
165km
東門
East Gate
西門
60
West Gate
Whitney
Madawaska
Barry's Bay
P.162～163に拡大図
P.161 Deerhurst Resort H
ラグド滝
Ragged Falls
60
Dwight
ハンツビル
Huntsville
P.161
11
Glen Orchard
Dorset
Lake
Rosseau
Port Carling
Milford Bay
118
ブレイスブリッジ
Bracebridge
P.161
バラ
Bala
169
マスコーカ湖
Lake Muskoka
P.160
Haliburton
Bancroft
Torrance
グレイブンハースト
Gravenhurst
Foot's Bay
↓トロントへ160km

❦ バラ

Bala

[MAP] P.160-B1 ☆☆☆

マスコーカ地方の西にある人口約3500人の小さな町。小説『赤毛のアン』の著者ルーシー・モード・モンゴメリが1922年の夏に休暇で訪れたことでも知られていて、モンゴメリが食事をしたツーリスト・ホームをバラ博物館とルーシー・モード・モンゴメリ記念館Bala's Museum with Memories of Lusy Maud Montgomeryとして開放している。

湖沿いの遊歩道

バラ博物館とルーシー・モード・モンゴメリ記念館
[住]1024 Maple Ave.
[TEL](705)762-5876
[FREE](1-888)579-7739
[URL]www.balasmuseum.com
[開]5月中旬～10月中旬
月～土10:00、13:30(毎日2回の予約制ツアーでのみ内部見学可。所要1時間)
[休]5月中旬～10月中旬の日、10月中旬～5月中旬
[料]$7.99

❦ ブレイスブリッジ

Bracebridge

[MAP] P.160-B1 ☆☆☆

マスコーカ川沿いの遊歩道

グレイブンハーストから北へ約23km、マスコーカ川Muskoka River沿いにある。メインストリートのマニトバ通りManitoba St.にはショップやレストランが並び、川岸には遊歩道や遊泳場があるほか、クルーズ船マスコーカ・クルーズMuskoka Cruiseも出ている。

? ブレイスブリッジの観光案内所
Bracebridge Visitor Information Centre
[TEL](705)645-8121
[FREE](1-866)645-8121
[URL]www.bracebridge.ca
マスコーカ・クルーズ
[TEL](705)205-7996
[URL]muskokacruises.ca
[料]$35(所要約90分)
※2023年の運航日、時間は未定。

❦ ハンツビル

Huntsville

[MAP] P.160-B1 ☆☆☆

アルゴンキン州立公園の拠点となる町で、マスコーカ地方の中心地。メインストリート沿いには観光案内所をはじめ市庁舎、銀行、レストランなどが集まる。見どころとしては、マスコーカ川の眺望が楽しめる展望台、ライオンズ・ルックアウトLions Lookoutや開拓時代のマスコーカ地方の人々の生活を再現したテーマパーク、マスコーカ・ヘリテージ・プレイスMuskoka Heritage Palaceがある。また、ハイウエイ#60を東に約32km行った所には、ラグド滝Ragged Fallsがあり、紅葉のシーズンには滝と紅葉の森が織りなす、すばらしい風景が見られる。

ライオンズ・ルックアウトからの眺め

アルゴンキン州立公園の手前にあるラグド滝

? ハンツビルの観光案内所
Huntsville Adventures
[住]37 Main St. E.
[TEL](705)789-4771
[URL]huntsvilleadventures.com
マスコーカ・ヘリテージ・プレイス
[住]88 Brunel Rd.
[TEL](705)789-7576
[URL]www.muskokaheritageplace.ca
[開]5月中旬～10月上旬
毎日10:00～16:00
10月上旬～5月中旬(博物館のみ)
月～金10:00～16:00
[休]10月上旬～5月中旬の土・日
[料]大人$19.4、シニア$17.45、子供$13.15

ハンツビルのホテル
Deerhurst Resort
ディアハースト・リゾート
[MAP] P.160-B1
[住]1235 Deerhurst Dr.
[TEL](705)789-6411
[FREE](1-800)461-4393
[URL]www.deerhurstresort.com
[料]ⓈⒹ$199～　Tax別
[CC]A M V

Algonquin Provincial Park
アルゴンキン州立公園

オンタリオ州

MAP P.38-B3/P.160-A2
面積 705
標高 7630km²
入園料 $18〜21(車1台につき)
アルゴンキン州立公園情報のサイト
URL www.algonquinpark.
on.ca

園内のキャンプについて

　園内には15ヵ所のオートキャンプ場があり、利用する際は必ず事前に予約しなくてはならない。予約はオンタリオ・パークスOntario Parksのウェブサイトからオンラインか電話で。テントやキャンプ用品は持参または園内のアウトドアショップでレンタルも可能。ミュウ湖Mew LakeとアクレイAchrayのキャンプ場にはヤートYurtというヒーター付きの備え付けテントがある。6人まで宿泊でき、1泊$111.87。

　ハイキングやカヌーしながらキャンプをするバックカントリーキャンプもできる。こちらもキャンプできる場所は決められているので、予約が必要。
オンタリオ・パークス
URL www.ontarioparks.com
オートサイト
料 車1台につき$42.38〜53.68
バックカントリーキャンプ
Backcountry Camping
料 大人$12.43、子供$5.65

パークバス
FREE(1-800)928-7101
URL www.parkbus.ca
トロントから
料 大人　片道$106
　停留所は公園外のOxtongue Lake、西門、カヌー湖Canoe Lake、Lake of Two Rivers、ポッグ湖Pog Lake、オペオンゴ湖Lake Opeongoなど。運行スケジュールは要確認。

アルゴンキン州立公園は広大な森林地帯であると同時に、大小の湖が網の目のように広がる湖沼地帯でもある。公園内にはムース（ヘラジカ）やオジロジカなどの動物が生息して

公園内ではカヌーを楽しめる

おり、ハイウエイ#60上からも目撃できることが多い。

アルゴンキン州立公園への行き方

🍁 長距離バス

　トロントからパークバスParkbusが5月下旬〜10月上旬の期間限定で運行。所要3〜4時間。

🍁 車

　西のハンツビルからはハイウエイ#60で、東のオタワ方面からはハイウエイ#17または#60経由で入る。州立公園内を走る道はハイウエイ#60の1本しかなく、車の進入はこの通り沿いと園内15ヵ所のキャンプ場以外認められていない。

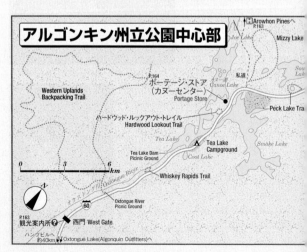

アルゴンキン州立公園中心部

Arowhon Pines へ P.163
Joe Lake
Mizzy Lake
Sou Lake
私道
P.164
ポーテージ・ストア
（カヌーセンター）
Portage Store
Canoe Lake
Western Uplands Backpacking Trail
Peck Lake Tra
ハードウッド・ルックアウト・トレイル
Hardwood Lookout Trail
Tea Lake
Tea Lake Campground
Smoke Lake
Tea Lake Dam Picnic Ground
Coot Lake
0　3　6 km
Whiskey Rapids Trail
Oxtongue River
Oxtongue River Picnic Ground
60
P.163 観光案内所へ
西門 West Gate
ハンツビルへ 約40km
Oxtongue Lake(Algonquin Outfitters)へ

162

アルゴンキン州立公園の歩き方

アルゴンキン州立公園にアクセスする方法は、車、徒歩、ボートなどさまざま。しかし、どの手段で入る場合でも、29あるアクセスポイントに立ち寄り入園料を支払う必要がある。ハイウエイ#60沿いの東西の公園入口には、観光案内所も兼ねている西門West Gateと東門East Gateがあり、通常

アルゴンキン・ビジターセンター内

はここで入園料を支払う。各種アクティビティに関する情報も得られる。アルゴンキン州立公園は四季折々にアクティビティが楽しめる場所。春から秋にかけてなら、カヌーとハイキングにぜひともチャレンジしたい。

また、ハイウエイ#60沿いにある**アルゴンキン・ビジターセンターAlgonquin Visitor Centre**は、アルゴンキン州立公園創設100周年を記念し1993年に建設されたもの。展望デッキからは、ムースがしばしば目撃されるというサンデー・クリーク渓谷Sunday Creek Valleyを一望できる。館内は3つの展示スペースに分けられ、森の地勢や動植物の生息状況、人と森とのかかわりなどが、ジオラマでわかりやすく解説されている。レストランや本屋なども併設されているので、情報を集めつつ、ひと休みするのに最適な場所だ。

東門から公園に入ってすぐの所には、林業の歴史をトレイル沿いに展示・解説した**アルゴンキン・ロギング博物館Algonquin Logging Museum**もある。

公園内を走るハイウエイ #60

❓ 観光案内所

公園の西門・東門にある。
TEL (705)633-5572
URL www.algonquinpark.on.ca
West Gate Information
MAP P.162
開 毎日8:00〜18:00
（時期により異なる）
休 無休
East Gate Information
MAP P.163
開 毎日8:00〜16:00
（時期により異なる）
休 無休

アルゴンキン・ビジターセンター
MAP P.163
開 夏季 毎日9:00〜19:00
冬季 毎日9:00〜17:00
（時期により変動あり）
休 無休

アルゴンキン・ロギング博物館
MAP P.163
開 6月中旬〜10月中旬
毎日9:00〜17:00
休 10月中旬〜6月中旬
料 入園料に含む

アルゴンキン州立公園のホテル
Arowhon Pines
アロウホン・パインズ
MAP P.162外
FREE (1-866)633-5661
TEL (705)633-5661
URL www.arowhonpines.ca
営 6月〜10月上旬
料 ⑤$412〜 ①$660〜
Tax別　3食付き
CD D M V　**客** 50室
暖炉を備えたオールインクルーシブのロッジ。

オンタリオ州

アルゴンキン州立公園

Ontario

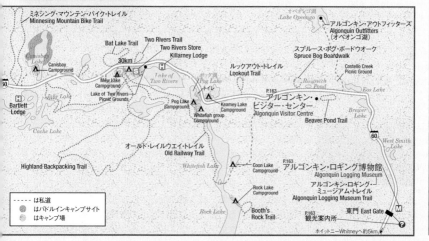

ミネシング・マウンテン・バイク・トレイル
Minnesing Mountain Bike Trail

オペオンゴ湖
Lake Opeongo

アルゴンキン・アウトフィッターズ
Algonquin Outfitters
（オペオンゴ湖）

Bat Lake Trail
Two Rivers Trail
Two Rivers Store
Killarney Lodge

スプルース・ボグ・ボードウオーク
Spruce Bog Boardwalk

Costello Creek
Picnic Ground

Canisbay Lake
30km
Canisbay Campground
Mew Lake Campground
Lake of Two Rivers Picnic Grounds
Lake of Two Rivers
White Lake

ルックアウト・トレイル
Lookout Trail

ボグ湖
Pog Lake
トイレ

Ragwich Pond

Eos Lake

Bartlett Lodge
Cache Lake

Pog Lake Campground
Whitefish group Campground

キーミー湖
Keamey Lake Campground

P.163
アルゴンキン・ビジター・センター
Algonquin Visitor Centre

Beaver Pond Trail

Brewer Lake

60

West Smith Lake

オールド・レイルウエイ・トレイル
Old Railway Trail

Highland Backpacking Trail

Whitefish Lake

Coon Lake Campground

P.163
アルゴンキン・ロギング博物館
Algonquin Logging Museum

アルゴンキン・ロギング・ミュージアム・トレイル
Algonquin Logging Museum Trail

Rock Lake Campground

Rock Lake

Booth's Rock Trail

P.163
観光案内所

東門 East Gate

ホイットニーWhitneyへ約5km

- - - - - は私道
🔴 はパドルインキャンプサイト
🔶 はキャンプ場

ACTIVITY アクティビティ

カヌーセンター
ポーテージ・ストア
MAP P.162
TEL (705)633-5622(夏)/
(705)789-3645(冬)
URL portagestore.com
営 7:00〜20:00
休 10月中旬〜4月下旬
カヌーレンタル
料 1日$37.95〜
ガイド付きカヌーツアー
料 1日$68.95、半日$47.95

夏季のイベント
アルゴンキン州立公園では夏の間、オオカミの遠吠え鑑賞会や無料のガイドウオークなどさまざまなイベントを開催。詳細は観光案内所やビジターセンターで。

カヌー　CANOEING

アルゴンキンで最も人気のあるアクティビティがカヌーだ。ポーテージ・ストアPortage Storeがあるカヌー湖で手軽に漕ぐものと、レンタルしたカヌーを車の上に積み、園内に点在する湖へ移動して楽しむものがある。後者の場合、積み下ろし方をスタッフに教えてもらう必要があるため、初心者には難しい。

アドベンチャー派なら、カヌーキャンプに挑戦してみたい。編みの目のように広がる湖沼にカヌーを漕ぎ出し、島にぶつかったらカヌーを肩に担いで移動（ポーテージ）して、日が暮れたらバックカントリーのキャンプ場に泊まる。食料は園内にあるカヌーセンターで販売しているが、品数は少ないので公園に入る前に調達するとよい。ほか、ガイド付きのツアーもある。

カヌーの借り方

ポーテージストアでは、湖畔にあるショップで簡単にカヌーを借りることができる。手順は以下の通り。

①オフィスで申し込み

受付で申し込み。カヌーの種類を選び規定の書類に名前などを書く。1日レンタルなら予約は必要ない。

②併設の小屋へ

渡された書類を持ち湖畔のカヌー小屋へ行く。夏や秋の紅葉シーズンの週末には行列になることもある。

③カヌーを出してもらう

カヌーはスタッフが桟橋まで持ってきてくれる。パドルやライフジャケットも貸してもらえる（料金込み）。

④乗り込む

スタッフがカヌーを押さえてくれる間にカヌーへ。あとは自由。帰りは桟橋まで来たら対応してくれる。

日本語ガイドプログラム
TEL (905)376-5120
（佐々間さん携帯）
EML kcjsakuma@sympatico.ca
紅葉ガイドウオーク/ロギング・ミュージアム・ツアー
営 9〜10月
料 1グループ（20人まで）
$180
公園専属の日本人パークナチュラリスト（自然解説員）の佐々間克宏さんのガイドを聞きながら歩くツアー。

初心者でも楽しめるスプルース・ボグ・ボードウオーク

ハイキング　HIKING

園内には、ハイウエイ#60を起点に延びる18本の日帰りトレイルと、1泊以上必要な3本のバックパッキング・トレイルがある。駐車場に車を置いて、自分の体力に合わせたコースを歩こう。子供連れやシニアでも歩ける軽めのコースでも、森の雰囲気は十分に味わえる。

初心者におすすめなのは、アルゴンキン・ロギング博物館裏のアルゴンキン・ロギング・ミュージアム・トレイルAlgonquin Logging Museum Trail（1周1.3km)やポーテージ・ストアそばのハードウッド・ルックアウト・トレイルHardwood Lookout Trail（1周1km）、最後に展望が開けるルックアウト・トレイルLookout Trail（1周2.1km）、湿地帯を歩くスプルース・ボグ・ボードウオークSpruce Bog Boardwalk（1周1.5km）など。

トレイルは整備され、案内板の下にはマップ付きの小冊子も設置されている。もちろん植物などの採集は一切禁止。秋には日本人のパークナチュラリストによるツアーなどもある。

ケベック州

Québec

モントリオールの旧市街

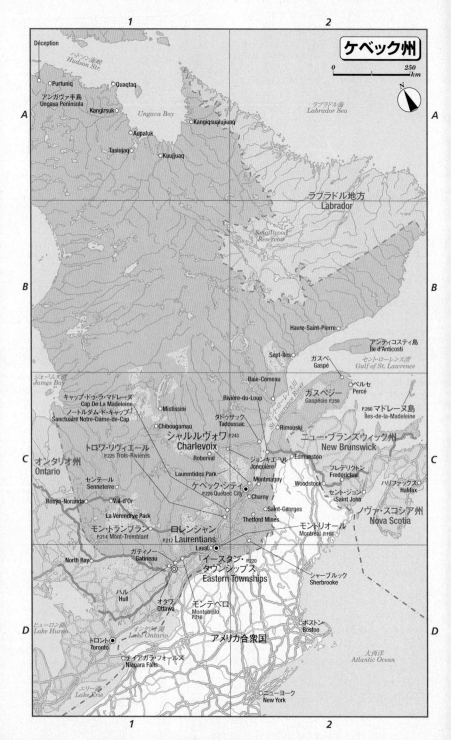

ケベック州

0 250 km

Déception

ハドソン海峡
Hudson Str.

Purtuniq
Quaqtaq

アンガヴァ半島
Ungava Peninsula

Kangirsuk

Ungava Bay

Kangiqsualujjuaq

ラブラドル海
Labrador Sea

Aupaluk

Tasiujaq
Kuujjuaq

ラブラドル地方
Labrador

Smallwood
Reservoir

Havre-Saint-Pierre

アンティコスティ島
Île d'Anticosti

Sept-Îles

セント・ローレンス湾
Gulf of St. Lawrence

ジェームズ湾
James Bay

キャップ・ドゥ・ラ・マドレーヌ
Cap De La Madeleine
ノートルダム・ド・キャップ
Sanctuaire Notre-Dame-de-Cap

トロワ・リヴィエール
P.225 Trois-Rivières

Mistissini

Chibougamau

シャルルヴォワ P.243
Charlevoix

Baie-Comeau

Rivière-du-Loup

タドゥサック
Tadoussac

Rimouski

ガスペ
Gaspé

ベルセ
Percé

ガスペジー
Gaspésie P.258

P.260 マドレーヌ島
Îles-de-la-Madeleine

Roberval

ジョンキエール
Jonquière

Edmunston

ニュー・ブランズウィック州
New Brunswick

オンタリオ州
Ontario

Laurentides Park

ケベック・シティ
P.226 Québec City

Montmagny

Woodstock

フレデリクトン
Fredericton

ハリファックス
Halifax

センテール
Senneterre

Charny

Saint-Georges

セント・ジョン
Saint John

Rouyn-Noranda

Val-d'Or

モン・トランブラン
P.214 Mont-Tremblant

La Verendrye Park

Thetford Mines

モントリオール
Montréal P.168

ノヴァ・スコシア州
Nova Scotia

ロレンシャン
P.212 Laurentians

North Bay

ガティノー
Gatineau

Laval

イースタン・ P.220
タウンシップス
Eastern Townships

シャーブルック
Sherbrooke

ハル
Hull

オタワ
Ottawa

モンテベロ
Montebello
P.218

ビューロン湖
Lake Huron

オンタリオ湖
Lake Ontario

アメリカ合衆国

ボストン
Boston

大西洋
Atlantic Ocean

トロント
Toronto

ナイアガラ・フォールズ
Niagara Falls

エリー湖
Lake Erie

ニューヨーク
New York

ケベック州
Québec

準州を除くカナダ10州のなかで最大の面積をもつケベック州。南はセント・ローレンス川に面し、町はほとんどが川沿いに集中している。フランス語を州の公用語とし、看板や標識もすべてフランス語。人口の8割をフランス系の住民が占めるケベック州は、フランス文化の影響を感じられる地域だ。

州都：	ケベック・シティ
面積：	154万2056km²
人口：	869万5659人
	（2022年7月時点）
時差：	東部標準時間(EST)
	日本との時差－14時間
	（サマータイム実施時－13時間）
州税：	物品税9.975%　宿泊税3.5%
州旗：	青地の白十字に、フランス王家の紋章であるユリの紋章が描かれている。カナダで最初に誕生した州旗。

ケベック州北部

ケベック・シティ

モントリオール

ケベック・シティ周辺
Around Québec City

ユネスコの世界遺産にも登録されているケベック・シティは、城壁に囲まれた石造りの建物の並ぶ都市。周辺にはほかにも、歴史を感じさせる小さくてすてきな町が点在している。
おもな都市
トロワ・リヴィエール(→P.225)
ケベック・シティ(→P.226)

モントリオール周辺
Around Montréal

カナダ東部へのゲートウエイ、モントリオール。古い街並みの残る旧市街と、近代的なダウンタウンが融合した大都市。歴史的な建物や、多彩なショッピングスポットなど、数多くの魅力にあふれている。
おもな都市
モントリオール(→P.168)

リゾートエリア
Resort Area

モントリオールを南北から挟むような格好で、小さなリゾート地の密集したエリアが広がっている。北のロレンシャンは、夏にはハイキングなど各種アクティビティが、冬にはスキーが楽しめる通年型リゾート。南はのどかな風景が見られるイースタン・タウンシップス。秋にはどちらもすばらしい紅葉を見せる。
おもなリゾートエリア
ロレンシャン(→P.212)
イースタン・タウンシップス
(→P.220)

ガスペジー
Gaspésie

セント・ローレンス湾に突き出た半島部分がガスペジー(ガスペ半島)。かつてジャック・カルティエが上陸を果たした地。自然の豊かなこのエリアでは、ハイキングやホエールウオッチングなど自然を満喫するアクティビティを楽しみたい。
おもなエリア
ガスペジー(→P.258)

Montréal
モントリオール

ケベック州

旧市街にあるノートルダム大聖堂はモントリオールの最大の見どころ

MAP P.166-D1
人口 176万2949
（モントリオール市）
面積 514
モントリオール情報のサイト
URL www.mtl.org
twitter twitter.com/montreal
facebook www.facebook.com/Montreal
URL www.bonjourquebec.com
twitter twitter.com/tourismquebec
facebook www.facebook.com/tourisme.quebec

モントリオールのイベント
モントリオール国際ジャズ・フェスティバル
Festival International de Jazz de Montréal
TEL (514)492-1775
FAX (1-855)219-0576
URL www.montrealjazzfest.com
開 6/29～7/8（'23）
　モントリオール最大のイベント。期間中、街ではさまざまな場所でライブが行われる。ジャズ以外にもサンバやブルース、サルサなど音楽のジャンルは多彩。

モントリオール国際花火大会
L'International des Feux Loto-Québec
TEL (514)397-2000
URL www.sixflags.com/larondeen
開 6/25～8/6（'22）
　モントリオールの夏の風物詩。サンテレーヌ島内のラ・ロンド遊園地（**MAP** P.171-A4）を舞台に、世界中から集った花火師たちがダイナミックな花火を打ち上げる。期間中の水・土曜（不定期）に開催。

　モントリオール（フランス語発音でモンレアル）は、セント・ローレンス川の中州に発展したカナダ第2の都市。人口は176万人、都市圏では350万人を超え、パリに次ぐ世界で2番目に大きなフランス語圏の都市である。石造りの歴史的な建物と、近代的な高層ビルが調和した街並みは、ヨーロッパの都市を思わせる。街なかには地名の起源ともなった山のモン・ロワイヤルが緩やかなスロープを描く。

　1642年、フランス人のメゾヌーヴが現在の旧市街に建設したヴィル・マリーという小さな村がこの街の始まり。その後、ヌーヴェル・フランスの重要拠点として発展するが、18世紀半ばに「アブラハム平原の戦い」でフランスがイギリスに敗北すると、モントリオールの支配権もまたイギリス系へと移っていった。しかし、人口の3分の2を占めるフランス系カナダ人たちは、その後も自分たちの文化を守って暮らしてきた。街なかにはフランス語の看板があふれ、人々の会話もまたフランス語。しかし、すぐに英語に切り替えられるバイリンガルぶりが、街の歴史を物語っている。シェルブルック通りを北から南へ歩けば、街並みにもその複雑な歴史が感じられる。プラトー・モン・ロワイヤルからカルティエ・ラタンを越え、サン・ロラン通りを過ぎたあたりで、街は雰囲気を一変させ、マギル大学をはじめとするイギリス風の建物が現れる。

　モントリオールに住む人々のモットーは、フランス語で「ジョワ・ド・ヴィーヴル（人生楽しく）」。その言葉のとおり、街には博物館や美術館、劇場にレストラン、ショップが並ぶ。さらにF1（モータースポーツ）、NHL（アイスホッケー）などプロスポーツの観戦まで、あらゆる娯楽が楽しめるエンターテインメント・シティをなしている。

旧市街のサン・ポール通り

モントリオール

P.194 オリンピック公園
Parc Olympique

昆虫館
Insectarium

リオ・ティント・アルキャン・
プラネタリウム
Planétarium Rio Tinto Alcan

メゾヌーヴ公園
Parc Maisonneuve

モントリオール植物園
Jardin Botanique de Montréal

バイオドーム
Biodôme

オリンピック・スタジアムとモントリオール・タワー
Olympic Stadium & Montréal Tower

P.194 ジャン・タロン・
マーケット
Jean-Talon Market

リトル・イタリー
Little Italy

P.170-171に拡大図

Le Marché des
Saveurs du Québec
P.209

バスティーポ

P.193 サンテレーヌ島
Île Ste-Hélène

P.193 カジノ・ド・モントリオール
Casino de Montréal

P.193 ノートルダム島
Île Notre-Dame

展望台

十字架

マギル大学
McGill University

P.183 モントリオール・ホロコースト博物館
The Montréal Holocaust Museum

墓地

P.192 モン・ロワイヤル公園
Parc du Mont-Royal

セントラル駅
Central Station/
Gare Central

シャレー・ド・ラ・モンテーニュ
Chalet de la Montagne

Lac aux Castors

P.208 Sports Experts

P.192に拡大図

ノートルダム西通り
Rue Notre-Dame O.
P.209

P.209 Grand Central

P.209 Old Time
Antiques

聖ジョゼフ礼拝堂
Oratoire St-Joseph

P.35 アトウォーター・マーケット
Marché Atwater

モントリオール周辺

ラバル
Laval

右上に拡大図

P.173 モントリオール・ピエール・
エリオット・トルドー国際空港
Montréal-Pierre Elliott
Trudeau International Airport

VIA鉄道
コミューター・トレイン

Harricana
P.208

地下鉄路線

— オレンジ・ライン (Ligne orange)
— グリーン・ライン (Ligne verte)
— イエロー・ライン (Ligne jaune)
— ブルー・ライン (Ligne bleue)

169

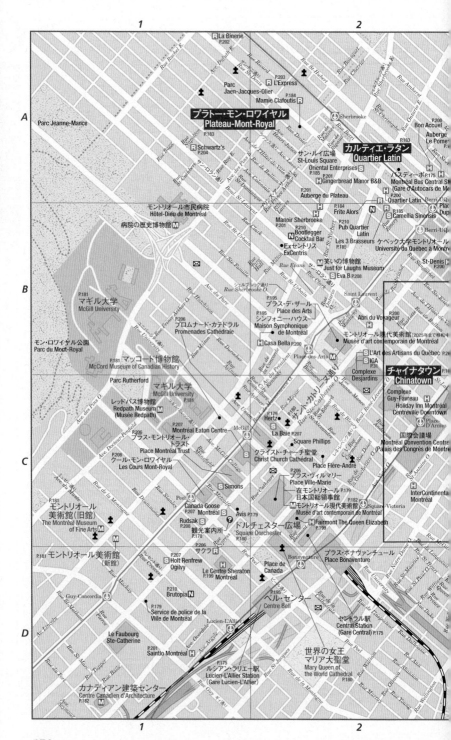

Parc Jeanne-Mance

プラトー・モン・ロワイヤル
Plateau-Mont-Royal

La Binerie
P.202

L'Express
P.203

Parc
Jaen-Jacques-Olier

Mamie Clafoutis
P.184

Sherbrooke

Bon Accueil
P.200

Auberge
Le Pome
P.183

Schwartz's
P.204

サン・ルイ広場
St-Louis Square

カルティエ・ラタン
Quartier Latin

Oriental Enterprises
P.185

Gingerbread Manor B&B
P.201

バスディーポ P.175
Montréal Bus Central S
(Gare d'Autocars de Me

Quartier Latin
P.184

Plac
Dup

Frite Alors

Camellia Sinensis
P.185

Berri-UQ-

モントリオール市民病院
Hôtel-Dieu de Montréal

Manoir Sherbrooke
P.201

病院の歴史博物館 M

Bootlegger
P.210
Cocktail Bar

Pub Quartier
P.210
Latin

Les 3 Brasseurs
P.185

ケベック大学モントリオール
Université du Québec à Mont

ExCentris
ExCentris

笑いの博物館
Just for Laughs Museum

Eva B P.208

St-Denis P.206

マギル大学
P.181
McGill University

Saint Laurent

プラス・デ・ザール
P.195
Place des Arts

Abri du Voyageur
P.200

モン・ロワイヤル公園
Parc du Mont-Royal

シンフォニー・ハウス
P.195
Maison Symphonique
de Montréal

モントリオール現代美術館（2025年まで移転）
Musée d'art contemporain de Montréal

プロムナード・カテドラル
P.206
Promenades Cathédrale

Casa Bella P.200

L'Art es Artisans du Québec P.2

IGA
P.31

マッコート博物館
P.181
McCord Museum of Canadian History

Place-des-Arts M

Complexe
Desjardins

チャイナタウン
Chinatown

Parc Rutherford

マギル大学
McGill University
P.181

Complexe
Guy-Favreau

Holiday Inn Montréal
Centreville Downtown

レッドパス博物館
Redpath Museum
(Musée Redpath)
P.181

Hertz
P.179

La Baie P.207

国際会議場
Montréal Convention Centre
(Palais des Congrès de Montré

モントリオール現代美術館
Musée d'art contemporain de Montréal

プラス・モントリオール・
トラスト
Place Montréal Trust

Montréal Eaton Centre
P.207

McGill

Square Phillips

クライスト・チャーチ聖堂
Christ Church Cathédral

Place Flère-André

プラス・ヴィルマリー
Place Ville-Marie
P.206

クール・モン・ロワイヤル
P.206
Les Cours Mont-Royal

在モントリオール P.179
日本国総領事館

InterContinenta
Montréal

Simons

モントリオール現代美術館
Musée d'art contemporain de Montréal
P.206

Square Victoria

モントリオール
美術館(旧館)
P.181
The Montréal Museum
of Fine Arts M

Canada Goose

Peel

Avis P.179

Rudsak
P.208

観光案内所
P.178

ドルチェスター広場
Square Dorchester
P.180

Fairmont The Queen Elizabeth
P.199

P.181 モントリオール美術館
(新館)

サクラ P.207

Holt Renfrew
Ogilvy
P.207

Place de
Canada

プラス・ボナヴァンチュール
Place Bonaventure

Le Centre Sheraton
P.199
Montréal

Guy-Concordia

Brutopia N
P.210

ベル・センター
P.195
Centre Bell

セントラル駅
Central Station
(Gare Central) P.175

Service de police de la
P.179
Ville de Montréal

Lucien-L'Allier

Le Faubourg
Ste-Catherine

Saintlo Montréal
P.201

世界の女王
マリア大聖堂
Mary Queen of
the World Cathedral
P.180

ルシアン・ラリエー駅
P.175
Lucien-L'Allier Station
(Gare Lucien-L'Allier)

カナディアン建築センター
Centre Canadien d'Architecture
P.182

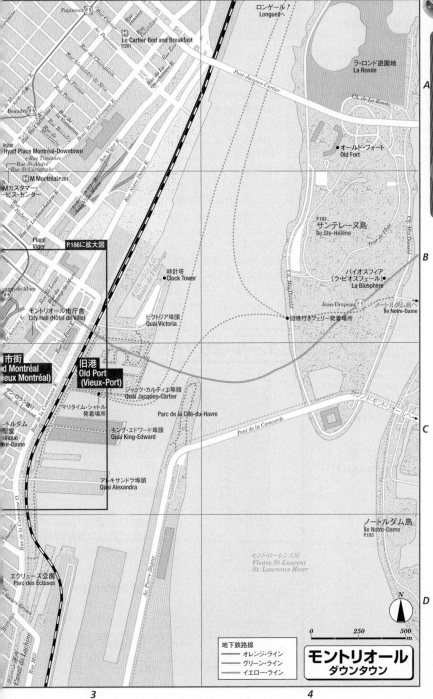

3

4

ロンゲールへ
Longueilへ

ラ・ロンド遊園地
La Ronde

A

Papineau

Le Cartier Bed and Breakfast
P.201

Pont-Jacques-Cartier

オールド・フォート
Old Fort

Beaudry

P.200
Hyatt Place Montréal-Downtown

Rue Timothée
Rue St-André
Rue St-Christophe

Mカスタマー・
ービス・センター

M Montréal P.201

Place Viger

P.186に拡大図

サンテレーヌ島
Île Ste-Hélène

B

時計塔
Clock Tower

バイオスフィア
(ラ・ビオスフェール)
La Biosphère

モントリオール市庁舎
City Hall (Hôtel de Ville)

ビクトリア埠頭
Quai Victoria

Jean-Drapeau

ノートルダム島へ
Île Notre-Dame

旧港行きフェリー発着場所

市街
d Montréal
ieux Montréal)

旧港
Old Port
(Vieux-Port)

ジャック・カルティエ埠頭
Quai Jacques-Cartier

ートルダム
型堂
silique
tre-Dame

マリタイム・シャトル
発着場所

Parc de la Cité-du-Havre

キング・エドワード埠頭
Quai King-Edward

Pont de la Concorde

C

アレキサンドラ埠頭
Quai Alexandra

ノートルダム島
Île Notre-Dame
P.193

エクリューズ公園
Parc des Écluses

セント・ローレンス川
Fleuve St-Laurent
St. Lawrence River

N

D

0   250   500
m

地下鉄路線

—— オレンジ・ライン
—— グリーン・ライン
—— イエロー・ライン

モントリオール
ダウンタウン

171

エア・カナダ（→P.384）

ウエスト・ジェット航空
（→P.384）

ローコストキャリアでモントリオールへ

　トロントからは、ポーター航空Porter Airlines（→P.364欄外）が1日4〜9便運航。出発は市内のビリー・ビショップ・トロント・シティ空港Billy Bishop Toronto City Airport（→P.73欄外）から。

　またケベック・シティとの間にはパル航空PAL Airlinesやエア・トランサットAir Transatも運航している。

空港から市街へ安く行く方法

　ピエール・エリオット・トルドー国際空港から市街へは、空港バスの利用が便利だが、市バスやコミューター・トレインCommuter Trainを利用しても安く移動できる。空港からドルヴァル駅Dorval Stationまでは、市バス#204、#209が結んでいる。ドルヴァル駅からはコミューター・トレインを利用してルシアン・ラリエー駅Lucien-L'Allier Station/Gare Lucien-L' Allierまで行ける。同じくドルヴァル駅からVIA鉄道を利用すれば、セントラル駅Central Station/Gare Centralに到着する。また、ドルヴァル駅から市バス#211か#411で地下鉄リオネル・グルー駅Lionel-Groulxへ行き、地下鉄に乗り換える方法もある。

コミューター・トレイン
（→P.176）
地下鉄と市バスの利用法
（→P.177）

モントリオールへの行き方

🍁 飛行機

　カナダ第2の都市であるモントリオールは、カナダ東部における交通の要衝である。日本からの直行便も就航しており、詳細は「旅の準備と技術、航空券の手配」（→P.356）を参照。カナダ東部、カナダ西部、アトランティック・カナダ方面を目指す旅行者のゲートウエイとしての役割も果たす。トロントからはエア・カナダAir Canada（AC）が1日15便運航、ウエスト・ジェット航空West Jet（WS）が4〜5便、所要約1時間20分。オタワからはエア・カナダが1日5〜6便運航、所要約50分。ケベック・シティからはエア・カナダが1日4便運航、所要約1時間。ハリファックスからはエア・カナダが1日3〜4便運航、所要約1時間50分。シャーロットタウンからはエア・カナダが1日1便運航、所要約2時間。バンクーバーからはエア・カナダとウエスト・ジェット航空が直行便を飛ばしている。エア・カナダが1日3〜4便、ウエスト・ジェット航空は夏季のみ1日1便運航、所要約4時間50分。カルガリーからはエア・カナダが1日3便、ウエスト・ジェット航空が1日1〜2便運航しており、所要約4時間15分。

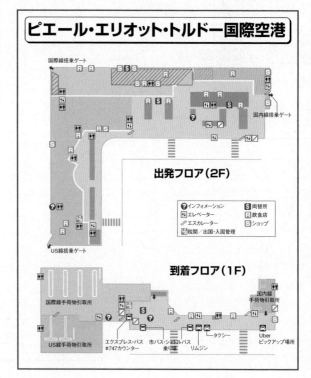

ピエール・エリオット・トルドー国際空港

国際線搭乗ゲート

国内線搭乗ゲート

出発フロア（2F）

❓インフォメーション　　🅂両替所
🛗エレベーター　　　　　🆁飲食店
／エスカレーター　　　　🆂ショップ
📋税関／出国・入国管理

US線搭乗ゲート

到着フロア（1F）

国際線手荷物引取所
国内線手荷物引取所

US線手荷物引取所

エクスプレス・バス #747カウンター
市バス・シャトルバス乗場
リムジン
タクシー
Uber ピックアップ場所

✈ モントリオール・ピエール・エリオット・トルドー国際空港

　モントリオールの空の玄関口はダウンタウンの西約22kmにあるモントリオール・ピエール・エリオット・トルドー国際空港Montréal-Pierre Elliott Trudeau International Airport（YUL）。モントリオールにはもうひとつ、ダウンタウンの北西約55kmにモントリオール・ミラベル国際空港Montréal-Mirabel International Airportもあるが、こちらはチャーター機や貨物便専用の空港となっている。

近代的なモントリオール・ピエール・エリオット・トルドー国際空港

🍁 長距離バス

　トロント〜モントリオール間は、格安のバス会社であるメガバスMegaBusのバスが1日4〜11便運行。所要5時間50分〜6時間30分。オタワからはオルレアン・エクスプレスOrléans Expressが7:45〜18:45

ほとんどの長距離バスが停まるバスディーポ

の1〜2時間ごとに運行、所要約2時間30分。ケベック・シティからはオルレアン・エクスプレスが6:30〜19:30の1〜2時間ごとに運行、所要3〜4時間。

🍁 VIA鉄道

　VIA鉄道の東部近距離特急（コリドー）と呼ばれるケベック・シティ〜ウインザー路線がオンタリオ州やケベック州の主要都市との間を結んでいる。トロントから1日5〜10便運行、所要4時間50分〜9時間30分（一部オタワで乗り継ぎ）。オタワからは1日4〜5便、所要約2時間。ケベック・シティからは1日3〜5便、所要3時間10分〜3時間35分。また、ハリファックスからモンクトンを経由してモントリオールまで運行するオーシャン号The Oceanでもアクセスすることができる。オーシャン号は水・金・日曜の週3日、13:00発。モントリオールに着くのは翌日の10:03。シートはエコノミーと寝台プラスSleeper Plusが用意されており、電車はセントローレンス川を沿って運行する。モントリオール〜ガスペ線も運行されていたが、2022年11月現在、運休中となっている。

地下にあるVIA鉄道駅

モントリオール・ピエール・エリオット・トルドー国際空港
MAP P.169-D1
🏠 975 Roméo-Vachon Blvd. North
☎ (514)633-3333
FREE (1-800)465-1213
URL www.admtl.com

メガバス（→P.384）
トロントから
🚌 大人
　片道$59.99〜

オルレアン・エクスプレス
（→P.384）
オタワから
🚌 片道
　大人$50.48、
　シニア・子供$42.9、
　子供$35.35
ケベック・シティから
🚌 片道
　大人$58.7、
　シニア・学生$49.9、
　子供$41.1

VIA鉄道（→P.384）

フライ＆ドライブ・おすすめコース

モントリオール・ピエール・エリオット・トルドー国際空港から直接行きたい

ピエール・エリオット・トルドー国際空港のレンタカーカウンター

駐車場のグラウンドフロア（1階）にレンタカーオフィスのカウンターが入っている。空港に到着したら、到着フロアから外に出て、横断歩道を渡り駐車場へ向かうといい。

コース① 🚗

別名・紅葉ハイウエイを通り高原地帯を北へ進む
モントリオール～ロレンシャン

走行距離：約138km（モントリオール～モン・トランブラン）

モントリオール北部の高原地帯・ロレンシャン高原を抜けて、紅葉の美しさとスキーリゾートとして名をはせるモン・トランブランまで行くコース。ロレンシャン高原を南北に貫くハイウエイ#15と、#15に連続する#117でほぼ一本道。途中の町々に立ち寄りながら行くなら1泊、モン・トランブランだけなら日帰りでも可能。詳細は（→P.212）。

▶カラフルな建物が並ぶモン・トランブラン

コース② 🚗

宿泊してゆっくり回りたいグルメも満載のリゾート地
モントリオール～イースタン・タウンシップス

走行距離：約170km（モントリオール～シャーブルック）

秋の紅葉の美しさではロレンシャンに引けを取らない、イースタン・タウンシップスを回る。モントリオールからハイウエイ#10で来たら、あとはローカルなハイウエイをのんびり走り、小さくて魅力的な町や教会、ワイナリーへ立ち寄ろう。モントリオールから日帰りは難しいので、1泊はしたい。宿泊はオーベルジュがおすすめ。詳細は（→P.220）。

▶湖沿いを走ることも多い

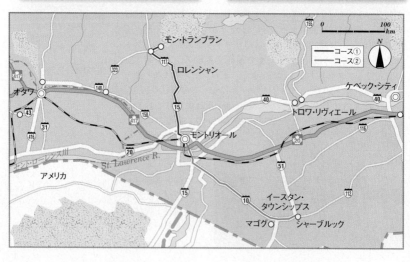

空港から市内へ

🍁 空港バス Express Bus #747

地下鉄リオネル・グルー駅Lionel-Groulx、レネ・レベック通りBoul. René-Lévesqueにある8ヵ所の停留所、地下鉄ベリ・ウカム駅Berri-UQAM、バスディーポを結ぶ、STM社運営のエクスプレス・バス#747 Express Bus #747が出ている。チケットは到着フロアにある両替所のICE Foreigner Exchangeや自動券売機（クレジットカード可）で購入、または乗車時、ドライバーの横に置いてあるボックスに運賃（コインのみ。おつりは出ない）を入れる。空港行きは市バスと同じように停留所で待つ。

🍁 タクシー／リムジン Taxi/Limousine

モントリオール・ピエール・エリオット・トルドー国際空港からダウンタウンまでは所要20〜30分。タクシーのほか、リムジンもある。いずれも料金は固定制となっている。

バスディーポから市内へ

モントリオール・バス・セントラル・ステーションMontréal Bus Central Station/Gare d'Autocars de Montréalと呼ばれ、すべての長距離バスに加え、空港バスのエクスプレス・バス#747も発着する。ダウンタウン中心部へは、直結している地下鉄ベリ・ウカム

バス乗り場のほかチケット販売カウンターもある

駅から地下鉄に乗る。構内には24時間出し入れできるロッカーや手荷物預かりサービスもある。

鉄道駅から市内へ

ふたつの鉄道駅があり、VIA鉄道やアメリカからのアムトラックAmtrakが発着するセントラル駅Central Station/Gare Centralは、ダウンタウンの中心にある。ショッピングモールのプラス・ヴィルマリーPlace Ville-Marieとプラス・ボナヴァンチュールPlace Bonaventure、地下鉄ボナヴァンチュール駅Bonaventure、マギル駅McGillまで地下でつながっているので、ダウンタウンの各エリアへは地下鉄に乗って行くといい。入口はさまざまな所にありわかりにくいので「Fairmont The Queen Elizabeth (→P.199)」のロビーから地下に下りていくといい。もうひとつの鉄道駅は、セントラル駅のすぐ南西にある、ルシアン・ラリエー駅Lucien-L'Allier Station/Gare Lucien-L'Allier。コミューター・トレインCommuter Train (→P.176)のみが発着する。

エクスプレス・バス#747
STM社(→P.176欄外)
空港→ダウンタウン
運24時間
ダウンタウン→空港
運24時間
料片道$11
　1時間に1〜9便運行、所要45分〜1時間10分。

空港バスは到着階から出発する

タクシー
料ダウンタウンまで$41〜
リムジン
料ダウンタウンまで$75〜

バスディーポ
MAP P.170-A2
住1717 Rue Berri
TEL(514)842-2281

セントラル駅
MAP P.170-C2
住895 Rue de la Gauchetière O.
FREE(1-888)842-7245
　構内にはこぎれいなカフェやショップが多数入ったモール、レアル・ド・ラ・ガールLes Halles de la Gareがある。

ルシアン・ラリエー駅
MAP P.170-D2

STM社

☎(514)786-4636
URL www.stm.info
カスタマー・サービス・
センター
MAP P.170-B2
営月〜金11:00〜18:00
休土・日
　ベリ・ウカム駅の改札のす
ぐそばにある。
市バス、地下鉄の料金
料シングルチケット$3.5
　2回券$6.5
　10枚綴り回数券$31.5
　デイパス
　1日$11、3日$21.25
　イブニングパス$5.75
　ウイークエンドパス$14.75

デイパスは空港バスにも利用
できて便利

コミューター・トレイン
☎(514)287-8726
FAX(1-888)702-8726
URL exo.quebec

マリタイム・シャトル
☎(514)281-8000
URL navettesmaritimes.com
運5月中旬〜6月上旬、9月中
　旬〜10月上旬
　土・日9:00〜22:00
　6月上旬〜9月中旬
　月〜木9:00〜19:00
　金〜日9:00〜22:00
　（土・日は旧港〜サンテレー
　ヌ島間のみを結ぶ急行が運
　行されている）
料片道$5.5

路線図は各駅に設置されている

市内交通

　STM社Société de transport de
Montréalが地下鉄と市バスを運
行している。このふたつを利用
すれば、観光で回る範囲は完璧
にカバーできる。また、Exo社が
ダウンタウンと近郊を結ぶコミ
ューター・トレイン（郊外電車）

地下鉄駅は下向き矢印マークが目印

を運行しているが、おもに通勤
用として使われているので、観光で使うことはないだろう。
　夏季のみ旧市街の旧港とサンテレーヌ島、ロンゲールLongueil
の間には、ナベッツ・マリタイムNavettes Maritimes社のマリタイ
ム・シャトルMaritimes Shuttleというフェリーも運航。

乗り換えとチケット料金

　STM社の運行する地下鉄と市バスの場合、利用開始から120分
以内なら相互乗り換えが可能。地下鉄は改札機、市バスはドライ
バーの横にある機械にチケットを通せば何時にどこから乗車した
かチケットの裏に印字される。乗り換え時は同じように機械に通
せばいい。シングルチケットや回数券のほか、地下鉄・市バスが

乗り放題のデイパス、18:00から翌5:00
まで乗り放題のイブニングパス、金
曜16:00から月曜5:00まで乗り放題の
ウイークエンドパス、IC乗車券オー
オープスOpusなどがある。チケット
は窓口または発券機で購入する。

地下鉄の改札機。カードは赤い部分に入れ、デイパスは青い部分にかざす

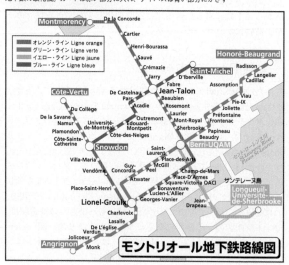

モントリオール地下鉄路線図

🍁 地下鉄 Métro

　路線は全部で4つ。ダウンタウンを北東から南西に貫くグリーン・ラインLigne verte、グリーン・ラインと並行して街の北西を走るブルー・ラインLigne bleue、グリーン・ラインとU字形に交わるオレンジ・ラインLigne

地下鉄はパリの車両と同じゴムのタイヤ

orange、ダウンタウンとサンテレーヌ島を結んでセント・ローレンス川Fleuve St-Laurentの対岸へと走るイエロー・ラインLigne jauneだ。

　シングルチケット・回数券での乗車は、購入したチケットを改札機に入れ、デイパスやイブニングパスは改札機の青い部分にタッチしてから回転バーを押して通り抜ける。電車はすべての駅に停車して、ドアはすべて自動開閉。なお、シングルチケットと回数券の場合、一度地下鉄の駅から出てしまうと、乗り換えることができなくなってしまうので注意しよう。

🍁 市バス Autobus

乗りこなせば便利な市バス

　市バスは市内のほとんどを網羅しており、本数も多いので非常に便利だが、路線が入り組んでいるので少しわかりにくい。使いこなすには観光案内所や地下鉄ベリ・ウカム駅などで「Plan du Réseau」というルートマップを手に入れておくと

いい。また、日中運行のものと、深夜から明け方まで運行する深夜バスRéseau de Nuit/ All-Nightが23路線がある。市バスは前から乗り、後ろから降りるのがルールだが、すいている時なら、前から降りてもOK。降りたいときは窓の上部に付いているワイヤーを引くか、車内の柱に付いているSTOPと書かれたボタンを押して知らせる。後ろから降りる場合は、ドアの中心にある黄色の帯に手をかざすと、センサーが作動してドアが開く。前から下車する場合は、ドライバーがドアを開けてくれる。

🍁 タクシー Taxi

　モントリオールは流しのタクシーも多いので、ホテルの前などに行かなくてもひろうことができる。車体上のTaxiと書いてあるランプが点灯中は乗車可能、消えていたらすでに客を乗せているという意味だ。タクシーはすべてメーター制で、初乗り$4.1、以後1kmごとに$2.05、1分停車で$0.77ずつ加算されていく（23:00〜翌5:00は料金割増になる）。

地下鉄
　モントリオールの地下鉄は1966年の開通。地下鉄の駅数は現在68を数え、それらはすべて違うデザインが施されており、見学するのも楽しい。また、ほとんどの駅は地下街と連結しているので、街なかの移動も楽にできる。
🚇5:30〜24:30頃（イエロー・ラインは〜翌1:00頃、土曜は30分程度延長）
　3〜10分おきに運行。案内板はすべて最終駅名で表示されているので、路線図で目的駅の進行方向を確認してから乗車すること。

モダンなデザインの駅も多い

この看板の下で市バスを待とう

おもなタクシー会社
Coop Taxi de Montréal
☎(514)725-9885
Diamond Taxi
☎(514)273-6331

177

町はサン・ロラン通りBoul. St-Laurentを境に東西に分けられ、両方にまたがる長い通りでは名前のあとにOuest（西）かEst（東）を付けて区別してある。たいてい略してO.やE.が通り名のあとに付く。サン・ロラン通りを挟んで、逆方向に番地が付けられており、通りと番地が合っていても、東と西でずいぶん離れていることがあるので注意が必要だ。また、都市部は北東～南西に急傾した軸に沿って延びているので、通常、北東を東、南西を西と呼んでいる。

❓ 観光案内所

Centre Infotouriste
MAP P.170-C1
🏠 1255 Rue Peel
📞 (514)844-5400
FAX (1-877)266-5687
URL www.mtl.org
🐦 twitter.com/montreal
f www.facebook.com/Montreal
URL www.quebecoriginal.com
🐦 twitter.com/tourismquebec
f www.facebook.com/tourismequebec
🕐 1月～6月下旬
　月～金9:00～17:00
　6月下旬～12月
　毎日9:00～17:00
🚫 1月～6月下旬の土・日
　モントリオールだけではなく、ケベック州全体の案内をしている。また、館内にはツアー会社のカウンターがあり、ツアーの申し込みもできる。カウンターで直接話を聞きたいときは、整理券番号札を取って、順番を待つ。

ダウンタウンの中心に位置している

モントリオールの歩き方

　モントリオールはカナダ第2の都市だけあって、街の規模も大きく、見どころも広範囲に広がっている。街の中心は**モン・ロワイヤル公園**の南東に広がっており、自動車専用道路のオート・ヴィルマリー通りAuto. Ville-Marieを挟んで**ダウンタウン**（新市街）と旧市街とに分かれている。

　モン・ロワイヤル公園の北には住宅街が広がり、その一画に**リトル・イタリー**Little Italyがある。さらに北東の外れには**オリンピック公園**がある。これらの見どころを回るには、駅から多少歩くにせよ、地下鉄が一番便利だ。

　旧港のすぐ対岸に見える**サンテレーヌとノートルダム**のふたつの島は橋でつながっており、サンテレーヌ島へは地下鉄イエロー・ラインで行けるし、旧港から出ているフェリーで渡ることもできる。

ダウンタウン

　メインストリートは**サント・カトリーヌ通り**。この通りから北西と南東にそれぞれ1～2ブロック、地下鉄ピール駅Peelとマギル駅に挟まれた一帯が、ダウンタウンで最もにぎやかなエリアだ。地

リニューアルされたプラス・ヴィルマリーには、巨大なリングが登場した

上には高層ビルが建ち並び、地下にはおもな施設を結んでアンダーグラウンドと呼ばれる地下街が張り巡らされている。サント・カトリーヌ通りの1本南のレネ・レベック通り沿いには**ドルチェスター広場**があり、広場のすぐ近くには観光案内所もあるので、ここから観光を始めるのがいい。レネ・レベック通り、サント・カトリーヌ通り、その北を並行して走るメゾヌーヴ通りBoul. de Maisonneuve、シェルブルック通りRue Sherbrookeなどがダウンタウンを貫く目抜き通りとなっている。これらの

街の北にあるマギル大学のキャンパス

通りを北東に進むと、若者の集まる**カルティエ・ラタン**やおしゃれな住宅街**プラトー・モン・ロワイヤル**がある。ダウンタウンはそれほど広くなく、徒歩で回れないこともないが、地下鉄での移動が便利だ。

旧市街

　オート・ヴィルマリー通りの南、地下鉄オレンジ・ラインのスクエア・ビクトリア駅Square-Victoria、プラス・ダルム駅Place-D'Armes、シャン・ド・マルス駅Champ-de-Marsの各駅からセント・ローレンス川までの一帯が旧市街。中心はジャック・カルティエ広場。広場のすぐ北のノートルダム通りRue Notre-Dameと南のサン・ポール通りRue St-Paulのふたつの通りがメインストリート。ノートルダム通り沿いには**モントリオール市庁舎**や**ノートルダム大聖堂**が、サン・ポール通りには**ノートルダム・ド・ボンスクール教会**や**ボンスクール・マーケット**などのほか、レストランやショップが並ぶ。観光は徒歩で十分。石畳の街をそぞろ歩いてみたい。

ミュージアム・カード

　市内50の博物館・美術館で利用できるお得なチケット。有効期間は2〜5日間（利用は1施設につき1回）。購入はウェブサイトで。
ミュージアム・カード
圏2日券 大人$50
　　3日券 大人$55
　　4日券 大人$60
　　5日券 大人$65
URL museesmontreal.org/en/cards/the-passes

ⓘ ユースフル・インフォメーション

在モントリオール日本国総領事館
Le Consulat Général du Japon à Montréal
MAP P.170-C2
住1 Place Ville Marie, Suite 3333
TEL(514)866-3429
FAX(514)395-6000
URL www.montreal.ca.emb-japan.go.jp
開月〜金9:00〜12:30/13:30〜17:00
休土・日・祝日

警察
Service de police de la Ville de Montréal
MAP P.170-D1
TEL(514)393-1133

病院
Montréal General Hospital
MAP P.192-B2
住1650 Cedar Ave.
TEL(514)934-1934

**カナダ三菱UFJ銀行
モントリオール支店**
住600 Boul. de Maisonneuve W., Suite 2520

TEL(514)875-9261

レンタカー
Avis
ピエール・エリオット・トルドー国際空港
TEL(514)636-1902
ダウンタウン **MAP P.170-C1**
住1225 Rue Metcalfe
TEL(514)866-2847
Hertz
ピエール・エリオット・トルドー国際空港
TEL(514)636-9530
ダウンタウン **MAP P.170-C2**
住1475 Rue Aylmer
TEL(514)842-8537

🚩 現 地 発 の ツ ア ー

グレイ・ライン・モントリオール

　市内の見どころを回る2階建て観光バス、Hop-On Hop-Off Tourを催行。好きな観光ポイント10ヵ所で自由に乗り降りができる。バスは約2時間で一周する。そのほか、レトロなストリート・カー風のバスに乗り、旧市街、聖ジョセフ礼拝堂、サンテレーヌ島など市内のほとんどの見どころを回るMontréal City Tourも人気だ。途中で立ち寄る主要な観光スポットでは、写真撮影の時間も取ってくれるのでうれしい。所要約3時間30分。ツアーの発着場所は、ドルチェスター広場のすぐ横（観光案内所前）。主要ホテルからのピックアップサービスも利用可能。

**グレイ・ライン・モントリオール
Gray Line Montréal**
TEL(1-800)472-9546
URL www.grayline.com/things-to-do/canada/montreal
Hop-On Hop-Off Tour
圏4月下旬〜10月下旬
　　毎日10:00〜16:00の30分ごと（6月上旬〜9月下旬は15分ごと）に出発
圏大人$49,子供$32
Montréal City Tour
圏毎日9:00、13:00（時期により変動あり）
圏大人$51,子供$32
　チケットは観光案内所かウェブサイトで購入。

ケベック州

モントリオール ◆ 歩き方／現地発のツアー

Québec

179

ダウンタウン

🍁 サント・カトリーヌ通り
Rue Ste-Catherine

MAP P.170-D1〜P.171-A3

サント・カトリーヌ通りはにぎやかなショッピングエリアだ

CHECK!

モントリオールには公共自転車 (BIXI) が導入され、市内に約800カ所あるステーションで気軽にレンタルできる。メンバー登録すると45分まで乗り放題の定額制と、短時間・短距離移動に便利な従量課金制のOne Wayがあり、各ステーションの端末またはアプリでクレジットカード決済ができる (電動自転車の場合はアプリのみ)。

コミュニティサイクル
BIXI Montréal
🔗bixi.com
🕐4月中旬〜11月中旬
💴One Way (1回利用) $1〜
（デポジット$100が必要）

世界の女王マリア大聖堂
🏠1085 Rue de la
　Cathédrale
☎(514)866-1661
🔗www.diocesemontreal.org
🕐月〜金7:00〜18:00
　土7:30〜18:00
　日8:30〜18:00
🚫無休
💴無料

ダウンタウンの中心にある巨大な大聖堂の内部

ダウンタウンを南西から北東に貫くメインストリート。ギィ通りRue Guy〜サン・ロラン通りに挟まれたあたりが繁華街の中心。通りの両側にはデパート「La Baie (→P.207)」や「Holt Renfrew Ogilvy (→P.207)」、アイマックス劇場の入った「Simons」、「Montréal Eaton Centre (→P.207)」やクール・モン・ロワイヤルLes Cours Mont-Royalなどの大型のショッピングモールが建ち並び、またその間をぬうようにセンスのいい小さなショップが点在している。ほとんどのビル間は地下で接続しており、アンダーグラウンドシティの中心にもなっている。

🍁 ドルチェスター広場
Square Dorchester

MAP P.170-C1・2

高層ビルに囲まれた、小さくて緑豊かな広場。1799〜1854年には、モントリオールに住むカトリック教徒の墓地として使われていたという。広場の中央に立っている銅像は、フランス系カナダ人として初めてカナダ首相になったローリエ卿。横にそびえるボザール様式の重厚な建物は、1918年建造のサン・ライフ・ビルディングSun Life Buildingだ。広場の北側に観光案内所があることから、街歩きの起点にすると便利。

サン・ライフ・ビルディングとローリエ卿の像

🍁 世界の女王マリア大聖堂
Mary Queen of the World Cathedral

MAP P.170-C2〜D2

1894年、プロテスタント勢力の強いこの地域に、カトリックの勢力を誇示するという目的で造られた、ローマのヴァチカン市国のサン・ピエトロ寺院の4分の1のレプリカ寺院。張り詰めた空気の流れる礼拝堂や一面に金箔が施された天蓋など、荘厳な雰囲気に満ちている。

マギル大学
McGill University

MAP P.170-B1～C1

　毛皮貿易で財を築いたイギリス人ジェームズ・マギルJames McGillの遺産をもとに、1821年に設立された英語系の大学。敷地内には建設当時から残る重厚な石造りの建物が林立している。キャンパス内にあるレッドパス博物館Redpath Museum/Musée Redpathには、エジプトのアンティークコレクションが数多く展示されている。ミイラや干し首などがあるほか、復元した恐竜の骨格標本や化石、ほかにも日本の甲冑なども展示してある。

ちょっと変わったコレクションを誇るレッドパス博物館

　また、大学の正門からプラス・ヴィルマリーへ延びるマギル・カレッジ通りAve. McGill-Collegeは、モダンなビルが建ち並ぶモントリオールの現代建築の最先端を行く通りだ。

マッコード博物館
McCord Museum of Canadian History

MAP P.170-C1

　マギル大学の斜め前にある。18世紀以降の日用品を通して、ケベック州を中心としたカナダの人々の生活や文化を解説している。館内展示は3フロアからなり、1階はイヌイットをはじめとするネイティブカナディアンの服飾史についての展示。2階では地下鉄や高層ビルの登場など、モントリオールの変遷に焦点を当てた展示を行っており、過去と現在を学べる内容となっている。3階では企画展を随時開催している。

モントリオール美術館
The Montréal Museum of Fine Arts

MAP P.170-C1

　シェルブルック通りとクレセント通りRue Crescentの交差点に、神殿のような旧館とモダンな新館が向かい合って立っている。旧館は1860年にオープンした、カナダ最古の美術館だ。ケベック出身の画家、マーク・オーレル・ド・フォア・スゾー・コートMarc-Auréle de Foy Suzor-Côteなどのカナダやケベック州の美術を中心に、版画、デッサン、絵画、彫刻、写真、家具など4万5000点以上ものコレクションを収蔵、展示している。新館は各階をスロープでつなぐ斬新なデザイン。ふたつの建物間は地下トンネルで接続され、自由に行き来することができる。ミュージアムショップも充実の品揃えだ。

重厚な外観の旧館

マギル大学
住845 Rue Sherbrooke O.
TEL (514)398-4455
URL www.mcgill.ca
レッドパス博物館
TEL (514)398-4861
URL www.mcgill.ca/redpath
※2022年11月現在、休館中。

マッコード博物館
住690 Rue Sherbrooke O.
TEL (514)861-6701
URL www.musee-mccord.qc.ca
開5月下旬～9月上旬
　月・火・木・金10:00～18:00
　水10:00～21:00
　土・日10:00～17:00
　9月上旬～5月下旬
　火・木・金10:00～18:00
　水10:00～21:00
　土・日10:00～17:00
休9月上旬～5月下旬の月
料大人$19、シニア$17、学生$14
　（水曜の17:00～は無料）

モントリオールの歴史が学べる

モントリオール美術館
住1379-1380 Rue Sherbrooke O.
TEL (514)285-2000
URL www.mbam.qc.ca
開火～日10:00～17:00
　（水曜の企画展は～21:00）
休月
料31歳以上$24、21歳～30歳$16、20歳以下無料
　（水曜の17:00～は$12、一部施設を除いて毎月第一日曜は入館無料）

モントリオール現代美術館
🏠1 Place Ville Marie
☎(514)847-6226
🌐www.macm.org
🕐火〜金11:30〜19:00
　土11:00〜18:00
　日11:00〜17:30
休月
料$10

カナディアン建築センター
🏠1920 Rue Baile
☎(514)939-7026
🌐www.cca.qc.ca
🕐水・金〜日
　11:00〜18:00
　木11:00〜21:00
休月・火
料大人$10、シニア$7
　（木曜の17:30〜は無料）

ビクトリア様式のショーネシー邸

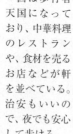

1日中活気にあふれるゴーシュティエール通り

🍁 モントリオール現代美術館　MAP P.170-C2
Musée d'art contemporain de Montréal

　カナダ随一といわれる現代アートの美術館。ギャラリーでは、ポップアートや写真、グラフィックアートなどを展示している。作品はカナダのみならず世界各国から収集されたものだ。5つの劇場やコンサートホールなどを備えた複合施設、プ

コレクションの一部を公開している

ラス・デ・ザールPlace des Arts（→P.195）の広場内にあるが、2022年11月現在、改修のため建物は工事中となっている。コレクションはプラス・ヴィルマリーのすぐ横にあるビルにて公開中している。再オープンは2025年の予定。

🍁 カナディアン建築センター　MAP P.170-D1
Centre Canadien d'Architecture

　世界的にも珍しい、建築デザインに関する博物館兼研究所。世界中の有名建築物や都市計画の設計図などを展示している。展示物は3〜5ヵ月ごとに変更される。建物の

モダンな雰囲気の建物

裏に立つ豪華なライムストーンのショーネシー邸は、19世紀に建てられた邸宅。現在一般公開され、企業イベントや各種式典などにも利用されている。

🍁 チャイナタウン　MAP P.170-B2〜C3/P.186-A1
Chinatown

　ダウンタウンと旧市街のちょうど中間に位置している。モントリオールのチャイナタウンが形成されたのは、19世紀後半。おもに鉄道工事や鉱山などの労働者として産業発展に従事した中国人移民たちによる。メインストリートはゴーシュティエール通りRue de la Gauchetière。特にふたつの中華門に挟まれた一画は歩行者天国になっており、中華料理のレストランや、食材を売るお店などが軒を並べている。治安もいいので、夜でも安心して歩ける。

チャイナタウンの中華門

♣ カルティエ・ラタン
Quartier Latin

MAP P.170-A2

カルティエ・ラタン
案内
TEL (514)849-4906
URL www.quartierlatin.ca

ダウンタウンの北東の端、サン・ドニ通りRue St-Denis沿い、メゾヌーヴ通りBoul. de Maisonneuveから北側の一帯がカルティエ・ラタンだ。このエリアは、旧モントリオール大学、現在はケベック大学モントリオール校（UQAM）というフランス系大学の学生たちが集まることから、"カルティエ・ラタン"と呼ばれるようになった。特に、地下鉄ベリ・ウカム駅とモン・ロワイヤル駅Mt-Royalの間は、おしゃれなカフェやレストラン、ギャラリーなどが並び、若者たちで夜遅くまでにぎわっている。

おしゃれなカフェも多い

♣ プラトー・モン・ロワイヤル
Plateau-Mont-Royal

MAP P.170-A1・2

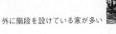

サン・ルイ広場に面した瀟洒な住宅街

サン・ドニ通りのカルティエ・ラタンから西に路地を1〜3ブロックほど入ったプラトー・モン・ロワイヤル地区は、20世紀の初め頃まで清貧のインテリ層やフランス系カナダ人労働者階級たちの住宅地であった。サン・ドニ通り沿いのサン・ルイ広場St-Louis Squareを抜けた、ラヴァル通りAve. Lavalを中心とした一帯は、ビクトリア様式の背の低い家屋が道の両側に並ぶ静かな住宅街。玄関に美しいらせん階段を備えていたり、外壁を赤や青に塗り替えたカラフルな建物もある。モントリオールの典型的な下町のたたずまいをとどめるこの地区には、若いアーティストやデザイナーなどが多く住み、どこかハイセンスな雰囲気も漂う。

サン・ルイ広場から南西に延びているのがプリンス・アーサー通りRue Prince Arthur。ここからサン・ロラン通りまでは歩行者天国となっており、各国料理の安食堂が並んでいる。サン・ロラン通りは、ダウンタウンを北西〜南東に貫いている。通称ザ・メインThe Mainと呼ばれ、モントリオールを東西に分ける分水嶺である。通りの東はフランス語圏であり、西は英語圏。モントリオールの文化や歴史を語るうえでも欠かせない通りだ。

外に階段を設けている家が多い

CHECK!
ホロコーストを知る博物館

モントリオールには第2次世界大戦中、ナチスの迫害から逃れたユダヤ人が多数移り住み、地下鉄オレンジ・ラインのCôte Sainte-Catherine駅から徒歩5分の場所にあるモントリオール・ホロコースト博物館The Montréal Holocaust Museumでは、彼らの証言映像や関連資料などでホロコーストの実態をリアルに伝えている。

Montréal Holocaust Museum
MAP P.169-C1
🏠 5151 Chemin de la Côte-Sainte-Cahtherine Rd.
TEL (514)345-2605
URL museeholocauste.ca
🕐 月〜木
10:00〜17:00
金10:00〜15:00
日10:00〜16:00
休 土
料 大人$10、シニア・学生$8

プリンス・アーサー通りのにぎわい

モントリオールの定番★注目エリア
カルティエ・ラタン
Quartier Latin

個性的な店が並ぶ

おしゃれな学生たちが集まるエリア、カルティエ・ラタン（→P.183）！ カフェや雑貨屋などが並び文化的な雰囲気が漂う。シェルブルック駅とベリ・ウカム駅からのアクセスのよさも魅力的。

Rue Berri
ベリ通り

Rue Sherbrook E.
シェルブルック通り

← シェルブルック駅

● サン・ルイ広場

カジュアルなフランス風
パンやスイーツが豊富
Mamie Clafoutis

マミ・クラフティ

MAP P.170-A2

サン・ドニ通りにある、人気ブーランジェリー。スイーツは常時15種類ほどあり、伝統からオリジナルまで幅広い品揃え。毎日焼きあげるパンやサンドイッチなどの軽食も揃う。

🏠3660 Rue St-Denis 📞(438)380-5624
🌐www.mamieclafoutis.com
🕐月～土7:30～19:00 日8:00～17:00
🚫無休 💳不可

1外はパリッと、中はしっとりした食感のカヌレ$3.4 2洋梨のコンポートなどタルトはホール$20～のほかカットでの注文もOK 3建物2階にはカフェがあり、イートインも可能

熱々プティンを召し上がれ
ケベック州のチェーン店
Frite Alors

フリット・アロー

MAP P.170-A2

一番人気は、フレンチフライにチーズとグレービーソースをかけたケベック生まれのB級グルメ、プティン。店内は明るい雰囲気で、地元の若者たちでいつもにぎわっている。

🏠1710 Rue St-Denis 📞(514)658-5522
🌐www.fritealors.com 🕐日～木11:30～23:00
金・土11:30～24:00 🚫無休 💰$5～ 💳AMV

1プティン好きのケベコワでにぎわっている 2ミニサイズのプティンは$6.75 3ハンバーガーやサンドイッチセットにすればプティンのミニサイズが$3になる

エキゾチックなアイテムがいっぱい
好奇心を刺激する雑貨屋
Oriental Entreprises
オリエンタル・アンタレプリーズ　　MAP P.170-A2

　インドの洋服やアクセサリー、仏像、シンギングボールなどを扱う雑貨屋。1番人気はお香$1.45〜でまとめて買うと安くなる。オーナーのジャスリンさんはとてもフレンドリー。

🏠2075 Rue St-Denis
☎(514)849-4385
URLorientalenterprises.ca
🕐月〜土10:00〜17:00
休日
💳A M V

1 若者や旅行客がよく訪れる 2 真っ赤なイヤリングは$14.95 3 さまざまな形相をした仏像がたくさん揃う 4 洋服はどれもカラフル。$28〜35が中心

昼から夜までにぎわう
地元で人気のブリューイング
Les 3 Brasseurs
レ・トロワ・ブラッサー　　MAP P.170-B2

　オリジナルのビールは5種類と、月替わりの1種類が味わえる。料理はどれもビールにぴったりで、ハンバーガーやピザ、ソーセージなど。店内は天井が高く、開放感がある。

🏠1658 Rue St-Denis
☎(514)845-1660
URLles3brasseurs.ca
🕐日〜水11:30〜23:00
　木〜土11:30〜24:00
休無休 予$20〜
💳A M V

1 テーブル席とカウンター席がある 2 自家製ビール4種が味わえるテイスティングセット$8.4 3 キュートな店のロゴマーク 4 北フランスの薄焼きピザFlamme-kuechelは$17.4

Ave. Savoie

Rue St-Denis
サン・ドニ通り

ベリ・ウカム駅

ワクワクするアイテムがたくさん揃っているよ！

Rue Onterio E.

Rue Emery

茶葉の香りを嗅いで、好みのお茶を選んでください！

Rue Sanguinet

緑茶から紅茶まで
幅広く並ぶお茶の専門店
Camellia Sinensis
カメリア・シネンシス　　MAP P.170-B2

　日本や台湾などアジア産を中心に、約250種類のお茶の葉を扱う専門店。葉は50g$7〜。ジャン・タロン・マーケット(→P.194)の向かいにも支店がある。

🏠351 Rue Emery ☎(514)286-4002
URLcamellia-sinensis.com
🕐月〜土11:00〜18:00
　日12:00〜18:00
休無休 💳A D M V

1 店内にはずらりとお茶が並んでいる 2 試飲ができることも 3 日本茶も扱っている 4 急須などの食器も扱う

Vieux-Montréal
MAP P.186-A2
住 174 Rue Notre-Dame E.
FREE (1-800)230-0001
URL www.vieux.montreal.
　qc.ca
開 5月、10月
　毎日10:00〜18:00
　6〜9月
　毎日9:00〜19:00
　11〜4月
　木〜月10:00〜18:00
休 11〜4月の火・水

旧市街

🍁 ジャック・カルティエ広場
MAP P.186-A2
Place Jacques-Cartier
★★★

　ノートルダム通りから旧港に向かって、緩やかなスロープを描きながら細長く延びる、旧市街の中心的な広場。花屋やフルーツの屋台、似顔絵描きなどもいて楽しい所だ。広場の入口には円柱が立っており、先端にはトラファルガー海戦で活躍した英国海軍司令官、ネルソンの像が乗っている。円柱近くに観光案内所があるので、旧市街歩きの拠点にもぴったり。

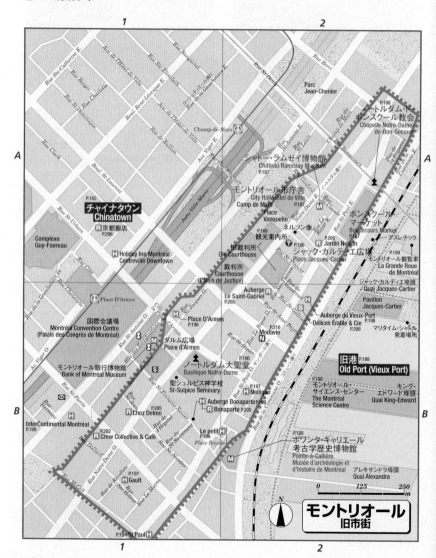

♦ モントリオール市庁舎

City Hall/Hôtel de Ville

ジャック・カルティエ広場の向かいに立ち、1878年に建築されたバロック調の建物が、モントリオールの市庁舎だ。1922年の火災により大部分が焼失したが、1926年に修復。内部は、大理石の床や壁、金色のシャンデリアや繊細な彫刻などで豪華に彩られている。1967年、フランスのド・ゴール大統領（当時）がケベックに滞在した際、建物裏側のバルコニーから「自由ケベック万歳Vive le Québec Libre!」と演説したことでも知られる。ガイドツアーではそのバルコニーや議場などを見学できる。市庁舎の横には、現裁判所とふたつの旧裁判所があり、こちらの建物も必見だ。

重厚感のある建物

MAP P.186-A2

モントリオール市庁舎
住275 Rue Notre-Dame E.
TEL(514)872-0311
URLmontreal.ca/en/places/
city-hall
※2022年11月現在、改修工事のため休館中。

マメ知識
自由ケベック万歳
　独立を主張するケベック州が州独自の外交を展開、連邦政府を慌てさせた事件。

♦ シャトー・ラムゼイ博物館

Château Ramezay Museum

ケベック州初の歴史的建造物

石積みの壁やトタンの屋根が古めかしい建物は、1705年に当時のモントリオール総督、クロード・ド・ラムゼイの邸宅として建造されたもの。その後も歴代カナダ総督の官邸として利用された。アメリカ独立戦争時には反乱軍のアジトとしても使われ、かのベンジャミン・フランクリンBenjamin Franklinもここに滞在していた。当時の姿のまま残された館内には18～19世紀の家具のほか、当時の衣装などが展示されている。季節の花が咲き乱れる中庭も必見の美しさ。

MAP P.186-A2

シャトー・ラムゼイ博物館
住280 Rue Notre-Dame E.
TEL(514)861-3708
URLwww.chateauramezay.
qc.ca
開毎日10:00～17:00
休無休
料大人$12、シニア$10.5、
学生$9、子供$5.75
日本語の案内書あり。

♦ ボンスクール・マーケット

Bonsecours Market

その昔、港に入る船の目印になっていたといわれる、銀のドーム屋根がひときわ目立つネオ・クラシック様式の横長の建物。1845年に建造されて以来、市庁舎やパブリックマーケット、連邦政府議会場など時代ごとにさまざまな役割を担ってきた。内部はそのつど改装され、現在はクラシックとモダンが入り交じった、スタイリッシュな内装に仕上がっている。2階にはケベックを中心とするカナダのクラフトや工芸品を販売するショップやブティックがある。

みやげ物のショップが多く入っている

MAP P.186-A2

ボンスクール・マーケット
住350 Rue St-Paul E.
TEL(514)872-1654
URLwww.marchebonsecours.
qc.ca
営日～金12:00～18:00
土11:00～17:00
（時期により変動あり）
休無休

ノートルダム・ド・ボンスクール教会

ノートルダム・ド・ボンスクール教会
[住] 400 Rue St-Paul E.
[TEL] (514)282-8670
[URL] marguer3itebourgeoys.
org
[開] 5月中旬～10月中旬
　毎日11:00～18:00
　10月中旬～5月中旬
　火～金11:00～16:00
　土・日11:00～17:00
[休] 10月中旬～5月中旬の月
[料] 無料
博物館
[料] 大人$14、シニア$12、
　学生$7、子供$5

♣ ノートルダム・ド・ボンスクール教会　[MAP] P.186-A2
Chapelle Notre-Dame-de-Bon-Secours

モントリオール初の教師であるマルグリット・ブルジョワにより1655年に創建された。聖堂は23年の歳月をかけて完成するが、1754年の火災で焼失。現在の建物は1771年に再建されたものだ。堂内ではフレスコ画やステ

細かい装飾が見られるチャペルの内陣

ンドグラスを見ることができる。別名「船乗りの教会」としても知られ、天井には、船乗りたちが航海の無事を祈願して奉納した船の模型がつり下げられている。

　建物内には、マルグリットに関する資料を展示したマルグリット・ブルジョワ博物館Musée Marguerite-Bourgeoysがあり、発掘された古い礼拝堂を見学できる。博物館内から尖塔の上に出ることもでき、旧港や旧市街を見渡せる。

ポワンタ・キャリエール
考古学歴史博物館
[住] 350 Place Royale
[TEL] (514)872-9150
[URL] www.pacmuseum.qc.ca
[開] 月～金
　10:00～18:00
　土・日11:00～17:00
[休] 無休
[料] 大人$25、シニア$24、
　ユース$17、子供$8

地下にあるカトリック教徒の墳墓

♣ ポワンタ・キャリエール考古学歴史博物館　[MAP] P.186-B2
Pointe-à-Callière Musée d'archéologie et d'histoire de Montréal

旧港のすぐそばに立つ

旧市街の南端にある、モントリオールの歴史を学ぶことのできる博物館。もともと別の場所にあった博物館をこの地に移動させた、ルイ・ヘクター・キャリエール元知事の名を冠して命名された。建物が立っているのはモントリオール発祥の地、ヴィル・マリーの村が建設された場所だ。パネルやジオラマの展示のほかレーザーやホログラムを使った映像など、さまざまな方法による展示が

楽しめる。地下には市最古のカトリック教徒の地下墳墓があり、その先の通路を抜けた先には、旧税関を改装した別館がある。

モントリオール・サイエンス・
センター
[MAP] P.186-B2
[住] 2 Rue de la Commune
O.
[TEL] (514)496-4724
[FREE] (1-877)496-4724
[URL] www.montrealscience
centre.com
[開] 毎日10:00～18:00
[休] 無休
[料] 大人$24、シニア$22、
　ユース$18、子供$15
　アイマックス劇場とのコンビネーションチケットもある。

♣ 旧港　[MAP] P.186-B2
Old Port/Vieux Port

セント・ローレンス川沿いに約2.5kmにわたって広がる旧港は、アレキサンドラQuai Alexandra、キング・エドワードQuai King-Edward、ジャック・カルティエQuai Jacques Cartier、ビクトリアQuai Victoria（通称クロック・タワーQuai Clock Tower）の4つの埠頭から

ジャック・カルティエ埠頭にあるパビリオン

なる。世界中の港を結ぶアレキサンドラ埠頭は内陸港としては世界最大級。各国からの豪華クルーズ船も到着する。キング・エドワード埠頭には、科学について体験しながら学べ、アイマックス劇場を備えるモントリオール・サイエンス・センターThe Montréal Science Centreがある。ジャック・カルティエ埠頭とビクトリア埠頭からはクルーズやボートツアーが発着。ジャック・カルティエ埠頭にはサンテレーヌ島に渡るフェリーの発着所もある。コミューン通りRue de la Communeと並行して遊歩道が続き、サイクリングやジョギングを楽しむ人々が見られる。

　またジャック・カルティエ広場の北はアミューズメントゾーンになっており、セント・ローレンス川に浮かぶ小さな島にはモントリオール観覧車La Grande Roue de Montréalがあるほか、周囲には海賊をテーマとしたアスレチックがあり、ジップラインも楽しめる。春から秋の休日にはキッチンカーも出て、特に家族連れで大いににぎわう。

港を一望できる観覧車

モントリオール観覧車
MAP P.186-A2
住362 Rue de la
　Commune E.
TEL (514)325-7888
URL www.lagranderouede
montreal.com
圖毎日10:00〜23:00
休無休
料大人$28.74、シニア・学生
　$25.01、子供$22.42
　観覧車は夜になるとライト
アップされる。上空から望む
旧市街の夜景もきれい。

Column　セント・ローレンス川をクルーズしよう！

　セント・ローレンス川の中州にある街、モントリオールでは、クルーズが楽しめる。クルーズといえば、セント・ローレンス川を周遊するもので、船はほとんどが旧港から発着しており、遊覧船からディナークルーズまで、さまざまなタイプのクルーズが楽しめる。クルーズの会社もいろいろあるが、代表的なものは右記の2社。会社や各種ツアーによって船のタイプやコースも大きく変わるので、事前に確認しておくこと。予約はウェブサイトや電話のほか、観光案内所でもできる。

セント・ローレンス川でクルーズを楽しもう

バトー・ムーシュ **Bateau Mouche**
TEL (514)849-9952　FRE (1-800)361-9952
URL www.bateaumouche.ca
Day Tour
　屋根がガラス張りの展望遊覧船で、サンテレーヌ島やノートルダム島周辺を周遊。1時間と1時間30分の2コースやピクニッククルーズがある。
催5月中旬〜10月中旬
　1時間コース　毎日11:00、14:30、16:00
（変動あり）
　1時間30分コース　毎日12:30（変動あり）
料大人$33($28)、シニア・学生$31($26)、
　子供$12($10)
　※（　）内は1時間コースの料金。
Dinnor Cruise
　展望遊覧船で夕日や夜景を眺めながらフランス料理を楽しむクルーズ。所要約3時間。
催5月中旬〜10月中旬　水〜土19:00（変動あり）
料大人$135〜（曜日・座席により異なる）
AMLクルーズ　AML Cruise
FRE (1-866)856-6668
URL www.croisieresaml.com
Guided Sightseeing Cruise
　ミシシッピ・スタイルの遊覧船でのクルーズ。
所要約1時間30分。
催5月中旬〜10月上旬　毎日11:30、14:00、
　16:00（変動あり）
料大人$39.99、子供$24.99

モントリオールの **2大教会**をぐるり巡って 見どころをチェック

モントリオールにそびえるノートルダム大聖堂と、聖ジョゼフ礼拝堂。建物の美しさはもちろん、それぞれ必見ポイントがあるんです。

旧市街に
堂々とそびえる

ノートルダム大聖堂ってこんなトコ

モントリオール出身の歌手セリーヌ・ディオンが結婚式を挙げたことでも知られる、モントリオールの旧市街最大の見どころ。1829年建設のネオ・ゴシック様式の重厚な建物で、天高く延びる2本の鐘楼には、東塔に10個の鐘からなるカリヨンが、西塔には重さ11トンもの巨鐘が納められている。精巧な彫刻やエメラルド色の天井も印象的で、何百本ものキャンドルの明かりが、厳粛な気分へといざなう。

おすすめ観光タイム 30分〜

連日観光客でにぎわっている

ノートルダム大聖堂 Basilique Notre-Dame
MAP P.186-B1
住 110 Rue Notre-Dame O. TEL (514)842-2925
URL www.basiliquenotredame.ca
開 月〜金9:00〜16:30　土9:00〜16:00
　日12:30〜16:00
休 無休 料 大人$15、子供$9.5
日本語パンフレットあり。
ミサ
開 月〜金7:30、12:15　土17:00
　日9:00、11:00、17:00
土・日曜はパイプオルガンを演奏。
各回30分前に開場。フランス語のみ。

✓ **祭壇**
聖堂に入るとすぐに目に入るのが、ブルーのライトに照らされて浮かび上がる黄金の祭壇。バラ窓やステンドグラスから差し込む光が、精巧な祭壇の彫刻を映し出している。

\ Check /

幻想的なライトアップショー
教会内部のライトアップショー「AURA」。音楽と光の迫力ある約25分のショーが楽しめる。
開 月〜金18:00、20:00
　土19:00、21:00(時期により変動あり)
料 大人$36、シニア$31、学生$23、
　子供$19

ここに注目

✓ **らせん階段**
マイクがなかった当時、説教壇に使用されていた。クルミの木から手彫りで作られている。なお、音響効果を高めるため、入口から祭壇に向かって徐々に下り坂になっている。

✓ **パイプオルガン**
7000本ものパイプをもつパイプオルガンで、年間を通じて定期コンサートが行われる。なかでも夏季に開かれるモントリオール交響楽団によるモーツァルトのコンサートは有名。

✓ **ステンドグラス**
1929年、大聖堂の100周年を記念して取り付けられた。1階のステンドグラスに描かれているのは、モントリオールの歴史。ケベック出身のアーティストがデザインを手がけた。

✓ **礼拝堂**
聖堂の裏にある小さな礼拝堂で、祭壇の脇のドアから入れる。1978年に火災に遭ったが、オリジナルの装飾ができるかぎり活きるようデザインされ、再建された。

聖ジョゼフ礼拝堂ってこんなトコ

モントリオールの最高地点、263mに建てられたカトリックの礼拝堂。カナダの守護聖人、聖ジョゼフに捧げる目的で造られたイタリア・ルネッサンス様式の建物は、1942年から18年の年月をかけて完成したもの。もともとはアンドレ修道士が建てたわずか数m四方の礼拝堂だったが、彼の死後、彼を慕う人々の熱意を原動力に壮大な建物が完成。今では年間約200万人が巡礼に訪れている。

おすすめ観光タイム 2時間〜

敷地が広く、見どころも多いのでひととおり回ると2時間はかかる。時間のない人は見るポイントを絞ろう。

＼ Check ／

アンドレ修道士とは
神学校で門番を務めつつ、訪れてくる病人や悩みのある人の話を聞いていた。彼らに聖ジョゼフに祈るようすすめていたところ、回復したという声がどんどん広まり、信仰の力で病を治す「奇跡の人」と呼ばれることとなった。

聖ジョゼフ礼拝堂 Oratoire St-Joseph

MAP P.192-B1
🏠 3800 Ch. Queen Mary　📞 (514)733-8211
URL www.saint-joseph.org
教会　🕐 毎日6:30〜21:00　🏖 無休
ドーム型聖堂
🕐 毎日6:30〜20:30
🏖 無休　💰 無料
礼拝堂博物館
🕐 毎日10:00〜16:30
🏖 無休　💰 大人$3、子供$1
パイプオルガンのコンサート
🕐 日15:30（所要約30分）※2022年11月現在、休止中。
🚇 地下鉄ブルー・ラインのコート・デ・ネージュ駅Côte-des-Neigesから市バス#165に乗車、または徒歩約10分。また地下鉄オレンジ・ラインのローリエ駅Laurierから出る市バス#51が、モン・ロワイヤル公園から来るなら市バス#166が正門前に停まる。正門から礼拝堂入口までは、シャトルバスが出ている（🕐 毎日6:15〜20:45）。※2022年11月現在、建物前の階段はすべて工事中

✔ アンドレ修道士に関する展示
木こりの家に生まれたアンドレ修道士の生家や、使用していたオフィスなどを再現。アンドレ修道士の歴史を学ぶことができる。アンドレ修道士の心臓も保存展示されている。

ここに注目

✔ 壁に並ぶ松葉杖
アンドレ修道士は、特に足の不自由な人を歩けるようにしたといわれている。奉納礼拝堂の壁には、実際に歩けるようになった人々が奉納していった杖が多数かけられている。

✔ ドーム型聖堂
建物の最上部は、ヴァチカン市国のサン・ピエトロ寺院に次いで世界第2位の巨大なドーム型の聖堂になっている。毎週日曜日には、聖堂内でパイプオルガンのコンサートを開催。

✔ アンドレ修道士のチャペル
現在の壮大な建物ができる前、1904年に建てられた最初の礼拝堂が残されている。2階には、当時アンドレ修道士が実際に暮らした部屋も見られるが、とてもシンプルな内装。

✔ ギフトショップ
入口のそばにあるギフトショップでは、ロザリオや教会関連のグッズを販売。かつてアンドレ修道士が使ったという聖なるオイルもある。

✔ お祈り用の階段
大聖堂の正面には階段が3列あり、その真ん中だけ木製になっている。これは信者のお祈り用の階段で、1段1段ひざまずき、祈りをささげながら上っていく。

モン・ロワイヤル公園

URL www.lemontroyal.qc.ca
地下鉄オレンジ・ラインのモ
ン・ロワイヤル駅から、市バ
ス#11に乗車。公園内には5
ヵ所のバス停がある。北の展
望台は2番目（Camillien-
Houde）で、シャレー・ド・
ラ・モンターニュ裏側の展望
台やビーバー湖へは5番目
（Lac aux Castor）で下車し
よう。ダウンタウンから徒歩
で行くには、ピール通りRue
Peelから公園へ続く階段が
ある。

モン・ロワイヤル公園周辺

🍁 モン・ロワイヤル公園
MAP P.169-C1/P.192-A2〜B2
Parc du Mont-Royal

　ダウンタウンの西にある標高232mの小高い丘モン・ロワイヤ
ルのほぼ全域に広がる公園。ニューヨークのセントラル・パー
クを手がけた造園建築家によって設計された公園で、広大な敷
地内にはジョギングしている人や日光浴を楽しむ人などがいて、
市民の憩いの場として親しまれている。園内には2ヵ所の展望台
があり、丘の頂上にある石造りの小さな建物、シャレー・ド・
ラ・モンターニュChalet de la Montagne裏側の展望台からはダ

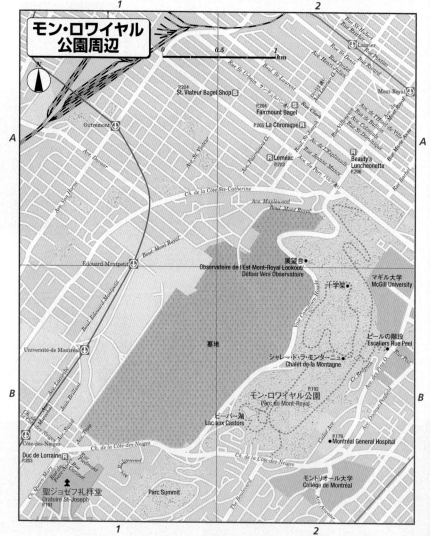

ウンタウンの全景が望める。特に夜景はロマンティックでおすすめ。北の展望台Observatoire de l'Est Mont-Royal Lookout /Détour Vers Observatoireからは、はるかモントリオール・タワーまで見渡せる。

　シャレー・ド・ラ・モンターニュの裏側の展望台から右へ坂道を10分ほど上っていくと、山頂を過ぎた先に高さ約30mの鉄の十字架が立っている。夜になると照明で浮かび上がるこのランドマークは、ダウンタウンからも見えるという。公園西側奥にあるビーバー湖Lac aux Castors周辺は、ジョギングやサイクリング、冬にはクロスカントリーやスケートを楽しむ人々でにぎわう。秋になると丘全体が紅葉し、美しいパッチワークを見せてくれる。

中心街を一望する展望台

郊外

♣ サンテレーヌ島
Île Ste-Hélène
MAP P.169-B2～C2/P.171-A4～C4

　1967年に行われた万博の会場となった島。島全体が公園になっており、数々の見どころが点在している。万博の名残をとどめる、リチャード・バックミンスター・フラー設計による旧USパビリオンのバイオスフィアLa Biosphèreでは、セント・ローレンス川や五大湖などの水のエコシステムを紹介している。島のほぼ中央にあるのは、1822年に造られたオールド・フォートOld Fortで、18世紀にフランスとスコットランドの軍隊が駐屯。砦内はフランス軍の武器や軍服などを展示した軍事博物館として2021年まで一般公開されていた。島内のジャン・ドラポー駅Jean-Drapeau近くにはコミュニティサイクルが設置されている。

ライトアップされたバイオスフィア

♣ ノートルダム島
Île Notre-Dame
MAP P.169-B2～C2/P.171-C4～D4

　万博会場として利用するために人工的に造られた島。島には人工のビーチがあり、夏はウインドサーフィンやカヌー、カヤックを、冬はスケートやクロスカントリースキーに興じる人々でにぎわいを見せる。島を走る道路には、F1のカナダ・グランプリのレースが行われるサーキットがあり、普段はサイクリングロードとなっている。万博の旧フランス・パビリオンを改装したカジノ・ド・モントリオールCasino de Montréalも有名だ。

マメ知識

十字架
　1643年、メゾヌーヴが、町が洪水から生き延びられたら神の加護をたたえて建てると約束した故事になぞらえ、1924年に建てられた。

サンテレーヌ島
🚇地下鉄イエロー・ラインのジャン・ドラポー駅下車。または、旧市街の旧港ジャック・カルティエ埠頭から出ているマリタイム・シャトル（→P.176欄外）を利用する。

バイオスフィア
🏠160 Chemin du Tour de l'isle
📞(514)868-3000
📠(1-855)514-4506
🌐espacepourlavie.ca
🕐4月下旬～9月上旬
　　毎日9:00～17:00
　　9月上旬～4月下旬
　　火～日9:00～16:30
❌9月上旬～4月下旬の月
💰大人$22、子供$11
　オリンピック公園内の4施設（→P.194）との共通入場券もある。

ノートルダム島
🚇地下鉄イエロー・ラインのジャン・ドラポー駅から徒歩15分。

カジノ・ド・モントリオール
MAP P.169-C2
🏠1 Ave. du Casino
📞(514)392-2746
📠(1-800)665-2274
🌐casinos.lotoquebec.com/en/montreal
🕐日～木9:00～翌3:00
　　金・土9:00～翌5:00
　　入場は18歳以上。
🚇地下鉄イエロー・ラインのジャン・ドラポー駅から市バス#777のカジノ専用バスが毎時3～12便程度運行。所要約10分。またダウンタウンの観光案内所などからも専用のカジノバス（6月中旬～9月）が出ている。

サイドバー

オリンピック公園

℡ (514)252-4141
URL parcolympique.qc.ca
交 地下鉄ピーIX駅Pie-IXから
　徒歩約5分。

**オリンピック・スタジアムと
モントリオール・タワー**

℡ (514)252-4737
ガイドツアー
※2022年11月現在、休止中。
モントリオール・タワー
※2022年11月現在、改修工
事のため休館中。

スペース・フォー・ライフ

℡ (514)868-3000
FREE (1-855)514-4506
URL espacepourlavie.ca
料 1施設
　大人$22、子供$11
　5施設の共通券
　大人$80、子供$30
　オリンピック公園内の4つ
　の施設とバイオスフィアに入
　場可能。

バイオドーム
開 4月下旬～9月上旬
　毎日9:00～18:00
　9月上旬～4月下旬
　火～日9:00～17:00
休 9月上旬～4月下旬の月

モントリオール植物園
開 4月下旬～6月中旬
　毎日9:00～18:00
　6月中旬～9月上旬
　日～木9:00～18:00
　金・土9:00～19:00
　9月上旬～10月
　日～木9:00～21:00
　金・土9:00～22:00
　11月～4月下旬
　毎日9:00～17:00
休 無休

昆虫館
開 4月下旬～9月上旬
　毎日9:00～18:00
　9月上旬～4月下旬
　火～日9:00～17:00
休 9月上旬～4月下旬の月

リオ・ティント・アルキャン・
プラネタリウム
開 5月上旬～9月上旬
　日～水9:00～17:30
　木～土9:00～20:30
　9月上旬～5月上旬
　火～日9:00～17:30
休 9月上旬～5月上旬の月

ジャン・タロン・マーケット

℡ (514)937-7754
URL www.marchespublics-
　mtl.com
営 月～土8:00～18:00
　日8:00～17:00
休 無休
交 地下鉄オレンジ・ラインと
　ブルー・ラインのジャン・タ
　ロン駅から徒歩5分。

本文

🍁 オリンピック公園
Parc Olympique

MAP P.169-A1・2 ☆☆☆

タワーとスタジアムは建築家Roger
Taillibertによるもの

　1976年に開催されたモントリオール・オリンピックの会場跡で、現在はスポーツ施設やアトラクションの集まる一大複合施設となっている。

　オリンピック・スタジアムOlympic Stadiumは、オリンピック後14年経過した1990年に完工。2004年までメジャーリーグのモントリオール・エクスポズのホーム球場として使われていた。屋根の改修などを経て現在は最大6万人を収容。施設内はガイドツアーで見学可能だ。公園のシンボルとなっているモントリオール・タワーMontréal Towerは高さ165m、傾斜角は45度で、傾斜塔としては世界一の高さ。塔の斜面をはうように上るケーブルカーに乗り、約2分で着く展望デッキからは、晴れた日なら80km先まで見渡せる。

　園内4つのアミューズメント施設とバイオスフィア（→P.193）を総称してスペース・フォー・ライフEspace Pour La Vieと呼ぶが、なかでも見逃せないのがスタジアムに隣接する自然環境博物館バイオドームBiodômeだ。ガラス張りのドーム内に植物が生い茂り、ロレンシャンの落葉広葉樹林やセント・ローレンス湾など生態系の異なる5つのエリアを展開。テクノロジーを駆使した演出も五感を刺激する。また、世界有数の規模を誇るモントリオール植物園Jardin Botanique de Montréalには10の温室と、ファースト・ネイション・ガーデンや日本庭園など約20の庭園が点在。2万2000種もの植物が栽培される。余裕があれば昆虫館やプラネタリウムにも立ち寄りたい。

🍁 ジャン・タロン・マーケット
Jean-Talon Market

MAP P.169-B1 ☆☆☆

新鮮な青果が安く手に入る

　ダウンタウンの北、地下鉄ジャン・タロン駅Jean-Talonとサン・ロラン通りの中間くらいにある。色とりどりの野菜や果物が山のように積まれている。周辺には肉や魚、チーズなどの専門店もあり、パンやケーキ、コーヒーのおいしい店もある。また、マーケットの東側は、イタリア系移民が多く住むリトル・イタリー。イタリアン・カフェやパスタの店が並んでいる。

Column　モントリオールのエンターテインメント

モントリオールのエンターテインメントといえば、なんといってもシルク・ドゥ・ソレイユCirque du Soleilだが、オーケストラやオペラも楽しめる。モントリオール最大の劇場、プラス・デ・ザールPlace des Artsではオーケストラやミュージカル、ジャズコンサートなど幅広く開催。また、スポーツ観戦も盛んで、カナダの国技でもあるアイスホッケーと、F1レースが人気。チケットの購入は、各施設のチケットオフィスに行く、電話、インターネットなど。

プラス・デ・ザール
MAP P.170-B2
🏠175 Rue Ste-Catherine O.
URLplacedesarts.com
チケットオフィス
TEL(514)842-2112
FREE(1-866)842-2112

サーカス

モントリオールを拠点に活躍しているエンターテインメント集団、シルク・ドゥ・ソレイユ。1984年、大道芸人20名が集まって始めたこのサーカスは、今ではカナダ本国はもちろん世界中で人気を博している。モントリオールに常設会場はないが、新作はモントリオールから始まるものも少なくない。コロナ禍のパンデミックにより一時は休演を余儀なくされたが、2021年6月より4公演を再開。モントリオールでは2022年に傑作「Kooza」を上演し、再び多くの観客の目を釘付けにした。

シルク・ドゥ・ソレイユ
FREE(1-877)924-7783
URLwww.cirquedusoleil.com

オーケストラ

モントリオールを拠点とする、モントリオール交響楽団Orchestre Symphonique de Montréal。2014年に創立80周年を迎えたこの楽団は、「フランス以上にフランス的なオーケストラ」と評され、日系三世のケント・ナガノ氏も名誉指揮者に名を連ねる。日本を含め世界各地で活躍しているが、本拠地はプラス・デ・ザールの中にあるシンフォニー・ハウスMaison Symphonique de Montréal。

モントリオール交響楽団
URLwww.osm.ca
シンフォニー・ハウス
MAP P.170-B2　🏠1600 Rue St-Urbain
TEL(514)842-2112　FREE(1-866)842-2112

オペラ

1980年設立のオペラ・ド・モントリオールOpéra de Montréalは、北米で最大のフランス語圏のオペラ・カンパニー。毎年、国内外から約5万5000人が観覧に訪れている。

オペラ・ド・モントリオール
TEL(514)985-2258　FREE(1-877)385-2222
URLwww.operademontreal.com

アイスホッケー

モントリオールは、アメリカNHL所属のチーム、モントリオール・カナディアンズMontréal Canadiensの本拠地。試合はダウンタウンのベル・センターでCentre Bellで行われる。シーズンは9月下旬〜4月中旬。

ベル・センター
MAP P.170-D2
🏠1909 Ave. des Canadiens-de-Montréal
TEL(514)932-2582　URLcentrebell.ca
チケットオフィス
TEL(514)492-1775
圏月〜金12:00〜18:00
（イベントの開催時期により異なる）

F1レース

モントリオールのノートルダム島で初夏に行われるのが、F1のカナダ・グランプリFormula 1 AWS Grand Prix du Canada。レースはノートルダム島のジル・ビルヌーヴ・サーキットCircuit Gilles-Villeneuveで3日間開催される。世界中から観客が訪れるので、この時期のホテルはほとんど満室。また、この開催前日のサン・ロラン通りには、ポルシェやフェラーリなどの高級車がズラリと並ぶ。

カナダ・グランプリ
チケット
TEL(514)350-0000　URLwww.gpcanada.ca
圏6/16〜18('23)

歴史ある建物がホテルに！洗練ブティックホテル

Boutique Hotel

**モントリオールで、今はやっているのがブティックホテル。
旧市街にある古い建物の内装を改装したホテルは、モントリオールならではです。**

旧市街 🛁📺💨🍸🔒💻

ノートルダム大聖堂近くの贅沢ホテルへ

Hôtel Place D'Armes

ホテル・プラス・ダルム [MAP] P.186-B1

19世紀に建造された3つの歴史的建物を改装したホテル。室内は建物ごとにネオ・クラシカル、コンテンポラリー、シックと異なる趣でデザインされている。スチームバスを備えた本格的スパも完備。日本食レストランもある。そして夏は屋上テラスでアルコールや食事も楽しめる。

[住] 55 Rue St-Jacques O.
[TEL] (514)842-1887
[FREE] (1-888)450-1887
[URL] hotelplacedarmes.com
[料] ⓈⒹ$224〜 Tax別
[CC] A M V
[室] 169室
[館内設備] レストラン（2軒）、スパ

[1] ベッドはすべてクイーンかキングサイズ [2] かつては生命保険会社や銀行のビルだった [3] 旬の食材を使った料理が味わえるレストラン [4] モノトーンと高い天井が印象的なロビー

旧市街 🛁📺💨🍸🔒💻

歴史ある建物の扉を開ければモダンな空間が広がる

Le Petit Hôtel

ル・プティ [MAP] P.186-B1・2

石造りの建物を利用したホテル。外観はレトロだが、部屋にはビビッドカラーの家具が配され、シンプルかつモダンな雰囲気。リビングルームが付いたタイプの部屋もある。ロビーにはバリスタのいるカフェを併設しており、自慢のコーヒーのほか、自家製のマフィンやパンなどが味わえる。

[住] 168 Rue St-Paul O.
[TEL] (514)940-0360
[FREE] (1-877)530-0360
[URL] petithotelmontreal.com
[料] ⓈⒹ$206〜 Tax別 朝食付き
[CC] A M V
[室] 28室
[館内設備] レストラン（1軒）、スパ

[1] 石造りの壁がおしゃれ [2] カフェのメニューはルームサービスでもオーダーできる [3] カフェとしての利用もできる [4] すっきりとしたエントランスロビー

🛁 バスタブ 📺 テレビ 💨 ドライヤー 🍸 ミニバーおよび冷蔵庫 🔒 セーフティボックス 💻 Wi-Fi（無料）
🛁 一部客室 📺 一部客室 💨 貸し出し 🍸 一部客室 🔒 フロントにあり 💻 Wi-Fi（有料）

[旧市街]

特注のインテリアが醸し出す ラグジュアリーな雰囲気

Hôtel Gault

ゴールト [MAP] P.186-B1

かつてビジネス街としてにぎわった旧市街の一角に立つ。大きな窓がある明るい部屋には、20世紀のレトロな家具をモダンにリメイクした特注家具をレイアウト。リネンやアメニティにも上質なものを厳選している。全室にフラットテレビやDVD・CDプレイヤーを備えている。

[住] 449 Rue Ste-Hélène
[TEL] (514)904-1616
[FREE] (1-866)904-1616
[URL] www.hotelgault.com
[料][HIGH] 夏季ⓈⒹ$339～
[LOW] 冬季ⓈⒹ$203～　Tax別 [CC] A M V [室] 30室
[館内設備] レストラン(1軒)、バー(1軒)

[1] 金融関係のオフィスが入っていた [2] 客室はどれも斬新な造り [3] 広々としたロビーの一角にはバーもある

[旧市街]

旧市街の中心に立つ スタイリッシュホテル

St Paul Hotel

セント・ポール [MAP] P.186-B1

旧市街の南端にあるクラシカルな外観のホテル。ダークウッドの床に革張りの家具などを配した客室はクール＆モダンな印象。大理石を贅沢に使った浴室にはゆったりサイズのバスタブを用意。全室にCDコンポ、コーヒーメーカーを備えている。フィットネスセンターもある。

[住] 355 Rue McGill
[TEL] (514)380-2222　[FREE] (1-866)380-2202
[URL] www.hotelstpaul.com
[料][HIGH] 5～10月ⓈⒹ$242～　[LOW] 11～4月ⓈⒹ$187～　Tax別
[CC] A M V [室] 119室
[館内設備] レストラン(1軒)

[1] 家具も特注の客室はそれぞれ趣が異なる [2] アメニティも充実 [3] 建物は1900年築の、元運送会社オフィス

[旧市街]

味わいあるれんがの壁 シックな雰囲気が落ち着く

Hotel Nelligan

ネリガン [MAP] P.186-B2

19世紀前半に建てられたふたつのビルを利用。古いれんがの壁を生かし、ダークウッドの家具を配した客室は、都会的でありながらあたたかみがある雰囲気。スイートルームには暖炉やジャクージ付きの部屋もあり、各部屋にバスローブやCDプレイヤーがある。夏季は屋上にバーもオープンする。

[住] 106 Rue St-Paul O.
[TEL] (514)788-2040
[FREE] (1-877)788-2040
[URL] hotelnelligan.com
[料] ⓈⒹ$287～　Tax別　朝食付き
[CC] A D M V [室] 105室
[館内設備] レストラン(2軒)、バー(1軒)、スパ

[1] 採光にも配慮した客室は明るい雰囲気 [2] 一見するとホテルには見えない [3] ロビーは吹き抜けになっており開放的

かわいいプチホテル
オーベルジュでのんびり

Auberge

**モントリオールでは、B&Bなど小さな宿のことをオーベルジュといいます。
本場とは少し違うけれど、雰囲気は抜群です。**

旧市街

1世紀以上もの長い歳月を物語るオーベルジュへ
Auberge du Vieux-Port

オーベルジュ・デュ・ビューポート [MAP] P.186-B2

セント・ローレンス川沿いに建つオーベルジュ。倉庫として使われていた築100年以上の建物を改装している。客室は建物の風合いを生かし、れんがや石を使ったクラシックで上品なインテリアで統一。館内にレストランを併設しており、セント・ローレンス川を見渡せるテラス席で優雅に食事を楽しめる。

[住]97 Rue de la Commune O.
[TEL](514)876-0081
[FREE](1-800)660-7678
[URL]aubergeduvieuxport.com
[料][HIGH]夏季ⓈⒹ$359～
[LOW]冬季ⓈⒹ$233～　Tax込み
[CC]A M V
[室]45室

1 趣のあるれんがの壁がアンティークな雰囲気を演出する 2 オーベルジュはふたつの建物から成る 3 セント・ローレンス川と街並みが望める客室もある 4 併設のレストランTaverne Gasparは街を一望できるテラス席が人気

ダウンタウン

ダウンタウン中心にあるレンガ造りのプチホテル
Auberge Le Pomerol

オーベルジュ・ル・ポメロール [MAP] P.170-A2

外観はレンガ造りでクラシカルだが、内部はモダンに改装され快適に過ごせる。客室は4つのカテゴリーに分かれており、おすすめは改装したばかりの1階スーペリアルーム。レンガの壁を生かした内装で、オープンスペースにバスタブがありカップルにおすすめ。

[住]819 Boul. de Maisonneuve E.
[TEL](514)526-5511
[FREE](1-888)361-6896
[URL] www.aubergelepomerol.com
[料]Ⓢ Ⓓ $120～　Tax 別
[CC]A D M V　[室]33 室

1 レンガの外観がかわいらしい 2 人気のスーペリアルーム。予約時にリクエストすることも可能

バスタブ / 一部客室　テレビ / 一部客室　ドライヤー / 貸し出し　ミニバーおよび冷蔵庫 / 一部客室　セーフティボックス / フロントにあり　Wi-Fi(無料) / Wi-Fi(有料)

HOTEL

モントリオールのホテル

ダウンタウンには高級ホテルからユースホステルまであらゆる種類のホテルが揃っている。客室数は非常に多いので、部屋が見つからないことはまずない。しかし、モントリオール国際ジャズ・フェスティバル、モントリオール世界映画祭の開催中は非常に混み合うので、この時期に訪れるなら早めの予約が必要。中心部には高級～中級のホテルが多く、エコノミーホテルは北側のシェルブルック通りやバスディーポの周辺に点在している。B&Bはプラトー・モン・ロワイヤルやその周辺に固まっており、低層集合住宅を生かしたおしゃれなものが多い。また、旧市街には石造りの古い建物を利用した宿があり、フランス植民地時代の雰囲気が漂っている。

なお、モントリオールでは、連邦政府消費税GSTと州の宿泊税のほか、市の宿泊税として3.5%が加算される。

最高級ホテル

Fairmont The Queen Elizabeth

フェアモント・ザ・クイーン・エリザベス [MAP] P.170-C2

エリザベス女王の名を冠した最高級ホテル。アンティーク家具を配し、シックな色合いの絨毯を敷いた館内に、格式の高さを感じる。地下でセントラル駅やショッピングモールと連結していて便利。館内には地元産品を揃えたマーケットがある。

ダウンタウン

[住]900 Boul. René-Lévesque O.
[TEL](514)861-3511
[FREE](1-866)540-4483
[URL]www.fairmont.com/queen-elizabeth-montreal
[料]ⓈⒹ$369～ Tax別
[CC]A D J M V
[室]950室

Hôtel InterContinental Montréal

インター・コンチネンタル・モントリオール [MAP] P.186-B1

ダウンタウンと旧市街の中間に、塔のようにそびえ立つ最高級ホテル。客室は、ダークブラウンとベージュを基調とした落ち着いた雰囲気で、心地よい滞在ができる。プールやフィットネスセンター、スパ、ジャクージといった館内設備も充実。

旧市街

[住]360 Rue St-Antoine O.
[TEL](514)987-9900
日本の予約先[FREE]0120-455655
[URL]www.montreal.intercontinental.com
[料]ⓈⒹ$363.5～ Tax別
[CC]A D J M V
[室]357室

高級ホテル

Le Centre Sheraton Montréal

ル・サントル・シェラトン・モントリオール [MAP] P.170-D1

ダウンタウン中心に立つ高層ホテル。華美になり過ぎないインテリアやゆったりと広い客室、スタッフの気の利いた対応など居心地がよい。プールやフィットネスセンター、スパ、サウナ、ジャクージと設備も充実し、快適なホテルライフを楽しめる。

ダウンタウン

[住]1201Boul. René-Lévesque O.
[TEL](514)878-2000
日本の予約先[FREE]0120-003535
[URL]www.marriott.com
[料]ⓈⒹ$263～ Tax別
[CC]A D J M V
[室]825室

Auberge Bonaparte

オーベルジュ・ボナパルト [MAP] P.186-B1

石造りの建物は1886年建造。客室は7タイプあり、最上階のスイートルームには眺めのいいテラスが備わる。屋上からはノートルダム大聖堂や旧市街の景観を楽しめる。旬の食材を生かしたフレンチレストラン「Bonaparte(→P.205)」を併設。

旧市街

[住]447 Rue St François-Xavier
[TEL](514)844-1448
[URL]www.bonaparte.com
[料][HIGH]5～10月ⓈⒹ$284～
[LOW]11～4月ⓈⒹ$177～
Tax別　朝食付き
[CC]A M V
[室]37室

Hyatt Place Montréal-Downtown

ハイアット・プレイス・モントリオール・ダウンタウン　 P.171-A3

地下鉄ベリ・ウカム駅に直結し、バスティーボも至近の好立地に2022年6月グランドオープン。地上30階建ての館内に屋内プールやサウナ、小洒落たビストロなどを擁し、高層階からは市街地の夜景を望める。一部客室は簡易キッチン付き。

ダウンタウン

🏠1415 Rue St-Hubert
☎(514)842-4881
URL www.hyatt.com
🛏️ⓈⒹ$213〜
Tax別　朝食付き
💳ADMV
🛏354室

Hotel St-Denis

サン・ドニ　　　　　　　　　　　　 P.170-B2

サン・ドニ通りの静かな場所にある3つ星ホテル。客室はシンプル&スタイリッシュなデザインで落ち着ける。設備も整っており、一部の浴室にはジャクージも。地下鉄のベリ・ウカム駅からは徒歩5分ほどの好立地で、カルティエ・ラタンへもすぐ。

ダウンタウン

🏠1254 Rue Saint-Denis
☎(514)849-4526
URL www.hotel-st-denis.com
🛏️ⓈⒹ$115〜
Tax別
💳AMV
🛏50室

Hôtel Abri du Voyageur

アブリ・デュ・ボヤジェール　　 P.170-B2

サント・カトリーヌ通りにあり、観光に便利なロケーション。バス、トイレ共同のバジェットルームとバス、トイレ付きのスーペリアルームがある。レセプションは階段を上がった2階。キッチン付きのアパートメントタイプの部屋もある。

ダウンタウン

🏠9/15 Rue Ste-Catherine O.
☎(514)849-2922
FREE (1-866)302-2922
URL abri-voyageur.ca
🛏バス付きⓈⒹ$117〜
バス共同ⓈⒹ$90〜
Tax別
💳AMV
🛏50室

Hôtel Casa Bella

カーサ・ベラ　　　　　　　　　 P.170-B2

ダウンタウンの北、住宅街の近くの静かな環境とリーズナブルな値段が魅力。1890年建造の建物は少し古く階段も急だが、内部はきれいに改装されている。スタッフも親切なので、気分よく滞在できる。電子レンジを備えた部屋もある。

ダウンタウン

🏠264 Rue Sherbrooke O.
☎(514)849-2777 FAX(514)849-3650
URL www.hotelcasabella.com
🛏6〜9月バス付きⓈ$90〜 Ⓓ$99〜、
バス共同Ⓢ$75〜 Ⓓ$85〜
🛏10〜5月バス付きⓈ$70〜 Ⓓ$79〜、
バス共同Ⓢ$60〜 Ⓓ$70〜
Tax別
💳AJMV
🛏20室

Hotel Quartier Latin

カルティエ・ラタン　　　　　　 P.170-A2

その名の通りカルティエ・ラタンにあるホテル。便利なロケーションとリーズナブルな価格が魅力。部屋はバスタブが付くほかテレビ、冷蔵庫など設備も充実。朝食はコンチネンタル。地下鉄は3路線利用でき、いずれの駅からも徒歩約5分。

ダウンタウン

🏠1763 Rue St-Denis
☎(514)842-8444
FREE (1-866)843-8444
🛏️ⓈⒹ$99〜
Tax別　朝食付き
💳AMV
🛏49室

Hôtel Bon Accueil

ボン・アキュエル　　　　　　　 P.170-A2

バスティーボの東、リーズナブルなホテルが並ぶサン・ジュベール通りSt-Hubert沿いにあるホテル。部屋は広々としており、掃除も行き届いていて清潔。暖房のほかエアコンが付いているので、夏でも快適に過ごせる。

ダウンタウン

🏠1601 Rue St-Hubert
☎(514)527-9655
URL www.hotelbonaccueil.com
🛏️ⓈⒹ$65〜
Tax別
💳MV
🛏21室

中級ホテル

エコノミーホテル

プチホテル

Hotel Manoir Sherbrooke

マノワール・シェルブルック　[MAP] P.170-B2

古い一軒家を利用したプチホテル。5つのタイプがある客室はどれもアンティーク風のインテリアで統一されておりエレガントな雰囲気。内装はクラシカルだが、設備は最新が揃っている。コンチネンタルの朝食付き。エレベーターはない。

ダウンタウン
[住]157 Rue Sherbrooke E.
[TEL](514)845-0915
[URL]www.manoirsherbrooke.ca
[料]ⓈⒹ$119～
Tax別　朝食付き
[CC]M V
[室]24室

B&B

Le Cartier Bed and Breakfast

ル・カルティエ・ベッド・アンド・ブレックファスト　[MAP] P.171-A3

ダウンタウンの北、閑静な住宅街に位置している。客室はふたつで、それぞれデザインが異なる。冷蔵庫や電子レンジ、ポットなどがついたシェアタイムの簡易キッチン付き。朝食はコンチネンタルになっている。地下鉄の駅から徒歩5分ほど。

ダウンタウン
[住]1219 Rue Cartier
[TEL](514)917-1829
[URL]bblecartier.com
[料]ⓈⒹ$85～
Tax別　朝食付き
[CC]A D M V
[室]2室

Gingerbread Manor B&B

ジンジャーブレッド・マナーB&B　[MAP] P.170-A2

ラヴァル通り沿いにある、1885年に立てられたビクトリア様式の気品のあるB&B。建物と同様に、各部屋の家具や装飾品は上品に統一されている。朝食は有機農家から仕入れる新鮮な野菜やフルーツを使用したメニューを提供。

ダウンタウン
[住]3445 Ave. Laval
[TEL](514)597-2804
[URL]www.gingerbreadmanor.com
[料][HIGH]5～10月ⓈⒹ$139.95～
[LOW]11～4月ⓈⒹ$99.95～
Tax別　朝食付き
[CC]A M V
[室]5室

ユースホステル

Saintlo Montréal

サンロー・モントリオール　[MAP] P.170-D1

ダウンタウンの中心にありながら、周囲は静かという最高の環境にある。かつてモーテルに使われていた建物を利用しているため、全室にカードキーやトイレが備わる。ウオーキングやサイクリングなど、各種アクティビティにも参加できる。

ダウンタウン
[住]1030 Rue Mackay
[TEL](514)843-3317
[FREE](1-866)843-3317
[URL]saintlo.ca/en/montreal
[料][HIGH]夏季 ドミトリー$36～、ⓈⒹ$105～140
[LOW]冬季 ドミトリー$28～、ⓈⒹ$90～125
Tax別　朝食付き
[CC]A M V
[室]205ベッド、50室

Auberge du Plateau

オーベルジュ・プラトー　[MAP] P.170-B2

ダウンタウンの北に位置している、石造りの趣のある建物を利用。清掃が行き届き、屋上のテラスには花が飾られる。ダウンタウンやプラトー・モン・ロワイヤルへは徒歩5分ほど。料金はリネン込み。繁忙期の予約は2泊から。

ダウンタウン
[住]185 Rue Sherbrooke E.
[TEL](514)284-1276
[URL]aubergeduplateau.com
[料][HIGH]夏季 ドミトリー$57～ バス付きⓈⒹ$129～ バス共同ⓈⒹ$105～
[LOW]冬季 ドミトリー$50～ バス付きⓈⒹ$114～ バス共同ⓈⒹ$104～
Tax別　朝食付き
[CC]M V　[室]84ベッド、25室

M Montréal

エム・モントリオール　[MAP] P.171-B3

ナイトスポットやレストランが軒を連ねるゲイタウンの一角。ドミトリーは4、6、8、10、12ベッドで、男性、女性、男女混同の3種類がある。ドミトリーのほか専用バスルームのプライベートルームも備えている。屋上のテラスも気持ちがいい。

ダウンタウン
[住]1245 Rue Saint-André
[TEL](514)845-9803
[URL]www.m-montreal.com
[料]ドミトリー$40～ ⓈⒹ$135～
Tax別
[CC]A D M V
[室]440ベッド

モントリオールで愛される
ビストロ＆おしゃれカフェへ

フランスの影響を色濃く残すモントリオールで、本格フランス料理を！
おしゃれなレストランから気軽に入れるビストロまで、評判のお店がこちら。

ダウンタウン

ボリュームたっぷり！
ケベックの伝統料理ならここ
La Binerie
ラ・ビネリー　　　　　　　　MAP P.170-A1

サン・ドニ通りにあるケベック料理を提供する店。食事時には地元の人でにぎわう大衆食堂のような雰囲気で、ひとりでも利用しやすい。ジャガイモや挽き肉、コーンなどを重ねて焼いたシェパードパイやミートボールシチュー各$14.95〜、プティン$14.95など定番のケベック料理が揃う。1日中味わえる朝食メニューはトーストやソーセージ、卵料理などのセットで$12.25〜とリーズナブル。

🏠4167 Rue Saint Denis
☎(514)285-9078
URL www.labineriemontroyal.com
🕐月〜水6:00〜14:00
　木・金6:00〜21:00
　土7:30〜21:00
　日7:30〜14:00
休無休　予$15〜　C M V

1 ミートパイ、ミートボールシチュー、豆のスープとケベックの3大名物料理が一度に味わえるトラディショナルケベックミール$24.75

3 カウンターのほか奥にはテーブル席もある 4 料理はどれもボリュームたっぷり！こちらはシェパードパイ

旧市街

かつての銀行を利用した
ゴージャズなカフェ
Crew Collective & Café
クリュー・コレクティブ＆カフェ　MAP P.186-B1

ギリシアの神殿を思わせる重厚な建物は、1928年に建造された元カナダ・ロイヤル銀行。内装は当時のものを極力生かしており、なかでも銀行窓口を利用したカウンターは必見。スイーツやドリンク、ランチまで豊富に揃う。注文はカウンターで行い、名前を伝えたら呼ばれるのを待つシステム。

🏠360 Rue St-Jacques
☎(514)285-7095
URL www.crewcollectivecafe.com
🕐毎日8:00〜20:00
　（フードは〜16:00LO）
休無休
C A M V

1 店内の奥にオフィスが併設されており、ビジネスマンの姿も多い 2 入口のゴージャズな装飾にも注目 3 日替わりスイーブ$3.5とプルドチキン・サンドイッチ$15

郊外

フランスの伝統菓子が揃う
老舗のブーランジェリー
Duc de Lorraine

デュク・ド・ロレーヌ　　　**MAP P.192-B1**

1952年創業のブーランジェリー。常時20種類ほどのスイーツを扱っている。スイーツもパンも正統派のフランス式で、テイクアウトはもちろんイートインでも楽しめる。レストランとしても利用でき、ランチからディナーまでフレンチを中心としたさまざまなメニューが味わえる。

🏠5002 Chemin de la Côte-des-Neiges
☎(514)731-4128
🔗www.ducdelorraine.ca
🕐毎日7:00～21:00
休無休
💰$10～　💳A M V

ダウンタウン

カジュアルビストロで
伝統的なフランス料理はいかが？
Restaurant Leméac

ルミェーク　　　**MAP P.192-A2**

　モン・ロワイヤル公園周辺に位置するビストロ。広々とした店内にはテーブル席とカウンター席があり、テラス席もある。牛肉やサーモンのタルタル各$34.5が人気で、ノヴァ・スコシア産のカキなどの地元食材を使ったメニューも扱う。

🏠1045 Laurier O.　　☎(514)270-0999
🔗restaurantlemeac.com
🕐火～金11:00～15:00, 17:00～23:00
　土・日10:00～15:00, 17:00～23:00
休月
💰ランチ$20～、ディナー$50～　💳A M V
🚇地下鉄オレンジ・ラインのローリエ駅から、市バス#51に乗車。ローリエ通りとパルク通りAve. du Parcの交差点で下車、徒歩約3分。

① ワインによく合うメニューが揃う。カモのコンフィ$29 ② 大きな窓から光が入って明るい雰囲気 ③ ワインも種類豊富

ダウンタウン

サン・ドニ通りにたたずむ
評判のフレンチビストロ
Restaurant L'Express

レクスプレス　　　**MAP P.170-A2**

　1980年のオープン以来地元で親しまれ、いつも常連客でにぎわっている。伝統的なフランス料理のほか、フレンチトーストなどの朝食メニューもあり、朝から深夜まで肩肘張らず食事が楽しめると人気。地元食材を使用した週替わりのメニューも用意されているので、要チェック。

🏠3927 Rue St-Denis
☎(514)845-5333
🔗restaurantlexpress.com
🕐火～土11:30～翌2:00
休日・月　💰ランチ$25～、ディナー$45～　💳A M V

① ステーキタルタル$29.75（左）と、フレッシュ・ポーチド・サーモン$32（右） ② わからないメニューはスタッフに聞こう ③ 店内はダイニングとバーに分かれている

203

地元っ子の大好物
スモークミート＆ベーグル！

モントリオールのスモークミートとベーグルは、もともとユダヤ移民が広めた伝統の味。
これを目当てに海外から来るファンもいるとか。

スモークミート
秘伝のスパイスに10日間漬け込み、燻製させた牛肉をパンにサンド。付け合わせはピクルス$2.6がぴったり。

ベーグル
定番はプレーンと、ゴマのベーグル。モントリオールではふたつの老舗ベーグル店が、人気を二分している！

有機栽培の小麦を使用。香ばしさが口に広がる！

もっちり、しっとりとした食感が人気の秘訣！

ダウンタウン

Schwartz's

シュワルツ　　MAP P.170-A1

1928年創業のスモークミートの老舗。スモークミート$13.25は口の中で崩れるほど軟らかく味わい深い。週末のランチタイムは長蛇の列ができるほど。隣にはテイクアウト専門店もある。

🏠3895 Boul. St-Laurent　TEL(514)842-4813
URL www.schwartzsdeli.com
営日〜木8:00〜23:00
　金・土8:00〜24:00
休無休
予$12〜
CC不可

ダウンタウン

St. Viateur Bagel Shop

サン・ヴィアトー・ベーグル・ショップ　MAP P.192-A2

1957年の創業以来、常に人気を集めるベーグル店。薪のオーブンで丁寧にベーグルを焼き続けている。ゴマとケシのベーグルは1個$1.35、1ダース$14.65。

🏠263 St-Viateur O.　TEL(514)276-8044
URL www.stviateurbagel.com
営毎日6:00〜24:00
休無休
予$1.35〜　CC不可
交地下鉄ブルー・ラインのウートルモン駅Outremontから徒歩20分。

ダウンタウン

Fairmount Bagel

フェアマウント・ベーグル　MAP P.192-A2

1919年に現社長の祖父が創業。成形から焼き上げまで伝統を守り続けるゴマのベーグルは1個$1.45、1ダース$14。定番のほか、全粒小麦やシナモン＆レーズンなども人気。

🏠74 Rue Fairmount O.　TEL(514)272-0667
営毎日24時間　休無休
予$1.45〜　CC不可
交地下鉄オレンジ・ラインのローリエ駅から徒歩15分、または市バス#51でサン・テュルバン通り下車、徒歩3分。

モントリオールのレストラン

北米のパリといわれるだけあって、街なかにはフレンチをはじめとする西欧料理のレストランが多い。旧市街には、ムード満点のレストランが多く、ワイン持ち込みOKのカジュアルな店はプラトー・モン・ロワイヤル地区に多い。サン・ドニ通りやサン・ロラン通り、プリンス・アーサー通りには若者向けのカフェやバー、レストランが並ぶ。

フランス料理

Auberge Le Saint-Gabriel
オーベルジュ・ル・サン・ガブリエル　　MAP P.186-B2

1754年に小さな宿としてオープン。古城のような趣の店内で地元食材にこだわったフレンチが味わえる。ディナーのアラカルトはメイン$36〜145、季節食材のコースメニューも好評。テラス席があるので、晴れた日は外で食事するのもいい。

> **旧市街**
> 🏠426 Rue St-Gabriel
> ☎(514)878-3561
> URL aubergesaint-gabriel.com
> 🕐火〜土7:00〜22:00
> 休日・月
> 予$40〜
> カード A D M V

Restaurant Bonaparte
ボナパルト　　MAP P.186-B1

ダイニングルームは3つに分かれており、クラシカルな趣のある部屋、薄暗くロマンティックな部屋、モダンで明るい部屋と、それぞれに個性がある。メニューはアラカルトが充実し、ワインとのペアリングが楽しい。宿泊施設に併設。

> **旧市街**
> 🏠443 Rue St-François-Xavier
> ☎(514)844-4368
> URL www.restaurantbonaparte.com
> 🕐水〜日
> 　17:00〜22:30
> 休月・火
> 予$30〜
> カード A M V

La Chronique
ラ・クロニック　　MAP P.192-A2

モントリオールのトップフードのひとつに選ばれたこともある名店。その日の仕入れにより決まるメニューはどれも洗練されており、フレンチの技を使った新しい味が楽しめる。メニューはフランス語のみだが、スタッフに聞けば英語で対応してくれる。

> **ダウンタウン**
> 🏠104 Laurier O.
> ☎(514)271-3095
> URL lachronique.qc.ca
> 🕐水〜土18:00〜22:00
> 休日〜火
> 予$60〜
> カード A M V

カナダ料理

Jardin Nelson
ジャルダン・ネルソン　　MAP P.186-A2

ジャック・カルティエ広場に面した場所にあるレストラン。肉料理、シーフード、ピザ、サンドイッチとメニューは豊富で、特にクレープ$20〜が人気。広場を望むテラス席のほか、中庭にも席がある。毎日ジャズライブを開催。

> **旧市街**
> 🏠407 Place Jacques-Cartier
> ☎(514)861-5731
> URL www.jardinnelson.com
> 🕐4月中旬〜10月中旬
> 　月〜金11:30〜22:00
> 　土・日11:00〜22:00
> 　（悪天候時は要問い合わせ）
> 休10月中旬〜4月中旬
> 予$25〜　カード M V

シーフード

Chez Delmo
シェ・デルモ　　MAP P.186-B1

1934年創業の老舗シーフード料理店。フレンチをベースにした伝統的なレシピで旬の魚介を堪能できる。看板メニューは創業以来の味を守り続けるドーバーソール（舌平目）のムニエル$70。ケベック産ロブスター（時価）はアレンジいろいろ。

> **旧市街**
> 🏠275 Notre Dame O.
> ☎(514)288-4288
> URL www.chezdelmo.com
> 🕐火〜土17:30〜22:00
> 休日・月
> 予$50〜
> カード A M V

Beauty's Luncheonette

ビューティーズ・ランチオネット　MAP P.192-A2

カフェ

ダウンタウン北にある名物カフェ。縫製工場で働く職人に朝食を出したのをきっかけに口コミで評判になったという。人気は市内有名店から仕入れたベーグルにチーズやハムを挟んだビューティーズ・スペシャル$15やパンケーキ$11～。

ダウンタウン
🏠93 Ave. du Mont-Royal O.
☎(514)849-8883
🕐水～月8:00～16:00
🚫火
💰$15～
💳A J M V
🚇地下鉄オレンジ・ラインのモン・ロワイヤル駅から徒歩10分。

サクラ

Sakura　MAP P.170-D1

日本料理

日本人の板前が腕を振るう正統派和食店。ハッピーコンボが人気で、メイン（寿司と刺身、鶏の照り焼きなどから選ぶ）に前菜、味噌汁かサラダが付いて$28～33。寿司の盛り合わせ$25～もおすすめ。日替わりランチ$16.5も人気。

ダウンタウン
🏠1216 Rue Stanley
☎(514)288-9122
🌐www.sakuragardens.com
🕐水～金12:00～14:00、17:00～20:30　土・日17:00～20:30
🚫月・火
💰ランチ$17～、ディナー$28～
💳A M V

京都飯店

Restaurant Beijing　MAP P.186-A1

中華料理

新鮮な魚介類を用いたリーズナブルな中華料理店。一番人気はスパイシーな香りが食欲をそそる酸辣湯$10.5。プリプリのエビが入る雲呑麺$9.25や春巻$3.5もおすすめだ。すべてのメニューがテイクアウト可能で、お得なディナーセットもある。

ダウンタウン
🏠92 Rue de la Gauchetière O.
☎(514)861-2003
🕐金・土11:30～24:00　日～木11:30～23:00
🚫無休
💰ランチ$15～、ディナー$25～
💳A M V

Column　アンダーグラウンドシティ・モントリオール

全国的に厳しい冬の気候をもつカナダのなかでも、寒い地方に属しているモントリオール。1960年代のはじめ、市民がより快適に移動できるようにと、市は大規模な都市改革に着手した。地上にはモダンなデザインのコンプレックス・ビルを、その地下にはショッピング街とプロムナードを建設し、おもな地下鉄駅とも連結していった。最初に建設されたプラス・ヴィルマリーを皮切りに、地下街は、網の目のように増殖し、今や全長33kmにも及ぶ巨大なアンダーグラウンド・ネットワークとなっている。このネットワークでは、ふたつの鉄道駅やバスディーポをはじめ、銀行、ホテル、大学、レストラン、デパート、映画館などさまざまな施設が連結し合っている。

プラス・ヴィルマリー　MAP P.170-C2
Place Ville-Marie

アンダーグラウンドの中心的存在。地上には45階建てのロワイヤル銀行など4つの高層ビルが立ち、セントラル駅とは地下で連結。

プロムナード・カテドラル　MAP P.170-C1
Promenades Cathédrale

地下鉄マギル駅やデパート「La Baie（→P.207）」に直結した地下街。一大ショッピングモールになっている。

プラス・モントリオール・トラスト　MAP P.170-C1
Place Montréal Trust

吹き抜けのアトリウムが開放的なレストランとショッピングのモール。西側地下出口からクール・モン・ロワイヤルに出られる。

クール・モン・ロワイヤル　MAP P.170-C1
Les Cours Mont-Royal

1922年当時大英帝国最大のホテルHotel Mont-Royalとして建設された建物で、現在はブティックやレストラン、オフィスなどが入った複合ビルになっている。

モントリオールのショッピング

　モントリオールはカナダでも有数のショッピング天国だ。ダウンタウンの中心、サント・カトリーヌ通りには大型のデパートからおしゃれなショップまでさまざまな店が集まっており、1日中歩いていても飽きないエリアだ。高級ブランドやブティックは、シェルブルック通りの、ユニバーシティ通りRue Universityとミュゼー通りAve. du Muséeに挟まれた一帯と、シェルブルック通りからクレセント通りに入ったあたりに多い。

　旧市街のサン・ポール通り沿いにはみやげ物店が軒を並べ、間をぬうように、アーティストたちの作品を売るギャラリーがある。

　また、街の北のリトル・イタリーにはジャン・タロン、南にはアトウオーター・マーケット（→P.35）というふたつの大きな市場がある。みやげ物になりそうなものは少ないが、色とりどりの花や果物などは見ているだけでも楽しい。

La Baie
ラ・ベー　　　　　　　　　　　　　**MAP P.170-C2**

ダウンタウン

📍585 Rue Ste-Catherine O.
📞(514)281-4422
🌐www.labaie.com
🕐月〜水11:00〜19:00
　木・金11:00〜21:00
　土10:00〜18:00
　日11:00〜18:00
🚫無休
💳店舗により異なる

　重厚な石造りの建物が、ショッピング客でにぎわうサント・カトリーヌ通りでもひときわ目立つ老舗デパート。メンズ、レディスの洋服から化粧品まで、幅広い商品を扱い、大人から若者まで多くの人が訪れる。La Baieは、The Bayのフランス語表記。

Holt Renfrew Ogilvy
ホルト・レンフリュー・オギルビー　　**MAP P.170-D1**

ダウンタウン

📍1307 Rue Ste-Catherine O.
📞(514)842-7711
🌐www.holtrenfrew.com
🕐月〜水10:00〜18:00
　木・土10:00〜19:00
　日11:00〜18:00
🚫無休
💳店舗により異なる

　1866年創業の老舗「Ogilvy」が約3年の改装期間を経て2020年、大手デパート「Holt Renfrew」の旗艦店へと装いを一新。サステナブルに配慮した館内に90を超す高級ブランドが入居していて、華やかな雰囲気が漂っている。

Montréal Eaton Centre
モントリオール・イートン・センター　　**MAP P.170-C1・2**

ダウンタウン

📍705 Rue Sainte-Catherine O.
📞(514)288-3708
🌐centreeatondemontreal.com
🕐月〜金10:00〜21:00
　土10:00〜19:00
　日11:00〜17:00
🚫無休
💳店舗により異なる

　ダウンタウンの中心部にあるショッピングセンター。5つのフロアに、ファッション、家電、書籍、食品など、約130のショップとレストランが集まっている。地下には日本食やタイ料理店など約20店舗が揃うフードコートもあって食事に困った時に便利。

Canada Goose Montréal
カナダグース・モントリオール　　　**MAP P.170-C1**

ダウンタウン

📍1020 Sainte-Catherine O.
📞(438)320-6446
🌐www.canadagoose.com
🕐月〜水10:00〜20:00
　木・金10:00〜21:00
　土10:00〜19:00
　日11:00〜18:00
🚫無休
💳A D M V

　カナダ生まれのダウンブランド、カナダグースの路面店。メンズ、レディス、キッズの3つの商品展開で、定番から日本未入荷まで最新モデルがズラリ。2022年10月現在の円安が解消されれば、日本で購入するよりもお得に手に入れることができる。

Rudsak

ルドサック MAP P.170-C1

モントリオールで誕生した皮革製品ブランドの直営店。すべてラム革を使用している製品は、軽くてあたたかな手ざわり。シンプルながらもシルエットの美しいデザインが人気の秘密。ジャケットや、コート、バッグやシューズなどを扱う。

ダウンタウン
住1119 Rue Ste-Catherine O.
TEL(514)399-9925
URLrudsak.com
営月～水10:00～20:00
　木・金10:00～21:00
　土10:00～18:00
　日11:00～18:00
休無休 CCA M V

Eva B

エヴァ・ビー MAP P.170-B2

サン・ロラン通りにある、おしゃれな若者が集う古着屋。メンズ・レディースともに扱っており、価格もリーズナブル。古本も置いてある。また店内には軽食が楽しめるカフェや、イベントステージ、コスチューム・フロアなどさまざまなスペースがある。

ダウンタウン
住2015 Boul. St-Laurent
TEL(514)849-8246
URLboutiqueevab.com
営月～土10:00～19:00
　日12:00～18:00
休無休
CCA D M V

Harricana

アリカナ MAP P.169-D2

古い毛皮を再利用した服飾の店。多彩な巻き方が楽しめるヘッドバンドは\$129～、スリッパ\$269～。アライグマ、ビーバー、ミンクなど毛皮の多くはケベック産。アップサイクルを通じたサステナブルファッションをコンセプトとしている。

郊外
住3697 Rue Wellington
TEL(514)282-1616
URLharricana.qc.ca
営火～金12:00～18:00
　土12:00～17:00
休日・月
CCA M V
交地下鉄グリーン・ラインのエグソーズ駅から徒歩5分

Sports Experts

スポーツ・エキスパート MAP P.169-C1

アトウオーター駅Atwaterと直結しているショッピングモールAlexis Nihonの中にあるスポーツショップ。モントリオール・カナディアンズのグッズも多数扱う。サント・カトリーヌ通りにも店舗（MAP P.170-C1 住930 Rue Ste-Catherine O.）がある。

ダウンタウン
住1500 Rue Atwater
TEL(514)908-1414
URLwww.sportsexperts.ca
営月～水10:00～18:00
　木・金10:00～21:00
　土・日10:00～17:00
休無休
CCA M V

Délices Érable & Cie

デリス・エラーブレ＆シィ MAP P.186-B2

旧市街にある、メープルシロップ製品の専門店。オープンは2002年。シロップのほかクッキーなどメープル製品が充実している。人気は、シロップ\$6.15～やジャム\$4.4～、メープルティー\$3.5～など。砂糖の代わりにメープルシロップを使った、ヘルシーなメープルアイス\$4.1～の売り場もある。その場で作ってくれるメープル・タフィ\$2.3もぜひ。ほとんどの商品が試食可。店内にはイートインもある。

ジェラートとソルベも揃える

さまざまなメープル製品がある

旧市街
住84 Rue St-Paul E.
TEL(514)765-3456
URLwww.deliceserableetcie.com
営6～9月
　毎日10:00～23:00
　10～5月
　日～木10:00～19:00
　金・土10:00～20:00
休無休 CCA M V

ファッション

スポーツ

メープル製品

L'Art des Artisans du Québec

ラール・デ・ザルティザンス・デュ・ケベック　**MAP P.170-B2**

ショッピングモール、Complexe Desjardinsの地下1階にある、ケベック州出身のアーティストが作った小物を扱う店。美しいフォルムのガラス製品から素朴な図柄の陶器、ハンドメイドのアクセサリー、ギフトカードなど。メープル製品もある。

Le Marché des Saveurs du Québec

ル・マルシェ・デ・サバー・デュ・ケベック　**MAP P.169-B1**

ジャン・タロン・マーケットを取り囲む店のひとつ。すべてケベック州で作られた食料品やアルコールを扱う。メープル製品は、シロップが$3.99～、ジャムは$5前後。ほのかな甘味が感じられるメープルワイン$20～も扱っている。

Column　モントリオールの骨董通り

カナダでアンティークを探すなら、モントリオールはぜひ訪れたい街。特に「骨董通り」として知られるノートルダム西通りRue Notre-Dame O.は、骨董好きにおすすめのスポットだ。19世紀末～20世紀初頭に、港と市街を結ぶ重要なルートとして栄えたこの通りがアンティークの街に変わり始めたのは1970年代から。かつてはピール通りとアトウオーター通りAve. Atwaterに挟まれた1.5kmほどの通りの両側に、アンティークショップが軒を連ねていたが、現在は2～3店舗のみ。また、アトウオーター通りにはアトウオーター・マーケットもある。ジャン・タロンと並ぶモントリオールの2大マーケットのひとつで、屋内には魚や肉、食料品店があり、外には野菜やフルーツの屋台がずらり。テイクアウトグルメやレストランも多いので、ランチにも最適。

モントリオールの台所、アトウオーター・マーケット

ノートルダム西通り
MAP P.169-C2
🚇地下鉄オレンジ・ラインとグリーン・ラインのリオネル・グルー駅、またはオレンジ・ラインのルシアン・ラリエー駅Lucien-L'Allier下車、徒歩1分。

Old Time Antiques
オールド・タイム・アンティークス

イギリスやカナダ国内で買い付けたアンティークのジュエリーをはじめ、陶磁器、ガラス、ランプなどを扱う。

ヨーロッパのランプが充実

MAP P.169-C2　🏠2617 Notre-Dame O.
☎(514)835-2110
🕐月～土11:00～17:00　🚫日　💳不可

Grand Central
グランド・セントラル

1980年創業。18～19世紀のランプや家具、時計などを中心に扱うアンティークショップ。

店内にはアジアの骨董も。オーナーはフレンドリーなので気軽に尋ねてみよう。

レトロなアイテムがずらり

MAP P.169-C2　🏠2448 Notre-Dame O.
☎(514)935-1467　URL www.grandcentralinc.ca
🕐月～金9:30～17:30　土11:00～17:00
🚫日　💳A M V

モントリオールのナイトスポット

　モントリオールは、その治安のよさからも、安心してナイトライフが楽しめる都市だ。ダウンタウンではクレセント通り、サン・ドニ通り沿いなどに雰囲気のいいバーや陽気なパブ、クラブなどいろいろなジャンルのナイトスポットが集中している。旧市街にもたくさんバーやパブがあるが、やはり行ってみたいのはジャズクラブ。モントリオール国際ジャズ・フェスティバル（→P.168）が開かれるモントリオールはジャズの本場として知られている。新型コロナによりライブハウスは多くが閉店してしまったが、小さなステージ付きのレストランなどで楽しめる。豪華なフレンチのディナーを食べながらジャズの生演奏に耳を傾けるという、大人の時間を過ごすことができる。ロマンティックなムード満点なので、ハネムーナーにもおすすめだ。

　ただし、いくら安全とはいっても、人が密集している場所ではスリなどに注意すること。

Modavie
モダヴィ
ジャズクラブ

MAP P.186-B2

ジャズライブが評判のレストラン。地中海料理を味わいつつ、生演奏を楽しめる。ライブは毎晩19:00～22:00。週末の正午にはブランチライブも開催する。店内はムード満点で、アルコール類の充実した品揃えも自慢。

旧市街
🏠1 Rue St-Paul O.
📞(514)287-9582
🌐modavie.com
🕐日～木11:30～22:30
　金・土11:30～23:00
休無休
💳A M V

Brutopia
ブルートピア
パブ

MAP P.170-D1

クレセント通り沿いにあるブリューパブ。ブラウンエールやハニービアなど、10種以上の自家醸造のビール$8～が味わえる。一番人気は、ラズベリーのフレーバーが香るやや甘めのビール、ラズベリーブロンド。木～月曜にはDJやライブも開催される。

ダウンタウン
🏠1219 Rue Crescent
📞(514)393-9277
🌐www.brutopia.net
🕐日～木14:00～24:00
　金・土12:00～翌1:00
休無休
💳A M V

Pub Quartier Latin
パブ・カルティエ・ラタン

MAP P.170-B2

カルティエ・ラタンにあるカジュアルなパブで、若者でいつもにぎわっている。さまざまなイベントを催しているので、ウェブサイトでチェックしよう。ビールやカクテルは各$8.5～。併設のBordel Comédie Clubでは毎晩お笑いライブを開催。

ダウンタウン
🏠318 Rue Ontario E.
📞(514)845-3301
🌐pubquartierlatin.com
🕐毎日16:00～24:00
休無休
💳A M V

Bootlegger Cocktail Bar
ブートリガー・カクテル・バー
バー

MAP P.170-B2

夜までにぎやかなサン・ロラン通り沿い、階段を上がった2階にあるカクテルバー。カクテルは1杯$15～で、すべて店で研究し生み出されたオリジナル。好みの味を伝えれば合う物を作ってくれる。ウイスキーのセレクションも秀逸。

旧市街
🏠3481 St Laurent Blvd.
📞(438)383-2226
🌐www.barbootlegger.com
🕐木～日19:00～翌3:00
休月～水
💳M V

Column 大西洋と五大湖を結ぶ大水路 セント・ローレンス・シーウエイ

オンタリオ州から太平洋へとそそぐセント・ローレンス川は、長年交易の手段として利用されてきた。しかし、モントリオールから西は、川幅が急に狭まり、ナイアガラのような100mもの崖が立ちはだかるなどの障害が多く、航行は困難を極めた。初期の探検者や毛皮交易の商人たちは、先住民にならいカヌーを利用（崖に阻まれるとカヌーをかついで移動）していたのだが、産業が発達し水運の需要が増大すると、安全でなおかつ大量輸送を可能にする水路建設の必要性が高まってきた。

大水路の先駆けとして、ナイアガラ滝を回避して五大湖のオンタリオ湖とエリー湖を結ぶ運河が1824年に建設され、1833年には急勾配の流れの水位を調節するために木製の水門（閘門）が40も設けられた運河が完成した。また、1850年代には、モントリオールの上流にある難所ラシーヌ早瀬を回避する運河も完成、大西洋と183mの標高差があるスペリオル湖〜大西洋間の航行が可能となった。しかし航行できるのは165トン程度の運河船までで、ヨーロッパからの大型外航船はそれまでどおり、モントリオールで積み荷を運河船に積み替えなければならなかった。

20世紀前半になると、大西洋〜五大湖間に大型船も航行できるような水路を建設しようという要求は、いよいよ強まってきた。1954年には、カナダとアメリカの共同事業によるモントリオール〜オンタリオ湖間の水路建設が始まり、その5年後の1959年、16の閘門をもつセント・ローレンス・シーウエイSaint Lawrence Seawayがついに完成。それと並行してナイアガラ崖に8つの閘門をもつウェランド運河が建設された。こうして標高差を克服してスペリオル湖と大西洋を結ぶ海路が開通し、外航船なら9000トン級まで、細長いレイカー（最長222.5m、最大幅23.77m）と呼ばれる水路専用船なら2万7000トン級まで航行可能となった。小麦や木材、鉄鉱などの輸送力が水路完成によって飛躍的に拡大、またシーウエイ上に造られたダムによって安い電力供給も可能となり、五大湖沿岸は大工業地帯へと発展していった。距離にして全長3700km、大陸の約半分を占めるシーウエイは、まさに北米の大動脈の役割を果たすこととなったのだ。

セント・ローレンス川が望める旧港

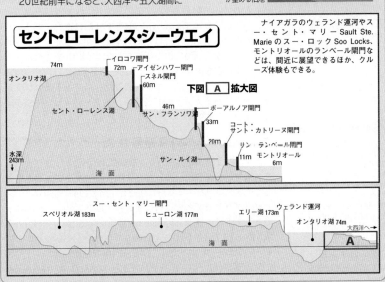

ナイアガラのウェランド運河やスー・セント・マリー Sault Ste. Marie のスー・ロック Soo Locks、モントリオールのランベール閘門などは、間近に展望できるほか、クルーズ体験もできる。

セント・ローレンス・シーウエイ

オンタリオ湖 74m　イロコワ閘門 72m　アイゼンハワー閘門　スネル閘門 60m　下図 A 拡大図　セント・ローレンス湖　46m　ボーアルノア閘門　サン・フランソワ湖 33m　コート・サント・カトリーヌ閘門　20m　リン・ランベール閘門　サン・ルイ湖　11m　モントリオール 6m　水深243m　海面

スペリオル湖 183m　スー・セント・マリー閘門　ヒューロン湖 177m　エリー湖 173m　ウェランド運河　オンタリオ湖 74m　大西洋へ→　海面　A

メープル街道のハイライトをドライブ！

ロレンシャン

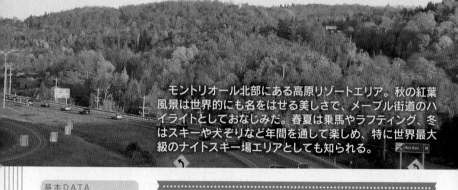

モントリオール北部にある高原リゾートエリア。秋の紅葉風景は世界的にも名をはせる美しさで、メープル街道のハイライトとしておなじみだ。春夏は乗馬やラフティング、冬はスキーや犬ぞりなど年間を通して楽しめ、特に世界最大級のナイトスキー場エリアとしても知られる。

基本DATA

拠点となる街：モントリオール

ロレンシャン情報のサイト

URL www.laurentides.com

twitter.com/TLaurentides

www.facebook.com/TourismeLaurentides

ドライブチャート

モントリオール

ハイウエイ＃15、＃364経由
↓77.5km

サン・ソヴェール・デ・モン

ハイウエイ＃15経由
↓9.4km

サンタデール

ハイウエイ＃370経由
↓18km

エステレル

ハイウエイ＃370、#15経由
↓35.3km

サンタガットゥ・デ・モン

ハイウエイ#117、#327経由
↓31km

モン・トランブラン

❓ 観光案内所

Bureau D'information
Touristique des Laurentides

MAP P.213

Sortie 51 de 1,
Autoroute 15, Saint-Jérôme

TEL (450)224-7007

FREE (1-800)561-6673

URL www.laurentides.com

ギャラン社

TEL (450)687-8666

FREE (1-877)806-8666

URL www.galland-bus.com

アクセスと回り方

ひとつの町でゆったりするのもいいが、複数の町を訪れたいならレンタカーで。1ヵ所だけを訪れるなら、モン・トランブランがおすすめ。モントリオールからロレンシャンの各町へは、ハイウエイ＃15、またはこれに並行する#117でほぼ一本道。#15はサンタガットゥ・デ・モンまでだが、信号がないぶん、時間を節約できる。モントリオールから30分ばかり走ると両側に広葉樹の森が目立ち始め、ロレンシャンの玄関口、サン・ジェロームSt-Jérômeに差しかかる。Exit 51を下りた所に観光案内所があるので、情報を入手しておこう。サン・ソヴェール・デ・モンへはハイウエイ＃15のQC-364を下り西に進む。プリンシパル通りを北へ進み、左折して#117を北上するとサンタデールに着く。ここから両側に山を望むハイウエイ＃370を走ればエステレル。来た道を戻りハイウエイ＃15を北上。QC-117を下りれば、サンタ・ガットゥ・デ・モンへ到着だ。モン・トランブランへは、さらにハイウエイ#117を進み、サン・ジョビットSt-Joviteでハイウエイ#327に入ろう。

ロレンシャンへの長距離バス

モントリオールからギャラン社Gallandがサン・ソヴェール・デ・モン、サンタデール、ソヴィエール・ルージュなどを経由してモン・ローリエまで1日1便運行。所要約4時間30分。モン・トランブランまでの便は1日2便。バス以外はサン・ジョビットでモン・トランブラン村Ville de Mont-Tremblantの村営バスに乗り換え。また、冬季(12〜4月)のみスカイポートSkyportがモントリオールのピエール・エリオット・トルドー国際空港からモン・トランブランまで、直通シャトルバス、モン・トランブラン・エクスプレスMt-Tremblant Expressを運行（2022年11月現在、運行休止中）。

おもな見どころ

🍁 サン・ソヴェール・デ・モン
St-Sauveur-des-Monts

MAP P.213

ロレンシャンのなかではモントリオールから比較的近くに位置する。通りにはおしゃれなブティックや雑貨店、雰囲気のよいカフェやレストランが並び、ぜひ足を延ばしてみたい所だ。4つ星ホテル「Manoir Saint-Sauveur」やアウトレットモール、すてきなB&Bがある。町の南にあるサン・ヴェール山Mt-St-Sauveurのスキー場は、夏場になるとウオータースライダーが楽しめる人気テーマパークだ。

かわいらしいお店が並ぶ

🍁 サンタデール
Ste-Adèle

MAP P.213

サン・ソヴェール・デ・モンからハイウエイ#15を少し北上した所にある、サンタデール湖を中心に発達した小さな町。ホテル、レストランのほかに映画館や劇場もある。

スカイポート
📞(514)631-1155
📠(1-800)471-1155
🌐www.keolis.ca/fr/notre-offre/transport-aeroport uaire

❓ サン・ソヴェール・デ・モンの観光案内所
Chambre De Commerce De La Vallée De St-Sauveur
🏠30 rue Filion St.
📞(450)227-2564
🌐www.valleesaintsau veur.com

❓ サンタデールの観光案内所
MRC des Pays d'en Haut
🏠1014 Valiquette St.
📞(450)229-6637
🌐www.lespaysdenhaut.com
ハイウエイ#15のExit 67を下りた所。

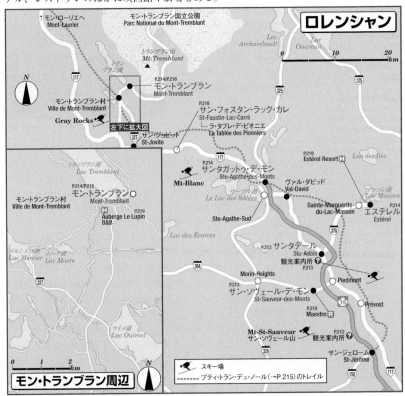

サンタガットゥ・デ・モンの観光案内所

Bureau D'accueil Touristique
🏠24 Rue Saint-Paul est
📞(819)326-4595
🌐ville.sainte-agathe-des-monts.qc.ca
ハイウエイ#15のExit 89を下りた所。

サーブル湖のクルーズ

Les Croisières Alouette
📞(819)326-3656
📠(1-866)326-3656
🌐croisierealouette.com
🗓6月上旬～10月下旬の水～日
　1日2～5便(所要約50分)
🎫大人$25、シニア・学生$22

モン・トランブランの観光案内所

Tourisme Mont-Tremblant
🗺P.217
🏠1000, Chemin des Voyageurs
📞(514)764-7546
🌐www.tremblant.ca
🕐毎日9:30～17:00
　(時期により異なる)
🚫無休

山頂へのゴンドラ

Panoramic Gondola
📞(514)764-7546
🗓5月中旬～6月中旬
　月～金9:00～16:30
　土・日9:00～17:00
　6月中旬～9月上旬
　日～木9:00～17:00
　金・土9:00～18:30
　9月上旬～10月中旬
　月～木9:00～16:30
　金・土9:00～18:30
　日曜9:00～17:00
🎫往復
　大人$25.33($22.8)、子供$19.42($17.48)
　※( )内は48時間以上前にウェブサイトで購入した場合の料金

✤ エステレル　🗺P.213

Estérel　★★★

　サンタデールからハイウエイ#370に入り、約13km北上した所にある滞在型リゾートホテル「Estérel Resort (→P.219)」が有名。自然に囲まれたマッソン湖畔Lac Massonにあり、アクティビティも充実。

✤ サンタガットゥ・デ・モン　🗺P.213

Ste-Agathe-des-Monts　★★★

　美しいサーブル湖Le Lac des Sablesのクルーズがメイン。特に紅葉の季節はずばらしい景色が楽しめ人気だ。カヌーやヨットセイリングなどのほか夏は湖水浴もできる。

サーブル湖畔には別荘が並ぶ

✤ モン・トランブラン　🗺P.213/P.217

Mont-Tremblant　★★★

　ロレンシャン高原の最奥に位置するモン・トランブランは、この地方の最高峰(標高875m)であるトランブラン山Mont-Tremblantの麓に広がるリゾートエリア。山の北側には、モン・トランブラン国立公園Parc

カラフルなかわいい建物が並ぶ

National du Mont-Tremblantが数百km²にわたって広がる。メープルの木々に覆われた山々は、秋には一面の紅葉に彩られ、ロレンシャン観光のメインとして知られている。見どころは何といっても、山頂まで運行しているゴンドラ。山頂から見下ろす秋の紅葉風景は有名で、メープル街道のパンフレットなどにもたびたび登場する。山頂からはトレイルが出ており、歩いて町まで下ることもできるが、少し難易度が高い。初心者なら、ゴンドラ駅周辺を回るトレイル「Manitou (600m)」がおすすめ。

　タウンエリアには、ホテルやレストラン、ショップがカラフルに軒を並べている。中心は、トランブラン山へ上るゴンドラ乗り場周辺のサン・ベルナール広場Place St-Bernard。町は山の斜面に造られており、サン・ベルナール広場から観光案内所までは、緩やかな下り坂になっている。観光案内所からサン・ベルナール広場の近くまでは無料のリフトが運行しているが、町は1時間で回れてしまうくらいの大きさ。のんびりと散歩するのもおすすめだ。町のすぐ西横にはトランブラン湖Lac Tremblantもあり、湖畔までは徒歩10分ほど。

ACTIVITY アクティビティ

モン・トランブランでは、シーズンを通してさまざまなアクティビティが楽しめる。以下サイクリング以外の申し込みは、バーナード広場にあるアクティビティ・センターLe Centre d'Activité's Mont-Tremblantで。

ジップトレック・エコツアー ZIPTRECK ECOTOUR

トランブラン山の木々にかけられたワイヤーを滑り降りるジップトレック・エコツアーは、モン・トランブランの一番人気アクティビティ。ゴンドラで山頂まで登り、6つの展望台を回る5つのジップラインが楽しめる。5つのジップラインを合わせた全長は4kmとケベック州では最長。途中にはインストラクターによるモン・トランブランの自然ガイドも聞ける。

乗馬 HORSEBACK RIDING

馬の背に揺られ、大自然をワイルドに満喫できる乗馬。馬場内を歩く引き馬ではなく、国立公園内の森や山の中を進む。事前に簡単なレクチャーがあるので、初心者でも安心。

乗馬は自然のなかが舞台

カヌー CANOEING

モン・トランブラン国立公園内には400を超える湖と川があり、そこを舞台にしたカヌーが人気を呼んでいる。国立公園管理人のガイドで川を下るツアーやセルフガイド（ガイドなし）もあり。初心者なら、ほとんど流れのないルージュ川Riviere Rougeをセルフガイドで楽しむのもおすすめ。

カヌーでは、周囲の景色も満喫できる

ヘリコプター遊覧飛行 HELICOPTER

ウイメ湖畔Lac Ouimetの飛行場からテイクオフ。20分コースではリゾート村の上空を、30分コースではさらに国立公園の上空まで遊覧する。紅葉シーズンなら、上空から見事なまでのパッチワークを描くメープルの森が一望できる。

アクティビティ・センター
MAP P.217
📍118 Chemin Kandahar
☎(819)681-4848
🌐www.tremblantactivities.com
🕐月～土8:00～18:00
　日9:00～17:00
休無休

ジップトレック・エコツアー
🕐5月下旬～10月中旬
　毎日8:45～17:00
💰大人$139.99、子供$109.99
　（72時間前までのウェブ予約で15%割引）

乗馬
1時間コース(Forest Ride)
🕐6月上旬～9月下旬
　木～月9:00、10:45、14:00
　10月上旬
　金～月9:00、10:45、14:00
　10月下旬～11月上旬
　金～日9:00、10:45
💰大人・子供$94.5

カヌー
セルフガイド(4時間)
🕐5月中旬～10月上旬
　毎日9:30、10:30、11:00
💰$79.75（2名以上で利用）
ルージュ川(2時間)
🕐6月上旬～10月中旬
　毎日9:00～14:00
　30分ごとに出発。
💰シングル$48、ダブル$93

ヘリコプター遊覧飛行
🕐毎日10:00～19:00
💰20分フライト
　1～2人まで$357、
　3人$441
　30分フライト
　1～2人まで$462、
　3人$561
　※1フライト当たりの料金

フリータイム救済企画！

モン・トランブランお散歩コース

ゴンドラで山頂に上って紅葉を堪能したら、町なかでゆっくりと過ごしてみよう。
モン・トランブランは、町並みもおしゃれで魅力的。
ツアーのフリータイムはもちろん、個人でも十分に楽しめるモデルルートはこちら。

Route

START ① サン・ベルナール広場 → 徒歩3分 → ② 紅葉の森をハイキング → 徒歩1分 → ③ ル・シャックでランチ → 徒歩5分 → ④ おみやげ＆テイクアウトグルメ → 徒歩15分 → ⑤ トランブラン湖畔散歩 GOAL

START 1 サン・ベルナール広場

トランブラン山のゴンドラ乗り場があるサン・ベルナール広場からスタート。多くの観光客が集まる、町で最もにぎやかな場所で、アクティビティが楽しめるアクティビティ・センターやトレイル「Ruisseaux」の入口もすぐそば。

▲周囲にはレストランやホテルが並ぶ

広場はイベント満載！
サン・ベルナール広場では、紅葉シーズンなどにはライブなどのイベントを随時開催している。座って見ているだけでも楽しい！

▼イベントはほとんどが無料

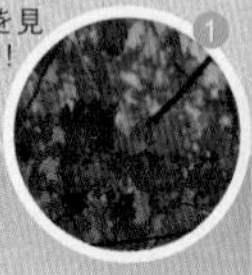

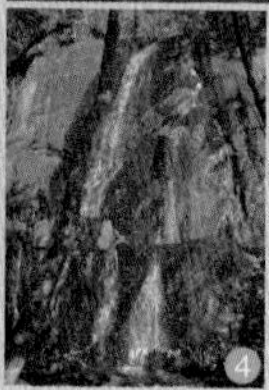

①メープルの森を見上げながら歩こう！ ②斜面の上から町を見下ろす ③途中には看板もあるので迷う心配もない ④山の中腹にある小さな滝

2 紅葉の森をハイキング

モン・トランブランの周辺はモン・トランブラン国立公園Parc National du Mont-Tremblantで、山と森、湖など豊かな自然が残っている。このエリアの一番人気アクティビティといえば、ハイキング。
　モン・トランブラン山には1～20kmほどのトレイルが11コースある。サン・ベルナール広場から出ているトレイル「Ruisseaux」は、距離も2kmと手軽に楽しめて、おすすめ。コースからはモン・トランブランの町が見下ろせ、途中には小さな滝もある。

3 ハイキング後は、広場周辺でランチを

ハイキングをしてお腹がすいたら、広場周辺のレストラン「Le Shack」でランチを。店は、カラフルな外観がひときわ目立つ明るい雰囲気。メニューはハンバーガーやBBQ、ステーキなど、カジュアルアメリカン。

Le Shack ル・シャック [MAP] P.217
[住]3035 Chemin de la Chapelle [TEL](819)681-4700
[URL]www.leshack.com [営]火～日11:00～21:30
[休]月 [予]$15～30 [CC]A M V

①外にはテラス席もある ②ランチの人気はサンドイッチやラップス

コキゲンなメニューばかり☆

その場でフルーツを搾ってくれる②ノドが乾いたらこれで休憩

ビーバーのしっぽ形の名物揚げ菓子
Beaver Tails
ビーバー・テイルズ

小腹がすいたときに最適

MAP P.217
TEL (819)717-1932
営 毎日11:00〜22:00（時期により異なる）
休 無休　**C** A M V
※場所はよく変わるので、要確認

4 メイン通りでおみやげ＆テイクアウトグルメ

サ ン・ベルナール広場から斜面になったRue des Remparts通りには、カフェやテイクアウトグルメの店、みやげ物屋などが軒を連ねる。名物ペストリーと自然派ジュースを飲んだら、メープル製品をゲット！

▲一本道の両側に店が並ぶ

地元フルーツがたっぷり！
フレッシュジュース専門店
Fluide Juice Bar
フリュード・ジュース・バー
MAP P.217
住 118 Chemin des Kandahar
TEL (819)681-4681
営 毎日10:00〜18:00
休 無休　**C** M V

おみやげの大本命！ メープル製品ならここ
Cabane à Sucre de la Montágne
カバヌ・スクル・ド・ラ・モンターニュ
MAP P.217
住 161 Chemin. Du Cure Deslauriers
TEL (819)681-4995
営 日〜木10:00〜18:00
　　金・土10:00〜21:00
休 無休　**C** A M V

▶店頭ではメープルタフィを販売

▼メープルシロップをかけたソフトクリーム

GOAL

5 トランブラン湖畔を歩く

町 の西にあるトランブラン湖は、全長約13kmの南北に細長い湖。湖畔までは町から気軽に歩いていくことができ、人気のハイキングコースにもなっている。外れのほうまで行けば、湖越しに町を入れた美しい写真が撮れる。

①森の中には別荘やホテルが点在　②湖の対岸からモン・トランブランを見渡す

P.219 Fairmont Tremblant
ゴンドラ
ゴンドラ（トランブラン山行き）
トレイル「Ruisseaux」入り口
ゴンドラ（冬季のみ）
3 ル・シャック P.216 Le Shack
アクティビティ・センター P.215
2 トレイル❶入り口
4 **S** フリュード・ジュース・バー P.217 Fluide Juice Bar
サン・ベルナール広場 **1** Place St-Bernard
Rue des Remparts
4
ビーバー・テイルズ **S** Beaver Tails
Le Westin Resort & Spa Tremblant P.219
Chemin Kandahar
無料リフト カブリオレ Cabriolet
ミロワ湖 Lac Miroir
Chemin de la Chapelle
観光案内所 P.214
乗り場 長距離バス
5 トランブラン湖 Lac Tremblant
Chemin du Cure Deslauriers
Chemin de Magruder
4 **S** P.217 カバヌ・スクル・ド・ラ・モンターニュ Cabane à Sucre de la Montágne

0 — 100m

→ お散歩コース
--- トレイル

\ Check /

ゲレンデを利用したアクティビティ

トランブラン山へ上るリフトの周辺では、ゲレンデを利用したゴーカートや逆バンジーなどさまざまなアクティビティが楽しめる。また、周辺には自然の森を利用したアスレチックなどもあるので、子供連れはぜひチャレンジしてみて。各アクティビティはすべて有料。

チケットはアクティビティ・センターで購入可能

モンテベロのホテル
Fairmont Le Château Montebello
フェアモント・ル・シャトー・モンテベロ
[住]392 Notre-Dame St., Montebello
[TEL](819)423-6341
[URL]www.fairmont.com/montebello
[料]ⓈⒹ$329〜　Tax別

オメガ・パーク
[TEL](819)423-5487
[URL]www.parcomega.ca
[開]夏季　毎日9:00〜18:00
冬季　毎日10:00〜16:00
（入場は閉園の1〜2時間前まで）
[休]無休
[料]大人$38.27〜、シニア$33.92〜、ユース$17.83〜、子供$14.79〜
（時期により変動あり）

エクスカーション

モンテベロ

Montebello

[MAP] P.166-D1

間近に動物が見られるオメガ・パーク

ハイウエイ#117とハイウエイ#323が交わるサン・ジョビットからハイウエイ#323を南下すると、ログハウスのリゾートで名高いモンテベロMontebelloに到着する。サミット会場ともなったFairmont Le Château Montebelloはこの地方を代表する名門ホテル。広大な敷地にはゴルフ場、テニスコートなどのアクティビティ施設が整い、快適な休日が楽しめる。ホテル裏側にはイギリス植民地下のカナダで反ブルジョワの旗を掲げて反乱を指揮した、ルイ・ジョセフ・パピノーLouise-Joseph Papineauの館もある。ホテルから3kmの場所には、放し飼いにされたバイソンやムースなどを車に乗ったまま観察できるサファリパーク、オメガ・パークParc Omegaがある。12kmのルートを、カーラジオから流れる説明を聞きながらゆっくりと回る。

Column 伝統的なメープルシロップ作りを見学しよう

カナダの人気のおみやげに、カエデの樹液を煮詰めたメープルシロップは外せない。メープルシロップ農家の人々は、毎年3〜4月の雪解けの時期が始まると、メープルの樹が地中からたっぷりと吸い込んだ水分を含んだ樹液、メープルウオーターを採取し、何時間も煮詰めてメープルシロップを作る。現在では、樹に取り付けたパイプから採取するという機械化された手法が一般的だが、同時に観光客向けに伝統的な手法で作業をしている作業場シュガーシャックSugar Shackも多い。

メープルの樹木に筒を挿して、樹液を取り出す、昔ながらの方法

ロレンシャンのエリアにも、サン・フォスタン・ラック・カレSt-Faustin-Lac-Carréにあるラ・タブレ・デ・ピオニエをはじめ、ツーリストを歓迎しているシュガーシャックが数多くあるので、ぜひ訪れてみたい。シーズンによっては民族衣装や民族音楽が楽しめたり、メープルシロップを使ったユニークな郷土料理が味わえることもあるので、問い合わせてみよう。

サン・フォスタン・ラック・カレ
[MAP] P.213
ラ・タブレ・デ・ピオニエ
La Tablée des Pionniers
[住]1357 Rue Saint-Faustin
[TEL](819)688-2101　[FREE](1-855)688-2101
[URL]www.latableedespionniers.com
サンタガットゥ・デ・モンから北西へ約15km。

HOTEL

ロレンシャンのホテル

モン・トランブラン

Fairmont Tremblant

フェアモント・トランブラン [MAP] P.217

[住]3045 Chemin de la Chapelle
[TEL](819)681-7000
[URL]www.fairmont.com/tremblant
[料]ⓈⒹ$350～ Tax別
[CC]A D J M V [室]314室

モン・トランブランを代表する最高級ホテル。レストラン、エステ、プール、スパ、ランドリーなど館内施設が充実。客室はあたたかみのある雰囲気。

Le Westin Resort & Spa Tremblant

ル・ウェスティン・リゾート&スパ・トランブラン [MAP] P.217

[住]100 Chemin Kandahar
[TEL](819)681-8000
[FREE](1-888)627-8672
日本の予約先[無料]0120-142890
[URL]www.westintremblant.com
[料]ⓈⒹ$407～ Tax別
[CC]A D J M V [室]122室

モン・トランブランの中心に立つ。館内にはサウナ付きのジムがあり、屋外ではゴルフ、テニスなども楽しめる。露天のジャクージはリフレッシュに最適だ。

モン・トランブラン周辺

Auberge Le Lupin B&B

オーベルジュ・ル・ルパンB&B [MAP] P.213

[住]127 Pinoteau, Mt-Tremblant
[TEL](819)425-5474
[FREE](1-877)425-5474 [URL]www.lelupin.com
[料]ⓈⒹ$200～ Tax別 朝食付き
[CC]M V [室]9室

モン・トランブランの中心部から車で3分の所にあるB&B。清潔感あふれる部屋、暖炉のあるリビングルームなど滞在は快適。手作りの朝食は質、量ともに充実。

エステレル

Estérel Resort

エステレル・リゾート [MAP] P.213

[住]39 Boul Firdolin Simard Blvd.
[TEL](450)228-2571
[FREE](1-888)378-3735 [URL]www.esterel.com
[料]ⓈⒹ$229～ Tax別
[CC]A D M V [室]200室

マッソン湖ほとりの4つ星ホテル。全客室スイートタイプで、レイクビューとガーデンビューの造り。建物はEvolutionとEmotionのふたつに分かれている。

ロレンシャンのレストラン

サン・ソヴェール・デ・モン

Maestro

マエストロ [MAP] P.213

[住]339 Rue Principale
[TEL](450)227-2999
[URL]www.restaurantmaestro.com
[営]毎日17:00～22:00
[休]無休 [予]$40～ [CC]A M V

おしゃれなビストロバー。カナダの食材を使った西洋料理は、見た目もきれいで味も美味。おすすめはメープルとサーモンのマリネ$18。

Column ロレンシャンで楽しむサイクリング

ロレンシャンの自然を満喫できる数々のアクティビティのなかでもサイクリングの人気は高い。そのコースとしておすすめなのが、1989年までサン・ジェローム～モン・ローリエMont-Laurier間を走っていた鉄道の廃線跡を利用したトレイル"プティ・トラン・デュ・ノールPetit Train du Nord"(5月中旬～10月中旬通行可。冬季はクロスカントリー、スノーモービル専用)。川や湖のそばを抜けるトレイルは232kmの道のりで、紅葉に彩られる秋は、特に美しい景色が楽しめる。ロレンシャンの公式ガイドブック(無料)に詳しいマップやレンタサイクルの情報が載っているので、観光案内所で手に入れよう。

自転車でも通りやすいように整備されたプティ・トラン・デュ・ノール

バスタブ／一部客室　テレビ／一部客室　ドライヤー／貸し出し　ミニバーおよび冷蔵庫／一部客室　セーフティボックス／フロントにあり　Wi-Fi(無料)／Wi-Fi(有料)

Eastern Townships

田園と森、湖が織りなす美景の地
イースタン・タウンシップス

モントリオールの東約80kmにあるエリアで、紅葉の美しさで知られる。18世紀、アメリカ独立戦争時にロイヤリストが多く移住したためニュー・イングランドの慣習が持ち込まれ、既存のケベコワ気質と融合した独特の文化が生まれた。また、酪農や農業が盛んで、ワイナリーや地場の食材を使ったレストランやオーベルジュが多い、人気のリゾート地である。

基本DATA
拠点となる街：モントリオール
イースタン・タウンシップス
情報のサイト
URL www.easterntown
ships.org
twitter.com/townships
www.facebook.com/
easterntownships

イースタン・タウンシップスの呼称

19世紀後半以降、フランス系住民の増加にともない、イースタン・タウンシップスのフランス語訳としてカントン・ド・レストCantons-de-l'Estという呼び名も広く使われるように。ちなみに、地元っ子は英語でタウンシッパーズTownshippersと呼ばれるが、フランス語ではエストリアンEstriensが一般的。

ドライブチャート 🚗

モントリオール
ハイウエイ#10、#104経由88.4km
ダナム
ハイウエイ#202、#104経由21.6km
ラック・ブロム
ハイウエイ#215、#10経由36.5km
イーストマン
ハイウエイ#10、#141経由17.4km
マゴグ
ハイウエイ#108経由17.5km
ノース・ハトリー
ハイウエイ#108経由18.6km
シャーブルック

アクセスと回り方

イースタン・タウンシップスは大きく6つの地域に分けられる。中心となる町はシャーブルックとマゴグ。周囲には湖となだらかな丘が広がり、ブドウ畑や果樹園が点在する。各町や見どころはそれぞれ広範囲に広がっているため、車がないと回るのは厳しい。

エリアは広いので、モントリオールからの日帰りは困難。メンフレマゴグ湖を境に東と西に分け、1日目は西側を観光して、マゴグに1泊、翌日に東側を観光して、ケベック・シティに抜けるか、モントリオールに戻るのが現実的なルートだ。

モントリオールからハイウエイ#10を進み、#104を南下しダナムへ。ダナムから南へ続く#202と周辺はワインルート。ブドウマークの看板やワイナリーの案内標示が随所にあるので、道はわかりやすい。ハイウエイ#202を戻り、#104を東に向かうとラック・ブロム。ハイウエイ#215を北上し#10を東に行くとイーストマン。マゴグへはさらに東へ進む。マゴグからサン・ブノワ・デュ・ラック修道院へはメンフレマゴグ湖を左手に眺めながら約21km。これで湖の西側をひと回りしたことになる。東側は、マゴグからノース・ハトリーまでののどかな丘陵地帯を行く#108で30分足らず。さらにシャーブルックへはハイウエイ#108で。

木造の屋根付き橋は、この地方ならではの景観だ

イースタン・タウンシップスへの長距離バス

モントリオールから、リモカーLimocarのマゴグ経由シャーブルック行きが1日12便運行。マゴグまで所要1時間30分〜3時間、シャーブルックまで所要2〜4時間。

リモカー
☎(1-866)692-8899
URL limocar.ca
モントリオール〜シャーブルック
運大人　片道$41.71

おもな見どころ

🍁 ダナム
Dunham

MAP P.221 ★★★

イースタン・タウンシップスの西の端にあるダナムは、ケベック・ワインの名産地。周辺に点在するワイナリー巡りが人気を呼んでいる（→P.222）。町の中心部にも、ヴィニョーブル・クロス・サント・クロワVignoble Clos Ste-Croixというワイナリーがある。

ヴィニョーブル・クロス・サント・クロワのブドウ畑

ワインショップの裏手にはピクニックエリアを備えたブドウ畑もある。また、ブドウ以外にもリンゴの産地としても有名で、町なかにはリンゴ酒や果汁の直売店などもある。

おもなワイナリー
ヴィニョーブル・クロス・サント・クロワ
MAP P.221
住3734 Rue Pricipale, Dunham
☎(450)295-3281
URL www.closstecroix.ca
開5月中旬〜10月中旬
　毎日11:00〜18:00
　10月中旬〜末
　土・日11:00〜18:00
休10月中旬〜末の月〜金、
　11月〜5月中旬
ダナムの町の中心地に位置する。

ショップではテイスティングも楽しめる（有料）

🍁 ラック・ブロム
Lac-Brome

MAP P.221 ★★☆

ブロム湖畔には別荘が並ぶ

イースタン・タウンシップスのなかでも初期に移住があった地域。ブロム湖Lac Bromeの南端に位置する小さな村だが、ビクトリア様式の建物など入植当時の姿を今もとどめている数少ない場所のひとつとなっている。

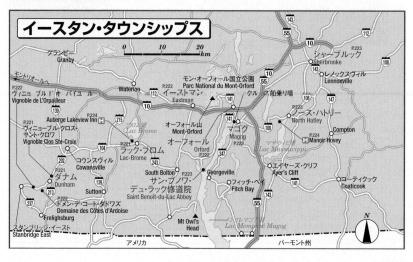

サボネリー・デ・ディリジェンス
[住]439 Rue Principale
[TEL](450)297-3979
[URL]savonneriediligences.ca
エラブリエール・シマール
[住]1150, Chemin des Diligences
[TEL](450)297-2013

? マゴグの観光案内所
[住]2911 Chemin Milletta
[TEL](819)843-2744
[URL]www.tourisme-memphremagog.com
[営]6月下旬～8月下旬
毎日8:00～18:00
8月下旬～6月下旬
毎日8:00～17:00
[休]無休
モン・オーフォール国立公園
[URL]www.sepaq.com/pq/mor
マゴグのホテル
Belle Victorienne
ベル・ヴィクトリエンヌ
[住]142 Merry Nord
[FREE](1-888)440-0476
[URL]www.bellevictorienne.com
[料]ⓈⒹ$130～
Tax別　朝食付き
[CC]M V　[室]5室
マゴグの中心にあるB&B。客室はロマンティック。

イーストマン
Eastman

[MAP] P.221

ハイウエイ#10からほど近い、人口2200人の町。手作りのナチュラル石鹸を作る工房やサボネリー・デ・ディリジェンスSavonnerie des Diligencesやホームメイドのメープルシロップを扱うエラブリエール・シマールÉrablière Simardなど個性的なショップが点在している。

マゴグ＝オーフォール
Magog-Orford

[MAP] P.221

オーフォールを入口とするモン・オーフォール国立公園Parc National du Mont-Orfordと、その南にあるメンフレマゴグ湖Lac Memphré Magog一帯の総称。前者はオーフォール山Mont-Orford（792m）の麓に広がる自然公園で、夏はハイキングやカヌー、ロッククライミング、冬はスキーなど1年中アクティビティが楽しめる。

メンフレマゴグ湖は、アメリカとの国境にまたがる南北約45kmの細長い湖。エリアの拠点となるマゴグは、湖の北岸に開けた人口2万8000人ほどの町だ。ちなみにこの「Magog」は、先住民の言葉Memphré Magog（大きな水の広がり）から派生した地名で、英語ならメイゴグと発音する。

池のほとりにカラフルな建物が並ぶ

Column イースタン・タウンシップスでワイナリー巡り

ドメン・デ・コート・ダドワズにはレストランもある

寒冷地であるケベック州でワイン造りが本格化するのは1980年代以降。事業を可能にした一因が地球温暖化だとか。ブロム湖からダナム、スタンブリッジ・イーストStanbridge Eastにかけてのハイウエイ#104、#202沿線はワインルートと呼ばれ、ヴィニョーブル・ド・オーパイユールをはじめ20軒以上のワイナリーが点在するケベックワインの主産地となっている。造られるワインはさまざまだが、リンゴのアイスワインなどはケベックならでは。ほとんどのワイナリーで試飲ができ、施設の見学ができるところもある。車を運転しての移動に限られるので、飲酒には注意を。

ワイナリー情報サイト
[URL]www.laroutedesvins.ca
ヴィニョーブル・ド・オーパイユール
Vignoble de L'Orpailleur　[MAP] P.221
[住]1086 Rue Bruce Rd., 202
[TEL](450)295-2763
[URL]orpailleur.ca
[営]毎日10:00～17:00
[休]無休
ガイドツアー
[催]6～10月
毎日11:30、13:00　[料]$20～
ダナム最大のワイナリー。ワイナリーを回るガイドツアーも催行している。
ドメン・デ・コート・ダドワズ
Domaine des Côtes d'Ardoise　[MAP] P.221
[住]879 Rue Bruce, Route 202
[TEL](450)295-2022
[URL]www.cotesdardoise.com
[営]5月中旬～10月　月～木10:00～17:00
金～日10:00～18:00
[休]11月～5月中旬
1979年の創業。地元作家の彫刻が飾られたブドウ畑は散策も楽しい。

❦ サン・ブノワ・デュ・ラック修道院
Saint-Benoît-du-Lac Abbey

サン・ブノワ・デュ・ラック修道院
🏠 1 Rue Principale
☎ (819)843-4080
🌐 www.abbaye.ca
開 毎日5:00～19:45
休 無休
料 無料
ギフトショップ
営 5～10月
　　毎日9:00～18:00
　　11～4月
　　毎日9:00～17:00
休 無休

MAP P.221

メンフレマゴグ湖の西岸に立つ優美な尖塔が印象的なベネディクト派の修道院。聖堂内の回廊は、寄せ木のようなモザイク模様が美しい。一般の人も参加できる毎朝夕のミサでは、グレゴリオ聖歌が歌われる。地下のショップには、修道士た

モザイク模様の床とステンドグラスは一見の価値あり

ちが生産したリンゴやその加工品、チーズなどが並ぶ。行き方はマゴグからハイウエイ#112を西に向かい、最初の交差点を左折、メンフレマゴグ湖の西岸沿いに南へ約19km、オースティンAustinの交差点を左折。

❦ ノース・ハトリー
North Hatley
MAP P.221

ノース・ハトリーは、南北戦争後に移住してきたアメリカの富裕階級により発展した、人口680人ほどの町。マゴグ＝オーフォールの東にあるマサウィピ湖Lac Massawippiの北側に位置する美しいリゾート地として

小さなリゾートエリア

知られ、湖畔沿いにはリゾートホテルやおしゃれなレストランが建ち並び、周囲は豊かな緑に覆われている。絵はがきのような風景にひかれ、ここに移住してくるアーティストも多い。

❓ シャーブルックの観光案内所
Bureau d'Information
Touristique de
Sherbrooke
🏠 785 Rue King O.
☎ (819)821-1919
FREE (1-800)561-8331
🌐 www.destinationsher
　　brooke.com
開 6月中旬～9月初旬
　　毎日9:00～17:00
　　9月初旬～6月中旬
　　月～土9:00～17:00
　　日9:00～15:00
休 無休

❦ シャーブルック
Sherbrooke
MAP P.221

人口約15万を擁する、イースタン・タウンシップスにおける経済や行政面での中心地。博物館や美術館など見どころが豊富で、ホテルやレストラン、ショップも数多い。町の北部には保存住宅群に指定された一

イースタン・タウンシップス最大の町

シャーブルックのホテル
Grand Times Hotel
グランド・タイムズ
🏠 1 Rue Belvédère Sud
☎ (819)575-2222
🌐 www.grandtimeshotel.
　　com
料 S$163～ D$177～
　　Tax別
カード A M V 室 120室
　　シャーブルックの中心街にある4つ星ホテル。バスディーポもそば。

画があり、そぞろ歩きが楽しい。南東郊外のレノックスヴィルLennoxvilleには、れんが造りの建物が並ぶビショップ大学がある。また、シャーブルックはユニークな壁画で有名な町。昔の町の様子や風景などを描いた壁画は全部で15ある。観光案内所で壁画の地図がもらえるので、それを持って町を歩いてみよう。

美食とくつろぎの宿
オーベルジュにステイ

イースタン・タウンシップスには、地元食材を活かした料理を提供する宿が点在。
内装もロマンティックなオーベルジュで、とっておきの時間を過ごそう。

［ノース・ハトリー］

湖沿いの森の中にたたずむ
優雅な別荘みたいな建物

Manoir Hovey　**MAP P.221**

マノアール・ハヴェイ

　マサウィピ湖畔にある贅沢なオーベルジュ。スタンダードからスイート、コテージなど趣の異なる客室は全5タイプあり、多くの部屋に暖炉やジャクージ、バルコニーが備わっている。ディナーは湖で取れた魚など地元の素材を生かしたフレンチ。テニスコートやプールがあり、湖ではカヌーも楽しめる。

住575 Rue Hovey **TEL**(819)842-2421
FAX(1-800)661-2421
URL www.manoirhovey.com
料HIGH6月～10月中旬、12月下旬～1月上旬
　Ⓢ Ⓓ $674～
LOW1月上旬～5月、10月中旬～12月下旬
　Ⓢ Ⓓ $478～　Tax別　2食付き
CCA V **客**36室

1客室によりインテリアが異なる **2**料理はどれも繊細な味付け **3**ディナーは前菜、メイン、デザートの3メニューコース **4**1900年に貴族の別荘として建てられた **5**湖を望むダイニング

［ラック・ブロム］

優雅な雰囲気に浸れる
創業100年以上の老舗

Auberge Lakeview Inn

オーベルジュ・レイクビュー・イン　**MAP P.221**

　1874年の創業以来、ほぼ変わらぬ姿をとどめるオーベルジュ。ハンドメイドのアンティーク家具を揃えた客室はロマンティックな雰囲気。ビクトリア調のダイニングルームで、ブロム湖名物のアヒル料理を味わおう。

住50 Rue Victoria
TEL(450)243-6183 **FAX**(1-800)661-6183
URL aubergelakeviewinn.com
料Ⓢ Ⓓ $125～
　Tax別　2食付き
CCA D J M V **客**28室

1花柄の壁がかわいいデラックス・スタジオルーム **2**旬の野菜がのったアヒルのコンフィ

バスタブ　テレビ　ドライヤー　ミニバーおよび冷蔵庫　セーフティボックス　Wi-Fi(無料)
一部客室　一部客室　貸し出し　一部客室　フロントにあり　Wi-Fi(有料)

Column ケベック州の隠れた古都トロワ・リヴィエール

モントリオールとケベック・シティのほぼ中間にあるトロワ・リヴィエールTrois-Rivièresは、ケベック・シティに次ぐカナダで2番目の歴史をもつ古都。セント・ローレンス川に沿って発展した街には、18世紀の教会や家並みが今もそのままの姿をとどめている。

17世紀後半からの建物が残る街並み

トロワ・リヴィエールの歩き方

見どころは街の中心部に集中している。観光案内所を出発し、ボナヴァンチュール通りRue des Bonaventureを右折してすぐの所にあるのが、トナンクール屋敷Le Manoir de Tonnancour/Le Galerie d'Art du Parc。17世紀前半に建てられたが火事で焼失し、1795年に建て直されたものだ。現在はモダンアートのギャラリーとして利用されている。ボナヴァンチュール通りを北西に進むと、1730年頃に建造のブーシェ・ド・ニベルビル屋敷Manoir Boucher-de-Niverville、トロワ・リヴィエール聖堂Cathédrale de l'Assomption de Trois-Rivièresへと行き着く。ほかにも、ケベック州の生活や食文化、アートなどに関する展示のあるミュゼ・ポップMusée Popなどがある。ミュゼ・ポップの地下は、19世紀の刑務所の生活を紹介する刑務

所博物館になっている。いずれも徒歩で歩ける距離なので、観光は1日あれば十分。モントリオール～ケベック・シティ間を移動するついでに立ち寄るのにちょうどいい街だ。

トロワ・リヴィエール
MAP P.166-C1
URL www.tourismetroisrivieres.com

トロワ・リヴィエールへの行き方
オルレアン・エクスプレスがモントリオールから1日3便運行、所要1時間45分～2時間10分。ケベック・シティからは1日3便運行、所要1時間50分～2時間。

⑦トロワ・リヴィエールの観光案内所
TEL (819)375-1122 FREE (1-800)313-1123
URL www.tourismetroisrivieres.com

トナンクール屋敷
TEL (819)374-2355
URL www.galeriedartduparc.qc.ca
開 火～日12:00～17:00
休 月

ブーシェ・ド・ニベルビル屋敷
TEL (819)372-4531
URL www.cultur3r.com/lieux/
manoir-boucher-de-niverville/

トロワ・リヴィエール聖堂
TEL (819)379-1432

ミュゼ・ポップ
TEL (819)372-0406
URL museepop.ca
開 6月下旬～9月上旬
　毎日10:00～17:00
　9月上旬～6月下旬
　水～金10:00～16:00
　土・日10:00～17:00
休 9月上旬～6月下旬の月・火
料 大人$17($28)、シニア$16
　($25)、学生$13($21)、子供
　$10($17)
※( )内は刑務所博物館とのセットチケットの場合の料金。

トロワ・リヴィエール

Québec City
ケベック・シティ
ケベック州

MAP P.166-C2
人口 54万9459
（ケベック・シティ市）
市外局番 418
ケベック・シティ情報のサイト
URL www.bonjourquebec.com
URL www.quebec-cite.com
twitter twitter.com/
tourismquebec
facebook www.facebook.com/
tourismequebec

CHECK!
ケベック・シティの呼び方
ケベック州の州都ケベック・シティは「ケベック」が正式名称。本書では、州名との混同を避ける意味で使われる「ケベック・シティ」を採用している。

ケベック・シティのイベント
ケベック・ウインター・
カーニバル
Carnaval de Québec
TEL (418)626-3716
FREE (1-866)422-7628
URL carnaval.qc.ca
開 2/3〜12('23)
北米最大の雪祭り。雪や氷を使ったユニークなイベントを開催。
ケベック・サマー・フェスティバル
Festival d'été de Québec
TEL (418)800-3347
URL www.feq.ca
開 7/6〜16('23)
世界各国から招待されたミュージシャンや大道芸人が、市内各地でコンサートやパフォーマンスを繰り広げる。
ロト・ケベック花火大会
Les Grands Feux Loto-
Québec
TEL (418)523-3389
URL www.lesgrandsfeux.com
開 7/21〜9/1('22)
ケベック・シティと対岸のレヴィLévisを挟んだセント・ローレンス川を舞台に開催される花火大会。

テラス・デュフランから見るフェアモント・ル・シャトー・フロントナック

ケベック州の州都ケベック・シティ。ケベックはインディアンの言葉で「狭い水路」を意味するとおり、セント・ローレンス川が幅を狭める地点に位置している。北米唯一の城塞都市で、石畳の細い道や石造りの建物が連なる旧市街は「ケベック・シティ歴史地区」としてユネスコの世界文化遺産にも登録されている。街歩きやショッピング、食事も楽しめる人気の観光地だ。

街の歴史は、1608年、フランス人探検家サミュエル・ド・シャンプランが、木造の砦をこの地に築いたことに始まる。以来、北米のフランス植民地、ヌーヴェル・フランスの要衝として、毛皮交易と布教を軸に発展を遂げた。しかし、その後勃発した英仏の七年戦争が植民地にも飛び火し、1759年にケベック・シティのアブラハム平原でフランス軍がイギリス軍に敗れると、ヌーヴェル・フランスは終焉を迎える。結果、イギリスはケベックを獲得するが、人口の9割以上を占めるフランス系住民の文化や伝統までも支配することはできなかった。連邦の成立とともに州都となったケベック・シティは、やがてフランス系住民による自治拡大の動きが活発化するなかで、その中核として独自の道を模索していくことになる。

ケベック州の車のナンバープレートにも刻まれている「Je me Souviens（私は忘れない）」という言葉は、ケベコワ（ケベック人）が好んで口にするモットー。フランスの文化や伝統が刻まれたその美しい街並みも、大切に守り継がれてきた。ヨーロッパの香り漂うこの石畳の街を、思いおもいに散策するのが、ケベック・シティ観光の楽しみ方だ。

北米最古の繁華街といわれる、プチ・シャンプラン地区

ケベック・シティへの行き方

🍁 飛行機

　日本からの直行便はなく、同日に到着するには直行便を利用して、トロントまたはモントリオールで乗り継ぐ。国内各地からは、エア・カナダAir Canada（AC）が多数運航。トロントから1日3～4便、所要約1時間30分。モントリオールから1日4便、所要約1時間。オタワからはトロントまたはモントリオールを経由。

🍁 長距離バス

　モントリオールからは、オルレアン・エクスプレスOrléans Expressの急行バスで3時間15分～3時間45分。毎日早朝7:00～20:00まで30分～2時間おきに運行されてる。

🍁 VIA鉄道

　トロント、オタワ、モントリオールからVIA鉄道の東部近距離特急（コリドー）と呼ばれるケベック・シティ～ウィンザー線が運行。到着はパレ駅La Gare de Palais。モントリオールから1日3～5便、所要約3時間30分。オタワからは1日2～4便、所要約6時間。トロントからはモントリオール乗り継ぎで9時間30分～13時間40分（1日3～6便がケベック・シティ行きに接続）。ハリファックスやガスペからは郊外にあるサント・フォアSainte-Foyに着く。ハリファックス方面からはオーシャン号The Oceanが水・金・日曜の1日1便運行、ハリファックス発13:00、ケベック・シティ（サント・フォア駅）着は翌日の6:13。モントリオール～ガスペ線は、2022年11月現在、運休中。

▍空港から市内へ

　ダウンタウンの南西15kmにある、ジャン・ルサージュ国際空港Jean-Lesage International Airport（YQB）がケベック・シティの玄関口。空港からダウンタウンまでのアクセス方法はタクシーのみ。所要約20分、料金は均一でダウンタウンまで$41.4。夜間（23:00～翌4:59）は$47.6。

▍バスディーポから市内へ

　すべての長距離バスは、アッパー・タウンの北側にあるVIA鉄道のパレ駅隣のバスディーポLa Gare Centrale d'Autobus（Interurbain）に到着する。駅のすぐ前からRTC社（→P.230）の市バスが出ており、サン・ジャン門Porte St-Jean近くのデューヴィル広場Place d'Youvilleまで行けるが、徒歩でも約15分で旧市街まで行けるので、旧市街に行くならその方が早い。

ケベック州

ケベック・シティ◆行き方

Québec

エア・カナダ（→P.384）

こぢんまりとした空港

オルレアン・エクスプレス
（→P.384）
モントリオールから
🎫大人
　片道$58.7、
　往復$117.4
　シニア・学生
　片道$49.9、
　往復$99.8
　子供
　片道$41.1、
　往復$82.2

VIA鉄道（→P.384）

ジャン・ルサージュ国際空港
MAP **P.228-A1**
🏠505 Rue Principale
📞(418)640-3300
FAX(1-877)769-2700
URLwww.aeroportdeque
bec.com

バスディーポ
MAP **P.229-A3**
🏠320 Rue Abraham-
Martin
📞(418)525-3000
　バスディーポへは、パレ駅の構内を通ってもアクセスできる。近代的なビルの中にあるバスディーポには、売店やコインロッカーも揃っている。パレ駅構内には、カフェやレストランも充実しているので、待ち時間も気にならない。

バスディーポに停車しているオルレアン・エクスプレスのバス

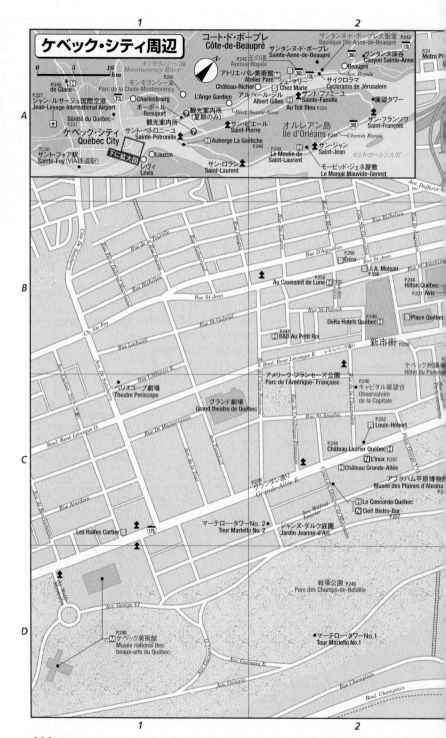

ケベック・シティ周辺

0 ━━ 5 ━━ 10 km

コート・ド・ボープレ
Côte-de-Beaupré

モンモランシー川 Montmorency River

P.245 ❄ de Glace

ジャン・ルサージュ国際空港
Jean-Lesage International Airport

P.227

Sûreté du Québec P.231

ケベック・シティ
Québec City

サント・フォア駅（VIA鉄道駅）
Sainte-Foy

モンモランシー滝
Parc de la Chute-Montmorency

P.241

Charlesbourg

ボーポール Beauport

観光案内所（夏期のみ）

サント・ペトロニーユ
Sainte-Pétronille

下に拡大図

レヴィ
Lévis

Lauzon

王の道 Avenue Royale

P.242

アトリエ・パレ美術館
Atelier Paré

Château-Richer

L'Ange Gardien

サンタンヌ・ド・ボープレ
Sainte-Anne-de-Beaupré

シェ・マリー
Chez Marie

アルベール・ジル
Albert Gilles

観光案内所

サン・ピエール
Saint-Pierre

Auberge La Goéliche P.249

サン・ロラン
Saint-Laurent

サンタンヌ・ド・ボープレ大聖堂
Basilique Ste-Anne-de-Beaupré P.242

Beaupré

サント・ファミーユ
Sainte-Famille

Au Toit Bleu P.250

サイクロラマ
Cyclorama de Jérusalem

サンタンヌ渓谷
Canyon Sainte-Anne

P.31 Metro Pl

展望タワー

サン・フランソワ
Saint-François

オルレアン島
Île d'Orléans P.241

サン・ジャン
Saint-Jean

P.249 Le Moulin de Saint-Laurent

モービッド・ジェネ屋敷
Le Manoir Mauvide-Genest

セント・ローレンス川

Chemin Royale

Ave. Dufferin-M

Rue Richelieu

Rue Ste-Marie

Rue D'Aiguillon

Rue St-Jean

Rue de la Tourelle

Côte De Salaberry

Rue Richelieu

S Érico P.256

Au Croissant de Lune P.250

S J. A. Moisan P.256

Rue St-Joachim

Hilton Québec P.248

P.231 Avis

B

Rue St-Jean

Ch. Ste-Foy

Rue St-Gabriel

Rue St-Patrick

Delta Hotels Québec P.248

S Place Québec

Rue Lockwell

B&B Au Petit Roi P.249

新市街 P.239

Rue Crémazie E.

Boul. René-Lévesque E.

ケベック州議事堂
Hôtel du Parlem

ペリスコープ劇場
Théatre Periscope

アメリーク・フランセーズ公園
Parc de l'Amérique-Française

P.240
キャピタル展望台
Observatoire de la Capitale

Boul. René-Lévesque O.

グランド劇場
Grand théatre de Québec

Rue De Maisonneuve

Rue St-Amable

P.252
Louis-Hébert

Château Laurier Québec P.248

L'Inox P.257

Ave. De Salaberry

C

Rue Aberdeen

Ave. De Bourlamaque

グランダレ通り P.239
Grande-Allée E.

Château Grande-Allée

アブラハム平原博物館
Musée des Plaines d'Abraha

Ave. Wilfrid-Laurier

Le Concorde Québec

Ciel! Bistro-Bar P.257

Les Halles Cartier S

175

マーテロー・タワー No. 2
Tour Martello No. 2

ジャンヌ・ダルク庭園
Jardin Jeanne-d'Arc

Ave. Wolfe-Montcalm

Ave. George VI

戦場公園 P.240
Parc des Champs-de-Bataille

D

P.240
ケベック美術館
Musée national des beaux-arts du Québec

Ave. Garneau E.

Ave. Ontario

マーテロー・タワー No. 1
Tour Martello No.1

Rue Champlain

Boul. Champlain

228

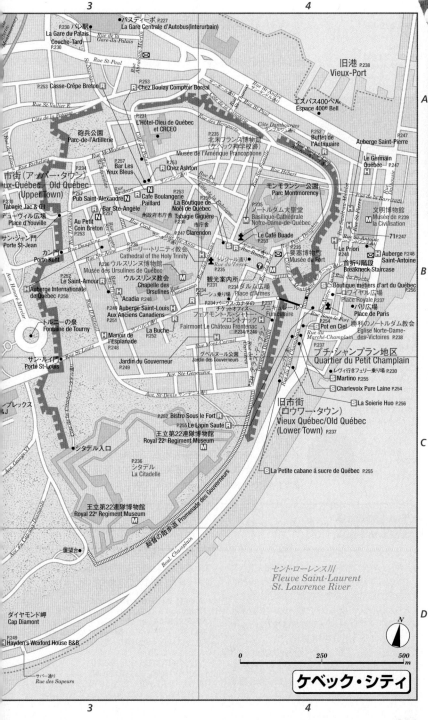

Map labels

バスティ一ボ P.227
La Gare Centrale d'Autobus(Interurbain)

旧港 P.238
Vieux-Port

P.230 バレ駅
La Gare du Palais
Couche-Tard
P.230

P.253 Casse-Crêpe Breton

Chez Boulay Comptoir Boréal

エスパス400ベル
Espace 400e Bell

Côte de la Potasse

L'Hôtel-Dieu de Québec
et CRCEO
P.231

Buffet de
l'Antiquaire

Auberge Saint-Pierre P.247

P.235
北米フランス博物館
（ケベック神学校跡）
Musée de l'Amérique Francophone

Le Germain
Québec P.247

市街（アッパー・タウン）
ux-Québec Old Québec
(Upper Town)

Bar Les
Yeux Bleus P.257

Chez Ashton P.263

モンモランシー公園
Parc Montmorency

文明博物館
Musée de P.239
la Civilisation

Tabagie Jac & Gil
P.230

デューヴィル広場
Place d'Youville

Café Boulangerie
Paillard P.253
La Boutique de
Noël de Québec
P.258
Tabagie Giguère P.230

ノートルダム大聖堂 P.235
Basilique-Cathédrale
Notre-Dame-de-Québec

パリ広場
Place de Paris

71 P.247

Au Petit
Coin Breton P.257

Pub Saint-Alexandre
州政府市庁舎

Clarendon P.247

Le Café Buade
P.253

Le Priori
P.248

Auberge P.246
Saint-Antoine

カンド
Porte Kent

ホーリー・トリニティ教会
Cathedral of the Holy Trinity

要塞博物館 P.235
Musée du Fort

首折り階段
Breakneck Staircase

サン・ジャン門
Porte St-Jean

Bar Ste-Angèle P.257

Boutique métiers d'art du Québec
P.256

P.236
ウルスリンヌ博物館
Musée des Ursulines de Québec

ウルスリンヌ教会
Chapelle des
Ursulines

観光案内所 P.231

タルム広場
Place d'Armes P.234

ロワイヤル広場
Place Royale P.237

トルニーの泉
Fontaine de Tourny

Auberge Internationale
de Québec P.250

Acadia P.248

パークス・カナダの
チケットオフィス
P.234

フニキュレール
Funicular P.237

Place de Paris

勝利のノートルダム教会
Église Norte-Dame-
des-Victoires P.238

Auberge Saint-Louis
P.249

Aux Anciens Canadiens
P.251

フェアモント・ル・シャトー
フロントナック
Fairmont Le Château Frontenac
P.234/P.246

Pot en Ciel
P.254

プチ・シャンブラン地区
Quartier du Petit Champlain
P.237

Manoir de
l'Esplanade P.248

La Buche
P.252

Rue du
Marché-Champlain

サン・ルイ門
Porte St-Louis

Jardin du Gouverneur
P.249

ゲベルヌ公園
Jardin des Gouverneurs

レヴィ行きフェリー乗り場 P.230

Martino P.255

ンプレックス
&J

Charlevoix Pure Laine P.254

Bistro Sous le Fort P.252

La Soierie Huo P.256

Le Lapin Sauté P.251

王立第22連隊博物館
Royal 22e Regiment Museum

旧市街
（ロウワー・タウン）
Vieux Québec/Old Québec
(Lower Town) P.237

シタデル入口

P.236
シタデル
La Citadelle

La Petite cabane à sucre de Québec P.255

王立第22連隊博物館
Royal 22e Regiment Museum

総督の散歩道 Promenade des Gouverneurs

セント・ローレンス川
Fleuve Saint-Laurent
St. Lawrence River

ダイヤモンド岬
Cap Diamant

Hayden's Wexford House B&B
P.249

サパー通り
Rue des Sapeurs

0   250   500
m

N

ケベック・シティ

229

パレ駅
MAP P.229-A3
🏠450 Rue de la Gare du Palais

サント・フォア駅
MAP P.228-A1
🏠3255 Chemin de la Gare, Sainte-Foy

中世の城のような外観のパレ駅

市バス(RTC社)
📞(418)627-2511
🌐www.rtcquebec.ca
💰現金で支払う$3.75(おつりはもらえない)
チケット
大人$3.25、シニア・学生$2.65
デイパス　$9

チケット・デイパス販売店
旧市街(アッパータウン)
Tabagie Giguère
MAP P.229-B4
🏠61 Rue Buade
旧市街(ロウワー・タウン)
Couche-Tard(パレ駅)
MAP P.229-A3
🏠320 Rue Abraham-Martin
新市街
Tabagie Jac & Gil
MAP P.229-B3
🏠775 Ave. Honoré-Mercier
　上記は一例。ほかにもさまざまな店で扱っているので、聞いてみよう。

▍VIA鉄道駅から市内へ

　パレ駅には、ケベック・シティ〜ウィンザー路線が発着する。駅は旧市街の北に位置し、れんが造りでアンティークな駅の構内にはレストランや売店があり、ロビー奥からバスディーポへと抜けられる。旧市街までタクシーなら$8〜10、徒歩なら約15分(アッパー・タウンへは坂道を上る)。

　サント・フォア駅には、ハリファックスやガスペ方面のオーシャン号と、モントリオール〜ガスペ線(2022年11月現在運休中)の列車が発着。駅はケベック・シティの西郊外。鉄道の発車時間に合わせてダウンタウンまでシャトルバスが運行(有料)。

市内交通

　中心部だけなら、徒歩でも十分回れるサイズの街だが、RTC社Réseau de Transport de la Capitaleによる市バスを利用する方法もある。旧市街を循環している#1、郊外行きのMetrobus #800、#801など、観光

RTC社の市バス。上手に利用しよう

に便利なバスが発着するデューヴィル広場のターミナルは活用度が高い。旧市街と新市街を循環する#11もおすすめ。運賃の支払いには現金のほか、割安なチケットが使える。頻繁に利用するなら1日乗り放題のデイパスがお得。チケットやデイパスは「RTC」のステッカーのあるキオスク(たばこ屋、ドラッグストアなど)やスーパーで購入する。90分以内ならば、同じ方向へのバスにかぎり乗り換えが可能。バスを活用したいなら、観光案内所でバスのルートマップを入手しよう。

Column　世界遺産の街をクルーズ気分で一望する

　プチ・シャンプラン地区の川岸から、ケベック・シティと対岸のレヴィを往復するフェリーが出発する。定員約700名のこのフェリーは、市民の日常的な交通手段として利用されているが、船上から見るケベック・シティの豪華な眺めも必見。リーズナブルな価格でゴージャスなクルーズ気分を楽しめる。フェアモント・ル・シャトー・フロントナックをはじめ、ロウワー・タウンのカラフルな街並みが一望でき、それはまるで一枚の絵のような美しさだ。昼間

はもちろん、ライトアップが美しい夜景クルーズもおすすめ。また、流氷の間を進む冬季の乗船も一興だ。車椅子での乗船もOK。

Société des Traversiers du Québec (Québec-Lévis Ferry)
MAP P.229-C4(乗り場)
📞(1-877)787-7483　🌐www.traversiers.com
🕐7〜11月　月〜金6:20〜翌2:20
　(土・日は6:30〜)
　12〜6月　毎日6:30〜翌2:20
　20分〜1時間ごと。片道所要10分。
💰片道　大人$3.85、シニア$3.25、子供$2.6

ケベック・シティの歩き方

街は、大きく3つのエリアからなる。まず、城壁に囲まれた崖の上と崖を下りたセント・ローレンス川Fleuve Saint-Laurent/St. Laurence Riverの川べりに発展した旧市街Vieux Québec/Old Québecと、旧市街の城壁の西に広がる近代的な新市街に分かれている。旧市街はさらに、崖上の城壁内のアッパー・タウンUpper Town、崖下のロウワー・タウンLower Townに分かれる。各エリアは、徒歩で観光するのにちょうどいい広さ。

旧市街（アッパー・タウン）(→P.234)

アッパー・タウンは四方を城壁に囲まれている。中心はフェアモント・ル・シャトー・フロントナックの一帯。城壁には西側に3つの門があり、フェアモント・ル・シャトー・フロントナックから一番南のサン・ルイ門Porte St-Louisに延びるサン・ルイ通りRue St-Louisと、一番北のサン・ジャン門から東に延びるサン・ジャン通りRue St-Jeanの2本の通りがメインストリート。シタデルへは、テラス・デュフランから総督の散歩道Promenade des Gouverneursを通っていくのがおすすめ。

旧市街（ロウワー・タウン）(→P.237)

ロウワー・タウンは、ロワイヤル広場を中心とするエリア。北西はパレ駅、南はフェリー乗り場付近までと幅広い。アッパー・タウンからは、フニキュレール乗り場横の階段を下りてモンターニュ通りCôte de la Montagneを進み、首折り階段Breakneck Staircaseを下りてアクセスしよう。階段の正面から南側一帯が、おしゃれなショップやカフェの並ぶプチ・シャンプラン地区だ。

新市街(→P.239)

城壁の西に広がるのが、都市としての機能が集められた新市街。ケベック州議事堂から西へ延びるグランダレ通りがメインストリートで、ホテルやレストラン、カフェが集中している。通りの南にはかつてイギリスとフランスの激しい戦闘が行われた戦場公園があり、公園の西にはケベック美術館がある。

❓ 観光案内所

Tourisme Québec
Centre infotouriste de Québec
MAP P.229-B4
🏠 12 Rue Ste-Anne
☎ (1-877)266-5687
URL www.bonjourquebec.com
💬 twitter.com/tourismquebec
📘 www.facebook.com/tourisme.quebec
📅 5月中旬〜12月下旬
毎日9:00〜12:00、13:00〜17:00
休 12月下旬〜5月中旬

観光案内所はダルム広場のそば

マメ知識

首折り階段
1660年からアッパー・タウンとロウワー・タウンを結ぶ役割を果たしていた階段。落ちると首が折れそうというところからこの名がついたとか。

CHECK!

ロウワー・タウンの道散策
旧港の南を走るサン・ポール通りRue St-Paulは、カフェやアンティークショップが並ぶ通称「骨董通り」。その1本南のスール・キャップ通りRue Sous-le-Capは、ケベック・シティで最も古い通りのひとつ。ここからアッパー・タウンへはダンブルジュ通りCôte Dambourgesが近道。首折り階段下の乗り場からフニキュレールに乗るのもいい。

ℹ ユースフル・インフォメーション

警察 Sûreté du Québec **MAP P.228-A1** 🏠 1050 Rue des Rocailles ☎ (418)310-4141 **病院** L'Hôtel-Dieu de Québec et CRCEO **MAP P.229-A3** 🏠 11 Côte du Palais ☎ (418)525-4444	**おもなレンタカー会社** Avis ジャン・ルサージュ国際空港 ☎ (418)872-2861 ダウンタウン **MAP P.229-B3** (Hilton Québec内) 🏠 1100 Boul. René-Lévesque E. ☎ (418)523-1075 Hertz ジャン・ルサージュ国際空港 ☎ (418)871-1571	**おもなタクシー会社** Taxi Laurier ☎ (418)525-8123 URL www.taxilaurier.ca Taxis Coop Québec ☎ (418)525-5191 URL www.taxiscoop-quebec.com

スタートは観光案内所！
歴史香る旧市街のお散歩コース

世界遺産に登録されている旧市街を、のんびり歩こう。ケベック・シティの魅力は、何といっても歴史香る街並みの美しさ。

Route 所要約3時間

START（観光案内所）→ 徒歩すぐ → 1 ダルム広場（→P.234）→ 徒歩1分 → 2 トレゾール通り（→P.235）→ 徒歩3分 → 3 モンモランシー公園 → 徒歩15分 → 4 サン・ジャン通り → 徒歩5分 → 5 砲兵公園 → 徒歩7分 → 6 サン・ルイ通り → 徒歩5分 → 7 テラス・デュフラン（→P.234）→ 徒歩 → GOAL（観光案内所）

Upper Town アッパー・タウン

START 観光案内所 GOAL

▼ユネスコ世界遺産記念碑があるダルム広場

▼地元アーティストが集っているトレゾール通り

▲城下をにらむ大砲があるモンモランシー公園

▲サン・ジャン通りには多くの店が並ぶ

▶砲兵公園の南の城壁から新市街を眺める

▲食事休憩をするならサン・ルイ通りで

▲テラス・デュフランからロウワー・タウンを一望

このままロウワー・タウンへ行こう！

ビューポイントをおさえよう

ダルム広場の東にはケベックの開拓者サミュエル・ド・シャンプランの像とユネスコの世界遺産記念碑がある。トレゾール通りを抜けて東へ坂を下ると、ロウワー・タウンを見下ろすモンモランシー公園Parc Montmorencyが。ここはシャトー・フロントナックをカメラに収める絶好のポイント！　大砲が点々と並ぶ城壁沿いの道を回って西へ進み、にぎやかなサン・ジャン通りへ出よう。北へ外れた場所にある砲兵公園Parc-de-l' Artillerie はカナダ軍砲兵隊の駐屯地跡。城壁沿いを南下するとホテルやレストランが並ぶサン・ルイ通りを進めば、ロウワー・タウンやセント・ローレンス川を眺められるテラス・デュフランに着く。

Lower Town

ロウワー・タウン

Route 所要約3時間

START（観光案内所）→ 徒歩4分 → 1 首折り階段（→P.231）→ 徒歩3分 → 2 プチ・シャンプラン地区（→P.237／254）→ 徒歩10分 → 3 ロワイヤル広場（→P.237）→ 徒歩10分 → 4 旧港（→P.238）→ 徒歩10分 → 5 GOAL（サン・ポール通り）

▶個性豊かな店が建ち並ぶプチ・シャンプラン地区

▲昔は急だった首折り階段も今は安全に

START

観光案内所

ショッピングを満喫コース

[首]折り階段を通ってロウワー・タウンへ。南へ続くのはプチ・シャンプラン通りRue du Petit-Champlainだ。植民地時代の古い建物も多いので注目してみよう。通りを抜けて左折し、大通りを北上して細い道を進むとロワイヤル広場が。ここは北米最古の交易広場で、19世紀までは街の中心として栄えていた。セント・ローレンス川の岸に出ると、そこは旧港の港内。川沿いに設けられた遊歩道の途中にはケベック海軍博物館Musée Naval de Québecもある。帰りはしゃれたおみやげを探すにはぴったりのサン・ポール通りを歩く。アッパー・タウンへの帰路は、フニキュレール（→P.237）に乗るのもいい。

▼ロワイヤル広場には石造りの建物がずらり

▶旧港のプロムナードにはボードウオークが続く

Rue St-André
Rue St-Paul
勝利のノートルダム教会
Église Notre-Dame-des-Victoires
ノートルダム大聖堂
Basilique-Cathédrale Notre-Dame-de-Québec
Rue Port-Dauphin
Rue Ste-Famille
Rue St-Pierre
Promenade de la Pointe-à-Carcy
Rue St-Stanislas
Rue St-Jean
Côte de la Fabrique
サン・ジャン門
Porte St-Jean
ケント門
Porte Kent
Rue D'Auteuil
Rue St-Louis
フニキュレール
Funiculaire
Rue du Petit-Champlain
Ave. Ste-Geneviève
サン・ルイ門
Porte St-Louis
フェアモント・ル・シャトー・フロントナック
Fairmont Le Château Frontenac
シタデル
La Citadelle
ロウワー・タウンの散歩コース
アッパー・タウンの散歩コース
観光案内所
N
0
200m

GOAL

▲骨董街として知られるサン・ポール通り

CHECK!

カレーシュでタイムスリップ

ケベック・シティのクラシックな街並みの雰囲気をさらに盛り上げてくれるのが、カレーシュCalèchesと呼ばれる観光用の馬車。サン・ルイ門や、ダルム広場の脇に乗り場があり、旧市街や、旧市街と新市街をあわせた観光コースを回ってくれる。

MAP P.229-B4

🕐5〜10月
　毎日9:00〜21:00
　（冬季は時間短縮）
💲$120〜（4人まで乗車可、
　所要30分〜）

CHECK!

夏季限定！　テラス・デュフランの地下をのぞこう

テラス・デュフランから地下へ下りて、かつてこの場所に立っていた城や砦の遺跡を見ることができる。チケットの購入は、テラス・デュフランにある、パークス・カナダParks Canadaのチケットオフィス（**MAP P.229-B4**）で。

☎(418)648-7016
🌐www.pc.gc.ca/en/lhn-
nhs/qc/saintlouisforts
🕐5月下旬〜10月上旬
　毎日9:30〜16:30
🚫10月上旬〜5月下旬
💲大人$8.5、シニア$8

テラス・デュフランにあるサミュエル・ド・シャンプランの像

おもな見どころ

旧市街（アッパー・タウン）

🍁 ダルム広場　　　　　　　　　MAP P.229-B4
Place d'Armes

シタデルの建設前には、フランス軍の訓練や儀式の場として使われていた旧市街の中心的な広場。中央に建つのはケベック初の神父であるドルボー神父の像。広場の前にはフェアモント・ル・シャトー・フロントナ

広場の周辺からはツアーバスも発着する

ックが悠然と立つ。観光ツアーバスの発着場所となることが多く、すぐそばに観光案内所があるため、街歩きの起点としても最適だ。

🍁 フェアモント・ル・シャトー・フロントナック　MAP P.229-B4
Fairmont Le Château Frontenac

世界のVIPも宿泊する豪華ホテル

セント・ローレンス川を見下ろす高台にそびえる、街の象徴ともいえるホテル。フランス式古城を模したデザインは気品にあふれ、茶色の壁と緑色の屋根とのコントラストも見事。

建物の建設は1893年。大陸横断鉄道の開通にともない、カナダ太平洋鉄道（CP鉄道）がケベック・シティに豪華ホテルの建設を決定。アメリカ人建築家、ブルース・プライスBruce Priceを招き、2期にわたってヌーヴェル・フランスの総督を務めたフロントナック伯爵からその名がつけられた。ひときわ目立つ建物中央部の塔は、1924年に付け足されたものだ。第2次世界大戦時にはチャーチルとルーズベルトの会談場所となったことでも知られる。

🍁 テラス・デュフラン　　　　MAP P.229-B4〜C4
Terrasse Dufferin

フェアモント・ル・シャトー・フロントナックの裏手から、約670mにわたって延びる板張りの遊歩道。ロウワー・タウンとセント・ローレンス川を眺められる絶景スポットで、夏季にはミュージシャンや大道芸人、観光客でにぎわう。北側には、ケベック・シティの祖サミュエル・ド・シャンプランの高さ15mの像がある。もう一端には、総督の散歩道があり、310段の階段を上ればシタデルの脇を通って戦場公園に出ることができる。

♣ 要塞博物館
Musée du Fort

1759年のアブラハム平原の戦いなどイギリスとフランスの間で繰り広げられた戦闘をメインに、ケベック・シティの歴史をジオラマと音声ガイドによるショーでわかりやすく解説している。館内には歴史書やフィギュアを扱うおみやげ店もある。

♣ トレゾール通り
Rue du Trésor

観光案内所の脇にある長さ数十mほどの小径。通りでは常時画家たちが自作の絵を売っている。もともとは1960年代にケベック・シティにあった美術学校の学生が、自分たちの描いた絵を通りに展示したことに始まる。以来、多くの画家が集まり、1980年代にはここを拠点とするアーティストたちの集団The Association des Artistes de la Rue du Trésor（AART）も設立された。今ではケベック・シティの旧市街に彩りを添える界隈として観光スポットとなっている。

♪ ノートルダム大聖堂
Basilique-Cathédrale Notre-Dame-de-Québec

シャンプランにより、17世紀の半ばに建立された大聖堂。幾たびの火災や改築により時代ごとに形を変え、現在の姿になったのは1925年のことだ。豪華なステンドグラスや黄金に輝く祭壇が見事。地下には、ヌーヴェル・フランス最初の司教として、フランス系カナダ人の精神構造に大きな影響を残したフランソワ・ラバル司教のモニュメントと墓があり、ガイドツアーでのみ見学できる。ガイドツアーの時間は教会入口に表示されているので、確認しておこう。

祭壇正面の右側にラバル司教のモニュメントがある

♣ 北米フランス博物館（ケベック神学校跡）
Musée de l'Amérique Francophone

ラバル司教によって1663年に設立されたケベック神学校の後身である、ラバル大学の旧校舎を利用した博物館。大学の学部のほとんどは郊外のサント・フォアに移ったが、建築学部と附属の中・高等学校は現在もここに残っている。博物館では大学が所有していたさまざまな展示品を通して、ケベックにおけるフランス文化確立の過程を学べる。展示場はチケット売り場がある建物の後ろ。1、2階が企画展、3階が常設展になっている。敷地内には1900年に建立されたチャペルもあり、美しい内装は一見の価値あり。

フランス文化を学ぼう

ケベック・シティの歴史を学ぼう

小径に画家の作品が並ぶトレゾール通り

要塞博物館
🏠10 Rue Ste-Anne
☎(418)692-2175
🌐www.museedufort.com
🕐6月上旬〜下旬、8月〜9月上旬
　金〜日11:00〜16:00
　6月下旬〜7月
　火〜日11:00〜16:00
　（時期により変動あり）
🚫6月上旬〜下旬と8月〜9月上旬の月〜木、6月下旬〜7月の月、9月上旬〜6月上旬
💰大人$9、シニア$8、学生$7
　英語のショーは日11:00、13:00、15:00に開演。所要約45分。

ノートルダム大聖堂
🏠16 Rue Buade
☎(418)692-2533
🌐www.notre-dame-de-quebec.org
🕐月・火7:30〜13:00
　水〜土7:30〜18:00
　日8:45〜18:00
🚫無休
💰無料（博物館と地下への入場は$5）

北米フランス博物館（ケベック神学校跡）
🏠2 Côte de la Fabrique
☎(418)643-2158
🌐www.mcq.org
※2022年11月現在、休館中。

ケベック州

ケベック・シティ◆おもな見どころ

Québec

235

ウルスリンヌ博物館
🏠12 Rue Donnacona
📞(418)694-0694
🌐www.poleculturaldes
　ursulines.ca
🕐5～9月
　火～日10:00～17:00
　10～4月
　火～金13:00～17:00
　土・日10:00～17:00
🚫月
💴大人$12、シニア・学生
　$10、子供$6

ホーリー・トリニティ教会
🏠31 Rue des Jardins
📞(418)692-2193
🌐www.cathedral.ca
🕐6月～9月上旬
　毎日10:00～17:00
🚫9月上旬～5月
💴1人$3
ガイドツアー
🕐7・8月
　毎日10:00～17:00
💴$6(個人、または少人数の
　場合は予約不要)

シタデル
🏠1 Côte de la Citadelle
📞(418)694-2815
🌐www.lacitadelle.qc.ca
ガイドツアー(英語)
🕐5～10月
　毎日9:00～17:00
　11～4月
　毎日10:00～16:00
🚫無休
💴大人$18、シニア・学生
　$16、子供$6
　所要約1時間。
衛兵交替式
🕐6月下旬～9月上旬
　毎日10:00

🍁 ウルスリンヌ博物館　　　MAP P.229-B3

Musée des Ursulines de Québec

　1639年に建てられたウルスラ会修道院の博物館。ケベックの女性教育のためのもので、館内には古楽器、刺繍製品、暖房のない生活を記した手紙などの、当時の生活がうかがえる展示があるほか、美しい聖堂や美術品などが見学できる。

🍁 ホーリー・トリニティ教会　　MAP P.229-B4

Cathedral of the Holy Trinity

　ロンドンにあるセント・マーチン・イン・ザ・フィールド教会を模して建てられた英国国教会。内部の丸天井と、窓に張り巡らされたステンドグラスが美しい。教会内には、ジョージ3世George IIIにより寄進された貴重な美術品も多く飾られている。

ダルム広場のそばに立つ

🍁 シタデル　　　MAP P.229-C3

La Citadelle

シタデルの入口はサン・ルイ門の近くにある

イギリス統治下において建設された、カナダで最大の要塞。星形の要塞のデザインはフランス式だ。セント・ローレンス川を一望できるダイヤモンド岬Cap Diamontの頂上にあり、サン・ルイ門から城壁の内部に入ってすぐのシタデル通りCôte de la Citadelleを右に曲がった突き当たりが入口。城塞の建築は1820年に始まり、その後城壁内の建物も含むすべてが完成したのは1857年。現在も実際の軍事施設として、カナダ陸軍第22連隊が駐屯している。内部の見学はガイドツアーでのみ可能。夏季にはフランス語で式の進行がされる衛兵交替式を見ることもできる。王立第22連隊博物館Royal 22ᵉ Regiment Museumでは、1759年のアブラハムの戦いでフランス軍が大敗した様子などのほか、ケベック・シティの歴史を模型で見られるようになっており興味深い。そして2014年に王立第22連隊は設立100周年を迎えた。これを記念にオープンした常設展「Je Me Souviens」では彼らの歴史などを知ることができる。

城塞内に備わる大砲

旧市街（ロウワー・タウン）

プチ・シャンプラン地区
Quartier du Petit Champlain
MAP P.229-B4

アッパー・タウンから首折り階段を下りた正面に広がるのが、北米で最も古い繁華街といわれるプチ・シャンプラン地区。17世紀の後半にはすでに町として開けており、交易所や貴族の邸宅が並ぶ港

みやげ物店が軒を連ねる

を形成していた。現在ではプチ・シャンプラン通りを中心にショップやカフェ、レストランが並んでいる。詳しくは（→P.254）。

フニキュレール
Funiculaire
MAP P.229-B4

旧市街のアッパー・タウンとロウワー・タウンを結ぶ、約45度の急傾斜を往復するケーブルカー。上の乗り場はテラス・デュフランの北端、下の乗り場はプチ・シャンプラン通りの北端にある。大きな窓からは、ロウワー・タウンの眺望が楽しめる。下の駅は1683年に建てられた歴史的な建物で、ミシシッピ川を発見したLouis Jullietの家を改装したもの。

ロウワー・タウン側のフニキュレール乗り場

ロワイヤル広場
Place Royale
MAP P.229-B4

ロウワー・タウンの中心となるロワイヤル広場は、1608年にシャンプランが初めて植民地住居を建てた、ケベック・シティ発祥の地だ。北米最古の交易広場として、19世紀まではここが街の中心だった。古い石畳を背の低い瀟洒な建物が囲んでいる

広場の中央にあるルイ14世の像

が、それらはほとんどが裕福な商人たちの邸宅だった。現在その大半がみやげ物店に姿を変えた。広場のほぼ中央にあるのは「太陽王」と呼ばれたフランス国王ルイ14世の胸像だ。

プチ・シャンプラン地区
URL www.quartierpetit
champlain.com

首折り階段から望むプチ・シャンプラン通り

フニキュレール
TEL (418)692-1132
URL www.funiculaire.ca
週毎日9:00～22:00
料片道$4（現金のみ）

CHECK!

ロウワー・タウンの壁画

首折り階段上から、坂道のモンターニュ通りを下りると巨大な壁画が現れる。ケベックの生活や歴史が、四季とともに描かれており、一番上が雪景色のケベック・シティ、2番目は紅葉の秋、花々は春、人々の半袖姿が夏を表している。人々のなかには、シャンプランやカルティエなどの歴史的人物も描かれている。

また、プチ・シャンプラン通りの南端の建物の壁には、このエリアに実際に住んでいた人物たちを、その生活とともに描いた壁画があり、こちらも興味深い。

ケベックの歴史を描いた壁画

勝利のノートルダム教会
住32 Rue Sous-le-Fort
TEL(418)692-2533
URLwww.notre-dame-de-quebec.org
開水～土11:00～18:00
日10:15～18:00
休月・火
料無料
ミサ
開日11:00

🍁 勝利のノートルダム教会

Église Notre-Dame-des-Victoires

ロワイヤル広場の一角に立つ、北米最古の石造教会。「勝利」の名は、英国軍の攻撃に敗北を繰り返すフランス軍が、辛うじて逃げ切った1690年と1711年の戦いを記念してつけられた。祭壇は城を模したユニークなデザインで、天井からは1664年にフランス軍の指揮官マルキ・ド・トレーシーMarquis de Tracyが乗船してきた木造船ル・ブレーゼ号Le Brézéのレプリカがつるされている。

現在の形となるまで何度も修復を重ねた

MAP P.229-B4

CHECK!

ケベック・シティの夜散歩

ケベック・シティの旧市街は、夜になるとライトアップされるところが多く幻想的。特におすすめなのが、シタデルの南にあるサン・デニス通りAve. St-Denisから見下ろす旧市街と、「Pot en Ciel (→P.254)」の前から見上げる風景。どちらも、ため息が出るほどの美しさだ。

ケベック州議事堂の夜景

🍁 旧港

Vieux-Port

MAP P.229-A4

船が行き交う様子が見られる

セント・ローレンス川とセント・チャールズ川Saint-Charlesが合流する一帯に開けたのが旧港だ。港沿いに遊歩道やサイクリングロードが巡っており、ケベコワたちのお気に入りの散歩コースになっている。港のほぼ中央には2008年にケベック・シティの市制400周年を記念して建てられたエスパス400ベルEspace 400e Bellがあり、コンテンポラリー・アートを中心にさまざまな展覧会が催される。

Column 韓国ドラマのロケ地巡り

2016年12月から2017年1月に韓国tvNで放送され、同チャンネルの最高視聴率を記録したドラマ『トッケビ～君がくれた愛しい日々～』。不思議な力をもつ主人公のキム・シン(コン・ユ)とヒロインのチ・ウンタク(キム・ゴウン)が繰り広げるラブ・ロマンスの舞台のひとつとなったのがケベック・シティだ。シンがウンタクへの恋心を自覚した噴水広場はケベック州議事堂前のトルニーの泉Fontaine de Tourny。フェアモント・ル・シャトー・フロントナック(→P.234)のロビーには、ウンタクが手紙を投函した金色のポストなどが現存している。ドラマは日本でも放送され、人気を集めている。旅行前に視聴しておけば、街歩きの楽しみも増すはずだ。

『トッケビ』公式サイト
URLtokkebi.jp

主人公の恋心が芽生える舞台となった噴水広場のトルニーの泉

文明博物館
Musée de la Civilisation

MAP P.229-B4

世界各地の工芸品、ケベック州の歴史や文化に関する資料を展示している。博物館の立つ場所から発掘された、約250年前の木造船ラ・バルクLa Barqueは圧巻。展示を通して、文明の進歩とは何かを考えていく構成になっている。館内は明るくモダンな雰囲気で、ミュージアムショップも充実している。

入口そばに展示されている木造船ラ・バルク

新市街

ケベック州議事堂
Hôtel du Parlement

MAP P.228-B2～P.229-C3

ケベック州のシンボルでもある

1886年に建造されたフランス・ルネッサンス様式の重厚な建物が、ケベック州のシンボルの州議事堂だ。旧市街を取り囲む城壁を見下ろす小高い丘に立ち、正面にはケベック・シティ生誕400年に寄贈された噴水がある。別名「パーラメント・ヒルParliament Hill」と呼ばれていて、ひときわ目を引く正面にそびえる塔の脇にはシャンプランやメゾヌーヴなど、ケベック州の発展に貢献した人物の像が置かれている。内部は見学でき、英語とフランス語のガイドツアーもある。豪華なシャンデリアやフレスコ画が美しい議場や見事なステンドグラスは必見。内部の食堂は、観光客も利用できる。

シャンデリアが飾られた上院議場

グランダレ通り
Grande-Allée

MAP P.228-D1～P.229-C3

サン・ルイ門から州議事堂横を通って西へ延びる、新市街の中心となる大通り。通りの両側には美しい建物が並び、ホテルやレストラン、オープンカフェ、バーやクラブが集まっている。その華やかな美しさは、パリのシャンゼリゼ通りにたとえられる。

日が落ちてからのほうがにぎわう

文明博物館
🏠85 Rue Dalhousie
☎(418)643-2158
📠(1-866)710-8031
🔗www.mcq.org
🕐6月下旬～9月上旬
　毎日10:00～17:00
　9月上旬～6月下旬
　火～日10:00～17:00
休9月上旬～6月下旬の月
料大人$20、シニア$19、18～34歳$15、12～17歳$7

ケベック州議事堂
🏠1045 Rue des Parlementaires
☎(418)643-7239
📠(1-866)337-8837
🔗www.assnat.qc.ca
🕐月～金8:30～16:30
　土9:30～16:30
　(時期により変動あり)
休日
料無料

入口は正面の階段下の地下通路から。セキュリティとパスポートのチェックがある。地下はモダンなデザインで、ピンクや青一色のトイレや通路などアーティスティックな造りになっている。ギフトショップもある。階段を上ると議事堂の中に入る。

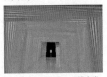
アートな地下を歩いて議事堂内へ

議事堂内でランチを
市民に開かれた議会を目指すケベック州議事堂では、観光客でも、平日のランチを議事堂内の食堂Le du Parlementaire Restaurantで食べられる。レストランは1917年オープン当時のままのボザール様式の豪華な内装。人気があるので、予約がおすすめ。
☎(418)643-6640
🕐月～金11:30～14:00
休土・日

ランチ限定のレストラン

キャピタル展望台

キャピタル展望台
🏠1037 Rue de la Chevrotière 31st Floor
📞(418)644-9841
📠(1-888)497-4322
🌐www.observatoire-capitale.com
🕐火～金10:00～17:00
（時期により変動あり）
休土～月
💰大人$14.75、シニア・学生$11.5

✤ キャピタル展望台 【MAP】P.228-C2
Observatoire de la Capitale

ケベック市街が一望できる

　ケベック・シティを一望するのに絶好の場所といえば、ケベック州議事堂の裏手にあり、市内で最も高いビルÉdifice Marie-Guyartの31階にあるこの展望台だ。地上221mの展望台は360度ガラス張りになっており、セント・ローレンス川の雄大な眺めから、グランダレ通りのカラフルな箱庭のような街並み、遠くはオルレアン島まで見渡せる。

ケベック美術館
🏠179 Grande Allée O.
📞(418)643-2150
🌐www.mnbaq.org
🕐6月～9月上旬
木～火10:00～18:00
水10:00～21:00
9月上旬～5月
火・木～日10:00～17:00
水10:00～21:00
休9月上旬～5月の月
💰大人$25、シニア$23、学生$15、子供$7
（水曜の17:00～は半額）

おしゃれなミュージアムショップも入っている Pierre Lassonde Pavilion

✤ ケベック美術館 【MAP】P.228-D1
Musée national des beaux-arts du Québec

　入植時代の17世紀から今日に至るまでのケベック州の美術史をたどることができる国立美術館。絵画、彫刻、写真、装飾芸術と多岐に渡る収蔵作品は4万2000点以上を数える。ギャラリーは4つのパビリオンに分かれていて、相互に連絡通路で結ばれている。エント

ケベックの装飾デザインに関する展示もある

ランスがあるのはグランダレ通りに面したPierre Lassonde Pavilion。ガラス張りのモダンな建物にはコンテンポラリーアートを展示。装飾デザインやイヌイットアートのギャラリーがあるほか、雰囲気のいいレストラン「Café Québecor」も設けられている。Central Pavilionは家族向けのギャラリーがメイン。美術館の最初の建物として1933年に建てられたGérard Morisset Pavilionには近代以前の作品や企画展の展示室がある。Charles Baillairgé Pavilionは1970年まで監獄だった建物で、2階にはかつての独房の一部が残されている。

アブラハム平原博物館
【MAP】P.228-C2
🏠835 Ave. Wilfrid-Laurier
📞(418)649-6157
🌐www.ccbn-nbc.gc.ca
🕐毎日9:00～17:00
💰大人$12.75、シニア・ユース$10.5、子供$4.25

180ヘクタールもの広さを誇る戦場公園

✤ 戦場公園 【MAP】P.228-D1・2
Parc des Champs-de-Bataille

　シタデルの横、セント・ローレンス川に面した高台にある、広大な芝生の公園。ロウワー・タウンからだと、400段もある急な階段を上ると目の前に開ける。アブラハムの平原と呼ばれるこの場所は、1759年、戦いを繰り返してきたイギリスとフランスの決戦地となり、フランス軍が大敗した屈辱の場所。その結果、ケベック・シティはイギリスの植民地となることを余儀なくされた。公園内には、今でも戦死者をしのぶ碑が立っている。現在では、ピクニックやウオーキングなどを楽しむ人々の憩いの場となっている。公園の北にはアブラハム平原博物館Musée des Plaines d'Abrahamがあり、アブラハム平原の戦いについて映像や展示を通して学ぶことができる。

郊外

モンモランシー滝
Parc de la Chute-Montmorency

MAP P.228-A1

滝の周辺には展望台のほか、散策路も整備されており、ハイキングも楽しめる

モンモランシー川Montmorency Riverがセント・ローレンス川と合流する地点にある滝。ケベック・シティから北に約12km、車だと約20分。滝の落差は83mもあり、その高さはナイアガラの滝を上回る。滝の上へは、ケーブルカーまたは階段（487段）で行くことができる。上部にはレストランや遊歩道があり、滝をまたぐつり橋からは、眼下に滝を見下ろすダイナミックな景観が楽しめる。またジップラインなどのアクティビティも。冬になると滝全体が凍りつき、アイスクライミングに挑戦する人々が訪れる。

オルレアン島
Île d'Orléans

MAP P.228-A1・2

セント・ローレンス川に浮かぶ、周囲67kmの小さな島。ケベック・シティからハイウエイ#360を北東に約10km、本土から島に架かる唯一の橋を渡る。島への入植が始まったのは、17世紀。現在でも、開拓当時の面影を残し、ケベック様式の伝統的なスタイルの家が多く見られる。島内にはリンゴ園やメープル林、牧草地などのどかな田園風景が広がる。夏の間だけ別荘で過ごすために、モントリオールやケベック・シティからやってくる人も多い。島は6つのエリアに分かれ、イ

島内にはのどかな風景が広がる

ギリス風コロニアルスタイルの白い建物が集まるサント・ペトロニーユSte-Pétronille、多くの船大工を輩出したサン・ロランSaint-Laurent、ジャック・カルティエ上陸の碑があるサン・フランソワSaint-Françoisなど、それぞれ少しずつ雰囲気が異なる。日帰りでの観光も可能だが、島内に点在するB&Bに滞在し

車で島を一周しよう

ながら、レンタサイクルで島を巡ってみよう。島内の地図は観光案内所で手に入る。紅葉の秋だけでなく、ライラックやハマナスの花が香り、ラベンダーやリンゴの花が咲く5～7月もおすすめだ。

モンモランシー滝
TEL (418)663-3330
URL www.sepaq.com/ct/pcm
ケーブルカー
圏 3月中旬～5月中旬
　木～日10:00～16:00
　5月中旬～6月下旬
　月～金10:00～16:30
　土・日10:00～17:00
　6月下旬～8月中旬
　毎日9:00～18:30
　8月中旬～10月下旬
　月～金9:30～17:00
　土・日9:30～18:00
　12月中旬～1月上旬、
　2月上旬～3月中旬
　毎日10:00～16:00
圏 3月中旬～5月中旬の月～水、1月上旬～2月上旬、10月下旬～12月下旬
圏 往復
　大人$14.57、シニア$13.26、子供$7.18
ジップライン
圏 6/4～19と8/29～10/10の土・日、6/24～8/28の水～日
圏 $36.75～
図 デューヴィル広場（オノ・メルシエール通りHonoré-Mercier Ave.）から市バス#800で約40分、Royale/des Rapides下車。滝の上まで徒歩5分。

オルレアン島
図 車やツアーで行くのが一般的。島内へ乗り入れている市バスはない。デューヴィル広場からメトロバス#800に乗りT. La Cimenterieで市バス#53に乗り換え、Sainte-Grégoireで下車。そこからタクシーで橋を渡る。徒歩だと約30分。

❓ オルレアン島の観光案内所
Bureau touristique de Île d'Orléans
圏 490 côte du Pont, Saint-Pierre
TEL (418)828-9411
URL tourisme.lledorleans.com
圏 1月上旬～3月、11月～12月下旬
　月～金8:00～16:00
　4～5月、10月上旬～下旬
　月～金8:00～16:00
　土・日11:00～15:00
　6月頭～中旬、9月上旬～10月上旬
　月～金8:00～16:00
　土・日9:00～16:00
　6月中旬～9月上旬
　毎日8:00～17:00
圏 上記以外

🍁 王の道 MAP P.228-A2
Avenue Royale

　旧市街からセント・ローレンス川を北上したハイウエイ#360の別名。北米最古の公道として知られる道沿いにはケベック様式の民家が残り、街道に立つマリア像の古い祠が入植当時の旅を彷彿とさせる。工房なども多く、特に昔ながらのパン焼き窯でパンを作り続けるシェ・マリーChez Marieは、北米各地から観光客が集まる有名店。ほかにも板絵の芸術家パレさんのアトリエ・パレ美術館Atelier Paréや、ハイウエイ#138沿いには銅細工の店アルベール・ジルAlbert Gillesなどがあり、素朴な風景とともにおみやげ探しも楽しめる。

🍁 サンタンヌ・ド・ボープレ大聖堂 MAP P.228-A2
Basilique Ste-Anne-de-Beaupré

　モンモランシー滝から車で約20分の、北米カトリックの三大巡礼地のひとつ。難破した水夫が聖母マリアの母、聖アンヌに祈りをささげ、奇跡が起きたことから聖地となった。現在の聖堂は1932年の建造。壮麗な列柱で支えられた内陣の天井に描かれたモザイク画や200枚のステンドグラスは見事だ。すぐそばに、キリスト処刑の日の情景を大パノラマで再現するサイクロラマCyclorama de Jérusalemがある。また聖堂から車で5分の所には、切り立った渓谷と高さ74mの瀑布がダイナミックなサンタンヌ渓谷Canyon Sainte-Anneがあり、渓谷の上のつり橋を渡ったり、ロッククライミングなどが楽しめる。

見事なゴシック様式の建築

Column　ケベック・シティからシャルルヴォワを結ぶ列車

　6月中旬から10月上旬にかけて、モンモランシーの滝の前からシャルルヴォワのベ・サン・ポール、ベ・サン・ポールからラ・マルベまでレゾー・シャルルヴォワ社Réseau Charlevoixのトラン・ド・シャルルヴォワTrain de Charlevoixという列車が運行している。

　モンモラシーの滝～ベ・サン・ポール線はサンタンヌ・ド・ボープレSainte-Anne-de-Beaupré、ル・マシフ・クラブメッドLe Massif Club Med、プティト・リヴィエール・サン・フランソワPetite Rivière Saint-Françoisを経由。所要約2時間40分。ベ・サン・ポール～ラ・マルベ線は、レ・セーブルモンLes Éboulements、サンティ・レネSaint-Irénéeを経由。所要1時間35分。運賃は座席の眺望により異なる。

エクスカーション

シャルルヴォワ Charlevoix

紅葉シーズンのドライブは最高

ケベック・シティからハイウエイ#138を北上した所に広がる高級リゾートエリア。カナダやアメリカの上流階級の人々の避暑地として、また紅葉シーズンの美しさでも名をはせてきた。ケベック・シティからシャルルヴォワへは車で約1時間30分ほどなので、レンタカーでの日帰りドライブも可能だ。ハイキングや乗馬、サイクリング、ゴルフ、スキーなど年間を通してアクティビティの選択肢が多く、自然を愛する人々を引きつけている。

シャルルヴォワ
[MAP] P.166-C1・2/P.243

シャルルヴォワ情報のサイト
[URL] www.tourisme-charlevoix.com
twitter.com/CharlevoixAtr
www.facebook.com/tourismecharlevoix

ベ・サン・ポール
Baie-Saint-Paul
[MAP] P.243

シャルルヴォワの美しい自然景観に魅せられて、多くの芸術家たちが移り住んだ。特にケベック・シティから約100kmの所にある小さな町ベ・サン・ポールは、ケベック・アートの中心地ともいわれ、アール・コンタンポラン・ド・ベ・サン・ポー

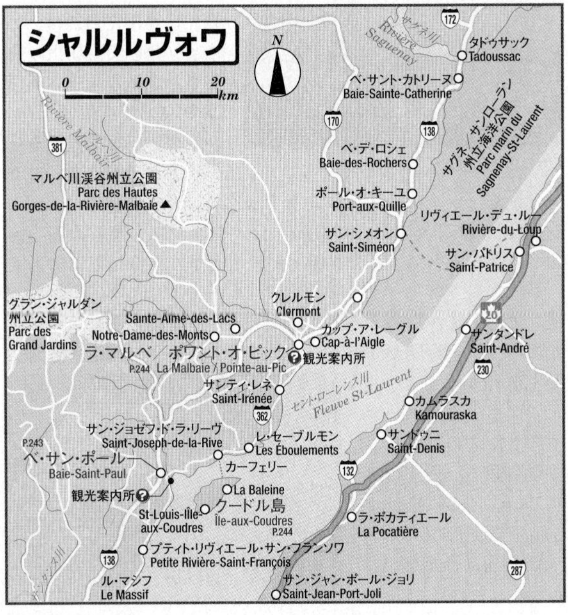

[?] ベ・サン・ポールの観光案内所
Bureau d'information touristique de Baie-Saint-Paul
[住] 6 Rue St-Jean Baptiste
[TEL] (418)665-4454

アール・コンタンポラン・ド・ベ・サン・ポール美術館
[住] 23 Rue Ambroise-Fafard
[TEL] (418)435-3681
[URL] www.macbsp.com

ベ・サン・ポールのホテル
Auberge La Muse
オーベルジュ・ラ・ミュゼ
[住] 39 Rue St-Jean Baptiste
[TEL] (418)435-6839
[FREE] (1-800)841-6839
[URL] www.lamuse.com
[料] ⓈⒹ$125〜
Tax別
[CC] A M V [室] 14室

サン・ジャン・バティスタ通りに面した便利な立地にあるB&B。フレンチレストランを併設している。朝食はビュッフェ式。オーナーは親日家。

夏季は周辺アクティビティとセットの宿泊プランもある

クードル島

交島へはベ・サン・ポールの14km先にあるサン・ジョゼフ・ド・ラ・リーヴSaint-Joseph-de-la-Riveからカーフェリーで渡る。所要約20分。

? クードル島の観光案内所

Tourisme Isle-aux-Coudres
TEL(418)760-1066
URLwww.tourismeisleaux coudres.com

クードル製粉所

住36 chemin du Moulin
TEL(418)760-1065
URLlesmoulinsdelisleaux coudres.com
開5月中旬～10月上旬
月～土10:00～17:00
日10:00～16:30
休10月上旬～5月中旬
料大人$11.3、子供$6.1

? ラ・マルベの観光案内所

Maison du tourisme de la Malbaie
住495 Boul. de Comporté
TEL(418)665-4454
FREE(1-800)667-2276
URLwww.tourisme-charle voix.com
開5月中旬～6月下旬、9月上旬～10月上旬
毎日9:00～17:00
6月下旬～9月上旬
毎日8:30～19:00
10月上旬～5月中旬
毎日9:00～16:00
休無休

シャルルヴォワ美術館

住10 chemin du Havre
TEL(418)665-4411
URLwww.museedecharle voix.qc.ca
開6月～10月中旬
月～金9:00～17:00
土・日10:00～17:00
10月中旬～5月
火～金10:00～17:00
土・日10:00～16:00
休10月中旬～5月の月
料大人$11、シニア・学生$6

シャルルヴォワのホテル

Fairmont Le Manoir Richelieu
フェアモント・ル・マノワール・リシュリュー
TEL(418)665-3703
URLwww.fairmont.com/ richelieu-charlevoix
料S①D$224～
CA D J M V

ル美術館Musée d'art contemporain de Baie-Saint-Paulや、アーティストたちのギャラリーやショップが並んでいる。小さな町なので、2時間もあればゆっくりと散策を楽しめるだろう。

ケベック・アートの発信地

♦ クードル島　MAP P.243
Île-aux-Coudres

　ベ・サン・ポールの対岸に浮かぶ細長い小島。島名は、1535年に上陸したフランス人探検家ジャック・カルティエによって付けられたもので、島にハシバミCoudrierの木が多いことに由来する。かつては漁業と造船業がおもな産業だったが、現在はリンゴ、アンズ、イチゴ、穀物などを栽培する農家が点在している。島内にはサイクリングロードが整備されているので、レンタサイクルで、19世紀に造られた風車や水車を利用したクードル製粉所Les Moulins de L'isle-Aux-Condresなどを回ろう。宿泊はおいしい季節料理が楽しめるB&Bで。おすすめのシーズンは5～11月。

♦ ラ・マルベ／ポワント・オ・ピック　MAP P.243
La Malbaie/Pointe-au-Pic

人気のリゾート地

　ベ・サン・ポールの北東部にあり、大河や切り立つ崖、山岳が織りなす変化に富んだ自然は、ケベック州内でも屈指の美しさ。素敵なオーベルジュやB&Bが点在し、シャルルヴォワを代表するリゾートホテル、フェアモント・ル・シャトー・フロントナックと同系列のFairmont Le Manoir Richelieuでは、併設のカジノやゴルフも楽しめる。周囲の自然を満喫できるアクティビティも多く、2km東には人気のハイキングエリア、カップ・ア・レーグルCap-à-l'Aigleもある。また、昔から多くの画家や作家たちの創作意欲をかき立ててきたことを裏づけるかのように、シャルルヴォワ美術館Musée de Charlevoixでは、地元やケベックのアーティストたちの作品も多く見られる。近くの町サンティレネSaint-Irénéeでは毎年6月下旬～8月中旬に音楽祭が行われる。

川沿いの小道を歩いてみよう

MAP P.228-A1外

Column　氷と雪の世界、アイスホテル

氷のカウンター、壁の彫刻が見事なバー

かまくらを思わせる入口

ケベック・シティから車で20分ほどのヴァルカルティエ休暇村Village Vacances Valcartier内に、冬季限定で氷と雪で造られたアイスホテル「Hôtel de Glace」がある。アイスホテルは壁も家具も内装もすべて氷と雪でできており、ホテルの室内温度はマイナス3〜マイナス5℃ほど。とてつもなく寒く思えるが、実は冬のケベック・シティの気温はマイナス25℃になることもあるので、外にいるより暖かく過ごせるのだ。宿泊客はNordic Relaxation Areaにてスパやサウナが体験でき(9:00〜20:00)、夜は氷のベッドに敷かれたトナカイの毛皮の上で、寝袋にくるまって眠る。

ホテル内にはカフェやバーがあり、バーでは氷のグラスでカクテルを楽しめる。アイスホテル内に飾られている氷の彫刻やシャンデリアなどのアートも必見だ。ほかにも氷の滑り台Grand Ice Slideや氷でできたチャペルなどもあり、チャペルでは実際に結婚式を挙げることもできる。ホテルは夜になるとライトアップされ、昼間とは雰囲気が変わり、なんとも幻想的な空間となる。

ホテル内は一般公開されており、宿泊客以外でも内部見学が可能。春になるとすべて壊してしまうので、毎年違うデザインのホテルが建てられる。二度と同じアイス・ホテルを見ることができないのも魅力のひとつだ。

暖炉が付いたスイートルームもある

Hôtel de Glace
ド・グレイス
MAP P.228-A1外
住 2280 Blvd. Valcartier, St-Gabriel-de-Valcartier
TEL (418)894-2200
FREE (1-888)384-5524
FAX (418)844-1239
URL www.valcartier.com
営 1月上旬〜3月中旬
料 1泊$399〜999
　　Tax込み　朝食・寝袋付き
館内見学ツアー
料 大人$29.99、子供(132cm以下)$24.99
交 レンタカーでも行けるが、積雪の中を走行することになるので、ツアーに参加したり、タクシーを利用しよう。

クラシカルな 歴史的建物にステイしよう

Historic Hotel

旧市街では、17～19世紀築の建物を利用したホテルやオーベルジュが人気。
歴史ある建物で、ラグジュアリーな宿泊が楽しめます。

[旧市街] 🛁📺💨🍸🔑💻

ケベック・シティのシンボル 老舗ホテルで贅沢気分満喫

Fairmont Le Château Frontenac

フェアモント・ル・シャトー・フロントナック [MAP] P.229-B4

もとは、ヌーヴェル・フランスの総督の邸宅として1893年に建築された。館内の壮麗な装飾に老舗の風格が漂う。客室もアンティークの家具でまとめられ、贅を尽くした上品な造りだ。バスルームには大理石のカウンターも。そして本格フレンチが楽しめるダイニングやラウンジ、フィットネス、屋内プール、スパなど設備は最先端。

[住]1 Rue des Carrières [TEL](418)692-3861
[FREE](1-866)540-4460
[URL] www.fairmont.com/frontenac-quebec
[料][HIGH]5月中旬～10月中旬 ⓈⒹ616～
[LOW]10月中旬～5月中旬 ⓈⒹ$249～ Tax別
[CC]A M V [室]610室
[館内設備]レストラン(3軒)、バー(1軒)、プール、スパ

[1]セントローレンス川を一望できる [2]高級感あふれるインテリアでまとまった「Fairmont Room」 [3]ホテルの舞踏室にはクリスタルのシャンデリアが飾られている [4]夜にライトアップされる姿も見事

[旧市街] 🛁📺💨🍸🔑💻

セント・ローレンス川の川端に 石壁が美しいオーベルジュ

Auberge Saint-Antoine

オーベルジュ・サンタントワーヌ [MAP] P.229-B4

17～19世紀の建物を改装している。それぞれ趣の異なる客室は、洗練されたデザインの家具でコーディネートされている。館内のレストラン「Chez Muffy」は、川を眺めながらオルレアン島産など地元の食材にこだわったフレンチ・カナディアン料理が味わえると好評。

[住]8 Rue St-Antoine [TEL](418)692-2211 [FREE](1-888)692-2211
[URL] www.saint-antoine.com
[料][HIGH]6～9月 ⓈⒹ$374～
[LOW]10～5月 ⓈⒹ$248～ Tax別
[CC]A D J M V [室]95室
[館内設備]レストラン(1軒)、バー(1軒)

[1]部屋はモダンな雰囲気 [2]文明博物館の隣に位置しており、静かな滞在時間が過ごせる

🛁バスタブ 📺テレビ 💨ドライヤー 🍸ミニバーおよび冷蔵庫 🔑セーフティボックス 💻Wi-Fi(無料)
🛁一部客室 📺一部客室 💨貸し出し 🍸一部客室 🔑フロントにあり 💻Wi-Fi(有料)

HOTEL

ケベック・シティのホテル

ケベック・シティ市内にある宿泊施設全体での収容規模は1万2000室以上。あらゆるニーズに応える多彩な宿が揃っている。充実した設備を求めるなら、大型ホテルが林立する新市街へ。高層ホテルは客室からの眺めもいい。旧市街にはこぢんまりしたホテルが多いが、どのホテルも見どころに近く、観光には便利。また、フェアモント・ル・シャトー・フロントナックの南側やサン・ルイ通り、ロウワー・タウンのサン・アントワンヌ通りSte-AntoineなどにプチホテルやB&Bが点在している。

一方、旧市街のロウワー・タウンは施設の軒数こそ少ないものの、古い建物をこぎれいに改装した個性的なホテルが目立つ。オルレアン島には料理が自慢の優雅なB&Bやオーベルジュが多い。特に夏季や紅葉の時期などのハイシーズンは部屋が不足することもあるので、できるだけ予約を入れておこう。

Hôtel Clarendon
クラレンドン　　　MAP P.229-B4

1870年創業の老舗ホテル。2020年に全面改装を終え、アールデコ様式の館内にはクラシックな格調が漂う。客室は清潔で、設備も現代的。レストランでは、インターナショナルな創作料理を味わうことができ、朝食や夕食付きプランが好評。

旧市街
57 Rue Ste-Anne
TEL (418)692-2480
FREE (1-888)554-6001
URL hotelclarendon.com
期間 5月上旬～10月
SD$201～
LOW 11月～5月上旬
SD$151～　Tax別
CC A D J M V　室 144室

Hôtel Le Germain Québec
ル・ジェルマン・ケベック　　　MAP P.229-A4

1912年に建てられた、貿易会社のビルを改装したデザインホテル。ベッドルーム越しに外の景色が楽しめるガラス張りの浴室など、客室には斬新な設計が採用されている。アメニティはカナダのスキンケアブランドのルビーブラウンを使用。

旧市街
126 Rue St-Pierre
TEL (418)692-2224
FREE (1-888)833-5253
URL www.germainhotels.com
期間 HIG 5～9月SD$350～
LOW 10～4月SD$215～
Tax別　朝食付き
CC A M V
室 60室

Auberge Saint-Pierre
オーベルジュ・サン・ピエール　　　MAP P.229-B4

静かな通りにある。もと火災保険会社の社屋だったという19世紀の建物は、板張りの床やれんがの壁を生かしながらモダンに改装されている。家具やファブリック類もおしゃれ。近くのレストランでのディナー込みのリッチなプランもある。

旧市街
79 Rue St-Pierre
TEL (418)694-7981
FREE (1-888)268-1017
URL auberge.qc.ca
期間 HIG SD$256～
LOW SD$135～
Tax別　朝食付き
CC A M V
室 39室

L'Hôtel 71
スワソンテ・オンズ　　　MAP P.229-B4

旧国立銀行の建物を改装して誕生した、シックな雰囲気のデザインホテル。照明にも凝ったスタイリッシュな客室には、サラウンド音響のDVDシアターなど最新設備が揃い、港が見える部屋もある。ビュッフェ式の朝食は有料。

旧市街
71 Rue St-Pierre
TEL (418)692-1171
FREE (1-888)692-1171
URL hotel71.ca
HIG SD$349～
LOW SD$219～
Tax別
CC A M V
室 60室

ケベック州

ケベック・シティ◆ホテル

高級ホテル

Québec

247

高級ホテル

Hôtel Le Priori

ル・プリオリ [MAP] P.229-B4

ロウワー・タウンにある4つ星ホテル。建物は18世紀の著名な建築家の住まいだった。石積みの壁を生かした内装は時代を感じさせるが、家具や設備はモダン。別棟のスイートルームにはジャクージやCD・DVDプレイヤーを完備。

旧市街

[住]15 Rue Sault-au-Matelot
[TEL](418)692-3992
[FREE](1-800)351-3992
[URL]www.hotellepriori.com
[料][HIGH]6～10月ⓈⒹ$239～
[LOW]11～5月ⓈⒹ$159～
Tax 別　朝食付き
[CC]A M V
[室]28室

Hilton Québec

ヒルトン・ケベック [MAP] P.229-B3

ケベック州議事堂の近くに立つ23階建てのホテル。客室はどれも洗練された内装で、多国籍料理が味わえるレストラン、バー、フィットネスセンター、屋外プールを併設している。旧市街側の窓がある部屋からは、見事な街並みが眺められる。

新市街

[住]1100 Boul. René-Lévesque E.
[TEL](418)647-2411
[FREE](1-800)447-2411
日本の予約先
[TEL](03)6864-1634（東京23区内から）
[無料]0120-489852（東京23区外から）
[URL]www.hilton.com
[料][HIGH]ⓈⒹ$364～
[LOW]ⓈⒹ$212～　Tax別
[CC]A D J M V　[室]571室

Delta Hotels Québec

デルタ・ホテル・ケベック [MAP] P.228-B2

新市街にある高層ホテル。客室はシンプルな造りだが、ベッドはすべてダブル以上のゆったりサイズ。プール、フィットネスセンター、屋外プールなど設備も充実している。カナダ料理が味わえるレストランも併設。日本からのツアー客も多い。

新市街

[住]690 Boul. René-Lévesque E.
[TEL](418)647-1717
[FREE](1-888)884-7777
[URL]www.marriott.com
[料]ⓈⒹ$200～
Tax別
[CC]A D J M V
[室]377室

Hôtel Château Laurier Québec

シャトー・ローリエ・ケベック [MAP] P.228-C2

グランダレ通りの旧市街寄りにある4つ星ホテル。エコノミーからエグゼクティブまで多彩なカテゴリーの客室を用意。フィットネス、ビジネスセンター、屋内プールなど館内設備も充実。ディナーや美術館、博物館の入場券がセットになったプランあり。

新市街

[住]1220 Place George-V O.
[TEL](418)522-8108
[FREE](1-800)463-4453
[URL]www.hotelchateaulaurier.com
[料][HIGH]5～10月ⓈⒹ$279～
[LOW]11～4月ⓈⒹ$189～　Tax別
[CC]A D J M V
[室]271室

中級ホテル

Hôtel Acadia

アカディア [MAP] P.229-B3

ウルスリンヌ教会近くの瀟洒なホテル。1822年築造の建物は市内でも古い家屋。ロビーやいくつかの部屋では、当時の石積みの壁が趣を添えている。全室にエアコン、コーヒーメーカーを用意。屋上に無料で利用できる開放的なスパがある。

旧市街

[住]43 Rue Ste-Ursule
[TEL](418)478-0280
[URL]www.hotelsnouvellefrance.com
[料]ⓈⒹ$120～
Tax別
[CC]A D J M V
[室]40室

Hôtel Manoir de l'Esplanade

マノワール・ド・レスプラナード [MAP] P.229-B3

旧市街の西の入口、サン・ルイ門を前にして立つ。石造りの建物は1845年ウルスラ会修道女のために建てられたもの。間取りがそれぞれ異なる客室にはケーブルテレビ、エアコンが付く。朝食は自家製のマフィンやベーグル、オートミールなど。

旧市街

[住]83 Rue D'Auteuil
[TEL](418)694-0834
[URL]www.manoiresplanade.ca
[料][HIGH]Ⓢ$235～ Ⓓ$335～
[LOW]Ⓢ$225～ Ⓓ$325～
Tax別　朝食付き
[CC]A M V
[室]35室

エコノミーホテル

Auberge Saint-Louis

オーベルジュ・サン・ルイ [MAP] P.229-B3

レストランやショップが並ぶサン・ルイ通りにあるプチホテル。シンプルな家具とファブリックでコーディネートされた客室は、やや古めかしいが清掃が行き届き快適。2段ベッドやバスタブ付き、バス、トイレ共同の部屋もある。

旧市街
[住]48 Rue St-Louis
[TEL](418)692-2424
[FREE](1-888)692-4105
[URL]www.aubergestlouis.ca
[料][HIGH]5～10月ⓈⒹ$79～
[LOW]11～4月ⓈⒹ$69～
Tax別
[CC]M V
[室]28室

Hôtel Jardin du Gouverneur

ジャルダン・デュ・グーベルヌール [MAP] P.229-B4

「Fairmont Le Château Frontenac(→P.246)」のすぐ南に立つ。旧市街の見どころに徒歩でアクセスできる立地のよさが魅力。客室は清掃が行き届いており、シャワー、コーヒーメーカー、エアコンを完備し、セント・ローレンス川を望む部屋が人気。

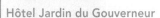

旧市街
[住]16 Rue Mont-Carmel
[TEL](418)692-1704
[FREE](1-877)692-1704
[URL]www.leshotelsduparc.com
[営]4月上旬～10月
[料][HIGH]夏季ⓈⒹ$104～
[LOW]冬季ⓈⒹ$85～
Tax別　朝食付き
[CC]A M V　[室]15室

オーベルジュ

Auberge La Goéliche

オーベルジュ・ラ・ゴエリーシュ [MAP] P.228-A1

オルレアン島の西端にあり、島内随一の由緒と格式を誇る。異なる色調でまとめられた部屋は明るく清潔。バルコニーからはセント・ローレンス川やケベック・シティ市街の眺めが楽しめる。地元食材を生かした料理も自慢。予約は2泊以上から。

オルレアン島
[住]22 Rue du Quai
[TEL](418)828-2248
[FREE](1-888)511-2248
[URL]goeliche.ca
[料][HIGH]夏季ⓈⒹ$235～
[LOW]冬季ⓈⒹ$122～
Tax別　朝食付き
[CC]M V　[室]19室

Le Moulin de Saint-Laurent

ル・ムーラン・ド・サン・ロラン [MAP] P.228-A2

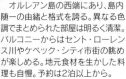

セント・ローレンス川に面した贅沢なロケーションに立つ、コテージタイプの宿。近くに水車小屋を改造した郷土料理のレストランがあり、朝食や夕食はそこから運んでくれる。すべてのコテージにはキッチンや洗濯機が付いている。

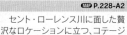

オルレアン島
[住]6436 Chemin Royal St-Laurent
[TEL](418)829-3888
[FREE](1-888)629-3888
[URL]moulinstlaurent.qc.ca
[料]5～10月ⓈⒹ$120～460
11～4月ⓈⒹ$145～355
朝食付き　Tax別
[CC]A M V
[室]11コテージ

B&B

Hayden's Wexford House B&B

ハイデンズ・ウェックスフォード・ハウスB&B [MAP] P.229-D3

シャンプラン通り沿いにあるアットホームなB&B。入植時代に港の酒場だった建物を利用、古い石壁が味のある雰囲気を出している。フルーツサラダやワッフルなど毎日替わる朝食が自慢。広々としたバスルーム付きの部屋が1室ある。

新市街
[住]450 Rue Champlain
[TEL](418)524-0524
[URL]www.haydenwexfordhouse.com
[料]ⓈⒹ$140～160
Tax別　朝食付き
[CC]M V
[室]3室
[交]市バス#1でシャンプラン通りRue Champlain下車、徒歩2分。

B&B Au Petit Roi

B&B オウ・プチ・ロイ [MAP] P.228-B2

静かな住宅街に立つ1860年建造のビクトリア様式の家屋を利用したB&B。全6室中4室がシェアバス、2室がプライベートバス付き。アンティークの家具が配置された内装は優雅で落ち着ける。朝食はフルブレックファスト。

新市街
[住]445 Rue Burton
[TEL](418)523-3105
[FREE](1-877)523-3105
[料]バス、トイレ付きⓈⒹ$150～
バス、トイレ共同ⓈⒹ$125～
Tax別　朝食付き
[CC]A D M V
[室]6室

B&B

Au Croissant de Lune

オー・クロワッサン・ド・リューヌ　[MAP] P.228-B2

旧市街から徒歩約15分、新市街の閑静なエリアにあるB&B。20年以上の歴史があり、ホストのパトリシアさんが朗らかに迎えてくれる。各部屋は黄、緑、青色を基調としたかわいらしいテイスト。朝食は、自家製パンやヨーグルトを楽しめる。

新市街

[住]594 Rue St-Gabriel
[TEL](418)523-9946
[URL]www.aucroissantdelune.com
[料][HIGH]6～10月Ⓢ$85～ Ⓓ$95～
[LOW]11～5月Ⓢ$75～ Ⓓ$85～
Tax別　朝食付き
[CC]A M V
[室]3室

Au Toît Bleu

オー・トワ・ブルー　[MAP] P.228-A2

オルレアン島サント・ファミーユSaint-Familleの自然に囲まれたB&B。滞日10年の経験をもつホストのLoulouさんは日本語もOK。郷土料理のほか、味噌汁を用意してくれることも。ケベック・シティや空港からの送迎あり(有料)。

オルレアン島

[住]2461 Chemin Royale, Ste-Famille
[TEL](418)829-1078
[料][HIGH]4～10月Ⓢ$105～145 Ⓓ$115～150
[LOW]11～3月Ⓢ$100～140 Ⓓ$110～145
Tax別　朝食付き
[CC]A M V
[室]5室

ユースホステル

Auberge Internationale de Québec

オーベルジュ・インテルナシオナル・ド・ケベック　[MAP] P.229-B3

旧市街にあるユースホステル。館内設備はキッチン、ダーツやゲーム機、ランドリー、テレビルーム、カフェ、バーなどが揃う。ドミトリーは清潔でUSBポート付きのベッドに一新。季節ごとに企画している各種アクティビティも好評。朝食は有料。

旧市街

[住]19 Rue Ste-Ursule
[TEL](418)694-0755
[FREE](1-866)694-0950
[URL]hiquebec.ca
[料]ドミトリー$25～(会員)、$27～(非会員)
バス付きⓈⒹ$89～(会員)、
$99～(非会員)
バス共同ⓈⒹ$54～(会員)、$60～(非会員)
Tax別　シーツ込み
[CC]A J M V　[室]55室、188ベッド

Column　ケベックの夜明け“静かな革命”

ケベック州では長い間、フランス系カナダ人よりイギリス系カナダ人のほうが地位が高く、収入も多い時代が続いた。経営者は英語を話し、労働者はフランス語を話すという具合だ。

1940年代後半、都市化の十分進んだケベック州でも、時代遅れの価値観がいたるところに生きていた。病院や教育などは教会の支配のままで、多くの人が小学校を終えただけで仕事に就き、技術者や経営者になるフランス系カナダ人はほとんどいない状態だった。

しかし、1950年代になると、ケベック・シティを中心に改革運動が始まる。人口の約81%をフランス系カナダ人が占めるケベック・シティにとって、フランス系カナダ人の問題は、悲願というべきものであった。この改革運動はケベック州の若くて有能な人々が先頭に立ち、ケベック州の近代化や工業化を進め、教育を教会から切り離して教会の影響力を弱め、政治や経済に力をもつフランス系カナダ人を増やそうというものだった。

この一連の社会変革は1960年代からケベック州の政権についた自由党によって強力に推進され、“静かな革命”として大きな成果を上げた。その後、高揚するナショナリズムは一時、分離独立を叫ぶ過激派による政治家の誘拐、殺害のテロ(1970年10月危機)にまで発展したが、トルドー首相(当時)の強硬策で一応の鎮静を見る。

1976年夏、他州からの強い協力も得られぬまま、モントリオール・オリンピックを見事に成功させ、翌年にはケベック党がフランス語だけをケベック州の公用語とするフランス語憲章を通過させた。現在も、こうしたナショナリズムは人々の心のなかに息づいており、ケベック州の独立問題は今もくすぶり続けている。観光でシタデルを訪れたら、敷地内にある「Je me Souviens(私は忘れない)」という言葉を見かけるはずだ。この言葉のなかにも、歴史の重みが感じられる。

伝統のケベック料理を
本場、ケベック・シティで食べたい

プティン（→P.253）も忘れずに！

フランスの家庭料理から伝わったケベック料理は、素朴な味。
ミートパイやメープルパイなど定番のメニューはこちら。

テンダーロイン
3種のグリル
$55.95

シカの肉
エルクの肉
バイソンの肉

クセの少ないシカの肉から独特の匂いがあるバイソンまで食べ比べられる。ソースはピンクペッパーのコニャックソース

シーフードプラッター
$55.95

肉料理だけではなく、魚介を生かした料理も定評がある。北大西洋で獲れたロブスター、エビ、ホタテ、野菜などをじっくりと煮込んだ一品

メープルシロップパイ
$15.95

ケベックのデザートといえば、メープルシロップをたっぷりと使ったメープルパイ。オルレアン島のメープルシロップを使用

グランマス・トリート
$36.95

ケベック料理の盛り合わせ。真ん中はポークの煮込み。ポークを使った伝統的なミートパイ（左）にミートボールなど、ひととおり味わえる

ミートパイ
ミートボール
ベイクドビーンズ

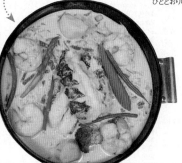

バイソンのグリル
$35.95

バイソンを使ったジビエ料理。まろやかなブルーベリーワインソースでフランスのブルゴーニュ風に仕上げた

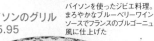

旧市街

ケベック料理といえばここ！
真っ赤な屋根が目印の名物レストラン

Aux Anciens Canadiens

オーザンシアン・カナディアン

MAP P.229-B3

ケベック料理が味わえる老舗レストラン。料理はもちろん、スタッフたちがケベックの伝統衣装をモチーフにしたコスチュームを着用、伝統の柄があしらわれた特注の食器を使用するなど、店の随所にこだわりが見られる。ランチのセットメニュー$39.95〜は、グラスワインまたはビール、前菜、デザート付きでボリュームたっぷり。

🏠34 Rue St-Louis
☎(418)692-1627　URL www.auxancienscanadiens.qc.ca
⏰毎日12:00〜21:00
休無休　💰ランチ$20〜、ディナー$50〜　💳A D M V

251

ケベック・シティのレストラン

最も多いのはフランス料理、あるいはフレンチ・カナディアンの店で、レベルも高い。ロブスターやマッスル（ムール貝）など、新鮮なシーフードを売り物にしたレストランも多い。各国の料理も楽しめるが、忘れてはならないのがケベックの郷土料理。豆のスープやひき肉のパイなど素朴で滋味あふれる味を楽しんでみよう。

ケベック料理

Buffet de l'Antiquaire
ビュフェ・ド・ランティケール　🗺 **P.229-A4**

ケベック料理の店。地元の人たちが気軽に立ち寄る大衆食堂といった雰囲気。早朝から営業しているので朝食での利用もおすすめ。ミートパイやミートボールが付いた豚肉のシチュー$20前後〜などケベックの家庭料理が楽しめる。

旧市街
🏠 95 Rue St-Paul
☎ (418)692-2661
🌐 lebuffetdelantiquaire.com
🕐 日〜水6:00〜16:00
　 木〜土6:00〜21:00
　（時期により異なる）
休 無休
💲 $25〜
💳 M V

フランス料理

La Buche
ラ・ブシュ　🗺 **P.229-B3**

現代的にアレンジされたケベック料理が味わえる人気店。朝食からランチ、ディナーまでメニューは豊富で、朝食（ブランチ）の人気はケベック産メープルシロップたっぷりのケベッククレープ$18。夜はケベック食材満載の創作フレンチ。

旧市街
🏠 49 Rue Saint-Louis
☎ (418)694-7272
🌐 www.restolabuche.com
🕐 毎日8:00〜22:00
休 無休
💲 朝食・ランチ$20〜、ディナー$45〜
💳 M V

Le Saint-Amour
ル・サン・タムール　🗺 **P.229-B3**

雑誌にも取り上げられ、地元でも評判のレストラン。店舗は元高級官吏の邸宅を改築したもの。シェフおすすめのラムやバイソンなどの肉料理各$54のほか、旬の魚介やオーガニック野菜を使ったメニューが人気。季節変わりのコース料理は$145〜。

旧市街
🏠 48 Rue Ste-Ursule
☎ (418)694-0667
🌐 saint-amour.com
🕐 水〜土17:30〜23:30
休 日〜火
💲 $100〜
💳 A M V

Bistro Sous le Fort
ビストロ・ス・ル・フォル　🗺 **P.229-B4**

石の壁に囲まれた店内は、アットホームな雰囲気。地元ケベック州の食材を多用したフレンチが味わえ、どのメニューも食材の味が生きている。おすすめは鴨肉のコンフィ$29〜。フランスやケベック州産のワイン（グラス$9.25〜）と一緒にぜひ。

旧市街
🏠 48 Rue Sous le Fort
☎ (418)694-0852
🌐 www.bistrosouslefort.com
🕐 水〜木12:00〜21:00
休 火
💲 ランチ$25〜、ディナー$40〜
💳 A M V

Louis-Hébert
ルイ・エベール　🗺 **P.228-C2**

グランダレ通りにある評判の店。夏は開店と同時にテラス席がいっぱいになる。店内のコーディネートは入口側がエレガント、奥がシック。料理は魚介をメインに、アジアンテイストも取り入れた創作フレンチ。メインを選べるコースメニューも人気。

新市街
🏠 668 Grande-Allée E.
☎ (418)525-7812
🌐 www.louishebert.com
🕐 火・水11:00〜22:00
　 木・金11:00〜23:00
　 土17:00〜23:00
　（時期により変動あり）
休 日・月
💲 ランチ$30〜、ディナー$60〜
💳 A M V

252

Chez Ashton
シェ・アシュトン MAP P.229-A3

1969年創業。ケベック・シティと近郊に23店舗展開しているファストフード店で、来店客のほとんどが名物のプティン$6〜を注文する。プティンとはフライドポテトにグレービーソースとチーズをかけた、ケベック生まれのB級グルメ。

旧市街
- 🏠 54 Côte du Palais
- 📞 (418)692-3055
- 🌐 chezashton.ca
- 🕐 毎日11:00〜22:00
- 休 無休
- 予 $10〜
- 💳 M V

Au Petit Coin Breton
オ・プチ・コワン・ブレトン MAP P.229-B3

ブレトンとはフランスのブルターニュ地方のこと。スタッフはその民族衣装を身に着けている。おすすめはグラタン$16.5〜、卵やハムなどの具材から選べる6種の食事クレープ$13.5〜。平日13:00〜15:00は$3.25でライスとポテトが付く。

旧市街
- 🏠 1029 Rue St-Jean
- 📞 (418)694-0758
- 🌐 www.aupetitcoinbreton.ca
- 🕐 毎日8:30〜20:30 （時期により変動あり）
- 休 無休
- 予 $20〜　💳 A M V

Casse-Crêpe Breton
カス・クレープ・ブルトン MAP P.229-A3

食事にもなるメインのクレープはハム、卵、チーズなど好きな具を自在に組み合わせて注文でき、通常の生地$4.95〜とそば粉を使ったグルテンフリー生地$5.95〜から選択可能。メープルシロップ各$1.5などをトッピング可。デザートクレープは$8.4〜。

旧市街
- 🏠 1136 Rue St-Jean
- 📞 (418)692-0438
- 🌐 www.cassecrepebreton.ca
- 🕐 月〜金7:30〜21:30 土・日7:00〜21:30
- 休 無休
- 予 $10〜
- 💳 M V

Cafe Boulangerie Paillard
カフェ・ブーランジェリー・パイヤール MAP P.229-B3

パン、マカロン、スープ、ホットサンド、ジェラートなどを扱うカフェ&ベーカリー。一番人気はクロワッサンで、ドリンクとセットで組み合わせもさまざま。ランチにはサンドイッチとスープやサラダのコンボ$12.95〜がおすすめ。全品テイクアウト可。

旧市街
- 🏠 1097 Rue St-Jean
- 📞 (418)692-1221
- 🌐 www.paillard.ca
- 🕐 月〜木7:00〜19:00 金・土7:00〜21:00 日7:00〜20:00
- 休 無休
- 予 $10〜
- 💳 M V

Le Café Buade
ル・カフェ・ビュアード MAP P.229-B4

創業は1919年。ノートルダム大聖堂の向かい、ビュアード通りRue Buadeにある。朝食メニューは毎日7:00〜12:00。オムレツ$15〜、リンドイッチ$9〜、グラタン$17〜など。メインもグリル$17〜、パスタ$17〜など豊富。写真はチキン炒め$19。

旧市街
- 🏠 31 Rue Buade
- 📞 (418)692-3909
- 🌐 www.cafebuade.ca
- 🕐 毎日7:00〜21:00
- 休 無休
- 予 $15〜
- 🍴 A M V

Chez Boulay Comptoir Boréal
シェ・ブーレイ・コントワール・ボレアル MAP P.229-A3

北カナダの素材を生かしたスイーツが自慢のカフェ。シーバックソーンやハスカップなど、野生の果実を使ったケーキは彩りも美しい。発酵飲料のKombuchaやメープルコーラなど、ドリンクの品揃えが個性的。自家製のクロワッサンやキッシュも人気。

旧市街
- 🏠 42 Côte du Palais
- 📞 (418)380-8237
- 🌐 chezboulay.com
- 🕐 木・金7:00〜18:00 土・日7:00〜17:00
- 休 月〜水
- 予 $10〜
- 💳 M V

北米最古の繁華街
プチ・シャンプラン地区でおみやげ探し

狭い石畳の道の両側に、小さなショップやギャラリーの店が集まる
プチ・シャンプラン地区（→P.237）。ぶらり歩けば、お気に入りが見つかるはず！

シンプルデ
ザインの
ニット帽子
$65

Natural Soap

フェルトソープ各$20。
ラベンダーなど6種類
の香りがある

羊毛を使ったキュー
トなアート$195

フランスのデザイナー
Albert Duboutが手が
けたカフェオレボウル各
$25

Kitchen Items

ティータオル$26.95〜はフラ
ンスのデザイナーJacquard
Françaisの作品

組み木でできたソルト&ペッ
パー。左から$100、$130、
$120

天然ウール100%
ハンドメイドのニット製品
Charlevoix Pure Laine

シャルルヴォワ・ピュア・レーン　　**MAP P.229-B4**

　シャルルヴォワ産の羊毛100%のファッショ
ンアイテムが揃う。牧羊場と提携し、紡績から染
色、ニッティングまでを一貫して手がけている。
フェルトの小物も販売。

住 61 1/2 Rue du Petit-
　Champlain
TEL (418)692-7272
URL www.charlevoixpurelaine.ca
営 毎日10:00〜18:00
休 無休　C M V

フェルトグッズ満載の店内

フランスやケベックの
アーティスト作品
がずらり
Pot en Ciel

ポット・ア・シエル　　**MAP P.229-B4**

　店内にところ狭しと並ぶカラフルなキッチン
アイテムはフランス産4割、ケベック産が3割ほ
ど。商品はすべてオーナーのリーズさんが、パリ
やケベック州にて買い付け
を行っている。

住 27 Rue du Petit-Champlain
TEL (418)692-1743
営 毎日10:00〜18:00
休 無休　C A M V

明るい色使いのアイテム
が並ぶ

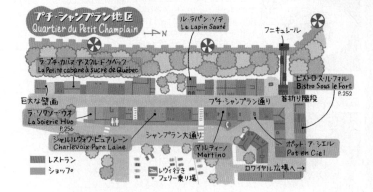

プチ・シャンプラン地区
Quartier du Petit Champlain　　→N

ラ・プチ・カバヌ・ア・スクル・ド・ケベック
La Petite cabane à sucre de Québec

ル・ラパン・ソテ
Le Lapin Sauté

フニキュレール

ビストロ・ス・ル・フォル
Bistro Sous le Fort
P.252

巨大な壁画

ラ・ソワリー・ウオ
La Soierie Huo
P.256

シャルルヴォワ・ピュア・レーン
Charlevoix Pure Laine

シャンプラン大通り

プチ・シャンプラン通り

首斬り階段

マルティーノ
Martino

ポット・ア・シエル
Pot en Ciel

レストラン
ショップ

レヴィ行き
フェリー乗り場

ロワイヤル広場へ→

Maple Goods

メープルシロップ$5.95〜は人気のライトとミディアムを扱っている

ほのかな甘い香りがたまらないメープルティー12袋入り$7.95

サクサク食感のメープルクッキー350g$6.95

シロップを氷に垂らして作るタフィ$3の実演販売もやってるよ！

メープルキャンディーは1粒$0.45から販売

メープルキャンドル$11.95

気さくなオーナーのマリオさん

メープル商品の宝庫！定番から変わり種まで揃う

La Petite cabane á sucre de Québec

ラ・プチ・カバヌ・ア・スクル・ド・ケベック　**MAP** P.229-C4

シロップやクッキー、メープルティーなどのほか、石鹸$8.95なども扱う、メープル製品の専門店。メープルシュガーを使ったソフトクリーム各$3.75〜6.75（4月〜10月中旬のみ）も人気。

🏠 94 Rue du Petit-Champlain
☎ (418)692-5875
URL www.petitecabane.com
🕐 5〜10月　毎日9:30〜20:00
　　11〜4月　毎日10:00〜17:00
　　（時期により異なる）
🚫 無休　💳 A J M V

いつも買い物客でにぎわっている

Moccasin

ハイカットのモカシン$89.99（女性サイズ）

店で定番のモカシン$79.99（女性サイズ）

アミモックは「フレンドリー・モカシン」という意味だよ！

履き心地抜群のエナメルスニーカー$159.99

オーナーのジョナサンさん

シンプルな編み上げタイプのレディスブーツ$224.99

モダンでキュートおしゃれシューズ専門店

Martino

マルティーノ　**MAP** P.229-B4

ケベック生まれのシューズブランド。ビジネスからカジュアルまで幅広い品揃えの「マルティーノ」のほか、おしゃれなモカシンシューズブランドの「アミモックAmimoc」の2ラインがある。

🏠 35 1/2 Rue du Petit-Champlain
☎ (418)914-9933
URL www.boutiquemartino.com
🕐 毎日10:00〜18:00
🚫 無休　💳 A M V

どれもすてきで目移りしそう

プチ・シャンプラン地区のおすすめレストラン

ケベックでおなじみのウサギ料理を堪能しよう

Le Lapin Sauté

ル・ラバン・ソテ　**MAP** P.229-B4

ウサギの肉を使った料理が味わえる、カジュアルレストラン。店内はアットホームな雰囲気で、夏季にはテラス席もオープン。カフェメニューも充実しているので、ひと休みするのにもぴったり。

🏠 52 Rue du Petit-Champlain
☎ (418)692-5325
URL www.lapinsaute.com
🕐 火・水16:00〜21:00
　　木〜土11:00〜21:00
　　日12:00〜20:00
🚫 月
🍴 ランチ$25〜、
　　ディナー$35〜
💳 A M V

ウサギ肉のコンフィとカモ肉のソーセージ$33。ガーリック風味のホワイトビーンズが添えられている

地元食材を使ったスイーツも充実のラインナップ

❶店先もかわいらしく飾りつけられている　❷カントリー調の店内　❸店のいたるところにウサギグッズが置かれている

ケベック・シティのショッピング

サン・ジャン通りにはバラエティに富んだ店が並ぶ。市庁舎近くのビュアード通りRue Buade
やサン・タンヌ通りRue Ste-Anneもブティックが多い。ロウワー・タウンなら、ファッションか
ら工芸品、みやげ物などの店が集まるプチ・シャンプラン通りへ。ロワイヤル広場周辺やア
ンティークの店が並ぶサン・ポール通りもおすすめ。

Érico
エリコ　　　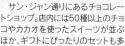　MAP P.228-B2

サン・ジャン通りにあるチョコレートショップ。店内には50種以上のチョコやカカオを使ったスイーツが並ぶほか、ギフトにぴったりのセットも多数置いてある。隣には入場無料のチョコレート博物館が設置されており、チョコの歴史について学べる。

新市街
住634 Rue St-Jean
TEL (418)524-2122
URL www.ericochocolatier.com
営月～土10:30～21:00
日11:00～21:00
（夏季は時間延長あり）
休無休
カード M V

Boutique métiers d'art du Québec
ブティック・メチ・ダート・デュ・ケベック　　MAP P.229-B4

ロワイヤル広場に面したショップのひとつで、ケベック州のアーティストの作品が一堂に会すセレクトショップ。陶器からジュエリー、木製の器、革製品、ガラスなど種類は豊富で、ほとんどがアーティスト自らの手による一点物。

旧市街
住29 Rue Notre-Dame
TEL (418)694-0267
URL www.boutiquesmetiersdart.ca
営日～水10:00～18:00
木～土10:00～19:00
休無休
カード M V

La Soierie Huo
ラ・ソワリー・ウオ　　　　　　　MAP P.229-C4

プチ・シャンプラン通りにある手作りスカーフの専門店。シルクやウールの生地に染料を吹きつけて独特の模様を染め上げたスカーフは1枚$21～86。月～水曜の9:30～12:30、木・金・日曜の9:30～18:00は、染色作業の見学が可能。

旧市街
住91 Rue du Petit-Champlain
TEL (418)692-5920
URL www.soieriehuo.com
営夏季
毎日10:00～21:00
冬季
毎日10:00～17:00
休無休
カード A D M V

J.A.Moisan
ジェイ・エイ・モアザン　　　　　MAP P.228-B2

1871年創業。サン・ジャン通りの老舗スーパーで、総菜から菓子類、酒や石鹸まで豊富。コーヒー豆の量り売りコーナーも。奥行きある建物は中世ヨーロッパを思わせる重厚なたたずまいで、2階はオーベルジュ TEL (418)914-3777)になっている。

新市街
住685 Rue St-jean
TEL (418) 522-0685
URL jamoisan.com
営月～水10:00～18:00
木・金9:00～19:00
土・日9:00～17:00
休無休
カード M V

La Boutique de Noël de Québec
ラ・ブティック・ド・ノエル・ド・ケベック　　MAP P.229-B4

ノートルダム大聖堂のすぐ横にあるクリスマスグッズの専門店。壁にはツリーに飾るオーナメントがズラリと並び、小さなものなら$8くらいで購入できる。ほかスノードームも人気。365日クリスマスソングが流れる店内はおとぎの国さながら。

新市街
住47 Rue de Buade
TEL (418)692-2457
URL boutiquedenoel.ca
営日～水9:00～21:00
木9:00～22:00
金・土9:00～22:30
休無休
カード A D J M V

おみやげ　スーパー　クリスマスグッズ

ケベック・シティのナイトスポット

　日中にぎわう旧市街が静まる夜に、代わって活気づくのが新市街。クラブやバー、ディスコが集まるグランダレ通りやカルティエ通り界隈は遅くまで人通りが絶えない。旧市街ではサン・ジャン通りや旧港沿いのサン・タンドル通りRue St-André、サン・ポール通りにパブやバーが点在。ケベック産の地ビールを取り揃えている店もあるので、ぜひ試してみたい。

Pub Saint-Alexandre
パブ・サンタレクサンドル　　　　MAP P.229-B3

　英国式のパブで、市民の投票でベスト・パブに選ばれたことも。250銘柄を超えるビール$6.75〜をはじめ、酒類の品揃えが豊富。ハンバーガー$19.95〜、フィッシュ&チップス$23.95〜など自家製の料理も好評。毎日20:00からライブを開催。

旧市街
🏠1087 Rue St-Jean
☎(418)694-0015
URLwww.pubstalexandre.com
🕐毎日11:00〜24:00
休無休
CardA M V

L'Inox
リノックス　　　　MAP P.228-C2

　グランダレ通りにある醸造パブ。レギュラー4銘柄に7〜8種類の自家製ビール$7.25〜が味わえる。さわやかな酸味が口いっぱいに広がるSour Lime Raspberryがおすすめ。料理はピザ$14.25やホットドッグ$9.75などつまみメニューがメイン。

新市街
🏠655 Grande Allée E.
☎(418)692-2877
URLbrasserieinox.com
🕐毎日11:00〜翌1:00
休無休
CardM V

Ciel! Bistro-Bar
シエル・ビストロ・バー　　　　MAP P.228-C2

　「Hotel Le Concorde Québec」の最上階(28階)にあるレストラン・バー。約1時間30分で1周する回転フロアから市街地の絶景が楽しめる。カクテルの品揃えが豊富で、ジントニックが充実。おすすめはケベック産の香料を使ったMarie Victorin $12。

新市街
🏠1225 Cours du Général-De Montcalm
☎(418)640-5802
URLcielbistrobar.com
🕐月・火17:00〜22:00
水17:00〜24:00
木・金11:30〜23:00
土・日9:00〜14:00/17:00〜22:00
休無休
予$15〜
CardA M V

Bar Les Yeux Bleus
バー・レス・イユ・ブルー　　　　MAP P.229-B3

　サン・ジャン通りから奥まった広場にあるバー。店内ではDJによる音楽が楽しめ、ジャンルはジャズやブルース、ソウル、エレクトロなど。ビール$5.75〜やカクテル$11〜のほかおつまみも。17:00〜19:00はハッピーアワーでアルコール類がお得に。

旧市街
🏠1117 Rue St-Jean
☎(418)204-0501
🕐毎日16:00〜翌3:00
休無休
CardM V

Bar Ste-Angèle
バー・サンタンジェル　　　　MAP P.229-B3

　サン・ジャン通りの路地裏にある、地元の人々に根強く指示されるジャズバー。入口はひっそりと目立たず、店内もこぢんまりとしているが、その分ゆったりと落ち着いた雰囲気。特に週末はジャズの調べに身をゆだね、旅情に浸りたい人におすすめ。

旧市街
🏠26 Rue Ste-Angèle
☎(418)473-9044
🕐火〜日20:00〜翌3:00
休月
CardA M V

海沿いを走る風光明媚なフォリヨン国立公園内のハイウエイ #132

ケベック州東南、セント・ローレンス川の河口に突き出た半島がガスペジーGaspésie（ガスペ半島）。1534年にフランスの探検家ジャック・カルティエが上陸を果たした歴史的な土地でもある。20世紀になるまで陸路の交通が未発達だったため、昔ながらの風俗・習慣が色濃く残る。ランズ・エンドと呼ばれる半島の先端部にあるガスペとペルセが拠点となる。

ガスペ半島はオルレアン・エクスプレスの長距離バスが走っているが、本数が少ないので車で回るのがベスト。おもな見どころはすべて海沿いのハイウエイ#132沿いにある。海を眺めながらの爽快ドライブだ。

ガスペ　**MAP** P.258

ガスペジー最大の町にして、行政の中心地。ガスペGaspéという地名は、先住民ミックマック族の言葉で「地の果て」を意味する"Gaspeg"に由来する。こぢんまりとした町なので、観光は徒歩で十分。おもな見どころは、北米では数少ない木造教会、ガスペ大聖堂Cathédrale du Gaspé、ガスペの海に生きる人々の歴史を展示したガスペジー博物館Musée de la Gaspésieなどがある。

半島の先端部にはフォリヨン国立公園Parc National de Forillonがある。面積244km²の広大な公園内には、ハイキングトレイルやサイクリングコースなどが整備されている。各種

海に面したガスペの町

ガスペジー
MAP P.166-C2
URL www.tourisme-gaspesie.com

ガスペジーへの行き方
飛行機　ケベック・シティからガスペまでパル航空PAL Airlinesが1日1便運航、所要約1時間30分。
長距離バス　ケベック・シティからオルレアン・エクスプレスが1日1便運行（途中1回乗り換えあり）、所要約12時間。

❷ ガスペの観光案内所
住 1-47 Rue Baker
TEL (418)368-8525　**URL** www.cctgaspe.org

フォリヨン国立公園　**MAP** P.258
TEL (418)368-5505　**FREE** (1-888)773-8888
URL www.pc.gc.ca/en/pn-np/qc/forillon

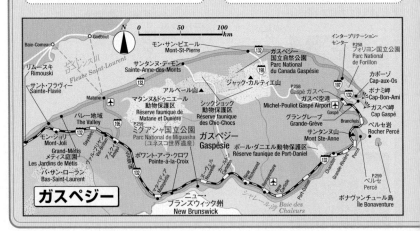

ガスペジー

アクティビティのほか、ホエールウオッチングも楽しめる。6～10月のシーズン中なら、公園内の桟橋からほぼ毎日船が運航される。

© Jean-Pierre Huard-ATRG

ベルセ MAP P.258

ガスペから南東へ約68km、のどかな集落ベルセPercéは、ハイウエイ#132号沿いにショップや宿泊施設が並ぶ小さなリゾート地だ。町の自慢は、長さ483m、高さ88mのベルセ岩Rocher Percé。海岸から180m沖の海中にそびえる巨大な岩は、3億7500万年前に形成されたものとされ、岩肌には無数の化石が埋もれている。周辺には気軽に楽しめるトレイルも多く、町のいたるところから見られるサンタンヌ山Mont Ste-Anneへのトレイルは、人気のコースのひとつだ。登山口があるのは、サン・ミッシェル教会Église Saint-Michel-de-Percéの裏側。ここから山頂まではゆっくり歩いて45分ほど。山肌に張り付くように延びるトレイルから、町の全景とベルセ岩、ボナヴァンチュール島Île Bonaventureが一望できる。また、ベルセはクルーズの名所でもある。ほとんどのコースがベルセ岩のそばを通り、海鳥類のコロニーであるボナヴァンチュール島へ行く。ベルセ沖のボナヴァンチュール島は、カナダで最も早くヨーロッパ人の入植が始まった場所のひとつ。現在はカツオドリ（英語名ガネットGannet）をはじめとする海鳥類の保護区に指定されている。ほかにもパフィン（ツノメドリ）、ウミガラスなど20万羽ものコロニー（営巣地）を形成している。ガスペ～ベルセ間は公共のバスも運行しているが、本数は少ない。

海に面したリゾートタウン

❼ベルセの観光案内所
🏠142 Route 132
☎(418)782-5448 URL perce.info
ベルセ発のボートクルーズ
Les Bateliers de Percé
☎(418)782-2974 FAX(1-877)782-2974
URL www.lesbateliersdeperce.com
🗓5月中旬～10月 💰大人$40～

ミグアシャ国立公園 MAP P.258

1999年にユネスコの世界遺産に登録されたミグアシャ国立公園Parc National de Miguashaは、ガスペ半島の南側、シャレール湾Baie des Chaleursに面している。3億7000万年前のデボン紀、このあたりは亜熱帯気候に属しており、付近を流れる暖流の影響でさまざまな種類の魚類が生息していたといわれている。自然史博物館Musée d'Histoire Naturelleでは、周辺で発掘された魚の化石層が見られる。博物館の外には、始生代から新生代までの生物を解説パネルで紹介する一周約3.5kmのハイキングトレイルがある。

ミグアシャ国立公園
🏠231 Route Miguasha O., Nouvelle
☎(418)794-2475
URL www.sepaq.com/pq/mig
URL www.miguasha.ca

ベルセ岩とボナヴァンチュール島

自然史博物館では脊椎動物の進化を学べる

Column 冬のマドレーヌ島でハープシールに出合う

©Rei Ohara
かわいいハープシールに合いに行こう

マドレーヌ島Îles-de-la-Madeleineは、セント・ローレンス湾Gulfe du St-Laurentに浮かぶ総面積約200km^2ほどの小さな島。北極から流氷が漂着する場所であり、毎年2月下旬から3月中旬には25万頭ものハープシール(タテゴトアザラシ)が繁殖のために訪れる。

マドレーヌ島の歩き方

マドレーヌ島は、全部で12の島からなるマドレーヌ諸島の中心。砂州で結ばれた6つの島で成り立っており、それぞれの島はハイウエイ#199を使って行き来することができる。島の中心は行政機関の集まるカップ・オ・ミュール島Île du Cap aux Meules。プリンス・エドワード島とを結ぶフェリーが発着し、観光案内所やハープシール・ウオッチングツアーを催行しているホテル・シャトー・マドリノHotel Château Madelinotがある。島には公共の交通機関はなく、島内を移動するにはホテルのガイドツアーやタクシー、レンタカーを利用する。

ハープシール・ウオッチングツアー

通常、北極周辺に生息するハープシールは、毎年2月下旬になると出産のためセント・ローレンス湾に現れる。ハープシールの見学ツアーは3月の初旬から下旬、ホテル・シャトー・マドリノで催行され、天候や氷の状態を見て行われるため、3～6日の宿泊込みのパッケージツアーに参加することになる。流氷の上にあるハープシールのコロニーまでヘリコプターで移動。流氷の上での滞在時間は約2時間。運がよければハープシールの授乳や生まれたての姿を見ることもできる。

マドレーヌ島
ブリオン島へ
N
0 10 20 km
グロス島
Île de Grosse
北砂洲
オー・ルー島
Île de la Pointe aux Loups
グランダントレ島
Île de la Grande-Entrée
南砂洲
Château Madelinot
カップ・オ・ミュール島
Île du Cap aux Meules
ラグーン
アーヴル・オ・メゾン島
Île du Havre-aux-Maisons
ファティマ
観光案内所
カップ・オ・ミュール
Cap-aux-Meules
レタン・デュ・ノール
セント・ローレンス湾
Gulfe du St-Laurent
フェリー
プレザンス湾
Baie de Plaisance
モントリオール
アントレ島
L'Île-d'Entrée
アーヴル・オベール島
Île du Havre Aubert
バッサン
Bassin
プリンス・エドワード島のスーリへ

マドレーヌ島 [MAP] P.166-C2/P.260
[URL] www.ilesdelamadeleine.com

マドレーヌ島への行き方
ガスペからパル航空PAL Airlinesの直行便が1日1便、所要約50分。ケベック・シティからはガスペ経由で1日1便、所要約2時間30分。空港があるのは、アーヴル・オ・メゾン島Île du Havre-aux-Maisons。なお、島はケベック州だが、タイムゾーンはアトランティック・カナダと同じ太平洋標準時間となる。ケベック・シティやガスペとは1時間の時差がある。
日本からの直行便はなく、トロント、モントリオール、ケベック・シティ、ガスペなどの空港で乗り継ぐことになる。

❓マドレーヌ島の観光案内所
Tourisme Îles de la Madeleine
[住] 128 Chemin Principal, Cap aux Meules
[TEL] (418)986-2245 [FREE] (1-877)624-4437
[URL] www.tourismeilesdelamadeleine.com
[開] 1月上旬～5月下旬 月～金9:00～12:00/13:00～17:00
5月下旬～6月中旬 月～金9:00～17:00
土・日9:00～13:00/14:00～17:00
6月中旬～9月中旬 毎日9:00～18:00
9月中旬～10月中旬 月～金9:00～17:00
10月中旬～12月中旬 月～金8:30～12:00/13:00～17:00
(時期により変動あり)
[休] 1月上旬～5月下旬の土・日、
9月中旬～12月中旬の土・日

シャトー・マドリノ Château Madelinot
[FREE] (1-855)986-2211
[URL] www.hotelsaccents.com/chateau-madelinot
[料] ⓈⒹ$149～ Tax別

ハープシール・ウオッチングツアー付きのパッケージ料金
[料] 3泊ⓈⒹ$3957.32～ 4泊ⓈⒹ$4548.25～
5泊ⓈⒹ$5139.18～ 6泊ⓈⒹ$5730.11～
Tax込み 3食付き
1回分のハープシール・ウオッチングツアー(所要約3時間、防寒具レンタル込み)、島内ガイドツアー、空港送迎込み。

アトランティック・カナダ

Atlantic Canada

6月のプリンス・エドワード島はジャガイモの花が咲く

261

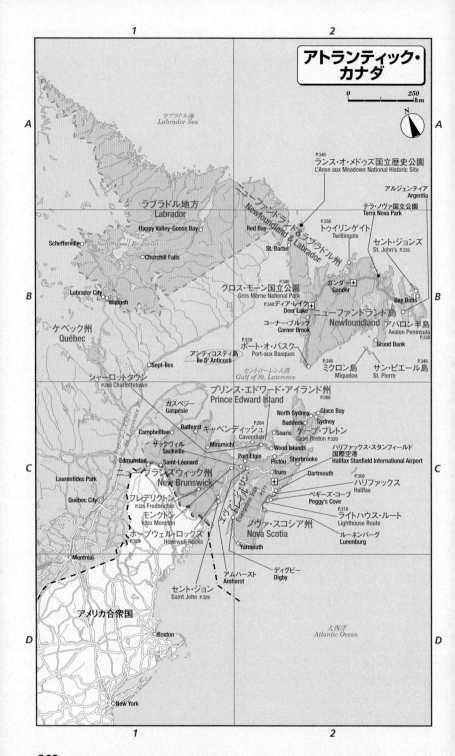

アトランティック・カナダ

0 ——— 250 km

N

ラブラドル海
Labrador Sea

ラブラドル地方
Labrador

ニューファンドランド＆ラブラドル州
Newfoundland & Labrador

P.346
ランス・オ・メドゥズ国立歴史公園
L'Anse aux Meadows National Historic Site

アルジェンティア
Argentia

テラ・ノヴァ国立公園
Terra Nova Park

Happy Valley-Goose Bay

Red Bay

P.338
トウイリンゲイト
Twillingate

セント・ジョンズ
St. John's P.335

Schefferville○

Smallwood Reservoir

○Churchill Falls

St. Barbe

ガンダー
Gander

Bay Bulls

ケベック州
Québec

Labrador City

Wabush

グロス・モーン国立公園
Gros Morne National Park

P.340

P.340 ディア・レイク
Deer Lake

ニューファンドランド島
Newfoundland

アバロン半島
Avalon Peninsula P.338

コーナー・ブルック
Corner Brook

アンティコスティ島
Île D' Anticosti

P.339
ポート・オ・バスク
Port-aux Basques

Sept-Îles

セントローレンス湾
Gulf of St. Lawrence

Grand Bank

P.346
ミクロン島
Miquelon

サン・ピエール島
St. Pierre P.346

シャーロットタウン
P.260 Charlottetown

プリンス・エドワード・アイランド州
Prince Edward Island P.268

ガスペジー
Gaspésie

キャベンディッシュ
Cavendish

P.264

North Sydney

Glace Bay

Baddeck

Sydney

ケープ・ブレトン
Cape Breton P.320

Campbellton

Bathurst

Souris

Sackville
サックヴィル

Miramichi

Port Elgin

Wood Islands

ハリファックス・スタンフィールド
国際空港
Halifax Stanfield International Airport

Edmunston

Saint-Léonard

Pictou

Sherbrooke

Laurentides Park

ニューブランズウィック州
New Brunswick

Truro

Dartmouth

P.308
ハリファックス
Halifax

Québec City○

フレデリクトン
P.325 Fredericton

ベギーズ・コーブ
Peggy's Cove

モンクトン
P.333 Moncton

エヴァンジェリン・
トレイル
P.317

P.318
ライトハウス・ルート
Lighthouse Route

ホープウェル・ロックス
P.326 Hopewell Rocks

ノヴァ・スコシア州
Nova Scotia

ルーネンバーグ
Lunenburg

Montréal○

Yarmouth

アムハースト
Amherst

ディグビー
Digby

セント・ジョン
Saint John P.329

アメリカ合衆国

Boston○

大西洋
Atlantic Ocean

○New York

アトランティック・カナダ

Atlantic Canada

　プリンス・エドワード・アイランド州、ノヴァ・スコシア州、ニュー・ブランズウィック州とニューファンドランド＆ラブラドル州の4つの州は、総称してアトランティック・カナダと呼ばれている。初めてヨーロッパ人が入植した地であり、イギリスとフランスの抗争やカナダ連邦誕生など、歴史の舞台としても重要な、カナダ発祥の地である。

プリンス・エドワード・アイランド州
Prince Edward Island

　カナダ全州のなかで最も小さな州。『赤毛のアン』の作者L．M．モンゴメリの故郷として日本人にはなじみが深い。赤土の道と緑の大地、花畑がまるでパッチワークのように地平線へと続き、美しい海岸線には白い灯台がたたずむ。
おもな都市
シャーロットタウン（→P.280）
キャベンディッシュ（→P.284）

ニューファンドランド＆ラブラドル州
Newfoundland & Labrador

　湿地に覆われ、野生動物が多く生息するニューファンドランド島は北米の最東端に位置し、内陸部は針葉樹林やツンドラが広がる孤島。北米で最もヨーロッパに近いことから歴史の舞台として重要な役割を果たした。
おもな都市・公園
セント・ジョンズ（→P.335）
グロス・モーン国立公園（→P.340）

セント・ジョンズ

フレデリクトン　シャーロットタウン

ハリファックス

ニュー・ブランズウィック州
New Brunswick

　ケベック州とアメリカ合衆国のメイン州に接し、東部で最も深い森林地帯を有する。人口の約35％をフランス系の住民が占め、国内で唯一英仏語両方を公用語としている州でもある。セント・ジョン川に沿うように集まる町は、どこものどかでのびやかな空気が流れている。
おもな都市
フレデリクトン（→P.325）
セント・ジョン（→P.329）
モンクトン（→P.333）

ノヴァ・スコシア州
Nova Scotia

　セント・ローレンス湾に大きく突き出した半島にあり、どこか島国の情緒が漂う。カナダで最も早い時期に入植が進み、英仏の抗争の舞台となった歴史をもつ地域でもある。大西洋と湾が造り上げた海岸線には、州都ハリファックスをはじめとする美しい町が並ぶ。
おもな都市
ハリファックス（→P.308）
ケープ・ブレトン（→P.320）

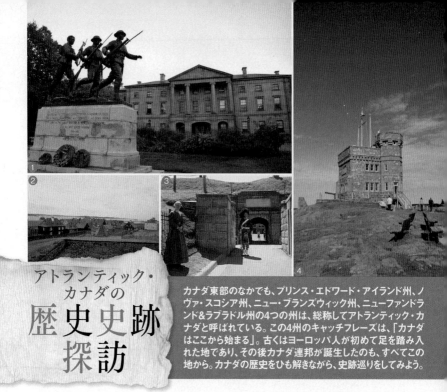

アトランティック・カナダの歴史史跡探訪

カナダ東部のなかでも、プリンス・エドワード・アイランド州、ノヴァ・スコシア州、ニュー・ブランズウィック州、ニューファンドランド&ラブラドル州の4つの州は、総称してアトランティック・カナダと呼ばれている。この4州のキャッチフレーズは、「カナダはここから始まる」。古くはヨーロッパ人が初めて足を踏み入れた地であり、その後カナダ連邦が誕生したのも、すべてこの地から。カナダの歴史をひも解きながら、史跡巡りをしてみよう。

*ヨーロッパ人の最初の足跡（1000年頃）

北米大陸に、先住民インディアンが住み始めたのは約2万年前、まだ陸続きだったベーリング海峡を渡ってきたと考えられる。イヌイットがやってきたのは約1万年前で、やはりアジア大陸からアラスカへやってきたといわれる。彼ら先住民と最初に接触したヨーロッパ人は紀元1000年頃に北欧からやって来たヴァイキングたちだ。ニューファンドランド島の北端には彼らの入植跡ランス・オ・メドゥズ（写真❻）が残されている。

*イギリスの到来（1497年〜）

ヨーロッパ人の本格的な到来が始まったのは15世紀頃。まずは1497年、イギリス王の命を受けた探検家ジョン・カボットがニューファンドランドのセント・ジョンズに上陸。港を見下ろす高台シグナル・ヒルに立つカボット・タワー（写真❹）は、カボット来航400周年を記念して1897年に造られた。

*フランスの到来（1534年〜）

フランスは、1534年にジャック・カルティエがガスペ半島を発見し、半島東端の地ガスペに

てフランス国王の名によりフランス植民地（ヌーヴェル・フランス）を宣言。その後1605年にサミュエル・ド・シャンプランがノヴァ・スコシア半島のポート・ロイヤル（写真❼）にカナダ最初の入植地を建設。ノヴァ・スコシア一帯はアカディア（静かな美しい土地）と命名され、フランス南部から入植した人々はアカディアンと呼ばれた。

*英仏の領土争奪戦（1689年〜）

ヌーヴェル・フランスは、北はラブラドルから南はミシシッピ川の河口にまで勢力を伸ばし、北方を支配していたイギリスと各地で衝突。両国間の戦争は1689年から半世紀以上にわたって繰り返される。なかでもアカディアは最激戦地であり、フォート・アン国定史跡（写真❾）など両国の戦争が繰り広げられた史跡が多く残る。アカディアでの戦争はイギリス軍の勝利に終わり、1713年のユトレヒト条約でアカディアはイギリス領となった。1755年にはイギリス王への忠誠を拒否したアカディアンに追放令が出た。1847年にはこの追放令により引き裂かれた恋をうたった叙情詩『エヴァンジェリン』が発表された。グラン・プレにあるグラン・プレ国定史跡（写真❺）はアカディアンの故郷として、またこ

©ニューファンドランド&ラブラドル観光局

＊アトランティック・カナダのおもな史跡＊
ニューファンドランド&
ラブラドル州
❻ランス・オ・メドウズ
国立歴史公園
セント・ジョンズ
❶プロビンス・
ハウス
❺グラン・プレ
国定史跡
プリンス・エドワード・
アイランド州
シャーロット
タウン
❹シグナル・ヒル
国定史跡
❽セント・ジョン
❷ルイズバーグ
（ルイブール）砦
ノヴァ・
スコシア州
フレデリクトン
ハリファックス
ニュー・
ブランズウィック州
❸ハリファックス・シタデル
❼ポート・ロイヤル国定史跡
❾フォート・アン
国定史跡

❶2階には“連邦誕生の間”があり、見学もできる（→P.282）❷カナダにおけるフランス最大の砦（→P.323）❸イギリス軍の築いた星形の要塞（→P.313）❹シグナル・ヒルに建てられたカボット・タワー（→P.336）❺エヴァンジェリンの物憂げな表情が印象的（→P.317）❻ヴァイキングの格好をしたスタッフに迎えられる（→P.346）❼のどかな雰囲気が入植当時の姿をしのばせる（→P.317）❽ロイヤリストに関係が深い建物が点在している（→P.329）❾イギリスとフランスの激戦の記憶を伝える展示がある（→P.317）

の物語の舞台として知られ、敷地内には主人公エヴァンジェリンの像が立つ。

その後、フランスはノヴァ・スコシア州に唯一残る自国領であったケープ・ブレトンにルイズバーグ（ルイブール）砦（写真❷）を築く。イギリスがこの要塞からの攻撃を恐れて急遽建設したのがハリファックスの要塞、ハリファックス・シタデル（写真❸）だ。

＊英仏戦争の終焉（1759～62年）

1759年、ケベック・シティのアブラハム平原の戦いに破れたフランスはカナダにおける支配権を急速に失い、3年後の1762年、北米におけるイギリスとフランスの最後の戦いが行われたのが、セント・ジョンズにあるシグナル・ヒル国定史跡（写真❹）。フランス軍はここでも敗北し、翌年にはパリ条約を締結。イギリスは、北米のミシシッピ川以北における完全な支配権を確立し、英仏戦争は終わりを告げた。

＊アメリカの脅威（1775～1814年）

1775年のアメリカ独立戦争で植民地の独立が達成されると、イギリスに忠誠を誓う王党派（ロイヤリスト）たち数万人以上が迫害を逃れてカナダに流入する。それにより、イギリスはオンタリオと、ニュー・ブランズウィックを分離させ、ふたつの植民地を創設した。ニュー・ブランズウィック州のセント・ジョン（写真❽）は、彼らの手によって発展した町。町なかには彼らの歴史を物語る史跡が点在している。

＊カナダ連邦の誕生（1848年～）

かくしてほぼ全土がイギリスの植民地となったが、植民地はそれぞれ独自の政策のもと統治されていた。1848年にノヴァ・スコシアに責任政府（議院内閣制の前身）が樹立すると、プリンス・エドワード島やニュー・ブランズウィック州にも次々と責任政府が成立する。

1864年、シャーロットタウンのプロビンス・ハウス（写真❶）で、初の植民地代表者会議が開かれ、10月にケベック・シティで再び会議が催される。そして1866年、ついに「英領北アメリカ法」が成立し、1867年にケベックとオンタリオ、ノヴァ・スコシア、ニュー・ブランズウィックの4州からなる自治領カナダが誕生することになる。

2017年に、カナダ連邦が成立して150年を迎えた。

アトランティック・カナダの交通

エア・カナダ(→P.384)

マリタイム・バス
(→P.384)

オルレアン・エクスプレス
(→P.384)

🍁 アトランティック・カナダへのアクセス

アトランティック・カナダの空路の中継地となるのはノヴァ・スコシア州の州都ハリファックスだ。カナダ東部とアメリカ東部からアトランティック・カナダの主要都市への便はおもにエア・カナダAir Canada（AC）が運航している。日本からの直行便はないので、バンクーバー、トロント、モントリオールなどの都市で乗り換えることになる。VIA鉄道は、モントリオールからモンクトン、ハリファックスへオーシャン号The Oceanが運行している。

カナダ東部の主要都市からアトランティック・カナダへ

	出 発 地	行 き 先	運 行 会 社	便 数	所 要 時 間
✈	モントリオール	シャーロットタウン	エア・カナダ	1日1便	約1時間40分
		ハリファックス		1日3便	約1時間30分
		フレデリクトン		1日2便	約1時間15分
		セント・ジョン		1日1便	約1時間30分
		モンクトン		1日1〜2便	約1時間30分
		セント・ジョンズ		1日2便	約2時間30分
✈	トロント	シャーロットタウン	エア・カナダ	1日1〜2便	約2時間
		ハリファックス		1日5〜6便	約2時間
		フレデリクトン		1日1〜2便	約2時間
		セント・ジョン		1日1〜2便	約2時間
		モンクトン		1日3便	約2時間
		セント・ジョンズ		1日3〜4便	約3時間
🚆	モントリオール	ハリファックス	VIA鉄道（オーシャン号）	水・金・日曜に1便	約22時間
		モンクトン		水・金・日曜に1便	約17時間30分

コンフェデレーション・ブリッジ
(→P.270)

マリン・アトランティック
(→P.335)

ベイ・フェリー
FREE(1-877)762-7245
URL www.ferries.ca

NFLフェリー(→P.270)

🍁 アトランティック・カナダ内の交通

アトランティック・カナダの各州をエア・カナダなどの航空会社が結んでいる。まず飛行機かVIA鉄道で現地入りし、そのあとに長距離バスで移動するのが便利。バスは、ニューファンドランド&ラブラドル州を除く3州の主要都市をマリタイム・バスMaritime Busがカバーしている。ニュー・ブランズウィック州からコンフェデレーション・ブリッジConfederation Bridgeを渡り、プリンス・エドワード島へ陸路で入ることもできる。ニューファンドランド&ラブラドル州への移動にフェリーを使ってみるのもよい。

なお、新型コロナウイルスの影響で空路、陸路とも運休や便数減になっている。その後変更の可能性が高いので、最新の情報を入手すること。

アトランティック・カナダの都市間移動

ノヴァ・スコシア州（NS）

ハリファックス →

行き先	運行会社	便数	所要時間
シャーロットタウン	マリタイム・バス（途中1回乗り換え）	1日1便	約5時間
フレデリクトン	マリタイム・バス（途中1回乗り換え）	1日1便	約6時間30分
セント・ジョン	マリタイム・バス（途中1回乗り換え）	1日1便	約6時間20分
モンクトン	マリタイム・バス	1日1便	約4時間
	VIA鉄道	水・金・日曜に1便	約4時間20分
セント・ジョンズ	エア・カナダ	1日2便	約1時間50分

ニュー・ブランズウィック州（NB）

フレデリクトン →

行き先	運行会社	便数	所要時間
シャーロットタウン	マリタイム・バス（途中2回乗り換え）	1日1便	約6時間
ハリファックス	マリタイム・バス（途中1回乗り換え）	1日1便	5時間40分
セント・ジョン	マリタイム・バス	1日2便	約1時間15分
モンクトン	マリタイム・バス	1日1便	約2時間10分

セント・ジョン →

行き先	運行会社	便数	所要時間
シャーロットタウン	マリタイム・バス（途中2回乗り換え）	1日1便	約6時間
ハリファックス	マリタイム・バス（途中1回乗り換え）	1日1便	約7時間
フレデリクトン	マリタイム・バス	1日2便	約1時間20分
モンクトン	マリタイム・バス	1日1便	約2時間20分

モンクトン →

行き先	運行会社	便数	所要時間
シャーロットタウン	マリタイム・バス（途中1回乗り換え）	1日1便	約3時間
ハリファックス	マリタイム・バス	1日1便	約4時間
	VIA鉄道	月・木・土曜に1便	約4時間15分
フレデリクトン	マリタイム・バス	1日1便	約2時間
セント・ジョン	マリタイム・バス	1日1便	約2時間

プリンス・エドワード・アイランド州（PEI）

シャーロットタウン →

ハリファックス	マリタイム・バス（途中1回乗り換え）	1日1便	約5時間
モンクトン	マリタイム・バス（途中1回乗り換え）	1日1便	約3時間

ニューファンドランド＆ラブラドル州（NF）

セント・ジョンズ →

ハリファックス	エア・カナダ	1日2便	約2時間

フェリー

アルジェンティア（NF）←→ノース・シドニー（NB）
マリン・アトランティックMarine Atlanticが6月中旬〜9月下旬まで、週3便運航。所要約16時間

ポート・オ・バスク（NF）←→ノース・シドニー（NB）
マリン・アトランティックMarine Atlanticが毎日1〜3便運航。所要約7時間

ディグビー（NS）←→セント・ジョン（NB）
ベイ・フェリーBay Ferriesが毎日1日1〜2便運航。所要約2時間30分

カリブー（NS）←→ウッド・アイランズ（PEI）
NFLフェリーNFL Ferriesが5月〜12月下旬まで1日3〜9便運航、所要約1時間15分

アトランティック・カナダ

アトランティック・カナダの交通 ◆

Atlantic Canada

267

プリンス・エドワード・アイランド州
Prince Edward Island

プリンス・エドワード・アイランド州

プリンス・エドワード・アイランド州

州都： シャーロットタウン
面積： 5660km²
人口： 17万0688人（2022年7月時点）
時差： 大西洋岸標準時（AST）
　　　　日本との時差−13時間
　　　　（サマータイム実施時−12時間）
州税： ハーモナイズド・セールス税15%
州旗： 州の名の元となったケント公エドワードの紋章と
　　　　同じライオンが描かれ、下部の巨木はイギリスを、
　　　　3本の小さな木は州の郡を表現。

ニューファンドランド&ラブラドル州

プリンス・エドワード・アイランド州

● シャーロットタウン

ノヴァ・スコシア州

ニュー・ブランズウィック州

Prince Edward Island
プリンス・エドワード島

プリンス・エドワード・アイランド州

プリンス・エドワード島（PEI）は、先住民ミックマック族が "Abegweit ＝ 波間に浮かぶゆりかご" と表現したとおり、セント・ローレンス湾に浮かぶ面積約 5660km² ほどの小さな島だ。この島で生まれ育ったのが、ルーシー・モード・モンゴメリ（1874 ～ 1942 年）。彼女が自身の少女時代と重ね合わせて書き上げた小説『赤毛のアン Anne of Green Gables』の舞台となった島でもあり、キャベンディッシュとその周辺（→ P.284）には物語で描写された場所がいくつも存在する。

MAP P.262-C1・2
市外局番 902
プリンス・エドワード島情報のサイト
URL www.tourismpei.com
Twitter twitter.com/tourismpei
Facebook www.facebook.com/TourismPEI

PEI 最古の灯台、ポイント・プリム灯台

プリンス・エドワード島への行き方

🍁 飛行機

日本からは、トロントを経由するのが一般的。トロントからエア・カナダ Air Canada（AC）が1日1～2便運航、所要約2時間。モントリオールからはエア・カナダが1日1便運航、所要約1時間40分。日本からプリンス・エドワード島への最短ルートは、成田国際空港からトロントへの直行便を使い、シャーロットタウン行きに乗り継ぐ方法。シャーロットタウン着は同日23:59。すべての飛行機はシャーロットタウン空港 Charlottetown Airport（YYG）に到着する。

🍁 長距離バス

ハリファックスからシャーロットタウンへ、マリタイム・バス Maritime Bus のバスが1日1便運行（途中ノヴァ・スコシア州アムハースト Amherst で乗り換え）、ハリファックス発12:00、シャーロットタウン着は17:05。バスは途中、モンクトンにも停車する。島内ではシャーロットタウンのほかボーデン・カールトン Borden-Carleton にも停車する。

エア・カナダ（→P.384）

シャーロットタウン空港
MAP P.273-B2
住所 250 Maple Hills Ave., Charlottetown
TEL (902)566-7997
URL flyyyg.com

マリタイム・バス（→P.384）
ハリファックスから
料金 大人　片道$58.25
モンクトンから
料金 大人　片道$41.75

バスディーポ
シャーロットタウン
MAP P.273-B2/P.280-2外
住所 7Mt. Edward Rd.
TEL (902)566-1567
ボーデン・カールトン
住所 23912 Hwy.1
TEL (902)855-2060

NFLフェリー
MAP P.273-A2
FREE (1-877)762-7245
URL www.ferries.ca
料金 片道
　大人$22、シニア$19
　（普通車1台$84）

🍁 フェリー

　NFLフェリーNorthumberland Ferries Limited Ferryがノヴァ・スコシア州のカリブーCaribouからウッド・アイランズWood Islandsまで運航。所要約1時間15分。5月〜12月下旬までの季節運航で、1日3〜7便。6月下旬〜9月上旬は1日9便。要予約。NFLフェリーの船着場の周辺には人家はなく、頼りになるのは観光案内所だけ。車がない場合、最寄りの町まではタクシーでの移動となる。シャーロットタウンまでは約61km。

🍁 車

コンフェデレーション・
ブリッジ
MAP P.272-A1
URL www.confederation
　bridge.com
料金 車$50.25、バイク$20
　シャトルバス
　徒歩$4.75、自転車$9.5
　料金所はPEI側にのみあるので、車の場合、通行料は島を出るときに支払う。

　ニュー・ブランズウィック州（NB州）のケープ・トーメンタインCape Tormentineからコンフェデレーション・ブリッジCon-federation Bridgeを渡る。ニュー・ブランズウィック州からはハイウエイ#2、ノヴァ・スコシア州からハイウエイ

1997年5月31日に開通したコンフェデレーション・ブリッジ

#104を利用。オーラックAulac（NB州）で16号線へ入る。橋の長さは12.9km、車なら約10分で通過。制限時速80キロで、橋の途中での停車は厳禁。車以外の通行禁止。徒歩、自転車の人はシャトルバスに乗車。バスの待ち時間は長くて2時間ほど。

空港から市内へ

市内から8km北にあるシャーロットタウン空港からシャーロ

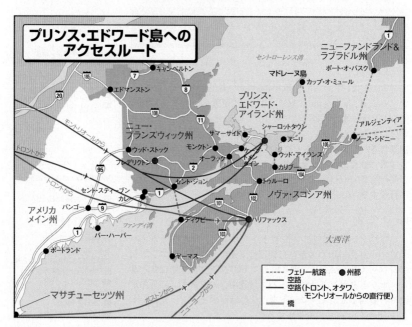

プリンス・エドワード島への
アクセスルート

ニューファンドランド＆
ラブラドル州
ポート・オ・バスク
セント・ローレンス湾
マドレーヌ島
カップ・オ・ミュール
キャンベルトン
エドマンストン
プリンス・
エドワード・
アイランド州
アルジェンティア
ノース・シドニー
ニュー・
ブランズウィック州
サマーサイド
シャーロットタウン
ケープ
ウッド・ストック
モンクトン
モントリオールから
トロントから
オーラック
ウッド・アイランズ
カリブー
フレデリクトン
トゥルーロ
セント・ジョン
ノヴァ・スコシア州
トロントから
アメリカ
メイン州
バンゴー
セント・スティーブン
カレ
ハリファックス
ファンディ湾
ポートランド
ディグビー
大西洋
バー・ハーバー
ヤーマス
ボストンから
ニューヨークから
マサチューセッツ州

---- フェリー航路　　●州都
　　　空路
　　　空路（トロント、オタワ、
　　　　　モントリオールからの直行便）
　　　橋

ットタウンのダウンタウンへは、タクシーかレンタカー、または T3 トランジットバスで向かう。到着ロビーにはレンタカーのカウンターやタクシーの呼び出し電話（無料）もある。タクシーは到着便に合わせて待機している。市内まで約10分。料金は人数によって変わり、ひとり\$20、ひとり追加ごとにプラス\$5。T3 トランジットバスの場合は、途中 Charlotttetown Mall で乗り換え。運賃は\$2。

バスディーポから市内へ

バスディーポはシャーロットタウンの中心から北東へ1.8km のマウント・エドワード通り Mount Edward Rd. 沿いにある。荷物がある場合、ダウンタウンまで徒歩だとかなりきついので、タクシーで行くほうがよい（約\$5）。タクシーはバスの到着時間に合わせて待機している。

プリンス・エドワード島の歩き方

プリンス・エドワード島は、空港のあるシャーロットタウンやキャベンディッシュをはじめ『赤毛のアン』に関連する町があるクイーンズ地区を中心に、西側をプリンス地区、東側をキングス地区と大きく3つのエリアに分けられる。拠点となるのは、州都でもあるシャーロットタウン。『赤毛のアン』ゆかりの地を巡る場合、シャーロットタウンからツアーで参加するのが一般的。島内にはマリタイム・バスなどが走っているが、ルートが限られているのでツアー以外ならレンタカーの利用が便利。

おもなレンタカー会社

Avis（空港内）
TEL (902)892-3706
Hertz（空港内）
TEL (902)566-5566
PEI Car Rental
MAP P.280-1
住 18 Queen St.,
　Charlottetown
TEL (902)894-7797
URL peicarrental.ca

おもなタクシー会社

Co-op Taxi（定額制）
TEL (902)892-1111
Yellow Cab
TEL (902)566-6666

❓ 観光案内所

シャーロットタウン（→P.282）
サマーサイド
Summerside Visitor
Information Centre
MAP P.272-A1
TEL (902)888-8364
URL exploresummerside.com
　The Wyatt Centre内。
ボーデン・カールトン
Borden-Carleton Visitor
Information Centre
MAP P.272-A1
住 100 Abegwait Dr.,
　Borden-Carlton
TEL (902)437-8570

Column　VIA鉄道でケベック州からプリンス・エドワード島へ

プリンス・エドワード島へは、トロントやモントリオールからの飛行機、もしくはノヴァ・スコシア州、ニュー・ブランズウィック州から陸路でアクセスするのが一般的。ケベック州をスタート地点にすると、ニュー・ブランズウィック州のモンクトンまでVIA鉄道で行き、モンクトン発の長距離バスでプリンス・エドワード島へ向かうことができる。ケベック州から出発する場合、利用するのはVIA鉄道の寝台列車オーシャン号The Ocean。モントリオールからノヴァ・スコシア州のハリファックスまでを所要約22時間、1泊2日で結んでいる（途中、ケベック・シティ近郊のサント・フォア Saint-Foyを経由）。出発は水・金・日曜の週3日、19:00。モンクトンには翌日の13:23

に到着する。オーシャン号のファーストクラス、寝台車プラスSleeper Plusでは、朝食と昼食、カナダ東部の食材を中心としたコースメニューの夕食と3回食事が楽しめる。モンクトン到着後、プリンス・エドワード島へは、マリタイム・バスが運行するバスで行くことができる。所要約3時間。VIA鉄道で来てすぐに乗り換えることもできるが、遅れることもあるのでできればモンクトンで1泊を。

VIA鉄道（→P.365）
マリタイム・バス（→P.384）
モンクトン～プリンス・エドワード島
（シャーロットタウン）
運 毎日14:00発　料 片道　大人\$41.75

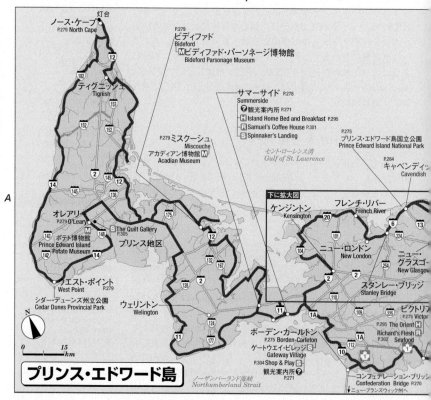

A

ノース・ケープ 灯台
P.279 North Cape

182

ティグニッシュ
Tignish

153

152

152

12

14

145

2

ビディフォド
Bideford
Ⓜビディフォド・パーソネージ博物館
Bideford Parsonage Museum
P.279

サマーサイド P.278
Summerside
❓観光案内所 P.271
Ⓗ Island Home Bed and Breakfast P.295
Ⓡ Samuel's Coffee House P.301
Ⓢ Spinnaker's Landing

P.279 **ミスクーシュ**
Miscouche
アカディアン博物館Ⓜ
Acadian Museum

145

12

14

136

オレアリー
P.279 O'Leary

143

148

Ⓜ The Quilt Gallery
P.305

プリンス地区

142

175

フェスト・ポイント P.279
West Point

シダー・デューンズ州立公園
Cedar Dunes Provincial Park

ウェリントン
Welington

128

132

167

2

124

177

セント・ローレンス湾
Gulf of St. Lawrence

プリンス・エドワード島国立公園 P.275
Prince Edward Island National Park

P.284
キャベンディッ
Cavendish

下に拡大図

ケンジントン
Kensington

20

101

104

ニュー・ロンドン
New London

254

2

2

フレンチ・リバー
French River

6

224

13

ニュー・グラスゴ
New Glasgo

スタンレー・ブリッジ
Stanley Bridge

110

1A

109

225

P.275
ビクトリ
Victor
Ⓗ
The Orient
P.302
Ⓡ
Richard's Flesh
Seafood

11

11

ボーデン・カールトン
P.275 Borden-Carleton
ゲートウェイ・ビレッジ Ⓢ
Gateway Village
P.304 Shop & Play Ⓢ
観光案内所 ❓ P.271

1A

112

10

コンフェデレーション・ブリッ
Confederation Bridge P.270
ニュー・ブランズウィック州へ

ノーザンバーランド海峡
Northumberland Strait

0 ___15___ km

プリンス・エドワード島

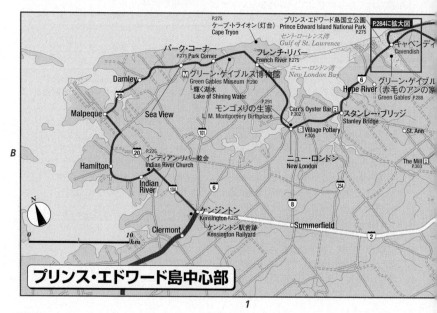

B

P.275 **ケープ・トライオン**(灯台)
Cape Tryon

パーク・コーナー
P.275 Park Corner

Ⓜ**グリーン・ゲイブルス博物館**
Green Gables Museum P.290
輝く湖水
Lake of Shining Water

Darnley

20

Malpeque

Sea View

101

Hamilton

20 P.275
インディアン・リバー教会
Indian River Church

Indian River

104

Clermont

プリンス・エドワード島国立公園 P.275
Prince Edward Island National Park
P.275

セント・ローレンス湾
Gulf of St. Lawrence

フレンチ・リバー P.275
French River

ニュー・ロンドン湾
New London Bay

P.291
モンゴメリの生家
L. M. Montgomery Birthplace

Carr's Oyster Bar Ⓡ
P.302

Ⓢ **Village Pottery**
P.305

ニュー・ロンドン
New London

6

8

ケンジントン P.275
Kensington
ケンジントン駅舎跡
Kensington Railyard

254

Summerfield

2

P.284に拡大図

キャベンディ
Cavendish

6

Hope River

グリーン・ゲイブル
(赤毛のアンの家
Green Gables P.288

スタンレー・ブリッジ
Stanley Bridge

St. Ann

The Mill
P.303

0 ___10___ km

プリンス・エドワード島中心部

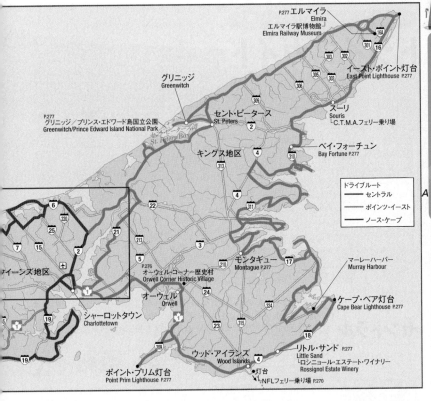

P.277 エルマイラ
Elmira
エルマイラ駅博物館
Elmira Railway Museum

イースト・ポイント灯台
East Point Lighthouse P.277

グリニッジ
Greenwitch

P.277
グリニッジ／プリンス・エドワード島国立公園
Greenwitch/Prince Edward Island National Park

セント・ピータース
St. Peters

スーリ
Souris
C.T.M.A.フェリー乗り場

St. Peters Bay

キングス地区

ベイ・フォーチュン
Bay Fortune P.277

ドライブルート
━━━ セントラル
━━━ ポインツ・イースト
━━━ ノース・ケープ

マーレーハーバー
Murray Harbour

モンタギュー
Montague P.277

オーウェル・コーナー歴史村
Orwell Corner Historic Village P.276

ケープ・ベア灯台
Cape Bear Lighthouse P.277

オーウェル
Orwell

シャーロットタウン
Charlottetown

リトル・サンド P.277
Little Sand
ロシニョール・エステート・ワイナリー
Rossignol Estate Winery

ウッド・アイランズ
Wood Islands
灯台
NFLフェリー乗り場 P.270

ポイント・プリム灯台
Point Prim Lighthouse P.277

クイーンズ地区

A

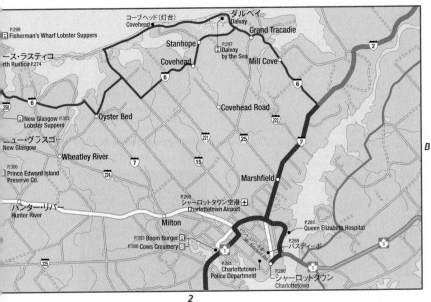

P.299
Fisherman's Wharf Lobster Suppers

コーブヘッド（灯台）
Covehead

ダルベイ
Dalvay

Stanhope

P.297
Dalvay
by the Sea

Grand Tracadie

ノース・ラスティコ
North Rustico P.274

Covehead

Mill Cove

New Glasgow P.302
Lobster Suppers

Oyster Bed

Covehead Road

ニュー・グラスゴー
New Glasgow

P.306
Prince Edward Island
Preserve Co.

Wheatley River

Marshfield

ハンター・リバー
Hunter River

シャーロットタウン空港
Charlottetown Airport

P.281
Queen Elizabeth Hospital

Milton

P.303 Boom Burger
P.306 Cows Creamery

バスティーポ

P.281
Charlottetown
Police Department

P.280
シャーロットタウン
Charlottetown

P.269

B

アトランティック・カナダ

プリンス・エドワード島 ◆

Atlantic Canada

風光明媚な島風景を巡る

プリンス・エドワード島
ドライブガイド

のびやかな丘を抜け、
気持ちのいい海沿いの道を走る、
プリンス・エドワード島のドライブ。
島内には3つのルートがあり、
各ルート沿いに立つ標識が目印だ。
3つのルートを回るには、
それぞれ1日はとっておこう。
観光案内所で地図を入手してから出発だ！

コースのハイライトとなるのは、湖沿いに牧草地や家々が並ぶ北海岸線

Course 1

セントラル
Central

セントラルは、島の中心部（クイーン地区）を回るルート。『赤毛のアン』ゆかりのスポットが集中するキャベンディッシュやパーク・コーナーなどを巡る。ノース・ラスティコやフレンチ・リバーなど小さくて美しい漁村が点在している。

スタート地点 シャーロットタウン
ゴール地点 シャーロットタウン
走行距離 205.7km
コースの標識 グリーン・ゲイブルス（北海岸線）、海岸（南海岸線）

Central Coastal Drive

*レンタカーについて ➡P.368
*PEIドライブの注意点 ➡P.279

Start シャーロットタウン ➡P.280
　15号線、6号線　約35.3km、40分

1 ノース・ラスティコ
　6号線　約7.1km、10分

　キャベンディッシュ ➡P.284
　6号線　約4.2km、5分

2 プリンス・エドワード島国立公園
　6号線、20号線　約17.1km、20分

3 フレンチ・リバー
　20号線　約3.4km、5分

4 ケープ・トライオン
　20号線　約4.7km、5分

5 パーク・コーナー
　20号線、104号線　約19.3km、20分

6 インディアン・リバー教会
　20号線　約5.2km、6分

7 ケンジントン
　1A号線、10号線　約30.9km、30分

8 ボーデン・カールトン
　10号線、1号線　約21km、20分

9 ビクトリア
　1号線、19号線　約57.5km、50分

Goal シャーロットタウン

1 ノース・ラスティコ
North Rustico

MAP P.273-B2

人口約800人の漁村。5〜6月にはロブスター漁で活気づく。港にはシーフードが安く手に入る直売所も。漁港そばに「Fisherman's Wharf Lobster Suppers（→P.299）」がある。

Drive guide

プリンス・エドワード島国立公園
Prince Edward Island National Park **MAP P.272-A1**

セント・ローレンス湾沿いに延びる全長約40kmの国立公園。規模は小さいが、景観は雄大で、荒々しい波を受ける赤土の海岸線や砂丘の眺めがすばらしい。夏季のみ入場可。

プリンス・エドワード島国立公園
TEL (902) 672-6350
URL www.pc.gc.ca/en/pn-np/pe/pei-ipe
圃 5月中旬～10月中旬
休 10月中旬～5月中旬
料 大人$8.5 ($4.25)、シニア$7.25 ($3.5)
※( )内は春と秋の料金。

フレンチ・リバー
French River **MAP P.272-B1**

湖とカラフルな家々が織りなす風景は絵はがきのような美しさ。車を停めて眺める人が多かったため、あるお金持ちが私有地を寄付し、20号線沿いに現在の展望地が誕生した。

ケープ・トライオン
Cape Tryon **MAP P.272-B1**

赤土の一本道を進んだ先にある。草原と海をバックにたたずむケープ・トライオン灯台は、ポストカードでもよく目にする、島を代表する風景だ。周辺の草原は一般農地なので、立ち入り厳禁。

パーク・コーナー
Park Corner **MAP P.272-B1**

周辺には「輝く湖水」を連想させる小さな湖が点在する、このルートのハイライト。パーク・コーナーはモンゴメリゆかりの場所で、「グリーン・ゲイブルス博物館(→P.290)」などがある。

インディアン・リバー教会
Indian River Church **MAP P.272-B1**

島内に点在する596もの教会のうち、木造建築としては島一番の大きさを誇る。元はセント・メアリーズ・ローマ・カトリック教会であったが、現在は教会としては使用されず、素晴らしい音響効果を利用したUnder the Spireというホールになっており、夏季にはクラシックをはじめとした音楽コンサートを開催している。

ケンジントン
Kensington **MAP P.272-B1**

モンゴメリが利用したケンジントン駅舎跡がある。アンが降り立ったブライト・リバー駅は、今はもうないハンター・リバー駅という説が有力。駅舎は一部がバーとなっている。

ボーデン・カールトン
Borden-Carleton **MAP P.272-A1**

島とニュー・ブランズウィック州とを結ぶコンフェデレーション・ブリッジ(→P.270)のたもと。レストランやショップが集まる「ゲートウエイ・ビレッジGateway Village」がある。

ビクトリア
Victoria **MAP P.272-A1**

島の南部にある小さな漁港。カラフルな木造家屋を利用したギャラリーやショップが並ぶおしゃれタウンでもある。人気のシーフードレストランの「Richard's Fresh Seafood(→P.302)」もある。

275

個性的な
3つの灯台を回り
島の最東端を目指す

海岸線を眺めながら東の端を目指す

Course 2

ポインツ・イースト
Points East

入り組んだ入江に面した美しい町が点在する島東部を走るコース。ノヴァ・スコシア州のカリブーからのフェリーが着くウッド・アイランズやケベック州のマドレーヌ島からのフェリーが着くスーリSourisもルート沿いにある。

スタート地点	シャーロットタウン
ゴール地点	シャーロットタウン
走行距離	417.4km
コースの標識	青と黄色の地色にヒトデ

Points East Coastal Drive

Start シャーロットタウン ➡P.280
1号線　約29.5km、30分

1 オーウェル・コーナー歴史村
1号線、209号線　約22.6km、20分

2 ポイント・プリム灯台
209号線、1号線　約40km、30分

3 リトル・サンド
18号線　約16.5km、15分

4 ケープ・ベア灯台
18号線、4号線、17号線　約52.2km、50分

5 モンタギュー
4号線、3号線、311号線、4号線、310号線　約90km、80分

6 ベイ・フォーチュン
2号線、16号線　約37.5km、30分

7 イースト・ポイント灯台
16号線　約11.2km、10分

8 エルマイラ
16号線　約56km、50分

9 グリニッジ／
プリンス・エドワード島国立公園
2号線　約62.4km、55分

Goal シャーロットタウン

1 オーウェル・コーナー歴史村
Orwell Corner Historic Village MAP P.273-A2

1890年代の農村風景を模して造られた歴史村。当時の建築様式で再現した商店、鍛冶工房、学校、教会があり、スタッフも同時代の村人の服装に扮しているなど雰囲気満点。

オーウェル・コーナー歴史村
TEL (902)651-8515 URL www.peimuseum.ca/visit/orwell-corner-historic-village 開6月上旬～末、9～10月　月～金8:30～16:30　7～8月　毎日8:30～16:30　休6月上旬～末と9～10月の土・日、11月～6月上旬　料大人$9.95、学生$5.5 交シャーロットタウンからトランス・カナダ・ハイウエイを東に進み、オーウェル・コーナーに入った所で左折。

2 ポイント・プリム灯台
Point Prim Lighthouse [MAP] P.273-A2

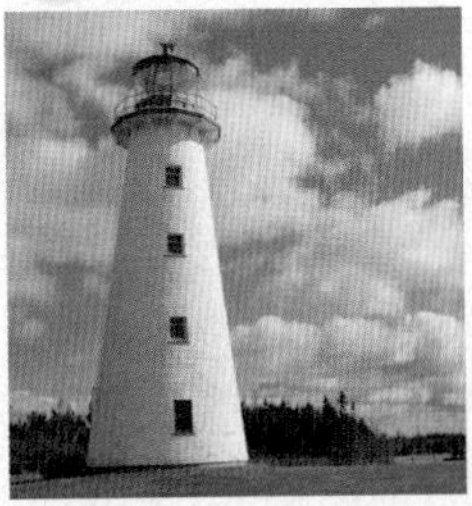

半島の先端に立つ、PEIで最も古い灯台。プロビンス・ハウスを設計したアイザック・スミスによって1845年に建てられた。カナダで唯一となるれんが造りの丸い灯台だ。

ポイント・プリム灯台
[TEL] (902)659-2768
[URL] pointprimlighthouse.com
[開] 5月下旬～9月
[料] 大人$5、子供$3.5

3 リトル・サンド
Little Sand [MAP] P.273-A2

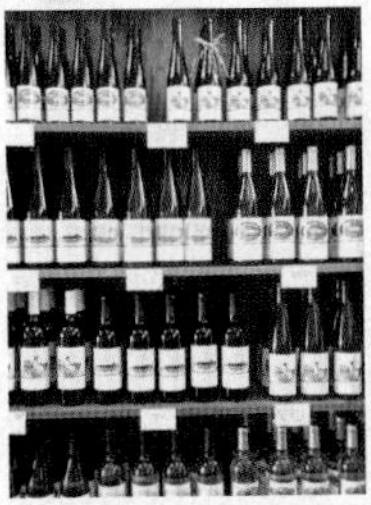

PEI唯一のワイナリー「ロシニョール・エステート・ワイナリーRossignol Estate Winery」がある。島のフルーツで造るワインを販売。運転手以外はテイスティングも可能。

ロシニョール・エステート・ワイナリー
[住] 11147 Shore Rd.
[TEL] (902)962-4193
[URL] www.rossignolwinery.com
[営] 5～10月　月～土10:00～17:00　日12:00～17:00
11～4月は事前予約で見学可
[休] 11～4月の日

4 ケープ・ベア灯台
Cape Bear Lighthouse [MAP] P.273-A2

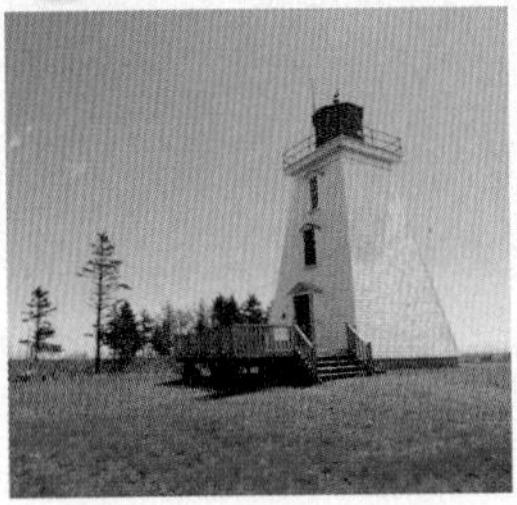

1912年、北大西洋で沈没したタイタニック号から最初に遭難信号を受信した灯台として有名。かつては断崖のすぐそばにあったが、浸食を避け少し内陸部へ移動した。

ケープ・ベア灯台
[開] 6～9月
毎日10:00～18:00
[URL] www.capebearlighthouse.com

5 モンタギュー
Montague [MAP] P.273-A2

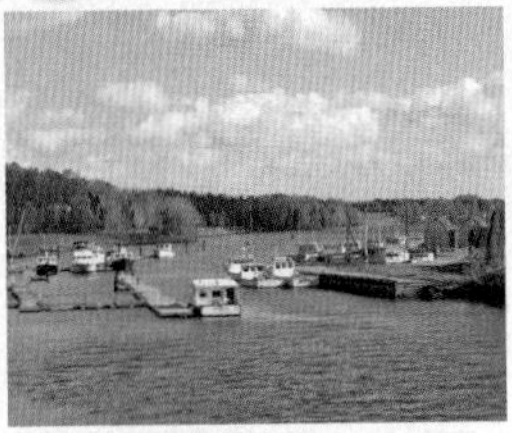

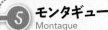

入江沿いに木造家屋が並ぶ美しい町。港には漁船のほかアザラシウオッチングのツアーボートなどもある。サイクリングなどアウトドアのツアーも各種催行されている。

モンタギューの情報サイト
[URL] www.threeriverspei.com/montague

6 ベイ・フォーチュン
Bay Fortune [MAP] P.273-A2

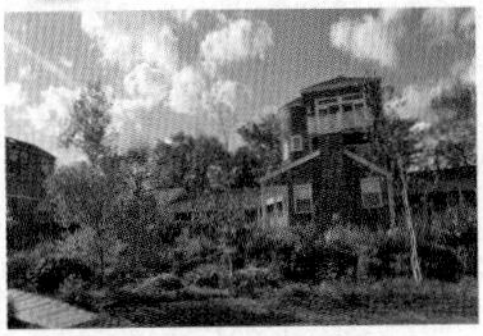

海辺のリゾート地。美食の宿「イン・アット・ベイ・フォーチュンInn at Bay Fortune」がある。建物は『赤毛のアン』のミュージカルでマリラ役を演じた女優の元別荘を利用したもの。

イン・アット・ベイ・フォーチュン
[TEL] (902)687-3745
[URL] www.innatbayfortune.com
[営] 5月下旬～10月　[料] ⓈⒹ$275～475　Tax別
シーズン中は宿泊客以外のディナーも可能(要予約)。

7 イースト・ポイント灯台
East Point Lighthouse [MAP] P.273-A2

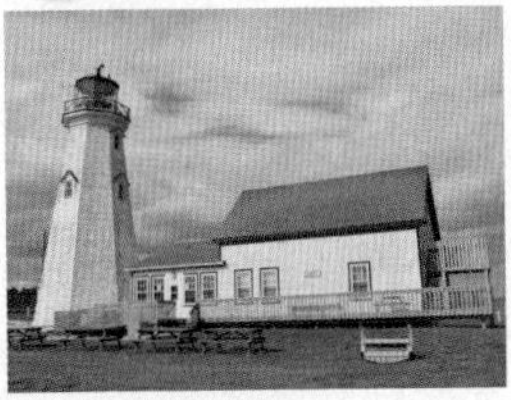

島最東端の地に立つ灯台。ここの売店でリボンをもらい、西のノース・ケープ(→P.279)の売店でそのリボンを見せれば、島横断の名前入り証明書をもらえる。順序は逆でもOK。

イースト・ポイント灯台
[TEL] (902)357-2106　[URL] eastpointcraftshop.com
[開] 5月下旬～10月上旬

8 エルマイラ
Elmira [MAP] P.273-A2

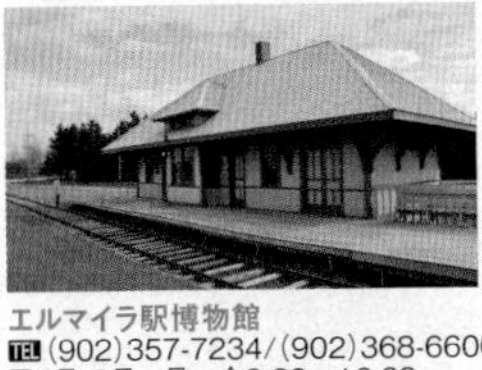

小さな町には、映画『赤毛のアン』でアンが降り立ったブライト・リバー駅のセットのモデルとなったエルマイラ駅博物館Elmira Railway Museumがある。

エルマイラ駅博物館
[TEL] (902)357-7234/(902)368-6600(冬季)
[開] 6月、9月　月～金9:30～16:30
7～8月　毎日9:30～16:30
[休] 6月と9月の土・日、10～5月
[料] 大人$6、学生$4.5

9 グリニッジ/プリンス・エドワード島国立公園
Greenwitch/Prince Edward Island National Park [MAP] P.273-A2

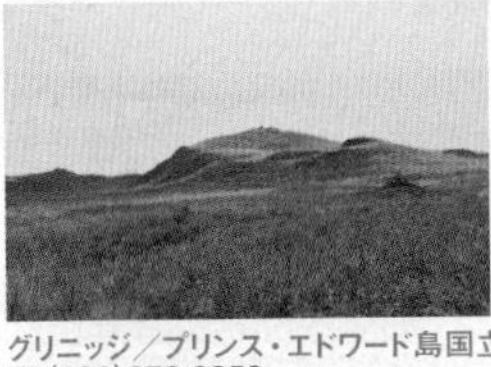

貴重な動植物が生息する砂丘が残されており、3本のトレイルで園内を散策できる。まずはインタープリティブ・センターに立ち寄って、地図などを入手しよう。

グリニッジ/プリンス・エドワード島国立公園
[TEL] (902)672-6350
[URL] www.pc.gc.ca/en/pn-np/pe/pei-ipe
[料] 大人$8.5($4.25)、シニア$7.25($3.5)
※(　)内は春と秋の料金

島内でも**最も**のどかな
西のプリンス地区を疾走！

島の西部はジャガイモなどの名産地であり、酪農も盛ん。
ルート沿いにものどかで牧歌的な風景が広がる

Course 3

ノース・ケープ
North Cape

サマーサイドを起点に、島西部を目指すルート。プリンス・エドワード島の名産
であるジャガイモやモンゴメリゆかりの博物館、宿泊や食事ができる灯台など、
ユニークな見どころを回る。博物館巡りを楽しみながら、ドライブを楽しもう。

スタート地点	サマーサイド
ゴール地点	サマーサイド
走行距離	307.6km
コースの標識	灯台と夕日

North Cape
Coastal Drive

Start

1 **サマーサイド**
11号線、12号線 約10.8km、15分

2 **ミスクーシュ**
12号線、123号線、12号線 約44.3km、40分

3 **ビディファド**
12号線、2号線 約35.1km、30分

4 **オレアリー**
14号線 約20.3km、20分

5 **ウエスト・ポイント**
14号線、12号線、182号線 約69.1km、60分

6 **ノース・ケープ**
12号線、11号線 約128km、110分

Goal サマーサイド

なだらかなアップダウンを繰り返し、
道は続いていく

---

1 ## サマーサイド
Summerside

MAP P.272-A1

緑の多い住宅地
が広がる、シャーロッ
トタウンに続く島
内第2の規模をも
つ町。『アンの幸
福』で独身時代の
アンが下宿してい
たとされる柳荘（柳
風荘）がある。内
部は見学不可。

278

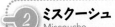

② ミスクーシュ
Miscouche

[MAP] P.272-A1

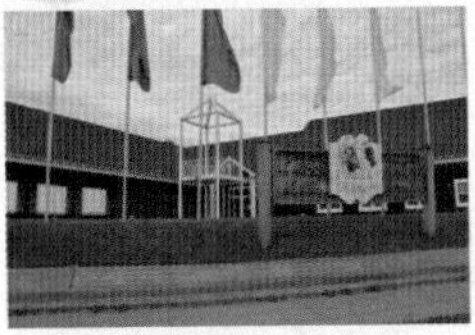

アカディアンのコミュニティである町。1720年以降のプリンス・エドワード島のアカディアンの歴史を、映像やジオラマで展示解説するアカディアン博物館Acadian Museumがある。

アカディアン博物館
☎ (902) 432-2880 [URL] www.museeacadien.org
[開] 7～8月　毎日10:00～17:00
9～6月　月～金10:00～17:00　日13:00～16:00
[休] 9～6月の土　[料] 大人$5.5、学生$4.5

③ ビディファド
Bideford

[MAP] P.272-A1

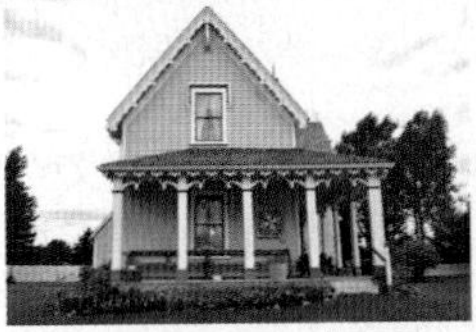

モンゴメリが教師として赴任したこともある町。彼女が下宿していた牧師館は、現在ビディファド・パーソネージ博物館Bideford Parsonage Museumとして一般に公開されている。

ビディファド・パーソネージ博物館
☎ (902) 831-3133
[URL] www.bidefordparsonagemuseum.com
[開] 6～8月 毎日9:00～17:00　9月 月～金10:00～16:00
土13:00～16:00　[休] 9月の日、10～5月
[料] 大人$5、学生$2.5

④ オレアリー
O'Leary

[MAP] P.272-A1

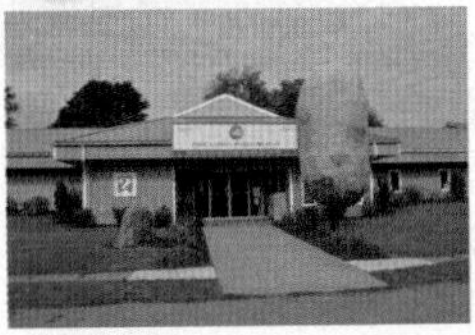

ジャガイモ生産の中心地として有名。世界的にも珍しいポテト博物館Prince Edward Island Potato Museumのほか、キルト専門店の「The Quilt Gallery（→P.305）」もある。

ポテト博物館
☎ (902) 859-2039/(1-800) 565-3457（冬季）
[URL] www.peipotatomuseum.com
[開] 5月中旬～10月中旬　毎日9:30～17:30
[休] 10月中旬～5月中旬　[料] 大人$10、学生$5

⑤ ウエスト・ポイント
West Point

[MAP] P.272-A1

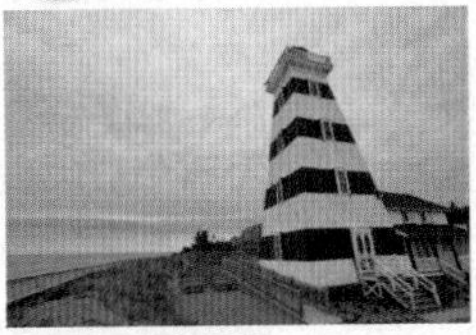

シダー・デューンズ州立公園Ceder Dunes Provincial Park内にある。カナダの切手にも採用されたことのある縞柄のウエスト・ポイント灯台があり、ホテル兼レストランとなっている。

ウエスト・ポイント灯台
☎ (902) 859-3605
[URL] www.westpointharmony.ca
[営] 6月中旬～9月中旬
[料] ⓈⒹ$169～189　Tax別、朝食付き　[CC] A D M V

⑥ ノース・ケープ
North Cape

[MAP] P.272-A1

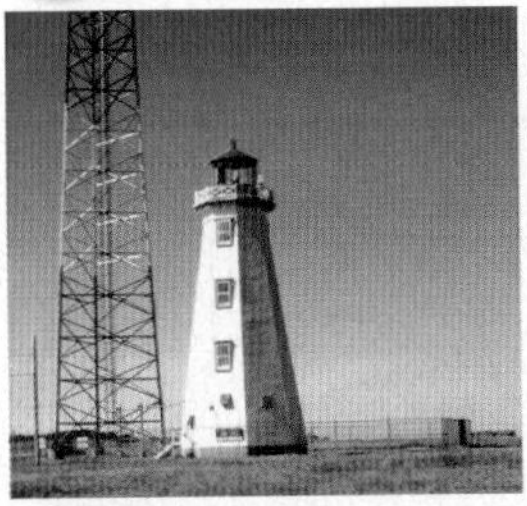

プリンス・エドワード島西北端の岬。観光案内所兼博物館になったシーフードレストラン（夏季のみ営業）と灯台がある。海に突き出た砂州は、引き潮のときには歩ける。

Check!! PEIドライブの注意点Q&A

Q1 レンタカーはどこで借りられる？
A. 島の中心地であるシャーロットタウンで借りるのが普通。レンタカー会社の営業所は空港とデルタホテルにある。

Q2 ガソリンスタンドはどのくらいある？
A. シャーロットタウンやサマーサイドなど大きな町にはあるが、小さい町だとない場合も。早めの給油を心がけたい。

Q3 運転中に気をつけることは？
A. 一本道の下り坂が多く、スピード感覚がつかめなくなるので、速度の出し過ぎにはくれぐれも注意。島内は街灯が少ないので、夜の運転は避けたい。

Column 島を横断する自然散策路を歩こう！

鉄道線路跡を舗装して造られたコンフェデレーション・トレイルConfederation Trailは、プリンス地区のティグニッシュTignishからキングス地区のエルマイラElmiraまで273kmの島を横断する、支線を含めると全長449kmの長距離トレイル。そのほとんどの道が平坦で歩きやすいのが特徴で、ハイカー以外にもサイクリスト、車椅子の利用者に開放されている。トレイル沿いにはふたつの乗馬コースもある。

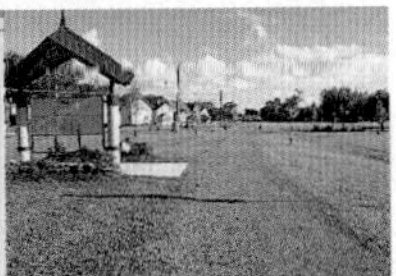

シャーロットタウンのトレイル入口

シャーロットタウンでは、グラフトン通りGrafton St.とエドワード通りEdward St.の交差点先がトレイルの入口。

コンフェデレーション・トレイル [MAP] P.280-2外

Charlottetown
シャーロットタウン
プリンス・エドワード・アイランド州

MAP P.262-C2/P.273-B2
人口 3万8809
面積 902
シャーロットタウン情報のサイト
URL www.charlottetown.ca
URL www.discover
charlottetown.com
twitter.com/chtownPE

便利なスーパーマーケット
　プロビンス・ハウスからグレート・ジョージ通りを北西へ20分ほど歩くと、夜遅くまで営業する大型スーパーのソビーズSobeysがある。
Sobeys
MAP P.280-2外
住 400 University Ave.
TEL (902)626-3334
営 月〜土7:00〜23:00
　 日12:00〜22:00
休 無休

　プリンス・エドワード島（PEI）の中央に位置するシャーロットタウンは、島内観光の拠点となる町。赤毛のアンやモンゴメリに関連したスポットを巡るツアーもここから出発する。町の名前は、イギリスがフランスに代わって覇権を握った1763年に、時のイギリス国王ジョージ3世の妃シャーロットにちなんでつけられた。1864年にイギリス系の植民地から代表者が集まり、カナ

海沿いに広がるビクトリア公園は夕暮れ時の散歩もおすすめ

セント・ダンスタンズ・バシリカ大聖堂前の「建国の父」像

ダ連邦成立に向けた討議が初めて行われた「カナダ連邦発祥の地」としても知られている。プロビンス・ハウスや市庁舎など19世紀をしのぶ趣のある建造物が残されたダウンタウンや海沿いの遊歩道を歩いてのんびり過ごすのもよい。

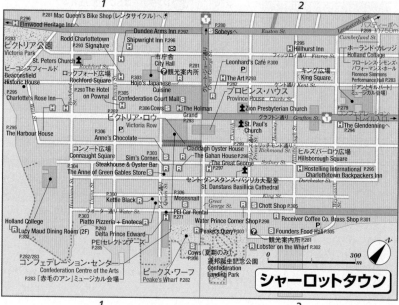

シャーロットタウン

市内交通

　ダウンタウン内の移動なら徒歩で十分。郊外へはコーチ・アトランティック・グループCoach Atlantic Groupが運営するT3トランジットT3 Transitの循環バス（Charlottetown City Loop）を利用すると便利。時計（#2）、反時計回り（#3）の2ルートあり、コンフェデレーション・センターや郊外のショッピングモールなどに停まる。グレート・ジョージ通りGreat George St.を通り、コンフェデレーション・センターとショッピングモール間を結ぶ#1（University Ave. Express）もある。ほか、ケンジントン、サマーサイド、スーリ、ティグニッシュやボーデン・カールトンへ行くルートもある。

シャーロットタウンの歩き方

れんが造りの市庁舎

　見どころは港寄りのダウンタウンに集中していて、徒歩で回ることができる。町の中心は**グラフトン通りGrafton St.**と**クイーン通りQueen St.**角にあるコンフェデレーション・センター周辺だ。裏側のリッチモンド通りRichmond St.の一画は、ショップやオープンテラスのレストランが並ぶおしゃれなエリア、**ビクトリア・ロウ**。プリンス通りPrince St.沿いのファウンダーズ・フード・ホールFounders Food Hall内にある観光案内所で情報収集したあとは、ショップやレストランが集まる**ピークス・ワーフ**へ行ってみよう。またケント通りKent St.から南に延びる**ビクトリア公園**の海沿いには遊歩道が設けられ、散歩に最適だ。

ミュージカルなどの会場であるコンフェデレーション・センター

T3トランジット
☎ (902)566-9962
URL www.t3transit.ca
#2、3(Charlottetown City Loop)
運月～土6:45～18:45
「BUS」と書かれた看板があるバス停で乗降車できる。
日曜は運休。
#1(University Ave. Express)
運月～金6:45～22:30
±7:00～22:30
日11:00～18:00
始発から18:30までは15～30分間隔、19:00以降は1時間毎に運行。
料シングルチケット$2

❓ 観光案内所

Visitor Information Centre
MAP P.280-2
住6 Prince St.
☎ (902)368-4444
FREE (1-800)463-4734
URL www.tourismpei.com
開5月中旬～末
　毎日9:00～18:00
　6月頭～下旬
　毎日9:00～17:00
　6月下旬～8月中旬
　毎日8:00～20:00
　8月中旬～9月上旬
　毎日8:30～19:00
　9月上旬～10月中旬
　毎日8:30～18:00
　10月中旬～5月中旬
　毎日9:00～16:30
休無休

Tourist Bureau
（市庁舎City Hall内）
MAP P.280-1
住199 Queen St.
☎ (902)629-4116
開夏季　毎日8:00～18:00
　冬季
　月～金9:00～17:00
休冬季の土・日

ℹ️ ユースフル・インフォメーション

警察　Charlottetown Police Department	MAP P.273-B2	**レンタサイクル**
MAP P.273-B2	☎ (902)894-2111	Mac Queen's Bike Shop
☎ (902)629-4172		MAP P.280-1外
	おもなレンタカー会社(→P.271)	住430 Queen St.
		☎ (902)368-2453
病院　Queen Elizabeth Hospital	**おもなタクシー会社**(→P.271)	料1日$40　Tax別

ファーマーズマーケット

PEIで取れたオーガニック野菜や花、地元産の魚や肉、パン、地元アーティストが手がけたクラフトなどがずらりと並ぶファーマーズマーケット。

圓100 Belvedere Ave., Charlottetown
圏7〜9月
水・土9:00〜14:00
10〜6月
土9:00〜14:00

コンフェデレーション・センター

圓145 Richmond St.
圏(902)628-1864
圏confederationcentre.com
アートギャラリー
開金〜水10:00〜17:00
木10:00〜20:00
休無休
圏寄付

プロビンス・ハウス

圓165 Richmond St.
※2022年10月現在、改装中のため閉館中。
ストーリー・オブ・コンフェデレーション
開6月、9〜10月
月〜土10:00〜15:00
7〜8月
月〜土9:00〜17:00
日12:00〜17:00
11〜5月
土10:00〜15:00
休6月と9〜10月の日、11〜5月の日〜金
圏無料

買い物客が集まるビクトリア・ロウ

おもな見どころ

🍁 コンフェデレーション・センター
Confederation Centre of the Arts
MAP P.280-1

連邦会議100周年を記念してカナダ国民がひとり¢15ずつ出し、1964年に設立された総合文化センター。劇場、図書館、ギフトショップなどが入っており、アートギャラリーには、画家ロバート・ハリスの作品やモンゴメリ関係の資料などが1万6500点以上も収蔵・展示されている。

🍁 プロビンス・ハウス
Province House
MAP P.280-1・2

歴史的建築物として保存されている

1847年に建築家アイザック・スミスによって建てられた州議事堂。1864年にはカナダ連邦を結成するため、初の各植民地代表者会議が行われた。2階には"連邦誕生の間"と呼ばれる歴史的会議室があり、他の執務室とともに当時のままに保存され公開されている。2023年末まで修復のため閉館中。隣接するコンフェデレーション・センターに連邦誕生の間を再現したストーリー・オブ・コンフェデレーションStory of Confederationを展示している。

🍁 ピークス・ワーフ
Peake's Wharf
MAP P.280-1

1864年にカナダ連邦成立の会議に出席した"建国の父たち"が降り立った埠頭。海沿いには遊歩道が敷かれ、美しく整備されている。カラフルな建物のギフトショップやレストランが建ち並び、夏場は観光客の憩いの場になる。

気持ちのいい遊歩道

🍁 ビクトリア・ロウ
Victoria Row
MAP P.280-1

カフェやギフトショップ、ギャラリーなどが並ぶ、シャーロットタウンのメインストリート。夏の間は歩行者天国となり、生バンドの演奏やストリートパフォーマーなども出て大にぎわい。歴史的なレンガ造りの建物を利用したレストラン、パブ、カフェやギフトショップなどが並ぶ、シャーロットタウンのダウンタウンで最もにぎやかなエリア。

♣ ビクトリア公園
Victoria Park

MAP P.280-1

高級住宅街の近くにある大きな
公園。海沿いには遊歩道が整備さ
れており、地元の人たちの散歩や
ジョギングコースになっている。
ベンチに座ってのんびりと海を眺
めるのもいい。遊歩道の入口には
1877年に造船業で財をなしたジェ

夕日のスポットとして有名

イムス・ピークス・ジュニアが建造したビクトリア様式の邸宅
ビーコンズフィールドBeaconsfield Historic Houseが立つ。公
園の一角には、副総督公邸（非公開）がある。

ビーコンズフィールド
- TEL (902)368-6603
- URL www.peimuseum.ca
- 開 6月中旬～8月
  - 火～土10:00～16:00
  - 9月～6月中旬
  - 火～金12:00～16:00
- 休 6月中旬～8月の日・月、9
  - 月～6月中旬の土～月
- 料 大人$6、学生$5

Column 『赤毛のアン』のミュージカルを観よう！

好奇心旺盛で空想好きな優しい少女、アン・
シャーリーの魅力を楽しめるのが、シャーロッ
トタウンで50年以上続くミュージカル『赤
毛のアン-Anne of Green Gables』。夏季の
みコンフェデレーション・センター
（→P.282）で行われている。物語は、アンが
グリーン・ゲイブルスに来るところから、マシ
ュウが亡くなるまで。アンがからかうギルバー
トを石盤で殴る、ダイアナの泥酔事件など、
物語の世界そのままのシーンもいっぱい。個
性あふれる役者の見事な芝居と、歌やダンス
を交えた軽快なテンポで、舞台にもう釘付け！

アンが教師になり、ギルバートと結ばれるま
でが描かれたロマンティックコメディだ。

感動のシーン
もある

『赤毛のアン』ミュージカルの様子
©Barrett & Mackay Photo Confederation Summer
Festival

2022年より『アンとギルバート-Anne &
Gilbert』はシャーロットタウンのホーランド・
カレッジHolland College内の劇場、フロー
レンス・シモンズ・パフォーマンス・ホール
Florence Simmons Performance Hallで
の上演がスタート。小説『赤毛のアン』のその
後、アンの青春時代を描いたミュージカルで、

『赤毛のアン-Anne of Green Gables』
コンフェデレーション・センター
- MAP P.280-1 住 145 Richmond St.
- URL www.confederationcentre.com
- 開 6/18～9/3（'22）
  - 13:00または19:00（日によって異なる）
  - 休演日あり、所要約2時間15分。
- 料 Tier 1: $110　Tier 2: $85
  - Tier 3: $65　Tier 4: $45
  - Tax、手数料込み
- チケット売り場　Box Office
- TEL (902)566-1267（劇場窓口）
- FAX (1-800)565-0278
- 営 月～土9:00～20:00　日9:00～15:00
- 休 無休

『アンとギルバート-Anne & Gilbert』
フローレンス・シモンズ・パフォーマンス・ホール
- MAP P.280-2
- 140 Weymouth St.
- URL www.anneandgilbert.com
- 開 5/21～10/9（'22）
  - 13:00または19:30（日によって異なる）
  - 所要約2時間15分
- 料 $49.91～65.16 Tax別
- チケット売り場　Box Office
- TEL (902)894-6885
- 営 月～金12:00～16:00　休 土・日

アトランティック・カナダ

プリンス・エドワード島 ◆ シャーロットタウン

Atlantic Canada

283

Around Cavendish
キャベンディッシュとその周辺
プリンス・エドワード・アイランド州

MAP P.262-C2/P.272-B1
人口 902
キャベンディッシュ情報のサイト
URL www.cavendishbeach
pei.com
f www.facebook.com/
CavendishBeach

❓ 観光案内所

Cavendish Visitor
Information Centre
MAP P.284
住 Route 13, Cavendish
TEL (902)963-7830
URL www.cavendishbeach
pei.com
園 5月中旬〜6月下旬、9月上
旬〜10月上旬
毎日9:00〜17:00
6月下旬〜9月上旬
毎日8:00〜21:00
10月上旬〜5月中旬
月〜金11:00〜14:30
休 10月上旬〜5月中旬の土・
日

『赤毛のアン』でアヴォンリー村のモデルとして描かれたキャベンディッシュをはじめ、ニュー・ロンドン、パーク・コーナーにかけてのプリンス・エドワード島北海岸には、グリーン・ゲイブルスや銀の森屋敷（グリーン・ゲイブルス博物館）など、アンとモンゴメリにまつわる見どころが点在。モーテルやコテージが集まる6号線を離れると、のびやかな大地に赤土の畑が広がり、牛たちがのんびりと草をはむ牧歌的な景色が広がる。アンが「世界で一番美しい所」と瞳を輝かせて賞賛した島の風景を、余すところなく満喫したい。

キャベンディッシュにはあのグリーン・ゲイブルスが立つ

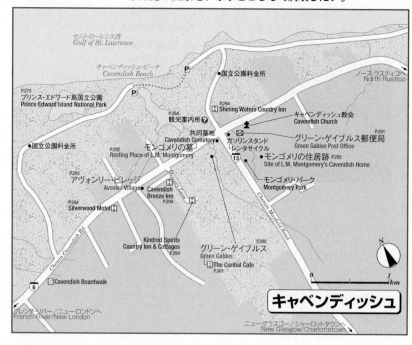

キャベンディッシュへの行き方

　シャーロットタウンからキャベンディッシュへは、T3トランジットのキャベンディッシュ・ルートCavendish Routeが、夏季のみ1日4便運行している。ただし、赤毛のアン関連の見どころはキャベンディッシュを中心とした島の北部に広範囲に散らばっているので、くまなく回るならツアーやレンタカーを利用するのが一般的。

キャベンディッシュへのツアー

　ツアーはシャーロットタウンから参加するのが一般的。現地のツアー会社が数社行っているが、日本語でのツアーを行っているのはPEIセレクトツアーのみ。

プリンス・エドワード島国立公園

キャベンディッシュの歩き方

　キャベンディッシュとその周辺に見どころが点在しているので、ツアーに参加するか、レンタカーで移動するのが便利。『赤毛のアン』のモデルとなった**グリーン・ゲイブルス**や**グリーン・ゲイブルス郵便局**周辺なら、徒歩でも十分。

自転車でさわやかな風を感じるのもおすすめ

グリーン・ゲイブルスには恋人の小径やお化けの森というアンが名づけた散策を楽しめるコースが備わっている。

T3トランジット
URL www.t3transit.ca/
　t3-cavendish-shuttle-
　schedules
キャベンディッシュ・ルート
圏7〜8月　毎日4往復
料大人$2
　シャーロットタウンの発着場所はダウンタウンの北にあるシャーロットタウン・モールCharlottetown Mall。ダウンタウンから徒歩だと1時間程度かかる。T3トランジットの#1、#2、#3で行けるので、乗り換えるといい。キャベンディッシュの停車場所はグリーン・ゲイブルスなど。

日本語ガイドツアー
PEIセレクトツアーズ
MAP P.280-1
TEL (902)963-4000/
　(902)393-9030 (携帯)
URL www.peiselecttours.ca
営月〜金 8:30〜17:00
休土・日
アン・ツアー
圏5〜10月
　毎日9:00〜16:00 (半日ツアーあり)
料大人$250、子供$200
　(各入場料、ロブスターランチ、日本人ガイド、チップ、Tax込み)

ツアーは大型バンで移動する

CHECK!
市内交通
　公共の交通手段はなく、レンタカーが主。13号線と6号線の交差点にあるガソリンスタンドで、レンタサイクルを借りることもできる。

Column アンの世界を映画で楽しむ

　1908年に初版が発行されて以来、30ヵ国以上で翻訳され、世界中で親しまれている小説『赤毛のアン』シリーズ全10巻。1986年に映画化された『赤毛のアン』(原題Anne of Green Gables)は、原作者ルーシー・モード・モンゴメリがモデルとしたプリンス・エドワード島を、一部のみだが実際に舞台にして撮影した作品。物語の世界に忠実に作られており、原作ファンからの評判もよい。製作・監督・脚本はケヴィン・サリヴァンKevin Sullivan、アンを演じたのはオーディションで選ばれたミーガン・フォローズMegan Follows。物語を飛び出してきたかのような明るいアンの姿を、美しい景色とともに楽しめる。

アンが名づけた「輝く湖水」は郊外に点在

モンゴメリゆかりの品も見られる

PEI ならではの赤土と青い海のコントラストが印象的

『赤毛のアン』の世界が広がるモンゴメリの故郷へ

グリーン・ゲイブルスの中も見学できる

作家ルーシー・モード・モンゴメリ Lucy Maud Montgomery の小説『赤毛のアン Anne of Green Gables』は、自身の生まれ故郷であるプリンス・エドワード島を舞台に、好奇心旺盛で空想好きな主人公アン・シャーリーの成長を描いた物語。アンが暮らすアヴォンリー村のモデルになったキャベンディッシュ周辺には物語で描写された場所がいくつも存在する。モンゴメリも歩んだ道をたどりながら、想像のなかに思い描いた自分だけのアヴォンリーを探してみたい。

History of Lucy Maud Montgomery

1874年（0歳）	▶ 11月30日、プリンス・エドワード島のクリフトン（現在のニュー・ロンドン）に生まれる。
1876年（1歳）	▶ 母のクレアラ・ウルナー・マクニール・モンゴメリが死去。父のヒュー・ジョン・モンゴメリはカナダ西部へ移住したため、キャベンディッシュに住む母方の祖父母に育てられる。
1890年（15歳）	▶ 再婚した父と暮らすため、サスカチュワン州のプリンス・アルバートに行く。
1891年（16歳）	▶ キャベンディッシュの祖父母の家に戻る。
1893年（18歳）	▶ シャーロットタウンのプリンス・オブ・ウェールズ・カレッジへ進学。
1894年（19歳）	▶ ビディファトの学校に教師として赴任。
1895年（20歳）	▶ ハリファックスのダルハウジー大学で文学を学ぶ。
1896年〜（21歳〜）	▶ 島に戻り、いくつかの学校で教師を務める。
1898年（23歳）	▶ 祖父の死去。祖母と暮らすためキャベンディッシュへ戻る。
1901年（26歳）	▶ ハリファックスで新聞社のデイリー・エコー社に記者として勤める。
1902年（27歳）	▶ 祖母の世話のため、キャベンディッシュに戻る。
1906年（31歳）	▶ 長老派の教会牧師であるユーアン・マクドナルドと婚約。
1908年（33歳）	▶ 最初の長編小説『赤毛のアン』を刊行する。

1909年（34歳）	▶『赤毛のアン』の続編『アンの青春』を刊行。
1911年（36歳）	▶ 祖母が死去。7月にユーアン・マクドナルドと結婚し、オンタリオ州リースクデールに移住。
1912年（37歳）	▶ 続編『アンの友達』を刊行。
1915年（40歳）	▶ 続編『アンの愛情』を刊行。
1917年（42歳）	▶ 続編『アンの夢の家』を刊行。
1919年（44歳）	▶ 続編『虹の谷のアン』を刊行。
1920年（45歳）	▶ 続編『アンをめぐる人々』を刊行。
1921年（46歳）	▶ 続編『アンの娘リラ』を刊行。
1935年（60歳）	▶ フランス芸術院会員となり、大英帝国勲位を授与。トロントへ移住。
1936年（61歳）	▶ 続編『アンの幸福』を刊行。
1939年（64歳）	▶ 続編『炉辺荘のアン』を刊行。
1942年（67歳）	▶ トロントで死去。

グリーン・ゲイブルス郵便局にあるモンゴメリの写真

キャベンディッシュにある
モンゴメリゆかりの場所へ

『赤毛のアン』といえば、まずはここ
グリーン・ゲイブルス
（赤毛のアンの家）▶P.288

モンゴメリが眠る墓地
モンゴメリの墓
（共同墓地）▶P.292

貴重な作家の遺物を展示
ビジターセンター

グリーン・ゲイブルスのビジターセンターにはモンゴメリ著の貴重な初版本やモンゴメリが愛用したタイプライターが展示されている。

森の中の散歩道
恋人の小径

アンが名づけた「恋人の小径 Lover's Lane」に始まるバルサム・ホロウ・トレイル The Balsam Hollow Trail は、約 1km の散策コース。

グリーン・ゲイブルズ周辺

かつて勤めた
郵便局を復元
グリーン・ゲイブルス
郵便局 ▶P.291

老木の中から
お化けが出る?!
お化けの森

モンゴメリが暮らした
住居の跡地
モンゴメリの
住居跡 ▶P.292

共同墓地、モンゴメリの住居跡、キャベンディッシュ教会へと抜けるお化けの森 Haunted Wood は、約 1.6km の散策コース。

まだまだ
ある!

キャベンディッシュと郊外のゆかりの場所へ

輝く湖水に囲まれた博物館
グリーン・ゲイブルス博物館

すべては、ここから始まった
モンゴメリの生家

空想のアヴォンリーを再現
アヴォンリー・ビレッジ

park corner
パーク・コーナー ▶P.290

new london
ニュー・ロンドン ▶P.291

cavendish
キャベンディッシュ ▶P.292

赤毛のアン の世界そのままの処裁が再現されている

草原にたたずむ緑の切妻屋根の家。ここが、赤毛のアン好きの聖地

グリーン・ゲイブルス（赤毛のアンの家）
Green Gables

▲インテリアなど細部にまでこだわっている

▲アンやマリラ、マシュウがくつろいでいた1階のダイニングルーム

▲夏季のみ、カフェ「The Cordial Cafe」（→P.301）が中庭にオープン

アンが孤児院から引き取られ、少女時代を過ごした「グリーン・ゲイブルス」のモデルとなった場所。かつては実際の民家としても使われており、もともとはモンゴメリの親戚に当たるマクニール兄弟が、モンゴメリと同じ年の養女マートルと暮らしていた。グリーン・ゲイブルスからほど近い祖父母の家に住んでいたモンゴメリは、幼い頃からたびたびこの家を訪れてはマートルと遊んでいたという。敷地は1937年に国立公園となり、アンやマリラ、マシュウの部屋が物語そのままに再現された。

グリーン・ゲイブルス（赤毛のアンの家）
🗺 P.272-B1/284/287
🏠 Rt. 6, Cavendish
☎ (902) 963-7874
🌐 www.pc.gc.ca/en/lhn-nhs/pe/
　greengables
🕐 5～10月
　毎日9:00～17:00
🚫 11～4月（11月と4月中旬～下旬は
　事前予約で見学可。料金は要事前確認）
💰 大人 $8.5（$6.75）、シニア $7（$5.75）
　※（ ）内は5月中旬～6月と9月上旬～10月
　の料金

アンの部屋
Anne's Room

▲花柄の壁紙がかわいらしいアンの部屋。グリーン・ゲイブルスに来てから1年半ほど経った頃の様子を再現してある

▲授業中、「にんじん」とからかわれたアンが癇癪を起こして、ギルバートの頭を殴った石盤

▲窓にはアンがダイアナに信号を送ったランプが置かれている

マリラの部屋
Marilla's Room

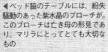

▲インテリアもファブリックも落ち着いたカラーリング。マリラらしい、シンプルな部屋
◀ベッド脇のテーブルには、紛失騒動のあった紫水晶のブローチが。このブローチは亡き母の形見であり、マリラにとってとても大切なもの

▲アンがグリーン・ゲイブルスへ持ってきた手さげカバン

▲マシュウが照れくさそうにプレゼントした、グロリア絹地のパフスリーブドレス

マシュウの部屋
Matthew's Room

▲心臓の悪いマシュウの部屋は1階にあり、キッチンとつながっている。部屋にドアはふたつ。玄関から女性が入ると、そっとキッチンへ逃げたとか
▶椅子には愛用のサスペンダーがかけられている

グリーン・ゲイブルス見取り図

1st Floor

ⓐ ダイニングルーム
ⓑ 客間
ⓒ マシュウの部屋
ⓓ ホール
ⓔ デイリー・ポーチ
ⓕ パントリー
ⓖ キッチン

玄関

ⓗ マリラの部屋
ⓘ 裁縫室
ⓙ 客用寝室
ⓚ アンの部屋
ⓛ 使用人の部屋

2nd Floor

ダイニングルーム＆キッチン
Dining room & Kitchen

◀ダイニングルームには、アンがダイアナとのお茶会に使いたがっていたバラのつぼみ模様のティーセットがある
▼キッチンの棚にあるのは、ダイアナを酔っぱらわせてしまった「いちご水」

Park Corner
パーク・コーナー

モンゴメリが暮らした屋敷は、結婚式も挙げた思い出の場所

グリーン・ゲイブルス博物館
Green Gables Museum

a. 博物館の敷地内には輝く湖水があり、湖畔の道を馬車で走ることも可能 b. 幼い頃、戸棚のガラスに映る自分の顔に架空の名前をつけて遊んでいたモンゴメリ。物語のなかでアンもガラスの中の自分にケティ・モーリスと名づけて空想の世界に浸っている c. モンゴメリの手紙。彼女が大好きだった黒猫のイラストが描かれている d. 博物館の窓からは輝く湖水がちらりと見える e. モンゴメリの部屋。窓の外を眺めながら物語の構想を練ったのだろうか。『ストーリーガール Story Girl』の基になったという、ブルーチェストから出てきた品々も展示されている f. モンゴメリ自作のクレイジー・キルト

『パットお嬢さん Pat of Silver Bush』に登場する「銀の森屋敷（シルバーブッシュ）」。モンゴメリの叔母さんの家で、現在もキャンベル家の人たちが暮らす。厳格な祖父母のもとで過ごしていたモンゴメリは、この家が大のお気に入りで島を離れたあとも帰省するたびに訪れていたという。祖母の死後4ヵ月間をここで過ごし、1911年に1階の客間でユーアン・マクドナルド牧師と結婚式を挙げた。内部には手製のクレイジー・キルトや愛用していたオルガンなどを展示している。

グリーン・ゲイブルス博物館
MAP P.272-B1
🏠 4542 Rt. 20, Park Corner
☎ (902) 886-2884（土・日）
　(1-800) 665-2663
🌐 www.annemuseum.com
🕐 5月下旬～末、10月頭～中旬
　毎日 11:00～16:00
　6月、9月　毎日10:00～16:00
　7～8月　毎日9:00～17:00
　10月中旬～5月下旬（冬季の見学は要予約）
💰 大人 $7、子供 $3
🚗 キャベンディッシュから車で30分。フレンチ・リバーを過ぎた20号線沿い。101号線の手前、左折。

a. キャベンディッシュの友人が作ったモンゴメリのウエディングドレスのレプリカ　b. 何冊ものノートにびっしり貼られた大量のスクラップ　c.1 階にはモンゴメリ家が所有していたオルガンがある　d. 各国の『赤毛のアン』が並ぶライブラリー　e. 生後間もなくの頃の部屋が、2 階に再現されている

作家が誕生した家には
プライベートグッズが満載！

new london
ニュー・ロンドン

モンゴメリの生家
L.M. Montgomery Birthplace

モンゴメリの生家
MAP P.272-B1
6461 Rt. 20, New London　(902) 886-2099
www.lmmontgomerybirthplace.ca
5月中旬〜10月中旬　毎日 9:00〜17:00
10月中旬〜5月中旬　休
大人 $5、子供 $2.5
キャベンディッシュから車で約15分。
8号線と6号線の角。

モンゴメリは 1874 年 11 月 30 日に、父ヒュー・ジョン・モンゴメリと母クレアラ・ウルナー・マクニールの間に生まれた。母が亡くなり祖父母に引き取られるまでの 1 年 9 ヵ月をこの家で過ごす。モンゴメリが着たウエディングドレスのレプリカや新婚旅行先のスコットランドへ履いていった靴、彼女の趣味であるファッションや猫などのスクラップブックが展示されている。

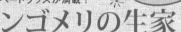

グリーン・ゲイブルスの消印入りの
はがきを大切な人に送ろう

cavendish
キャベンディッシュ

グリーン・ゲイブルス郵便局
Green Gables Post Office

モンゴメリが暮らした祖父母の家の郵便局を再現。祖父の死後、彼女は祖母が亡くなるまでの約 3 年間、郵便業務を引き継ぎ、そのかたわら原稿を書いた。内部は当時の郵便局の様子がわかる博物館になっている。夏季は郵便局の業務も行っており、ここから出した郵便物にはグリーン・ゲイブルスの消印が押される。

a. 週に数度郵便船で送られてくる手紙は、各地区を代表する家の一角で整理されていた　b. 当時はまだ配達のサービスはなく、局留めの郵便物は各人が取りに来ていた。モンゴメリは自宅が郵便局だったからこそ、誰にも知られることなく出版社に原稿を送ることができたと後に語っている

グリーン・ゲイブルス郵便局
MAP P.284/287
Rt. 6 and Rt. 13, Cavendish
5月下旬〜10月上旬
　月〜金 9:00〜17:00
　土 9:00〜13:00
　日 13:00〜17:00
10月上旬〜5月下旬　休
無料

石組みの土台のみが残る
モンゴメリの住居

モンゴメリの住居跡
Site of L.M. Montgomery's Cavendish Home

母親を結核で亡くしてから母方の祖父母の家で育ったモンゴメリは、祖母が亡くなる36歳までこの島で暮らす。彼女が島を離れたあと、家は取り壊されてしまい、現在は土台と当時の井戸だけが残る。モンゴメリ関連の本やポストカードなどが揃う入口のブックストアでは、モンゴメリについての解説を聞くことができる。

▲お化けの森からグリーン・ゲイブルスへと通じる遊歩道沿いにある
◀『赤毛のアン』グッズが揃うブックストア

モンゴメリの住居跡
MAP P.284/287
住Rt. 6, Cavendish
TEL(902)963-2969
URLwww.lmmontgomerycavendishhome.com
園5月中旬～6月、9月～10月下旬　毎日10:00～17:00
　　7～8月　毎日9:30～17:30
休10月中旬～5月中旬　**料**大人 $6、シニア $5

cavendish
キャベンディッシュ

遺言により島に戻った
モンゴメリ永眠の地

モンゴメリの墓（共同墓地）
Resting Place of L.M. Montgomery (Cavendish Cemetery)

1942年にトロントで死去したモンゴメリの墓。生前より「グリーン・ゲイブルス」の見えるこの場所で永眠することを望んでいたという。夫のマクドナルド牧師とともに眠っており、墓石には夫の姓であるマクドナルドの文字、その下にモンゴメリの名前が刻まれている。モンゴメリの墓のそばには祖父母の墓、母親の墓もある。

▲夏には墓石前の花壇に花が咲く
◀モンゴメリの祖父母の墓

モンゴメリの墓（共同墓地）
MAP P.284/287
住Rt. 13, Cavendish
交3号線と6号線の交差点の近く。

cavendish
キャベンディッシュ

アンが生きた当時の
面影が色濃く残る

アヴォンリー・ビレッジ
Avonlea Village

『赤毛のアン』が執筆された時代の建物を移築した施設。モンゴメリが教師として赴任した学校、ベルモント高校 Belmont School やモンゴメリが通ったロング・リバー教会 Long River Church もある。施設内には売店やレストランがある。

▲ロング・リバー教会では挙式もできる
◀当時の世界を体感できるテーマパーク

アヴォンリー・ビレッジ
MAP P.284
住8779 Rt. 6, Cavendish
TEL(902)963-3111
URLwww.avonlea.ca
園6月上旬～末、9月頭～中旬　毎日10:00～18:00
　　7～8月　毎日10:00～20:00
休9月中旬～6月上旬　**料**無料

cavendish
キャベンディッシュ

HOTEL

プリンス・エドワード島のホテル

プリンス・エドワード島の魅力を満喫するには、歴史を感じさせる築100年以上のヘリテージ・イン（→P.296）や、眺めのよさや料理が自慢のこぢんまりとしたB&Bがおすすめ。ヘリテージ・インは、シャーロットタウン中心部から郊外にまで点在。キャベンディッシュやサマーサイドには雰囲気のいいB&Bが多い。

高級ホテル

Delta Prince Edward Hotel

デルタ・プリンス・エドワード　[MAP] P.280-1

ハーバーフロントに立つ4つ星半のホテル。客室の約6割がオーシャンビューで、ホテル内には屋内プールやサウナ、フィットネスセンターのほかに、フェイシャルやボディ・トリートメントなど充実した内容のデイ・スパもある。ツアーデスクあり。

シャーロットタウン
[住]18 Queen St., Charlottetown
[TEL](902)566-2222
[FREE](1-866)894-1203
[URL]www.marriott.com
[料][HIGH]5月～10月上旬ⓈⒹ$369～679
[LOW]10月上旬～4月ⓈⒹ$209～379
Tax別
[CC]A D J M V
[室]211室

Rodd Charlottetown Signature Hotel

ロッド・シャーロットタウン・シグネチャー　[MAP] P.280-1

1931年に創業した赤れんが造りの老舗ホテル。クラシカルな雰囲気はそのままに改装されており、屋内プールやサウナ、ホットタブもある。4つ星半のエレガントなムードのレストラン「The Chambers Dining Room」も訪れてみたい。

シャーロットタウン
[住]75 Kent St., Charlottetown
[TEL](902)894-7371
[FREE](1-800)565-7633
[URL]www.roddvacations.com/rodd-charlottetown
[料][HIGH]6～9月ⓈⒹ$198～290
[LOW]10～5月ⓈⒹ$114～225　Tax別
[CC]A D J M V　[室]115室

The Holman Grand Hotel

ホルマン・グランド・ホテル　[MAP] P.280-1

「Confederation Court Mall（→P.305）」の一角に位置し、コンフェデレーション・センターまで地下道でいけるベストロケーション。レストランやインドアプール、スパを併設。客室はモダンで清潔、アメニティも充実している。

シャーロットタウン
[住]123 Grafton St., Charlottetown
[TEL](902)367-7777
[FREE](1-877)455-4726
[URL]www.theholmangrand.com
[料][HIGH]6～9月ⓈⒹ$279～425
[LOW]10～5月ⓈⒹ$179～324　Tax別
[CC]A D J M V
[室]80室

中級ホテル

The Hotel on Pownal

ポウナル　[MAP] P.280-1

コンフェデレーション・センターから1ブロック半ほどで、便利な立地が魅力。通常の客室のほかにキッチン付きの部屋が3室、スイートにはジャクージが備わる。朝食は季節ごとのコンチネンタルを提供。ロビーではコーヒー、紅茶のサービスあり。

シャーロットタウン
[住]146 Pownal St., Charlottetown
[TEL](902)892-1217
[FREE](1-800)268-6261
[URL]thehotelonpownal.com
[料][HIGH]6～9月ⓈⒹ$189～249
[LOW]10～5月ⓈⒹ$119～209
Tax別　朝食付き
[CC]A M V　[室]45室

The Art Hotel

アート　[MAP] P.280-2

ダウンタウンの真ん中に位置しながらも、リーズナブルな価格のホテル。1階にはライブが行われる「Trailside Music Hall」やレストランが入っていて便利。客室はビジネスホテルのような大きさで、ミニマムな設備だが清潔。

シャーロットタウン
[住]155 Kent St., Charlotteown
[TEL](902)370-2787
[FREE](1-888)670-2787
[URL]www.theartshotel.ca
[料][HIGH]5～9月ⓈⒹ$139～159
[LOW]10～4月ⓈⒹ$119～129　Tax別
[CC]M V
[室]82室

バスタブ　テレビ　ドライヤー　ミニバーおよび冷蔵庫　セーフティボックス　Wi-Fi（無料）
一部客室　一部客室　貸し出し　一部客室　フロントにあり　Wi-Fi（有料）

中級ホテル

Kindred Spirits Country Inn & Cottages

キンドレッド・スピリッツ・カントリー・イン&コテージ [MAP] P.284

アンの部屋のようなかわいらしい内装とあたたかいもてなしで根強い人気を誇る。キッチンやリビングスペース付きのコテージもある。7～8月は週数回ティーパーティを開催。朝食にホームメイドのスコーンやマフィンなどが味わえる。

キャベンディッシュ

[住]46 Memory Lane Route 6, Cavendish
[TEL](902)963-2434 [FREE](1-800)461-1755
[URL]www.kindredspirits.ca
[営]5月下旬～10月上旬
[料][HIGH]6月中旬～9月上旬ⓈⒹ$168～468
[LOW]5月下旬～6月中旬、9月上旬～10月上旬ⓈⒹ$120～230
コテージ$163～（4名まで同料金。3泊以上、7～8月は5泊以上から） Tax別
[CC]A J M V [室]45室、コテージ22棟

Shining Waters Country Inn

シャイニング・ウオーターズ・カントリー・イン [MAP] P.284

マクニール家が代々所有していた由緒ある土地にあるイン。フロントデスクがある建物のオリジナル部分は1850年代に建てられたもの。モンゴメリは、当時ここに住んでいた夫人をモデルにリンド夫人を書いたという。

キャベンディッシュ

[住]Route 13, Cavendish
[TEL](902)963-2251
[FREE](1-877)963-2251
[URL]www.shiningwatersresort.com
[営]5月下旬～10月上旬
[料][HIGH]6月下旬～9月上旬ⓈⒹ$124～209
[LOW]5月下旬～6月下旬、9月上旬～10月上旬ⓈⒹ$89～150 Tax別 朝食付き
[CC]A M V
[室]7室、コテージ37棟、モーテル10室

Silverwood Motel

シルバーウッド・モーテル [MAP] P.284

PEI国立公園とグリーン・ゲイブルスまで歩いて各20分ほどの所にある3つ星のモーテル。客室は必要な設備が整っており、キッチンや冷蔵庫付きの部屋もある。夏季はプールもオープン。目の前に食料品店やコインランドリーがあるのも便利。

キャベンディッシュ

[住]8933 Route 6, Cavendish
[TEL](902)963-2439
[FREE](1-800)565-4753
[URL]www.silverwoodmotel.com
[営]6～9月
[料][HIGH]7～8月ⓈⒹ$155～205
[LOW]6月、9月ⓈⒹ$85～119
Tax別 朝食付き
[CC]A M V [室]41室
[交]6号線沿い。

B&B

Cavendish Breeze Inn

キャベンディッシュ・ブリーズ・イン [MAP] P.284

キャベンディッシュの中心に位置する、日本人経営のB＆Bとコテージ。オーナーは、かよさんとミッキーさん夫妻。朝食は日替わりの卵料理と、ホームメイドのマフィンやパン、ビスケットなど。ピクニック用のおにぎりランチボックスも提供している($12)。客室はどの部屋も風通しのよい、あたたかな雰囲気だ。グリーン・ゲイブルズまで徒歩3分、ビーチまで徒歩15分というロケーションなので、海沿いの景色を眺めながら散歩するのもいい。有料の空港送迎ありで、プライベートツアーも実施中。

かわいらしいインテリア

かよさんとミッキーさん夫妻

キャベンディッシュ

[住]40 Memory Lane, Cavendish
[TEL](902)963-3385
[FREE](1-866)963-3385
[URL]www.cavendishbreezeinn.com
[料][HIGH]6月下旬～9月上旬ⓈⒹ$110～270
[LOW]5月下旬～6月下旬、9月上旬～10月上旬ⓈⒹ$85～150
Tax別 朝食付き(B&Bのみ)
※ハイシーズンは2泊以上、コテージは3泊以上
[CC]M V [室]7室、コテージ4棟

エコノミーホテル

The Glendenning

グレンディニング [MAP] P.280-2外

シャーロットタウンのダウンタウンから歩いて15分ほどの場所に建つアパートメントタイプのホテル。普段は学生寮だが、夏季のみ宿泊できる。すべての客室にキッチンが付いているので、長期滞在に最適。TVや無料Wi-Fiも完備。

シャーロットタウン

[住]331 Grafton St., Charlottetown
[TEL](902)367-7702
[FREE](1-866)740-7702
[URL]www.hollandcollege.com
[営]6～8月
[料]ⓈⒹ$99～129
Tax別 朝食付き
[CC]A M V
[室]85室

B&B

The Harbour House
ハーバー・ハウス [MAP] P.280-1

親切なオーナー夫妻やスタッフが迎えてくれるB&B。2015年にリニューアル、ミニキッチン付きの客室が増えた。地下にコインランドリーもあり、長期滞在向き。読者割引5%(ウェブサイトから予約する場合のみ。予約コード「japanpei」を記入)あり。

シャーロットタウン
[住]9 Grafton St., Charlottetown
[TEL](902)892-6633
[FREE](1-800)405-0066
[URL]www.hhhouse.net
[営]5～10月
[料]5月ⓈⒹ$140～205
6月、10月ⓈⒹ$185～275
7～9月ⓈⒹ$205～315
Tax別　朝食付き
[CC]A J M V　[室]21室

Hillhurst Inn
ヒルハースト・イン [MAP] P.280-2

コロニアル様式の家具が配されたB&B。建物は1897年建造で、国の指定登録重要文化財に指定されている。1部屋を除き、全室にバスタブが備わり、2部屋のみジャクージが付いている。朝食は手作りマフィンやエッグベネディクトなどが味わえる。

シャーロットタウン
[住]181 Fitzroy St., Charlottetown
[TEL](902)894-8004
[FREE](1-877)994-8004
[URL]www.fairholminn.com/hillhurst
[料]5～9月ⓈⒹ$219～329
10～4月ⓈⒹ$175～279
Tax別　朝食付き
[CC]A D J M V
[室]8室

Charlotte's Rose Inn
シャーロット・ローズ・イン [MAP] P.280-1

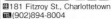

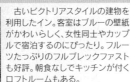

古いビクトリアスタイルの建物を利用したイン。客室はブルーの壁紙がかわいらしく、女性同士やカップルで宿泊するのにぴったり。フルーツたっぷりのフルブレックファストも好評。朝食なしでキッチンが付くロフトルームもある。

シャーロットタウン
[住]11 Grafton St., Charlottetown
[TEL](902)892-3699
[FREE](1-888)237-3699
[URL]www.charlottesrose.com
[料]ⓈⒹ$159～229
Tax別　朝食付き
[CC]A M V
[室]4室

The Orient Hotel
オリエント [MAP] P.272-A1

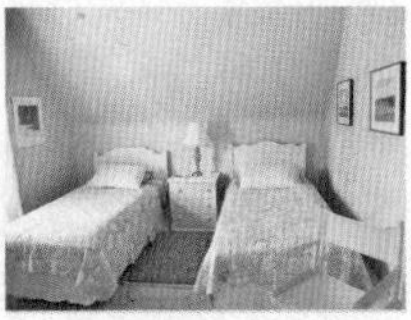

海沿いのこぢんまりとした町、ビクトリアにあるかわいらしいB&B。親日家の夫妻がオーナー。すべての客室にバスルームがあり、うち3室がバスタブ付き。朝食は手作りのスコーンやジャム、卵料理が並ぶフルブレックファスト。全館禁煙。

ビクトリア
[住]34 Main St., Victoria by the Sea
[TEL](902)658-2503
[FREE](1-800)565-6743
[URL]www.theorienthotel.com
[営]5月中旬～9月
[料]ⓈⒹ$100～170
Tax別　朝食付き
[CC]M V
[室]7室

Island Home Bed and Breakfast
アイランド・ホーム・ベッド・アンド・ブレックファスト [MAP] P.272-A1

サマーサイドの街の中心に位置する、歴史的な建物を改築した3室のみのアットホームなB&B。ボリュームある朝食、フレンドリーなホストがもてなしてくれる。フロントにはセルフサービスでお茶やコーヒー、お菓子が用意されている。

サマーサイド
[住]44 Spring St., Summerside
[TEL](902)436-7559
[FREE](1-888)983-4770
[URL]www.islandhome.ca
[料]ⓈⒹ$160～
Tax別　朝食付き
[CC]M V
[室]3室

ユースホステル

Hostelling International Charlottetown Backpackers Inn
ホステリング・インターナショナル・シャーロットタウン・バックパッカーズ・イン [MAP] P.280-2

もともと民家だった建物を利用した、アットホームな雰囲気のユースホステル。ポップな外観が目を引く。シャーロットタウンの中心に位置しているので、観光に便利。ボードゲームが置かれたゲームルームやBBQスペースもある。

シャーロットタウン
[住]60 Hillsborough St.
[TEL](902)367-5749
[URL]www.hihostels.ca
[営]6/1～9/3
[料]ⓈⒹ$45～139
Tax別　朝食付き
[CC]M V
[室]22ベッド、7室

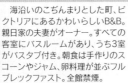

築100年以上の歴史をもつ
ヘリテージ・インに泊まろう

Heritage Inn!

築100年以上の建物を改装したヘリテージ・イン。
PEIで歴史を重ねてきた建物で、優雅な時間を過ごしてみては？

シャーロットタウン

PEIで初の5つ星
乙女心をくすぐる空間へ
Elmwood Heritage Inn

エルムウッド・ヘリテージイン　　MAP P.280-1外

　もとは州知事の家だったという由緒ある建物。淡い色合いのキルトのベッドカバーや、花柄の壁紙、ふわふわと揺れる薄い生地のカーテンなど、どの部屋もロマンティックな雰囲気。いくつかの部屋にはジャクージやキッチンも完備。

住121 North River Rd.,
　Charlottetown
TEL (902)368-3310
FAX (1-877)933-3310
URL www.elmwoodinn.pe.ca
営5〜10月
料HIGH6〜9月S①$198〜298
　LOW5月、10月S①$148〜268
　Tax別　朝食付き
CC A M V
室8室

①広々とした「Victorian Room」②朝食にはフレンチトーストが出ることも
③アンティークの家具に囲まれたダイニングルーム

シャーロットタウン

シェフこだわりの
日替わり朝食に大満足
Shipwright Inn

シップライト・イン　　MAP P.280-1

　閑静な住宅街に立つ5つ星のヘリテージ・イン。1865年、地元の造船業者により建てられたビクトリア様式の邸宅を利用しているため、船を意識したアイテムが多く飾られている。朝食はシェフの創作料理。スイーツに、手作りケーキが味わえることも。

住51 Fitzroy St.,
　Charlottetown
TEL (902)368-1905
FAX (1-888)306-9966
URL www.shipwrightinn.com
料HIGH4〜9月
　S①$169〜299
　LOW10〜3月
　S①$119〜199
　Tax別　朝食付き
CC A M V
室9室

①客室はどこも上品なインテリアでまとまっている ②赤茶色の屋根が目を引くかわいらしい一軒家 ③ある日の朝食メニュー ④ダイニングルームにはスイーツや紅茶、コーヒーなどが用意されている（無料）

シャーロットタウン

クラシカル×モダンの おしゃれホテル

The Great George

グレート・ジョージ [MAP] P.280-2

カラフルな木造の建物が目を引くホテル。カナダ連邦結成当時に代表者たちの社交場となっていたホテルを改築し、19世紀の風情を生かしつつ設備が整ったホテルへと変身させた。The Pavilionと呼ばれる本館に加え、プライベートな時間を満喫できる17棟の別館がある。

[住]58 Great George St., Charlottetown
[TEL](902)892-0606 [FREE](1-800)361-1118
[URL]www.thegreatgeorge.com
[料][HIGH]6～9月ⓈⒹ$269～
[LOW]10～5月ⓈⒹ$199～ Tax別 朝食付き
[CC]A M V [室]54室

[1]品のいい調度品でまとまったロビー [2]本館は茜色をしている [3]落ち着いた雰囲気の「デラックスルーム」

ダルベイ

湖畔を臨む クラシカルなホテル

Dalvay by the Sea

ダルベイ・バイ・ザ・シー [MAP] P.273-B2

1895年建造の個人の別荘を改築したホテル。ウイリアム王子とキャサリン妃が宿泊したこともあり、湖側のお部屋は絶景。人気のグルメレストランを備え、歩いてビーチまで行くこともできる。ゆったりとしたリゾート気分を味わうには最適なホテルだ。

[住]16 Cottage Cres., Dalvay
[TEL](902)672-2048
[FREE](1-888)366-2955
[URL]www.dalvaybythesea.com
[営]5月～10月中旬
[料][HIGH]6～9月ⓈⒹ$229～439
[LOW]5月、10月ⓈⒹ$139～299 Tax別
[CC]A D M V
[室]25室、コテージ8棟

[1]落ち着いた色合いの「Two Queen Bed Room」 [2]絵本の中から出てきたようなたたずまい [3]広々としたロビー

シャーロットタウン

メープルの木々に囲まれて キュートな客室が魅力的

Dundee Arms Inn

ダンディー・アームズ・イン [MAP] P.280-1

建物は1903年に建築、1972年に宿泊施設に改装された。キルトのベッドカバーと花柄の壁紙に『赤毛のアン』の絵が飾られた、その名も「アンズ・ルーム」をはじめ、各部屋の内装に合わせた名前がつけられている。別館にはスタイリッシュな「アネックス・ルーム」がある。

[住]200 Pownal St., Charlottetown
[TEL](902)892-2496
[FREE](1-877)638-6333
[URL]www.dundeearmspei.com
[料][HIGH]6～9月ⓈⒹ$215～
[LOW]10～5月ⓈⒹ$155～ Tax別 冬季は朝食付き
[CC]A D J M V [室]22室

[1]隠れ家のような雰囲気の「Victorian Suite」 [2]アンの世界観を彷彿とさせる「Anns's Room」 [3]4つ星を獲得しているイン

PEIに来たら絶対行きたい！
シーフードレストラン

プリンス・エドワード島があるアトランティック・カナダは、新鮮な海の幸が自慢。
ロブスターやオイスター、ムール貝……。思う存分シーフードを味わいましょう！

シャーロットタウン

ブルーのキュートな外観が目印
ボリュームたっぷりメニューを
Water Prince Corner Shop

ウオーター・プリンス・コーナー・ショップ　　**MAP P.280-2**

　プリンス・エドワード島エリアで取れたシーフードが味わえる、地元の人たち御用達の店。島内産のポテトとシーフードがたっぷりのシーフードチャウダー（カップ）$9.95などの軽食から、ホタテとロブスター、蒸しムール貝がセットになったウオーター・プリンス・プラッター（時価）などのディナーメニューも豊富。

🏠141 Water St., Charlottetown
☎(902)368-3212
🌐waterprincelobster.ca
🕐4月中旬～12月中旬
　月～土9:00～21:00
　日11:00～21:00
🚫12月中旬～4月中旬
💲$25～
💳M V

■ロブスター（時価）は店の一番人気。食べやすくカットされている ■プリンス・エドワード島産ムール貝のワイン蒸し$13.95 ■ホタテバーガーのポテトサラダ添え$16.95 ■気さくなオーナー。店には日本語のメニューも置いている

シャーロットタウン

オリジナルビールと
シーフードメニューを堪能！
The Gahan House

ガハーン・ハウス　　**MAP P.280-1**

　自家醸造のクラフトビールが味わえるパブ。ビールは季節によって10種類以上の品ぞろえがある。食事メニューはどれもビールにぴったりで、PEI産のムール貝のクリーム煮やビール蒸し各$17、プリンス・エドワード島産のジャガイモを使ったフィッシュケーキ$14など。

🏠126 Sydney St., Charlottetown
☎(902)626-2337　🌐www.gahan.ca
🕐日～木11:00～22:00（バーは～23:00）
　金・土11:00～23:00（バーは～翌1:00）
　（時期により変動あり）
🚫無休　💲$30～　💳A M V

■衣に自家製ビールを使用したフィッシュ＆チップス$19とシーフードチャウダーSサイズ$18。シーフードチャウダーにはPEI産のロブスターやムール貝、ホタテが入っている ■オリジナルビールはマストオーダー ■芳潤な香りのIsland Red Amber Ale ■週末ともなると、地元客であふれかえる人気店

シャーロットタウン

ぷりぷりのカキならここ！
おしゃれなオイスターバーへ

Claddagh Oyster House

クラダ・オイスター・ハウス　　　MAP P.280-1

　モダンな内装のオイスターバー。プリンス・エド
ワード島のマルペック湾Malpeque Bay、コルビル
湾Colville Bayのカキひとつ$3をはじめ、全部で7
種類（冬季は5種類）のカキが味わえる。いろいろな
種類を楽しめる12ピース・テイスティングプレート$36もおすすめ。

🏠131 Sydney St., Charlottetown
☎(902)892-9661
URLwww.claddaghoysterhouse.com
🕐月～木17:00～21:00
　木～土17:00～22:00
🚫日　💴$40～60　💳A M V

1 カキを堪能できる
テイスティングプレート
2 テーブル席のほか
カウンターもある
3 フレンドリーなスタッフ

ノース・ラスティコ

漁村に立つレストランで
ロブスターにかぶりつこう

Fisherman's Wharf
Lobster Suppers

フィッシャーマンズ・ワーフ・ロブスター・サパーズ　MAP P.273-B2

　ノース・ラスティコで新鮮なロブスター
を味わうならここ。テーブルが18mもあ
るサラダバーも自慢で、約40種類のサラ
ダが並ぶ。ロブスターにサラダバー、スー
プ、ムール貝、デザートなどが付いて
$44.99～（時価）。

🏠Route 6, North Rustico　☎(902)963-2669
📠(1-877)289-1010　URLwww.fishermanswharf.ca
🕐5月中旬～末　土・日12:00～20:00
　6～7月　毎日16:00～20:30　8月～9月上旬　毎日12:00～21:00
　9月上旬～10月　毎日16:00～20:00
　ダイニングルーム　5月上旬～10月中旬　毎日12:00～21:00
🚫5月中旬～末の月～金、11月～5月中旬　💴$45～　💳A M V

1 身がぎっしり詰まったロブスター
1ポンド$41.99～（時価）2 ロブ
スターの殻入れに店のロゴがあら
われている 3 広々とした店内 4
店内には小さなおみやげ店もある

食べ方

ロ ブ ス タ ー を 味 わ う

　アトランティック・カナダでは、ロブスター
の乱獲を防ぐため、地域によって漁獲時期を変
えている。プリンス・エドワード島で漁が解禁
になるのは、5月～10月上旬にかけて。この時
期になると、町には「ロブスター・サパー」と呼
ばれるロブスター専門店がオープン！

　さまざまな調理法
があるが、まるごと
1尾（1ポンド～）を
ゆでて、好みで溶か
しバターを付けて豪
快に食べるのが最も
定番だ。

皿に溶かしバターやレモンが添え
られるのが一般的

1 ツメの付け根を割り、身を
出す。筋肉を最も動かすツメ
の付け根は一番おいしい。

2 胴と尾をひねってふたつに
割る。尾には切れ目が入って
いるので、そこから殻をむく。

3 胴と背をふたつに割る。胴
に付く足は、歯で身をしごくよ
うに食べよう。

4 頭には濃厚なミソが。添え
られたレモンは、搾り汁で手に
ついた匂いを消すためのもの。

PEIで愛されている
こだわりカフェへ行きたい

シャーロットタウンをはじめ、キャベンディッシュや郊外まで。
PEIで人気！　オーナーのこだわりが光るカフェでのんびり過ごそう。

シャーロットタウン

フレンドリーな雰囲気の中で
香り高いコーヒーを味わおう
Kettle Black

ケトル・ブラック　　　　　**MAP** P.280-1

　　ダウンタウンの歴史的な建物の中にある
居心地のよいスペース。カウチ席も人気だが、
窓際のカウンター席もあるのでひとりでも入
りやすい。コーヒーだけでなく、マフィンや軽
食などもとれる。スープやサンドイッチのラ
ンチも人気。コーヒーは産地や入れ方にこだ
わったスペシャルティコーヒーで、さまざま
なメニューから好みの一杯を選ぼう。すべて
のメニューはテイクアウトすることも可能。

🏠45 Queen St., Charlottetown
☎(902)892-9184
URL www.kettleblackpei.com
🕐月〜金8:00〜17:00
　土・日9:00〜17:00 (ランチは〜15:00)
🚫無休
💴$8〜
💳M V

1店内は挽きたてのコーヒーの香り
が漂っている **2**こだわりのカフェラ
テ$5、ちょうどいい甘さのチョコレー
トケーキ$5.95 **3**ぱっと目をひく黄
色の外観 **4**コーヒーだけでも15種
類以上のメニューがある

シャーロットタウン

グレート・ジョージ通りの
キュートなモダンカフェ
Leonhard's Café

レオナード・カフェ　　　　**MAP** P.280-2

　　英語の勉強のためドイツからプ
リンス・エドワード島を訪れたオー
ナーが、島に惚れ込み、シャーロッ
トタウンに移り住んでオープンし
た。ケーキやデニッシュなどのカ
フェメニューのほか、オムレツ、エ
ッグベネディクトなど食事メニュー
も充実している。夏季は、地元産の
野菜にこだわったメニューも登場
する。

🏠142 Great George St.,
　Charlottetown
☎(902)367-3621
URL www.leonhards.ca
🕐毎日9:00〜17:00
🚫無休
💴$10〜
💳M V

1キャロットケーキ$6と自
家製カスタードが詰まったク
リームホーン$4はコーヒー
$2・43にとびっきり
2すっ
きりとした内装 **3**すっ
客に人気 **4**若い女性

キャベンディッシュ

グリーン・ゲイブルス内に
夏季のみオープンの小さなカフェ
The Cordial Cafe

コーディアル・カフェ　MAP P.284

　グリーン・ゲイブルス（→P.288）の敷地内にあるテイクアウト専門のカフェ。カナダのチェーンのビーバー・テイルズ（→P.32）も購入でき、『赤毛のアン』に登場する「いちご水（ラズベリーの炭酸水）」と一緒に、敷地内にあるベンチで食べることができる。「いちご水」はおみやげとしても人気で、シャーロットタウンでは「The Anne of Green Gables Store（→P.304）」でも取り扱っている。

住 Route 6, Cavendish
TEL (902)963-3939
営 5〜10月　毎日9:00〜17:00
休 11〜4月　**予** $3〜　**CC** M V

1 いちご水$3.25、クッキー$1.5、ラズベリーのパン$3を赤いベンチで **2** グリーン・ゲイブルス観光の休憩にぴったり **3** 木のぬくもりが感じられる店内

シャーロットタウン

オーガニックにこだわった
焼きたてパンはいかが？
Receiver Coffee Co. Brass Shop

レシーバー・コーヒー・カンパニー・ブラス・ショップ　MAP P.280-2

　「Founders Food Hall（→P.305）」の前にある、島の砂岩でできた歴史的な建物の中にあるカフェ兼ベーカリー。サステナブル、オーガニックの食材を使ったコーヒーやマフィン、ブランチなどは地元の人たちに好評で、焼きたてのパンやクロワッサンなども買える。

住 178 Water St., Charlottetown
TEL (902)894-1403
URL www.receivercoffee.com
営 毎日7:00〜17:00
　（食事は〜15:00）
休 無休
予 $15〜
CC A D M V

1 カフェの前には芝生の広場が広がっている **2** 店内にはコーヒー豆の販売も **3** 広々とした店内でほっとひと息

サマーサイド

元銀行をリノベートした
モダンな内装のくつろぎカフェ
Samuel's Coffee House

サミュエルズ・コーヒーハウス　MAP P.272-A1

　1895年に新聞社として建造、後に銀行となった建物を利用したカフェ。店内は、地元アーティストの作品が飾られた部屋「Studio 28」と、カジュアルな部屋に分かれている。オーナーこだわりのコーヒー豆は、香り豊かで好評。地元産の野菜や肉、チーズを使った食事メニューも揃っている。

住 4 Queen St., Summerside
TEL (902)724-2300
URL samuelscoffeehouse.ca
営 月〜土7:30〜17:00　日8:00〜16:00
休 無休　**予** $6〜　**CC** M V
交 11号線沿い。キャベンディッシュ方面からは、11号線とセントラル通りCentral St.の交差点の左側。

1 サラダと日替わりスープのコンボ$15。コーヒーは$2.5 **2** オーナーのモナさん。日本で英語教師を15年務めていたそう **3** 店内には銀行で使われていた金庫の扉が残っている

プリンス・エドワード島のレストラン

プリンス・エドワード島でぜひ味わいたいのがシーフード。なかでもロブスターとムール貝、カキは名産だ。漁が解禁になる春から夏にかけては、とびきり新鮮なロブスターが味わえる。ムール貝とカキは島で養殖されている。肥沃な島の赤土で栽培されるジャガイモも有名。ほかに、無農薬野菜にこだわったレストランも多い。

シーフード

Richard's Fresh Seafood
リチャーズ・フレッシュ・シーフード　　MAP P.272-A1

PEIでは珍しく行列ができる超人気シーフードレストラン。おすすめはロブスターロールとフレンチフライセット$27.95（時価）とフィッシュ＆チップス$13（魚は1ピース）。テイクアウトまたは外のデッキでイートイン可能。

> ビクトリア
>
> 🏠2 Main St., Victoria
> URL www.richardsfreshseafood.com
> 営6～9月
> 　毎日12:00～19:30
> 休10～5月
> $$15～
> CC M V

Lobster on the Wharf
ロブスター・オン・ザ・ワーフ　　MAP P.280-2

埠頭に立つロケーション抜群のレストラン。ロブスターは1ポンド $39（時価）をはじめロブスタービスク$10、ロブスタープティン$29など。プリンス・エドワード・クラム（ハマグリ）$18、蒸しムール貝$16。日本語メニューあり。

> シャーロットタウン
>
> 🏠2 Prince St., Charlottetown
> TEL (902)368-2888
> URL www.lobsteronthewharf.com
> 営5月上旬～10月下旬
> 　毎日11:30～22:00
> 休10月下旬～5月上旬
> 予ランチ$20～、ディナー$40～
> CC A J M V

Carr's Oyster Bar
カーズ・オイスター・バー　　MAP P.272-B1

フィッシュ・マーケットの直営のレストラン。目の前の港で揚がるマルペック・オイスター Malpeque Oysterは、ひとつ$2.75～。大きいものだと$4。ロブスターといろいろな貝類が味わえるスティームド・コンボは$20～。

> スタンレー・ブリッジ
>
> 🏠Route 6, Campbelton Rd.,
> 　Stanlay Bridge
> TEL (902)886-3355
> FAX (1-877)289-1010
> URL www.carrspei.ca
> 営5月下旬～10月中旬
> 　毎日11:00～22:00
> 休10月中旬～5月下旬
> 予ランチ$20～、ディナー$30～
> CC M V

New Glasgow Lobster Suppers
ニュー・グラスゴー・ロブスター・サバーズ　　MAP P.273-B2

1958年から続くロブスター・サパーの老舗。すべてのメニューにシーフード・チャウダー、サラダ、ムール貝、デザート、飲み物がセットになっており、とにかくボリューム満点だ。ロブスターは$43.95。会計は席に着く前にレジで済ませる。

> ニュー・グラスゴー
>
> 🏠Route 258, New Glasgow
> TEL (902)964-2870
> URL www.peilobstersuppers.com
> 営6月上旬～10月上旬
> 　毎日16:00～20:30（予約不可）
> 休10月上旬～6月上旬
> $$45～
> CC A D M V
> 📍13号線に出て橋を渡った258号線沿い。

カナダ料理

Lucy Maud Dining Room
ルーシー・モード・ダイニング・ルーム　　MAP P.280-1

Holland Collegeの2階にあるレストラン。ホテル・レストラン経営学科で本格的に料理を学ぶ2年生がシェフを担当。生徒の多くは卒業後カナダ国内外の一流ホテルなどで働くというだけあり、シャーロットタウンでもトップクラスと評判だ。

> シャーロットタウン
>
> 🏠4 Sydney St., Charlottetown
> TEL (902)894-6868
> URL www.theculinary.ca
> 営10月中旬～4月下旬 火～金11:30～
> 　13:00/18:00～20:00
> 　土18:00～20:00
> 休10月中旬～4月下旬の日・月、4月下旬～10月中旬
> 予ランチ$20～、ディナー$35～
> CC A M V

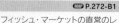

Sim's Corner Steakhouse & Oyster Bar

シムズ・コーナー・ステーキハウス&オイスター・バー　**MAP P.280-1**

町の中心に立つれんが造りのエレガントなレストラン。プリンス・エドワード島周辺でその日に取れた新鮮なカキはひとつ$3.25、特製カクテルソースがかかっている。島内産牛のステーキにも定評がある。テンダーロイン$48、リブ・アイ$58。

シャーロットタウン
住86 Queen St., Charlottetown
TEL(902)894-7467
URLsimscorner.ca
営5〜10月 月〜木11:00〜22:30
　金・土11:00〜23:00
　日10:00〜22:00
　11〜4月 月〜木11:00〜22:00
　金・土11:00〜22:30
　日11:00〜22:00　**休**無休
予ランチ$20〜、ディナー$50〜　**CC**A M V

The Mill

ミル　**MAP P.272-B1**

美しい川辺に立っている、穏やかな風景を眺めながら食事ができるシーフードが自慢のレストラン。近海で取れた魚介類とローカルの野菜を使った料理は、地元でもファンが多い。ディナーは、シーフードやチキン、ビーフなど。

ニュー・グラスゴー
住Route 13, New Glasgow
TEL(902)964-3313
URLwww.themillinnewglasgow.com
営6〜9月
　水〜日12:00〜15:00/17:00〜21:00
　（時期により変動あり）
休6〜9月の月・火、10〜5月
予ランチ$20〜、ディナー$30〜　**CC**A D M V
交13号線沿い。224号線と13号線の交差点付近。

Boom Burger

ブーム・バーガー　**MAP P.273-B2**

プリンス・エドワード島産の新鮮食材にこだわったバーガーショップ。ハンバーガー$7.69〜は、地元産小麦と「Cows（→P.306）」のバターで作られたバンズに、地元産の肉と野菜をサンド。フライドポテト$3.99〜ももちろんPEI産だ。

シャーロットタウン
住9 Milky Way, Charlottetown
TEL(902)894-2666
URLwww.boomburger.ca
営毎日11:00〜21:05
休無休
予$10〜
CCM V
交キャピタル通りCapital Dr.沿い。

Peake's Quay

ピークス・キー　**MAP P.280-1**

町の埠頭を見下ろす2階にあるレストラン&バー。7〜8月の夜は毎晩ライブで盛り上がる（チャージあり）。テラスも広々。ステーキ・サンドイッチやナチョス各$18、ロブスターロール$25など、メニューはバラエティ豊富。

シャーロットタウン
住Peak's Quay, Charlottetown
TEL(902)368-1330
URLwww.peakesquay.com
営5月中旬〜10月中旬
　月・火・日11:00〜20:00
　水〜土11:00〜翌2:00
　10月中旬〜5月中旬
予ランチ$20〜、ディナー$20〜30
CCA M V

Piatto Pizzeria + Enoteca

ピアット・ピッツェリア+エノテカ　**MAP P.280-1**

地元で人気のイタリアンピッツァ専門店。石窯で焼く本場ナポリピッツァ$12〜21は、トマトソースかオリーブオイルがベース。モチモチ食感の生地がやみつきになる。おしゃれな店内には、種類豊富なワインを揃えたバーがある。

シャーロットタウン
住45 Queen St., Charlottetown
TEL(902) 892-0909
URLwww.piattopizzeria.com
営月〜木11:30〜21:00
　金・土11:30〜22:00
　日17:00〜21:00
休無休
予ランチ$17〜、ディナー$25〜
CCA M V

Hojo's Japanese Cuisine

ホウジョウズ・ジャパニーズ・キュイジーン　**MAP P.280-1**

日本人オーナーと日本人シェフによる本格的な日本食が楽しめる。プリンス・エドワード島産クロマグロ握りやロブスター寿司ロールが人気。スープも麺も自家製にこだわったラーメンは、豚骨、味噌、醤油、ビーガンなど全部で6種類あり、$16〜。

シャーロットタウン
住119 Kent St. Suite 290, Charlottetown
TEL(902)367-5272
URLwww.hojosjapanese.com
営火・水・日16:30〜20:00
　木12:00〜14:00/16:30〜20:00
　金・土12:00〜14:00/16:30〜21:00
休月
予ランチ$16〜、ディナー$30〜
CCA D J M V

『赤毛のアン』グッズが並ぶ アン専門店でおみやげ探し

小説『赤毛のアン』の舞台・PEIに来たら、ぜひ買いたいのがアングッズ。置物、筆記用具、人形など。品揃えがよく、注目のショップがこちら。

1

2

3

4

[1]小さなアンのオーナメント各$11.99。ちょこんと座る様子がかわいらしい [2]グリーン・ゲイブルスとアンが描かれたオーナメント$17.99 [3]花柄がプリントされた鍋つかみ$11.99 [4]アンが描かれたマグカップ$20.99

5

6

7

8

[5]アンの姿が描かれた鍋つかみ$24.99 [6]モンゴメリの親戚がデザインしたアンとダイアナの人形各$47.99 [7]かわいらしいアンの絵本$10.99 [8]おさげ付き帽子$21.99。これをかぶればあなたもアンに! [9]ステンドグラスのオーナメント$17.99

[シャーロットタウン]

島のどこよりもグッズが充実 まずはここを訪れたい

The Anne of Green Gables Store

アン・オブ・グリーン・ゲイブルス・ストア [MAP] P.280-1

モンゴメリの親戚が運営を手がける、『赤毛のアン』のオフィシャルグッズ店。人形からTシャツ、置物、DVD、本、小物、お菓子類にいたるまで何でも揃う。キャベンディッシュのアヴォンリー・ビレッジ(→P.292)とゲートウエイ・ビレッジにも店舗がある。

[住]72 Queen St., Charlottetown
[TEL](902)368-2663
[URL]www.annestore.ca
[営]6~10月
月~土10:00~17:00
(冬季は要確認)
[休]6~10月の日
[CC]J M V

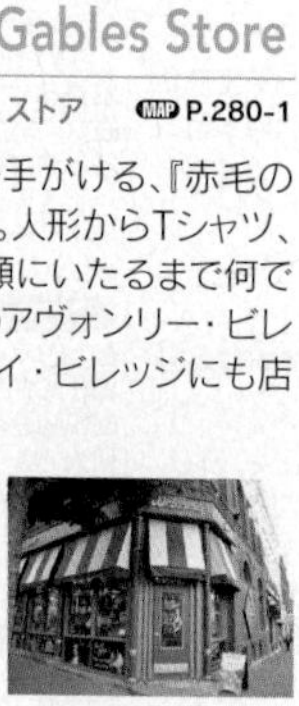

[ボーデン・カールトン]

PEIの赤土で作られる 素朴なデザインが魅力的

Shop & Play

ショップ・アンド・プレイ [MAP] P.272-A1

店の前にあるアンの銅像が目を引く。『赤毛のアン』のグッズやプリンス・エドワード島のおみやげを豊富に取り揃えており、アンの衣装を借りて($3)持参したカメラで記念撮影できる。

[住]99 Abegweit Blvd., Borden-Carleton
[TEL](902)437-2663
[FREE](1-800)558-1908
[営]5月、9月上旬~11月上旬
毎日9:00~17:00
6月~9月上旬
毎日8:00~18:00
[休]11月上旬~4月 [CC]M V
[交]コンフェデレーション・ブリッジのたもと、ゲートウエイ・ビレッジ内。

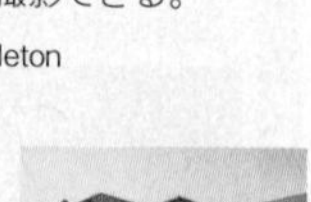

プリンス・エドワード島のショッピング

　PEIらしいおみやげなら、『赤毛のアン』グッズやキルト製品、ジャムなどが人気。島内には「Founders Food Hall」やキャベンディッシュ・ボードウオークCavendish Boardwalk（**MAP** P.284）、スピナカーズ・ランディングSpinnaker's Landing（**MAP** P.272-A1）、ゲートウエイ・ビレッジGateway Village（**MAP** P.272-A1）などのショッピングモールもある。

Confederation Court Mall
コンフェデレーション・コート・モール　**MAP** P.280-1

コンフェデレーション・センターの目の前にあるショッピングセンター。ファッションやギフトショップのほか、郵便局や銀行、旅行会社、薬局、書店など約60のテナントが入っているほか、カフェやベーカリーも揃う。

> **シャーロットタウン**
> 📍 134 Kent St., Charlottetown
> 📞 (902)894-9505
> 🌐 www.confedcourtmall.com
> 🕐 月～土9:00～17:00
> 日12:00～17:00
> 🚫 無休
> 💳 店舗により異なる

Founders Food Hall
ファウンダーズ・フード・ホール　**MAP** P.280-2

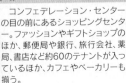

観光案内所が入っている建物の中に、フードコートやギフトショップ、リカーストアなどがある。島の赤土で染めた布製品が人気の「PEI Dirt Shirt」や、アーティストによるクラフトショップなどがあり、さまざまなおみやげが購入できる。

> **シャーロットタウン**
> 📍 6 Prince St., Charlottetown
> 📞 (902)367-3187
> 🌐 www.foundersfoodhall.com
> 🕐 月～木10:00～18:00
> 金・土10:00～20:00
> 日12:00～17:00
> 🚫 無休
> 💳 店舗により異なる

The Quilt Gallery
キルト・ギャラリー　**MAP** P.272-A1

プリンス・エドワード島やノヴァ・スコシア州のキルトを集めた店。ベッドカバーやファブリック、パターンなども扱っている。🚗 142号線沿い。シャーロットタウンからは、2号線を西へ進み、142号線を左折した右側（Guardian Drugの地下1階）。

> **オレアリー**
> 📍 536 Main St., O'Leary
> 📞 (902)859-1888
> 🌐 welcomepei.com/listing/quilt-gallery
> 🕐 月～土9:00～17:00
> 日13:00～16:00
> 🚫 無休
> 💳 M V

Village Pottery
ビレッジ・ポタリー　**MAP** P.272-B1

島出身の3人の陶芸家の工房兼ショップ。マグカップや小皿、一輪挿しなど、どれも手作りのぬくもりが感じられる素朴な風合い。店の奥が工房になっていて、見学もできる。🚗 6号線沿い。キャベンディッシュ方面からは、238号線を過ぎた左側。

> **ニュー・ロンドン**
> 📍 10567 Route 6, New London
> 📞 (902)886-2473
> 🌐 villagepottery.ca
> 🕐 6月～10月上旬
> 水～土10:00～17:00
> 日12:00～17:00
> 🚫 6月～10月上旬の月・火、10月上旬～5月
> 💳 A M V

Chotto Shoppe
チョット・ショップ　**MAP** P.280-2

「Delta Prince Edward Hotel（→P.293）」のロビーにある、小さなギフトショップ。PEIのローカルアーティストのクラフトからジャム、ポテトスープ、アングッズ、Cowチップスなどのスナックやドリンク、日用品までを「ちょっと」ずつ取り揃えた店。

> **シャーロットタウン**
> 📍 18 Prince St., Charlottetown
> 📞 (902)620-1947
> 🕐 6月下旬～8月
> 毎日8:00～18:00
> 9月～6月中旬
> 毎日9:00～17:00
> 🚫 無休
> 💳 M V

Moonsnail
ムーンスネイル

雑貨

MAP P.280-1

オリーブやココナッツを原料に、石鹸やシャンプー、ボディソープなどのボディケアグッズを手作りしている。ナチュラル・ハンドクラフト・ソープはペパーミントやチャイ、PEIの赤土入りソープなどが揃い、1個$6.5で販売している。

シャーロットタウン
住85 Water St., Charlottetown
TEL (902)892-7627
FREE (1-888)771-7627
URL www.ilovemoonsnail.com
営6〜10月 月〜土9:00〜20:00
日11:00〜17:00
11〜5月 月〜金9:00〜17:30
土10:00〜18:00
休11〜5月の日
CARD A M V

Anne's Chocolate
アンズ・チョコレート

チョコレート

MAP P.280-1

アンの後ろ姿が描かれたカラフルな看板が目印の、オリジナルのチョコレート専門店。おすすめは、PEI産のポテトチップスにチョコレートをかけたCowチップス$2.98〜17.98。ショップ内では、チョコレートを手作りしている様子が見られる。

シャーロットタウン
住100 Queen St., Charlottetown
TEL (902)368-3131
URL www.annechocolates.com
営5月〜6月中旬、10月 毎日9:00〜17:00
6月中旬〜9月 毎日9:00〜21:00
11月〜12月下旬 月〜土9:00〜17:00
日11:00〜17:00
12月下旬〜4月 月〜土10:00〜17:00
休12月下旬〜4月の日
CARD A J M V

Cows
カウズ

アイスクリーム

MAP P.280-1

PEI生まれのアイスクリームショップ。自然素材で作るアイスは夏季は32種類、冬季は8種類。ダブル$6.25、シングル$5.25〜。ユニークな牛のキャラクターTシャツも販売。5〜10月のみピークス・ワーフにも店が出る(営10:00〜22:00)。

シャーロットタウン
住150 Queen St., Charlottetown
TEL (902)892-6969
URL www.cows.ca
営7〜9月 毎日10:00〜22:00
10〜6月 月〜木・土10:00〜17:00
金10:00〜20:00
(季節により変動あり)
休10〜6月の日
CARD A J M V

Prince Edward Island Preserve Co.
PEIプリザーブ・カンパニー

ジャム

MAP P.273-B2

ラズベリーやワイルドブルーベリー＆レモンなど14種類の自家製ジャムが揃い、おみやげにぴったり。125ml$6.99、250ml$9.99。マスタードやソース類も豊富。試食もでき、気に入った味を購入できる。カフェ・レストランも併設。

ニュー・グラスゴー
住2841 New Glasgow Rd., New Glasgow
TEL (902)964-4300
URL preservecompany.com
営夏季 毎日8:00〜20:00
冬季 月〜金9:00〜17:00
土10:00〜16:00
休10月上旬〜12月下旬の日、12月下旬〜5月上旬
CARD A M V
交13号線から224号線に入り、橋を渡った右側。

Column カウズの工場併設ショップ

シャーロットタウン中心部から車で約10分ほどの所に、アイスクリームショップ、カウズのファクトリーがある。店内にはTシャツやチーズなどのオリジナル商品が並び、買い物が楽しめる。カウズの歴史についての展示があるほか、無料で自由に工場が見学でき、アイスやチーズなどの製造の様子を見て回れるのも楽しい。

バター$4はおみやげに人気

Cows Creamery
カウズ・クリーマリー
MAP P.273-B2
住12 Milky Way, Charlottetown
TEL (902)628-3613
URL www.cowscreamery.ca
営毎日10:00〜20:00
休無休
CARD A J M V

PEI生まれで、カナダ各地に店舗をもつカウズ

ノヴァ・スコシア州

Nova Scotia

ノヴァ・スコシア州

ノヴァ・スコシア州

州都： ハリファックス
面積： 5万5284km²
人口： 101万9725人（2022年7月時点）
時差： 大西洋岸標準時（AST）
　　　　日本との時差−13時間
　　　　（サマータイム実施時−12時間）
州税： ハーモナイズド・セールス税HST 15%
州旗： 青い十字の中央にスコットランドと同じ紋章が描かれており、スコットランドとのつながりを示している。

ニューファンドランド＆ラブラドル州

プリンス・エドワード・アイランド州

ノヴァ・スコシア州
●ハリファックス

ニュー・ブランズウィック州

マドレーヌ島
Îles-de-la-Madeleine

ケープ・ブレトン・ハイランズ国立公園
Cape Breton Highlands
National Park

P.320
ケープ・ブレトン
Cape Breton

プリンス・エドワード・アイランド州
Prince Edward Island

ニュー・ブランズウィック州
New Brunswick

ケープ・トーメンタイン
Cape Tormentine

モンクトン
Moncton

オーラック
Aulac

アムハースト
Amherst

セント・ジョン
Saint John

ウルフヴィル
Wolfville

ケンツヴィル
Kentville

グラン・プレ
Gran Pré

ニュー・グラスゴー
New Grasgow

カリブー
Caribou

シャーロットタウン
Charlottetown

ウッド
Wood

ピクトー
Pictou

●Cape George

ポート・ヘイスティングス
Port Hastings

シドニー
Sydney

Canso

アンティゴーニッシュ
Antigonish

P.309
ハリファックス・スタンフィールド
国際空港
Halifax Stanfield International Airport

Sherbrooke

Annapolis
Royal

Bridgetown

ディグビー
Digby

P.318
ライトハウス・ルート
Lighthouse Route

ダートマス
Dartmouth

P.317 Evangeline Trail
エヴァンジェリン・トレイル

マホーン・ベイ
Mahone Bay

ハリファックス
Halifax P.308

大西洋
Atlantic Ocean

ケジミクジック国立公園
Kejimkujik National Park

チェスター
Chester

ペギーズ・コーブ
Peggy's Cove

ヤーマス
Yarmouth

Shelburne

Liverpool

Clark's Harbour

ルネンバーグ
Lunenburg

Northumberland Strait
ノーザンバーランド海峡

ファンディ湾
Bay of Fundy

N

0　　　　60
km

ノヴァ・スコシア州

Halifax
ハリファックス
ノヴァ・スコシア州

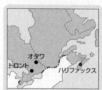

MAP P.262-C2/P.307
人口 43万9819
面積 902
**ハリファックス情報の
サイト**
URL www.discoverhalifaxns.
com
Twitter twitter.com/hfxnovascotia
Facebook www.facebook.com/
DiscoverHalifax

CHECK !

節約家にうれしいフードコート
ブランズウィック通り
Brunswick St.とデューク通
りDuke St.の交差点に立つ、
スコシア・スクエア内のフード
コートにはピザやハンバーガ
ーから寿司、インド料理、韓国
料理など15店舗が入る。どこ
もリーズナブルなので食費を
浮かせたい人におすすめ。
Scotia Square
MAP P.310-B2
住 5201 Duke St.
TEL (902)429-3660
URL scotiasquare.com
営 店舗により異なる
休 日

オールド・タウン・ロックの向こうにハリファックス湾
が見える

大西洋に突き出した半島に広がるハリファックスは、ノヴァ・スコシア州（NS州）の州都。1749年、先住民族ミックマック族が居住していたこの地に、イギリス軍のエドワード・コーンウォリス大佐が2500人の兵士を連れて入植し、開拓したのが始まり。カナダ国内では、イギリス人が初めて築いた街となった。フランス人がケープ・ブレトンに造ったルイズバーグ砦に対する要塞として、イギリス軍が築いたのが、丘の上から街を見渡すハリファックス・シタデルだ。

ハリファックス湾に面した広い港は、自然の地形からできたものとしては、世界で2番目の規模。この港を拠点に、アトランティック・カナダ最大の街として発展を遂げた。港周辺のダウンタウンには、18〜19世紀の歴史的な建物が商業施設となって活用されノスタルジックな雰囲気。休日にはパフォーマーも出てひときわにぎわう。ディナークルーズやホエールウオッチングもここから出発する。

ユネスコの世界遺産に登録されているルーネンバーグや、ペギーズ・コーブなどへ行くライトハウス・ルート（→ P.318)、アカディアンの歴史をたどるエヴァンジェリン・トレイル（→ P.317）など郊外のドライブルートを走れば、この都市が刻んできた歴史や文化をより深く知ることができる。

また、ハリファックスは『赤毛のアン』の作者ルーシー・モード・モンゴメリが学生時代を過ごした街としても知られている。

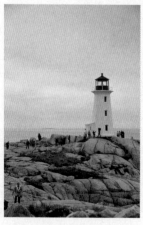
ペギーズ・コーブ行きの
ツアー拠点となる街

ハリファックスへの行き方

ハリファックスへは飛行機、鉄道、フェリー、長距離バスなどでアクセスできる。詳細は、「アトランティック・カナダの交通」（→P.266）。

🍁 ハリファックス・スタンフィールド国際空港

国内線の到着フロアにある

ハリファックス・スタンフィールド国際空港Halifax Stanfield International Airport（YHZ）は、ダウンタウンの北東35kmにある。エア・カナダAir Canada（AC）などがカナダ国内の主要都市から乗り入れている。日本からの直行便はなく、トロントかモントリオールを経由するのが一般的。

空港から市内へ

🍁 空港バス Halifax Airport Shuttle

ダウンタウンの主要ホテルへは、マリタイム・バスが運行するハリファックス・エアポート・シャトルHalifax Airport Shuttleの利用が便利。ダウンタウンから空港へ行く場合は、ウェブサイトか電話での事前予約が必要。所要時間は降りる場所により異なるが、30分〜1時間くらい。

🍁 市バス City Bus

ハリファックス・トランジット社Halifax Transit（→P.310欄外）のメトロX（#320）Metro X（#320）が、アンガスL.マクドナルド橋Angus L. Macdonald Bridgeを通り、スコシア・スクエアScotia Squareまで運行。所要約1時間。

チケットは到着フロアにあるブースで販売

バスディーポ／鉄道駅から市内へ

VIA鉄道駅は、ホリス通りHollis St.とコーンウォリス公園Cornwallis Parkの角にある。ダウンタウンの中心へは徒歩約15分。マリタイム・バスの停まるバスディーポとチケット売り場はVIA鉄道駅の構内にある。

市内からバスディーポ／鉄道駅へ市バス（→P.310）で行くには、ウオーター通りWater St.からバーリントン通りBarrington St.を通る#29が便利。

ハリファックス・スタンフィールド国際空港
MAP P.262-C2/P.307
TEL(902)873-4422
URL www.halifaxstanfield.ca

❓ 空港の観光案内所
TEL(902)873-1223
圖毎日9:00〜21:00
休無休

ハリファックス・エアポート・シャトル
FREE(1-800)575-1807
URL www.maritimebus.com/en/airport-transportation
圍5〜10月
　毎日9:00〜15:00
　毎時ちょうどに出発
圏片道$28

メトロX（#320）
空港→ダウンタウン
圓月〜金5:45〜24:15
　土・日5:15〜24:15
ダウンタウン→空港
圓月〜金4:40〜23:20
　土・日4:20〜23:20
　月〜金は30分〜1時間ごと（土・日は1時間ごと）に出発。所要約1時間。

マリタイム・バス
（→P.384）

バスディーポ
MAP P.310-B1
圄1161 Hollis St. at
　Cornwallis Park
　（VIA鉄道駅内）
TEL(902)429-2029
　マリタイム・バス（シャーロットタウン行きも含む）が発着。

VIA鉄道
（→P.384）

VIA鉄道駅
MAP P.310-B1
圄1161 Hollis St. at
　Cornwallis Park
チケット販売
圖月・木・土
　16:00〜17:30
　水・金・日
　9:45〜13:15
休火

ハリファックス・トランジット社
☎(902)480-8000
URL www.halifax.ca/
transportation/
halifax-transit

ハーバー・フェリー
　ハリファックスとダートマス間を15〜30分おきに結ぶ。
運月〜金6:37〜20:52
休土・日
料$2.75

おもな旅行会社
グレイ・ライン
Gray Line
MAP P.310-B2
☎(902)420-1015
FREE(1-800)472-9546
URL www.grayline.com
Harbour Hopper
催5〜10月
　毎日10:15〜19:30
料大人$42、シニア$38、
　子供$24
　水陸両用バスに乗り、市内を回る55分のツアー。

市内交通

市バスを使いこなそう

市内の移動手段は、ハリファックス・トランジット社Halifax Transitが運行する市バスとハーバー・フェリーHarbour Ferriesがある。市バスの路線図は、観光案内所でもらえる。料金はシングルチケット$2.75、10回分の回数券は$24.75。乗り換えは専用のチケットをもらい、規定の時間内で同方向なら可能。市内中心部を走るルートは平日6:00頃〜翌1:00頃まであり、土・日曜は本数が減少する。「リージョナル・エクスプレスRegional Express」と書かれたバスは郊外まで行く高速バスで、シングルチケット$4.25。ハーバー・フェリーは、「Historic Properties（→P.316）」のフェリー乗り場（MAP P.310-B2）から対岸のダートマスDartmouthまでを結んでいる。市バスとも乗り換え可。タクシー料金は、初乗り$4.7〜。

ダートマスへ行くフェリー乗り場

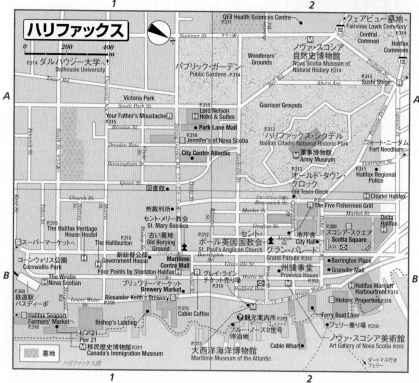

310

ハリファックスの歩き方

ダウンタウン

18〜19世紀の歴史的な建物と近代的なオフィスビルが混在するダウンタウン。港と、そこから1本入ったアッパー・ウオーター通りUpper Water St.の間には、20世紀以前に周辺で活動した海賊が略奪品の倉庫として使用していた場所があり、当時の趣を

観光客でにぎわうヒストリック・プロパティーズ

残したままショップやレストランが集まるヒストリック・プロパティーズと呼ばれるウオーターフロント施設となっている。ダウンタウン東の埠頭にはカナダ唯一の大型帆船ブルー・ノーズⅡ世号ほか、数々のクルーズ船が停泊している。港のにぎわいを楽しみ**大西洋海洋博物館**を見て、港沿いにさらに鉄道駅方向へ歩くとショップや移民歴史博物館Canada's Immigration Museumがあるピア21 Pier 21へ。ここは、かの有名な豪華客船クイーン・メアリー号が立ち寄る港でもある。

州議事堂や**グラン・パレード**、**ノヴァ・スコシア美術館**などほとんどの見どころは港からブランズウィック通りBrunswick St.の間に集中している。ブランズウィック通りの南、小高い丘の先には、**ハリファックス・シタデル**と**オールド・タウン・クロック**がある。このあたりを回るだけなら、徒歩で十分。

ダウンタウン周辺

バーリントン通りのセント・メリー教会St. Mary Basilicaの横を抜けて、商店街になっているスプリング・ガーデン通りSpring Garden Rd.を通り丘を登っていくと、四季折々の景観が美しい**パブリック・ガーデン**へ。サマー通りSummer St.を南に行き、さらに丘を登ると、『赤毛のアン』の作者モンゴメリが通った**ダルハウジー大学**。パブリック・ガーデンの北西には、**ノヴァ・スコシア自然史博物館**や**フェアビュー墓地**があるが、ダウンタウンからは少し離れているため、市バスやタクシーを利用するのがおすすめ。

❓観光案内所
Waterfront Visitor Information Centre
MAP P.310-B2
🏠1655 Lower Water St.
TEL (902)424-4248
🕐毎日9:00〜17:00
休無休
大西洋海洋博物館の近くにある。レンタカーの手配も手助けしてくれる。

ウオーターフロントの観光案内所

移民歴史博物館
MAP P.310-B1
🏠1055 Marginal Rd.
TEL (902)425-7770
FREE (1-855)526-4721
URL www.pier21.ca
🕐5〜10月
毎日9:30〜17:30
11〜4月
水〜日10:00〜17:00
休11〜4月の月・火
料大人$15.5、シニア$12.25、学生$10.25

ⓘ ユースフル・インフォメーション

警察
Halifax Regional Police
MAP P.310-A2
TEL (902)490-5016

病院
QEII Health Sciences Centre
MAP P.310-A2
TEL (902)334-1546

おもなレンタカー会社
Avis
TEL (902)429-0963
Hertz
TEL (902)873-3700
どちらもハリファックス・スタンフィールド国際空港内にある。

おもなタクシー会社
Casino Taxi
TEL (902)429-6666
URL www.casinotaxi.ca
Air Cab
TEL (902)802-4047
URL www.aircabns.ca

ダウンタウン

🍁 グラン・パレード
Grand Parade
MAP P.310-B2

市庁舎は格調高い建物

ハリファックスを開拓したエドワード・コーンウォリス大佐Edward Cornwallisと2500人の入植者が造った広場で、地元の人の憩いの場になっている。かつてはここで軍のパレードが行われていた。ビクトリア様式の市庁舎City Hallとセント・ポール英国国教会が広場を挟むように建てられている。

🍁 セント・ポール英国国教会
St. Paul's Anglican Church
MAP P.310-B2

1749年、当時のイギリス国王ジョージ2世George IIにより建てられたカナダで最古のプロテスタント礼拝堂で、オープンしたのは1750年。ロンドンのセント・ピーターズ教会をベースに設計され、支柱は同時期にイギリスの入植地であったアメリカのボストンから運ばれたもの。1787年に初めて英国司教が訪れ、大聖堂となった。

🍁 州議事堂
Province House
MAP P.310-B2

ジョージア様式の州議事堂

カナダ最古の州議事堂。ジョージア様式の建物は、1811～18年にかけて建てられたもの。庭に立つのは、ノヴァ・スコシア州の民主主義のリーダーだったジョゼフ・ハウJoseph Howeの像だ。2階のライブラリーが見学できるほか、議会開催中の州議会の様子も見学ができる（写真撮影は不可）。

🍁 ノヴァ・スコシア美術館
Art Gallery of Nova Scotia
MAP P.310-B2

1868年建築の荘厳な建物が目を引く州立美術館。カナダ出身の有名画家モード・ルイスMaud Lewisの作品など、カナダ国内外の絵画や彫刻をはじめ写真、陶器など約1万5000点ものコレクションを所有。企画展では機器や映像を駆使した作品や新進気鋭の作家のチャレンジ精神あふれる作品なども展示。ショップやカフェも併設する。

セント・ポール英国国教会
🏠1749 Argyle St.
☎(902)429-2241
🌐www.stpaulshalifax.org
🕐7～8月
　月～土9:00～16:00
　9～6月
　月～金9:00～16:00
🚫7～8月の日、
　9～6月の土・日

グラン・パレードに立つセント・ポール英国国教会

州議事堂
🏠1726 Hollis St.
☎(902)497-6942
🌐nslegislature.ca
🕐7～8月
　毎日10:00～16:00
　9～6月
　月～金9:00～16:00
🚫9～6月の土・日
💰無料

州議会は52の選挙区からなる

ノヴァ・スコシア美術館
🏠1723 Hollis St.
☎(902)424-5280
🌐www.artgalleryofnova
　scotia.ca
🕐木10:00～21:00
　金～水
　10:00～17:00
🚫無休
💰大人$12、シニア$10、
　学生$7、子供$5
　（木曜の17:00～は無料）

かつて郵便局として利用された

♣ 大西洋海洋博物館
Maritime Museum of the Atlantic
★★★

MAP P.310-B2

博物館は2階建て

海洋史に関する州立博物館。常設展示は、難破船の記録や海軍の歴史、20台の小型ボートなど10種類。海賊に関するコレクションもある。注目したいのは1917年に起こり、数多くの犠牲者を出したハリファックス大爆発（→P.316）とタイタニック号のギャラリー。タイタニック号の模型や乗船券、客室の様子、椅子などの遺留品を展示している。港が一望できるオープンデッキもある。

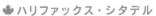

♣ オールド・タウン・クロック
Old Town Clock
★★★

MAP P.310-B2

丘の上から港を見下ろす時計台は、ハリファックスのシンボル的存在。1803年に、イギリス国王ジョージ3世の息子で、時間に厳しいことで知られていたプリンス・エドワードPrince Edwardの命によって造られ、建築の美しさと精巧なメカニズムで有名になった。外装の一部を除き損傷はなく、200年以上たった今も変わらず時を刻んでいる。

ハリファックスのランドマークとして親しまれている

♣ ハリファックス・シタデル
Halifax Citadel National Historic Park
★★★

MAP P.310-A2

函館の五稜郭のような造りが印象的なシタデルは、ハリファックスの街を四方にグルリと見渡す、小高い丘に建てられた要塞。1749年、ケープ・ブレトンにあるルイズバーグ砦と、ケベックから攻め込むフランス軍に対抗するためのイギリス軍の海外海軍基地として建てられた。現在の星形の城塞は、アメリカ

シタデル入口に立つ衛兵

軍からの攻撃に備えて1856年に完成したものだ。正午に大砲を打つ儀式 "noon gun ceremony" は、1857年から続くイベント。

城塞の内部には、軍とシタデルの歴史を物語るパネルや服などの実物、兵器のレプリカなどの展示のほか、映像による解説もある（所要約15分）。ポイントをおさえるには、無料のガイドツアーに参加するといい。

重量感のある大砲も並んでいる

大西洋海洋博物館
🏠1675 Lower Water St.
☎(902)424-7490
🌐maritimemuseum.novascotia.ca
🕐5～10月
　水～月9:30～17:00
　火9:30～20:00
　(6～10月は9:30～)
　11～4月
　火9:30～20:00
　水～土9:30～17:00
　日13:00～17:00
🚫11～4月の月
💰大人$9.55($5.15)
　※(　)内は11～4月の料金

ハリファックス・シタデル
☎(902)426-5080
🌐www.pc.gc.ca/en/lhn-nhs/ns/halifax
🕐5月上旬～10月
　毎日9:00～17:00
🚫11月～5月上旬
　(敷地は通年オープン)
💰大人$12.5($8.5)、シニア$10.75($7)
　※(　)内は5月と9月中旬～10月の料金。施設が閉まる11月～5月上旬は無料

パブリック・ガーデン

パブリック・ガーデン
URL www.halifaxpublic
gardens.ca
開 4～11月
毎日8:00～日没30分前
休 12～3月
料 無料

ガーデン内のカフェ
Uncommon Grounds Cafe
TEL (902)420-1562
営 ガーデン開園中
毎日8:00～18:00
休 ガーデンに準ずる

かわいらしいガーデンの紋章

ノヴァ・スコシア自然史博物館
住 1747 Summer St.
TEL (902)424-7353
URL naturalhistory.
novascotia.ca
開 毎日9:30～17:30
休 無休
料 大人$6.3、シニア$5.7、
子供$4.05

ダルハウジー大学
TEL (902)494-2211
URL www.dal.ca
交 バーリントン通りから市バ
ス#1でコーブルク通り
Coburg Rd.とライラック通
りLilac St.の交差点手前で
下車。

フェアビュー墓地
住 3720 Windsor St.
TEL (902)490-4883
交 バーリントン通りから市バ
ス#90でコノート通り
Connaught Ave.手前のウ
ィンザー通りWindsor
St.で下車。

🍁 パブリック・ガーデン MAP P.310-A1・2
Public Gardens

花と緑に囲まれて過ごそう

1836年にオープンしたビクトリア様式のガーデン。6.8ヘクタールの広大な敷地に季節の花々が咲き誇り、噴水や小川がさわやかな庭園は市民のオアシスになっている。夏の休日には、野外音楽堂の前のテラスでコンサートも開催。ガーデン内のカフェではコーヒーやスナックを販売。

▌ダウンタウン周辺

🍁 ノヴァ・スコシア自然史博物館 MAP P.310-A2
Nova Scotia Museum of Natural History

ノヴァ・スコシアに生息する動植物や海の生物のほか、地質学や先住民ミックマック族の暮らしを展示している博物館。3万年前にケープ・ブレトンに生息していたナウマンゾウの骨や体重440kgのムース（ヘラジカ）のはく製も必見。

迫力の模型展示は必見だ

🍁 ダルハウジー大学 MAP P.310-A1外
Dalhousie University

現在は1万8000人以上の学生が通う

カナダが誇る大学のひとつ。『赤毛のアン』の作者、モンゴメリが学んだ場所としても有名で、第3巻『アンの愛情』に登場するレッドモンド大学はここがモデル。なお、モンゴメリが通った時代から残る建物は、れんが造りのフォレスト・ビルForrest Buildingだ。

🍁 フェアビュー墓地 MAP P.310-A2外
Fairview Lawn Cemetery

1912年4月14日、タイタニック号の悲劇はハリファックス沖1130kmの大西洋上で起きた。ハリファックスには計209の遺体が運ばれ、うち121体がこの緑豊かな墓地に埋葬された。その大半は乗組員で、身元不明の墓碑も多い。

墓が船の形に並べられている

HOTEL

ハリファックスのホテル

Halifax Marriott Harbourfront Hotel

ハリファックス・マリオット・ハーバーフロント　MAP P.310-B2

🏠1919 Upper Water St.
📞(902)421-1700
FAX(1-800)228-9290
日本の予約先📞0120-142890　URLwww.marriott.com
料5～10月HGS⑪$234～
　11～4月LOWS⑪$180～　Tax別
CCA D M V　室352室

港に面した一等地に立ち、カジノを併設。カジノのプレイ料金と組み合わせた宿泊プランもある。2階には人気の「インタールード・スパ Interlude Spa」もある。

Lord Nelson Hotel & Suites

ロード・ネルソン・ホテル＆スイーツ　MAP P.310-A1

🏠1515 South Park St.
📞(902)423-6331
FAX(1-800)565-2020
URLlordnelsonhotel.ca
料5～10月HGS⑪$269～
　11～4月LOWS⑪$180～　Tax別
CCA D J M V　室260室

1927年に建てられた格式あるホテル。広々とした客室の内装は落ち着いていて優雅な雰囲気。アメニティは自然派化粧品のアヴェダAVEDA。

The Halliburton

ハリバートン　MAP P.310-B1

🏠5184 Morris St.
📞(902)420-0658
FAX(1-888)512-3344　URLwww.thehalliburton.com
料HGS6～9月S⑪$165～375
LOW10～5月S⑪$105～300
CCA D M V　室29室

ハリファックスの歴史的な建物を改築したブティックホテル。暖炉があったり、バルコニーがついていたりなど、29室すべて違った雰囲気。ダウンタウンに位置していて、便利なロケーション。

The Halifax Heritage House Hostel

ハリファックス・ヘリテージ・ハウス　MAP P.310-B1

🏠1253 Barrington St.
📞(902)422-3863
URLwww.hihostels.ca
料ドミトリー$26.09～(会員)、$30.43～(非会員)
　S⑪$62～(会員)、$68～(非会員)　Tax込み
CCM V　室70ベッド

1864年築の歴史ある建物を利用。2022年10月現在休業中で、2023年5月から営業を再開する予定。

ハリファックスのレストラン

The Five Fishermen Grill

ファイブ・フィッシャーメン・グリル　MAP P.310-B2

🏠1740 Argyle St.　📞(902)422-4421
URLwww.fivefishermen.com
営毎日17:00～22:00
休無休　予$30～　CCA D M V

ライトダウンされた落ち着いた店内でロブスターやサーモンなど、シーフードを中心としたグリル料理を味わえる。生ガキ6ピース$19.5もおすすめ。

Cabin Coffee

キャビン・コーヒー　MAP P.310-B1

🏠1554 Hollis St.
📞(902)422-8130
URLcabincoffeehalifax.com
営月～金7:00～17:00　土・日8:00～16:00
休無休　予$5～　CCA M V

店内はウッディな小屋のよう。平日は早朝から営業しているので地元客も多い。サンドイッチ、スープ、サラダは各$4.99で、ふたつを選ぶコンボは$8.48。

Sushi Shige

スシ・シゲ　MAP P.310-A2外

🏠5688 Almon St.　📞(902)420-0740
URLwww.shige.ca
営月～水・土17:30～20:00
　木・金11:30～14:00/
　17:30～20:00
休日　予$30～　CCM V

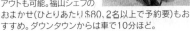

ハリファックスで「寿司といえば」というお店。テイクアウトも可能。福山シェフのおまかせ(ひとりあたり$80、2名以上で予約要)もおすすめ。ダウンタウンからは車で10分ほど。

Your Father's Moustache

ユア・ファザーズ・ムスタッシュ　MAP P.310-A1

🏠5686 Spring Garden Rd.
📞(902)423-6766　URLwww.yourfathersmoustache.ca
営月～木11:30～22:00　木・金11:30～23:00
　土11:00～23:00　日11:00～22:00
予$20～　CCA D M V

スプリング・ガーデン通りにある人気パブ。クラフトビールはもちろん食事も美味しく、土曜の夜にはライブバンドも入ってにぎわう。

 バスタブ　 テレビ　ドライヤー　ミニバーおよび冷蔵庫　セーフティボックス　Wi-Fi(無料)
一部客室　一部客室　貸し出し　一部客室　フロントにあり　Wi-Fi(有料)

ハリファックスのショッピング

Jennifer's of Nova Scotia

ジェニファーズ・オブ・ノヴァ・スコシア　**MAP P.310-A1**

🏠5635 Spring Garden Rd.
☎(902)425-3119
URL www.jennifers.ns.ca
🕐毎日9:30～18:00
休無休
CM V

　地元で人気のクラフトショップ。ピューター（すず細工）のアクセサリーや小物を多く扱う。ほかにもノヴァ・スコシアの陶器のカップや皿などが並ぶ。

Halifax Seaport Farmers' Market

ハリファックス・シーポート・ファーマーズ・マーケット　**MAP P.310-B1外**

🏠961 Marginal Road, Pavilion 23
☎(902)492-4043
URL www.halifaxfarmersmarket.com
🕐土8:00～14:00　日10:00～14:00
休月～金　C店舗により異なる

　週末にオープンするファーマーズマーケット。夏は野外も合わせると50店舗以上がブースを出し、野菜やフルーツだけでなくメープルシロップやクラフトなどのおみやげも購入できる。ランチもとれる。

Historic Properties

ヒストリック・プロパティーズ　**MAP P.310-B2**

🏠1869 Upper Water St.
☎(902)422-4424
URL www.historicproperties.ca
🕐店舗により異なる
休店舗により異なる
C店舗により異なる

　1800年代初めに使われていた、私掠船の船荷を収める歴史的な倉庫を改築し、今は10軒ほどのギフト＆クラフトショップ、レストランが集まる一角になっている。

Alexander Keith's Brewery

アレキサンダー・キース・ブリュワリー　**MAP P.310-B1**

🏠1496 Lower Water St.　☎(902)455-1474
URL www.keiths.ca
🕐月・火11:30～18:00　水～金11:30～20:00　土10:00～20:00
休日　CA J M V

　1820年にノヴァ・スコシア州で生まれたビール醸造所。ビールのほかオリジナルグッズも扱う。工場見学ツアーを催行している（大人$29.95）。

Column　一瞬にして消えた町

　1917年12月6日木曜日晴れ。ハリファックス湾にて、ベルギー船イモ号は、港の入口でタグボートに進路を妨害されて正規のルートを外れ、かなりダートマス寄りを航行していた。300発の砲弾と40万ポンドのトリニトロトルエンなどを満載したフランス船モンブラン号も、同じくダートマス寄りを航行。両船は互いに進路を譲ろうとせず、モンブラン号がイモ号の前を強引に横切った。このとき、悲劇は起こった。イモ号の舳先がモンブラン号のピクリン酸を直撃してしまったのだ。そのショックで火災が発生。乗員はライフボートで脱出したが、船はそのまま港の中へ。AM9:05、ついにモンブラン号は大爆発を起こした。船の衝突を見物しに港に集まっていた人々や港で働いていた人が犠牲になり、またノース・エンドNorth Endと呼ばれる海岸地区の建物のほとんどが爆風でなぎ倒され、町は一瞬のうちに壊滅した。即死者2300人以上、負傷者9000人以上という史上最悪の大惨事となったのである。

　事故から90年以上たつ現在も、ハリファックス大爆発Halifax Explosionと呼ばれ、人々の記憶に残っている。その後、港を見下ろすフォート・ニーダムFort Needhamの丘に慰霊のベルタワーが建立され、毎年12月6日に慰霊祭が行われる。惨劇を伝える写真が大西洋海洋博物館(→P.313)に展示されている。

ハリファックス大爆発のギャラリーがある大西洋海洋博物館

Column　フランス移民の歴史をたどるエヴァンジェリン・トレイル

ハリファックスからヤーマスYarmouthまで続く旧道1号線は、エヴァンジェリン・トレイルEvangeline Trailと呼ばれる人気のドライブコース。カナダでのフランス系移民"アカディアン"の歴史が刻まれた土地であり、当時の姿をとどめた町や史跡が残っている。

グラン・プレに立つエヴァンジェリンの像

エヴァンジェリン・トレイルの見どころ

グラン・プレGrand Préとアナポリス・ロイヤルAnnapolis Royalというふたつの町に史跡が集中している。

グラン・プレは、18世紀半ばのアカディアン最大の村で、2012年にはその景観が世界遺産に登録された。グラン・プレ国定史跡Grand Pré National Historic Siteには、1755年に「アカディアン追放」の声明が読まれた教会がある。教会の前に立つのは、アメリカの詩人ロングフェローが書いたアカディアン追放による悲劇を題材にした小説『哀詩エヴァンジェリン』の主人公、エヴァンジェリンの像だ。ビジターセンターでは「アカディアン追放」をテーマにした映画の上映や展示も行っている。

アナポリス・ロイヤルのフォート・アン国定史跡Fort Anne National Historic Siteは、イギリスとの植民地争いのため、フランス軍が築いた砦。17～18世紀に築かれた砦や戦争の歴史を綴る展示が見られる。特に日系人アー

ティストによる、この時代の生活の変遷を描いた4枚のタペストリーは必見。アナポリス川Annapolis Riverを望むポート・ロイヤル国定史跡Port Royal National Historic Siteは、1605年に築いた砦と住居を復元したもの。砲台、教会、工房などがあり当時の素朴な生活ぶりが感じられる。

エヴァンジェリン・トレイル
MAP P.262-C2/P.317

行き方
グラン・プレ
　ハイウエイ#101のExit 10を下り、ウルフビルWolfville方面へ旧道1号線を約1km、Grand Pré Rd.を北へ1km。
アナポリス・ロイヤル
　ハイウエイ#101のExit 22を下りハイウエイ#8を北進。旧道1号線との交差点の先にフォート・アン国定史跡がある。ポート・ロイヤル国定史跡へは交差点を右折、川を渡り、土手道を回って西へ約15分。

グラン・プレ国定史跡
TEL (506)850-7662
URL www.experiencegrandpre.ca
開 5月中旬～10月上旬　毎日9:00～17:00
休 10月上旬～5月中旬
料 大人$8.5、シニア$7

フォート・アン国定史跡
TEL (902)532-2397(5月中旬～10月中旬)
　　(902)532-2321(10月中旬～5月中旬)
URL www.pc.gc.ca/en/lhn-nhs/ns/fortanne
開 5月中旬～10月上旬　毎日9:00～17:00
休 10月上旬～5月中旬
料 大人$4.25、シニア$3.75

ポート・ロイヤル国定史跡
TEL (902)532-2898(5月中旬～10月中旬)
　　(902)532-2321(10月中旬～5月中旬)
URL www.pc.gc.ca/en/lhn-nhs/ns/portroyal
開 5月下旬～10月上旬　毎日9:00～17:00
休 10月上旬～5月下旬
料 大人$4.25、シニア$3.75

エヴァンジェリン・トレイル

Lighthouse Route

ライトハウス・ルート

ハリファックスから南西、大西洋沿いの海岸線を走るライトハウス・ルート。ハイウエイ#3や#329、#333沿いにある古都を結んでおり、灯台が有名なペギーズ・コーブや世界遺産に登録されているルーネンバーグなど、ヨーロッパ移民が築いた美しい町を見に行こう。

基本DATA
拠点となる町：
ハリファックス
ライトハウス・ルート情報のサイト
URL novascotia.com

ドライブチャート 🚗

ハリファックス
↓ハイウエイ#333経由44km
ペギーズ・コーブ
↓ハイウエイ#333、#3経由 67.7km
チェスター
↓ハイウエイ#3経由24.6km
マホーン・ベイ
↓ハイウエイ#3経由11.1km
ルーネンバーグ

❓ ペギーズ・コーブの観光案内所

TEL (902)823-2253
URL www.tourismns.ca

Peggy's Cove Gift Shop
MAP P.319
住 72 Peggys Point Rd.
TEL (902)823-3350

ぽつんと建つペギーズ・コーブ灯台

アクセスと回り方

　起点となるハリファックスからは、ハイウエイ#333を南下。West Doverを越えてさらに進み、ペギーズ・ポイント通りPeggy's Point Rd. を左折して直進すればペギーズ・コーブ灯台に出る。ハイウエイ#333に戻り北上。27km先のハイウエイ#3との交差点で左折し、西へ進めばチェスターだ。マホーン・ベイ、ルーネンバーグはそのままハイウエイ#3を南下する。海岸沿いのドライブは楽しめないが、トランス・カナダ・ハイウエイ#103を利用すれば、所要時間を短縮できる。各町の間は車で20分〜1時間程度。

おもな見どころ

❤ ペギーズ・コーブ
Peggy's Cove
MAP P.319
★★★

　入江周辺に60人ほどが暮らす小さな漁村。むき出しの岩がそびえる灯台の風景が有名で、花崗岩の岩は氷河に削られ堆積したもの。灯台の隣にあるギフトショップPeggy's Cove Gift Shopから出す郵便物には灯台マークの消印が押される。町なかにはフィンランド出身の作家ウィリアム・デ・ガースW. E. de Garthe作の漁村の男たちを彫刻した石のモニュメントがあり、こちらも必見だ。ペギーズ・コーブという名の由来には2説あり、どちらもペギーというマーガレットの愛称から来ている。ひとつは、その昔、荒れ狂う海で難破した船からただひとり生き残り、助け上げられたマーガレットという女性の名、もうひとつは単にセント・マーガレット湾の名に由来する。

✿ チェスター
Chester

☆ ☆ ☆ **MAP** P.319

　パラセイリングやゴルフが楽しめるリゾート地。タンクック諸島 Tancook Islands へのフェリーが平日は4〜6便、休日は2便運航している。

チェスターの港風景

✿ マホーン・ベイ
Mahone Bay

☆ ☆ ☆ **MAP** P.319

セント・ジェームス教会 St. James Church など3つの教会が湖面に映る風景がロマンティック。1754年に入植したドイツ、スイス系プロテスタントが築いた場所で、19世紀には造船で栄えた。このあたり

3つの教会が並ぶ美しい風景

はピューター Pewter（スズ）の産地としても知られ、町にはスズ細工を扱うショップも多い。

✿ ルーネンバーグ
Lunenburg
☆ ☆ ☆ **MAP** P.319

　州内最初のイギリス植民地として1753年に築かれた町。町なかには、19世紀創建当時の姿をとどめるルーネンバーグ・アカデミーLunenburg Academy や、カナダ最古の長老派教会セント・アンドリュース長老派教会 St. Andrews

カラフルな建物が並ぶ

Presbyterian Church など歴史的建造物が並んでおり、「ルーネンバーグの旧市街」としてユネスコの世界文化遺産に登録されている。港沿いには赤い建物が目を引く大西洋漁業博物館 The Fisheries Museum of The Atlantic があり、大西洋に生息する魚を観察できる。

⚑ 現地発のツアー

グレイ・ライン
Gray Line
☎(902)420-1015
Peggy's Cove Tour
🗓5月中旬〜10月
　毎日13:00発　💲$48
　所要約3時間30分。

❓ チェスターの観光案内所
🔗www.chester.ca

❓ マホーン・ベイの観光案内所
☎(902)624-6151
🔗www.mahonebay.com

CHECK!
ピューター専門のかわいいお店
　マホーン・ベイに、ピューター製のアクセサリーや小物を扱ったお店がある。カナダらしいメープルやムール貝などがデザインされたものもあって、おみやげにぴったり。ハリファックスやペギーズ・コーブにも支店あり。
Amos Pewter
🏠589 Main St., Mahone Bay
📠(1-800)565-3369
🔗www.amospewter.com
☎1〜2月
　月〜土9:00〜17:00
　3〜5月、10〜12月
　月〜土9:00〜17:00
　日10:00〜17:00
　6〜9月
　月〜土9:00〜18:00
　日10:00〜18:00
　（季節により変動あり）
🚫1〜2月の日

❓ ルーネンバーグの観光案内所
☎(902)634-4410
🔗www.explorelunenburg.ca
大西洋漁業博物館
🏠68 Bluenose Dr.
☎(902)634-4794
📠(1-866)579-4909
🔗fisheriesmuseum.nova
　scotia.ca
🗓夏季
　毎日9:30〜17:00
🚫冬季
💲大人$14.5

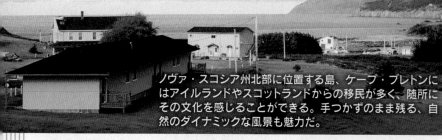

Cape Breton

ノヴァ・スコシア州最北の島を走る

ケープ・ブレトン

ノヴァ・スコシア州北部に位置する島、ケープ・ブレトンにはアイルランドやスコットランドからの移民が多く、随所にその文化を感じることができる。手つかずのまま残る、自然のダイナミックな風景も魅力だ。

基本DATA
拠点となる町：シドニー
ケープ・ブレトン情報のサイト
URL www.cbisland.com

ドライブチャート

シドニー
↓ ハイウエイ#125、#105経由60.5km
ゲーリック大学
↓ カボット・トレイル経由73.4km
カボット・トレイル(ケープ・ブレトン・ハイランズ国立公園)
↓ カボット・トレイル経由115km
シェティキャン
↓ カボット・トレイル、ハイウエイ#19経由66.8km
グレノラ蒸留酒製造所
↓ ハイウエイ#19、#252、#105経由76km
バデック
↓ ハイウエイ#105、#223経由50.9km
ハイランド・ビレッジ博物館
↓ ハイウエイ#223、#125、#22経由96.6km
ルイズバーグ(ルイブール)砦

シドニーへの行き方
飛行機
　トロントからエア・カナダが1日1便運航、所要約2時間15分。
長距離バス
　ハリファックスからマリタイム・バスが1日1～2便運行。所要6時間30分～7時間、大人片道$72.5～。

アクセスと回り方

　スタートはシドニー。ハイウエイ#105を北上し、ゲーリック大学でケルト文化に触れたらカボット・トレイルを一周しよう。カボット・トレイルを一周しながら、シェティキャンへ向かい、ハイウエイ#105経由でバデックへ。その途中、マーガリー・ハーバーMargaree Harbourでハイウエイ#19へ進み、カナダ唯一のシングルモルトウイスキーの蒸留酒製造所へ立ち寄ろう。バデックからハイウエイ#105を西へ進み、アイオナIonaへと続くハイウエイ#223を走ればハイランド・ビレッジ博物館に着く。そのままハイウエイ#223で海峡を渡り、シドニーへと戻り、ハイウエイ#22を南下してルイズバーグ(ルイブール)砦へ向かおう。

　1日で回るのは難しいので、カボット・トレイル沿いやバデックの宿に泊まるのがおすすめ。

美しい海岸線の風景

おもな見どころ

🍁 シドニー
Sydney
MAP P.321

　ケープ・ブレトンの東海岸に位置する、島の中心都市。かつては工業地帯として発展していたが、鉄鋼業が伸び悩み衰退。現在はシドニー港Sydney Portで大型クルーズ船を迎えるなど、ケープ・ブレトンの入口としての役割を果たしている。臨海部には、世界で一番大きなバイオリンが飾られている。

❦ ゲーリック大学
MAP P.321
Gaelic College of Celtic Arts & Crafts

　北米唯一の、ゲーリック語とケルト文化に関する大学。創立は1938年。ケルトとは、古代ヨーロッパで活躍し、アイルランドやスコットランドに文化を残した民族で、バグパイプやキルトなどはケルト人の文化を伝えるものだ。大学には、その歴史・文化に関する展示が豊富な博物館グレート・ホール・オブ・ザ・クランGreat Hall of the Clansがある。ケルティック・クロスなどの工芸品が構内のクラフトショップで買える。

❦ カボット・トレイル
MAP P.321
Cabot Trail

　北米で最も美しいドライブコースとして有名。バデック～セント・アンズSt. Ann's間を結ぶ1周約300kmのトレイルで、特に、東海岸のインゴーニッシュIngonishやホワイト・ポイントWhite Pointの断崖から大海原を見る風景が壮大。プレーザント・ベイPleasant Bayからの断崖沿いに曲がりくねった道を見渡す景色もいい。ケープ・ブレトン・ハイランズ国立公園Cape Breton Highlands National Parkや林道は、季節の色に染まる木々がきれい。紅葉のピークは10月中旬頃。"ビッグ・ヒル"というニックネームがついているだけに、急斜面を上ったり下ったり、カーブも多い起伏の激しい道を運転するのは至難の技。ついつい景色にも目を奪われるので、腕に自信のある人も注意深く運転しよう。

ケープ・ブレトン地図

▶ 現地発のツアー

バノックバーン・ディスカバリー・ツアーズ
Bannockburn Discovery Tours
　セント・アンズ湾St. Ann's Bayをフェリーで渡り、ケープ・ブレトン・ハイランズ国立公園、シェティキャンなどを観光する。バデックのホテルからピックアップ可能。所要6～8時間。
☎ (902)322-7584
FAX (1-888)577-4747
URL www.bannockburn
　tours.com
Cabot Trail Tour
料 大人$115～、子供$85

....

おもなレンタカー会社
Avis
住 280 Airport Rd., Sydney
☎ (902)563-2847
　シドニー空港内にある。

ゲーリック大学
住 51779 Cabot Trail
☎ (902)295-3411
URL www.gaeliccollege.edu
グレート・ホール・オブ・ザ・クラン(博物館)
開 6月下旬～10月上旬
　月～金9:00～16:30
休 6月下旬～10月上旬の土・日、10月上旬～6月下旬
料 大人$10、子供$8

ケープ・ブレトン・ハイランズ国立公園
インフォメーションセンター
住 Ingonish Beach
☎ (902)224-2306
URL www.pc.gc.ca/en/
　pn-np/ns/cbreton
開 5月中旬～6月、9月～10月中旬
　毎日9:00～17:00
　7～8月
　毎日8:30～19:00
休 10月中旬～5月中旬
　カボット・トレイルは通年開放されている。
ケープ・ブレトン・ハイランズ国立公園の入園料
料 大人$8.5、シニア$7.25

❓ シェティキャンの観光案内所

Les Trois Pignons
🏠15584 Cabot Trail,
Chéticamp
☎(902)224-2642
URLwww.lestroispignons.com
🕐5月中旬～6月、9月～10月
中旬
毎日8:30～17:00
7～8月
毎日8:30～18:30
🚫10月中旬～5月中旬

グレノラ蒸留酒製造所
🏠13727 Route 19
Ceilidh Trail, Glenville
☎(902)258-2662
📠(1-800)839-0491
URLwww.glenoradistillery.com
ガイドツアー
🕐6月～10月下旬
毎日9:00～17:00
毎時ちょうどに出発、所要
約20分。
💰大人$7

❓ バデックの観光案内所

Baddeck Welcome Centre
🏠454 Chebucto
St.,Baddeck
☎(902)295-1911
URLwww.cbisland.com
🕐6月～10月中旬
水～日10:00～17:00
🚫6月～10月中旬の月・火、
10月中旬～5月

グラハム・ベル博物館
MAP P.321
🏠559 Chebucto St.,
Baddeck
☎(902)295-2069
URLwww.pc.gc.ca/en/lhn-
nhs/ns/grahambell
🕐5月下旬～10月下旬
毎日9:00～17:00
🚫10月下旬～5月下旬
💰大人$8.5、シニア$7

🍁 **シェティキャン**　MAP P.321
Chéticamp

伝統の織物で名高いアカディアンの村。バッキンガム宮殿などに飾られたエリザベス・ル・フォートElizabeth Le Fortの作品は、観光案内所も兼ねるカルチャーセンター、ル・トロワ・ピニョンLe Trois Pignonsで見ることができる。

海を見ながら歩ける遊歩道がある

アトリエやショップ、アカディアンの伝統料理を出すレストランも多く、ボートツアーやフィッシングの拠点でもある。

🍁 **グレノラ蒸留酒製造所**　MAP P.321
Glenora Inn & Distillery

カナダ唯一のシングルモルトウイスキー、グレン・ブレトン・レアGlen Breton Rareで知られる蒸留所。内部はガイドツアーで見学することができる。周囲を森に囲まれた240ヘクタールの広大な敷地に、ログハウスのホテルやレストラン、ケルト音楽のライブも楽しめるパブなど7つの建物があり、一大リゾートとなっている。ここで蒸留されたウイスキーやラムなどのおみやげは、併設のリカーショップで購入できる。

🍁 **バデック**　MAP P.321
Baddeck

グラハム・ベルの発明を学ぶ

1165m²の広さで、「インランド・シー（陸のなかの海）」と呼ばれるブラドー湖Bras d'Or Lakeの湖畔に広がるリゾート地。19世紀半ばに、休暇で訪れたグラハム・ベルGraham Bellが、その静けさと美しさに魅せられ、ワシントンの慌ただしい生活から逃れる安息の地として別荘を建てた場所だ。ホテルやレストランが並ぶ現在も静けさは変わらず。タラやロブスター、オイスターの産地であり、シーフードがおいしい。ボートツアー、フィッシング、スクーバダイビングなどのマリンアクティビティも楽しめる。

町にはグラハム・ベル博物館Alexander Graham Bell National Historic Siteがあり、電話や蓄音機をはじめ、水中翼船、飛行機、医療器具、また聾唖教育にも尽力するなど、さまざまな社会貢献をしたベルの生涯がわかる。1階にレプリカが展示されている水中翼船HD-4は、1919年にブラドー湖Bras d'Or Lakeで時速114キロという世界記録を達成したものだ。

港沿いに木造家屋が並ぶ

ハイランド・ビレッジ博物館

Highland Village Museum

MAP P.321

敷地内に教会や民家など11の歴史的建造物が立つ、屋外を周遊する博物館。スコットランド人入植者たちの、1700年～1900年代初期の生活の様子を再現している。民族衣装を身につけ、伝統の音楽に合わせて踊る、羊毛で織物をするなど、彼らの文化に気軽に触れられる各種イベントを開催している。工芸品などを扱うギフトショップも併設。

ハイランド・ビレッジ博物館
[住]4119 Highway 223, Iona
[TEL](902)725-2272
[FREE](1-866)442-3542
[URL]highlandvillage.novascotia.ca
[開]6月中旬～10月中旬 毎日10:00～16:30
[休]10月中旬～6月中旬
[料]大人$11、シニア$9、子供$5

ルイズバーグ(ルイブール)砦

Fortress of Louisbourg

MAP P.321

18世紀半ばにフランス移民が築いた砦と村を再現。砦は1745年の英仏戦争の戦場にもなった場所だ。またこの村は、カナダのフランス人の主要産業であったタラ漁や、フランスやケベック州、アカディアン、ニューイングランドへの貿易の拠点の役割も担っていた。砦の中に入ると、そこはまるで18世紀のまま時が止まっているよう。兵士や村人に扮したスタッフの抜群の演技に、タイムスリップしたような気分が味わえる。夏季のみパークス・カナダParks Canadaのビジターセンターから砦の中までシャトルバスが運行している。

雰囲気あるルイズバーグ砦

18世紀の生活を体験できる

ルイズバーグ(ルイブール)砦
[住]259 Park Service Rd.
[TEL](902)733-3552
[URL]www.pc.gc.ca/en/lhn-nhs/ns/louisbourg
[開]5月中旬～10月初旬 毎日9:30～17:00
10月初旬～5月中旬 月～金9:30～16:00
[休]10月初旬～5月中旬の土・日
[料]大人$18.75($8)、シニア$16($6.5)
※( )内は10月初旬～5月中旬の料金。

シャトルバス
[運]6月中旬～9月中旬

HOTEL

ケープ・ブレトンのホテル

Keltic Lodge at the Highlands

ケルティック・ロッジ・アット・ザ・ハイランズ MAP P.321

[住]383 Keltic in Road, Middle Head Pennisula, Ingonish Beach
[TEL](902)285-2880
[FREE](1-800)565-0444
[URL]www.kelticlodge.ca
[営]5月中旬～10月中旬
[料]ⓈⒹ$200～ Tax別
[CC]A D M V [室]86室、コテージ10棟

カボット・トレイル沿いの町インゴーニッシュIngonishにある高級リゾート。メインロッジ、イン、コテージの3つの宿泊施設がある。レストラン、スパも併設。

Inverary Resort

インヴェラリー・リゾート MAP P.321

[住]368 Shore Rd.
[TEL](902)295-3500
[FREE](1-800)565-5660
[URL]inveraryresort.com
[営]5～11月
[料]ⓈⒹ$195～ Tax別
[CC]A D M V
[室]183室

バデックのブラドー湖畔に立つリゾート。ヨットクラブ、ゴルフコース、スパがあり、クルーズやカヤックなどのアクティビティも多彩に楽しめる。

バスタブ テレビ ドライヤー ミニバーおよび冷蔵庫 セーフティボックス Wi-Fi(無料)
一部客室 一部客室 貸し出し 一部客室 フロントにあり Wi-Fi(有料)

ニュー・ブランズウィック州
New Brunswick

ニュー・ブランズウィック州

ニュー・ブランズウィック州

州都： フレデリクトン
面積： 7万2908km²
人口： 81万2061人（2022年7月時点）
時差： 大西洋岸標準時（AST）
　　　　日本との時差−13時間
　　　　（サマータイム実施時−12時間）
州税： ハーモナイズド・セールス税HST 15%
州旗： ライオンはドイツのブラウンシュヴァイクとその王とのつながりを、船は主要産業であった造船産業を示す。

ニューファンドランド&ラブラドル州

プリンス・エドワード・アイランド州

フレデリクトン ●

ノヴァ・スコシア州

ニュー・ブランズウィック州

ケベック州
Québec

キャンベルトン
Campbellton

ミスクー島
Ile Miscou

バサースト
Bathurst

シッパガン
Shippagan

ラメーク島
Ile Lameque

Edmundston

Miramichi

プリンス・エドワード・アイランド州
Prince Edward Island

アメリカ合衆国
メイン州
Maine, U.S.A.

マクタクァック州立公園
Mactaquac Provincial Park

P.325
フレデリクトン
Fredericton

Richibucto

P.333
モンクトン
Moncton

Woodstock

P.328
キングス・ランディング
Kings Landing Historical Settlement

Dieppe

P.328
ホープウェル・ロックス
Hopewell Rocks

サックヴィル
Sackville

オーラック
Aulac

サセックス
Sussex

ファンディ国立公園
Fundy National Park

セント・スティーブン
St. Stephen

セント・マーティンズ
St. Martins

ノヴァ・スコシア州
Nova Scotia

セント・アンドリュース
Saint Andrews

St. George

P.329
セント・ジョン
Saint John

ファンディ湾
Bay of Fundy

ディグビーへ

0　　40 km

N

ニュー・ブランズウィック州

Fredericton
フレデリクトン
ニュー・ブランズウィック州

ショップが集まるクイーン通り

ニュー・ブランズウィック州の州都フレデリクトンは、穏やかな空気が流れるのどかな町。楡の木が茂り、インディアンの言葉で「オア・ルス・トウク（美しい川）」と呼ばれるセント・ジョン川がダウンタウンの北をゆったりと流れる。川沿いに設けられた遊歩道は、散歩やジョギングにぴったりのコースとして地元の人に親しまれている。フランス人によって開拓された土地に、1762年、米国独立戦争を逃れたロイヤリストたちが移り住み、町の礎が築かれた。街路樹が影を落とす町のあちこちに、築200年というロイヤリストの大邸宅が残っている。

フレデリクトンの歩き方

フレデリクトンの見どころは、徒歩で回ることができる。ショップやレストランが並ぶ町の中心は、東西に走る大通りのクイーン通りQueen St.とキング通りKing St.。町はセント・ジョン川St. John Riverを挟んで南北に分かれており、川沿いにはザ・グリーンThe Greenと呼ばれる遊歩道がある。クイーン通りはダウンタウンの東でウオータールー・ロウWaterloo Rowと名前を変える。大邸宅が続くこのあたりは、散歩をするのにもいい。ダウンタウンから37kmの郊外には、カナダの歴史村、キングス・ランディングがある。

MAP P.262-C1/P.324
人口 6万3116
面積 506
フレデリクトン情報のサイト
URL www.fredericton.ca
URL www.tourismfredericton.ca
twitter.com/FredTourism
www.facebook.com/FrederictonTourism

フレデリクトンへの行き方

飛行機
トロントからエア・カナダが1日1～2便。所要約2時間。オタワやモントリオールからも便がある。空港から市内へはタクシーを利用する（$20～26）。

長距離バス
ハリファックスからマリタイム・バスが1日1便、所要約6時間30分（モンクトンで乗り換え）、大人片道$72.5～。セント・ジョンからは1日2便、所要約1時間20分、大人片道$25.5～。モンクトンからは1日1便、所要約2時間、大人片道$41.75～。

フレデリクトン

フレデリクトン空港(YFC)

MAP P.325-2外

🏠 2570 Route 102 Hwy,
　 Unit 22 Lincoln

☎ (506)460-0920

🌐 www.frederictonair
　 port.ca

バスディーポ
MAP P.325-1

🏠 105 Dundonald St.

☎ (506)455-2049

❓ 観光案内所

Fredericton Tourism
MAP P.326-1

🏠 397 Queen St.

☎ (506)460-2129

🕐 5月下旬～9月上旬
　 毎日10:00～18:00
　 9月上旬～10月上旬
　 毎日10:00～17:00

🚫 10月上旬～5月下旬

フレデリクトン市庁舎
　 City Hall & Bicentennial
Tapestriesで、議場を無料で
見学できる。

☎ (506)460-2029
　 （観光案内所）

※2023年の催行は未定。

オフィサーズ広場
衛兵交替式
※2023年の催行は未定。

おもな見どころ

🍁 フレデリクトン市庁舎 　 **MAP** P.326-1
Fredericton City Hall

クイーン通りに面した時計塔の
あるれんが造りの建物。1階が観
光案内所になっている。2階の議
場席の壁には、フレデリクトン誕
生200年を記念し制作された27枚
のタペストリーが飾られている。
マレシート・インディアン
Maliseet Indianの集落から始ま
り、砦の建設、ロイヤリストの到
着など、フレデリクトンの200年
の歴史が鮮やかに織り上げられて
いる。

観光案内所がある市庁舎

🍁 オフィサーズ広場 　 **MAP** P.326-2
Officers' Square

かつてはイギリス陸軍（1785～1869
年）やカナダ陸軍（1883～1914年）
の駐屯地として使われていた一画で、
現在は市民の憩いの場となってい
る。ビーバーブルック卿の銅像が広
場を見据える。現在は芝生が敷かれ、
市民の憩いの場になっている。毎年
夏季には、赤い制服を凛々しく着込
んだ衛兵たちの交替式が見られる。

ビーバーブルック卿の銅像

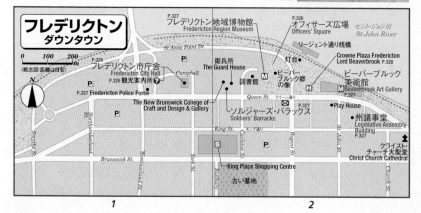

フレデリクトン
ダウンタウン

0　　100　　200
（概念図 距離は目安）
m

N

P.327 フレデリクトン地域博物館
Fredericton Region Museum

P.326 オフィサーズ広場
Officers' Square

セント・ジョン川
St.John River

St.Anne Point Dr.

フレデリクトン市庁舎
Fredericton City Hall
P.326 観光案内所

Campbell

衛兵所
The Guard House

リージェント通り桟橋

灯台

Crowne Plaza Fredericton
Lord Beaverbrook P.328

図書館

ビーバー
ブルック卿
の像

ビーバーブルック
美術館
Beaverbrook Art Gallery
P.327

P.327 Fredericton Police Force

The New Brunswick College of
Craft and Design & Gallery

Queen St. クイーン通り

ソルジャーズ・バラックス
Soldiers' Barracks

Play House

州議事堂
Legislative Assembly
Building
P.327

Northumberland St.

King St.

Carleton St.

キング通り

Regent St.

St.John St.

Smythe St.

Westmorland St.

York St.

Sunbury

S　King Place Shopping Centre

古い墓地

Brunswick St.

Church St.

クライスト・
チャーチ大聖堂
Christ Church Cathedral

1　　　　　　　　　　　2

♦ フレデリクトン地域博物館

Fredericton Region Museum　⭐⭐⭐ MAP P.326-2

オフィサーズ広場の西側の建物は、1784年イギリス政府により軍の駐屯施設として建てられた。現在は、州内各地から集められた歴史的な遺品を展示する博物館になっている。ロイヤリストの部屋を飾った家具や、18世紀後半〜19世紀前半に使用されていた農耕機具、アカディアンの工芸品などが見られる。

♦ 州議事堂

Legislative Assembly Building　⭐⭐⭐ MAP P.326-2

1880年に火災で焼失した旧州庁舎に代わり、1882年に建設された。クラシックな銀色のドーム屋根とサンドストーンのコントラストが美しい。見事な木製のらせん階段を上り、傍聴席からガイドの案内で議場を見学することができる。

州議事堂の議場

立法議会が開かれているときは議事も傍聴できるが、きちんとした身なりで静寂を守ること。議場内は携帯電話やカメラの使用が禁止なので要注意。

♦ ビーバーブルック美術館

Beaverbrook Art Gallery　⭐⭐⭐ MAP P.326-2

ビーバーブルック卿によって寄贈された作品を展示する美術館。幼少期をニュー・ブランズウィック州で過ごしたビーバーブルック卿は、イギリスに渡った後に新聞経営などで資産をなし、その財力を生かしてフレデリクトンに数々の寄贈

ロード・ビーバーブルックホテルの隣にある

品を残している。ターナーやゲーンズボロ、コンスタブルといった英国の画家や、スペイン生まれの鬼才、サルバドール・ダリの大作『サンティアゴ・エル・グランデSantiago El Grande』などのほか、カナディアン・アートの巨匠、トム・トムソンの絵画など粒よりの収蔵品がある。新館は宗教画や家具、20世紀のヨーロッパ絵画の秀作などを集めた収蔵館になっている。

♦ ソルジャーズ・バラックス

Soldiers' Barracks　⭐⭐⭐ MAP P.326-2

1827年にイギリス軍によって建設され、200人以上の駐留兵士たちの住居として利用された石造りの建物。建物内は当時の様子が再現されているほか、ローカルアーティストのショップになっている。そのすぐ斜め横の石造りの平屋は、衛兵所ガード・ハウスThe Guard Houseだ。

どちらも史跡公園に指定されている

ⓘ ユースフル・インフォメーション

警察
Fredericton Police Force
MAP P.326-1
TEL (506)460-2300
病院
Dr. Everett Chalmers
Regional Hospital
MAP P.325-1外
TEL (506)452-5400
おもなレンタカー会社
Avis
TEL (506)446-6006
おもなタクシー会社
ABC Taxi
TEL (506)455-5555

フレデリクトン地域博物館
住 571 Queen St.
TEL (506)455-6041
URL www.frederictonregion
　museum.wordpress.com
開 6月中旬〜末
　水〜日13:00〜16:00
　7月〜9月上旬
　月〜土10:00〜17:00
　日12:00〜17:00
　9月上旬〜10月下旬
　水〜土13:00〜16:00
　（要予約）
休 6月中旬〜末の土〜火、9月
　上旬〜10月下旬の日〜火、
　10月下旬〜6月中旬
料 大人$6、学生$3

州議事堂
住 706 Queen St.
TEL (506)453-2506
URL www.legnb.ca
開 月〜金9:00〜16:30
休 土・日
料 無料

ビーバーブルック美術館
住 703 Queen St.
TEL (506)458-2028
URL www.beaverbrookart
　gallery.org
開 5〜9月
　月・水・金・土9:00〜17:00
　木10:00〜21:00
　日12:00〜17:00
　10〜4月
　火・水・金・土9:00〜17:00
　木10:00〜21:00
　日12:00〜17:00
休 10〜4月の月
料 大人$12、シニア・学生
　$10

ソルジャーズ・バラックス
TEL (506)460-2041
開 6月上旬〜9月上旬
　毎日10:00〜17:00
休 9月上旬〜6月上旬
料 無料

アトランティック・カナダ

フレデリクトン ♦

Atlantic Canada

327

キングス・ランディング
[住]5804 Route 102, Prince William
[TEL](506)363-4999
[URL]kingslanding.nb.ca
[開]6月上旬～10月上旬 水～日10:00～17:00
[休]6月上旬～10月上旬の月・火、10月上旬～6月上旬
[料]大人$22.61、シニア・学生$19.13、子供$15.65
[交]セント・ジョン川に沿ってハイウエイ#102を西へ約37km。

郊外

キングス・ランディング

Kings Landing Historical Settlement ☆☆☆

[MAP] P.325-1外

川に突き出した岬にある歴史村。森林に囲まれた広大な敷地に、水車や学校、鍛冶屋、納屋、薬屋、ロイヤリストの家、教会、旅籠などがポツポツと立つ。当時の衣装を身にまとったスタッフが農作業をしたり、粉をひいたりしていて、18世紀の入植した頃の様子が手に取るようにわかる。

HOTEL

フレデリクトンのホテル

Crowne Plaza Fredericton Lord Beaverbrook

クラウン・プラザ・フレデリクトン・ロード・ビーバーブルック

[MAP] P.326-2

🛁 📺 💨 🍸 🔑 💻

[住]659 Queen St.
[TEL](506)455-3371
日本の予約先[無料]0120-455655
[URL]www.ihg.com
[料]ⓈⒹ$187～　Tax別
[CC]A D J M V
[室]168室

ダウンタウンの中心に位置する老舗ホテル。観光客はもちろん、ビジネスマンの利用も多い。レストラン、パブのほか、室内プールやサウナ、ジャクージもある。

Ramada Hotel

ラマダ・ホテル

[MAP] P.325-2外

🛁 📺 💨 🍸 🔑 💻

[住]480 Riverside Dr.
[TEL](506)460-5500
[FREE](1-800)596-4656　[URL]www.ramadafredericton.com
[料]Ⓢ$200～ Ⓓ$220～　[CC]A D J M V　[室]114室

閑静な場所に立つホテル。全客室無料Wi-Fiを完備しており、中庭にあるプールからもアクセス可。広々としたレストランではステーキやパスタなどを提供。

Delta Fredericton

デルタ・フレデリクトン

[MAP] P.325-1

🛁 📺 💨 🍸 🔑 💻

[住]225 Woodstock Rd.
[TEL](506)457-7000
[URL]www.deltahotels.com
[料]ⓈⒹ$205～　Tax別
[CC]A D J M V　[室]222室

セント・ジョン川に面して立つ4つ星の高級ホテル。館内には温水プールやサウナ、フィットネスセンターなどがあり、快適なリゾートライフを過ごせる。

Quartermain House B&B

クオーターメイン・ハウスB&B

[MAP] P.325-2

🛁 📺 💨 🍸 🔑 💻

[住]92 Waterloo Row
[TEL](506)206-5255
[FREE](1-855)758-5255　[URL]quartermainhouse.com
[料]ⓈⒹ$135～　Tax別　朝食込み
[CC]A D M V　[室]2室

ダウンタウンから徒歩10分ほどの、閑静な住宅地に立つB&B。1870年に建てられた邸宅を利用しており、部屋はどれもシックで落ち着いた雰囲気。

Column 潮の満ち引きの差、世界一！

モンクトン北部沿岸にある、ホープウェル・ロックスHopewell Rocks。ここへ世界一の潮の満ち引きを見に多くの観光客が訪れる。

まずは、潮が引く前の姿を見ておこう。満潮時には大きな岩が半分隠れるほどまで海水に浸かり、地面はまったく見えない。潮が徐々に引いていくと、半分まで海水に浸かっていた岩の全貌が見え始め、干潮になると地面が出現。地面を歩いてユニークな形をした岩を間近で見ることができる。

ここにはファンディ湾Bay of Fundyの1000億トンもの海水が満ち引きし、干満差は世界最高の16mといわれている。独特なファンディ湾の形と潮の流れが関係しており、その地形を生かした恐竜の化石発掘やホエールウオッチングも楽しむことができる。なお、潮の満ち引きの時間はウェブサイトで事前に確認してから訪れよう。

ホープウエル・ロックス [MAP] P.324
[URL]www.bayoffundy.com
[交]モンクトン(→P.333)のダウンタウンからハイウエイ#114で南東へ約37km進む。

🛁 バスタブ　📺 テレビ　💨 ドライヤー　🍸 ミニバーおよび冷蔵庫　🔑 セーフティボックス　💻 Wi-Fi(無料)
🛁 一部客室　📺 一部客室　💨 貸し出し　🍸 一部客室　🔑 フロントにあり　💻 Wi-Fi(有料)

Saint John
セント・ジョン

ニュー・ブランズウィック州

カナダ有数の貿易港をもち、商工業の中枢を担ってきたニュー・ブランズウィック州最大の都市。港のコンビナートとれんが造りの建物が、近代的で

歴史ある建物が並んでいる

ノスタルジックな雰囲気を漂わせている。約4000人のロイヤリストと、19世紀中頃に大飢饉を逃れ移住してきたアイルランド人を受け入れ、州内随一の商工業都市として発展してきた。その一方で街並み保存にも力を注ぎ、100年以上前からある市場や、17世紀に建造された古い建物など、長い歴史を反映する遺産がいたるところに残されている。セント・ジョンの歴史にも目を向けながら見どころを巡りたい。

セント・ジョンの歩き方

キングス広場King's Squareを中心としたダウンタウンは、こぢんまりとまとまっているので、徒歩で回ることができる。見どころは港沿いとキングス広場周辺に点在。港沿いにはレストランやショップ、ニュー・ブランズウィック博物館が入ったマーケット・スクエアがあり、その正面の広場には19世紀に建造されたバーバーズ・ジェネラル・ストアが立つ。マーケット・スクエアの2階からガラス張りの空中廊下で隣の市庁舎とつながり、さらに大型ショッピングセンターのブランズウィック・スクエアBrunswick Squareへと連結している。リバーシング・フォールズなど湾を挟んで対岸にある見どころへは、車の利用が便利だ。市バスは、セント・ジョン・シティ・トランジット社Saint John City Transitが運行している。

キングス広場には、カナダの連邦化に貢献したティリーの像が立つ

MAP P.262-C1/P.324
人口 6万9895
面積 506
セント・ジョン情報のサイト
URL discoversaintjohn.com
twitter.com/VisitSaintJohn
www.facebook.com/DiscoverSaintJohn

セント・ジョンへの行き方

飛行機 トロントからエア・カナダが1日1〜2便、所要約2時間。モントリオールからも便がある。セント・ジョン空港Saint John Airportはダウンタウンの北東約14km、タクシーで約20分、$30程度。市バス#32も利用できる。

長距離バス フレデリクトンからマリタイム・バスが1日2便、所要約1時間15分、モンクトンから1日1便、所要約2時間。バスディーポは郊外のステーション通りStation St.沿いにある。ダウンタウンへはタクシーを利用するといい。所要約10分、$12程度。

セント・ジョン空港 (YSJ)
MAP P.330-2外
4180 Loch Lomond Rd.
TEL (506)638-5555
URL www.saintjohnairport.com

バスディーポ
MAP P.330-2
125 Station St.
TEL (506)672-2055

アトランティック・カナダ

フレデリクトン／セント・ジョン ◆

Atlantic Canada

ユースフル・インフォメーション

警察
Saint John Police Force
MAP P.330-2
TEL (506)648-3333
病院
Saint John Regional Hospital
MAP P.330-1外
TEL (506)648-6000
おもなレンタカー会社
Avis(空港)
TEL (506)696-4406
Hertz(空港)
TEL (506)634-6655

観光案内所

Welcome Centre
MAP P.330-2
85 Water St.
TEL (506)658-2855
6月上旬～9月上旬
毎日9:00～18:00
9月上旬～6月上旬

セント・ジョン・シティ・トランジット社
TEL (506)658-4700
URL www.saintjohn.ca
大人$2.75、子供$2.5

おもな見どころ

ダウンタウン

🍁 セント・ジョン・シティ・マーケット
Saint John City Market　**MAP** P.330-2

1876年のオープン以来ずっと同じ場所で営業を続ける歴史ある市場で、セント・ジョンの史跡にもなっている。外観はモダンに改装されたが、店内は昔のまま。新鮮な野菜や魚介類、果物、みやげ物など何でも揃う。レストランやカフェもあり、ランチや休憩に便利。

天井が高く広々としている

🍁 ロイヤリスト・ハウス
Loyalist House　**MAP** P.330-2

1811年に着工され1817年に完成したロイヤリストの家。セント・ジョンは1877年に大火災が起き1600軒以上もの建物が焼失してしまったが、幸いにもこの家は火災を免れ、セント・ジョンで最も古い建物として現在も大切に保存されている。

19世紀初頭の建物

夏季には、当時の衣装を着たガイドが案内してくれることも。

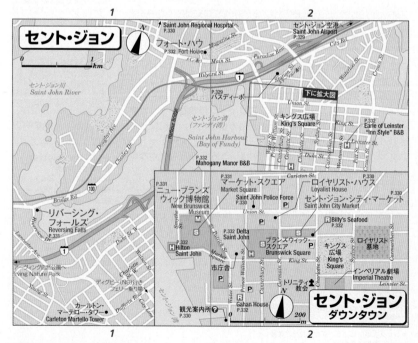

♣ マーケット・スクエア
Market Square
MAP P.330-1

再開発された港沿いを代表するショッピングモール。レストランやファストフード店、バーやカフェ、図書館、スパなどもある。夏季は、港を眺めながら食事ができるオープンテラス席のレストランが人気だ。モール前の広場はロイヤリストが上陸した場所で、記念の石碑が立っている。

港沿いを代表するモールのマーケット・スクエア

♣ ニュー・ブランズウィック博物館
New Brunswick Museum
MAP P.330-1

珍しい展示品も多い

1842年に設立されたカナダで最も歴史ある博物館で、1996年にマーケット・スクエア内に移転した。展示室は3階まであり、帆船の模型などを展示した海洋歴史展示室や、動物や昆虫の化石などを集めた地質学展示室、ニュー・ブランズウィック州のアート作品の展示室などに分かれている。

┃ ダウンタウン周辺

♣ リバーシング・フォールズ
Reversing Falls
MAP P.330-1

深くえぐれたセント・ジョン川の橋のたもとで起こる「渦潮の逆流現象」を見られるスポット。セント・ジョン湾Saint John Harbourは世界で最も干満の差が激しい海で、その差はときに14mにもなる。川の流れと高潮がこの橋の下で激しくぶつかり、えぐれた川底のせいで、大きな渦を造りながら逆流する。見学は、インフォメーションセンターの入った建物の屋上にある展望台など。館内には渦潮が見られるレストランと、ギフトショップもある。逆流現象は干潮と満潮時に毎日それぞれ2回ずつ起こる。毎日時間帯が違うので、観光案内所やパンフレットで確認しよう。夜間もライトアップされ、しっかり見られる。

リバーシング・フォールズ

セント・ジョン・シティ・マーケット
🏠47 Charlotte St.
☎(506)658-2820
URL www.sjcitymarket.ca
🕐月〜金7:30〜18:00
　土7:30〜17:00
休日

ロイヤリスト・ハウス
🏠120 Union St.
☎(506)652-3590
URL www.loyalisthouse.com
🕐6月中旬〜7月初旬
　月〜金9:30〜16:30
　7月初旬〜8月
　月〜土9:30〜16:30
　9〜10月 予約制
休6月中旬〜7月初旬の土・
　日、7月初旬〜8月の日
　11月〜6月中旬
料大人$5、子供$2

マーケット・スクエア
🏠1 Market Square
☎(506)658-3600
URL marketsquaresj.com
🕐月〜水・土
　10:00〜18:00
　木・金10:00〜21:00
　日12:00〜17:00
休無休

ニュー・ブランズウィック博物館
🏠1 Market Square
☎(506)643-2300
FREE(1-888)268-9595
URL www.nbm-mnb.ca
🕐月〜土10:00〜17:00
　（時期により変動あり）
休日
料大人$8、シニア$6、学生
　$5、子供$4
※2022年11月現在、休館
　中。再開時期は未定。

リバーシング・フォールズ
🏠200 Bridge Rd.
FREE(1-866)463-8639
料無料
🚌ダウンタウンの中心からハイウエイ#100を西へ進み、橋を越えたすぐ左側。市バスなら#1を利用する。

フォート・ハウ
[住]Magazine St.
[交]ダウンタウンの中心から車で5分。

🍁フォート・ハウ

Fort Howe

[MAP] P.330-1　★★★

　港を見下ろす高台に立つこの要塞は、もともと1777年にハリファックスで築かれたもの。それを18～19世紀にアメリカ軍の侵略に備え、セント・ジョン港を防備する目的でイギリス軍がこの場所に移築した。現在はダウンタウンと港を一望する、絶景の見晴らし台になっている。

HOTEL

セント・ジョンのホテル

Hilton Saint John

ヒルトン・セント・ジョン　[MAP] P.330-1

🛁 [TV] 💨 🍸 🔑 💻

[住]1 Market Square
[TEL](506)693-8484
日本の予約先[TEL](03)6864-1634（東京23区内・携帯電話から）
[無料]0120-489852（東京23区外・固定電話から）
[URL]www.hiltonsaintjohn.com
[料]ⓈⒹ$199～　Tax別
[CC]A M V　[室]197室

　マーケット・スクエアに隣接する高級ホテル。セント・ジョン湾に面し、眺望は抜群。フィットネスセンターやプール、レストランも併設している。

Delta Hotels Saint John

デルタ・セント・ジョン　[MAP] P.330-2

🛁 [TV] 💨 🍸 🔑 💻

[住]39 King St.
[TEL](506)648-1981
[URL]www.marriott.com
[料]ⓈⒹ$185～　Tax別
[CC]A D M V
[室]250室

　街の中心にある便利な立地の4つ星ホテル。空中廊下でマーケット・スクエアに連結しているので便利だ。広々とした客室は落ち着いた雰囲気。

Earle of Leinster "Inn Style" B&B

アールズ・オブ・レインスター"イン・スタイル"B&B　[MAP] P.330-2

🛁 [TV] 💨 🍸 🔑 💻

[住]96 Leinster St.
[TEL](506)652-3275
[URL]www.earleofleinster.com
[料][HIGH]5月～10月中旬$130～[LOW]10月中旬～4月$110～
Tax別　朝食付き　[CC]不可　[室]11室

　街の中心にある。4つ星らしい高級な客室に加え、手頃な値段の部屋も。ビクトリア調の家具でまとまったLord Edward Roomなど、各部屋にテーマがある。

Mahogany Manor B&B

マホガニー・マナー B&B　[MAP] P.330-2

🛁 [TV] 💨 🍸 🔑 💻

[住]220 Germain St.
[TEL](506)636-8000
[FREE](1-800)796-7755
[料]ⓈⒹ$125～　Tax別　朝食付き
[CC]A M V　[室]5室

　1902～05年建造の邸宅を利用した、アットホームなB&B。客室のベッドはクイーンサイズかキングサイズ。部屋ごとに壁紙の色やインテリアが異なる。

🍴セント・ジョンのレストラン

Billy's Seafood

ビリーズ・シーフード　[MAP] P.330-2

[住]51 Charlotte St.
[TEL](506)672-3474　[FREE](1-888)933-3474
[URL]www.billysseafood.com
[営]月～土11:00～22:00
（季節により変動あり）
[休]無休　[予]ランチ$25～　[CC]A M V

　セント・ジョン・シティ・マーケットの入口にある雰囲気のいいシーフードレストラン。カキやロブスター、サーモンなど新鮮な海の幸を使った料理が好評。

Gahan House

ガハン・ハウス　[MAP] P.330-2

[住]87 William St.
[TEL](506)214-8337
[URL]saintjohn.gahan.ca
[営]月15:00～21:00　火～木12:00～21:00
金・土12:00～22:00　日12:00～21:00　[休]無休
[予]$15～　[CC]A M V

　10種類のクラフトビールを提供するパブ。自家製のタルタルソースが付いたフィッシュ＆チップス$19やナチョス$19～などのフードメニューも充実。

🛁 バスタブ　[TV] テレビ　💨 ドライヤー　🍸 ミニバーおよび冷蔵庫　🔑 セーフティボックス　💻 Wi-Fi（無料）
🛁 一部客室　[TV] 一部客室　💨 貸し出し　🍸 一部客室　🔑 フロントにあり　💻 Wi-Fi（有料）

ニュー・ブランズウィック州　小都市案内
モンクトン

モンクトンMonctonは、人口約7万9000人のニュー・ブランズウィック州の都市。ケベック州からノヴァ・スコシア州やプリンス・エドワード・アイランド州へ抜ける通過地点にあり、交通の要衝としても知られている。さほど大きな町ではないが、モントリオールやケベック・シティからVIA鉄道に乗り、プリンス・エドワード・アイランド州を目指す場合はここで鉄道からバスに乗り換えになるため、多くの旅行者が立ち寄る町でもある。

モンクトンの歩き方

ダウンタウンにいるかぎり徒歩で十分観光できる。中心は、観光案内所やバスディーポがあるメイン通りMain St.。ここでの見どころは、プティコディアック川Petitcodiac Riverの流れが、白い波しぶきとともに川下から上流へと逆流する珍しい自然現象が見られるボーア・ビュー公園Bore View Park。逆流現象は1日2回起こり、1回20分ほど。逆流の時刻は潮の干満により毎日変わるので、観光案内所や公園の時刻板で確認しよう。

ダウンタウンの東には、かつて鉄道王トーマス・ウィリアムスの自宅であったビクトリア様式の優雅な邸宅、トーマス・ウィリアムス・ハウスThomas Williams Houseがある。先住民族から造船と鉄道敷設で発展してきたモンクトンの歴史を紹介するモンクトン博物館Moncton Museumもある。

モンクトン
MAP P.262-C1/P.324
URL www.moncton.ca
モンクトンへの行き方
飛行機　トロント、モントリオール、オタワから便がある。詳細は、「アトランティック・カナダの交通」（→P.266）。
バス　セント・ジョン、フレデリクトン、ハリファックスから便あり。詳細は「アトランティック・カナダの交通」（→P.266）。
VIA鉄道　モントリオール〜ハリファックス間を走るオーシャン号でモントリオールを19:00に出発。到着は翌日の13:23。水・金・日曜の1日1便運行。
❼観光案内所
Resurgo Place Visitor Information Centre
住20 Mountain Rd.
TEL(1-800)363-4558
開月〜水・金・土10:00〜17:00　木8:00〜17:00　日12:00〜17:00
休9〜5月の月
タイダル・ボーア公園内
URL www.moncton.ca
トーマス・ウィリアムス・ハウス
住103 Park St.
TEL(506)856-4383
開7〜8月　水〜日10:00〜18:00
休7〜8月の月・火、9〜6月
料無料
モンクトン博物館
住20 Mountain Rd.
TEL(506)856-4383
開火・水・金・土10:00〜17:00　木10:00〜20:00　日12:00〜17:00　（時期により変動あり）
休月
料大人$12、シニア$9、学生$8、子供$6
モンクトンのホテル
Château Moncton　シャトー・モンクトン
MAP P.333外
住100 Main St.　TEL(506)870-4444

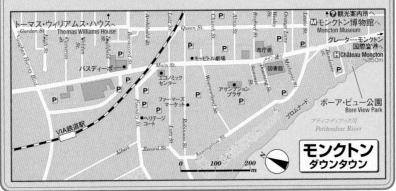

トーマス・ウィリアムス・ハウスへ
Thomas Williams House
Gordon St.
Archibald St.
Queen St.
バスディーポ
Main St.
キャピトル劇場
市庁舎
観光案内所へ
モンクトン博物館へ
Moncton Museum
グレーター・モンクトン国際空港へ
Château Moncton
エコノミックセンター
ファーマーズマーケット
図書館
アサンプションプラザ
VIA鉄道駅
ヘリテージコート
ボーア・ビュー公園
Bore View Park
プティコディアック川
Petitcodiac River
0　100　200 m
モンクトン
ダウンタウン

ニューファンドランド&ラブラドル州
Newfoundland & Labrador

ニューファンドランド&ラブラドル州

ニューファンドランド&ラブラドル州
- **州都:** セント・ジョンズ
- **面積:** 40万5212km²
- **人口:** 52万5972人(2022年11月時点)
- **時差:** ニューファンドランド標準時間(NST)
  日本との時差−12時間30分
  (サマータイム実施時−11時間30分)
- **州税:** ハーモナイズド・セールス税HST
  15%
- **州旗:** 青は海、白は氷と雪を表し、ユニオンジャックがモチーフ。右部分の赤は努力、黄色は自信を意味する。

ニューファンドランド&ラブラドル州
セント・ジョンズ
プリンス・エドワード・アイランド州
ノヴァ・スコシア州
ニュー・ブランズウィック州

ニューファンドランド島

ラブラドル地方
ケベック州
Québec
Blanc Sablon
セント・アンソニー
St.Anthony
セント・バーブ
St. Barbe
Conche
ポート・オ・ショワ
Port au Choix
Englee
ランス・オ・メドゥズ国立歴史公園
L'Anse aux Meadows National Historic Site P.346
セント・ローレンス湾
Gulf of St. Lawrence
ノーザン半島
430
カート・ライト、
グース・ベイへの
季節運航のフェリー
大西洋
Atlantic Ocean
P.340
グロス・モーン国立公園
Gros Morne National Park
ロッキー・ハーバー
Rocky Harbour
ノールダム湾
Notre-Dame Bay
P.338
トウイリンゲイト
Twillingate
ハンバー湾
431
ディア・レイク
Deer Lake
ルイス・ポート
Lewisporte
ボナヴィスタ湾
コーナー・ブルック
Corner Brook
Grand
Falls-Windsor
ガンダー空港
Gander Airport
P.338
ボナヴィスタ
Bonavista
テラ・ノヴァ
国立公園
360
セント・ジョンズ
St.John's P.335
230
トランス・カナダ・ハイウェイ
スピア岬国定史跡
Cape Spear National
P.337 Historic Site
P.339
ポート・オ・バスク
Port-aux Basques
ハーバー・ブレトン
Harbour Breton
グランド・バンク
Grand Bank
フォーチュン
Fortune
210
P.335
セント・ジョンズ国際空港
St. John's International Airport
Bay Bulls
P.338
ウィットレス湾の
海鳥コロニー
Witless Bay
Ecological Reserve
ミクロン島
P.346 Miquelon
プーリン半島
Burin Peninsula
アルジェンティア
Argentia
P.338
アバロン半島
Avalon Peninsula
サン・ピエール島
P.346 St. Pierre
パイン岬
Cape Pine
トレパッシー
Trepassey
フェリーランド
Ferryland

0　　50
km
N

St. John's
セント・ジョンズ
ニューファンドランド＆ラブラドル州

　北米大陸の東端に位置するセント・ジョンズは、ニューファンドランド＆ラブラドル州の州都。1497年にジョン・カボットが発見し、1583年にイギリス初の植民地となった。沖合はタラの大漁場として知られ、17世紀から19世紀にかけて町は漁業で隆盛を極めた。入江を見下ろす斜面にカラフルな木造家屋が連なる風景は、港町らしいのどかな旅情にあふれ、初夏に北極から漂流してくる氷山も最果ての地ならではの風物だ。

大西洋の絶景を眺める

MAP P.262-B2/P.334
人口 11万0525
面積 709
セント・ジョンズ情報のサイト
URL www.stjohns.ca

セント・ジョンズの歩き方

　主要な通りは、セント・ジョンズ港St. John's Harbourの北岸に沿って延びる**ハーバー通り**Harbour Dr.と、それに並行する**ウオーター通り**Water St.、**ダックワース通り**Duckworth St.の3本。ウオーター通りは16世紀から漁業関係の店が軒を連ねた北米最古といわれる商店街で、現在もレストランやショップ、銀行などが集まるにぎやかな通りだ。ひと筋上のダックワース通りは、クラフトショップやアートギャラリー、博物館などが並ぶ町のカルチャー・ストリート。ナイトライフを楽しむならウオーター通りとダックワース通りに挟まれたジョージ通りGeorge St.へ。

　ダウンタウンは徒歩で回れる広さ。坂が多いうえ、道がランダムに交差していたりするので、歩きやすいとはいえないが、市内には散策コース（Grand Concourse）が設けられ、案内板が随所に配置されているのでこれに沿って歩いてみるのも一案だ。おもな見どころはダウンタウンから離れているので、車があると便利。また、メトロバスMetro Busが市バスを運行。夏季のみ、ダウンタウンと**シグナル・ヒル国定史跡**などを巡るバス、ホップオンホップオフHop On Hop Offも運行されるので活用したい。郊外の見どころへはツアーに参加するのが一般的だ。

かわいらしい家が並ぶ

セント・ジョンズへの行き方

飛行機
　ハリファックスからエア・カナダが1日2便、所要約1時間50分。トロント、モントリオールからも便がある。セント・ジョンズ国際空港St. John's Interna-tional Airportはダウンタウンの北西約10kmにあり、市内へはタクシーを利用する。空港からダウンタウンまでのタクシーはひとり約$35。

長距離バス＆フェリー
　マリン・アトランティックMarine Atlanticのフェリーが、ノヴァ・スコシア州ノース・シドニーNorth Syd-neyから、ポート・オ・バスク（→P.339）まで通年運航。1日1～3便、所要約7時間。ポート・オ・バスクからセント・ジョンズまでDRLのバスが1日1便、所要約13時間40分。バスディーポからダウンタウンへはタクシーを利用するといい（$20前後）。

セント・ジョンズ国際空港(YYT)
MAP P.336外
TEL (709)758-8500
URL www.stjohnsairport.com

マリン・アトランティック
FREE (1-800)341-7981
URL www.marineatlantic.ca

DRL
（→P.384）

おもな見どころ

⚓ シグナル・ヒル国定史跡 　　　　　　**MAP** P.336
Signal Hill National Historic Site

★★★

　港の入口に切り立つ、海抜160mほどの丘。地名はかつて船の接近を港に知らせるため、ここに旗を立て合図を送ったことに由来している。港の防御拠点でもあるこの地は過去たびたび交戦の舞台となり、北米における七年戦争でイギリス

セント・ジョンズの町と港が一望できる

がフランスに対して勝利を決めた、1762年の最後の戦いの地もここだった。周辺には砲台の跡などが残されている。

　頂上のカボット・タワーCabot Towerは、初めてカナダに上陸した、ジョン・カボットの上陸400年とビクトリア女王統治60年を記念して1897年に建てられ、1960年まで合図の伝送に使われていた。内部には、1901年にこの丘でイギリスからの大西洋横断無線の受信に成功したマルコーニに関する資料が展示されている。

頂上に堂々とそびえる

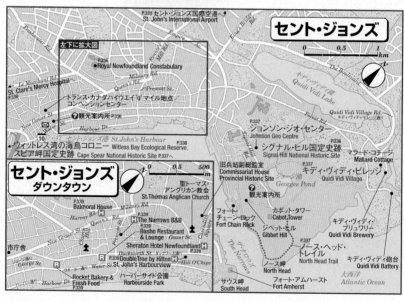

セント・ジョンズ

P.335 セント・ジョンズ国際空港へ
St. John's International Airport

左下に拡大図

P.336
Royal Newfoundland Constabulary

St. Clare's Mercy Hospital
P.336

キディ・ヴィディ池
Quidi Vidi Lake

トランス・カナダハイウエイ'0'マイル地点
コンベンションセンター

Quidi Vidi Village Rd.
キディ・ヴィディ・ビレッジ道

P.337
ジョンソン・ジオ・センター
Johnson Geo Centre

観光案内所 P.336

ウィットレス湾の海鳥コロニー Witless Bay Ecological Reserve,
スピア岬国定史跡 Cape Spear National Historic Site P.337へ

セント・ジョンズ港 St. John's Harbour　P.338

P.336
シグナル・ヒル国定史跡
Signal Hill National Historic Site

マラード・コテージ
Mallard Cottage

キディ・ヴィディ・ビレッジ
Quidi Vidi Village

旧兵站副総監室
Commissariat House
Provincial Historic Site

ジョージ池
Georges Pond

観光案内所

カボット・タワー
Cabot Tower

キディ・ヴィディ・ブリュワリー
Quidi Vidi Brewery

フォート・チェーン・ロック
Fort Chain Rock

ジベット・ヒル
Gibbet Hill

ノース・ヘッド・トレイル
North Head Trail

キディ・ヴィディ砲台
Quidi Vidi Battery

セント・ジョンズ
ダウンタウン

聖トーマス・アングリカン教会
St.Thomas Anglican Church

P.339
Balmoral House

The Narrows B&B
P.339

Basho Restaurant
& Lounge　P.339

P.339
DoubleTree by Hilton

市庁舎

St. John's Harbourview
P.339

Rocket Bakery &
Fresh Food　P.339

ハーバーサイド公園
Harbourside Park

ノース岬
North Head

サウス岬
South Head

フォート・アムハースト
Fort Amherst

ザ・ナローズ The Narrows

大西洋
Atlantic Ocean

Sheraton Hotel Newfoundland

♦ ノース・ヘッド・トレイル
North Head Trail
MAP P.336 ★★★

シグナル・ヒル国定史跡にあるハイキング・トレイルのなかで一番人気のコース。スタートはシグナル・ヒル国定史跡の頂上にある駐車場から。ノース岬North Headまで続く小道や階段を歩きながら、沿岸の美しい景色が楽しめる。距離は片道1.7km、所要約1時間。急勾配の道もあるので、ハイキングの初心者はビジター・インタープリテーション・センターVisitor Interpretation Centreへ行き、注意点などを聞いてから行こう。

♣ ジョンソン・ジオ・センター
Johnson Geo Centre
MAP P.336 ★★★

ニューファンドランド&ラブラドル州は、地球上最古という約40億年前（地球誕生は約45億年前）の岩石が発見された、地質学的に重要なエリア。この博物館では、シアターで映像を楽しんだあと、さまざまな岩石のサンプルなどを見学していくうちに、州の地勢や地球の成り立ちがわかるようになっている。セント・ジョンズの沖合で沈没したタイタニック号に関する展示もある。

建物はモダンなデザイン

♣ キディ・ヴィディ・ビレッジ
Quidi Vidi Village
MAP P.336 ★★★

ひなびた雰囲気が漂うキディ・ヴィディ

花崗岩に囲まれた入江のほとりに、古民家や教会が点在する小さな漁村。集落内のマラード・コテージMallard Cottage（現在はレストラン）は18世紀末に建てられたアイルランド移民の住宅で、州の文化財。周辺にはフランス軍の砲台や地ビール醸造所などもある。

郊外

♦ スピア岬国定史跡
Cape Spear National Historic Site
MAP P.336外 ★★★

セント・ジョンズの南およそ11kmにある北米の最東端ポイント。1836～1955年まで使われた木造の灯台は、灯台守の暮らしを紹介する博物館になっている。第2次世界大戦中にはドイツ軍の潜水艦を監視する兵舎が築かれ、灯台の下に銃座の跡などが残されている。夏にはクジラやイルカ、ミズナギドリなど、さまざまな生き物たちが目を楽しませてくれる。

ホップオンホップオフ
TEL (709)631-4677
URL stjohnshoponhopoff.ca
運 7～8月
毎日9:00～15:45
料 大人$45、シニア$40、子供$30

シグナル・ヒル国定史跡
URL www.pc.gc.ca/en/lhn-nhs/nl/signalhill
料 大人$8.5、シニア$7
交 市バス#3でカヴェンディッシュ・スクエアCavendish Square下車、徒歩25分。

カボット・タワー
TEL (709)772-5769
開 4～10月
毎日10:00～17:30
（季節により変動あり）
休 11～3月
料 無料

ノース・ヘッド・トレイル
開 通年

ビジター・インタープリテーション・センター
TEL (709)772-5367
開 6月～9月上旬
毎日10:00～18:00
9月上旬～10月上旬
水～日10:00～18:00
（季節により変動あり）
休 9月上旬～10月上旬の月・火、10月上旬～5月

ジョンソン・ジオ・センター
住 175 Signal Hill Rd.
TEL (709)864-3200
URL www.geocentre.ca
開 5～6月、10月上旬～12月
水～日9:30～17:00
7月～10月上旬
毎日9:30～17:00
休 5～6月と10月上旬～12月の月・火、1～4月
料 大人$12、シニア・学生$9、ユース$6
交 市バス#3でカヴェンディッシュ・スクエアCavendish Square下車、徒歩15分。

キディ・ヴィディ・ビレッジ
交 市バス#15で39 Cuckholds Cove Rd.下車、徒歩5分。

スピア岬国定史跡
URL www.pc.gc.ca/en/lhn-nhs/nl/spear
開 通年
料 大人$8.5、シニア$7

灯台
TEL (709)772-2191
開 6月上旬～9月上旬
毎日10:00～18:00
9月上旬～10月上旬
水～日10:00～18:00
休 9月上旬～10月上旬の月・火、10月上旬～6月上旬

　セント・ジョンズを中心にニューファンドランド全島をカバーした日本語ツアーを主催。クジラ見学クルーズ、市内&スピア岬観光、氷山見学ツアーなどが人気。そのほかにも宿泊、バスやローカルの飛行機の手配も行う。問い合わせはお早めに。

クジラ見学クルーズ
クジラ・パフィンの楽園
クルーズツアー
图1人$280　Tax別
　※2人以上。
　所要約4時間。

🍁 ウィットレス湾の海鳥コロニー　　MAP P.336外
Witless Bay Ecological Reserve

　セント・ジョンズから約30km南にあるウィットレス湾Witless Bay沖の3つの島には、毎年夏に100万つがい以上の海鳥が産卵に訪れる。州のマスコットになっているパフィンのコロニーは北米最大、ウミツバメは世界第2の規模を誇るほか、ウミガラスやセグロカモメ、ミツユビカモメなど多くの海鳥が群棲する。ベイ・ブルズBay Bullsから出るボートツアーのシーズンは5〜9月。6月中旬〜8月中旬にはザトウクジラやミンククジラ、5月〜6月下旬には氷山のウオッチングも可能だ。

©Newfound land and Labrador Tourism
かわいらしいパフィンに出合える

Column　カリブー&氷山ウオッチング

アバロン半島　　MAP P.334
Avalon Peninsula

　セント・ジョンズから50kmほど南下したアバロン半島の内陸部Avalon Peninsulaは、湿地帯に覆われた野生保護地区Avalon Wilderness Reserveに指定され、野生のカリブー（トナカイ）の生息域になっている。保護区に入るときは許可を取らなければならないが、外側からでも運がよければ見られるだろう。左に大西洋、右に針葉樹の茂る湿地帯を見つつ、ハイウエイ#10を南下するとフェリーランドFerrylandに到達する。ここは北米で英国植民者が入植した最古のエリアのひとつ。現在はカナダ政府と州政府の共同発掘プロジェクトが進められている。現場は一般にも公開され、観光案内所では発掘した破片の復元作業を見学することもできる。さらに、南下すると人口約600人ほどの小さな町、トレッパシーTreppaseyにたどり着く。

トゥイリンゲイト　　MAP P.334
Twillingate

　ノートルダム湾Notre-Dame Bayに面したトゥイリンゲイトTwillingateは氷山とホエールウオッチングのメッカとして知られ、北端の断崖にあるロング・ポイントは絶好のロケーション。シーズンは6〜7月。ラブラドルの北から流れ出した氷山がノートルダム湾まで南に下り、島に沿って東に進んでからアバロン半島を南下する。

輝く氷山を見に行こう

┌─────────────────────
トゥイリンゲイト
✈ガンダー空港Gander Airportからハイウエイ#330を北へ向かい、#331、#340と乗り継いだ最北端。所要約1時間30分。
Twillingate Island Boat Tours
住50 Main St., Twillingate
FREE(1-800)611-2374
URL www.icebergtours.ca
営夏季9:30、13:00、16:00発
Twillingate Adventure Tours
住128 Main St., Twillingate
FREE(1-888)447-8687
URL www.twillingateadventuretours.com
営夏季10:00、13:00、15:30発
─────────────────────

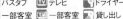

HOTEL

セント・ジョンズのホテル

Sheraton Hotel Newfoundland

シェラトン・ホテル・ニューファンドランド　MAP P.336

住115 Cavendish Square
TEL(709)726-4980
日本の予約先FAX0120-003535
URL www.marriott.com
料SD$155〜　Tax別
CC A D M V　室301室

　17世紀にイギリス軍の砦があった高台に立つ高級ホテル。約半数を占めるハーバービューの部屋から港が一望でき、ゆったりとした客室はシックな雰囲気。

DoubleTree by Hilton St. John's Harbourview

ダブルツリー・バイ・ヒルトン・セント・ジョンズ・ハーバービュー　MAP P.336

住2 Hill O'Chips
TEL(709)383-1475
URL www.hilton.com
料SD$140〜　Tax別
CC A M V　室158室

　ハーバーサイド公園Harbourside Parkからすぐの場所にある。近年改装したハーバービューを望める部屋が自慢。レストランを併設。

The Narrows B&B

ナロウズB&B　MAP P.336

住146 Gower St.
TEL(709)685-0544
URL www.thenarrowsbb.com
料S$150〜　D$175〜
Tax別　朝食付き
CC M V　室3室

　ダウンタウン、シグナル・ヒルどちらにも行くのに便利な場所にある、カラフルな木造住宅のB&B。各部屋にはバスルームが備わり、ワッフルなどの朝食も好評。

Balmoral House

バルモラル・ハウス　MAP P.336

住38 Queen's Rd.
TEL(709)693-8937
URL www.balmoralhouse.com
料SD$318〜　Tax別　朝食付き
CC A M V　室4室

　ビクトリア様式の伝統家屋を改装したB&B。高台の住宅地にあり、海側の部屋からはシグナル・ヒルが望める。暖炉付きの部屋もある。

セント・ジョンズのレストラン

Rocket Bakery & Fresh Food

ロケット・ベーカリー&フレッシュ・フード　MAP P.336

住294 Water St.
TEL(709)700-1336　URL rocketfood.ca
営夏季8:30〜18:00　冬季8:30〜16:00
休無休　予$3〜　CC A M V

　店の2階でパンやクッキーを焼いている、地元で人気のカフェ。店内はかわいらしい雰囲気。オーナーこだわりの豆を使ったコーヒーが味わえる。

Basho Restaurant & Lounge

バショ・レストラン&ラウンジ　MAP P.336

住283 Duckworth St.　TEL(709)576-4600
URL www.bashorestaurant.com
営月〜土18:00〜23:00　休日　予$40〜　CC M V

　日本で修業を積んだオーナーシェフが営むレストランで、日本料理の要素を取り入れた創作料理が味わえる。人気店なので、前日までに要予約。

Column　ニューファンドランドの入口　ポート・オ・バスク

　ニューファンドランド島の入口、ポート・オ・バスクPort-aux Basquesの港は、その名が示すとおり、16世紀初頭バスクからの漁師や捕鯨船が寄港地としていた場所。本土からのフェリーとセント・ジョンズとを結ぶ長距離バスが発着する。

ポート・オ・バスク
MAP P.334
交ノヴァ・スコシア州のノース・シドニーNorth Sydneyからマリン・アトランティックMarine Atlanticの大型フェリーが運航(→P.335)。

バスタブ　テレビ　ドライヤー　ミニバーおよび冷蔵庫　セーフティボックス　Wi-Fi(無料)
一部客室　一部客室　貸し出し　一部客室　フロントにあり　Wi-Fi(有料)

Gros Morne National Park
グロス・モーン国立公園

ニューファンドランド＆ラブラドル州

MAP P.262-B2/P.334
面積709 **面積**1805km²
入園料大人$10.5、シニア$9
**グロス・モーン国立公園
情報のサイト**
URL www.pc.gc.ca/en/
pn-np/nl/grosmorne

ディア・レイク空港
MAP P.262-B2/P.341外
TEL (709)635-3601
URL www.deerlakeairport.
com
エア・カナダ(→P.384)

おもなレンタカー会社
Avis
TEL (709)635-5010
Budget
FREE (1-800)268-8900

CHECK!

**空港からバスでグロス・モー
ン国立公園へ行く場合**
ウッディ・ポイント、トラウ
ト・リバーまでなら、マーティ
ンズ・トランスポーテーション
社Martin's Transportationが
運行するバスでも行ける。ディ
ア・レイク空港からバスディー
ポまでは、タクシーで移動。
マーティンズ・トランスポーテ
ーション社
TEL (709)453-2207
　運行時間や料金など要事前
確認。

ミキ・エンタープライズ
(→P.338)
グロス・モーン国立公園
3泊4日ツアー
料金1人$3998　Tax別
※2人以上(2人に満たない
　場合は要問い合わせ)

1987年にユネス
コ世界遺産に登録さ
れた、ニューファン
ドランド島西部に位
置する国立公園。赤
土と岩の荒れ果てた
台地のテーブルラン
ド、珪岩質がむき出
しになったグロス・

のどかな景色が広がるブルーム・ポイント

モーン山、断崖絶壁のかつてのフィヨルドが連続するウエ
スタン・ブルック・ポンドなど、何億年も前の地殻変動の
証がそのまま残り、ダイナミックな光景を見せている。ひ
とつの公園の中に、まったく異なる風景が見られるのは世
界的にも珍しく、まさに自然の偉大なる力を感じる場所だ。

グロス・モーン国立公園への行き方

🍁 飛行機

　公園に最も近い空港は、南東約70kmにあるディア・レイク空
港Deer Lake Airport（YDF）。エア・カナダAir Canada（AC）
がトロントから1日1便運航しており、所要約2時間40分。ハリフ
ァックスからは1日1～3便、所要約1時間30分。空港からグロス・
モーン国立公園へは、現地ツアーに参加するのが一般的。空港
でレンタカーを借りることもできる。

▶グロス・モーン国立公園へのツアー

　ミキ・エンタープライズでは、日本語によるツアーに参加で
きる。ほか、スター・タクシーStar Taxiなど各ツアー会社が催
行。

🍁 ミキ・エンタープライズ Miki Enterprises

　ディア・レイク空港からのツアーは、最短で3泊4日から。ハ
イキングをする、おもな見どころを巡るなど、希望に合わせた
プライベートツアーを扱う。

グロス・モーン国立公園の歩き方

天候が変わりやすいので、運転には要注意

公園内に公共の交通機関はないので車は不可欠。ただ走って見るだけでも丸1日は必要。**ウエスタン・ブック・ポンド**のボートツアーやトレイルなどアクティビティを満喫するなら、天候も不安定なので、最低4〜5日は見込んでおきたい。時間がないなら、ポイントを絞るか、ツアーで効率よく回ろう。

公園内の拠点は、**ロッキー・ハーバー**と**トラウト・リバー**、**ウッディ・ポイント**。ホテルを予約するなら、公園の中心部にあるロッキー・ハーバーがどこに行くにも便利。ロッキー・ハーバーからハイウエイ#430を南下し、途中の分かれ道を右に行くと、眺めのいいノリス・ポイントNorris Point。さらに南へ走り、ウィルトンデイルWiltondaleでハイウエイ#431へ。ここからウッディ・ポイントへは30〜40分。すぐ手前にあるディスカバリー・センターで、ガイドブックやトレイル情報などを仕入れておこう。**ディスカバリー・センター**から**テーブルランド**へは約10分で、その先にトラウト・リバーがある。

ロッキー・ハーバーから北へは、約40分でウエスタン・ブック・ポンド。その先には、博物館などがある小さな村カウ・ヘッドCow Head、広いビーチが続くキャンプ場、シャロウ湾Shallow Bayがある。ロッキー・ハーバー〜シャロウ湾間は約50km。

おもな見どころ

♦ディスカバリー・センター **MAP P.341**
Discovery Centre ★★★

観光案内所と公園内の研究施設を兼ねるビジターセンター。入口がある2階には、インフォメーションと公園の地質を説明するパネルや模型などがある。館内にはシアターもあり、公園の概要と地質学に関する映像を随時上映。書店もある。1階はギャラリーになっており、公園の風景を描いた作品が飾られている。3階にある展望台からの眺めはすばらしい。

❓観光案内所

観光案内所は、ウッディ・ポイントそばのディスカバリー・センターとロッキー・ハーバー近くにあるVisitor Centreの2ヵ所。どちらもWi-Fiが使える。

Visitor Centre
MAP P.341
TEL (709)458-2417
開 5月中旬〜10月上旬
毎日9:00〜17:00
休 10月上旬〜5月中旬

ディスカバリー・センター
開 5月中旬〜10月下旬
毎日9:00〜17:00
休 10月下旬〜5月中旬

🍁 ロッキー・ハーバー
Rocky Harbour

MAP P.341

ロッキー・ハーバー入江Rocky Harbourを囲むように家屋が並ぶ漁村。入江に面したメイン通りMain St.を中心に、ホテルやレストラン、ショップが並ぶ公園内の中心。19世紀末に造られた鋳鉄の骨組みのロブスター・コーブ・ヘッドLobster Cove Headという灯台がある。町の西端まで行くと、ロッキーという名前の由来となった岩だらけの海岸がある。

素朴な雰囲気

🍁 ウッディ・ポイント
Woody Point

MAP P.341

19世紀初頭から、サーモンやロブスターの漁、加工などで栄えた港町。港に面した一帯が町の中心で、1919年に建造された灯台や町の歴史的資料を集めた博物館、教会、ヘリテージハウスを使ったB&Bなどが並ぶ。木造のかわいらしい家屋も見られる。

テーブルランドを下りた先にある

🍁 トラウト・リバー
Trout River

MAP P.341

1815年にイギリス人、ジョージ・クロッカーGeorge Crockerが開拓した漁村。港の周辺には、遊歩道が整備されており、案内所や郵便局、シーフードレストランが並ぶ。トラウト・リバー池Trout River Pond沿いにバンガロータイプの宿やレストランが点在する町なかは、のどかな雰囲気。

ハイキングを楽しむ人も多い

🍁 グロス・モーン山
Gros Morne Mountain

MAP P.341

ピンク色の珪岩がむき出しになったこの山は、高さ806mで公園内最高峰、ニューファンドランド島では2番目に高い山だ。雲や霧がかかっていたり、雪が積もっていることが多いことから「グロス・モーン山（フランス語で、大きく憂鬱な山）」と名づいたとされる。ツンドラのような自然環境で、ライチョウや北極ウサギなど珍しい種類の動物も生息している。山の上まで続くトレイルもある。

荒々しい景観のグロス・モーン山

CHECK!

公園内のドライブに注意

カーブとストロープが連続する道は、ドライブルートとしては最高に気持ちいいが、ガードレールはほとんどない。カーブを曲がった先に、突然壮大な景色が広がると、一瞬見とれたり、遠近感を失ってしまうことも。また、道にいきなりムースが現れることもしばしば。観光客の事故が多いので、ゆっくり走ろう。

ニューファンドランド島は、霧が頻繁に発生することで有名。霧が深くなると、道の先がかなり見づらくなるので十分注意しよう。

ムースへの注意を示す看板

霧が深い日は要注意

CHECK!

ランチやおやつを持っていくと◎

グロス・モーン国立公園内にレストランや売店はほとんどない。また、見どころと見どころの距離がとても離れているので、拠点の町で食べ物やドリンクを買って出かけるのがおすすめ。

おやつタイムに出るゴミはきちんと持ち帰ろう

♦ テーブルランド
Tablelands

★★★

北米大陸のプレートとユーラシア／アフリカ大陸のプレートの衝突により、流れ出した上部マントルが海底から岩を押し上げたことによってできたテーブル状の台地。12億年前には地中深く、マントルの中に眠っていた岩石の上を

赤茶けた色をしている

歩くことができる。乾いた土地からわずかな水分を吸収して何百年もの間生きている枯れ木のような樹木や、ピッチャー・プラントPitcher Plantという食虫植物など珍しい植物が見られる。

♦ ウエスタン・ブルック・ポンド
Western Brook Pond

MAP P.341

★★★

グロス・モーン国立公園のハイライトのひとつが、そそり立つかつてのフィヨルドが眼前に望めるウエスタン・ブルック・ポンド。ギザギザに引きちぎられたようなフィヨルドは、1万5000年前、氷河の浸食によりできたもの。何百mにも及ぶ岩壁の高さは、氷河期末期の氷河の作用を証明している。また、ここは地質構造学上のプレート・テクトニクス（プレート理論）を証明する世界的にも希少な例だ。6億年前、もともとひとつだったアメリカ大陸とユーラシア大陸が離れ始め、その亀裂を海底からあふれたマグマが埋めた。5億7千万～4億2千万年前には再びふたつの大陸は離れ始め、間には海ができた。フィヨルドからは多くの化石が発掘されているが、ほとんどがこの海があった時代のものだ。

ウエスタン・ブルック・ポンドを見学するなら、ぜひ観光用のボートツアーに参加したい。ハイウエイ#430沿いにある駐車場から湿原の約3kmのトレイルを歩く。半分ぐらいの所で、ウエスタン・ブルック・ポンドに突き当たり、すぐそばにビューポイントがある。そのままトレイルを歩くとウエスタン・ブルック・ポンドのインフォメーションに到着。ここにあるカウンターで受付を済ませたら（予約は事前にしておくこと）、桟橋で待っているボートに乗り込む。ものの5分で、かつての荒々しいフィヨルドの岩壁や約600mの高さを流れ落ちる滝を見ながら、ボートはさらに突き進む。太古から続く地球の鳴動を体感できるはずだ。

©Newfoundland and Labrador Tourism

フィヨルドの景観が続く

マメ知識

テーブルランドには、「蛇紋岩」が転がっている。蛇紋岩は、普通マントル近くの地層にあるため地上で見ることができない。マントルが押し上げられてできたテーブルランドだからこそ見られる岩石だ。

岩石の表面に蛇のような模様が見られる

テーブルランドのガイドハイキング
Walk Upon the Earth's Mantle

🗓 7月～9月上旬の毎日、ローシーズンの火・木・土・日 10:00発
💰 無料

ハイウエイ#431にあるテーブルランドの駐車場に集合。所要約2時間。

ウエスタン・ブルック・ポンドのボートツアー
Bon Tours

🏠 105 Pond Rd., Rocky Harbour
📞 (709)458-2016
📠 (1-888)458-2016
🌐 www.bontours.ca
🗓 5月中旬～6月
　毎日12:30発
　7～8月
　毎日10:00、11:00、12:30、13:30、15:00発
　9月～10月中旬
　毎日12:30発
💰 大人$72

所要約2時間。要予約。船上は冷えるので、夏でもジャケットを持参しよう。

スタッフが解説をしてくれる

CHECK!

ボン湾でアクティビティ

　ボン湾にはBonne Bay Marine Stationがあり、ボン湾で楽しめる各種アクティビティを紹介してくれる。

Bonne Bay Marine Station

MAP P.341

🏠 1 Clarke's Rd., Noris Point

📞 (709)458-2874

🔗 grenfell.mun.ca

🕐 7月～9月上旬
木～月10:00～16:00
（5～6月、9月上旬～10月は要問い合わせ）

🚫 11～4月

🍁 ブルーム・ポイント　　　　**MAP** P.341
Broom Point　　　　　　　　　　　★ ★ ★

　1941～75年、ブルーム・ポイントにはマッジ・ファミリー Mudge Familyという漁師の3兄弟と、その家族だけが暮らしていた。現在は彼らが住んでいたキャビンと、営んでいた魚屋が復元。中には実際に使用していた船や釣り道具、家具などを展示している。2022年11月現在、改装のため閉鎖中。再開時期は未定。

🍁 グリーン・ガーデン　　　　**MAP** P.341
Green Gardens　　　　　　　　　　★ ★ ★

　切り立った崖の上に広がる草原で、9kmのハイキング（→下記参照）を楽しめる。草原の端にはビーチがあり、キャンプ場になっている。崖下には、流れた溶岩が固まったような岩や洞窟などが見られる。

ACTIVITY アクティビティ

シーカヤック

Gros Morne Adventures

MAP P.341

🏠 9 Clarke's Lane., Noris Point

📞 (1-800)685-4624

🔗 grosmorneadventures.com

2時間ガイドツアー

🕐 6月中旬～9月中旬
毎日10:00、14:00発

💰 大人$55

4.5時間ガイドツアー

🕐 6月中旬～9月上旬
毎日9:00発

💰 大人$140

CHECK!

水にぬれてもOKな地図

　Visitor Centreまたはディスカバリー・センターにて、ウォータープルーフのトレイルガイド付きマップを販売している。

シーカヤック　　　SEA KAYAKING

　ボン湾Bonne Bayでのシーカヤックは、気軽に楽しめると人気。美しい水面を進みながら、グロス・モーン国立公園の豊かな自然に触れられる。2時間のガイドツアー2 Hour Paddleと、より挑戦的なコースでボン湾を冒険できる4.5時間のガイドツアーPaddle & Shuttleがある。初心者にはカヤックの漕ぎ方から教えてくれるので安心して参加できる。

ハイキング　　　HIKING

　公園内にはレベルの異なるトレイルが全部で20ある。ハイキングに行く際は、まずディスカバリー・センターか Visitor Centre で地図をもらい、ガイダンスを受ける。靴はハイキングに適したもので、上着や雨具も忘れずに。水や食べ物も持参しよう。

大自然のなかを歩こう

おもなハイキングコース

①テーブルランド　Tablelands
　テーブルランドの中を往復するコース。夏季にはガイドハイキング（→P.343欄外）も開催。所要1時間。
距離　**4km**（往復）　難易度　**初級**

②ルックアウト・ヒル　Lookout Hills
　ディスカバリー・センターから出発する。テーブルランドやボン湾の眺めが楽しめる。所要2～3時間。
距離　**5km**（往復）　難易度　**中級**

③グリーン・ガーデン　Green Garden
　上級者向け。9kmの道のりを、牧草地や海岸線に沿って進む。所要3～4時間。
距離　**9km**（往復）　難易度　**上級**

④グロス・モーン山　Gros Morne Mountain
　最も難易度の高いコース。岩が多く険しいので、かなり経験を積んだ上級者向けだ。所要6～9時間。登山前に、Visitor Centreまたはディスカバリー・センターで登山者登録をすること。7月に開山する。
距離　**17km**（往復）　難易度　**超上級**

HOTEL

グロス・モーン国立公園のホテル

グロズ・モーン国立公園内にあるホテルはあまり多くない。ほとんどがロッキー・ハーバーやウッディ・ポイント、トラウト・リバーなどの町にあり、ホテルでも規模はあまり大きくない。特にハイシーズンに園内に宿泊したい場合は、早めの予約を心がけよう。B&Bなどの宿泊施設は、Airbnb（→P.373）などで紹介されているので、チェックしてみて。

Ocean View Hotel

オーシャン・ビュー　[MAP] P.341

[住]38-42 Main St., Rocky Harbour
[TEL](709)200-1650
[FREE](1-800)563-9887
[URL]www.theoceanview.ca
[営]4～12月
[料]ⓈⒹ$159～　Tax別
[CC]A D M V　[室]52室

ロッキー・ハーバー最大のホテル。1階に、ウエスタン・ブルック・ポンドのボートツアー（→P.343）など各種アクティビティのチケットを扱うオフィスを併設。

Crocker Cabins

クロッカー・キャビンズ　[MAP] P.341

[住]51 Duke St., Trout River
[TEL](709)451-3236
[FREE](1-877)951-3236
[URL]www.crockercabins.com
[料]Ⓢ$114.15～ Ⓓ$131.5～　Tax別
[CC]M V
[室]コテージ4棟

トラウト・リバーの南、山の麓にあるキャビンで、とても静かに過ごせる。キッチンやランドリーなどを備えており、通年オープン（要事前予約）。

グロス・モーン国立公園のレストラン

Java Jack's Restaurant & Gallery

ジャバ・ジャックス・レストラン&ギャラリー　[MAP] P.341

[住]88 Main St., Rocky Harbour
[TEL](709)458-2710　[URL]javajacks.ca
[営]5月中旬～9月中旬　毎日8:30～20:30　[休]9月中旬～5月中旬
[予]$16～　[CC]D J M V

ニューファンドランドのシーフードを使ったメニューが自慢。自家栽培したオーガニック野菜を使用することも。1階では軽食やコーヒーをテイクアウトできる。

Earl's

アールズ　[MAP] P.341

[住]111 Main St. South, Rocky Harbour
[TEL](709)458-3100
[営]4月上旬～10月中旬　毎日8:00～22:00
[休]10月中旬～4月上旬
[予]$10～　[CC]M V

ムースの肉を使ったシチュー、バーガーなど多彩なムース料理が揃う。時期によって、ロッキー・ハーバーで取れたロブスターが味わえることも。

Treasure Box

トレジャー・ボックス　[MAP] P.341

[住]72 Main St. North, Rocky Harbour
[TEL](709)458-3007　[URL]www.grosmorne.com/treasurebox
[営]5月中旬～末、10月頭～下旬　毎日8:00～21:00
6～9月　毎日9:00～19:00
[休]10月下旬～5月中旬
[予]$5～　[CC]M V

名物のフィッシュケーキは、オーナーのジョイスさんがニューファンドランドのジャガイモとタラを使い、毎日手作りしている。ほか、ホームメイドのケーキも人気。

Sunset

サンセット　[MAP] P.341

[住]24 Main St. North, Rocky Harbour
[TEL](709)458-2807
[営]5月～10月中旬　毎日8:00～22:00
[休]10月中旬～4月
[予]$10～　[CC]M V

こぢんまりとしたレストラン。ニューファンドランド風の豆スープやムースバーガーは素朴な味。軽食のテイクアウトもできる。

🛁 バスタブ　📺 テレビ　💨 ドライヤー　🍸 ミニバーおよび冷蔵庫　🔒 セーフティボックス　💻 Wi-Fi（無料）
🛁 一部客室　📺 一部客室　💨 貸し出し　🍸 一部客室　🔒 フロントにあり　💻 Wi-Fi（有料）

世界遺産に登録されたヴァイキングの遺跡と
カナダに残されたフランス特別自治区を訪ねて

ヴァイキングが北米に到達したのが今から約1000年前。その遺跡であるランス・オ・メドゥズでは世界のヴァイキング研究者たちによる研究発表会が行われるなど、現在も貴重な史跡として注目を集めている。カナダに残されたフランス特別自治区もユニークな場所だ。

ランス・オ・メドゥズ国立歴史公園
L'Anse aux Meadows National Historic Site

ニューファンドランド島の最北端には北米唯一のヴァイキングの入植遺跡がある。島の北西部に延びるノーザン半島の突端ランス・オ・メドゥズ国立歴史公園だ。1960年代に発見された3軒の住居と4ヵ所の作業場は、1000年頃、謎に包まれたリーフ・エリクソン率いるヴァイキングが上陸し、生活していた証拠であることが判明。カナダで最初にユネスコの世界遺産に登録され、当時の家や鍛冶場、ヴァイキングの船などがリアルに復元されている。草と土で造られた住居跡からは、極寒の地での冬をいかに過ごしていたかがしのばれる。すぐそばのビジターセンターで、当時の生活や発掘の様子などの説明を聞くこともできる。また、ヴァイキングのボートや生活の様子がリアルに再現されたヴァイキング村もある。

サン・ピエール島とミクロン島
St. Pierre & Miquelon

ニューファンドランド島南部に突き出たブーリン半島Burin Peninsulaのすぐ沖合にある小さな島、サン・ピエール島St. Pierreとミクロン島Miquelonはフランス領。ここは約1時間10分で行ける"フランス"。島民はフランスワインを飲み、フランス語を話す。この島は、16世紀にジャック・カルティエがフランス領宣言をし、その後イギリスの支配下におかれたが、1763年のパリ条約で再びフランス領になった。禁酒法時代は、カナダのウイスキーをアメリカの酒業者が買い付けに来るという中継貿易の重要な拠点となった。

サン・ピエール島には免税ショッピングが目的の観光客も多く、複数のホテルや店がある。ミクロン島は岩がちで荒々しい自然が残されている。ミクロン島の南側には、砂州でつながる大小いくつかの島(Langlade)があり野生の馬も生息している。

サン・ピエール島へはセント・ジョンズから飛行機も出ているが、ブーリン半島のフォーチュンFortuneから、夏は毎日1往復のフェリーがある。カナダ人やアメリカ人はパスポートも不要(IDカードは必要)だが、日本人はパスポートが必要(ビザは不要)。

ランス・オ・メドゥズ国立歴史公園
🌐 P.334
📱 www.pc.gc.ca/en/lhn-nhs/nl/meadows
🕐 6月～10月上旬
　　毎日9:00～17:00
🚫 10月上旬～6月
💰 大人$12.5、シニア$10.75
🚌 ランス・オ・メドゥズ国立歴史公園への定期バスは通ってないので、タクシーまたはレンタカーとなる。コーナー・ブルックからトランス・カナダ・ハイウエイ#1を北上し、ディア・レイクDeer Lakeで#430へ。そのまま北上し、グロス・モーン国立公園を通り#436を進めると到着。

サン・ピエール島とミクロン島
🌐 P.334
📱 www.spm-tourisme.fr

サン・ピエール島とミクロン島への行き方
🚢 フォーチュンFortuneからフェリーで行ける。5～12月週1～7日の1～2便、所要約1時間30分。セント・ジョンズからフォーチュンまではタクシーが便利。
Le Cabestan
☎ (011-508)410-875
📱 www.saintpierreferry.ca
🕐 4～12月
💰 往復　大人€73、シニア€68、子供€49

タクシー
City Wide Taxi
☎ (709)722-7777

旅の準備と技術

旅 の 情 報 収 集

日本での情報収集

◆ カナダ観光局

カナダ観光局
URL jp-keepexploring.canada.
travel
E twitter.com/Canada
Explore
f www.facebook.com/
canadaexplore

カナダに関するさまざまな観光情報を扱っている。インターネットでは日本語のホームページも開設している。最新のカナダ情報を入手できるツイッターやフェイスブックもある。

◆ 在日カナダ大使館図書館

カナダ大使館
E・H・ノーマン図書館
住 〒107-8503
東京都港区赤坂7-3-38
在日カナダ大使館内
TEL (03)5412-6200
FAX (03)5412-6287
EML tokyo.lib-bib@
international.gc.ca
開 月～金
13:30～17:30
休 土・日、大使館閉館日

一般の人も利用できる図書館。登録（無料）すれば、本の貸し出しができる。約50人が利用できる閲覧室があり、図書のほかDVDやCDも充実。蔵書に関する問い合わせはeメール、またはファクスでも可能。大使館入館には政府発行の写真付き身分証明書が必要なので、忘れずに持参しよう。

現地での情報収集

カナダは各都市、町村に必ずといっていいほど観光案内所がある。大都市は空港や駅、街の中心部のほか、主要観光ポイントにも出張所かキオスクがあり資料を入手できるが、ダウンタウンから数km離れたハイウエイの途中にあることも多い。観光案内所では、まず地図とガイド冊子やパンフレット（最近は日本語版を置いているところもある）、あれば市バスや地下鉄などのルートマップや時刻表ももらおう。アクティビティやB&Bなどのチラシもたくさん置いてある。冊子やチラシにはアクティビティやミュージアム、レストランなどが割引になるクーポンが付いていることもある。また、どこでも宿泊や観光の相談に気軽に応じてくれるし、宿泊予約用の無料電話を使うこともできる。たいていの資料は無料なので積極的に利用したい。国立公園などを訪れる人は公園の入口にあるビジターセンターに立ち寄ってみよう。地図や案内が手に入る。

レストランや宿泊情報も満載のガイド冊子

トロントの観光案内所

レストランやアトラクションの割引チケットがある街も多い

インターネットでの情報収集

旅行者にとって有力な情報源となっているのが、インターネットだ。ほとんどの市町村で観光用のウェブサイトがあり、トロントやナイアガラには日本語案内のページもある。また、現地発信のブログにも注目したい。カナダには現地在住の日本人が多く、住んでいなければわからないような細かい、そして最新の情報を発信している。また、地方の小さな町が運営しているウェブサイトやツイッター、フェイスブック、ブログなどは、日本では手に入りにくい情報の宝庫となっている。

おすすめのウェブサイト

カナダ総合情報

地球の歩き方ホームページ（日）
URL www.arukikata.co.jp
twitter.com/arukikata_book
www.facebook.com/arukikata
　カナダドルの最新のレートのほか、現地の天候もわかる。

在日カナダ大使館（英・仏）
URL www.canadainternational.gc.ca/japan-japon

カナダ観光局（日）
URL jp-keepexploring.canada.travel
twitter.com/CanadaExplore
www.facebook.com/canadaexplore
　おすすめスポットやアクティビティなど旅行情報が充実。

パークス・カナダ
URL www.pc.gc.ca
twitter.com/ParksCanada
www.facebook.com/ParksCanada
　国立公園、国定史跡、世界文化遺産などの情報。日本で情報が手に入れにくい自然公園、史跡も紹介している。

地域情報

●オンタリオ州
オンタリオ州観光局（英）
URL www.destinationontario.com/en-ca
オンタリオ州観光局（日）
URL www.destinationontario.com/ja-jp/japan
●ケベック州
Tourisme Québec
URL www.bonjourquebec.com/fr-ca
twitter.com/tourismquebec
www.facebook.com/tourismequebec
●プリンス・エドワード・アイランド州
プリンス・エドワード島政府観光局（日）
URL www.tourismpei.com/ja
twitter.com/tourismpei
www.facebook.com/TourismPEI
●ノヴァ・スコシア州
Nova Scotia Tourism
URL www.novascotia.com
twitter.com/VisitNovaScotia
www.facebook.com/novascotia
●ニュー・ブランズウィック州
Tourism New Brunswick
URL www.tourismnewbrunswick.ca
twitter.com/destinationnb
www.facebook.com/explorenb
●ニューファンドランド＆ラブラドル州
Newfoundland & Labrador Tourism
URL www.newfoundlandlabrador.com
twitter.com/NLtweets
www.facebook.com/NewfoundlandLabradorTourism
●アルゴンキン州立公園
The Friends of Algonquin Park
URL www.algonquinpark.on.ca
twitter.com/AlgonquinPark
www.facebook.com/TheFriendsofAlgonquinPark
●ロレンシャン
Tourisme Laurentides
URL www.laurentides.com
twitter.com/TLaurentides
www.facebook.com/TourismeLaurentides
●イースタン・タウンシップス
Tourism Eastern Townships
URL www.easterntownships.org
twitter.com/townships
www.facebook.com/easterntownships

町情報

トロント
Tourism Toronto
URL www.destinationtoronto.com
twitter.com/SeeTorontoNow
www.facebook.com/destinationtoronto
ナイアガラ・フォールズ
Niagara Parks
URL www.niagaraparks.com
twitter.com/niagaraparks
www.facebook.com/niagaraparks
オタワ
Ottawa Tourism
URL www.ottawatourism.ca
twitter.com/Ottawa_Tourism
www.facebook.com/visitottawa
モントリオール
Tourisme Montréal
URL www.mtl.org
twitter.com/montreal
www.facebook.com/Montreal
ケベック・シティ
Quebéc City Tourism
URL www.quebec-cite.com
twitter.com/QuebecCite
www.facebook.com/Quebeccite
シャーロットタウン
Discover Charlottetown
URL www.discovercharlottetown.com
twitter.com/CharlottetownPE
www.facebook.com/discovercharlottetown

交通情報

エア・カナダ
URL www.aircanada.com/jp/ja/aco/home.html（日）
URL www.aircanada.com/ca/en/aco/home.html（英）
twitter.com/aircanada
www.facebook.com/aircanada
　オンラインでスケジュールの確認と予約ができる。
VIA鉄道
URL www.wcs.ne.jp/via（日）
URL www.viarail.ca/（英）
twitter.com/VIA_Rail
www.facebook.com/viarailcanada
　英語版には時刻表が掲載され、予約もできる。日本語版は予約方法やチケット料金などを紹介。

宿泊情報

BB Canada.com
URL m.bbcanada.com
twitter.com/bbcanada
www.facebook.com/bbcanada
　カナダ各地のB&Bを紹介。登録数は1万以上、禁煙、子供連れなどの条件で探すのに便利。
Hostelling International Canada
URL www.hihostels.ca
twitter.com/hostelscanada
www.facebook.com/hicanadahostels
　カナダの公営ユースホステルのサイト。

※（日）は日本語サイト

旅 の シ ー ズ ン

▌ 旅のシーズン

🍁 春（3月下旬〜6月）

　カナダ東部の春は遅い。ケベック州では、まだ雪の残る3月に
メープルシロップの収穫が行われ、4月頃に雪解けとなる。オン
タリオ州でも同様。厚手のコートやセーターを手離せるのは、5
月中旬〜下旬頃。この頃にはさまざまな花が咲き乱れ、オタワ
の「カナディアン・チューリップ・フェスティバル（→P.154）」
が行われ本格的な春となる。

🍁 夏（7月〜9月上旬）

　人々は短い夏を楽しむべく、アウトドアやフェスティバルな
ど精力的に動き回る。モントリオールのジャズ・フェスティバ
ルやケベック・シティをはじめとする各地でサマー・フェステ
ィバルが行われる。大西洋沿岸やセント・ローレンス川ではホ
エールウオッチングやクルーズ、野鳥観察などのアクティビテ
ィやエコツアーが盛んになる。年間を通じて最も過ごしやすく
天候も安定する時期だが、天気は変わりやすいので雨具は必須。
日差しも強いので、サングラスや帽子を忘れずに。

🍁 秋（9月中旬〜10月）

　メープルの木々がいっせいに紅葉する秋は、カナダ東部のハ
イライトとなるシーズンだ。紅葉の時期は毎年9月中旬から10月
中旬にかけて。高原地域は寒暖の差が激しいので、冬のコート
やマウンテンパーカ、フリースなどを持っていこう。10月第2月
曜の感謝祭（サンクスギビング・デー）や10月31日のハロウィ
ンの頃はあちこちでにぎやかな飾り付けが見られ、楽しい。

時差早見表（通常時）

日本標準時間(JST)	12:00	13:00	14:00	15:00	16:00	17:00	18:00	19:00	20:00	21:00
太平洋標準時間 (PST) -17時間	19:00	20:00	21:00	22:00	23:00	24:00	1:00	2:00	3:00	4:00
山岳部標準時間 (MST) -16時間	20:00	21:00	22:00	23:00	24:00	1:00	2:00	3:00	4:00	5:00
中部標準時間 (CST) -15時間	21:00	22:00	23:00	24:00	1:00	2:00	3:00	4:00	5:00	6:00
東部標準時間 (EST) -14時間	22:00	23:00	24:00	1:00	2:00	3:00	4:00	5:00	6:00	7:00
大西洋標準時間 (AST) -13時間	23:00	24:00	1:00	2:00	3:00	4:00	5:00	6:00	7:00	8:00
ニューファンドランド標準時間(NST)-12時間30分	23:30	24:30	1:30	2:30	3:30	4:30	5:30	6:30	7:30	8:30

時差早見表（サマータイム実施時　3月第2日曜〜11月第1日曜）

日本標準時間(JST)	12:00	13:00	14:00	15:00	16:00	17:00	18:00	19:00	20:00	21:00
太平洋標準時間 (PST) -16時間	20:00	21:00	22:00	23:00	24:00	1:00	2:00	3:00	4:00	5:00
山岳部標準時間 (MST) -15時間	21:00	22:00	23:00	24:00	1:00	2:00	3:00	4:00	5:00	6:00
中部標準時間 (CST) -14時間	22:00 (21:00)	23:00 (22:00)	24:00 (23:00)	1:00 (24:00)	2:00 (1:00)	3:00 (2:00)	4:00 (3:00)	5:00 (4:00)	6:00 (5:00)	7:00 (6:00)
東部標準時間 (EST) -13時間	23:00	24:00	1:00	2:00	3:00	4:00	5:00	6:00	7:00	8:00
太西洋標準時間 (AST) -12時間	24:00	1:00	2:00	3:00	4:00	5:00	6:00	7:00	8:00	9:00
ニューファンドランド標準時間(NST)-11時間30分	24:30	1:30	2:30	3:30	4:30	5:30	6:30	7:30	8:30	9:30

※（　）内はサスカチュワン州の時間。

♣冬（11月〜3月中旬）

　カナダ東部の冬は雪が多く、寒さが厳しい。ケベック・シティではマイナス20〜30℃にも達することがある。厚手のコートや手袋、マフラー、靴も防水性のある安定した靴底のものを用意したい。しかし、12月のクリスマスは1年で最もにぎやかな時期。町のいたるところにイルミネーションが飾られる。1〜2月になると、各地でセールやウインター・カーニバルが行われる。

トロントの市庁舎前のクリスマスツリー

カナダ東部各地の月別平均最高・最低気温および降水量

		1月	2月	3月	4月	5月	6月	7月	8月	9月	10月	11月	12月
オンタリオ州	最高気温(℃)	-0.7	0.4	4.7	11.5	18.4	23.8	26.6	25.5	21	14	7.5	2.1
トロント	最低気温(℃)	-6.7	-5.6	-1.9	4.1	9.9	14.9	18	17.4	13.4	7.4	2.3	-3.1
	降水量(mm)	61.5	55.4	53.7	68	82	70.9	63.9	81.1	84.7	64.4	84.1	61.5
ナイアガラ・	最高気温(℃)	-0.4	1.3	5.9	12.8	19.4	24.5	27.4	26	21.9	15.1	8.7	2.7
フォールズ	最低気温(℃)	-7.8	-6.6	-3.5	2.2	7.7	13.7	17	16.2	12.3	6.3	1.1	-4.1
	降水量(mm)	75.6	61.8	61.7	72	86.8	80.9	78.9	79.2	98.2	79.7	91.8	81.1
オタワ	最高気温(℃)	-5.8	-3.1	2.4	11.4	19	24.1	26.6	25.4	20.5	12.8	5.5	-2
	最低気温(℃)	-14.4	-12.5	-6.8	1.5	8	13.3	15.7	14.5	10.1	4	-1.5	-9.2
	降水量(mm)	62.9	49.7	57.5	71.1	86.6	92.7	84.4	83.8	92.7	85.9	82.7	69.5
ケベック州	最高気温(℃)	-5.3	-3.2	2.5	11.6	18.9	23.9	26.3	25.3	20.6	13	5.9	-1.4
モントリオール	最低気温(℃)	-14	-12.2	-6.5	1.2	7.9	13.2	16.1	14.8	10.3	3.9	-1.7	-9.3
	降水量(mm)	77.2	62.7	69.1	82.2	81.2	87	89.3	94.1	83.1	91.3	96.4	86.8
ケベック・シティ	最高気温(℃)	-7.9	-5.6	0.2	8.3	17	22.3	25	23.6	17.9	11.1	2.9	-4.2
	最低気温(℃)	-17.7	-15.6	-9.4	-1	5.4	10.5	13.5	12.5	7.5	2	-4.2	-12.8
	降水量(mm)	86.6	74.5	76.1	83.5	115.9	111.4	121.4	104.2	115.5	98.3	102.5	99.9
プリンス・エドワード島	最高気温(℃)	-3.4	-2.9	0.9	7.2	14.3	19.4	23.3	22.8	18.6	12.3	6.3	0.5
シャーロットタウン	最低気温(℃)	-12.1	-11.7	-7	-1.2	4.1	9.6	14.1	13.7	9.6	4.4	-0.5	-7
	降水量(mm)	101	83.2	86.3	83.7	91	98.8	79.9	95.7	95.9	112.2	112.5	118.1
ノヴァ・スコシア州	最高気温(℃)	-1.3	-0.6	3.1	9.1	15.3	20.4	23.8	23.6	19.4	13.1	7.3	1.7
ハリファックス	最低気温(℃)	-10.4	-9.7	-5.7	-0.3	4.6	9.7	13.7	13.7	9.7	4.2	-0.4	-6.4
	降水量(mm)	134.3	105.8	120.1	114.5	111.9	96.2	95.5	93.5	102	124.9	154.2	143.3
ニュー・ブランズウィック州	最高気温(℃)	-3.8	-2	3	10	17.6	22.7	25.5	24.8	20	13.2	6	-0.7
フレデリクトン	最低気温(℃)	-15	-13.7	-7.8	-1	4.6	9.7	13	12.1	7.1	1.6	-3	-10.7
	降水量(mm)	95.3	73.1	93.2	85.9	96.2	82.4	88.3	85.6	87.5	89.1	106.3	94.9
ニューファンドランド&ラブラドル州	最高気温(℃)	-2.5	-1.5	2.4	8.5	15	19.6	22.6	22.4	18.2	12.3	6.4	0.5
セント・ジョンズ	最低気温(℃)	-13.3	-12.6	-7.4	-1.2	3.9	8.4	11.6	11.2	7.7	2.8	-1.9	-9.3
	降水量(mm)	123.5	91	108.2	105.3	109.8	101	88.4	81.7	105.6	116.4	134.1	130.4

出典：カナダ環境省 Environment Canada　URL weather.gc.ca

22:00	23:00	24:00	1:00	2:00	3:00	4:00	5:00	6:00	7:00	8:00	9:00	10:00	11:00
5:00	6:00	7:00	8:00	9:00	10:00	11:00	12:00	13:00	14:00	15:00	16:00	17:00	18:00
6:00	7:00	8:00	9:00	10:00	11:00	12:00	13:00	14:00	15:00	16:00	17:00	18:00	19:00
7:00	8:00	9:00	10:00	11:00	12:00	13:00	14:00	15:00	16:00	17:00	18:00	19:00	20:00
8:00	9:00	10:00	11:00	12:00	13:00	14:00	15:00	16:00	17:00	18:00	19:00	20:00	21:00
9:00	10:00	11:00	12:00	13:00	14:00	15:00	16:00	17:00	18:00	19:00	20:00	21:00	22:00
9:30	10:30	11:30	12:30	13:30	14:30	15:30	16:30	17:30	18:30	19:30	20:30	21:30	22:30

22:00	23:00	24:00	1:00	2:00	3:00	4:00	5:00	6:00	7:00	8:00	9:00	10:00	11:00
6:00	7:00	8:00	9:00	10:00	11:00	12:00	13:00	14:00	15:00	16:00	17:00	18:00	19:00
7:00	8:00	9:00	10:00	11:00	12:00	13:00	14:00	15:00	16:00	17:00	18:00	19:00	20:00
8:00	9:00	10:00	11:00	12:00	13:00	14:00	15:00	16:00	17:00	18:00	19:00	20:00	21:00
(7:00)	(8:00)	(9:00)	(10:00)	(11:00)	(12:00)	(13:00)	(14:00)	(15:00)	(16:00)	(17:00)	(18:00)	(19:00)	(20:00)
9:00	10:00	11:00	12:00	13:00	14:00	15:00	16:00	17:00	18:00	19:00	20:00	21:00	22:00
10:00	11:00	12:00	13:00	14:00	15:00	16:00	17:00	18:00	19:00	20:00	21:00	22:00	23:00
10:30	11:30	12:30	13:30	14:30	15:30	16:30	17:30	18:30	19:30	20:30	21:30	22:30	23:30

旅の予算とお金

カナダの割引制度

カナダではほとんどの場合、美術館や市バス、長距離バスなどにシニアや子供、学生割引がある。割引率は10〜50%くらい。シニアと子供に関しては係員にパスポートを見せれば足りるが、学生の場合、日本の学生証では通用しないので、ISICカード(国際学生証)を作っていくこと。作り方は(→P.355)参照のこと。

節約方法

カナダでは食料品が安く手に入るので、スーパーなどで買い物をして、ユースホステルなどで自炊するといい。また、テイクアウトやデリ、お総菜などを利用するのも手だ。交通費もデイパスやトランスファーをうまく使えば節約になる。

▌カナダの物価

カナダの物価は高い。日本と比べても宿泊や食事、交通費などほとんど変わらない。ただし、同じ値段でもホテルの部屋が広かったり、料理の量が多かったりとお得感はあるだろう。

🍁 費用の目安

旅行費用で最も大きな比重を占めるのは往復の航空運賃だが、滞在中の支出の大小は、旅のスタイルや人数(ひとり旅かカップルか、子連れのファミリーか)によって大きく違ってくる。旅の予算を立てるときに考慮すべき要素を具体的に考えてみると、まず、不可欠なものとして宿泊と食事にかかる費用がある。それに、交通費、アクティビティなどの料金、そして税金とチップなどがある。各カテゴリーの目安を挙げるので、予算を組む際の参考にしてほしい。ただし、土地やシーズンによって、かなり差がある。

宿泊		食事		
最高級ホテル	$400〜(4万0544円〜)	朝食	ホテルのビュッフェ	$15〜(1520円〜)
高級ホテル	$200〜(2万0272円〜)		カフェ	$10〜(1013円〜)
中級ホテル	$120〜(1万2163円〜)	昼食	カフェ(1品+飲み物)	$15(1520円)前後
エコノミーホテル	〜$120(〜1万2163円)		一般レストラン	$20〜(2027円〜)
B&B	$60〜120(6081〜1万2163円)		高級レストラン	$35〜(3547円〜)
ゲストハウス	$50〜90(5068〜9122円)	夕食	一般レストラン	$30〜(3040円〜)
ユースホステル	$25〜50(2534〜5068円)		高級レストラン	$60〜(6081円〜)
交通費		娯楽費、観光ツアー		
空港バス&鉄道	片道$12〜20(1216〜2027円)	各種アクティビティ		
タクシー	初乗り約$4.25(430.78円)1kmごとに約$1.75加算(177円)	乗馬		$80〜(8108円〜)
		ホエールウオッチング		$80〜(8108円〜)
市バスなど	1回$3.25(329円)前後	市内観光(2〜3時間)		$60〜(6081円〜)
デイパスなど	$13.5(1368円)前後	博物館・美術館		$20〜(2027円〜)
		コンサート、ミュージカル		$50〜(5068円〜)
		プロスポーツ観戦		$30〜(3040円〜)
通信費		その他		
封書・はがき	$2.71(274円)	ミネラルウオーター		500ml$2(202円)前後
SIMカード	$15〜(1520円〜)	ビール		350ml$3(304円)前後
電話	公衆電話の場合市内通話¢50(50.68円)	たばこ		$15(1520円)前後
		SDメモリーカード(16GB)		$15(1520円)前後
		乾電池(単3形、4本入り)		$8(810円)前後
		生理用品(16個入り)		$5(506円)前後

※1C$=101.36円で換算(2022年12月2日現在)。小数点以下切り捨て。

税金について

カナダでは物品購入、宿泊などに対し、連邦消費税（GST）と州税（PST）が課される。GSTは一律5％、州税は各州によって課税対象や税率が異なる。またオンタリオ、プリンス・エドワード・アイランド、ノヴァ・スコシア、ニュー・ブランズウィック、ニューファンドランド＆ラブラドルの東部5州はハーモナイズド・セールス税（HST）のみ。税率は州により異なる。なお、カナダでは日本のようにレストランのメニューや物品、宿泊の料金表示に税金が含まれていない。

持っていくお金について

カナダの場合、銀行や町なかの両替所ならほとんどどこでも日本円からの両替ができるので、必ずしも両替していく必要はない。大きな金額を両替する場合、$50、$100紙幣で渡される場合が多いので、小額紙幣に替えてもらうほうが便利。ただし、現金から現金への両替は手数料がかかり、さらにレートがよくない。また、現金は盗られたり紛失したらまず戻ってこないので、あまり持ち歩かないこと。安全面やレートのよさでおすすめなのは、クレジットカードでのキャッシングとデビット、トラベルプリペイドカードなどで現地通貨を引き出すこと。どちらも手数料がかかるものの、レートは現金両替よりもよい場合が多い。

❧クレジットカード

カナダは非常にクレジットカードの通用率の高い国だ。高級ホテルやレストラン、ショップはほとんどどこでも使用可能だし、美術館や博物館でも入場料を支払える。多額の現金を持ち歩かなくて済むし、両替する手間や手数料もかからないので便利。また、ホテルやレンタカーなどではデポジットとしてカードを提示しなくてはならないことも多いので、1枚は用意したい。

通用度が高いのはVISAとマスターカード。次いでアメリカン・エキスプレス、ダイナースクラブ、JCB。

❧デビットカード

使用方法はクレジットカードと同じだが、後払いではなく発行銀行の預金口座から「即時引き落とし」となる。口座の残高以上は使えない。ATMで現地通貨も引き出し可能だ。

❧トラベルプリペイドカード

トラベルプリペイドカードは、外貨両替の手間や不安を解消してくれる便利なカードのひとつで、多くの通貨で国内での外貨両替よりレートがよい。出発前にコンビニATMなどで円をチャージし（預け入れ）、その範囲内で渡航先のATMで現地通貨を引き出せる。各種手数料が別途かかるが、使い過ぎや多額の現金を持ち歩く不安もない。

フランス語表示
フランス語が公用語のケベック州では、レシートに表示される連邦消費税のGSTはTPS、州税PSTはTVQとなる。

州税率について
カナダ東部各州の税率は各州の概要ページ参照。

IC(Integrated Circuit)入りクレジットカード
ICクレジットカード対応端末設置加盟店の場合は、サインの代わりに専用の機械でPIN（暗証番号）を入力することになるので、日本出国までにカード発行金融機関に確認しておこう。

デビットカード
JCB、VISAなど国際ブランドで、複数の金融機関がカードを発行している。
URL www.jcb.jp/products/jcbdebit
URL www.visa.co.jp/pay-with-visa/find-a-card/debit-cards.html

おもなトラベルプリペイドカード
アプラス発行「GAICA ガイカ」
URL www.gaica.jp
マスターカードプリペイドマネージメントサービシーズジャパン発行「Cash Passport Platinum キャッシュパスポートプラチナ」
URL www.cashpassport.jp
リコーリース発行「リコーグローバルマネーカード」
URL www.r-lease.co.jp/business/service/global_money
アプラス発行「MoneyT Global マネーティーグローバル」
URL www.aplus.co.jp/prepaidcard/moneytg

出発までの手続き

パスポートに関する
問い合わせ先
外務省パスポート情報ページ
URL www.mofa.go.jp/mofaj/
toko/passport/index.html
東京都パスポート案内センター
TEL (03) 5908-0400
URL www.seikatubunka.metro.
tokyo.lg.jp/passport
大阪府パスポートセンター
TEL (06) 6944-6626
URL www.pref.osaka.jp/pass
port
愛知県旅券センター
TEL (052) 563-0236
URL www.pref.aichi.jp/site/
passport

パスポート切替の電子申請が可能に
　2023年3月27日より、パスポートの発給申請手続きが一部オンライン化される。残存有効期間が1年未満のパスポートを切り替える場合、マイナポータルを通じて電子申請が可能に。その場合、申請時に旅券事務所へ行く必要がなくなる。

パスポート（旅券）の取得

　パスポートは、海外で持ち主の身元を公的に証明する唯一の書類。これがないと日本を出国することもできないので、海外に出かける際はまずパスポートを取得しよう。パスポートは5年間有効と10年間有効の2種類がある。ただし、18歳未満の人は5年用しか取得することができない。パスポートの申請は、代理人でも行うことができるが、受け取りは必ず本人が行かなければならない。

　パスポートの申請は、原則として住民登録している都道府県にあるパスポートセンターで行う。申請から受領までの期間は、パスポートセンターの休業日を除いて1〜2週間程度。申請時に渡される旅券引換書に記載された交付予定日に従って6ヵ月以内に受け取りに行くこと。発給手数料は5年用が1万1000円（12歳未満は6000円）、10年用は1万6000円。

　申請書の「所持人自署」欄に署名したサインが、そのままパスポートのサインになる。署名は漢字でもローマ字でもかまわないが、クレジットカードなどと同じにしておいたほうが無難。また、パスポートと航空券などのローマ字表記が1文字でも異なると航空機などに搭乗できないので注意。結婚などで姓名が変わったときは、パスポートを返納し記載の事項を変更したパスポートの発給を申請する必要がある。

✱✱✱ パスポート申請に必要な書類 ✱✱✱

❶ 一般旅券発給申請書（1通）

　用紙は各都道府県のパスポートセンターで手に入る。5年用と10年用では申請書が異なる。外務省のウェブサイトからダウンロードもできる。

❷ 戸籍謄本（1通）

　6ヵ月以内に発行されたもの（2023年3月26日までは戸籍抄本でも可）。本籍地の市区町村の役所で発行してくれる。代理人の受領、郵送での取り寄せも可。有効期間内の旅券を切り替える場合、戸籍の記載内容に変更がなければ省略可。家族で同時に申請する場合は家族全員の載った謄本1通でよい。

❸ 顔写真（1枚）

　タテ4.5cm×ヨコ3.5cmの縁なし、無背景、無帽、正面向き、上半身の入ったもの（頭頂からあごまでが3.2〜3.6cm）で6ヵ月以内に撮影されたもの。白黒でもカラーでも可。スナップ写真不可。

❹ 身元を確認するための書類

　失効後6ヵ月以内のパスポート、運転免許証、住民基本台帳カード、個人番号カード（マイナンバーカード）など、官公庁発行の写真付き身分証明書ならひとつでOK。健康保険証、年金手帳などならふたつ必要（うち1点は写真付きの学生証、会社の身分証明書でも可）。コピー不可。

❺ 旅券を以前に取得した人は、その旅券

※住民票は、住民基本台帳ネットワークにより確認できるので不要。居所申請など特別な場合は必要となる。

ビザ（査証）と電子渡航認証システムeTA

　日本国籍を含むカナダ入国ビザが免除されている国籍で観光を目的とし、滞在が6ヵ月以内の場合、ビザ（査証）は不要。有効なパスポートと出国を証明する航空券または所持金があることが条件。2016年3月から、カナダに空路で渡航する際、電子渡航認証eTAの取得が必要になった。料金は$7で、5年間有効。期間中にパスポートが失効する場合はその有効期限まで。申請はオンラインで、パスポート、クレジットカード、メールアドレスが必要。申請は英語と仏語のみだが、日本語のガイドもある。また空路でカナダで乗り継いで他国へ渡航する際も必要になる。アメリカ乗り継ぎの場合はESTA申請も必要。商用や留学、ワーキングホリデーなどで6ヵ月以上滞在予定の人は、就労、就学許可証の申請が必要。またバイオメトリクスが必要になるのでIRCCウェブサイトにて確認を。

国外運転免許証

　カナダは日本とは比べものにならないくらいの広大な面積をもった国である。効率よく回りたいなら、レンタカーを借りるといい。カナダ国内で運転するには、日本で国外運転免許証International Driving Permitを取る必要がある。所持する日本の運転免許証を発行している都道府県の免許センターか試験場、指定警察署で、右記の必要書類と手数料を添えて申請する。免許センターの場合は通常その場で発行される。有効期間は1年。

ISICカード（国際学生証）

　学生の人はユネスコ推奨のISICカード（国際学生証）を持っていると国際的に共通の学生身分証明書として有効なほか、国内および海外の文化施設や宿泊施設、飲食店、エンターテインメントなど、さまざまなカテゴリーにて約15万点もの割引や特典が適用される。日本ではISIC Japanのウェブサイトで購入できるバーチャルISICカードのみ。料金は2200円で、支払いはPayPal決済のみ。個人情報と顔写真（タテ3.3cm×ヨコ2.8cm、カラー1枚）、写真入り学生証のスキャンが必要。

海外旅行保険

　旅行中のけが、万一の事故に備えて海外旅行保険に加入しておこう。損保ジャパン、東京海上日動、AIG損保といった損保会社が扱っている。クレジットカードなどに付帯されているものは、保険のカバーする範囲が限られている場合がある。旅先で特に利用度の高い保険項目は、「疾病治療費用」、「携行品損害保険」など。必要な項目だけを選ぶタイプと、各項目がセットになったタイプがある。最近では新型コロナウイルスに感染した場合の現地での延泊や航空券の取り直しなどに対応しているものもある。加入は、旅行会社のほか、インターネット、成田や関空などの空港で当日申し込みも可能。

在日カナダ大使館
🏠東京都港区赤坂7-3-38
☎(03)5412-6200
🌐www.canadainternational.gc.ca/japan-japon
🕐月～金9:00～17:30
🚫土・日および日本とカナダの祝日の一部

eTA申請
🌐www.canada.ca/en/immigration-refugees-citizenship/services/visit-canada/eta/apply-ja.html

査証の問い合わせ
eTAを含む査証のほとんどはオンライン申請。ただし、一時滞在、就学、就労、永住者渡航申請に関しては、カナダビザ申請センター（VFS Global）から書面申請も可能。カナダ政府の移民・難民・市民権省（IRCC）のウェブサイトでは、国籍情報などを入力すると該当の入国要件や査証情報が確認できる。

カナダビザ申請センター
🌐visa.vfsglobal.com/jpn/ja/can

IRCC
🌐www.canada.ca/en/services/immigration-citizenship.html

国外運転免許証
都道府県により異なるので、各運転免許センターまたは警察署に問い合わせること。
🌐www.keishicho.metro.tokyo.lg.jp/menkyo/menkyo/kokugai/index.html

国際運転免許証申請時の必要書類
①所持する有効な運転免許証（有効期限の切れた国外運転免許証を持っている場合は、その免許証も必要）
②有効なパスポート（コピー、申請中の場合は旅券引換書でも可）など、渡航を証明するもの
③写真1枚（タテ4.5cm×ヨコ3.5cm、パスポート用と同規格）
④窓口備え付けの申請書。手数料は2350円

ISICカード
🌐www.isicjapan.jp

地球の歩き方ホームページで海外旅行保険に加入
「地球の歩き方」ホームページで海外旅行保険に加入できる。24時間いつでも手続きでき、旅行出発当日でも申し込み可能。
🌐www.arukikata.co.jp/hoken

航空券の手配

エア・カナダ日本支社
TEL (0570)014-787
URL www.aircanada.com

ANA
TEL (0570)029-333
URL www.ana.co.jp

日本航空（JAL）
TEL (0570)025-031
URL www.jal.co.jp/inter

航空券の検索＆予約サイト
スカイスキャナー
URL www.skyscanner.jp
トラベルコ
URL www.tour.ne.jp

**カナダ東部の主要空港の
3レターコード**
トロント・ピアソン国際空港
（YYZ）
オタワ・マクドナルド・カルティエ空港（YOW）
モントリオール・ピエール・エリオット・トルドー国際空港
（YUL）
ジャン・ルサージュ国際空港
（ケベック・シティ）（YQB）
シャーロットタウン空港
（YYG）
ハリファックス・スタンフィールド国際空港（YHZ）
セント・ジョンズ国際空港
（YYT）

空路

　カナダへの空路によるルートは大きく分けて2種類。日本からの直行便を利用するか、アメリカの各都市を経由して行く。

♣航空券の種類

　航空券には、正規料金のほかに、ペックス運賃PEXや格安航空券などの種類がある。ペックス運賃とは、各航空会社が出している正規の割引料金のこと。エア・カナダのエコノミークラスの正規割引運賃は、「スタンダード」と「フレックス」「ラチチュード」の3種類がある。

　ペックス運賃と格安航空券の違いは、価格と制限内容だ。一般的にペックス運賃のほうが有効期間が長く、キャンセル料が出発間際でも低めに設定されている。座席の指定や子供料金の設定もある。格安航空券の価格の安さは魅力だが、同じ日の同じ便でも購入する旅行会社によって価格は異なるので、何社か比較検討したい。スカイスキャナーSkyscannerやトラベルコなど航空券の検索＆予約サイトを利用すれば、各航空会社や旅行会社が出している料金が比較できる。また、国際線と現地の国内線が同一の航空会社のほうが料金は割安になる。

　エア・カナダ、日本航空（JAL）、ANAなどほとんどの航空会社で、すべてのチケットがeチケット化されている。予約完了後にeメールで届くeチケットをプリントアウトした控えを持参すればよい。

カナダへの直行便（2022年下半期スケジュール）

＋は出発日の翌日着

出発地	便名	出発時間	到着時間	曜日	便名	出発時間	到着時間	曜日
成田国際空港	バンクーバー行き				日本行き			
	AC4（NH6814）	18:05	9:45	毎日	AC3（NH6815）	13:20	16:25+1	毎日
	トロント行き				日本行き			
	AC10（NH6812）	18:35	16:35	毎日	AC9（NH6813）	13:30	16:55+1	毎日
	バンクーバー行き				日本行き			
	NH136	18:00	9:50	毎日	NH135	11:20	14:50+1	毎日
	バンクーバー行き				日本行き			
	JL018	18:40	10:45	毎日	JL017	12:45	16:30+1	毎日
	モントリオール行き				日本行き			
	AC6	18:35	16:30	水・金・日	AC5	13:25	16:55+1	火・木・土
羽田空港	トロント行き				日本行き			
	※2023年4月21日まで運休				※2023年4月20日まで運休			

※スケジュールは予告なしに変更する場合がある。要問い合わせ。
※上記フライトスケジュールの調査時期は2022年11月。
※エア・カナダ、ANA、JALすべて2023年3月25日までのスケジュール。これ以外のスケジュールに関しては要問い合わせ。
※2023年3/12〜25はNH136便が18:00発、10:50着、NH135便が12:20発、14:50+1着となる。

🍁カナダ東部への直行便

　カナダ東部の玄関口はトロント。日本の成田国際空港から直行便が出ている。エア・カナダ、ANAがそれぞれ1日1便運航している（羽田空港からの便は2023年4月下旬まで運休）。成田国際空港からはエア・カナダがモントリオールへの直行便も運航。こちらは週3便の運航となる。ほか、カナダ西部のバンクーバーへ成田国際空港からエア・カナダ、ANA、日本航空（JAL）3社の直行便があるので、乗り継いでカナダ東部へも行ける。エア・カナダの便はほとんどがANAとの共同運航便。同じ便でも便名がACとなっているものと、NHとなっているものがあるので注意しよう。

　ローコストキャリア（LCC）は、2022年11月現在、日本からカナダへ乗り入れているものはない。カナダ国内なら、ウエスト・ジェット航空（→P.364）など数社がカナダ国内やアメリカへ運航している。

🍁アメリカ経由でのカナダ入国

　アメリカを経由して東部に入るには、シカゴやニューヨーク、デトロイトを経由するのが便利だ。日本から各都市には日本の航空会社や北米系の航空会社が、アメリカ本土からカナダへは北米系の航空会社が数多く運航している。

🍁アメリカ乗り継ぎの際の注意事項

　アメリカで乗り継ぐ際、乗り継ぎだけでもアメリカの入国審査が必要となる。入国審査を受けてから一度荷物を受け取り、再度チェックインをする。90日以内の短期旅行であっても、US-VISITプログラムにより指紋採取と顔写真の撮影が行われる。帰りも再びアメリカへの入国審査を受けることになるが、今度はカナダ側の空港内でアメリカへの入国手続きを済ますことができる。

🍁アメリカ入国ビザと電子渡航認証システムESTA

　日本国籍の人が、商用や観光、または通過目的で入国しアメリカ滞在が90日以内の場合にはビザ・ウェーバー・プログラムVisa Waiver Programによって入国査証（ビザ）は不要。

　2009年からアメリカへの渡航前に渡航認証（ESTA）を取得しなければならなくなった。対象はビザ免除プログラムを利用してアメリカに入国するすべての渡航者。アメリカ経由でカナダへ入国する場合も例外ではないので、事前に必ず取得すること。申請にはUS$21の手数料が必要。

　地球の歩き方ホームページではESTAの申請をわかりやすく解説。パスポート番号や生年月日などを入力後、支払い画面にてクレジットカードで決済を済ませ、ほぼ即座に回答が表示されるまでを紹介。なお、この渡航認証を受けていない場合はアメリカ便航空機への搭乗や入国を拒否されるので要注意。

US-VISITプログラム
　テロ対策の目的で開始された出入国管理システム。入国審査時に指紋採取や顔写真撮影を行う。14歳未満と80歳以上は対象外。セキュリティの状況は変わりやすいので、必ず事前に利用航空会社へ確認すること。

ビザ・ウェーバー・プログラム（ビザ免除プログラム）
　日本はプログラム参加国なので、日本国籍なら90日以内の短期滞在で有効なパスポートと、往復または第3国への航空券を取得していれば、ビザは不要。ただし空路や海路で入国する場合は、利用する交通機関各社がこのプログラムに参加していることが前提になるので事前に確認しておくこと。
　また2016年1月にテロ対策の目的でプログラムの改定が行われた。この改定により、2011年3月以降にイラン、イラク、スーダン、シリアなどに渡航または滞在したことがある人はプログラムを利用することができなくなった。詳細はウェブサイトで確認を。
URL www.ustraveldocs.com/jp_jp/jp-main-contactus.asp

アメリカ出入国カードの廃止
　ESTAの導入に伴い、アメリカの出入国カード（I-94W）は段階的に廃止されている。

ESTA申請の手数料について
　2010年よりESTAの申請が有料化された。手数料はUS$21でESTAのシステム上にてクレジットカードでの支払いが必要。
　申請は搭乗直前でも可能だが、出発の72時間前までに申請を行うことが望ましい。

地球の歩き方ホームページ内の電子渡航認証システムESTA情報
URL www.arukikata.co.jp/esta

アメリカ大使館、領事館のESTA申請ページ
URL jp.usembassy.gov/ja/visas-ja/esta-information-ja

陸路

グレイハウンド(USA)
(1-800)231-2222
www.greyhound.com

メガバス(USA)
us.megabus.com

フリックス・バス
global.flixbus.com

🍁長距離バス

　カナダ～アメリカ間は長距離バスで国境を越えることも可能。国境越えルートを運行しているのはアメリカ国内を運行するグレイハウンドGreyhound(USA)と、メガバスMegaBus、フリックス・バスFlix Bus。バスを何度か乗り換えることになるが、ルートは多様。グレイハウンド（USA）はナイアガラ・フォールズ、トロント、モントリオールなどにそれぞれ乗り入れている。大都市間のおもな直通バスルートは、グレイハウンド（USA）がアメリカのニューヨーク～トロント間を1日3～4便運行、所要12時間～13時間15分、ニューヨーク～モントリオール間は1日3～4便運行、所要8時間20分～9時間30分。

バスディーポのチケットカウンター

VIA鉄道(→P.365)

アムトラック
(1-800)872-7245
www.amtrak.com

🍁鉄道

　アメリカのニューヨークからは、アムトラックAmtrakとVIA鉄道の共同運行便、メープルリーフ号Maple Leafが毎日1便運行しており、途中ナイアガラ・フォールズを経由してトロントまで行ける。ニューヨークを7:15発、トロント到着は同日の19:43（途中1回乗り換えあり）。同じくニューヨークからモントリオールまでもアムトラックとVIA鉄道の共同運行便Adirondack号が毎日1便運行している。所要時間は約10時間。2022年11月現在、運休中。

カナダを横断するVIA鉄道

越境時の注意
　カナダからアメリカへ、またアメリカからカナダへ入国する場合、たばこ、アルコール類、ワイン、植物、ペットの持ち出し制限などは両国の規定に従う。またパスポートも必携。

カナダ西部からカナダ東部へ

　バンクーバーやカルガリーなどカナダ西部からは、エア・カナダやウエスト・ジェット航空の便のほか、VIA鉄道のカナディアン号The Canadianなどがある。バンクーバーからトロントへ行く場合、飛行機は所要約4時間30分。VIA鉄道のカナディアン号は、バンクーバー発が月・金曜の15:00発、トロント到着は4日後の14:29。

旅の持ち物

服装と小物

季節や行く場所によって、服装や小物、装備は大きく異なる。カナダは夏でも朝夕はかなり冷え込むので、長袖のシャツやセーター、フリースなどは必ず用意しよう。特にホエールウォッチングのような水上のアクティビティは驚くほど冷える。また、アウトドア派は上下のレインウエアやパーカーなども必携。都市だけを回る人なら雨具は折りたたみ傘があれば十分だろう。なお、カナダ東部に最も観光客が集まる紅葉シーズンは、晴れた日の昼間なら20℃くらいまで上がることもあるが、天気が悪かったり朝晩はかなり冷え込むので、体温調節ができるよう常に1枚多く上着を持っているようにしよう。

靴は履き慣れたスニーカーやウオーキングシューズが無難。ただしフォーマルな場所にも行くならそれなりの靴も必要。小物では、紫外線の強い夏と冬はサングラスは必携。同じ理由から帽子と日焼け止めも用意したほうがいい。

また、カナダでは野外に蚊やブヨ（Blackfly）が多く、特に夏に北部地方やニューファンドランド、プリンス・エドワード島などに行く人は、虫除けスプレーは必携だ。また、オンタリオ州とケベック州は、冬が非常に寒く雪も多い。フリースやダウンジャケットの重ね着や滑り止めの付いた靴などを用意しておくといい。

荷物について

🍁 受託手荷物（チェックイン・バゲージ）

スーツケースかバックパックかは、旅先での行動や持ち物による。バックパックは両手が自由になるし動きやすいが、中身を取り出しにくいのが難点。頻繁に使うものや小物は、サイドポケットや天蓋に小分けして入れる。バックパックの収納は重いものを下（底）にするのがポイント。ソフトスーツケースにキャスターが付いて、背負い用ストラップも付いたスリーウエイのバッグもおすすめだ。

空港でチェックイン時に預ける受託手荷物（無料手荷物Free Baggage、Free Checked Baggage）はエア・カナダのエコノミークラスの場合1個までで、ひとつの高さ（H）＋長さ（L）＋幅（W）の合計が158cm、重量23kgを超えないことが原則（成田国際空港～トロントの場合。目的地により異なるのでウェブサイトで確認を）。それ以上はエキストラバゲージとなり、超過料金を取られる。また、ライターは受託手荷物の中に入れることはできない。ひとりにつき1個を身に付けての持ち込みが可能。

受託手荷物

JALのエコノミークラスの場合は2個までで、それぞれの荷物は23kgまで。ひとつの荷物の3辺の和は203cm以内。航空会社や経由地によってルールは異なるので、詳細は各航空会社に確認のこと。

エア・カナダの受託手荷物

URL www.aircanada.com/jp/ja/aco/home/plan/baggage/checked.html

機内持ち込み手荷物

機内に持ち込めない物

万能ナイフやはさみなどの刃物は、受託手荷物に入れること。

ガスやオイル（ライター詰替用も）、キャンピング用ガスボンベは受託手荷物に入れても輸送不可。

機内に持ち込めるが使用不可（条件付き）のもの

スマートフォン、ワイヤレス式音響機器、ラジコン式機器など、作動時に電波を発信する機器は、機内ではドアの開放中、またはフライトモード設定時のみ使用可。

機内の電子機器の使用について

URL www.jal.co.jp/jp/ja/inter/baggage/electronics/

液体物の持ち込み

日本発の国際線全便で液体物（ジェル、スプレー、歯磨き、ローション類なども含む）は受託手荷物に入れること。100mℓ以下の容器で1ℓ以下のジッパー付きビニール袋に入れれば機内持ち込み可能。

国土交通省航空局

URL www.mlit.go.jp/koku/15_bf_000006.html

スキー板・スノーボード

スキー板やスノーボードは、通常の手荷物と同様の取り扱いとなる。大きさや重さにより受託手荷物として預かれない場合があるため、予約時に事前に問い合わせること。

電池類に注意

製品内部のリチウムイオン電池は、160wh以下なら機内持ち込み、預け入れとも可。予備バッテリーは100whを超え160wh以下なら1人2個まで機内持ち込み可。160whを超えるものやwhが不明なものは一切持ち込み不可。

**航空会社の手荷物に
関する案内**
エア・カナダ
🔗www.aircanada.com/jp/
ja/aco/home/plan/
baggage.html
ANA
🔗www.ana.co.jp/ja/jp/
guide/boarding-
procedures/baggage/
international
JAL
🔗www.jal.co.jp/jp/ja/inter/
baggage
※その他の持ち込み可・不可、
機内での使用可・不可などに
ついては、利用する各航
空会社に問い合わせを。

🍁 機内持ち込み手荷物（キャビン・バゲージ）

　機内持ち込み手荷物（Cabin Baggage）は、エア・カナダの
エコノミークラスの場合、通常手荷物（23cm×40cm×55cm以
内）1個と身の回り品（16cm×33cm×43cm以内）1個の計2個
まで。重量制限はないが、自身で頭上の収納棚に収納できる重
さである必要がある。ただし、ハンドバッグ、コートなどは別。
カメラも同様だが、カメラバッグに入っている場合は手荷物に
なることもある。機内持ち込み手荷物はチェックインの際規格
内サイズを計り、オーバーしていると預けなくてはならないこ
とになっているが、実際の可否は現場判断のようだ。

持ち物チェックリスト

	品名	必要度	ある	かばんに入れた	備考
貴重品	パスポート	◎			有効期限の確認を。顔写真ページのコピーを取り、別に保管！
	現金（USドル）	△			アメリカへも行く場合は持っていくと便利。
	現金（日本円）	◎			帰りの空港から家までの交通費も忘れずに。
	航空券（eチケット）	◎			名前のつづり、出発日時、ルートなどよく確認しておく。
	海外旅行保険証	◎			万一に備え、加入しておこう。
	ホテルの予約確認書	◎			なくてもチェックインできるが、プリントアウトして持参すると安心。
	クレジットカード	◎			持っていくと何かと便利。レンタカーには必携。
	国外運転免許証	△			レンタカーを借りる人は必要。
衣類	シャツ	◎			少なめの枚数で荷物を軽くする工夫を。
	下着・くつ下	◎			ハイキングには汗を吸収しても乾きやすい化繊素材のものを。
	セーター	◎			夏でも夜は涼しいので1枚必要。
	薄手のジャケット	○			
	帽子	○			日よけ、防寒など旅ではけっこう役立つ。
	パジャマ	△			かさばるのでTシャツで代用してもよい。
	水着	○			夏に泳ぐ人は絶対。温泉やスパ、プールでも必要。
薬品・雑貨・その他	洗面用具	◎			現地でも買い足しができるので小さいもの。
	ドライヤー	△			変圧式のものがあるが荷物が重くなるのですすめない。
	マスク、手指消毒液	○			新型コロナウイルスの感染対策として。
	常備薬	◎			胃腸薬、風邪薬、絆創膏、虫さされ軟膏など常備薬。
	筆記用具	○			なくしやすいが現地でも買える。
	裁縫用具＊	○			小型携帯用のもの（糸、針、はさみなど）。
	万能ナイフ＊	○			ナイフ、カンキリ、センヌキなどの付いた軽いもの。
	虫よけスプレー＊/蚊取り線香	○			国立公園などは蚊が多い。
	輪ゴム＆ひも	○			バッグの中身の整理。洗濯ひもにもなる。
	エコバッグ、ビニール袋	○			買い物袋や荷物の整理、洗濯物用に。
	スリッパ or ビーチサンダル	○			ホテルや車内、ビーチなどで。
	おみやげ	○			小さくて日本的なもの。
	双眼鏡	△			スポーツ観戦や観劇に便利。
	デジタルカメラ	△			小型で軽いもの。使い慣れたもの。
	メモリーカード	△			常時使用するものに加え予備がひとつあるといい。
	スマートフォン、充電器	△			旅先でも活躍。電卓としても使える。
	雨具	○			軽い折りたたみ傘。アウトドア派はレインウエア。
	顔写真（4.5cm × 3.5cm）	○			旅券を紛失したときのため。2～3枚。
	メモ帳	○			パスポートやクレジットカードのナンバー、集合場所の住所など。
本類	会話集、電子辞書	△			スマートフォンのアプリでも代用可。
	ガイドブック類	○			地球の歩き方ほか。

＊機内持ち込み不可（→ P.359 欄外）

旅の技術

出入国の手続き

日本出国前にやっておくこと

新型コロナウイルスの感染拡大により、2022年9月まではArriveCANというアプリをダウンロード、個人情報やワクチン接種についての入力を済ませておく必要があったが、2022年10月1日をもってすべての制限が撤廃（→P.362）。カナダ入国に際して事前に用意しなくてはならないものとしては、eTA（→P.355）のみ（アメリカ経由の場合はESTAも必要）。ただし、ArriveCANを利用すればカナダ入国時の自動端末機での操作が大幅に短縮される。なお日本への帰国に際しては2022年11月現在いくつかの制限がある。ワクチンを3回以上接種している場合はワクチン接種証明書を取得、また入国手続きオンラインサービス「Visit Japan Web」で必要情報を登録しておこう。

日本出国

①出発する空港に到着：目安はフライトの2時間以上前。
②搭乗手続き（チェックイン）：利用航空会社のカウンターで行う（成田国際空港は利用航空会社によって第1ターミナルと第2ターミナルに分かれる）。係員にパスポートと航空券（引換券）を提示して荷物を預け、搭乗券（ボーディングパス）を受け取る。荷物を預けると、預けた荷物に付けたクレームタグ（託送荷物引換証）の半券をくれる。現地で荷物が出てこない場合はこれが証明になるので、大切に保管しよう。
③手荷物検査：ハイジャック等防止のための金属探知器をくぐり、機内持ち込み手荷物のX線検査を受ける。
④税関：日本から外国製品（時計、カメラ、貴金属など）を持ち出す場合は、「外国製品の持出し届」に必要事項を記入して出国前（機内預け前）に現品を添えて税関の確認を受けること。この確認がないと海外で購入したと見なされ、帰国の際に課税される可能性がある。100万円相当額を超える現金などを携帯する場合には「支払手段等の携帯輸出・輸入申告書」の提出が必要。
⑤出国審査：原則として顔認証ゲートを利用し、本人確認を行う。
⑥搭乗：搭乗は通常出発の40分前から。遅れないように早めにゲートの近くへ移動しよう。なお、搭乗時間やゲートは変更になることがあるので、モニター画面などでチェックしよう。

カナダ入国

カナダでは、2017年から税関申告書を廃止。自動端末機で必要事項を入力するようになった。
①入国審査：空港に到着したら順路に従って入国審査エリア（Immigration）へ。設置された自動端末機で必要事項を入力するのみ。印刷された用紙を取り、係員にパスポートとともに提

成田国際空港
☎(0476)34-8000
[URL]www.narita-airport.jp

羽田空港
☎(03)5757-8111
[URL]tokyo-haneda.com

セキュリティチェック
機内持ち込み手荷物のX線検査とボディチェックがある。ナイフやはさみなどは持ち込めないので、受託手荷物に入れておく(→P.359)。

日本出国時の顔認証ゲート
2022年11月現在、羽田、成田、関西、福岡、中部、新千歳、那覇の各空港で導入されている、顔認証による自動化ゲート。利用者はパスポートをかざし、その後顔写真の撮影を行う。事前の登録などは必要ない。なお、顔認証ゲートを利用した場合、出入国のスタンプが省略されるが、希望すれば押してもらえる。

セルフチェックイン、荷物預け
近年、国内外の空港で続々と導入されているのが、機械を使ってのセルフチェックインと自動荷物預け。チェックインはeチケット番号や予約番号、またはパスポートをスキャンすれば搭乗券と受託手荷物につけるクレームタグが出力される。クレームタグを自分で預ける荷物に付けたら、あとは自動荷物預け機へ。行き先などはスキャナーで読み取り、目的地まで運んでくれる。

「支払手段等の携帯輸出・輸入申告書」の提出について
100万円相当額を超える現金(本邦通貨、外国通貨)、小切手などを携帯して持ち出す場合、または携帯する金の地金(純度90%以上)の重量が1kgを超える場合、申告書に必要事項を記入し、税関に提出する。
[URL]www.customs.go.jp/kaigairyoko/shiharaishudan.htm

カナダ入国の際の免税範囲
アルコール
ワイン1.5リットル、
ビール8.5リットル、
その他1.14リットルのいずれか
たばこ
紙巻たばこ200本
刻みたばこ200g
葉巻50本のいずれか
贈答品 1品につき$60
　アルコールは18〜19歳以上（州により異なる）、たばこ類は18歳以上にかぎられる。

出する。滞在日数や滞在先、入国の目的を聞かれることがあるので慌てず答えよう。なお入国のスタンプは押されない。
②荷物の受け取り：利用した便名が表示されたモニターの下のターンテーブルへ行き、荷物が出てくるのを待つ。荷物が出てこなかったり、破損していた場合は搭乗手続きのときに渡されたクレームタグを持ってバゲージクレーム（Baggage Claim）へ。
③税関：特に申告するものがなければ、荷物を開けて調べられることはまずない。出口の係官に税関申告書を渡して到着ロビーへ向かう。これで入国の手続きは終了。

＊＊＊ withコロナのカナダ旅行について ＊＊＊

カナダへの入出国

　2022年11月現在、カナダではすべての外国人の入国を受け入れている。2022年10月1日には新型コロナウイルスに関するすべての措置が撤廃され、到着後の検疫検査やワクチン接種証明、陰性証明の提示、ArriveCANも必要なくなった。カナダ入国に関してはコロナ禍以前と同じ状態に戻っている。ただし、日本帰国時に必要とされる条件があり、ワクチンを3回接種している場合は、出発前に接種証明書を取得しておこう。

■**厚生労働省 ワクチン接種証明書**
URL www.mhlw.go.jp/stf/seisakunitsuite/bunya/vaccine_certificate.html

交通機関

　カナダ国内すべての航空機、長距離バス、フェリー、トロントやモントリオールなど街なかの公共交通機関においてマスク着用の義務はない。ワクチン接種や人の多いところでのマスク着用は強く推奨されているものの、実際の着用率は1割にも満たない。ただし日本発着の航空機の機内ではマスクの着用が義務づけられている場合があるので、スタッフの指示に従うこと。

カナダ滞在中

　屋外、レストランやショップを含む屋内ともマスク着用の義務はない。大規模イベントやフェスティバル、スポーツ観戦なども制限なく開催されている。2022年9月の現地取材の時は博物館や美術館、ショップには入口付近に手指消毒用のスプレーなどが設置されていたが、ほとんど利用されていなかった。

カナダ滞在中に症状がみられた場合

　2022年10月1日から、新型コロナウイルスの症状や兆候が現れた場合の報告や経過観察の義務はなくなっている。検査は基本的にドラッグストアなどで手に入るPCR検査キットを手に入れ自分で行う。陽性の場合、軽症なら自主隔離、重症ならカナダの緊急時の電話番号911で医療機関へ連絡する。

日本への帰国について

　2022年9月7日以降、有効なワクチンを3回以上接種している者が有効なワクチン接種証明を所持している場合、日本への帰国に際してのPCR検査での陰性証明が不要になった。

　2024年5月現在、日本帰国時に有効なワクチン証明書又は出国前検査証明書の提示は不要になっています。詳しくは厚生労働省のウェブサイトをご確認ください。

■**厚生労働省**
URL www.mhlw.go.jp/stf/seisakunitsuite/bunya/0000121431_00209.html
■**Visit Japan Web**
URL vjw-lp.digital.go.jp
　日本入国時の「税関申告」をウェブで行うことができるサービス。

カナダ出国

　カナダ出国の際の手続きも日本出国のときとほぼ同じ。2時間前にチェックインして荷物を預け、搭乗券とクレームタグを受け取ったら、セキュリティチェックを済ませ案内された時間にゲートへ移動する。ただし、カナダでは出国審査がない。チェックインの際、航空会社の係員がパスポートを確認するだけ。今日の世情を反映してか、セキュリティチェックは厳重に行われる。コンピューターやカメラ、携帯電話など、電源を入れた状態を確認しないと通してもらえないこともあるので、必ず電源の入る状態にしておくこと。なお、日本発の国際線と同様、カナダ発の全便も機内に100ml以上の液体物を持ち込むことは禁止されている。おみやげとして購入したメープルシロップなどにも適用されるので、受託手荷物の中に入れておこう。セキュリティチェック後に購入したものは機内持ち込みが可能。

日本帰国

　飛行機を降りたらまず検疫へ。発熱などの症状があれば係員に申し出ること。顔認証ゲートを利用し、入国審査を受けたら受託手荷物を便名が表示されたターンテーブルからピックアップする。「携帯品・別送品申告書」に必要事項を記入して税関カウンターで審査を受ける。海外からの（入国）帰国時には免税の範囲にかかわらず、税関検査時に「携帯品・別送品申告書」を提出する。日本入国時の「税関申告」をウェブで行うことができる「Visit Japan Web」であらかじめ登録を済ませておけば手続きはスムーズ。20歳未満の場合、酒、たばこは免税にならないので注意。

おもな輸入禁止品目
。覚醒剤、大麻、向精神薬、麻薬、あへん、MDMA、指定薬物などの不正薬物
。けん銃などの銃砲、これらの銃砲弾、けん銃部品
。爆発物、火薬類、化学兵器原材料、病原体など
。貨幣、紙幣、クレジットカード、有価証券などの偽造品
。わいせつな雑誌、わいせつなDVD、児童ポルノなど
。偽ブランド商品、海賊版などの知的財産侵害物品
。家畜伝染病予防法や植物防疫法、外来生物法で定める特定の動物や植物およびそれらの製品

おもな持ち込み制限品目
　ワシントン条約に基づき、規制の対象になっている動植物およびその加工品（象牙、ワニやヘビ、トカゲなどの皮革製品、動物の毛皮や敷物など）は、相手国の輸出許可書などがなければ日本国内には持ち込めない。なお、個人で使用する食品、植物等は税関検査の前に検疫カウンターで検疫を受ける必要がある。また、個人で使用する医薬品2ヵ月分以内（処方せん医薬品は1ヵ月分以内）、化粧品1品目24個以内など、一定数量を超える医薬品類は厚生労働省の輸入手続きが必要。

植物防疫
URL www.maff.go.jp/pps
動物検疫
URL www.maff.go.jp/aqs
厚生労働省
URL www.mhlw.go.jp

持ち込み免税範囲

品名	数量または価格	備考	免税範囲を超えた場合の税金
酒類	3本	1本760ml程度のもの	ウイスキー、ブランデー800円 ラム、ジン、ウオッカ500円 リキュール400円 焼酎などの蒸留酒300円 その他（ワイン、ビールなど）200円 ※いずれも1ℓにつき
たばこ	※1　紙巻きたばこ200本、加熱式たばこ個装等10個（※1箱あたりの数量は紙巻たばこ20本に相当する量）、葉巻50本、その他のたばこ250g	免税数量はそれぞれの種類のたばこのみを購入した場合の数量で、複数の種類のたばこを購入した場合の免税数量ではない	紙巻たばこ1本につき15円
香水	2オンス	1オンス約28ml（オーデコロン、オードトワレは含まれない）	
その他の品目	20万円 （海外市価の合計額）	合計金額が20万円を超える場合は20万以内に抑まる品目が免税。同一品目の海外市価の合計金額が1万円以下のものは原則として免税	15%（関税が無税のものを除く）

＊上記は携帯品と別送品（帰国後6ヵ月以内に輸入するもの）を合わせた範囲。＊詳しくは、税関ホームページ URL www.customs.go.jp を参照。

現地での国内移動

カナダのおもな国内航空会社
エア・カナダ
(1-888)247-2262(予約)
(1-888)689-2247
(バゲージクレーム、遺失物)
www.aircanada.com
ウエスト・ジェット航空
(1-888)937-8538
www.westjet.com
おもなローコストキャリア
ポーター航空
(1-888)619-8622
www.flyporter.com
　ポーター航空はトロントからオタワ、モントリオール、ケベック・シティ、ハリファックスなどに路線をもつ。
PAL航空
PAL Airlines
(1-800)563-2800
www.palairlines.ca
　モントリオール~ケベック・シティ間のほか、ケベック州北部およびニューファンドランド&ラブラドル州に路線をもつ。
エア・トランザット
Air Transat
(1-877)872-6728
www.airtransat.com
　モントリオールとトロントを中心とした路線がある。アメリカやヨーロッパへの国際便も運航。
ローコストキャリアとは？
　サービスや保険料などを省くことで、安いチケット代を実現させた航空会社のこと。通常、日本の旅行代理店からの予約はできず、日本から事前に予約する場合はインターネットでのオンライン予約となる。
割引運賃について
　割引運賃はめまぐるしく変更されるので、有効期間やルートなどが自分の旅の条件に合っているかをよくチェックしたうえで、航空会社や旅行会社から直接新しい情報を手に入れ、最大限のメリットを引き出すようにしよう。
エア・カナダ日本支社
(0570)014-787
www.aircanada.com/jp
スターアライアンス
www.staralliance.com/ja

飛行機の旅

　カナダ国内はエア・カナダがほとんどの都市間を運航している。日本から旅行会社を通して飛行機のチケットを取る場合は、一部の地域を除いてエア・カナダ利用となるだろう。また、値段を重視するなら、ローコストキャリア（LCC）の利用も頭に入れておきたい。カナダのローコストキャリアといえばウエスト・ジェット航空West Jetが有名。拠点はカルガリーだが、国内各地をはじめ、アメリカへの国際便も運航している。日本の代理店を通しての予約はできないが、インターネットで簡単にオンライン予約が可能。また、トロントにはポーター航空Porter Airlinesという航空会社もある。トロントからオタワ、モントリオール、ケベック・シティ、ハリファックスなどに路線をもつ。なお、ポーター航空のトロントの発着場所は、トロント・アイランズにあるビリー・ビショップ・トロント・シティ空港Billy Bishop Toronto City Airport（→P.73）となるので注意。

❦スターアライアンス・サークルパシフィック

　エア・カナダなどスターアライアンス加盟航空会社が発行しているエアパスのことで、カナダ、アメリカ、アジア、西太平洋地域への訪問に便利。25ヵ国85ヵ所以上の都市から最大15ヵ所まで好きな目的地を選び、最後は最初の出発地まで戻ってくる。3~15枚までのクーポン制。運賃は1区間ごとの距離（マイル数）に応じて算出される。予約手数料は無料（税金、燃油サーチャージは別途）。最低4区間（3都市）、最高16区間（15都市）まで利用できる。フライトの予約・購入は、スターアライアンス加盟各航空会社の予約センターか旅行会社でできる。パスの有効期限は最長で6ヵ月。

❦マルチトリップを活用しよう

　往路と復路の発着地が片方または両方異なるルートのこと。ふたつ以上の目的地に1日以上滞在できる。「周遊型」や「オープンジョー」、「ストップオーバー」と呼ばれている。チケットは、各航空会社の航空券予約サイトで購入可能。

　「周遊型」は、日本から最初の目的地であるバンクーバーへ行き、そこからふたつめの目的地トロントへフライト。バンクーバーに戻らず、トロントから直行便で帰国できる。最初とふたつめの目的地の移動を、鉄道やバスなど陸上の交通機関を使うのが「オープンジョー」。陸上での移動は自己負担となる。「ストップオーバー」は、周遊型と同じだが経由便航空券のオプション扱いとなるため、航空会社からオプションが提供されないと選択できない。

VIA鉄道の旅

カナダの鉄道は国営のVIA鉄道が運行しているものがほとんど。カナダ東部にはいくつかの路線が走っているが、なかでも特に便利なのが、東部近距離特急（コリドー）と呼ばれるケベック・シティ～ウィンザー路線だ。列車はモントリオールやオタワ、トロントなどケベック州とオンタリオ州の主要都市を結んでいる。

🍁日本で予約する

日本で予約をするには、右記にあるVIA鉄道のウェブサイト（英語）からオンラインで行う。VIA鉄道の日本語ページには、日本語でオンライン予約の手順が説明されているので、それを確認しながら英語ページで予約を行えば簡単。

予約が完了したら、eメールでQRコード付きの搭乗券（e-Boarding Pass）が送られてくる。プリントアウトしたe-Boarding Passを持参するか、QRコードを表示したスマートフォンを搭乗口で提示すればOK。その際に、身分証明書としてパスポートやクレジットカードの提示を求められることがあるので注意。荷物を預けるのは乗車の1時間前までに行うこと。

🍁現地で購入する

チケットは現地のVIA鉄道駅でも購入可能。すべての路線で発車の1時間前までにカウンターに行き、空席があれば購入できる。ただし、夏季のカナディアン号やジャスパー～プリンス・ルパート線など人気の路線はすぐに売り切れてしまうので予約していくのが望ましい。予約は駅のチケット売り場に直接行くか、インターネット、または電話でも予約できる。

VIA鉄道
FREE (1-888)842-7245
（カナダ国内のみ）
URL www.viarail.ca/
ウェブサイトには日本語のページもある（予約は不可）。

VIA鉄道利用上の知識
持ち込み荷物について
エコノミークラスの場合、車内持ち込みできる手荷物はひとり2個まで（一部区間によっては1個の場合あり）。サイズは縦54.5cm×横39.5cm×幅23cm以内で重量23kg以下または身の回り品ひとつに3辺の和が158cm、23kg以内の荷物ひとつのいずれか。
預け入れについて
ひとり2個の荷物を無料で預けることができる。荷物1個につき重量23kg以下、サイズは3辺の合計1m58cm以内なら無料。路線や車両クラスによって持ち込み、預け入れ荷物の重量やサイズが異なる場合があるので下記ウェブサイトで確認を。
URL www.viarail.ca/en/plan/baggages

禁煙／喫煙／飲酒
全面禁煙。また飲酒に関しては、列車が通過している州の法律に従う。個室寝台以外の列車内で、外部から持ち込んだ酒類の飲酒は禁止。列車内でもアルコール飲料を販売している。

カナダ東部を走るおもな列車の種類

列車名	区間	走行距離	備考
バンクーバー～トロント（カナディアン号）	バンクーバー～ジャスパー～エドモントン～サスカトゥーン～ウィニペグ～トロント	4466km	バンクーバー～トロントを走る大陸横断鉄道。プレスティージ寝台車クラスは、「走る高級ホテル」と呼ばれるほどの豪華さ。
ケベック・シティ～ウインザー線	ウインザー、ナイアガラ・フォールズ、トロント、オタワ、モントリオール、ケベック・シティなど14路線ある	1765km	オンタリオ州とケベック州の各主要都市を結ぶ路線（旧コリドー号）。便数が多く便利。路線は行き先別に細かく分かれており、途中駅で乗り換えることもある。
モントリオール～ハリファックス（オーシャン号）	モントリオール～モンクトン～ハリファックス	1346km	セント・ローレンス川に沿って進む。終点はハリファックス。途中のモンクトンで下車し、翌日マリタイム・バスでプリンス・エドワード島へ。
モントリオール～センテール線、モントリオール～ジョンキエール線	モントリオール～ハービー～センテール、モントリオール～ハービー～ジョンキエール	モントリオール～センテール717km、モントリオール～ジョンキエール510km	モントリオールからケベック北部を旅する路線。流れの速い河川、滝、何百もの湖、手つかずの大自然を堪能できるルート。

公式ウェブサイトで時刻をチェックできる。ケベック・シティ〜ウィンザー線以外は本数が少ないため、事前にチェックしよう。

鉄道駅には時刻表があるので、自分の便をチェックしておこう

割引料金について
URL www.viarail.ca/en/offers/deals-discounts

オンタリオ・ノースランド
TEL (705)472-4500
FREE (1-800)363-7512
URL ontarionorthland.ca
ポーラー・ベア・エクスプレス
運 月・火・木・金
　9:00 コックレン発、
　14:00 ムースニィ着
　17:00 ムースニィ発
　22:00 コックレン着

©KAN SAKURAI

黄色い車体のポーラー・ベア・エクスプレス

アルゴマ・セントラル鉄道
TEL (844)246-9458
URL agawatrain.com
アガワ渓谷ツアー・トレイン
運 7月下旬〜10月中旬
　毎日 8:00 発、18:00 着 (7月下旬〜8月は木〜日、9月〜10月中旬は毎日)

客車は 2011 年にリニューアル

♦ 座席の種類

　ケベック・シティ〜ウィンザー路線の座席にはエコノミークラスとビジネスクラスがある。ビジネスクラスは食事やドリンクのサービス付き。カナディアン号やモントリオール〜ハリファックス間（オーシャン号）には寝台車プラスクラスと呼ばれる寝台車がある。ひとり用個室寝台やふたり用個室寝台、上下寝台といった種類があり、食事付き。

♦ さまざまな割引運賃

　乗車運賃は、ハイシーズンとローシーズンの設定がある。ローシーズンの期間は路線によって異なる。また、路線によってエスケープ、エコノミープラス、ビジネスプラスなどのさまざまな運賃設定があり、エスケープはエコノミークラスで最も割引率が高いが、払い戻しができず、出発前の段階でチケットの交換はチケット代の50%の手数料が必要など制約も多い。

♦ 乗車の仕方

　発券されたチケットを持ってチェックインカウンターへ行き、乗車手続きを済ます。乗車手続きは発車の約1時間前からできるので、余裕をもって済ませておこう。大きな荷物は預け、手荷物を持って座席に向かおう（列車によっては荷物預け入れができない場合があるので事前にチェック）。

▌ その他の鉄道

♦ オンタリオ・ノースランド

　オンタリオ州北部のコックレンCochraneからジェームズ湾沿いの町、ムースニィMoosoneeを結ぶ観光列車、ポーラー・ベア・エクスプレスPolar Bear Expressを運行している。かつてはトロントからマスコーカ地方のハンツビルなどを通りコックレンまで行く列車も運行していたが、2013年に運休した。

♦ アルゴマ・セントラル鉄道

　アルゴマ・セントラル鉄道Algoma Central Railwayは、オンタリオ州西部のスー・セント・マリーSault Ste. Marieから北のハーストHearst間に路線をもつ鉄道会社。夏から秋にかけて、途中駅・アガワ渓谷Agawa Canyonまでを結ぶアガワ渓谷ツアー・トレインAgawa Canyon Tour Trainが運行する。スー・セント・マリーを出発した列車は片道4時間でアガワ渓谷に到着する。渓谷で1時間30分ほど休憩し、ハイキングなどを楽しんだら同じ道を戻る。アガワ渓谷は紅葉の名所としても有名なので、メープル街道のツアーに組み込まれることも多い人気の列車となっている。詳しくは（→P.158）。

長距離バスの旅

カナダは全長約8万kmもの道路がある国だ。この道路網を利用した長距離バスが、国内の各地を結んでいる。ただし、2021年5月のグレイハウンド・カナダのカナダの全路線廃止（下記参照）により、オンタリオ州以西のバスは従来と大きく変わり、一部の路線のみがいくつかのバス会社に引き継がれる事になった。

🍁 カナダ東部のおもなバス路線

グレイハウンド・カナダの廃業により最も大きな影響があるのがオンタリオ州。最も路線・便数が多いのが格安バス会社のメガバスMegaBus。ナイアガラ・フォールズからトロント、キングストン、オタワに路線があり、トロント～モントリオールの直通バスも運行している。もうひとつ大きなバス会社が、ヨーロッパに拠点をもち、2021年にグレイハウンド（USA）を買収し話題となったフリックス・バスFlix Bus。ケベック州では、最大手のオルレアン・エクスプレスOrléans Expressやロレンシャンへの路線があるギャラン社Galland、イースタン・タウンシップス方面にバスがあるのはリモカーLomocarだ。

また、アトランティック・カナダは、プリンス・エドワード・アイランド州、ノヴァ・スコシア州、ニュー・ブランズウィック州の3州にマリタイム・バスMaritime Busが、ニューファンドランド＆ラブラドル州はDRLがバスを走らせている。ひとつの都市に複数のバス会社が運行していても、通常は同じバスディーポを利用する。

バスは込み合うこともあるので、早めの予約を心がけよう

🍁 グレイハウンド・カナダについて

グレイハウンド・カナダは、2018年10月のカナダ西部路線廃止に続き、2021年5月には残っていたオンタリオ州、ケベック州の路線を廃止、カナダから完全に撤退した。大都市間の一部路線はメガバスやフリックス・バスへと引き継がれたものの、2022年11月現在長距離バスが運行していない町もある。バスディーポも、トロント、オタワはクローズ、各バス会社が別のバスターミナルや停車場所を利用している。詳細は各都市のガイドページを参照のこと。

本誌では可能な限り新しい路線を紹介しているが、新型コロナウイルス対策の終了や夏のハイシーズンになるにあたり、今後変更していく可能性が非常に高い。長距離バスでの移動を考えている人は、現地で最新の情報を手に入れ、時間に余裕をもって旅行しよう。

おもな長距離バス会社

メガバス
URL ca.megabus.com

フリックス・バス
URL global.flixbus.com

オルレアン・エクスプレス
FREE (1-833)449-6444
URL www.orleansexpress.com

ギャラン社
FREE (1-877)806-8666
URL www.galland-bus.com

リモカー
FREE (1-866)692-8899
URL limocar.ca

マリタイム・バス
FREE (1-800)575-1807
URL www.maritimebus.com

DRL
TEL (709)263-2171
URL www.drl-lr.com

バスディーポって何？
ディーポとは、「駅」という意味があり、かつてグレイハウンドの停まるバス停はすべてこう呼ばれていた。カフェや自動販売機、トイレなどがある。バスの停まるバス停には、それぞれ名前があるが、現地では一般的にバスディーポと呼ばれている。

チケットの買い方とバスの乗り方
予約・購入は事前にインターネットですませておくのがおすすめ。購入にはクレジットカードが必要。購入後送られてくる搭乗券をプリントアウトするかスマートフォンに保存し、乗車時にドライバーに見せればOK。車内への誘導は出発30分前くらいから。座れないことはまずない。タグを付けた大きなかばんは、ドライバーに渡せばバスの下に入れてもらえる。降りる際、預けた荷物があることをドライバーに伝えて、必ず荷物を下ろしてもらうこと。

レンタカーについて

国外運転免許証について
(→P.355)

JAFの特典を活用

JAF（日本自動車連盟）の会員は、カナダでもCAA（カナダ自動車協会Canadian Automobile Association）のロードサービス、旅行情報サービスなどさまざまな特典や割引サービスが受けられる。自動車クラブの所在地の調べ方やサービスの受け方は出発前にJAFホームページの"海外でJAFを使う"ページをチェックしておこう。

JAF問い合わせ先
総合案内サービスセンター
TEL (0570)00-2811（日本）
URL jaf.or.jp/common/
global-support

CAA
URL www.caa.ca

おもなレンタカー会社の日本での予約先
ハーツ
TEL 0800-999-1406
URL www.hertz.com
バジェット
TEL (0570)05-4317
URL www.budgetjapan.jp

カナダ国内のレンタカー会社
エイビス
TEL (1-800)879-2847
URL www.avis.ca
ハーツ
TEL (1-800)654-3131
URL www.hertz.ca/rentacar/
reservation
バジェット
TEL (1-800)268-8900
URL www.budget.ca
ナショナル
TEL (1-844)307-8014
URL www.nationalcar.ca

自由に旅するならレンタカーが便利

レンタカーは時刻表に縛られず自由な旅ができ、公共の交通機関がない場所へも足を延ばせる。ただし、日本とは違う交通規則や標識もあるのでいつも以上に注意が必要だ。ルールを守って安全で快適なレンタカーの旅を楽しもう。

車社会でもあるカナダでは、ほとんどの町にレンタカー会社がある。最大手のエイビスAvis、ハーツHertzのほか、バジェットBudget、ナショナルNationalなどの大手から、中小のレンタカー会社までいろいろ。大手なら車は最新だし、日本で予約できるのがうれしい。中小は料金は安いが、旧型の車だったり、別の町で乗り捨てができない場合もある。

🍁 日本で予約する

レンタカーは、現地の空港や町なかで簡単に借りられるが、日本から予約と支払いを済ませて行くほうが安心だ。ハーツやバジェットなど日本に代理店のあるレンタカー会社では、ウェブサイトから日本語で予約ができ、出発と返却場所の指定、日時、年齢を入力すると料金が表示される。追加運転手やカーナビ（GPS）などのオプションも申し込める。JAF会員の場合、割引が受けられるものもある。追加ドライバー料金などが含まれている場合もある。

🍁 現地で借りる

申し込み時に、クレジットカードと日本の運転免許証、国外運転免許証が必要。25歳未満のヤングドライバー（21〜24歳）は別途料金がかかったり、借りられないこともある。また、予約なしだと借りられない場合があるので、当日でもいいので電話予約をしよう。予約時には、氏名、宿泊ホテル、借りたい車種、借りる場所などの質問に答えると、予約番号を言われるので必ずメモすること。あとはカウンターに行って予約番号を告げ、契約する。契約する際にチェックすることは、車はオートマチックかマニュアルか、いつ、どこで返すか、保険がどこまでカバーされているか、車に傷は付いていないか（車を借りる予定の人は、旅行前に海外旅行保険に加入する際、レンタカー用保険を付帯できるものを考慮）、運転席に座ったら、ウィンカーやサイドブレーキの位置や正しく作動するかなど車をひととおり点検すること。

🍁 保険について

カナダでは運転中の基本的な保険はレンタル料に含まれている。これは事故による対人・対物の賠償責任金額を補償する自

動車損害賠償保険Liability Protection（LP）や盗難・紛失・事故などにより車両に破損・損害が生じた場合に、その損害額の支払いを免除する車両損害補償制度Loss Damage Waiver／Collision Damage Waiver（LDW／CDW）など。万が一入っていないことがないよう、契約時にきちんと確認すること。ほか事故により契約者および同乗者が負傷した場合に規定の金額が支払われる搭乗者傷害保険Personal Accident Insurance (PAI)や携行品保険Personal Effects Coverage (PEC) も心配なら追加しておくといい。

🍁 カナダ東部のドライブルート

カナダ東部のドライブルートといえば、オンタリオ州とケベック州にまたがる、全長800kmのメープル街道（→P.24）。紅葉の時期にぜひとも訪れたい。そのほかにもプリンス・エドワード島内にある『赤毛のアン』ゆかりのスポットを巡るセントラルをはじめとする3つのドライブルート（→P.274）やノヴァ・スコシア州の大西洋沿岸沿いの海岸線を走るライトハウス・ルート（→P.318）など風光明媚な景色を巡るルートがある。

紅葉シーズンのアルゴンキン州立公園

カナダでのドライブここに注意！

❶右側通行
日本とは違いカナダは右側通行。右折は小回り、左折は大回りを忘れないように。

❷交通規則
交通規則は州によって多少異なるので注意。赤信号でも車が来ていなければ一時停止後、右折することができる。信号のない交差点では一番最初に交差点に入った車から優先して進行できる。優先順位がわからない場合は右側の車が優先となる。法定速度は分離帯のあるハイウエイで時速100キロ、その他のハイウエイは80〜90キロ、市街地は30〜50キロ。また、スクールバスのストップサインが点滅中の場合、対向車、後続車とも完全に停止しなければならない。

❸シートベルト着用の義務とヘッドライト
カナダでは前部座席だけでなく、後部座席もシートベルトの着用が義務づけられている。また、昼間でもヘッドライトの点灯が奨励されている。

❹道路標識
カナダの道路標識は比較的わかりやすい。詳しくは（→ P.371）。

❺ガソリン補給はこまめに
広大な国土のカナダでは、次のガソリンスタンドまで200km以上離れていることもざらにある。ガス欠などしないように、早めのガソリン補給を心がけたい（→ P.370）。

❻冬季の運転について
冬季は通常、スノータイヤが装着されている。チェーンの使用を禁止しているところもある。路面凍結やスピードの出し過ぎに注意。

❼アメリカ国境を越える場合
アメリカで借りてカナダへ入国、あるいはその逆も、事前申請が必要な場合があるので、各レンタカー会社へ問い合わせをすること。

❽携帯電話と飲酒
日本と同じく、運転中は携帯電話の使用を禁止している。飲酒運転ももちろん厳禁。

❾盗難、置き引きに注意
車から離れるとき、貴重品は必ず手元に。それ以外の荷物も目につく所に置かず、ダッシュボードやトランクに入れて鍵をかける。

慣れれば簡単なセルフサービスのガソリンスタンド

🍁給油の仕方

ガソリンスタンド（Gas Station）はセルフサービスが多い。給油機の前に車を横づけにし、ガソリンの種類を選び（日本と同じでガソリンは3種類あり、レギュラーガソリンは1リットル当たり$1.8くらい）、ノズルを外してレバーをオンにし、給油口に入れる。グリップを握ると給油が始まり、満タンになったら自動的に止まる。給油後、店のレジでスタンドの番号を伝えて支払う（クレジットカード払いの場合は、あらかじめカードを機械に差し込んでから給油作業を行うところもある）。

🍁駐車について

日本と同様、カナダも駐車違反の取り締まりが厳しいので、駐車場やパーキングメーターのある通りで駐車をするように心がけよう。パーキングメーターは停めておく時間分の料金を先に入れるコイン式（時間制限や日曜または土・日曜は無料のところもある）。高級ホテルやレストランでは入口で車のキーを係員に預け、駐車場へ移動してもらうバレーパーキングValet Parkingもある。支払いは先かあとかは場所によって異なる。係員にはチップ（$3〜5が目安）を渡そう。

コイン式のパーキングメーター

レンタカーのチェックアウトからチェックインまでの流れ

※レンタカーは車を借りることをチェックアウト、返却することをチェックインと呼ぶ。

チェックアウト↗

・空港の場合、到着ロビーに着いたら"Car Rental"などレンタカー会社のサインを見つけ、オフィスカウンターへ。

⬇

・予約していることを告げ、日本の運転免許証、国外運転免許証、クレジットカード、パスポート、予約確認証を提示する。

⬇

・レンタルアグリーメント Rental Agreement（貸渡契約書）が提示されるので、料金や保険、返却予定日など契約内容が正しく記載されているか確認してから署名をする（署名した内容はいかなる場合でも変更できないので注意）。契約者以外が運転したり、チャイルドシートなどの装備品が必要な場合はこのときに告げること。

⬇

・車のキーを渡されたらパーキングへ向かう。これから運転する車に傷はないか、正しく作動するかを確認し、計器やレバー類など車の操作に慣れてから出発。

↘チェックイン

・返却する営業所に向かう前にガソリンを満タンにする（レンタカーのプランによっては満タン返却しなくていい場合もある）。

⬇

・営業所に着いたら係員の指示に従って車を停めて、キーを渡す。大手レンタカー会社の場合、係員がハンディコンピューターを持っており、その場で返却手続きが行われる。レシートを受け取り金額を確認して、問題がなければチェックイン終了（支払いがクレジットカード以外の人はレシートを持ってオフィスカウンターへ）。帰る前に車に忘れ物がないかトランクやダッシュボードなどをチェックしよう。

※日本で予約をして、現地の空港でチェックアウト、チェックインした場合。

知っておきたい道路標識

　比較的わかりやすいカナダの道路標識。しかし大自然に包まれてのドライブは注意力散漫になりがちで、思わず標識を見落としてしまったり、制限速度を超えて走行してしまう恐れもある。常に安全運転を心がけ、快適なドライブをしよう。

一時停止

進入禁止

優先道路あり

進入禁止

一方通行

最高時速 70 キロ

左折禁止

この先時速 50 キロ

追い越し禁止

赤信号時、右折禁止

歩行者優先

この先信号あり

停車禁止

1 時間駐車可

この車線はバスのみ通行可

災害時、通行禁止

前方対面通行

左カーブあり

曲がり道

右車線終了

スリップ注意

この先急な坂あり

この先でこぼこ道

動物飛び出し注意

この先踏切あり

この先スクールバス停あり

近くに病院あり

この先ガソリンスタンドあり

ホテルについて

各種の割引料金

カナダの観光地のホテル料金はハイシーズンとローシーズンで2倍以上の差があることもざら。観光地ではなく、ビジネス客が多い地域では週末割引を設定していることが多い。週末にタイミングが合えば、ランクが上のホテルにかなり安く泊まることができるはずだ。中級以下の宿では週単位、月単位の料金を設定している場合が多い。B&Bやツーリストホームなどにホームステイ感覚で長期滞在する場合に便利だ。

また、アクティビティなどオプションをセットしたお得なパッケージプランを用意しているところもあるので、予約の際に聞いてみるといい。

キャンセルについて

キャンセル料の規定はホテルによって異なるが、特にリゾートホテルは厳しく、シーズンによっては1ヵ月前からキャンセル・チャージがかかるところもある。クレジットカード番号を知らせてある場合、キャンセルすると規定に応じたキャンセル料が自動的に口座から引き落とされる。

あとでトラブルを避けるためにも、予約や問い合わせの際に、キャンセル規定（Cancellation Policy）を確認しておくのを忘れずに。

ホテ予約サイト

エクスペディアやホテルズドットコムなど、海外のホテル予約サイトなら、その時期の最安値で予約することが可能。ホテルの設備も詳細に紹介されているのもうれしい。クレジットカードでの事前決済やデボジットが必要。
エクスペディア
URL www.expedia.co.jp
ホテルズドットコム
URL jp.hotels.com
ブッキング・ドットコム
URL www.booking.com

■ カナダのホテル

新型コロナウイルスの感染拡大以降、物価上昇の影響を最も受けたのがホテル代。トロントなど都市部なら3つ星クラスでも$150はかかる。シングルとダブルやツインルームの料金差が少ないため、ふたりで宿泊したほうが割安。ダブルは大きなベッドがひとつ、ツインはひとり用のベッドがふたつ、というのが基本だが、ダブルとツインの区別は曖昧なので、ふたりで同じベッドに寝るのがいやなら "Two persons" とか "Twin" と言うより、"Room with two beds" と言ったほうが通じるはずだ。

普通のビジネスホテルでも部屋は非常に広く、ベッドもたいていの場合クイーンサイズ以上の大きさだ。施設やアメニティも揃っている。なお料金は、通常1室当たりのものとなっている。

カナダのホテルは、中級クラスでも十分な広さ

🍁 安く泊まりたい人は

定番は、ユースホステル。カナダには多くのホステルがあり、合い部屋のドミトリーなら1泊$30前後で泊まることができる。また、おもに家族経営のB&Bや安宿の定番であるゲストハウスもおすすめだ。これは家屋を丸々もしくは一部の部屋を宿泊者用に貸し出していることが多い。格安のホテルのなかでも、バス、トイレが共同の部屋なら、$100以下という場合も。こうした共同ルームを予約する際は、何部屋でひとつのバスルームを共同利用するのか聞いておくといい。シャンプーなどアメニティの有無についても確認をしておくこと。

🍁 ホテルの予約について

旅行会社に予約を依頼するか、ホテルチェーンの日本の予約会社に連絡するか、あるいは自分で直接申し込む方法がある。旅行会社ではツアーで利用するホテルや中級以上のホテルしか扱っていないことが多く、どんなところか様子が聞けて信頼できるが、B&Bのような個人経営のものはほとんど扱っていない。ガイドブックや友人の体験談、インターネットなどで泊まりたい宿があったら、自分で直接予約を申し込んでみるといい。いずれの方法で予約するとしても、キャンセルした場合の規則はきちんと確認しておくこと。また、エクスペディアやホテルズドットコムなどのホテル予約サイトでの予約も人気。

ホテル以外の宿泊施設

カナダの宿泊施設は一般に、清潔でサービスもよく安心できる。近代的なホテル、モーテルや高級リゾート以外にも、アクティビティに沿ったロッジやオーベルジュ、家庭的なB&Bとホテルのランクやカテゴリーも豊富だから、目的に合った宿選びができる楽しみもある。

❦YMCA／YWCA

"Young Men's (Women's) Christian Association" が運営するエコノミーな宿のこと。営利を目的としていないので、ワンルーム1泊$40程度から泊まれる。YMCAは男性専用、YWCAは女性専用となっている場合もある。

❦B&B

B&BとはBed & Breakfastの略。つまり朝食付きの民宿のこと。高級ホテル顔負けの贅沢な家具の置かれた客室をもつところや専用のバスやランドリーまで揃えたところまでさまざまなタイプがある。たいていは自宅の一角を利用しており、子供の手の離れた人が経営しているケースが多い。ホストの個性が反映されるので千差万別のおもしろさがあり、カナダの普通の家庭の生活を垣間見るという点でも貴重な経験だ。

当然、住宅街にあることが多いので、交通はやや不便。B&Bによっては最寄りの駅やバス停、バスディーポや空港までのピックアップサービスを行っている場合もあるので、尋ねてみよう。また、滞在中はあくまで他人の家に客として来たつもりで、マナーに反した行動を取らないように注意しよう。最近ではB&Bは個人の宿ベースで予約するよりも、Airbnbで予約する場合が多くなってきている。

❦ユースホステル

時間と体力はあるが、資金のほうはちょっと、という人がお世話になるのがユースホステル。ドミトリーで$30～45程度（国際ユースホステル協会Hostelling International (HI) 会員なら10%の割引あり）で宿泊でき、キッチンやランドリーなどの設備も充実している。ドミトリー形式だが、プライベートルームのあるところもある。ユースホステルの会員証は、乗り物や観光施設などさまざまなところで料金割引の対象となるので、うまく利用するといい。

❦Airbnb（エアビーアンドビー）

現地の人が提供するアパートなどの宿泊施設を予約＆検索できるAirbnb。検索は右記のウェブサイトにアクセスし、都市名と日付けを入力する。地図上に開いている部屋と料金が表示されるので、条件にあったところを予約する。チェックイン方法は施設によりさまざまなので、確認しておくこと。

ホテルのランク

全般的にカナダ・セレクト（Canada Select）やAAA（全米自動車協会）、CAA（カナダ自動車協会）などが星の数による格付けをしているほか、ケベック州のように州独自のランク（CITQ）を付けている州もある。

モーテル

モーテル（モーターイン）とは車で旅行する人がおもに利用するホテル。出入口ドアのすぐ外が駐車場になっているのが一般的。郊外にある場合がほとんどで、町に入ったすぐの国道沿いに固まっている。

オーベルジュ

オーベルジュとは、おもにケベック州に見られる宿で、宿泊施設のあるレストランのこと。小さな家族経営のところが多く、地元の食材にこだわったレベルの高いフランス料理が味わえる。外観や室内もアンティーク調だったり、センスのいいところが多い。有名なのは、イースタン・タウンシップス（→P.224）。

また、モントリオールやケベック・シティにもオーベルジュと名のつく宿が多いが、こちらは規模が小さめの普通のホテルやB&Bであることが多い。

日本ユースホステル協会
☎〒151-0052
東京都渋谷区代々木神園町3-1
国立オリンピック記念青少年総合センター センター棟3階
URL www.jyh.or.jp

ユースホステル会員証

成人パス（満19歳以上）2500円（新規会員の場合。継続の場合は2000円。手数料別途）。スマートフォンやパソコンから入会できる。有効期限は1年間。日本国内で発行した会員証が全世界で有効。

ユースホステルについては「地球の歩き方」ホームページの専用ページ（URL prepare.arukikata.co.jp/1_5_1.html）でも簡単な情報収集ができる。

Airbnb

URL www.airbnb.jp

Airbnbはオーナーとのトラブルなども報告されている。万が一トラブルが発生しても自分で解決できる自信があり、ホテルと同じサービスは期待できないことを納得したうえで利用したい。

レストランの基礎知識

勘定の頼み方

レストランでの支払いは基本的にテーブルチェック。テーブルの担当者に「Check, please」と言って勘定書を持ってきてもらう。請求額にチップを加えて、テーブルに置けば取りにきて、おつりがあれば持ってきてくれる。レシートは普通、頼まないとくれない。

食べきれなかったときは？

カナダのレストランはとにかくボリューム満点。男性でもすべてを食べきるのは厳しいこともしばしば。もし食べきれなかったときは、気軽に持ち帰りを頼んでみよう。高級レストランでもたいていは持ち帰りを頼むことができる。頼むときはウエイターに「To go box（またはcontainerやbag）」、「To take away」、「Take it to go」などと言えば持ち帰り用のボックスがもらえる。

メープルシロップを使ったケベック料理の代表的なメニュー
メープル・ハム
Maple Ham

スライスしたハムの片面だけマスタードを塗り、アップルジュースや白ワインなどを敷いてオーブンで焼き、メープルシロップで照りをつけて仕上げる。

クリスピー・メープル・リブ
Crispy Maple Ribs

ケチャップ、ワインビネガー、メープルシロップなどのたれを付けて焼き上げたスペアリブ。

リカーストアの営業時間

リカーストアの営業時間は基本的に月〜土曜の9:00〜18:00。しかし、バンクーバーやトロントなどの都市部では〜22:00までや、日曜も営業している店が多い。

ワイン持ち込み可のレストラン

ケベック州、特にモントリオールの庶民的なレストランには、ワインを店に置いていない代わりに持ち込みが許されるところがある。窓やドアに「Apportez Votre Vin」と表示があれば、ワイン持ち込み可のレストランということだ。

▋ レストランの種類

高級レストランはフレンチやイタリアン、カナダ料理などが多く、ディナーでも$40〜とそれほど高くはない。カナダでは高級レストランでもドレスコードはほとんどない。破れているジーンズやよれよれのTシャツなどさえ避ければ、ほぼどんなレストランでも入店を断られることはない。

カナダにはマクドナルドやKFC、スターバックス・コーヒー、サブウェイなど日本でもおなじみの店がたくさんある。カナダ生まれのコーヒーショップなら、ティム・ホートンやセカンド・カップが有名。

マクドナルドの看板にはメープルマークが

また大都市のショッピングセンターには、たいていフードコートがあり、ハンバーガーやパスタ、ピザ、中華、タイ、インドのほか日本食の店も入っている。節約したいときはぜひ。

▋ 各地の名物料理

カナダ東部にある州のうち、もっとも食に魅力があるのは、ケベック州だ。フランス系住民が圧倒的多数を占めるだけあって、本格的なフランス料理が食べられる。また、開拓時代から受け継がれた伝統的なケベック料理（→P.251）も名物。スパイスを利かせたミートボールや豆のスープ、ミートパイなど素朴だがほかではなかなか食べられないものばかりだ。

太平洋岸のアトランティック・カナダでは、シーフードは必食。ロブスターやカキ、ムール貝など種類も豊富で、塩でゆでただけというシンプルな味付けから手の込んだ西洋料理まで、バリエーション豊富に味わえる。

オンタリオ州のトロントは、カナダきってのコスモポリタン・シティ。世界中からの移民が暮らすエスニックタウンでは、本場顔負けの各国料理が味わえる。もちろん、カナダ最大の都市だけあって選択肢も多彩だ。

▋ カナダのアルコール

アルコール類を瓶ごと売っているのは、政府直営のリカーストアだけ。ケベック州のみは、スーパーやコンビニでも手に入るが、23:00までの販売となる。カナダでは公園やバス、列車など公共の場所での飲酒は原則として禁止されているので注意しよう。また、アルコールのカンや瓶をむき出しにして持つことも禁止なので、必ず袋に入れて持ち帰ること。

チップとマナー

チップについて

チップとは、ホテル、レストラン、タクシーやツアーの利用時に心づけとして少額のお金を渡すというもの。日本人にはあまりなじみのない慣習だがカナダでは常識。目安はレストランの場合は15%程度とされ、HSTが適用されている前述の5つの州についてはHSTが13～15%なので、レシートに書き込まれている税金の額とほぼ同じ金額をチップとして支払えばいい。

クレジットカードを使用する場合のチップについて

レシートにチップの金額を書いて渡すか、カードと一緒にチップのぶんのお金を渡す。

チップの目安

レストラン	合計金額の10～15%が相場。ただし、サービス料がすでに含まれていれば払う必要はなく、払うとしても小銭程度でいい。まれにチップの額まで書き込んだ請求書を持ってくるレストランもあるので、二重払いにならないようによく確認すること。
タクシー	料金の10～15%。料金が低くても最低50¢。荷物が多い場合は若干多めに払う。おつりの端数をそのままチップにしてしまうのも方法。
ルームメイド	特に置かなくてもいいが、部屋を出るときにサイドテーブルに1ベッドにつき$1程度置くのが一般的。
ルームサービス	ルームサービスは料金の10～15%。タオルや毛布の不足補充を頼んだら50¢～$1。
ドライバー	観光バスではドライバーがたいていガイドも兼ねているので、ツアー終了時に$3～5程度。

チップ換算早見表

料金$	10%		15%	
	チップ	合計額	チップ	合計額
10	1.0	11.0	1.50	11.50
15	1.5	16.5	2.25	17.25
20	2.0	22.0	3.00	23.00
25	2.5	27.5	3.75	28.75
30	3.0	33.0	4.50	34.50
35	3.5	38.5	5.25	40.25
40	4.0	44.0	6.00	46.00
45	4.5	49.5	6.75	51.75
50	5.0	55.0	7.50	57.50
55	5.5	60.5	8.25	63.25
60	6.0	66.0	9.00	69.00
65	6.5	71.5	9.75	74.75
70	7.0	77.0	10.50	80.50
75	7.5	82.5	11.25	86.25
80	8.0	88.0	12.00	92.00
85	8.5	93.5	12.75	97.75
90	9.0	99.0	13.50	103.50
95	9.5	104.5	14.25	109.25
100	10.0	110.0	15.00	115.00

マナーについて

🍁 あいさつ

お店に入って、店員に「Hi」と声をかけられたら「Hi」や「Hello」と返事を返そう。また「How are you ?」も一般的に使われるので「Fine, Thank you.」などと答えるのがいい。ショッピングの最中、店員から「May I Help You? 何かお探しですか」と言われたら、無視したりせずに「I'm just looking. 見てるだけです」と言ったり、欲しいもの、探しているものがあればその旨をしっかりと伝えるようにしよう。

🍁 アルコール

カナダでは公園やバス、列車など、公共の場での飲酒は原則として禁止されている。屋外でのバーベキューでも禁止だが、個人の敷地内なら、飲酒してもOK。

その他、気をつけたいこと

レストランでは注文する料理が決まっても大きな声で店員を呼ばず、来るまで待つように。ショップでは店を出るとき何も買わなくても「Thank you」とひと言言おう。

カナダは他の欧米諸国同様、レディファーストの国。店に入るとき、出るときなど女性を先に通すように心がけよう。

電話と郵便

市内通話の料金
自宅などの固定電話からの市内通話は無料。公衆電話からは最低料金を入れたら、あとは時間無制限。

電話番号案内
市内：411
市外：1＋市外局番＋555＋1212

トールフリー（無料電話）
（1-800）や（1-888）、（1-877）などで始まる電話番号はトールフリー（無料通話）で、州内、国内、アメリカからなど有効範囲が番号により異なる。日本からもつながるものもあるが、有料。

電話機

公衆電話はプッシュホン式で、コイン使用のものがほとんど。空港や大きな駅にはクレジットカード式のものもあり、すべての公衆電話で国内、国際電話どちらもかけることができる。コインは¢5、¢10、¢25、$1の4種類が使用できる。

国内電話のかけ方

国内電話は、市内通話Local Callと長距離通話Long Distance Callとに区分される。市内通話の場合、市外局番は不要で、受話器を取ってコインを入れてから7桁の番号をダイヤルする。長距離通話の場合は、初めに長距離通話の識別番号「1」をプッシュしてから市外局番、電話番号と順番にダイヤルすると、オペレーターが最初の3分間の料金を告げるので、そのぶんのコインを投入。時間が超過するたびにオペレーターが必要な料金を言うので、それに従ってコインを入れる。

電話のかけ方

（国内電話）

市内通話 Local Call

（例）トロントから市内の（416）123-4567にかける場合

| 123 | + | 4567 |

長距離通話 Long Distance Call

（例）トロントからオタワの（613）123-4567にかける場合

| 1 | + | 613 | + | 123 | + | 4567 |

（国際電話）

日本からカナダへ電話をかける場合

始めに国際電話識別番号「010」をダイヤルし、カナダの国番号「1」、続いて市外局番、相手先の番号をダイヤルする。

（例）日本からカナダ（トロント）の（416）123-4567へかける場合

国際電話識別番号		カナダの国番号		市外局番		相手先の電話番号
010※	+	1	+	416	+	123-4567

※携帯電話の場合は010のかわりに「0」を長押しして「＋」を表示させると国番号からかけられる。
※NTTドコモは事前にWORLD CALLに登録が必要。009130をダイヤルしなくてもかけられる。

カナダから日本へ電話をかける場合

始めに国際電話識別番号「011」をダイヤルし、日本の国番号「81」、続いて市外局番（最初の0は不要）、相手先の番号をダイヤルする。

（例）カナダから日本（東京）の（03）1234-5678へかける場合

国際電話識別番号		日本の国番号		市外局番の0を除いた番号		相手先の電話番号
011※1	+	81	+	3※2	+	1234-5678

※1) 公衆電話から日本へかける場合は上記のとおり。ホテルの部屋からは外線につながる番号を頭に付ける。　※2) 携帯電話などへかける場合も、「090」「080」などの最初の0を除く。

オペレーターに申し込む通話

現地のオペレーターを通す場合は、長距離通話識別番号のあとに0を押し、オペレーターにかけたい国や場所、電話番号などを伝える。コレクトコールを利用することもできる。ホテルには専用のオペレーターがいる場合があり、そのサービスを受けることもできる。また、KDDIの「ジャパンダイレクト」などを利用すれば、カナダから日本のオペレーターを通して電話がかけられる。支払いはコレクトコールのみ。

テレホンカード

地域や電話会社によって種類もさまざま。カードによりアジア方面に安く国際電話がかけられるものなどがあり、普通、公衆電話からかけるとホテルのオペレーターを通すより割安。自動販売機で買う場合は額面価格（カードの度数）から税金のぶんが引かれ、店頭で買う場合は購入金額に税金が加算される。

主要駅や空港にある電話機

日本での国際電話会社の問い合わせ先
KDDI
0057/0120-977097
www.kddi.com
NTTコミュニケーションズ
0120-506506
www.ntt.com
ソフトバンク
0800-9190157
www.softbank.jp
au
157（auの携帯から無料）/
0077-7-111
www.au.com
NTTドコモ
0120-800000
www.docomo.ne.jp
ソフトバンク（携帯）
157（ソフトバンクの携帯から無料）/0800-9190157
www.softbank.jp/mobile
日本語オペレーターに申し込むコレクトコール
KDDIジャパンダイレクト
(1-800)663-0681
テレホンカードの使い方
日本のように電話機に挿入しないで、カード固有（1枚ごとに印字されている）の番号をダイヤルしてかける仕組み。

INFORMATION
カナダでスマホ、ネットを使うには

スマホ利用やインターネットアクセスをするための方法はいろいろあるが、一番手軽なのはホテルなどのネットサービス（有料または無料）、Wi-Fiスポット（インターネットアクセスポイント、無料）を活用することだろう。主要ホテルや町などにWi-Fiスポットがあるので、宿泊ホテルでの利用可否やどこにWi-Fiスポットがあるかなどの情報を事前にネットなどで調べておくとよい。ただしWi-Fiスポットでは、通信速度が不安定だったり、繋がらない場合があったり、利用できる場所が限定されたりするというデメリットもある。そのほか契約している携帯電話会社の「パケット定額」を利用したり、現地キャリアに対応したSIMカードを使用したりと選択肢は豊富だが、ストレスなく安心してスマホやネットを使うなら、以下の方法も検討したい。

☆ 海外用モバイルWi-Fiルーターをレンタル

カナダで利用できる「Wi-Fiルーター」をレンタルする方法がある。定額料金で利用できるもので、「グローバルWiFi（[URL]https://townwifi.com/）」など各社が提供している。Wi-Fiルーターとは、現地でもスマホやタブレット、PCなどでネットを利用するための機器のことをいい、事前に予約しておいて、空港などで受け取る。利用料金が安く、ルーター1台で複数の機器と接続できる（同行者とシェアできる）ほか、いつでもどこでも、移動しながらでも快適にネットを利用できるとして、利用者が増えている。

海外旅行先のスマホ接続、ネット利用の詳しい情報は「地球の歩き方」ホームページで確認してほしい。
【URL】http://www.arukikata.co.jp/net/

▼グローバルWiFi

アルファベットの電話番号
　カナダで見かける、電話番号の一部分がアルファベットで表記されているもの。これは電話のボタン部分に表示してあるアルファベットを意味している。アルファベットを押せば、そこに電話をかけることができる。

Canada Post
URL www.canadapost-postescanada.ca/cpc/en/home.page
　郵便サービスや料金についてはインターネットで調べることもできる。

▌郵便

　日本まで航空便ではがきやアエログラム（簡易書簡）、封書（30gまで）はすべて$2.71。日本への所要日数は、投函地によっても異なるが、航空便で1〜3週間程度。カナダ国内は$1.07（郵便番号記入分対象、30gまで）。切手は郵便局、ホテルのフロント、空港、鉄道駅、バスディーポの売店、みやげ物店などで買える。カナダではショッピングセンターやドラッグストアの中にPostal Outletと呼ばれる郵便局がある場合が多く、テープ、封筒、郵送用の箱などを販売しているが、場所によっては切手の販売のみで、規定外の郵便（小包など）は扱っていないこともある。営業は基本的に月〜金曜9:00〜17:00と土曜10:00〜14:00。

　また、荷物を送る際には万一の事故や盗難に備えて保険（Liability Coverage）をかけることをすすめる。保険付帯によって盗難のリスクが軽減されるうえ、実際に損失を被った場合でも差出国と配送国への調査・補償が要求しやすくなる。記入伝票も保険付き用のものを使用すること。

♣手紙の書き方

　カナダから日本への手紙を書く場合、宛名などの書き方は以下の通り。
①日本の宛先。日本の住所は日本語、下にJAPANと大きく書く
②カナダの住所と差出人の名前。滞在ホテルの住所でOK
③大きく目立つように国際郵便（Air Mail）であることを示す。赤など色文字ならベター
④切手を貼る。30gまでの定形郵便（はがき、封書）なら$2.71

日本と同じ赤色のポストだ

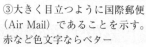

① 〒141-8415
東京都品川区西五反田2-11-8
地球太郎 様
JAPAN

② Chikyu Hanako
1234 College Street
Toronto, ON, A0B C1D
CANADA

④ 切手

③ **AIR MAIL**

封書・はがき、小型郵便物のカナダから各地への料金

種類	届け先	重量	日本	カナダ	アメリカ
定形郵便※1（封書・はがき）		30g	$2.71	$1.07	$1.3
		50g	$3.88	$1.3	$1.94
定形外郵便※2		100g	$6.39	$1.94	$3.19
		200g	$11.14	$3.19	$5.57
		500g	$22.28	$5.47	$11.14
小型国際郵便※3	船便	250g	$12.01		
		500g	$16.87		
		1kg	$28.16		
		2kg	$41.39		
	航空便	250g	$15.64		$12.3
		500g	$29.62		$16.11
		1kg	$54.52		$23.63
		2kg	$75.68		

※1　245mm×156mm×5mm以内かつ50g以内
※2　380mm×270mm×20mm以内かつ500g以内
※3　1辺の長さが600mm未満かつ3辺の和が900mm以内

2022年10月現在

旅の技術

インターネット

ネット接続の環境

　海外旅行にスマートフォンやタブレット、パソコンなどのインターネット端末を持って行くのは、今や当たり前になっている。現地でインターネットに接続できれば最新の情報を得ることができるほか、飛行機や長距離バス、宿泊施設の予約もできるので非常に便利。カナダ国内ではWi-Fiが広く普及しているので、Wi-Fi機能搭載のパソコンやスマートフォン、タブレットを持っていけば、多くの場所でインターネットの接続が可能。また、一部の長距離バスやVIA鉄道の車内でもWi-Fiの接続が無料となっている。ここでは、現地の無料Wi-Fiを利用してのインターネット接続や、現地の有料SIMを利用してのスマートフォンの使用などインターネットに関するノウハウを紹介。

🍁空港でのネット接続

　カナダ国内にあるほとんどの空港でWi-Fiの接続が無料。まずWi-Fiに接続し、空港のネットワークを選択すると自動的にWi-Fi接続のウェブサイトに移動するので、あとは画面の表示に従って操作すれば接続できる。各空港では、自分のパソコンを置いてインターネットができるスペースや、プラグを差し込むコンセントが付いた椅子を設置しているところもある。

🍁町なかでのネット接続

　レストランやカフェなどではWi-Fiの接続が可能なところが多い。店の入口に「Wi-Fi Free Spot」「Free Internet Access」などと表示されているのでチェックしてみよう。また、公共のWi-Fiスポットがある場合も。パスワードが必要な場合もあるので、その際はスタッフに教えてもらおう。

カナダ発のコーヒーショップ、ティム・ホートンは
Wi-Fiの接続が無料

🍁ホテルでのネット接続

　ほとんどのホテルでWi-Fiでの接続が可能。無線の場合、ログイン用のユーザー名とアクセスコード（アクセスコードのみのところもある）が必要なので、チェックイン時にフロントで聞こう。高級ホテルはビジネス用の高速Wi-Fiは有料（ロビーは無料で客室は有料のホテルが多い）で、料金は1日$15くらい。支払いはチェックアウト時に宿泊料と一緒に支払うのが一般的。全館Wi-Fiの接続が無料となっていても電波の受信感度が弱い客室もあるので注意。

**Wi-Fiが無料で接続できる
カナダ東部のおもな空港**
トロント・ピアソン国際空港
（トロント）
**オタワ・マクドナルド・
カルティエ国際空港**
（オタワ）
**モントリオール・ピエール・エ
リオット・トルドー国際空港**
（モントリオール）
ジャン・ルサージュ国際空港
（ケベック・シティ）
シャーロットタウン空港
（プリンス・エドワード島）
**ハリファックス・スタンフィー
ルド国際空港**
（ハリファックス）

インターネットを使うには
　「地球の歩き方」ホームページでは、カナダでのスマートフォンなどの利用にあたって、各携帯電話会社の「パケット定額」や海外用モバイルWi-Fiルーターのレンタルなどの情報をまとめた特集ページを公開中。
URL www.arukikata.co.jp/net

自分のスマートフォンを現地で使う方法

日本で使用しているスマートフォンを海外まで持って行って使うには、いくつかの方法がある。ひとつ目は現地で無料のWi-Fiを使う。ふたつ目は特に何の手続きもなしに利用する。3つ目はモバイルWi-Fiルーターをレンタルして接続する、4つ目が現地でプリペイド式のSIMを購入する方法。それぞれの詳細を以下に記したので、チェックしてみて。

① 現地で無料のWi-Fiを利用する

カナダではホテル、レストラン、カフェなどさまざまな場所で無料のWi-Fiが利用できる。それを利用すれば、一切料金がかかることなく手持ちのスマートフォンでインターネットに接続が可能だ。接続はホテルや店によって異なり、パスワードなしでそのまま接続できる場合もあるが、たいていはパスワードが必要。接続の際はスタッフにWi-Fi接続用のIDとパスワードを聞くようにしよう。特に「Tim Hortons」や「Starbucks」などの大手チェーン系のカフェは店舗も多くWi-Fiもよくつながる。トロントやモントリオール、ケベック・シティには市が提供する無料のWi-Fiもあるが、つながりにくい。

② 手続きなしにそのまま利用する

日本で手続きなしにスマートフォンをカナダで利用する場合、日本の携帯電話会社が提携している海外ローミングサービスを海外パケット定額で利用する方法となる（キャリアや機種、契約内容により異なり、料金は1日あたり980〜2980円程度。事前に要確認）。普段は利用しないが、いざというときに使いたい場合に役立つ。

③ モバイルWi-Fiルーターをレンタル

カナダへの旅行者の間で最も一般的なのがこの方法。日本でネットなどから予約し、出発の空港でルーターを受け取る。成田空港、羽田空港、関西国際空港には当日レンタルにも対応している会社もあるが、夏などは品切れの場合もあるのであらかじめ予約しておくと安心。ルーターはスマートフォンのほかタブレット、ノートパソコンなど複数のデバイスに対応しており、容量によって値段が変わる。詳細は各社のホームページで確認のこと。

④ 現地でプリペイド式のSIMを購入する

旅慣れた人や長期滞在者がよく利用するのが、現地でプリペイド式のSIMカードを購入する方法。日本からの直行便が就航するトロント、モントリオールの各空港には到着ロビーにchatr Mobileのカウンターがあり、現地SIMが購入できる。料金は容量によって異なり、3G 500MBで$25〜。SIMの有効期間中はカナダ全土の電話料金が無料になる。なお、カナダにはほかにも多くの格安SIMカードが流通している。なかでも料金が安く回線も安定していると言われるのが、Lucky Mobileやfido、

スマートフォンのインターネット利用の注意点

旅先での情報収集に便利なスマートフォンでのインターネット接続。しかし、海外ローミング（他社の回線）で利用することになるとパケット通信が高額になってしまうので、日本出国前にデータローミングをオフにしよう。操作方法は各携帯電話会社で確認を。

安心＆便利なドコモの海外パケット定額サービス

ドコモの「パケットパック海外オプション」は、1時間200円からいつものスマートフォンをそのまま海外で使えるパケット定額サービス。旅先で使いたいときに利用を開始すると、日本で契約しているパケットパックなどのデータ量が消費される。24時間980円のプランや利用日時に応じた割引もある。
🔗 www.docomo.ne.jp/ service/world/roaming/ ppko

海外モバイルWi-Fiルーター

ルーターは日本国内の空港で借りられ、スマートフォンのほか、Wi-Fi搭載のパソコン、タブレット端末でも使用できる。

おもな海外モバイルWi-Fiルーターの問い合わせ先
グローバルWiFi
📞 0120-510-670
🔗 townwifi.com
イモトのWiFi
📞 0120-800-540
🔗 www.imotonowifi.jp

PhoneBoxのSIMカード。料金はプリペイド式と月極の2種類がある。SIMカードは町のスーパーやコンビニ、ドラッグストアなどで購入できる。トロントにはけーたい屋という日本語対応の携帯電話販売会社があり、格安SIMも扱っているので、相談してみるのもいい。また一部のSIMカードはamazonなどを利用し日本で購入することも可能。

なお、プリペイド式のSIMカードを利用する場合、SIMロックフリーのスマートフォンが必要となる。2021年10月1日以降に発売した携帯電話の場合、あらかじめSIMロックが外されているが、それ以前のものはロックを外す必要がある。また、機種によってはAPN(Access Point Name)や利用可能な周波数（バンド）に制限がありネット接続できない場合があるので、自分の持っている機種がカナダで利用できるかあらかじめ調べておくといい。

けーたい屋
URL ketaiya.com

海外で便利なおすすめ無料アプリ

地図系

Google Map
王道地図アプリ。Wi-Fi接続があれば行きたい場所への経路検索ができるほか、Gmailと連動してお気に入りスポットの登録、マイマップの作成も可。

maps.me
オフラインでも利用できる地図アプリ。あらかじめ行きたい場所の地図をダウンロードしておけば、Wi-Fi接続なしでもルート検索ができる。

言語系

Google 翻訳
手書き文字やカメラ入力、会話音声などからも翻訳可能。カメラでメニューを撮影すれば、日本語に変換してくれ便利。

Weblio英語翻訳
日本の会社が作った翻訳＆辞書アプリ。オフラインで使用でき、日本語を打ち込めば翻訳して機械ボイスで読み上げてくれる。辞書としても利用できる。

交通系

Rocketman
カナダの都市部では必携の交通系アプリ。行きたい場所への交通機関の運行状況やルートをリアルタイムに教えてくれる。

Uber
タクシー配車アプリのUber。ピックアップ場所と目的地を入力すれば個人タクシーを手配できる。支払いは登録したカードで。

安全情報

外務省 海外安全アプリ
外務省提供の海外安全アプリ。GPSを利用して現在地や周辺国・地域の安全情報が得られる。緊急の連絡先の確認もできる。

為替

World Currency Converter Tool
その日の為替レートを簡単に検索できるアプリ。金額を入力すれば、カナダドルから日本円への換算も自動で計算してくれる。

ガイド系

Yelp
北米のレストラン情報を網羅するグルメガイド。エリアやジャンル、営業時間など検索機能も充実。行った人のクチコミ情報も。

Tripadvisor
世界中の都市や観光地の情報を発信するクチコミアプリ。観光地やレストランなど、実際に行った人の生の声を聞ける。

宿泊系

Hotels.com
ホテル予約アプリ。カテゴリーや料金、おすすめ度で検索可。会員登録すれば10泊以上でホテルが割引になるサービスも。

Airbnb
おもに個人で行う宿泊施設を紹介。街と日付けを入力すれば、地図上に宿泊施設が表示される。ホテルより割安な場合が多い。

旅のトラブルと安全対策

万一に備えメモしておくもの

パスポートの控え（番号、発行日、交付地）、クレジットカードの番号と有効期限、緊急連絡先の電話番号、旅行会社の現地連絡先、海外旅行保険の現地および日本の緊急連絡先など。

海外の安全情報についての問い合わせ先

外務省
領事サービスセンター
海外安全相談班
〒100-8919
東京都千代田区霞が関2-2-1
(03) 3580-3311（代表）
（内線2902、2903）
www.mofa.go.jp/mofaj/index.html
（外務省）
www.anzen.mofa.go.jp
（海外安全ホームページ）
月〜金9:00〜12:30/
13:30〜17:00
土・日、祝日

渡航先で最新の安全情報を入手できる「たびレジ」に登録しよう

外務省提供の「たびレジ」に登録すると、渡航先の安全情報を無料で受け取れる。
www.ezairyu.mofa.go.jp/index.html

パスポート申請書ダウンロード

日本国外で旅券の発給申請を行う場合も外務省のウェブサイトで申請書をダウンロードできる。ダウンロード可能な申請書類は一般旅券発給申請（10年・5年）、紛失一般旅券届出書など。
www.mofa.go.jp/mofaj/toko/passport/download/top.html

手数料について

（2023年3/31までの料金）
新規旅券10年パスポート
$188
新規旅券5年パスポート
$129（12歳未満$71）
帰国のための渡航書
$29

手数料の支払いは現金のみ。4月以降の手数料については要確認。

（注）帰国のための渡航書で米国を経由して日本に帰国する場合、アメリカビザの取得が必要。アメリカ大使館または総領事館で手続きしなければならない。日本大使館および各領事館の連絡先は（→P.384）。

カナダの治安

カナダの治安は大都市の一部の地域などを除けば、他の欧米諸国と比べてはるかにいい。しかし、凶悪な犯罪は少ないものの、スリや詐欺、置き引きといった犯罪は多発している。なかには明らかに日本人を狙ったものも多く報告されている。事前に犯罪の手口や対処法を知っておきさえすれば防げるものがほとんど。自分の身を守るのは自分だということを考え行動しよう。

❦ 被害防止策

ホテルのロビーやレストランなど、安全だと思われる所でも、荷物から目を離さないこと。これだけで置き引きに遭う危険性は少なくなる。また、財布など貴重品はズボンの後ろポケットなどに入れず、荷物の中に入れたほうが安全だ。荷物も目の届かないリュックよりはショルダーバッグやファスナーなどの閉まるトートバッグがいい。

また、それでも被害に遭わないとはかぎらないので、お金やパスポートはホテルのセーフティボックスに預けたりかばんなど何ヵ所かに分けて持つようにしよう。腹巻き型の貴重品入れも有効だ。

被害に遭ったら

❦ パスポート

パスポートを紛失や焼失、窃盗に遭ったら速やかに警察に届け、すぐに管轄の在外公館（日本大使館、総領事館）で必要な手続きを取ること。まずは、紛（焼）失届出が必要。必要な書類は、在外公館備え付けの紛失一般旅券等届出書1通、警察署の発行した紛失届出を立証する書類または消防署などの発行した罹災証明書など、写真1枚（タテ4.5cm×ヨコ3.5cm、6ヵ月以内に撮影したもの、無帽、無背景）、その他参考となる書類（必要に応じ、本人確認、国籍確認ができるもの）。

紛（焼）失届出と同時に新規旅券または帰国のための渡航書の発給申請を行うこともできる。新規旅券の発給申請には一般旅券発給申請書1通、戸籍謄本1通（2023年3月26日までは抄本でも可）、写真1枚と手数料が必要。旅券受領まで1〜2週間かかる。帰国が迫っておりパスポートの新規発給が待てない場合は、緊急措置として「帰国のための渡航書」を発給してもらう。手続きには渡航書発給申請書1通、戸籍謄本1通（2023年3月26日までは抄本でも可）または日本国籍が確認できる書類、写真1枚、手数料、日程などが確認できる書類（航空券や旅行会社作成の日程表）が必要。所要1〜3日。

♣ クレジットカード

すぐにカード発行金融機関に連絡して、カードの無効手続きを取る。きちんと紛失や盗難の届けが出ていればカードが不正使用されても保険でカバーされるので、カード番号などのデータと緊急時連絡先は控えておこう。海外で再発行を希望する場合はその手続きも取る。手続きや再発行にかかる日数はカード会社によって異なるが、カード番号と有効期限、パスポートなどの身分証明書を用意しておくこと。日数は2日～1週間程度。

♣ 持ち物、貴重品

持ち物や貴重品を紛失、または盗難された場合、最寄りの警察署で紛失・盗難届出証明書を作成してもらう。この証明書がないと海外旅行保険に加入していても、補償が受けられなくなるので、忘れずに取得しよう。作成の際、紛失、盗難された日にちや場所、物の特徴などを聞かれるので、最低限の内容は伝えられるようにしておくこと。帰国後は、各保険会社に連絡をして、保険金請求書類と紛失・盗難届出証明書を提出し、保険金の請求を行うこと。

緊急時の連絡先

カナダ国内の警察や消防、救急車など緊急時の連絡先はすべて「911」となっている。この番号はカナダのほとんどの都市でつながる。まずは警察、消防、救急車のどれなのか落ち着いて伝えよう。ちなみに公衆電話からは無料で通話できる。また、大都市では日本語通訳のサービスを行っているところもあるので、対応できるか聞いてみるのもいい。もし、「911」に電話をしてもつながらない場合は、「0」をダイヤルしよう。オペレーターが警察、消防、救急車につないでくれる。

旅行中に病気、けがをしたら

旅行中に一番起こりやすい病気は下痢と風邪。持っている薬を飲み、1日ゆっくり眠ることが大事だ。無理して旅を続け、こじらせることにならないように注意したい。

激しい頭痛や不安になるような症状があったら、すぐに病院に行くべきだ。カナダは高水準の医療サービスを受けられるが、旅行者には医療保険が適用されず、医師の診察を受けると高額な医療費を負担しなければならない。そのためにも、海外旅行保険には必ず加入するように。

また、風邪薬や頭痛薬、酔い止めの薬などの市販薬はドラッグストアで購入できる。代表的なドラッグストアはカナダ全土に展開するショッパーズ・ドラッグ・マートShoppers Drug Martなど。薬のなかには日本人の体質に合わないものもあるので、常備薬は日本から持参すること。

**クレジットカード
紛失時の連絡先**
アメリカン・エキスプレス
🆓(1-800)766-0106
ダイナースクラブ
☎81-3-6770-2796
（日本へのコレクトコール）
JCB
☎011-800-00090009
マスターカード
🆓(1-800)307-7309
VISA
🆓(1-800)663-3378

日本大使館および各領事館の
連絡先は(→P.384)

携帯電話紛失時の連絡先
au
☎(国際電話識別番号011)
+81+3+6670+6944
NTTドコモ
☎(国際電話識別番号011)
+81+3+6832+6600
ソフトバンク
☎(国際電話識別番号011)
+81+92+687+0025

大都市のおもな病院
トロント
Toronto General Hospital
🏠200 Elizabeth St.
☎(416)340-4800
ナイアガラ・フォールズ
**The Greater Niagara
General Hospital**
🏠5546 Portage Rd.
☎(905)378-4647
オタワ
The Ottawa Hospital
🏠501 Smyth Rd.
☎(613)722-7000
モントリオール
**Montréal General
Hospital**
🏠1650 Cedar Ave.
☎(514)934-1934
ケベック・シティ
**L' Hôtel-Dieu de Québec
et CRCEO**
🏠11 Côte du Palais
☎(418)525-4444
**プリンス・エドワード島
シャーロット・タウン）**
Queen Elizabeth Hospital
🏠60 Riverside Dr.
☎(902)894-2111

ショッパーズ・ドラッグ・マート
URL www.shoppersdrugmart.
ca/en/home?province=
ON

旅のイエローページ

航空会社

エア・カナダ Air Canada
FREE (1-888)247-2262(予約)
FREE (1-888)689-2247(バゲージクレーム・遺失物)
URL www.aircanada.com

　カナダ最大手の航空会社。カナダ全土に便を飛ばしている。

ウエスト・ジェット航空 West Jet
FREE (1-888)937-8538
URL www.westjet.com

　カルガリーに本社をおく国内線の航空会社。料金の安さが魅力。

長距離バス会社

メガバス MegaBus
URL ca.megabus.com

　近年人気の格安のバス会社。アメリカのニューヨーク州バッファローからナイアガラ・フォールズ、トロントを結ぶ。トロント、キングストン、モントリオールを結ぶバスも運行。

フリックス・バス Flix Bus
URL global.flixbus.com

　2021年からカナダでの運行を開始したヨーロッパ発祥の格安バス会社。トロント〜ナイアガラ・フォールズ、オタワ〜キングストン〜トロントのほかウインザーへも路線がある。

オルレアン・エクスプレス Orléans Express
FREE (1-833)449-6444
URL www.orleansexpress.com

　ケベック州の2大都市、モントリオールとケベック・シティを中心に、ケベック州一帯にネットワークをもつ。

マリタイム・バス Maritime Bus
FREE (1-800)575-1807
URL www.maritimebus.com

　プリンス・エドワード・アイランド州、のノヴァ・スコシア州、ニュー・ブランズウィック州を運行する長距離バス会社。

DRL DRL
TEL (709)263-2171
URL www.drl-lr.com

　ニューファンドランド＆ラブラドル州にルートをもつバス会社。

鉄道会社

VIA鉄道 VIA Rail
FREE (1-888)842-7245　URL www.viarail.ca/
カナダ最大の鉄道会社。旧国鉄。

レンタカー会社

エイビス Avis
FREE (1-800)879-2847
URL www.avis.ca

ハーツ Hertz
FREE (1-800)654-3131
URL www.hertz.ca/rentacar/reservation

バジェット Budget
FREE (1-800)268-8900　URL www.budget.ca

ナショナル National
FREE (1-844)307-8014　URL www.nationalcar.ca

大使館、領事館

在カナダ日本国大使館（オタワ）
Embassy of Japan in Canada
住 255 Sussex Dr.
TEL (613)241-8541
URL www.ca.emb-japan.go.jp
開 月〜金 9:00〜12:15/13:30〜16:45
休 土・日・祝日

在トロント日本国総領事館
Consulate-General of Japan in Toronto
住 Suite 3300, 77 King St. W.,
　 TD Centre
TEL (416)363-7038
URL www.toronto.ca.emb-japan.go.jp
開 月〜金 9:00〜12:30/13:30〜16:30
休 土・日・祝日

在モントリオール日本国総領事館
Le Consulat Général du Japon à Montréal
住 1 Place Ville Marie, Suite 3333
TEL (514)866-3429
URL www.montreal.ca.emb-japan.go.jp
開 月〜金9:00〜12:30/13:30〜17:00
休 土・日・祝日

クレジットカード紛失時の連絡先

アメリカン・エキスプレス
FREE (1-800)766-0106

ダイナースクラブ
FREE 81-3-6770-2796(日本へのコレクトコール)

JCB FREE 011-800-00090009

マスターカード FREE (1-800)307-7309

VISA FREE (1-800)663-3378

緊急時の連絡先

警察／救急／消防　TEL 911

旅の言葉

町なかで、移動中に

両替してもらえますか

(英) I'd like to change some money.

ジュ ヴドゥレ シャンジェ ドゥ ラルジャン スィルヴプレ
(仏) Je voudrais changer de l'argent, S.V.P.

バスターミナルへ行きたいのですが

(英) I'd like to go to the bus terminal.

ジュ ヴドゥレ アレ ア ラレドトブュス
(仏) Je voudrais aller á l'arrêt d'autobus.

度数20ドルのテレホンカードをください

(英) Can I get a telephone card of 20 dollars?

ユンヌ テレカルト デュ ヴァンド ゥ ダラース スィルヴプレ
(仏) Une télécarte de 20 de dollars, S. V. P.

ホテルで

今晩部屋の空きはありますか

(英) Is there any vacancy tonight?

アヴェ ヴ ユンヌ シャンブル リブレ ス ソワー
(仏) Avez-vous une chambre libre ce soir?

インターネットで予約していたんですが。
期間は今日から3日間、名前は○○です。

(英) I have a reservation getting by internet for
3 nights from tonight. My name is ○○.

(仏) J'ai réserve par internet,
プア トロア ジュール
pour 3 jours.
ジェ マペル ○○
Je máppelle ○○.

部屋のカギをなくしてしまいました

(英) I lost my room key.

ジェイ ペルデュ ラ クレ デュマ シャンブル
(仏) J'ai perdu la clé de ma chambre.

チェックアウトをしたいのですが

(英) I'd like to check out.

ラ ノットゥ スィルヴプレ
(仏) La note, S. V. P.

クレジットカードでの支払いができますか？

(英) Can I pay by credit card?

エ スク ヴ ザクセプテ レ
(仏) Est-ce que vous acceptez les
カルト デュ クレディ
cartes de crit?

移動中、町なかで使う単語

迷う：(英) get lost
　　　(仏) suis perdu　スィペルデュ
信号：(英) signal
　　　(仏) feux　フー
近い：(英) near
　　　(仏) près　プレ
遠い：(英) far
　　　(仏) loin　ロワン
交差点：(英) intersection
　　　　(仏) carrefour　キャルフォー
後ろ：(英) behind
　　　(仏) derrière　デリエール
右(左)折する：(英) turn right (left)
　　　　　　(仏) droite (gauche)
　　　　　　ドロワットゥ (ゴッシュ)
真っすぐ：(英) straight
　　　　(仏) tout droit　トゥドロウ

ホテルで使う単語

空いてる部屋：(英) vacancy
　　　　　　(仏) chambre libre
予約：(英) reservation
　　　(仏) réservation　レゼルヴァシオン
チップ：(英) tip
　　　　(仏) un pourboire
　　　　アン プールボワール

フランス語基礎単語＊空港・機内

パスポート：passeport　パスポー	
片道／往復：simple／retour サンプル／ルトゥール	
通過：transit　トランズィ	
搭乗券：billet　ヴィエ　料金：tarif　タリフ	
乗り換え：la correspondance ラ コレスポンダンス	
キャンセル待ち：liste d'attente リスト ドア タント	
確認する：confirmer　コンフィウメ	
出発：départ　デパー	
到着：arrivée　アリヴェ	
案内所：à l'information ア ランフォルマシオン	
荷物：bagage　バガージュ	
荷物受取：livraison de bagage リヴレゾン デュ バガージュ	
両替所：le bureau de change ル ブリョー デュ シャンジュ	

「地球の歩き方」とECC Web Lessonと共同企画で、旅に役立つ英会話の文例が"ネイティブの発音"で聞ける！
「ゆっくり」「ふつう」の再生スピードがあるので、初心者でも安心。 www3.eccweblesson.com/travel

385

ショッピングで使う単語

お金：(英)money
　　　(仏)argent　アルジャン

トラベラーズチェック：
(英)traveler's check
(仏)chèque de voyages
　　　シェック　ドゥ　ヴォイヤージュ

クレジットカード：
(英)credit card
(仏)carte de crèdit
　　　カルト　デュ　クレディ

領収書：(英)receipt
　　　　(仏)reçu　レスィ

電池：(英)battery
　　　(仏)une pile　ユンヌ　ピル

ネクタイ：(英)tie
(仏)une cravate　ユンヌ　クラヴァット

指輪：(英)ring
(仏)une bague　ユンヌ　バーグ

財布：(英)wallet
(仏)un portefeuille
　　　アン　ポルトフュイユ

パンツ(ズボン)：(英)pants
(仏)un pantalon　アン　パンタロン

(値段が)高い：(英)expensive
　　　　　　　(仏)cher　シェー

たばこ：(英)Tobacco／cigarette
(仏)une cigarette　ユンヌ　シガレット

▌ ショッピングで

何かお探しですか(店員の決まり文句)

(英) Can(May) I help you?
(仏) Que désirez-vous?
　　　ク　デジレ　ヴ

いえ、見ているだけです

(英) No thanks. I am just looking.
(仏) Non, je regarde seulement.
　　　ノン　ジュ ルギャルド スルマン.

もうすこし大きい(小さい)サイズはありますか

(英) Do you have any larger (smaller) one?
(仏) En avez-vous 1 plus grand (petit)?
　　　アン アヴェ ヴ アン プル グラン (プティ)

試着できますか

(英) Can I try this on?
(仏) Puis-je l'essayer?
　　　ピュイ ジュ レッセイエ

これをください

(英) I'll take it.
(仏) Je prends ça.
　　　ジュ プラン　サ

いくらですか

(英) How much is it?
(仏) Combien coûte-t-il?
　　　コンビアン ク ティル

いりません

(英) No thanks.
(仏) Non, merci.
　　　ノン　メルスィ

フランス語基礎単語

数字

0：zéro　ゼロ	11：onze　オンズ	100：cent　サン
1：un　アン	12：douze　ドゥーズ	1000：mille　ミル
2：deux　ドゥー	13：treize　トレイズ	1万：dix mille　ディ　ミル
3：trois　トロア	14：quatorze　キャトーズ	
4：quatre　キャトゥル	15：quinze　ケインズ	**日にち・時間**
5：cinq　サンク	16：seize　セイズ	昨日：hier　イエール
6：six　スィス	17：dix-sept　ディセットゥ	今日：aujourd' hui
7：sept　セットゥ	18：dix-huit　ディズウィットゥ	オジュルデュイ
8：huit　ウィットゥ	19：dixneuf　ディズヌフ	明日：demain　デュマン
9：neuf　ヌフ	20：vingt　ヴァン	あさって：après demain
10：dix　ディス		アプレ　デュマン

フランス語基礎単語＊あいさつ・基本語

おはよう・こんにちは：bonjour　ボンジュール	すいません(呼びかけ)：
こんばんは：bonsoir　ボンソワール	excusez-moi　エクスキューゼ　モア
ありがとう：merci　メルスィ	もしもし(電話)：allô　アロ
どういたしまして：	はい：oui　ウイ　　いいえ：non　ノン
je vous en prie　ジュ　ヴュ　ザン　プリ	私：Je　ジェ　　あなた：Vous　ヴ
おいしいです：c' est bon　セ　ボン	日本人(男)：japonais　ジャポネ
ごめんなさい：pardon　パルドン	(女)：japonaise　ジャポネイズ
さようなら：au revoir　オ　ヴォワー	

▌ レストランで

今晩8:00に夕食を予約したいのですが。

人数は3人、名前は○○です。

（英）I'd like to make a reservation tonight at 8:00 p.m.

My name is ○○, and I need a table for 3 people.

ジュ ヴァドレ レゼルヴェー ユンヌ ターブル プール トロア
（仏）Je voudrais réserver une table pour 3

ペルソンヌ プース ソワー ウィットゥ ウール
personnes pour ce soir huit heures.

ジェ マペル ○○
Je máppelle ○○.

「本日のスープ」はどんな内容ですか

（英）What is the soup of the day?

ケ レ ル ポタージュ デュ ジュール
（仏）Quel est le potage du jour?

カモ肉のオレンジソース煮とサーモングリルをください

（英）I'd like to have a boiled duck with orange sauce

and grilled salmon.

ル カナー アロランジェ エ ル ソウムン グリエ スィルヴブレ
（仏）Le Canard á l'orange, et le saumon grillé, S.V.P.

お勘定をお願いします

（英）Check, please.

ラディシオン スィルヴブレ
（仏）L'addition, S. V. P.

▌ 緊急時に

動くな！

（英）Freeze！

アタンデ
（仏）Attendez！

救急車を呼んでください

（英）Call an ambulance！

アプレ ユンナ アンビュランス スィルヴブレ
（仏）Appelez une ambulance, S.V.P.

熱があります

（英）I have a fever.

ジェイ デュ ラ フィエーブル
（仏）J'ai de la fiévre.

気分が悪いので、医者に診てもらいたいのですが

（英）I feel sick, so I'd like to see a doctor.

ジェ ム サン マル ジュ ヴォドレ アレ ア ロピタル
（仏）Je me sens mal. Je voudrais aller á l'hôpital.

カメラを盗まれてしまいました

（英）My camera was stolen.

オン マ ヴォレ マ カメラ
（仏）On m'a volé ma camera.

レストラン（食事）で使う単語

おいしい：（英）delicious/tastes good
（仏）bon　ボン

まずい：（英）unsavory
（仏）pas bon　パス ボン

甘い：（英）sweet
（仏）scuré　スクレ

辛い：（英）hot
（仏）piquant　ピカン

（肉の焼き加減）

レア：（英）rare
（仏）saignant　セイニャン

ミディアム：（英）medium
（仏）à point　ア ポワン

ウェルダン：（英）well-done
（仏）bien cuit
ビアン キュイ

前菜：（英）appetizer
（仏）hors d'oeuvre
オーデューブル

海鮮料理：（英）seafood
（仏）fruits de mer
フルイ デュ メール

肉料理：（英）meat dish
（仏）viandes　ヴィアンドゥ

デザート：（英）dessert
（仏）desserts　デセー

コーヒー：（英）coffee
（仏）café　カフェ

緊急時に使う単語

盗難証明書：（英）theft certificate
（仏）déclaration de vol
デクララシオン デュ ヴォル

遺失証明書：（英）loss certificate
（仏）certificat perdu
サティフィカ ペルディ

旅行保険：（英）travel insurance
（仏）voyage assurance
ボヤージュ アスィラー

警察：（英）police
（仏）á la police　ア ラ ポリス

薬局：（英）pharmacy
（仏）pharmacie　ファーマシィ

病院：（英）hospital
（仏）hôpital　オピタル

医者：（英）doctor
（仏）docteur　ドクトゥール

診察：（英）medical examination
（仏）examen　エクザマン

薬：（英）medicine
（仏）médicament　メディカマン

処方せん：（英）prescription
（仏）ordonnance　オルドナンス

手術：（英）operation
（仏）opération　オペラスィオン

頭痛：（英）headache
（仏）la téte　ラテートゥ

医療で使う単語（英語/仏語）

どんな状態でものを食べたか

生の：(英)raw
 (仏)cru

野生の：(英)wild
 (仏)sauvage

脂っこい：(英)greasy
 (仏)hulieux

よく火が通っていない：
(英)undercooked
(仏)n'est pas assez cuit

けがをした

刺された：(英)stabbed
 (仏)mordu

噛まれた：(英)bite
 (仏)piqué

切った：(英)cut
 (仏)coupé

転んだ：(英)fall over
 (仏)tombé

ひねった：(英)twisted
 (仏)tordu

落ちた：(英)fall out
 (仏)tombé

やけどした：(英)burned
 (仏)brûlé

痛み

ヒリヒリする：(英)soar
 (仏)sourde

刺すように：(英)stabbing pain
 (仏)poignant

ひどく：(英)severely
 (仏)sévère

原因

蚊：(英)mosquito
 (仏)moustique

ハチ：(英)wasp
 (仏)abeille(guêpe)

アブ：(英)horsefly
 (仏)taon

毒虫：(英)poisonous insect
 (仏)insecte(venimeux)

▌医療

吐き気がします

(英) I'm going to throw up.
(仏) J'ai envie de vomir.
ジェ アンヴィ ドゥ ヴォミール

近くに病院はありますか？

(英) Is there a hospital near here?
(仏) Est-ce qu'il y a un hôpital prè d'ici?
エ ス キ リ ヤアノピタクルブレ ディスィ

日本人のお医者さんはいますか？

(英) Is there anyone Japaneses Doctor?
(仏) Est-ce qu'il y a un médecin japonais?
エ ス キ リ ヤアンメドゥサン ジャポネ

診察の予約をしたいのですが

(英) I'd like to make an appointment.
(仏) Je voudrais réserver une consultation.
ジュヴ ドレ レゼルヴェ ユンヌコンスュルタンスィオン

入院する必要がありますか？

(英) Do I have to be hospitalized?
(仏) Faut-il être hospitalisé?
フォティル エートルオスピタリゼ

診察代はいくらですか？

(英) How much is consultation?
(仏) Combien est-ce que je dois payer
コンビアン エ ス ク ジェドワ ペイエ
 pour les honoraires médicaux?
プール ソノレール メディコ

保険が使えますか？

(英) Can I use my medical insurance?
(仏) Pourrais-je utiliser mon assurance?
プレ ジュユティリゼモン ナスュランス

PCR(コロナウイルス)検査を受けたいのですが

(英) I would like to take a PCR (COVID-19) test.
(仏) Je souhaite réaliser un test PCR.
ジュ スエット レアリゼ アン テスト ペーセーエール

■該当する症状にチェックをして医者に見せよう(英語／仏語)

□吐き気 nausea/nausée	□頻繁に frequently/fréquent
□悪寒 chills/frisson de fièvre	□風邪 cold/rhume
□食欲不振 anorexia/manque d'appétit	□鼻水 runny nose/morve
□めまい dizziness/vertige	□くしゃみ sneeze/éternuement
□動悸 beating/palpitation	□鼻づまり nasal congestion/enchifrénement
□熱 fever/fièvre	□咳 a coughcoughing/toux
□下痢 diarrhea/diarrhée	□痰 phlegm/crachat
□便秘 constipation/constipation	□血痰 bloody phlegm/ crachats sanguinolentsn
□水様便 Watery stools/ excréments comme de l'eau	□耳鳴り buzzing in the ears/ tintement d'oreilles
□軟便 loose or soft stool/ excréments relâchés	□目の充血 inflamed eyes/yeux injectés de sang
□時々 Some time/de temps en temps	□見えにくい hard to see/C'est difficile à voir.

カナダ東部の歴史

カナダ東部の歴史は、複雑だけれどもおもしろい。ミックマック族をはじめとする先住民の故地であり、またヨーロッパに最も近いため、北米で白人が最初に到来したのはカナダ東部のアトランティック・カナダだった。その後、フランス、イギリス、後にはアメリカが勢力を競い合い、国際的で多様な歴史を刻み込んできた。ナイアガラ・フォールズ、ケベック・シティ、プリンス・エドワード島といった定番の観光地や、トロント、モントリオールのような大都市を別にすると、観光客もずっと少なく、豊かな自然と伝統、それに思いがけず純朴な人情に接することができる。本当のカナダ好きならば、ぜひとも訪れてみたい場所だ。以下では本書でカナダ東部として扱われる6州の歴史を、代表するキーワードをひとつずつ選んで簡単に紹介してみたい。

オンタリオ州
オタワ

成長著しいカナダの諸都市でも、最近、特に変貌が目立つのは首都オタワだろう。ひと昔前までは、国会議事堂と政府関係のビルばかりが目立ち、いかにもお役所風な、清潔だが退屈な印象の町だった。しかし、今では官僚以外の人口も急増し、小さいながらチャイナタウンやリトルイタリー（イタリア人街）も生まれ、より多様で人間味のあるすてきな町になったように思われる。

もともと林業だけの辺鄙な田舎町だったオタワが首都に選ばれたのは、これもイギリス系とフランス系との対立のためだった。オンタリオとケベックが、まだアッパー・カナダとロウアー・カナダとして連合カナダ植民地を形成していた時代のことである。1849年に当時の首都モントリオールにあった議事堂が、イギリス系の暴徒の放火で焼失したのが発端だった。新しい議事堂を建設する首都をどこにすべきかをめぐり、カナダではお定まりの大論争が生じた。フランス系はケベック・シティ、イギリス系がトロントを主張して、決して譲ろうとしなかったのである。さしあたりは数年ごとに両市を交替で首都にしたが、あまりに不便で長続きするはずもない。結局、本国のビクトリア女王に「聖断」を仰ぐ始末となり、彼女（実際にはイギリス植民地省）がいわばケンカ両成敗で、両市の真ん中にある田舎町オタワを首都に選んだのだ。10年がかりで立派な議事堂は完成したが、当時の総督モンクは、「文明、富、事業からあまりにかけ離れたひどい場所」だと不平を述べている。カナダ人としてはあまり自慢にもならぬ話だろうが、民族の多様化を軸に、その街を華やかであたたかみのある都市へ脱皮させたところが、いかにもカナダ的ではなかろうか。

ケベック州
アブラハム平原の戦い

ケベックはフランス系カナダ人の州である。フランス語を唯一の公用語にしているだけでも、カナダ諸州のなかで断然異彩を放っている。州民の8割を占めるフランス系は今やカナダからの独立を求め、自分たちはカナダ人ではなくケベコワ（＝ケベック人）だと主張している。ケベック独立運動のゆくえは誰にも予測がつかないし、その独立はカナダの分裂と消滅に帰結するかもしれない。第三世界のような武力衝突にはいたっていないが、国家と民族の亀裂という点では同じである。物見遊山だけで訪れるには少々重すぎる州なのだが、したたかな商売上手でもあるフランス系のおかげで、観光地としても抗しがたい魅力をもっている。

「フランス系カナダ」の原点を探すなら、それは1759年9月13日の「アブラハム平原の戦い」だった。この戦いでイギリスがケベック、当時のフランス植民地ヌーヴェル・フランスを征服し、その住民をイギリスの支配下においたからである。場所は現在のケベック・シティの要塞シタデルに隣接する戦場公園。セン

ト・ローレンス川を遡って来襲したイギリス海軍は、鉄壁の要塞ケベックを攻めあぐね、夜陰にまぎれて河岸の崖を登り、翌朝アブラハム平原でフランス軍に正面から決戦を挑んだ。英仏双方の指揮官が戦死したほどの激戦はイギリスの勝利に帰し、フランスは北米からの撤退を迫られた。それゆえ戦場公園は、フランス系にとって長く記憶に刻むべき屈辱の地となった。世界的な人気をもつケベック出身の歌手セリーヌ・ディオンの『フレンチ・アルバム』に収められた、「アブラハム平原の思い出」と題する曲を聴いてほしい。彼女を含めたフランス系が、この戦いにいかに深く、複雑な思いを抱いているかが実感されるはずである。

▶プリンス・エドワード・アイランド州
赤毛のアン

　プリンス・エドワード・アイランド州といえば、日本では『赤毛のアン』を抜きには語れない。日本での絶大な人気が、逆にカナダ人にこの作品の価値を再評価させた珍しい例である。『アン』が児童文学の名作であるのは間違いないが、その「弊害」のひとつは、あたかも島全体が「赤毛のアンの世界」であるかのような錯覚を与えてしまったことだろう。実際のところ、この愛らしくも美しい島は、意外に多様な歴史をもっているのだ。

　島の名称ひとつとっても、本来の先住民による名前は「アビグウェイト」。「波間に浮かぶゆりかご」の意味だった。島の位置と形とを、実に巧みに表現しているではないか。それがフランス領時代にはサン・ジャン（洗礼者ヨハネ）島と、いかにもキリスト教的な名前になる。やがてイギリスが島を占領すると、今度は1799年にプリンス・エドワード島と改称された。英国王の息子エドワード王子にちなんでの命名である。3つある島の郡の名前も、キング、クイーン、プリンスとなった。いやがおうでも島を「イギリス化」しようとした為政者の意図に少々鼻白んでしまう。

　プリンス郡には現在でもフランス系アカディア人の村が残っており、三色旗に黄色い星をあしらった「アカディア国旗」を掲げたアカディア博物館で、彼らの歴史を知ることができる。同じプリンス郡の西端には、差別され困窮していたミックマック族を保護するために買収されたレノックス島の保留地がある。『赤毛のアン』は、最も有力なイギリス系プロテスタント・グループを実に美しく描いたが、それが島のすべてではなかった。民族的な多様性を知ることが、この島の魅力をいっそう深めてくれるのではなかろうか。

▶ノヴァ・スコシア州
アカディアン

　ノヴァ・スコシアとはラテン語で「新しいスコットランド」を意味するが、最初にこの地域に進出したのはフランスであり、当時はアカディアと呼ばれた。北はセント・ローレンス湾、南はニューイングランドにつながる戦略上の要地だったので、16世紀からフランスとイギリスが争奪戦を繰り返した。初期にフランスから到来した農民であるアカディアンは、「強制追放」という悲劇的な歴史を生き延び、現在もマリタイムズの重要な民族集団である。カナダの枠内にとどまることを選ぶアカディアンは、あくまで独立を主張するケベック州の「ケベコワ」とは対照的な、「もうひとつのフランス系」を形成している。

　1713年のユトレヒト条約で、アカディアは最終的にイギリス領となった。支配者イギリスは、フランス語を話すカトリック教徒アカディアンに、英国王への忠誠を宣誓するよう再三強要した。だがアカディアンは、自分たちはもはやフランス人でもイギリス人でもないと主張して宣誓を拒否する。業を煮やしたイギリスは1755年、ついにアカディアンの全面追放を決意した。ニューイングランドもそれを支持し、アメリカ軍が追放の主力となった。各地の農村から7000人ものアカディア人が輸送船で強制追放され、彼らの家屋は主人が二度と戻ってこないよう放火された。ホロコーストや広島・長崎を経験する前の時代であり、アカディア人の追放は、あまりに残酷で非人道的として世界に衝撃を与えた。

州都ハリファックスから車で1時間ほど北上したグラン・プレが、今アカディアンの故地とみなされている。ここがアメリカの詩人ロングフェローの『哀詩エヴァンジェリン』（岩波文庫、残念ながら現在は絶版）の舞台となったからだ。17歳の幸福な娘エヴァンジェリンは、恋人ガブリエルとの婚約が調ったその日に追放の命令を受け、別々の輸送船でグラン・プレを追われる。彼女は残りの生涯をかけて恋人を探し続け、ようやくフィラデルフィアの施療院でガブリエルを見つけ出す。瀕死の老人となっていた彼は、昔の恋人の胸に抱かれて息を引きとった。グラン・プレに立つ英仏米の戦いに翻弄されたエヴァンジェリンの銅像は、ノヴァ・スコシアにおける国際紛争の歴史と悲惨を語りかけている。

ニュー・ブランズウィック州
ロイヤリスト

もともとノヴァ・スコシアの一部だったこの州を、ニュー・ブランズウィックとして切り離したのはアメリカの独立戦争だった。アメリカ革命では、13植民地の全員がイギリスに反旗をひるがえしたのではない。少なくとも3分の1はイギリス国王に忠義を尽くそうとしたロイヤリスト（忠誠派）であった。ロイヤリストは革命派からの非難や弾圧に抗しきれず、本国か他の植民地への脱出を迫られる。約5万人がノヴァ・スコシア州とケベック州に移住した。あまりに多くのロイヤリストが移住してきたため、イギリス政府は彼らのために別個の植民地を創設することにした。ノヴァ・スコシア州北部のニュー・ブランズウィック州と、ケベック州西部のオンタリオ州がそれである。

ニュー・ブランズウィック州のセント・ジョンに最初のロイヤリスト船団が上陸したのは1783年5月18日だった。ニュー・ブランズウィック州はこの日を「ロイヤリスト上陸記念日」に定めている。ニュー・ブランズウィック州は皮肉にも、アメリカ独立戦争が生み出した州なのだ。アメリカでは反革命勢力としてネガティブにしか評価されていないロイヤリストだが、カナダでは彼らは「革命」より「進歩」を、自由よ

り秩序を重んじる「カナダ人気質」をもたらしたとポジティブに評価されているのはおもしろい。セント・ジョンのキング広場にあるロイヤリスト墓地に散在する苔むした墓標は、アメリカ独立戦争の広がりと、功罪半ばした意義とを教えてくれる。

ニューファンドランド＆ラブラドル州
タラ

北東部のニューファンドランドは、大西洋に浮かぶ大きな島だ。ここにはコロンブスより500年も早く、11世紀初めにはヴァイキングが到来している。彼らこそ初めてアメリカを「発見」したヨーロッパ人であり、ニューファンドランドが最初の接点となったのだ。コロンブスの到来後には、スペイン、ポルトガル、フランス、イギリスなどが競って北米に進出する。彼らを引きつけたのは、金銀でもたばこでもない、鱈（タラ）だった。ニューファンドランドの南東沖は、グランドバンクスと呼ばれる世界最大のタラ漁場であり、タラの大群に出合うと漁船が立ち往生するほどだったという。

切り立った崖にへばりついた漁村には、ニューフィーとあだ名される貧しくもたくましい漁民が住みついた。彼らが好む突拍子もないホラ話は、「ニューフィー・ジョーク」として有名だ。州都セント・ジョンズは一見するとうらさびれた漁港だが、かつては北米で最も金持ちのタラ商人たちが住んでいた。商人が漁民から絞り上げた利潤がいかに巨額であったか、いまだ往時の栄華をしのばせるウォーター街が、それを示している。そのタラが1970年代に、ぱったり取れなくなった。ある漁業資源が豊か過ぎたことによる繁栄と衰退。セント・ジョンズには、北海道のニシン漁業を思わせるところがある。

木村和男（元筑波大学教授、故人）

参考：木村和男『カナダ史』（山川出版社）
同『カナダ歴史紀行』（筑摩書房）、
D・ボールドウィン『赤毛のアンの島―プリンスエドワード島の歴史』（河出書房新社）

さくいん

地球の歩き方 シリーズ一覧

2024年6月現在

*地球の歩き方ガイドブックは、改訂時に価格が変わることがあります。 *表示価格は定価（税込）です。 *最新情報は、ホームページをご覧ください。www.arukikata.co.jp/guidebook/

地球の歩き方 ガイドブック

A ヨーロッパ

A01	ヨーロッパ	¥1870
A02	イギリス	¥2530
A03	ロンドン	¥1980
A04	湖水地方＆スコットランド	¥1870
A05	アイルランド	¥2310
A06	フランス	¥2420
A07	パリ＆近郊の町	¥2200
A08	南仏プロヴァンス コート・ダジュール＆モナコ	¥1760
A09	イタリア	¥2530
A10	ローマ	¥1760
A11	ミラノ ヴェネツィアと湖水地方	¥1870
A12	フィレンツェとトスカーナ	¥1870
A13	南イタリアとシチリア	¥1870
A14	ドイツ	¥1980
A15	南ドイツ フランクフルト ミュンヘン ロマンチック街道 古城街道	¥2090
A16	ベルリンと北ドイツ ハンブルク ドレスデン ライプツィヒ	¥1870
A17	ウィーンとオーストリア	¥2090
A18	スイス	¥2200
A19	オランダ ベルギー ルクセンブルク	¥2420
A20	スペイン	¥2420
A21	マドリードとアンダルシア	¥1760
A22	バルセロナ近郊の町 イビサ島／マヨルカ島	¥1760
A23	ポルトガル	¥2200
A24	ギリシアとエーゲ海の島々＆キプロス	¥1870
A25	中欧	¥1980
A26	チェコ ポーランド スロヴァキア	¥1870
A27	ハンガリー	¥1870
A28	ブルガリア ルーマニア	¥1980
A29	北欧 デンマーク ノルウェー スウェーデン フィンランド	¥2640
A30	バルトの国々 エストニア ラトヴィア リトアニア	¥1870
A31	ロシア ベラルーシ ウクライナ モルドヴァ コーカサスの国々	¥2090
A32	極東ロシア シベリア サハリン	¥1980
A34	クロアチア スロヴェニア	¥2200

B 南北アメリカ

B01	アメリカ	¥2090
B02	アメリカ西海岸	¥2200
B03	ロスアンゼルス	¥2090
B04	サンフランシスコとシリコンバレー	¥1870
B05	シアトル ポートランド	¥2420
B06	ニューヨーク マンハッタン＆ブルックリン	¥1980
B07	ボストン	¥1980
B08	ワシントンDC	¥2420
B09	ラスベガス セドナ＆グランドキャニオンと大西部	¥2090
B10	フロリダ	¥2310
B11	シカゴ	¥1870
B12	アメリカ南部	¥1980
B13	アメリカの国立公園	¥2640

B14	グランド ヒューストン デンバー グランドサークル フェニックス サンタフェ	¥1980
B15	アラスカ	¥1980
B16	カナダ	¥2420
B17	カナダ西部 カナディアン・ロッキーとバンクーバー	¥2090
B18	カナダ東部 ナイアガラ・フォールズ メープル街道 プリンス・エドワード島 トロント オタワ モントリオール ケベック・シティ	¥2090
B19	メキシコ	¥1980
B20	中米	¥2090
B21	ブラジル ベネズエラ	¥2200
B22	アルゼンチン チリ パラグアイ ウルグアイ	¥2200
B23	ペルー ボリビア エクアドル コロンビア	¥2200
B24	キューバ バハマ ジャマイカ カリブの島々	¥2035
B25	アメリカ・ドライブ	¥1980

C 太平洋／インド洋島々

C01	ハワイ オアフ島＆ホノルル	¥2200
C02	ハワイ島	¥2200
C03	サイパン ロタ＆テニアン	¥1540
C04	グアム	¥1980
C05	タヒチ イースター島	¥1870
C06	フィジー	¥1650
C07	ニューカレドニア	¥1650
C08	モルディブ	¥1870
C10	ニュージーランド	¥2200
C11	オーストラリア	¥2750
C12	ゴールドコースト＆ケアンズ	¥2420
C13	シドニー＆メルボルン	¥1760

D アジア

D01	中国	¥2090
D02	上海 杭州 蘇州	¥1870
D03	北京	¥1760
D04	大連 瀋陽 ハルビン 中国東北部の自然と文化	¥1980
D05	広州 アモイ 桂林 珠江デルタと華南地方	¥1980
D06	成都 重慶 九寨溝 麗江 四川 雲南	¥1980
D07	西安 敦煌 ウルムチ シルクロードと中国西部	¥1980
D08	チベット	¥2420
D09	香港 マカオ 深圳	¥2420
D10	台湾	¥2090
D11	台北	¥1980
D13	台南 高雄 屏東＆南台湾の町	¥1980
D14	モンゴル	¥2420
D15	中央アジア サマルカンドとシルクロードの国々	¥2090
D16	東南アジア	¥1870
D17	タイ	¥2200
D18	バンコク	¥1980
D19	マレーシア ブルネイ	¥2090
D20	シンガポール	¥1980
D21	ベトナム	¥2090
D22	アンコール・ワットとカンボジア	¥2200

D23	ラオス	¥2
D24	ミャンマー（ビルマ）	¥2
D25	インドネシア	¥2
D26	バリ島	¥2
D27	フィリピン マニラ セブ ボラカイ ボホール エルニド	¥2
D28	インド	¥2
D29	ネパールとヒマラヤトレッキング	¥2
D30	スリランカ	¥1
D31	ブータン	¥1
D32	マカオ	¥
D34	釜山 慶州	¥
D35	バングラデシュ	¥
D37	韓国	¥
D38	ソウル	¥

E 中東 アフリカ

E01	ドバイとアラビア半島の国々	¥2
E02	エジプト	¥2
E03	イスタンブールとトルコの大地	¥2
E04	ペトラ遺跡とヨルダン レバノン	¥2
E05	イスラエル	¥2
E06	イラン ペルシアの旅	¥2
E07	モロッコ	¥2
E08	チュニジア	¥2
E09	東アフリカ ウガンダ エチオピア ケニア タンザニア ルワンダ	¥2
E10	南アフリカ	¥2
E11	リビア	¥2
E12	マダガスカル	¥

J 国内版

J00	日本	¥3
J01	東京 23区	¥2
J02	東京 多摩地域	¥2
J03	京都	¥2
J04	沖縄	¥2
J05	北海道	¥2
J06	神奈川	¥2
J07	埼玉	¥2
J08	千葉	¥2
J09	札幌・小樽	¥2
J10	愛知	¥2
J11	世田谷区	¥2
J12	四国	¥2
J13	北九州市	¥2
J14	東京の島々	¥2

地球の歩き方 aruco

●海外

1	パリ	¥1650
2	ソウル	¥1650
3	台北	¥1650
4	トルコ	¥1430
5	インド	¥1540
6	ロンドン	¥1650
7	香港	¥1320
9	ニューヨーク	¥1650
10	ホーチミン ダナン ホイアン	¥1650
11	ホノルル	¥1650
12	バリ島	¥1650
13	上海	¥1320
14	モロッコ	¥1540
15	チェコ	¥1320
16	ベルギー	¥1430
17	ウィーン ブダペスト	¥1320
18	イタリア	¥1760
19	スリランカ	¥1540
20	クロアチア スロヴェニア	¥1430
21	スペイン	¥1320
22	シンガポール	¥1650
23	バンコク	¥1650
24	グアム	¥1320
25	オーストラリア	¥1760

26	フィンランド エストニア	¥1430
27	アンコール・ワット	¥1430
28	ドイツ	¥1760
29	ハノイ	¥1650
30	台湾	¥1650
31	カナダ	¥1320
33	サイパン テニアン ロタ	¥1320
34	セブ ボホール エルニド	¥1320
35	ロスアンゼルス	¥1320
36	フランス	¥1430
37	ポルトガル	¥1650
38	ダナン ホイアン フエ	¥1430

●国内

	北海道	¥1760
	京都	¥1760
	沖縄	¥1760
	東京	¥1540
	東京で楽しむフランス	¥1430
	東京で楽しむ韓国	¥1430
	東京で楽しむ台湾	¥1430
	東京の手みやげ	¥1430
	東京おやつさんぽ	¥1430
	東京のパン屋さん	¥1430
	東京で楽しむ北欧	¥1430
	東京のカフェめぐり	¥1480
	東京で楽しむハワイ	¥1480

	nyaruco 東京ねこさんぽ	¥1480
	東京で楽しむイタリア＆スペイン	¥1480
	東京で楽しむアジアの国々	¥1480
	東京ひとりさんぽ	¥1480
	東京パワースポットさんぽ	¥1599
	東京で楽しむ英国	¥1599

地球の歩き方 Plat

1	パリ	¥1320
2	ニューヨーク	¥1320
3	台北	¥1100
4	ロンドン	¥1650
6	ドイツ	¥1320
7	ホーチミン／ハノイ／ダナン／ホイアン	¥1320
8	スペイン	¥1320
9	バンコク	¥1540
10	シンガポール	¥1540
11	アイスランド	¥1540
13	マニラ セブ	¥1650
14	マルタ	¥1540
15	フィンランド	¥1320
16	クアラルンプール マラッカ	¥1650
17	ウラジオストク／ハバロフスク	¥1430
18	サンクトペテルブルク／モスクワ	¥1540
19	エジプト	¥1320
20	香港	¥1100
22	ブルネイ	¥1430

23	ウズベキスタン サマルカンド ブハラ ヒヴァ タシケント	¥1
24	ドバイ	¥1
25	サンフランシスコ	¥1
26	パース／西オーストラリア	¥1
27	ジョージア	¥1
28	台南	¥1

地球の歩き方 リゾートスタイル

R02	ハワイ島	¥1
R03	マウイ島	¥1
R04	カウアイ島	¥
R05	こどもと行くハワイ	¥
R06	ハワイ ドライブ・マップ	¥
R07	ハワイ バスの旅	¥
R08	グアム	¥
R09	こどもと行くグアム	¥
R10	パラオ	¥
R12	ブーケット サムイ島 ピピ島	¥
R13	ペナン ランカウイ クアラルンプール	¥
R14	バリ島	¥
R15	セブ＆ボラカイ ボホール シキホール	¥
R16	テーマパーク in オーランド	¥
R17	カンクン コスメル イスラ・ムヘーレス	¥
R20	ダナン ホイアン ホーチミン ハノイ	¥

地球の歩き方 旅の図鑑シリーズ

見て読んで海外のことを学ぶことができ、旅気分を楽しめる新シリーズ。
1979年の創刊以来、長年蓄積してきた世界各国の情報と取材経験を生かし、
従来の「地球の歩き方」には載せきれなかった、
旅にぐっと深みが増すような雑学や豆知識が盛り込まれています。

W01
世界244の国と地域
¥1760

W07
世界のグルメ図鑑
¥1760

W02
世界の指導者図鑑
¥1650

W03
世界の魅力的な
奇岩と巨石139選
¥1760

W04
世界246の首都と
主要都市
¥1760

W05
世界のすごい島300
¥1760

W06
世界なんでも
ランキング
¥1760

W08
世界のすごい巨像
¥1760

W09
世界のすごい城と
宮殿333
¥1760

W11
世界の祝祭
¥1760

W10 世界197ヵ国のふしぎな聖地&パワースポット ¥1870	**W12** 世界のカレー図鑑 ¥1980
W13 世界遺産 絶景でめぐる自然遺産 完全版 ¥1980	**W15** 地球の果ての歩き方 ¥1980
W16 世界の中華料理図鑑 ¥1980	**W17** 世界の地元メシ図鑑 ¥1980
W18 世界遺産の歩き方 ¥1980	**W19** 世界の魅力的なビーチと湖 ¥1980
W20 世界のすごい駅 ¥1980	**W21** 世界のおみやげ図鑑 ¥1980
W22 いつか旅してみたい世界の美しい古都 ¥1980	**W23** 世界のすごいホテル ¥1980
W24 日本の凄い神木 ¥2200	**W25** 世界のお菓子図鑑 ¥1980
W26 世界の麺図鑑 ¥1980	**W27** 世界のお酒図鑑 ¥1980
W28 世界の魅力的な道 178 選 ¥1980	**W29** 世界の映画の舞台&ロケ地 ¥2090
W30 すごい地球！ ¥2200	**W31** 世界のすごい墓 ¥1980
W32 日本のグルメ図鑑 ¥1980	
W34 日本の虫旅 ¥2200	

※表示価格は定価（税込）です。改訂時に価格が変更になる場合があります。

あなたの旅の体験談をお送りください

「地球の歩き方」は、たくさんの旅行者からご協力をいただいて、
改訂版や新刊を制作しています。
あなたの旅の体験や貴重な情報を、これから旅に出る人たちへ分けてあげてください。
なお、お送りいただいたご投稿がガイドブックに掲載された場合は、
初回掲載本を1冊プレゼントします！（発送は国内に限らせていただきます）

ご投稿はインターネットから！

URL www.arukikata.co.jp/guidebook/toukou.html
画像も送れるカンタン「投稿フォーム」
※左記の二次元コードをスマートフォンなどで読み取ってアクセス！

または「地球の歩き方　投稿」で検索してもすぐに見つかります

地球の歩き方　投稿　　　　　　　🔍　　　検索

▶投稿にあたってのお願い

★ご投稿は、次のような《テーマ》に分けてお書きください。

《**新発見**》───ガイドブック未掲載のレストラン、ホテル、ショップなどの情報

《**旅の提案**》──未掲載の町や見どころ、新しいルートや楽しみ方などの情報

《**アドバイス**》──旅先で工夫したこと、注意したこと、トラブル体験など

《**訂正・反論**》──掲載されている記事・データの追加修正や更新、異論、反論など

> ※記入例「○○編20XX年度版△△ページ掲載の□□ホテルが移転していました……」

★**データはできるだけ正確に。**
　ホテルやレストランなどの情報は、名称、住所、電話番号、アクセスなどを正確にお書きください。
　ウェブサイトのURLや地図などは画像でご投稿いただくのもおすすめです。

★**ご自身の体験をお寄せください。**
　雑誌やインターネット上の情報などの丸写しはせず、実際の体験に基づいた具体的な情報をお
　待ちしています。

▶ご確認ください

※採用されたご投稿は、必ずしも該当タイトルに掲載されるわけではありません。関連他タイトルへの掲載もありえます。

※例えば「新しい市内交通パスが発売されている」など、すでに編集部で取材・調査を終えているものと同内容のご投稿をい
　ただいた場合は、ご投稿を採用したとはみなされず掲載本をプレゼントできないケースがあります。

※当社は個人情報を第三者へ提供いたしません。また、ご記入いただきましたご自身の情報については、ご投稿内容の確認
　や掲載本の送付などの用途以外には使用いたしません。

※ご投稿の採用の可否についてのお問い合わせはご遠慮ください。

※原稿は原文を尊重しますが、スペースなどの関係で編集部でリライトする場合があります。

あ と が き

10月上旬、紅葉シーズンまっさかりのカナダへ取材へ行きました。およそ3年ぶりの取材では、たくさんの人が「日本人はいつから来てくれるの?」と心配していました。カナダは新型コロナウイルスの対策もほぼ終わり、以前と同じ姿に戻っています。カナダならではの大自然を感じに、ぜひ現地を訪れてください!

STAFF

制 作	金子久美	Producer	Kumi Kaneko
編 集	グルーポ ピコ	Editors	Grupo Pico
	田中健作		Kensaku Tanaka
	吉山眞未		Mami Yoshiyama
取材・撮影	田中健作	Reporters	Kensaku Tanaka
	佐々木 恵		Megumi Sasaki
	青木りえ		Rie Aoki
撮 影	グルーポ ピコ	Photographers	Grupo Pico
	武居台三		Taizo Takei
	田中健作		Kensaku Tanaka
デザイン	大池てるみ	Designers	Terumi Oike
	酒井デザイン室		SAKAI DESIGN OFFICE
	酒井英人		Hideto Sakai
	内海春香		Haruka Utsumi
組版・地図	(有) ギルド	DTP, MAP	guild
地 図	株式会社東京印書館	Maps	Tokyo Inshokan Printing Co. Ltd.
	(株) ジェオ		Geo
	黒澤達也 (ナイアガラの滝鳥瞰図)		Tatsuya Kurosawa
校 正	東京出版サービスセンター	Proofreading	Tokyo Syuppan Service Center
表 紙	日出嶋昭男	Cover Design	HIDEJIMA Akio

取材協力・写真提供:カナダ観光局、オンタリオ州政府観光局(P.12~23)、佐久間克宏(アルゴンキン州立公園パークナチュラリスト)、PEI セレクトツアーズ、Jack Leclair、ミキ・エンタープライズ、カナダ国立美術館、オンタリオ美術館、VIA 鉄道、(有) アイズ 伊勢京子、(有) 地球堂、小原玲、鹿島祐子、木村和男、末木寿美、©iStock

本書の内容について、ご意見・ご感想はこちらまで
読者投稿 〒 141-8425 東京都品川区西五反田 2-11-8
株式会社地球の歩き方
地球の歩き方サービスデスク「カナダ東部編」投稿係
https://www.arukikata.co.jp/guidebook/toukou.html
地球の歩き方ホームページ(海外・国内旅行の総合情報)
https://www.arukikata.co.jp/
ガイドブック『地球の歩き方』公式サイト
https://www.arukikata.co.jp/guidebook/

地球の歩き方 B18

カナダ東部 ナイアガラ・フォールズ メープル街道 プリンス・エドワード島 トロント オタワ モントリオール ケベック・シティ 2023-2024年版

2023 年 2 月 7 日 初版第1刷発行
2024 年 7 月 12 日 初版第2刷発行

Published by Arukikata. Co., Ltd.
2-11-8 Nishigotanda, Shinagawa-ku, Tokyo, 141-8425, Japan

著作編集	地球の歩き方編集室
発 行 人	新井 邦弘
編 集 人	由良 暁世
発 行 所	株式会社地球の歩き方
	〒 141-8425 東京都品川区西五反田 2-11-8
発 売 元	株式会社Gakken
	〒 141-8416 東京都品川区西五反田 2-11-8
印刷製本	開成堂印刷株式会社

※本書は基本的に 2022 年 9 ~ 10 月の取材データに基づいて作られています。
発行後に料金、営業時間、定休日などが変更になる場合がありますのでご了承ください。
更新・訂正情報:https://www.arukikata.co.jp/travel-support/

●この本に関する各種お問い合わせ先
・本の内容については、下記サイトのお問い合わせフォームよりお願いします。
URL ▶ https://www.arukikata.co.jp/guidebook/contact.html
・広告については、下記サイトのお問い合わせフォームよりお願いします。
URL ▶ https://www.arukikata.co.jp/ad_contact/
・在庫については Tel 03-6431-1250 (販売部)
・不良品 (乱丁、落丁) については Tel 0570-000577
学研業務センター 〒 354-0045 埼玉県入間郡三芳町上富 279-1
・上記以外のお問い合わせは Tel 0570-056-710 (学研グループ総合案内)

※本書は株式会社ダイヤモンド・ビッグ社より 1995 年に初版発行したもの (2018 年 7 月に改訂第 13 版) の最新・改訂版です。
学研グループの書籍・雑誌についての新刊情報・詳細情報は、下記をご覧ください。
学研出版サイト https://hon.gakken.jp/

＼ 日本のよさを再発見！／
地球の歩き方 国内版シリーズ

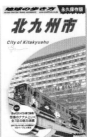

地球の歩き方国内版シリーズ
定価：2020円（税込）〜
https://www.arukikata.co.jp/web/
catalog/directory/book/guidebook-j/

Secret of Success

ヒットの秘密

1979年創刊、海外旅行のバイブル「地球の歩き方」。2020年に初の国内版「東京」を創刊。これまでの海外取材で培った細かな取材力、その土地の歴史や文化、雑学などの情報を盛り込むことで、地元在住者に支持され大ヒット。次の新刊もお楽しみに！

ISBN978-4-05-801942-9

C0326 ¥1900E

2080194200

9784058019429

1920326019007

定価 ： 2,090円
（本体1,900円＋税10%）

XCOM GLOBAL®
Stay Connected. Globally.

お問合せ専用ダイヤル
0120-800-540
営業時間 平日 9:00〜20:00 土日祝 10:00〜19:00

かんたん
お申込

エクスコムグローバル株式会社　〒150-6126 東京都渋谷区渋谷2-24-12 渋谷スクランブルスクエア26階